FRANK HOWARD

Segel-Kriegsschiffe 1400-1860

mit 388 Fotos, Skizzen und Detailzeichnungen,
davon 32 Abbildungen in Farbe

BECHTERMÜNZ VERLAG

Der Originaltitel „Sailing Ships of War 1400–1880" erschien bei
Conway Maritime Press Ltd., London
Übersetzung: Gerhard Koop, Wilhelmshaven.

Genehmigte Lizenzausgabe für
Bechtermünz Verlag im
Weltbild Verlag GmbH, Augsburg 1996

Umschlagmotiv: A. E. F. Mayer/AKG, Berlin
Umschlaggestaltung: Adolf Bachmann, Reischach
Gesamtherstellung: New Interlitho S. P. A.
Printed in Italy
ISBN 3-86047-164-3

Inhaltsverzeichnis

Illustrationsnachweis und Danksagung

Reproduced by gracious permission of Her Majesty the Queen 52, 247
Ashmolean Museum, Oxford 1, 132
The Science Museum, London 1, 55–60, 65, 66, 68, 80, 112, 113, 115, 117, 119, 126, 142, 145, 147, 152–156, 170–172, 222, 237, 273, 275–277, 304, 308, 309, 316, 319, 339, 347, 351, 364, 366, 367, 384–386
The Public Records Office, London 2, 121, 333
Deutsches Schiffahrtsmuseum 3–5
The Mariners Mirror (1955, *41*, p 291), 6, (1923, *IX*, 83ff) 7, (1934, *XX*) 8–10, (1968, *54*, 126) 11, (1925, *XI*, 153) 12, (1925, *XI*, 152) 13, (1924, *X*, 305) 16, (1928, *XIV*, 163) 17, (1935, *41*, 191) 18, (1931, *XVII*, 335) 19, (1955, *41*, 190, 284, 293, 188) 20, 21, 31, 42, (1945, *31*, 96, 86) 23, 151, (1920, *VI*, 85–6) 43, (1961, *47*, 85) 53, (1964, *50*, 119) 54, (1921, *VII*, 110) 61, (1948, *34*, 124) 73, (1914, *IV*, 142–3) 74, (1920, *VI*, 13) 108, (1920, *VI*, 11) 109, (1919, *V*, 48) 123, (1961, *47*, 171, 175) 128, 138, (1972, *58*, p 41ff) 296–298
The Pierpont Morgan Library 14, 50
The British Library 15, 28–30, 51, 114, 116, 118, 122, 245, 246
Drawings based on artifacts in the Sjöhistriska Museum, Stockholm 24, 40 (e–f), 160, 161, 182
Based on originals in *Columbus' Ships* by Jose-Maria Martinez-Hidalgo 27(a), 40(a–c), 44
Victoria and Albert Museum 32
Drawings based on artifacts in the Tøjhus Museum, Copenhagen 46, 220
Based on a drawing by J.C. Thorn in *The Cattewater Wreck*, National Maritime Museum Monograph No. 13, 1974–47
Based on an illustration in *Historie des Guerres Judaiques* by Flavius Josephus, ~ 1490, MS 2538, f 109, in the Österreichische Nationalbibliothek, Vienna 49
Bibliotheque Royale, Brussels 62
National Maritime Museum 63, 69–71, 134, 164–168, 179, 181, 224, 231, 232, 234, 235, 254, 255, 268, 278, 280, 293, 306, 334, 337, 338, 342–344, 348, 349, 368–371, 373, 376, 377, 382, 383
Based on an original in *Svenskt Skeppsbyggeri*, edited by G. Halldin, Malmö, 1963/64
Pepysian Library, Magdalene College, Cambridge 67, 150, 190, 242–244, 248–251, front endpaper
Sjöhistoriska Museum, Stockholm 72, 133, 174, 175, 213, 336
The Bodleian Library, Oxford 75
Cosmographie Universelle selon les Navigateurs, tant anciene que modernes by Guillaume Le Testu, Library of the Ministère de la Guerre, Paris 78
Based on an original by Edward D. Tucker in *Underwater Archaeology: A Nascent Discipline*, published by UNESCO in 1967 107
By courtesy of Colin Martin 110
Southsea Castle Museum 111
Scheepvaart Museum, Amsterdam 124, 148, 149, 173, 228, 229, 240, 305, 310, 335, 340, 346, 378, rear endpaper
From *Souvernirs de Marine* by Amiral Paris 125, 127, 187
Rigsarkivet, Copenhagen 129, 176–178, 188, 215, 216, 225, 226, 230, 233, 238, 260, 285, 292, 294, 295, 311, 312, 317, 322, 327, 330–332, 340, 350, 374, 375, 380, 381, 387
Based on originals in the Riksarkivet, Stockholm 130, 131
Based on originals in *Souvernirs de Marine* by Amiral Paris 135, 352–357
Based on originals in *Regelskeppet* by G. Schoermer 136
From a drawing in *Svenskt Skeppsbyggeri*, edited by G. Halldin, based on an original in the Krigsarkivet, Stockholm 137
Frans Halsmuseum 139–141
Based on drawings in *Old Ship's Figureheads and Sterns* by Carr Laughton 143, 144, 146, 157, 163, 169, 223, 279, 281, 284, 288–291, 299–303, 307
From Raalamb's *Skeps Byggerij*, Stockholm, 1691 183, 212
Based on drawings in *Seventeenth Century Rigging* by R.C. Anderson 184, 186, 189, 191, 195–197, 201–211
Based on an original in *Ship Models* by R. Morton Nance 185
The International Journal of Nautical Archaeology (1976, *5*, 189–199) 214 'L'Artillerie de Mer 1674–1856', *Triton* 84, 85, 86, 217–219, 223, 324, 328, 329
Conway Picture Library 227, 264, 372, 388
Rijkmuseum, Amsterdam 236, 239
Danish Shipping Museum, Kronberg Castle, Elsinore 253
By Courtesy of Basil Bathe (Science Museum models, except 259
Musée de la Marine, Paris) 256, 259, 262
Photographs by Len Tucker (models in the National Maritime Museum) 257, 258, 261, 263, 265, 266, 269
By courtesy of Roderick Stewart, Technical Officer, *Unicorn* project 267, 272, 359
Photographs by the author 271, 272
Popperfoto 320
American Neptune (1943, *III*, 150) 325
Based on originals in *Shipbuilding* by A. Creuze 358, 361–363, 365, 379

Die in den einzelnen Kapiteln am Rand stehenden Zahlen gehören zu den entsprechenden Illustrationen.

Einführung

Die erstaunliche Expansion des europäischen Seehandels, die Gründung von Kolonien in Amerika und Australien sowie die Errichtung gewaltiger Reiche durch die wichtigsten europäischen Seemächte innerhalb der viereinhalb Jahrhunderte von 1400 bis 1860 war in erster Linie dadurch möglich geworden, daß sich das primitive Segelschiff mit nur einem Mast und Segel in ein drei- bzw. viermastiges Schiff mit furchtbarer Bewaffnung schwerer Kanonen und dem Vermögen, für Wochen oder sogar Monate in See zu bleiben, verwandelt hatte. Ohne solche Schiffe als Beistand wären die ersten Kolonisten und ‚Conquistadores‘ niemals in der Lage gewesen, sich gegen die protestierenden Bewohner des Ostens oder Amerikas zu behaupten. Auch eine Besiedlung Australiens und der pazifischen Inseln wäre unmöglich gewesen.

Obwohl unzählige Bücher über die Geschichte der europäischen Expansion geschrieben worden sind, über die Entwicklungsgeschichte hochseefähiger Schiffe, die das ermöglichten und die im Zeitraum knapp eines Jahrhunderts überall dabei waren, sind nur Einzelheiten bekannt, und die behandeln die Zeit vor Beginn des 17. Jahrhunderts nur nebenbei. Zu dieser Zeit war praktisch jedes Merkmal eines klassischen Segelkriegsschiffes, zumindest in seiner Urform vorhanden. Viele Einzelheiten darüber, wie es zuvor gewesen ist, sind unbekannt. Und so wird es wohl bleiben, zumindest, bis die Archive der seefahrenden Nationen endgültig durchgearbeitet worden sind.

Soweit man es nach den vorliegenden Beweisen beurteilen kann, waren die Schiffe der West- und Nordküsten Europas zu Beginn des 15. Jahrhunderts weniger entwickelt als die der Mittelmeerländer. Außerdem fußten letztere auf unterschiedlichen Traditionen und neuere archäologische Entdeckungen haben gezeigt, daß ihnen eine lange Vorgeschichte anhaftet.

Allgemein gesprochen waren die nördlichen Schiffe mit sich überlappenden Planken gebaut (Klinker), die Mittelmeerschiffe hingegen Kante auf Kante (Kraweel). Soweit wir wissen, besaßen die nördlichen Schiffe bis zum 15. Jahrhundert nur einen Mast, die Schiffe des Mittelmeers führten bereits im klassischen Altertum zwei Masten.

Ein anderer Unterschied zwischen den Schiffen beider Regionen ist, daß die Nordschiffe Rahsegel hatten, die Mittelmeerschiffe allgemein Lateinsegel. Wie es sich bei den spanischen, portugiesischen und südwestfranzösischen Fahrzeugen verhielt, ist immer noch ungewiß.

Das Jahr 1400 ist ein passender Zeitpunkt, um mit der Entwicklungsgeschichte der nördlichen Segelkriegsschiffe zu beginnen. Es war das 15. Jahrhundert, in dem die Grundsteine der nationalen Marinen gelegt wurden. In England ist es das Verdienst Henrys V. der Yorkschen Könige und Henrys VII.*

Im gleichen Jahrhundert begann die Umwandlung der nördlichen Schiffe, und es ist auch dieses Jahrhundert, von dem Beweise über die Konstruktion, Takelung und Bewaffnung der Kriegsschiffe in genügender Zahl und detaillierter Form verfügbar sind, so daß es möglich ist, angemessene Rekonstruktionen zu fertigen.

Das Enddatum 1860 ist auf den Stapellauf der Warrior festgelegt, des ersten gepanzerten und dampfgetriebenen Kriegsschiffes mit einem eisernen Schiffskörper, eines so schwer bewaffneten Schiffes, das ohne weiteres in der Lage gewesen wäre, ganze Flotten hölzerner Segelkriegsschiffe ‚abzutakeln‘.

* Zwischen 1455 und 1485 herrschten die sogenannten ‚Rosenkriege‘. Es ging um die Krone und Führung Englands. Die Fehde fand statt zwischen den Häusern Lancaster (rote Rose) und York (weiße Rose).
Henry V. kam aus dem Hause Lancaster. Die Yorkschen Könige entstammten dem Hause York. Die wichtigsten waren Edward IV., Edward V. und Richard III. Henry VII. stammte aus dem Hause Tudor. (Anm. d. Übers.)

Die Zahl der Informationen, die aus diesen viereinhalb Jahrhunderten erhalten blieb, ist enorm. Es sind Bilder, Dokumente, Bücher, Pläne, zeitgenössische Modelle und am Ende der Ära sogar Fotos. Und es gibt Beispiele von den Schiffen selbst.

Die Erhaltung der *Victory* in Großbritannien, der *Constitution* und *Constellation* in den Vereinigten Staaten und der *Jylland* in Dänemark ist allen bekannt. In den letzten 20 Jahren wurden viele andere von Unterwasserarchäologen entdeckt. Sie sind in unterschiedlicher Erhaltung. Das bekannteste und auffallendste ist die schwedische *Wasa*. Der absolute Vorläufer ist aber die nahe von Bremen in der Weser gefundene mittelalterliche Kogge.

Die Ostsee und die Großen Seen in den USA erwiesen sich als Schatzkammern guterhaltener Wracks, und die Urbarmachung der Zuidersee brachte mehr als 350 Fahrzeuge ans Tageslicht, obwohl sich keines davon als Kriegsschiff erwies.

Von allen angeführten Quellen sind die Abbildungen (wobei die Schnitzereien mit einzubeziehen sind) wahrscheinlich das mindeste, was für die beiden ersten zweieinhalb Jahrhunderte dieser Periode zur Verfügung steht. Ihre Qualität reicht von mittelalterlichen Illustrationen, die den Eindruck erwecken, daß der Künstler wohl von Schiffen gehört, jedoch nie eines gesehen hatte, bis zu den nahezu fotografischen Genauigkeiten niederländischer Marinemaler. Obwohl vieles davon verstümmelt erscheint, vermitteln gerade grobe Skizzen eine Menge wichtiger Merkmale.

Wir wissen heute, daß der Kiel der Kogge an jedem Ende angekippt war, wie es auch einige zeitgenössische Siegel zeigen, und der Mast der Karracke sehr dick. Marinehistoriker rätselten lange Zeit über die Darstellungen mittelalterlicher Schiffe, die aussahen, als wenn sie aus langen Stücken gefertigt worden wären. Als man dann die Überreste der *Grace Dieu* untersuchte, fand man heraus, daß die Planken nur kurz waren, nämlich 6–7 ft (1,83–2,13 m). Paradoxerweise stellen sich die meisten detaillierten Abbildungen als unwirklich und grob gezeichnet dar. Allerdings oft aus unterschiedlichen Gründen. Als Ende des 16. und Anfang des 17. Jahrhunderts Seestücke in Mode kamen, wurden die Erzeugnisse niederländischer Maler weitgestreut verkauft. Leider waren die Verkäufer dieser Stücke nur wenig über die Nationalität der dargestellten Schiffe orientiert.

Die so bekannten Stiche der Schiffe der ‚Armada‘* des niederländischen Malers Visscher stellen nach Ansicht einiger Kenner niederländische Schiffe dar. Und gerade das berühmte Bild der *Prince Royal* von 1612, das sie mit ihren Geleitfahrzeugen beim Einlaufen in den Hafen von Vlissingen zeigt, hat eine Genauigkeit, die manche Details in Frage stellt.

* Die Armada war eine große spanische Flotte, die ausersehen war, England zu schlagen. England war einer der Hauptfeinde Spaniens im Kampf um die Weltherrschaft, außerdem unterstützten die Engländer die Niederländer in ihrem Freiheitskampf gegen die Spanier.
1588 wagte sich die spanische Flotte nach langem Zögern in den Kanal. Sie stand unter der Führung des Herzogs von Medina, Sidonia, und setzte sich aus sechs Geschwadern Segelschiffen, einem Geschwader Galleonen, vier großen Galliots und einem Unterstützungsgeschwader zusammen. Insgesamt waren es 130 Schiffe mit 30 000 Mann (2/3 davon Soldaten).
Die englische Flotte, die der Königin Elizabeth I, stand unter Führung des Lord High Admiral, Lord Howard. Ihn unterstützten Drake, Hawkins und Frobisher. Die englische Flotte bestand aus etwa 200 Schiffen. Es waren überwiegend schwach bewaffnete kleine Fahrzeuge und Handelsschiffe mit insgesamt 15 000 Mann (1/3 Soldaten).
Am 31. 7., 1. 8., 2. 8., 3. 8., 4. 8., 6. 8., und 7. 8. 1588 kam es immer wieder zu kleinen Gefechten. Diese und die dort herrschenden Stürme blieben nicht ohne Auswirkungen auf die Spanier. Am 8. 8. war die spanische Flotte so dezimiert und demoralisiert, daß der Rest in die Nordsee floh. Nach der Umrundung Englands trafen die Reste der Spanier Ende September in Spanien ein. Es waren noch 65 Schiffe und knapp 10 000 Mann. Die wendigen englischen Schiffe hatten die protestantische Vormacht Europas gerettet. (Anm. d. Übers.)

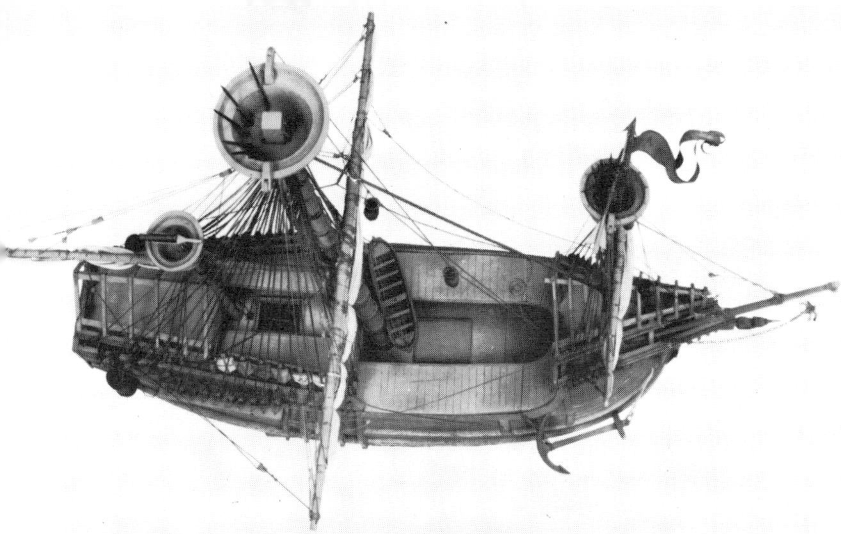

1. Ein großes Handelsschiff, wahrscheinlich flämisch und aus der zweiten Hälfte des 15. Jahrhunderts. Im Vorkastell befinden sich zwei Decks, und im Achterkastell zwei, wenn nicht sogar drei. Die große Öffnung nahe dem Heck ist eine Ladepforte, die mit starken Klappen verschlossen wurde. Zu beachten sind die zahlreichen Wanten, die mit Jungfernblöcken angeordnet sind. Die unteren Jungfernblöcke sind mit Ketten befestigt, die Racks mit Ripphölzern und Klotjes. Es gibt keine Webeleinen. Der Zugang zum Großmars erfolgt über eine Jakobsleiter am Mast. Am Fock- und Besanmast ist sie jedoch nicht vorhanden. Der Schiffskörper ist kraweelbeplankt und hat vier Barkhölzer. Das Schiff ist schwer bewaffnet, denn im Achterkastell befinden sich acht Kanonen, im Besanmars ist eine ‚Swivel' zu sehen. Diese bekannte Illustration stammt von einem Künstler, von dem nur die Initialen W.A. bekannt sind. Das Modell im Science Museum London basiert auf der *‚Kraeck'* des W.A. Die Rekonstruktion der Teile, die auf der Darstellung von W.A. nicht sichtbar sind, basiert auf anderen Zeichnungen und dem, was über spätere Schiffe und ihre inneren Arrangements bekannt wurde.

Tatsächlich dauerte es bis zur Gründung einer englischen Schule für Marinemalerei, die nach der Mitte des 17. Jahrhundert entstand, bis man den Wiedergaben englischer Schiffe trauen kann, die die englische Schiffsbaupraxis darstellen. Trotzdem gibt es auch bei dieser allgemeinen Feststellung einige Ausnahmen, und Beispiele dafür sind in den späteren Buchkapiteln zu finden. Besser noch als Bildbeweise über das Aussehen der Schiffe sind die zeitgenössischen Modelle, die in Großbritannien unter dem Namen *Dockyard-* (Werft-) oder *Navy Board-* (Admiralitäts-) *Modelle* bekannt geworden sind.
In den Museen aller seefahrenden Nationen Europas und Amerikas befinden sich hervorragende Sammlungen. Großbritannien besitzt eine unübertroffene Reihe solcher Modelle aus der Zeit des beginnenden 17. Jahrhunderts bis zum Ende der Segelschiffära. Die wichtigsten Sammlungen befinden sich heute im *Science Museum, London* und *National Maritime Museum, Greenwich.* Es gibt auch kleinere, wenngleich ebenfalls wertvolle in anderen Museen, z.B. besitzen das *Merseyside Museum, Liverpool,* und das *Royal Scottish Museum, Edinburgh,* wichtige Exemplare. Andere befinden sich in privater Hand. Eine sehr bedeutende Sammlung ging in den 1920er Jahren nach Amerika und ist heute Teil der *Henry Huddleston Rogers Collection* an der *United States Naval Academy.* In Europa ist die Sammlung im *Sjöhistoriska Museum, Stockholm,* von speziellem Interesse für Forscher über Kriegsschiffe des 17. Jahrhunderts. Alle Modelle aus der Anfangszeit dieses Jahrhunderts sind dort erhalten. Einige Modelle stellen englische Schiffe dar und repräsentieren die Arbeit englischer Schiffbaumeister, die dort beschäftigt waren. Von ihnen ist Francis Sheldon der bekannteste.
In ihrer Erscheinung waren die *Dockyard-Modelle* die maßgeblichsten, und das sind sie ohne Zweifel in ihrer Mehrzahl wohl auch. Trotzdem muß man bei ihrer Beweiskraft Abstriche machen. Ist die Takelage original? Falls nicht oder falls sie erneuert wurde, kann sie ein Anachronismus sein. Einige Modelle, die beschädigt waren, glücklicherweise nur wenige englische, haben gründlich restaurierte Schiffskörper. Ein Merkmal, das bei den *Dockyard-Modellen* Zweifel aufkommen läßt, ist die Art, wie sich der Spantenbau darstellt. Wie die meisten wissen, ist es üblich, den unteren Teil des Schiffskörpers unbeplankt zu lassen, so daß die Spanten sichtbar bleiben. Es wurde festgestellt, daß die Disposition der Spanten im Modell nicht mit der tatsächlichen Werftpraxis übereinstimmt. Die Frage ist bis heute nicht endgültig geklärt, und alles, was man dazu sagen kann, ist, daß diese Anordnung nicht als erwiesener Stil übernommen werden sollte. Bevor wir das Modellbaugebiet verlassen, muß noch auf die hervorragenden modernen Modelle in den Museen hingewiesen werden. Basierend auf gründlichen neueren Forschungen sind diese Modelle gleichwertig und manchmal übertreffen sie in ihrer Qualität die *Dockyard-Modelle.* Um nur zwei davon zu nennen, das Modell der *Bombarde Granado* im *National Maritime Museum* und der *Wasa,* vom *Science Museum, London,* gebaut. Sie besitzen den höchsten Genauigkeitsgrad.
Von allen Informationsquellen über Segelkriegsschiffe beanspruchen Dokumente, einschließlich zeitgenössischer Bilder und Pläne, den meisten Platz. Die Quantität ist enorm, und sie befassen sich in vielerlei Hinsicht mit Schiffskonstruktionen, Bewaffnungen, Takelungen, Vorräten usw. In Großbritannien befinden sich die grundsätzlichen Sammlungen im *Public Records Office,* in der *British Library, London,* und im *National Maritime Museum.* Ein Großteil ist aber auch in Privatsammlungen zu finden. Wichtige Sammlungen blieben in dänischen, schwedischen, französischen und amerikanischen Archiven erhalten. Soweit es sich um offizielle Dokumente handelt, ist die Information in der Tat umfassend.
Dasselbe kann man bei zeitgenössischen Büchern nicht sagen. Deren Autoren waren zu oft damit beschäftigt, die Praxis der ‚good old days' (der guten alten Zeit) fortzuführen oder neue Thesen und Grundsätze aufzustellen. Nichts davon gibt die zeitgenössische Praxis wieder. Soweit Forschungsstudien über den Schiffbau betroffen sind, veröffentlichten französische Autoren exzellente Werke. In Großbritannien waren die Informationen, die in diesem Bereich wiedergegeben wurden, allzuoft veraltet, überholt oder von anderen abgeschrieben.
Aus *A Universal Dictionary of the Marine* von Falconer, 1769 zuerst erschienen, kann man ganze Abschnitte in *Elements of Mast-making, Sailmaking and Rigging* von Steel, erschienen 1794 und in *Naval Architecture* von Abraham Rees, erschienen 1819, finden. Illustrationen wurden auf gleiche Art kopiert.
Draught of a First Rate von Mr. Dummer, 1680 erschienen, war Anfang des 18. Jahrhunderts immer noch stark gefragt. Immerhin kam es ab Mitte des 18. Jahrhunderts zu einer Qualitätsverbesserung der Schiffbaubücher. Das wird durch *Architectura Navalis Mercatoria* des bekannten schwedischen Schiffbaukonstrukteurs Frederic Henry af Chapman bestätigt.
Die wertvollsten dokumentarischen Quellen sind natürlich zeitgenössische Pläne. Sie zeigen, wie die Schiffe werden sollten, bzw. wie sie tatsächlich gebaut wurden. Ein Modell kann hingegen einen vorgesehenen Schiffsentwurf darstellen oder ein Schaustück, das mit keinem wirklich gebauten Schiff übereinstimmt.
Großbritannien ist in der speziell glücklichen Lage, eine enorm große Sammlung von Kriegsschiffplänen jeder Art ab Beginn des 18. Jahrhunderts zu besitzen. Diese – die Admiralitätssammlung – befindet sich im *National Maritime Museum.* Eine andere wichtige Sammlung ist die der dänischen Marine. Zwischen Tausenden von Plänen befinden sich viele von Kriegsschiffen anderer Nationalität, z.T. aus den Anfangsjahren des 17. Jahrhunderts. Die schwedischen Archive finden bei Forschern über hölzerne Kriegsschiffe viel Interesse. So ist es auch in Frankreich, den Niederlanden und USA. Die übriggebliebene Informationsquelle, das Schiff selbst, ist ebenfalls zahlreich vorhanden.
Großbritannien hat die *Victory,* nun in einem ortsfesten Trockendock liegend. Hinzu kommen die noch schwimmenden Fregatten des 19. Jahrhunderts, *Foudroyant* in Portsmouth und *Unicorn* in Dundee. Die *Wasa* fand bereits Erwähnung, desgleichen die amerikanischen Schiffe *Constitution* und *Constellation.* Neben diesen beiden Schiffen, die teilweise ausgiebig rekonstruiert wurden, haben die Amerikaner zahlreiche Kriegsschiffe vom Grund der Großen Seen gehoben, die aus der Zeit des Unabhängigkeitskrieges und um 1812 stammen.
Aus britischen Gewässern kamen viele wertvolle Beweise ans Tageslicht. Die Reste der *Grace Dieu* Henrys V. lagern im River Hamble nahe Southampton, vor Portsmouth wurde die *Mary Rose* gefunden und neuerdings die Reste der *Dartmouth,* die 1690 vor Mull strandete. Alles wurde mit großer Sorgfalt untersucht und vieles Interessante offengelegt. Auch das Auffinden der Reste der ‚Armada' sollte nicht außeracht gelassen werden. Hier zeigten sich viele Strukturen von Schiffen, die nach einer unterschiedlichen Tradition gebaut worden sind. Leider brachten es die Umstände, unter denen diese Schiffe einst strandeten, mit sich, daß man sich auf Überreste beschränken muß, die ziemlich unzulänglich sind. Es handelt sich in der Mehrzahl um Hölzer der Schiffsböden und haltbarere Einbauteile. Falls die vorangegangene Aufzählung des verfügbaren historischen Materials den Leser nun der Meinung sein läßt, die Entwicklung der Segelkriegsschiffe könnte entsprechend beschrieben werden, unterliegt er einem Trugschluß.
Über das Handwerk des Seemannes im Frieden und Krieg wurden Regale von Büchern geschrieben, aber eine definitive Geschichte der Schiffsentwicklung gab es bisher nicht. Allerdings wurden beispielsweise im 17. Jahrhundert einige begrenzte Berichte über die Takelung dieses Zeitabschnittes gefertigt.
In Großbritannien sind die beste allgemeine Zusammenstellung noch immer die geschichtlichen Anmerkungen zum Katalog des *Science Museums* mit dem Titel *Sailing Ships, their history and development,* 1932 erschienen und heute vergriffen.
Die Marinelisten/-rechnungen Henrys VII. wurden 1896 veröffentlicht, die von Henry VIII. jedoch nie. Trotzdem behandeln allein 400 Seiten die *Henry Grace à Dieu.* Die wunderbare Sammlung von Zeichnungen des Schiffbaumeisters Mathew Baker der Königin Elizabeth wurde nie als ganzes veröffentlicht, auch nicht *A Doctrine of Naval Architecture,* das Anthony Deane 1670 für Samuel Pepys schrieb. Die Aufzählung könnte beliebig fortgesetzt werden, wobei sich vieles davon mit der Ausgrabung von Wracks befaßt. Bis auf einige kürzlich erst beschriebene, werden sie bis ins einzelne behandelt. Wahrscheinlich ist es so, daß bis vor etwa 20 Jahren lediglich zwei Wracks ausführlich kommentiert worden sind. Eines war ein guterhaltenes mittelalterliches Küstenschiff, das 1822 in einem frü-

heren Kanal des River Rother in Sussex gefunden wurde. Die Beschreibung erfolgte 1824 im Volume XX des Journals *Archaeologia.* Das andere war die *Grace Dieu,* deren Überreste 1933 unter großen Schwierigkeiten geborgen wurden. Damit wird klar, daß jeder, der die Absicht hat, sich mit irgendeinem Schiff oder einer Schiffsklasse zu befassen oder ein repräsentatives Modell davon zu fertigen, wissen muß, wo er die nötigen Informationen erlangen kann, wie teuer das ist und ob es überhaupt machbar ist.
Dieser Notwendigkeit wurde beim Schreiben dieses Buches Rechnung getragen, das somit eine dreifache Absicht verfolgt:

- ☐ Zu erzählen, wie sich die Segelkriegsschiffe entwickelten.
- ☐ Grundsätzliche Daten über die Konstruktion, Takelung und Bewaffnung in jeder Entwicklungsphase zu bringen.
- ☐ Den Fragenden zu den Originalquellen hinzuleiten, anhand derer er die Entwicklung studieren und weit mehr ins Detail gehen kann, als irgendein Buch es zu vermitteln mag.

Wichtiges Material, bisher in Büchern und periodischen Editionen verstreut, z.T. bisher nie veröffentlicht, wurde zusammengetragen, sein Wert dabei schiffbezogen abgeschätzt. Dieses Verfahren gab – nur durch den Umfang des Buches beschränkt – dem weniger bekannten, zugänglichen und lesbaren Material den Vorzug, denn dem allgemein interessierten Leser kann nicht zugemutet werden, Forschungen in den nationalen Archiven zu betreiben.
Daher wurde den Schiffen des 15. und der ersten Hälfte des 16. Jahrhunderts mehr Raum gegeben als denen aus der Zeit der ‚Armada', denen der ersten Hälfte des 18. Jahrhunderts der Vorzug gegenüber denen der zweiten Hälfte und den Segelkriegsschiffen des 19. Jahrhunderts, über die in dieser Art bisher wenig berichtet worden ist.
Das Buch ist eine Zusammenfassung von fünf Monographien, von denen jede sich mit einem wichtigen Abschnitt der Kriegsschiffentwicklung befaßt. So behandelt jedes der fünf Kapitel ein anderes Jahrhundert, wodurch es möglich war, eine chronologische Teilung zu benutzen. Die Entwicklungen sind der Reihe nach beschrieben. Nach dem Schiffskörper und seinen Einbauten folgen die Verzierungen, Takelagen und Bewaffnung, so wie es zu jeder großen Schiffsklasse gehörte. Unterstützungsfahrzeuge und Boote sind besonders behandelt. Es wird vorausgesetzt, daß der Leser mit den gewöhnlichen Bezeichnungen einzelner Schiffsteile vertraut ist. Ungewöhnliche Namen werden jeweils genau definiert.*

* Wo erforderlich, sind manche Begriffe durch Anmerkungen/Ergänzungen näher beschrieben. (Anm. d. Übers.)

I. Das 15. Jahrhundert

Das Vollschiff

Die Frage, ob die ersten Schritte hinsichtlich des Überganges vom Einmastschiff des Nordens zum hochseefähigen Kriegsschiff des 16. Jahrhunderts vor 1400 oder kurz danach erfolgten, ist immer noch ungeklärt. Das ist auch unerheblich für dieses Kapitel, denn die Beweise deuten darauf hin, daß es sich lediglich um einen Zeitraum von wenigen Jahren davor oder danach handeln kann.

Im Fall der nördlichen Schiffe hatte es bereits einige wichtige Änderungen gegeben, bevor das 15. Jahrhundert begann. Über Jahrhunderte waren die Schiffe sogenannte ‚Doppelender' (Spitzgattschiffe) gewesen, mit rundem Vor- und Hintersteven. Als aber im 13. Jahrhundert das Heckruder übernommen wurde, verstärkte man das Heck, obwohl es auch weiterhin nach innen gewölbt blieb. Mit der Zeit ergaben sich in der Formgebung bei der Bug- und Heckentwicklung Unterschiede. Letzteres wurde über der Wasserlinie voller.

Ein Merkmal der frühen Schiffe des Mittelalters blieb jedoch unverändert: Bei den englischen Schiffen jeder Klasse wurden die Schiffskörper mit sich überlappenden Planken gebaut. In Nordeuropa bezeichnen wir das als ‚Klinkerbau'. In der Vergangenheit wurde die Verbreitung der Klinkerbauweise dem Einfluß der Wikinger zugeschrieben. Die Beweise kürzlich gefundener Wracks sprechen jedoch davon, daß diese Bauweise nicht nur in Skandinavien zur Anwendung kam, sondern für gewöhnlich auch entlang der gesamten Nordsee- und Kanalküste. Man kann auch nicht sagen, daß der Baustiel des Südens, bei dem die Planken Kante auf Kante saßen (Kraweelbau), an der Kanalküste und darüber hinaus unbekannt war. Der Handelsverkehr zwischen Flandern, Southampton und den Mittelmeerhäfen hatte dafür gesorgt, daß die südlichen, kraweelartig gebauten Schiffe für die Seeleute und Schiffbauer in diesem Bereich ein vertrauter Anblick waren. Dennoch waren die mittelalterlichen Schiffe, von denen bis heute Reste gefunden worden sind, zumindest teilweise in Klinkerbau gefertigt.

Bevor nun die Wandlungen, die sich während des 15. Jahrhunderts vollzogen, beschrieben werden, muß einiges über die grundsätzlichen Merkmale der Kriegsschiffe des Nordens, so wie sie sich um 1400 darstellten, gesagt werden.

Zwischen dem 11. und dem Ende des 14. Jahrhunderts wurden die Ruderkriegsschiffe, Nachkommen der Wikingerschiffe, stufenweise durch derbe Segelschiffe ersetzt. Im 13. und 14. Jahrhundert liefen einige wenige große Galeeren, in der Bauart von den Galeeren des Mittelmeers abweichend, vom Stapel, die für gewöhnlich als königliche Spezialschiffe Verwendung fanden. Es scheint aber, daß nach dem Tode Edwards III., der 1377 verstarb, in England keines solcher Schiffe mehr gebaut worden ist. Kleine Ruderkriegsschiffe gab es noch bis zum Ende des 14. Jahrhunderts und vermutlich auch lange Zeit danach. Aber gerade über sie ist weniger bekannt als über die Segelschiffe. Um 1400 besaßen die großen Schiffe, von denen Unterlagen überliefert sind, durchweg Segelantrieb. Die englischen hatten einen Mast und wahrscheinlich auch nur ein Segel. Von den großen zeitgleichen Handelsschiffen unterschieden sie sich entweder durch die Form des Schiffskörpers oder die Art der Takelage.

In ihrer Verwendung waren die Kriegs- und Handelsschiffe in Wahrheit austauschbar, da der König einmal Kriegsschiffe auslieh und zum anderen in Kriegszeiten befahl, Handelsschiffe als Verstärkung für seine Flotte zu verwenden.*

Der Hauptunterschied zwischen den Schiffen des Königs und den Handelsschiffen war die Größe. Die königlichen Schiffe waren größer. Wie wir später noch sehen werden, waren einige königliche Schiffe so groß wie jedes andere Schiff, das im 16. und sogar Anfang des 17. Jahrhunderts gebaut wurde. Tatsächlich entsprachen die wichtigsten königlichen Schiffe des 15. Jahrhundert in ihrer Größe dem technologischen Stand und Zustand der Häfen jener Zeit. In manchen fielen sie bei Ebbe trocken, die Zufahrten waren sehr flach.

Die Form der Kriegsschiffe und wegen der immer gegenwärtigen Gefahr der Piraterie auch die der Handelsschiffe wurde durch ihr Vermögen, anzugreifen oder sich zu wehren, bestimmt. Der Rammsporn wurde von den Seeleuten im Norden nicht übernommen, und so beschränkte sich die Armierung eines Kriegsschiffes bis zur Entwicklung effektiver Rohrwaffen auf Pfeil und Bogen, Speere und solche Dinge, die aus dem Gefechtsmars auf das Deck geschleudert werden konnten.

Eine Kampfhandlung in See war einfach ein Landkampf auf einer schwimmenden Plattform und trug die gewöhnlichen Merkmale eines Angriffs oder der Verteidigung einer Burg. Kriegsschiffe besaßen hohe Bordwände, gleichbedeutend den Burgmauern, und die hohen Standorte von Bug und Heck ermöglichten das Führen und Flankenfeuer, ganz so, wie es auch von den Türmen einer Burg praktiziert wurde. Das erste Manöver war, das Heck des Angreifers an die Breitseite des Gegners zu bugsieren, so wie ein Belagerungsturm an eine Burgmauer verbracht wurde, und dann Pfeil und Bogen sowie Speere zu benutzen, um das Deck als Vorbereitung zum Entern freizuschießen. Um diese Taktik noch effektiver zu machen, erhielt das Vorschiff eine enorme Auslage (Überhang) nach voraus und ein hohes Kastell, das zeitweise zwei und sogar drei Etagen hatte und sich so noch weiter nach vorne erstreckte. Am anderen Ende des Schiffes befand sich das Heckkastell. Es war nicht so hoch wie das Vorschiff, dafür aber wesentlich länger und diente den wichtigen Leuten an Bord als Unterkunft.

Im Verlauf des 15. Jahrhunderts wurde die Höhe des Vorschiffkastells reduziert, und um 1480 war es nur noch etwas höher als das Achterschiff. Es scheint jedoch, als ob letzteres gegenüber dem Jahrhundertbeginn irgendwie größer geworden war. Der genaue Zeitpunkt, zu dem die Höhe des Vorkastells herabgesetzt wurde und warum, ist jedoch bis heute nicht ermittelt worden. Es mag sein, daß das außerordentlich hohe Vorkastell der Schiffe, wie das der *Grace Dieu* von 1418 und ihrer Zeitgenossen, als nachteilig erkannt wurde. Dieses große Schiff wurde in Bayonne für Henry V. gebaut.* Die Nachteile übertrafen irgendwann die Vorteile und später, als Kanonen ein wichtiger Faktor in Seegefechten wurden, machte die Taktik turmartige Kastelle überflüssig. (Trotzdem kehrte man Anfang des 16. Jahrhunderts zu ihm zurück, wenn auch in anderer Form.)

Das erste Zeugnis über die Schiffe Heinrichs V. geben die *Grace Dieu* mit 1400 ts, *Jesus* mit 1000 ts und *Holigost* mit 760 ts, aber auch kleinere Schiffe. Es umfaßt die Zeit, zu der ein zweiter Mast in Gebrauch kam. Die Frage eines dritten Mastes bleibt noch offen. Mit dem Auffinden weiterer zahlreicher dokumentarischer Belege um etwa 1480 ist der erste Abschnitt der Umwandlung abgeschlossen. Diese Tatsache geht aus den Schiffsabbildungen einer hervorragenden Sammlung von Skizzen klar hervor, die unter der Bezeichnung *Warwick-Roll* (oder auch *Rous-Roll*) bekannt geworden ist. Der passendere 2
Titel ist > *The Pageant of the Birth, Life and Dead of Richard Beauchamp, Earl of Warwick, KG* <[1].

* Die Städte Dover, Hythe, Sandwich, Rye und Hastings, die sogenannten ‚Cinque Ports', mußten auf Verlangen des Königs ihre Handelsschiffe der Krone als ‚Kriegsschiffe' zur Verfügung stellen. Dafür waren sie von allen Steuern befreit. (Anm. d. Übers.)

* Henry V. = Heinrich V.; englischer König (1387–1422). Im folgenden werden alle Könige dieses Namens mit ‚Heinrich' benannt. (Anm. d. Übers.)

2. Die lebendige Zeichnung eines Kampfes zwischen dem Schiff des Earl of Warwick (links mit dem verzierten Segel) und zwei französischen oder genuesischen Karracks, die erobert werden. Das Klinkernagelmuster und die kurzen Planken sind klar zu sehen, auch die ungewöhnlich geformten Konsolenbeschläge zur Unterstützung des Vordecks beim Schiff im Vordergrund. Das Vordeck mit den beiden Reihen von Rundlöchern gleicht der *‚Kraeck‘* (1) und erinnert an das Vordeck des Modells von Mataro/Spanien (22), welches aus dem 15. Jahrhundert stammt. Die großen Kanonen in der Kuhl des englischen Schiffes haben ihre Mündungen über dem Schanzkleid zu sitzen. Dieses ist eine der Illustrationen aus der *Warwick-Roll.*

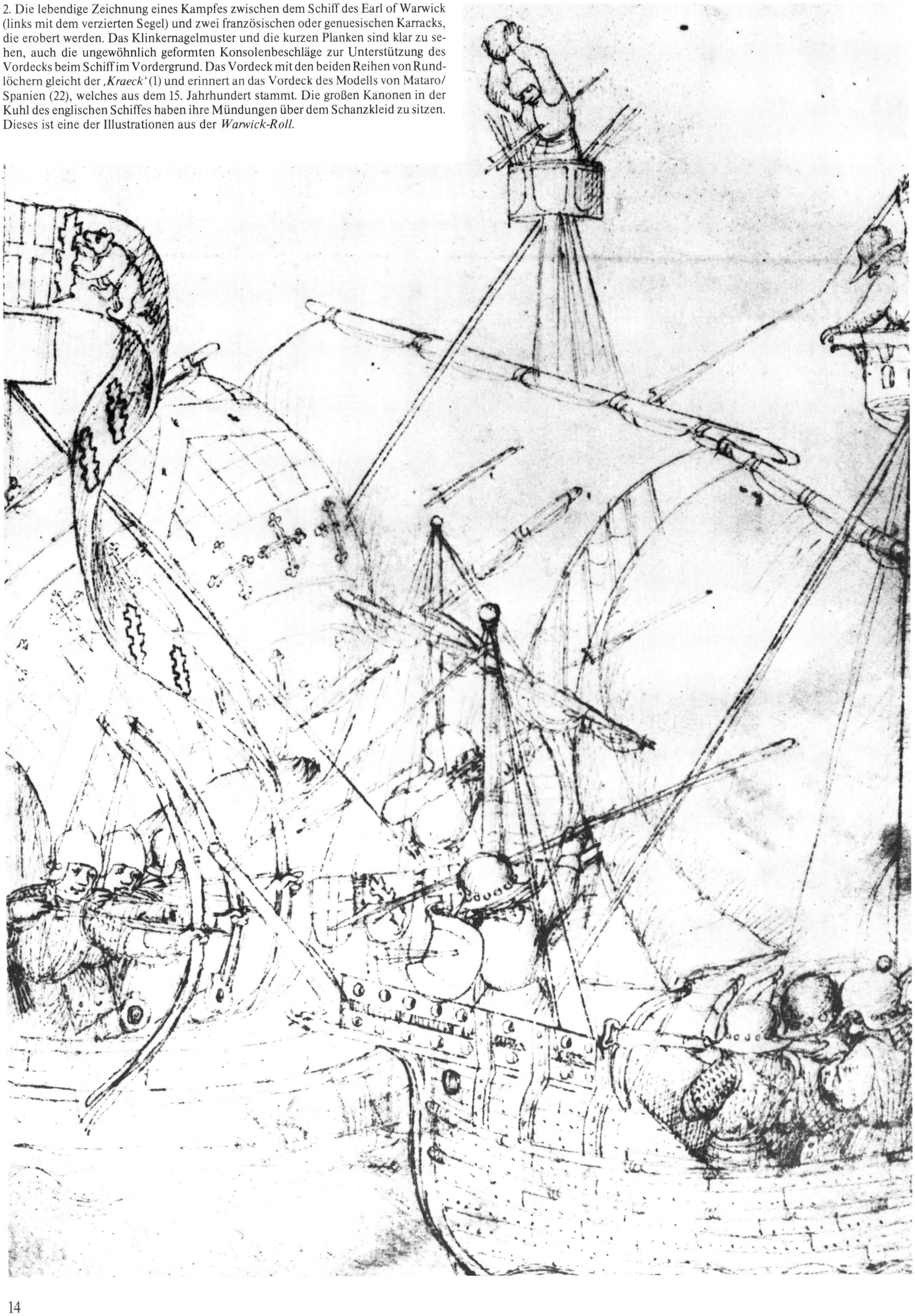

Zwölf dieser Abbildungen zeigen Schiffe und drei bzw. vier unter-
15 schiedliche Typen. Ein Teil datiert aus der Jahrhundertmitte oder
28 früher, ein weiterer scheint um 1470 entstanden zu sein. Die Schiffe
29 auf den Abbildungen zeigen den letzten Entwicklungsstand zu Leb-
30 zeiten des Earls und sind erkennbar als Vorläufer der ‚großen Schiffe' des nächsten Jahrhunderts. Sie besitzen vier Masten, führen eine Batterie großer Kanonen in der Mittschiffsbreitseite und haben in den oberen Aufbauten bereits die Charakteristik früher gewölbter Schießpforten des 16. Jahrhunderts. Das Datum des Verzeichnisses ist unsicher. Sie ist nicht zeitgleich mit dem Earl, der 1439 starb und man erzählt sich, daß sie von der Tochter, der Countess of Warwick, die 1493 starb, gefertigt wurde. Eine weitere Möglichkeit ist allerdings auch, daß sie für deren Tochter Anne gemacht wurde, die Richard III. (1483–85) heiratete. Folglich kann das Datum dort liegen, aber genauso gut ein Jahrzehnt davor, 1493 oder auch danach. Ein genaues Datum der Abbildungen wäre sehr wünschenswert, denn die späteren Schiffe sind sehr sorgfältig gezeichnet und vermitteln einen Eindruck ‚wie aus dem Leben gegriffen'. Wenn bewiesen werden könnte, daß die Sammlung zur Zeit König Richards gefertigt wurde, dann gleichen die Schiffe in ihrer Darstellung dem einen oder anderen Vorgänger. Bezüglich des englischen Schiffbaues (und als Folgerung daraus, desjenigen anderer europäischer Staaten, die viele Schiffe für Richards Flotte bauten) wäre dann zu sagen, daß er fortschrittlicher war, als man allgemein vermutet. Wenn die Zeichnungen andererseits erst nach der Thronbesteigung Heinrich VII. (1457–1509) im Jahre 1485 gefertigt worden sind, können sie die *Sovereign* zeigen, die 1488 zu Wasser kam, oder sogar die *Regent* von 1497.
Zur Vervollständigung der *Warwick-Roll* dienen die Auskünfte, die uns die Marinerechnungen und -inventarien Heinrichs VII. für die Zeit von 1485–88 und 1495–97 geben. Sie enthalten unzählige Details über den Bau, die Aufsicht und Unterhaltung der königlichen Schiffe, obwohl sie – wie die Auflistungen ab Anfang des Jahrhunderts – nur wenig über die Form des Schiffskörpers aussagen. Bis zu einem gewissen Grade kann das aus den Abbildungen in der *Warwick-Roll* gefolgert werden[2].

Der Schiffskörper

Im Mittelalter sprachen die englischen Seeleute von vier Schiffsarten: Nefs, Cogs, Hulks und Carracks*. Anfangs war die Bezeichnung ‚Nef' die allgemeine Benennung für Schiffe. Am Ende des Mittelalters war sie das altertümliche Wort für die größten Schiffe – die Großkampfschiffe, wie wir sie heute bezeichnen würden.
Die Kogge war ein Schiff nördlichen Ursprungs und mehr als zwei Jahrhunderte das Handelsschiff ‚par excellence'. In dieser Zeit führte sie Handel, aber auch Handelskrieg, zwischen Skandinavien und dem Mittelmeer. Im Bereich des letzteren gab es eine Reihe Schiffbauer, die einiges der Charakteristik dieser Koggen übernommen haben. Als Kriegsschiff war sie an einigen Seeschlachten des Hundertjährigen Krieges (England-Frankreich, 1339–1453) beteiligt, besonders bei Sluys/Flandern (1340)**. Auch auf den Siegeln vieler Seestädte sind Koggen zu sehen. Es waren hochbordige Schiffe mit geradem Vorsteven und großem Überhang nach vorn, einem schmalen Kastell auf dem Vorschiff und einem großen auf dem Achterschiff. Die Koggen waren Klinkerbauten und besaßen nur einen Mast und ein Segel. Die Enden der Querbalken ragten an den Schiffskörperseiten heraus. Auf einigen Siegeln erstreckt sich der Kiel aufwärts gebogen bis nach den beiden Schiffsenden hin. Abgesehen von der Bedeutung der Kogge war das auch alles, was man bis 1962 über sie wußte. In diesem Jahre fand man bei Arbeiten, die in Deutschland der Verbesserung des Fahrwassers der Weser galten, Teile eines alten Schiffes. Seine Bedeutung wurde sofort erkannt und eine komplette Ausgrabung in Angriff genommen. Der Fund erwies
sich als der fast völlig erhaltene Schiffskörper einer Kogge. Ange- 3
sichts der Gegenstände, die im Schiffskörper gefunden wurden, 4
scheint es, daß das Schiff nahezu fertiggestellt war, als eine Sturmflut 5
es wegriß und den Fluß hinuntertrieb, bis es auf einer Sandbank strandete und sank.
Der Fund bestätigte das, was die alten Siegel zeigten: Hohe Bordwände, gerade ausfallende Steven, Klinkerbauweise und überstehende Trägerenden. Nur der Mast und die Rahen fehlten. Das Schiff hatte eine Länge von 22,5 m, eine Breite von 7,5 m und war 5,3 m hoch. Der Kiel maß 15,6 m, der Vorsteven 8,4 m. Die Planken waren 0,75 m breit. Teile des Bodens, der eben ist, waren kraweelartig gefertigt, der übrige Schiffskörper geklinkert. Das interessanteste Merkmal ist jedoch die Form des Kiels. Dessen vorderes und hinteres Drittel ist abgeknickt, wie es auch einige Siegel zeigen. Diese ungewöhnliche Form wurde gewählt – so glaubt man – um den Schiffskörper gegen Verbiegungen zu festigen[3].
Das Muster der Jahresringe an den Schnittstellen der großen Träger weisen darauf hin, daß die Bäume um 1380 gepflanzt worden waren. Dieser außerordentlich glückliche Fund, der nahezu kompletteste eines Schiffes zwischen dem des *Gokstad-* und *Oseberg-Schiffes* und der *Wasa* bedeutet, daß wir heute in der Lage sind, uns ein Bild über die Kriegsschiffe vom Anfang des 15. Jahrhunderts zu machen, zumindest, wenn wir uns zusätzlich die Kriegsverwendung vorstellen, der die Bauform zu jener Zeit gelegentlich entsprach.
Es muß allerdings daran erinnert werden, daß es sich bei diesem Schiff um ein deutsches handelt, und daß sich die Koggen anderer Nationen teilweise von diesem unterscheiden. Die Schiffe des Nordens waren in späteren Jahrhunderten grundsätzlich gleich und dennoch für den Seemann auf den ersten Blick kenntlich. Gegen Ende des 14. Jahrhunderts wurden die Koggen für den Transport von Gütern und möglicherweise auch als Kriegsschiff durch ‚Hulks' ersetzt. Heinrich IV. besaß eine Hulk, die *Christopher of the Tower* (‚of the tower' bedeutet, daß ein Schiff dem König gehört). Das war im Jahre 1410[4].
Die Hulks sind irgendwie mysteriös und es gibt nur wenig Kenntnis über ihre Bauweise und Takelung. Oft waren es große Schiffe, aber kleinere werden gelegentlich ebenfalls erwähnt. Das geringe Wissen über das 14. und 15. Jahrhundert läßt vermuten, daß sie Klinkerbauten waren, einen ebenen Boden und möglicherweise Doppelenden besaßen[5]. Die *Christopher of the Tower* führte die gleiche Takelung wie die Kogge, denn ihr Zubehör schloß einen Mast, eine Segelrahe und ein Untersegel mit einem Bonnet* ein. Sie hatte ein Vor- und ein Heckkastell, die beide provisorisch gewesen sein können und 34 Pavesses (große hölzerne Schilde zum Schutz der an Deck befindlichen Männer).
Die Bedeutung des Namens ‚Hulk' wechselte während des 15. Jahrhunderts. Im 16. Jahrhundert steht er als Unterscheidung zum englischen für das nordeuropäische Handelsschiff. Später wurde er dann für ausrangierte Schiffe verwendet (gewöhnlich nur für große).
Der vierte Typ war die Karracke**. Sie ist möglicherweise im Mittelmeer entstanden, obgleich einige Gelehrte glauben, diese Ehre müsse Bayonne*** zugesprochen werden. Die Karracke war das größte

*Nef = aus dem spanischen ‚Nau' abgeleitet, Bezeichnung für ein großes Schiff
Cog = Kogge
Hulk = aus dem griechischen ‚holkás' abgeleitet, auch ‚holk' oder ‚hollik', Bezeichnung für ein großes schweres Lastschiff mit geringer Verdrängung, auch als Kriegsschiff verwendbar. Heute hat es eine andere Bedeutung.
Zur Hulk gehörten als wesentlicher Bestandteil die beiden Kastelle, die bei den Koggen fehlen konnten.
Carrack = Karracke oder auch Karacke (Anm. d. Übers.)
** Der Hundertjährige Krieg tobte zwischen 1337 und 1453. Es ging um die Vormachtstellung Englands oder Frankreichs. Außerdem handelte es sich um eine Art privater Fehde zwischen den beiden Kronen. Die Schlacht von Sluys (24. 6. 1340) entstand, als Edward III. eine Landung in Frankreich versuchte, die von einer starken Flotte gedeckt werden sollte. Die französische Flotte nahm in der Scheldemündung Aufstellung, in der Nähe von Sluys. Sie bestand aus 3 Geschwadern (zwei unter Segeln und unter Führung von Admiral Quiévet und Treasurer Balmuchet, eines aus Galeeren unter dem Genuesen Barbenoire). Die aus über 200 Fahrzeugen bestehende englische Flotte stand unter Führung des Königs und Morleys. Die Engländer siegten dank ihrer größeren Beweglichkeit. (Anm. d. Übers.)

* Bonnet = Ein (oder mehrere aneinander geheftete) Streifen Segeltuch, am Fußliek der Segelfläche befestigt, um die Fläche zu vergrößern. (Anm. d. Übers.)
** Karracke = großes, schwerfälliges und hochbordiges Handelsschiff aus dem Mittelalter, spanischen und portugiesischen Ursprungs. Andere Bezeichnungen sind: carrac, carrack, Kraak, Kracke, Kraeck und Karacke. (Anm. d. Übers.)
*** Bedeutender französischer Hafen des Mittelalters. Bekannt durch den damaligen Schiffbau. Außerdem handelte es sich zu damaliger Zeit auch um einen englischen Stützpunkt. (Anm. d. Übers.)

3

Schiff jener Zeit und es waren ihre Abmessungen, die die Männer beeindruckten. Die allgemeinen Linien der Karracks-Entwicklung wurden durch R.M. Nance und Guilleux la Roerie[6] dargestellt, die darauf hinweisen, daß es Bauunterschiede gibt zwischen den Karracks des Mittelmeers und Nordeuropas, zumindest in der Frühgeschichte der Fahrzeuge. So waren die Karracks aus dem Süden stets kraweelgebaut und hatten Spiegelhecks. Die flämischen und englischen Karracks, und wahrscheinlich auch die anderen im Norden waren zu Beginn des 15. Jahrhunderts und bis in dieses Jahrhundert hinein klinkergebaut und Doppelender. Das prinzipielle Merkmal einer Karracke war der geräumige Schiffskörper mit einem Kiel/Breite-Verhältnis von 2:1 bzw. 2,5:1. Hinzu kamen der plumpe Bug mit großer Auslage zum nach außen hin gewölbten Vorsteven und die hohen Bordwände, die sich oberhalb des Hauptdecks verengten. Auf dem Vor- und Hinterschiff befanden sich hohe Kastelle, aus denen sich in späteren Jahrhunderten das Back- und Achterdeck entwickelten.

Anfangs stellte die Back nichts anderes dar als eine über den Bug gesetzte offene Plattform. Aber es dauerte nicht lange, und sie wurde geschlossen und um ein weiteres Deck erhöht. Auf den größten Schiffen war sie wohl noch ein weiteres Deck höher. Das Hinterkastell stellte sich als eine etwas ausgebaute Heckstruktur vor. Seine Länge reichte bis zu einem Drittel der Schiffskiellänge. In der englischen Terminologie wurde es als ‚somercastle' bezeichnet und diente in erster Linie als Unterkunft für Offiziere und wichtige Passagiere. Um 1480 wurde es zum festen Bestandteil des Schiffskörpers und

4

3. Die Bremer Kogge beim Zusammenbau nach den Konservierungsarbeiten im Deutschen Schiffahrtsmuseum Bremerhaven. Der gerade Vorsteven ist vorausgestreckt, um das Brustholz einzubauen. Zur Linken der Bildmitte sieht man durch die Planken das Ende eines Verbindungsbalkens herausragen. Die Plankengänge sind sehr breit, der oberste im Bild ist mehr als 24 in (61 cm).
4. Der hintere Teil der Koggenseite. Die Löcher der Bändsel, die die sich überlappenden Streifen zusammenhielten, sog. (‚genähte Planken', typisch für nördliche Schiffe), sind unter der Unterkante der beiden oberen Plankengänge zu erkennen.
5. Ein vorläufiges Modell zeigt, wie die Kogge aussehen wird, nachdem sie zusammengebaut ist. Seit das Modell fertiggestellt wurde, hat man allerdings festgestellt, daß der Kiel nicht so gerade war, wie es das Modell zeigt, sondern an den Enden gebogen. Man glaubt, daß der gebogene Kiel eine größere Widerstandskraft gegen Verbiegungen hatte als der gerade. Bis die Rekonstruktion abgeschlossen ist, werden keine kompletten Pläne verfügbar sein.

5

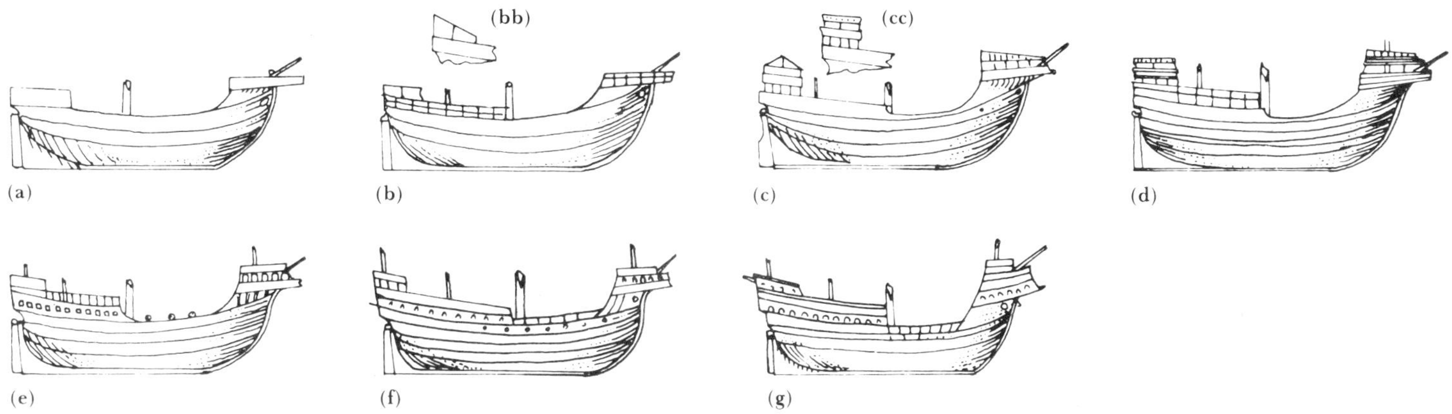

6. *Entwicklung der Karraks (1400–1500).*
(a) Nur die Kastelle.
(b) Ausbau des ‚somercastle' nach vorn, Sonnensegelgerüst achtern.
(bb) Variation der Sonnensegelgerüste in Schrägform.
(c) Auf Stützen erhöhte Poop mit Quersonnensegelgerüst. Vorkastell mit Sonnensegelgerüst.
(cc) Variation des Sonnensegelgerüstes der Längsform.
(d) Auf dem Vorkastell ein zusätzliches Gestell mit Sonnensegelgerüst.
(e) Die Poop ist mit dem Schiffskörper verbunden, zu erkennen sind bogenförmige Öffnungen, auf dem Schiffsrand befinden sich Kanonen.
(f) Das Vorkastell wurde befestigt, die Poop nach oben erweitert, in runden Pforten sitzen Kanonen.
(g) Achtern zwei Gillungen, schweres Vorkastell.

dehnte sich nach vorne hin bis in die Nähe des Großmastes aus. Damit wurde es zum Halbdeck späterer Zeiten. Direkt am Heck befand sich eine kleine Poop, die gewöhnlich ein leichtes Gerüst besaß, das zur Unterstützung der darüber sitzenden Plane diente. Auf den Karracks des Mittelmeers lag die Längsachse des Schräggerüstes querschiffs, auf den Nordschiffen lief sie von vorn nach achtern.
Nahezu das gesamte 15. Jahrhundert hindurch war die Back hoch, vielfach noch höher als das Achterkastell, aber im letzten Jahrhundertviertel kamen niedrigere Backdecks in Mode und die Höhe des Hinterschiffes wuchs. Umfassende Informationen über Karracks sind selten, aber zwei Dokumente und der Teil eines Schiffskörpers, beides aus der ersten Jahrhunderthälfte, vermitteln Daten für eine Teilrekonstruktion und zumindest einen Hinweis, auf welche Art der Schiffskörper zusammengebaut war.
Das erste Dokument ist ein Brief von John Alcetre, der 1419 an Heinrich V. schrieb. Er berichtete über ein Schiff, das sich in Bayonne für den König in Bau befand. Der Brief wurde vernichtet, als ein Brand Teile der bekannten *Cottonian Collection*-Geschichtsdokumente zerstörte. Aber 1867 ist eine Kopie gefertigt worden[7].
Der wichtigste Teil dieses Briefes von Alcetre lautet:
„... At the makyng of this letter yt was in this estate, that ys to wetyng, xxxvy strakes yn hyth y bordyd, on the wheche strakys byth y layde xj bemes; the mast beme ys yn leynthe xlvj comyn fete, and the beme of the hameron afore ys yn leynthe xxxix fete, and the beme of the hameron by hynds ys yn leynthe xxxij fete, fro the onemost ende of the stemme yn to the Poste by hynde ys yn leynthe an hundred iiij^{xx} *and vj fete (186 ft)* and the stemme ys ny hithe iiij*^{xx} *and xvj fete (96 ft) (29,26 m); and the Poste xlviij fete and the kele ys yn leynthe an hundred and xij fete, but he ys rotyt and must be chaungyd ...".*

* 186 ft = 56,69 m. Im folgenden sind alle Maßangaben in ft nachstehend in (m) angegeben. Umrechnungsfaktor = 0,3048, aufgerundet 0,305. (Anm. d. Übers.)

Die Abmessungen, die Alcetre angibt, werfen mehr Fragen auf, als Antworten vorhanden sind, und Versuche, das *Bayonne-Schiff* zu re- 7
konstruieren, hatten stets nur begrenzten Erfolg. Von L.G. Carr Laughton wurde schließlich ein überzeugender Seitenriß des unteren Schiffskörpers gefertigt[8]. Er kam zu dem Schluß, daß der Fall des Hinterstevens 10 ft (3,05 m) (der ‚Poste' aus Alcatre's Brief) betrug. Er folgerte, daß die Länge des Schiffskörpers 186 ft (56,69 m) maß, von der der Kiel 112 ft (34,14 m) beanspruchte. Das Ausschießen des Vorstevens mit 64 ft (19,51 m) betrug etwas mehr als die halbe Kiellänge. Ein solch enormer Überhang ist nicht unmöglich. Englische Schiffe gegen Ende des 16. und Anfang des 17. Jahrhunderts besaßen überhängende Vorsteven bis zu $^2/_5$ der Kiellänge. Die Höhe des Stevens mit 96 ft (29,26 m) war sicherlich die Länge der gesamten Biegung und nicht die senkrechte Höhe über dem Kiel. Der Umriß ist nur ein Teil der Geschichte. Über dem Bug befand sich wohl das Vorkastell mit seiner Brustwehr, und darauf möglicherweise noch ein weiteres Deck. Somit ergibt sich eine Gesamthöhe von etwa 64 ft (19,51 m). Die Spitze des Hinterstevens befand sich 47 ft (14,33 m) über dem Kiel, und wenn man die Höhe eines ‚somercastle' (Halbdecks) und die Poop hinzuzählt, lag sie sicherlich bei 57 ft (17,37 m). Das ist die gleiche Höhe wie bei der Poop der späteren *Victory*.
Versuche, die Mittschiffssektion und den Deckplan zu rekonstruieren, wurden ein Fehlschlag. Es mußten zu viele Vermutungen angestellt werden. Wie breit waren die Stöße (Plankengänge)? Waren sie kraweelgebaut, wie man es in Bayonne bevorzugte, oder klinkergebaut? Wenn wir annehmen, daß 36 Stöße in Kraweelbau waren, daß

7. Eine Rekonstruktion des unteren Schiffskörpers vom *Bayonne-Schiff* des Jahres 1419. CD ist die angenäherte Linie des Hauptdecks.
AB, Kiel = 112 ft (34,14 m) = FB, Radius des Innenkreises.
AC, Achtersteven = 48 ft (14,63 m).
GE, Radius des Außenkreises = 46 ft (14,02 m) = Breite.
BD, Vorsteven = 96 ft (29,20 m).
Vertikale Höhe von C = 47 ft (14,33 m).
Vertikale Höhe von D = 54 ft (16,46 m).
Hinterer Fall = 10 ft (3,05 m).
Vorderer Fall = 64 ft (19,51 m).
HK = Wasserlinie.

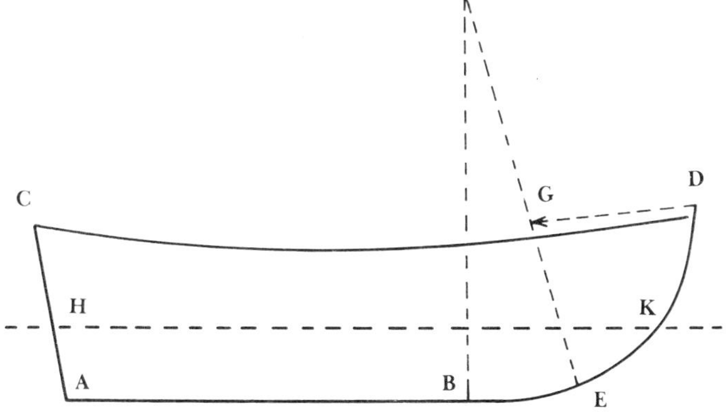

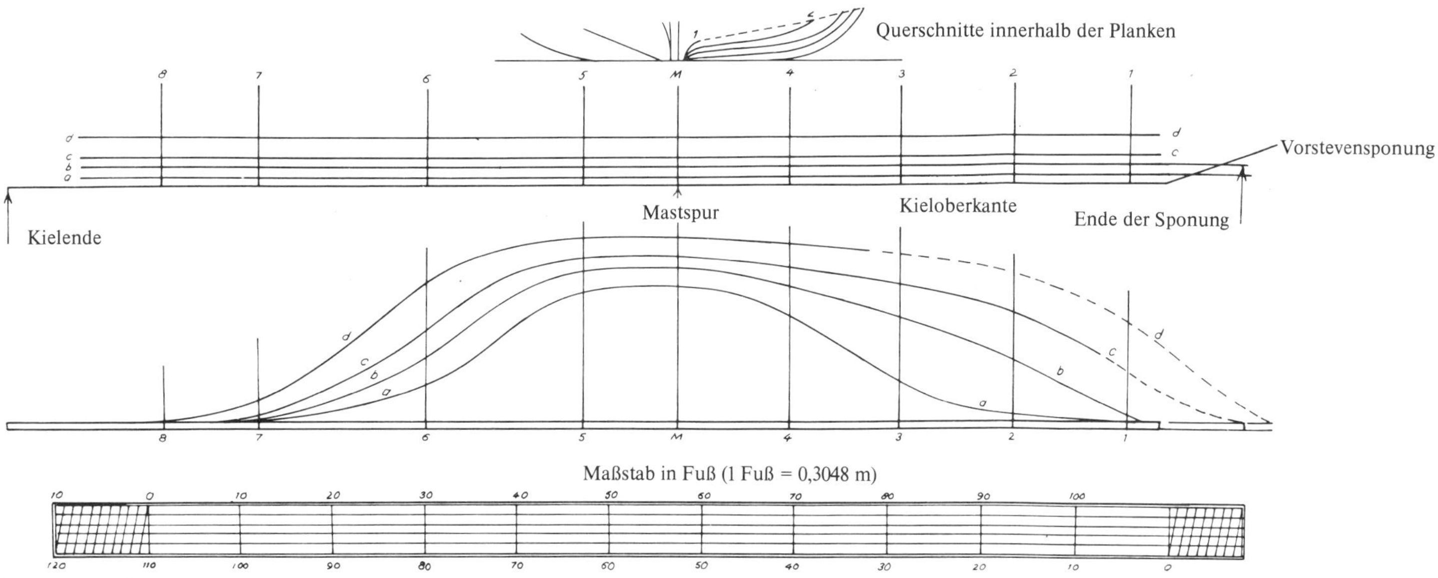

8. Der Linienriß der Überreste der *Grace Dieu* in Bursledon.

die Planken 12 in (30,5 cm)* breit waren und der Mastbalken mit 46 ft (14,02 m) Länge auf der Oberkante des obersten Stoßes lag, könnte man eine normale Mittschiffssektion zeichnen. Bei dieser läge der oberste Stoß dann etwa 18 ft (5,49 m) über dem Kiel. Falls die Stöße in Klinkerbauweise lagen, bei der die Überlappung 4 in (10,2 cm) betrug, käme die Oberkante auf etwa 8 ft (2,44 m) über den Kiel. Das ist eine angemessene Höhe für die Balken des unteren Orlops (unteres Deck). Aber würde man auch einen Mastbalken so tief setzen? Es ist unwahrscheinlich. Außerdem wird berichtet, daß die 11 Balken *auf* den Stößen lagen. Das bedeutet genaugenommen, daß ihre Enden aus den Seiten des Schiffskörpers heraustraten. Wie wir nun von der Bremer Kogge wissen, wurden Balkenenden auf diese Art eingebaut. Aber die beiden alternativen Rekonstruktionen des *Bayonne-Schiffes* würden bedeuten, daß in einem Falle die Balkenenden in der Wasserlinie und im anderen sogar unter dieser liegen würden.
Die Balken des *‚hameron‘* sind ein weiteres Puzzle. Das Wort erscheint in keinem englischen oder französischen Wörterbuch des Mittelalters. Es gibt Andeutungen, daß die beiden *‚hameron‘*-Balken die Enden der Waist** markierten. Wenn das richtig ist, muß der Balken des *‚hameron‘* dahinter sehr weit hinten gelegen haben, denn er ist 13 ft (3,96 m) kürzer als der Mastbalken. Eine andere Andeutung ist, daß der *‚hameron‘* vorne dort saß, wo das ‚tack‘*** an Bord kam. Daher muß er zum Bug hin gesessen haben. Aber was war dann mit dem *‚hameron‘*-Balken hinten?
Die Daten in Alcatres Brief scheinen so unglaublich groß für ein Schiff des 15. Jahrhunderts, daß oft der Verdacht geäußert wird, er
wurde teilweise fehlerhaft kopiert. 1933 fand man jedoch die Reste ei-
nes noch größeren englischen Schiffes. Es war ein Schiff, daß sich be-
reits in Fahrt befand, als das *Bayonne-Schiff* noch gebaut wurde. Das 8
Wrack wurde in der Nähe von Southampton im River Hamble gefun-
den[9].
Die Verhältnisse, unter denen die Untersuchungen stattfanden, wa-
ren sehr schwierig. Das Wrack befand sich nahezu komplett im 9
Schlick. Es lag an der Kante der Fahrwasserrinne und war nur immer
kurzzeitig und bei niedrigstem Wasserstand sichtbar. Eine vollstän-
dige Bergung erwies sich als unmöglich. Trotzdem wurden genü-
gend Beweise dafür gefunden, daß es sich um die 1400 Tonnen große
Grace Dieu Heinrichs V. handelte. Sie war 1418 gebaut worden und 10
fiel 1439 durch Blitzschlag einem Brand zum Opfer. Der Kiel ist mindestens 125 ft (38,10 m) lang, wenn nicht sogar 129 ft (39,32 m). Die maximale Breite der Überbleibsel ist vermutlich 37,5 ft (11,43 m). Aber da der Boden des Schiffes übrigblieb, belief sich die volle Breite sicherlich um 50 ft (15,24 m). Der Hintersteven war unerreichbar, das meiste des Vorstevens verschwunden. Aber das, was übrigblieb, zeigt, daß vorne ein großer Fall vorhanden war. Obwohl das Geborgene unvollständig war, zeigte es doch genug, um festzustellen, daß

* Im folgenden sind alle ‚inch‘-Werte in (cm) angefügt. Umrechnungsfaktor = 2,54. (Anm. d. Übers.)
**Waist = Die *‚Kuhl‘*. Ausdruck für den Teil eines Oberdecks zwischen der Back und Poop bzw. einem erhöhten Hinterschiff. (Anm. d. Verf.)
*** Tack = Hals, Benennung für ein Tau. (Anm. d. Übers.)

9. Die Konstruktion der Reste der *Grace Dieu* in Bursledon.

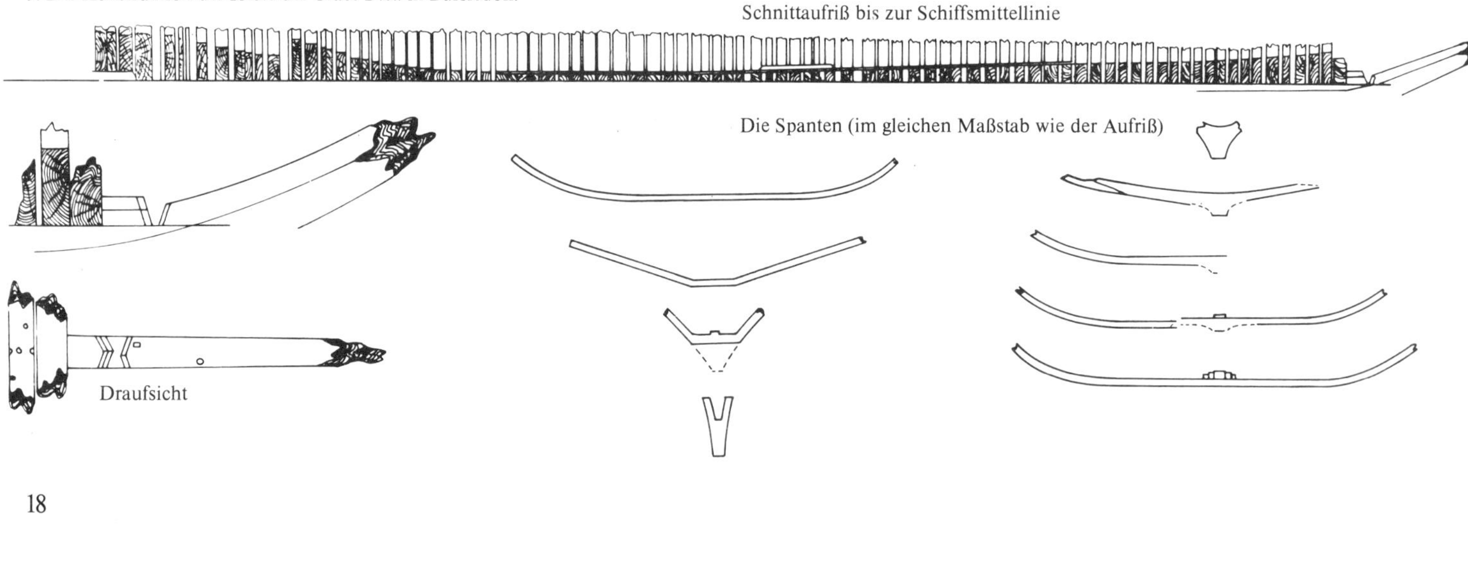

die *Grace Dieu* größer gewesen sein muß als jedes andere bis zum 17. Jahrhundert in England gebaute Schiff.

Das erstaunlichste Merkmal des Schiffes ist die Beplankung. Sie bestand aus Dreilagenklinker. Jeder Stoß setzte sich aus zwei Planken von 12 in (30,5 cm) und einer von 8 in (20,3 cm) Breite zusammen. Die Gesamtdicke betrug 4,5 in (11,4 cm). Die beiden breiten Planken überlappten den Stoß unten, so daß die Überlappung dort die *fünffache* Dicke hatte. Die Planken jedes Stoßes waren miteinander durch Eisennägel verbunden, die von innen geschlagen waren. An der Außenseite waren sie mittels kreisförmiger Unterlegscheiben vernietet und befestigt. Die Befestigungen hatten ein knotiges Aussehen, ein Merkmal, daß bei zeitgenössischen Abbildungen auffällt. Die Planken waren überraschend kurz, nur 6 bis 7 ft (1,83 m bis 2,13 m). Nachträglich kamen weitere dokumentarische Belege ans Tageslicht und so war es möglich zu berechnen, daß einige Schiffsplanken in zwei Längen gesägt worden sind, etwa 6,5 ft und 10 ft (1,98 m und 3,05 m). Sie hatten eine Breite von etwa 12 in (30,5 cm) und waren 1,5 in (3,8 cm) dick. Das entsprach genau den Planken der *Grace Dieu*[10].

11 Von der *Grace Dieu* wurde eine neuere Rekonstruktion gefertigt. Die Abmessungen entsprechen einem Tiefgang von 22 ft (6,71 m), einem Freibord bis zur Oberkante der Mittschiffsbrustwehr von 26 ft (7,92 m) und einer Höhe von der Wasserlinie bis zur Oberkante der Poopreling von 60 ft (18,29 m). Das 2. Deck des Vorschiffes liegt bei etwa 80 ft (24,38 m) über dem Kiel, bzw. 58 ft (17,68 m) über der Wasserlinie. Wenn einem die Rekonstruktion zu topplastig erscheint, muß man sich daran erinnern, daß die Oberbauten von leichter Struktur waren, und daß es nur wenige Schiffe gab, die Kanonen darin mitführten.

Obwohl die Abmessungen des Schiffes unwahrscheinlich groß erscheinen, werden sie doch von einer zeitgenössischen Quelle bestätigt. Im Jahre 1430 besuchte Luca di Maso degli Albizzi, Kapitän einer florentinischen Galeere im Handelsverkehr nach Flandern, die königlichen Schiffe auf dem River Hamble. Er schrieb die Abmessungen des größten in sein Tagebuch[11].

Luca di Maso notierte, daß das Schiff etwa 1500 ts oder sogar 1650 ts groß sei, eine Deckslänge von 184 ft (56,08 m) besäße und etwa 50 ft (15,24 m) breit sei. Die Vorschiffsplattform läge 52 ft (15,85 m) über dem Wasser und er äußerte die Vermutung, daß im Kriegsfalle sicherlich eine weitere hinzu käme. Di Maso schätzte den Großmast und fand, daß er etwa einen Umfang von 22 ft (6,71 m) hatte, oder nahezu 7 ft (2,13 m) lichte Weite. Er berichtete, daß das Schiff die größte und schönste Konstruktion gewesen sei, die er je gesehen habe. Der Kapitän einer florentinischen Galeere war kein leicht zu beeindruckender Mensch, und di Maso zudem ein zuverlässiger Seemann. Er konnte sicherlich beurteilen, ob die von ihm festgehaltenen Daten stimmten oder nicht. Nach Abschluß der Darstellungen über die *Grace Dieu* und ihrer Zeitgenossen[12] klafft in den englischen Veröffentlichungen eine Lücke von 40 bis 50 Jahren. Dann erst traten erneut vielfache Beweise über die Entwicklung zu Tage.

Eine Ahnung davon, was in der ersten Hälfte des 15. Jahrhunderts im Mittelmeer geschah, vermittelt ein italienisches Manuskript über
12 den Galeeren- und Schiffbau. Es entstand 1445. Dr. R.C. Anderson
13 übersetzte es. Es wurde im *Mariner's Mirror* veröffentlicht[13].

Zu den Daten gehört auch eine Tabelle mit den Abmessungen von Karracks. Zwischen den wichtigsten Daten dieser Tabelle gibt es einige interessante Beziehungen. Die Kiel/Breite-Verhältnisse liegen zwischen 3,25:1 und 2,5:1. Das Hintersteven/Breite-Verhältnis ist 1:1 oder sehr nahe daran für 1, 4, 6 und 7 und 0,7 bis 0,75 für 2, 3 und 5. Das legt eine Regel nahe, die besagt, daß der Hintersteven genau so lang sein müsse wie die Breite (wie auch beim *Bayonne-Schiff*), bzw. etwa 3/4 davon. Das Bug/Breite-Verhältnis war ebenso einfach, grob gesehen 4:3, außer bei 5, bei dem es 10:9 betrug.

Zur italienischen Veröffentlichung gibt es bis etwa 1470 keine vergleichbaren Informationen über Schiffe des Nordens. Zuverlässige Beweise sind mehr als dürftig. Bei großen Schiffen wurde um diese Zeit die Kraweelbauweise übernommen, drei Masten waren normal, Kanonen ein selbstverständlicher Teil der Kriegsschiffarmierung. Nach dem *Hastings*-Report besaß ein Schiff Mitte des 15. Jahrhunderts immer noch die hohe Bugplattform, aber im Achterkastell befand sich auch ein Paar großer Kanonenpforten. Ein bekannter Stich
zeigt die W.A.* *‚Kraeck'* und ist wahrscheinlich das wichtigste Be- 1
weisstück für das Aussehen und die Takelung einer Karracke im 3. Viertel des 15. Jahrhunderts. Man glaubt, daß die Zeichnung auf einem geweihten Schiff einer Kirche basiert, denn die Wasserlinie ist zu tief gesetzt, wie es oft bei Modellen dieser Art der Fall ist. Auf den ersten Eindruck scheint die Takelung überzeugend, tatsächlich ist sie aber eine Eingebung des Künstlers. Er befindet sich in dieser Hinsicht in guter Gesellschaft, denn nur wenige Künstler dieser und auch späterer Zeit waren in der Lage, die Takelage exakt wiederzugeben. Das Bild soll um 1470 entstanden sein, aber falls es auf der Grundlage eines ‚Kirchenschiffs' entstand, kann das Modell wesentlich älter gewesen sein.

Hinsichtlich des Aussehens englischer Kriegsschiffe in der zweiten Jahrhunderthälfte ist der wichtigste Beweis zweifellos die *Warwick-Roll.* Sie zeigt drei oder möglicherweise vier unterschiedliche Schiffe. Die ältesten haben Einzeldecks und offene Vorschiffsplattformen. Wie die Charakteristik des Nagelmusters zeigt, sind es Klinkerbauten. Die Planken sind kurz. Die Vorschiffsplattformen sind durch ‚rider' (Schienen) an der Außenseite des Schiffskörpers unterstützt. Von der Form der Schienen her läßt sich darauf schließen, daß die Vorschiffsplattform merklich schmaler war als das Hauptdeck darunter. Die Form der Schienen ist eigentümlich. Falls sie aus Holz gefertigt waren, scheinen sie für ihre Aufgabe kaum dick genug gewesen zu sein.

Sie können möglicherweise auch aus Eisen gewesen sein, denn die Rechnungen für die *Sovereign* Heinrichs VII. belegen den Kauf von Eisen für Bolzen und Klammern für das Vorschiff, Hinterschiff und die Poop des Schiffes. Bei zwei Schiffen einer Abbildung der *Warwick-Roll* gibt es einen Unterschied zwischen den Vorschiffskastellen. Das englische Schiff links hat die Vorschiffsreling mit Schilden
behangen. Das andere, von dem man annimmt, daß es eine französi- 2
sche oder genuesische Karracke ist, führt auf dem Vorschiffskastell eine Brustwehr aus zwei Plankenlagen, zwischen denen eine Lücke klafft. Jede Lage hat eine Reihe von runden Löchern. Ähnliche

* W.A. oder auch W. (A.) sind die Initialen eines flämischen Stechers. (Anm. d. Übers.)

10. Konstruktionsdetails der *Grace Dieu.*

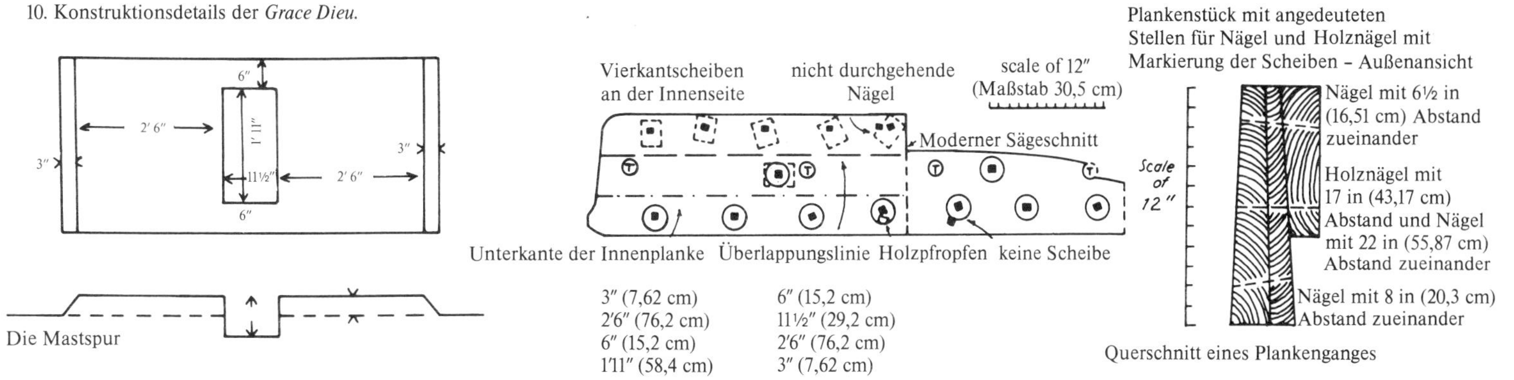

Löcher waren im späten 15. Jahrhundert das Zeichen für Schiffs-
typen von Mataro in Katalonien. Also waren sie ein Merkmal der
Schiffe aus dem Süden. Die große Karracke auf der *Warwick-Roll*
gibt einen beeindruckenden Grad an Details wieder. Die strukturel-
22 len Merkmale sind von großem Interesse. Das Vorschiff hat zwei
Decks (dieser Teil der Zeichnung ist nicht der beste des Künstlers. Er
30 hatte Schwierigkeiten mit der Perspektive). Der Schiffskörper besitzt
ausgeprägte runde Bordwände und die Seiten des ‚somercastle' sind
nahezu scharfkantig. Über dem Hauptdeck scheinen sich im Hinter-
schiff zwei Decks zu befinden. Der hintere Schiffskörper zeigt, wie
die Planken in den Achtersteven übergehen und die Ausbildung des
Totholzes. Ruder, Pinne und Rudereisenbeschläge sind gut heraus-
gezeichnet. Der Bug ist nicht zu sehen. Andere Teile der *Roll* zeigen
jedoch den fehlenden Abschnitt. Der Schiffskörper der Karracke
zeigt einige merkwürdige und rätselhafte Merkmale. Es gibt kein 28
Barkholz*, keine Nagelspuren und keine Beplankungsverbindun-
gen. Wenn der übrige Schiffskörper nicht so klar gezeichnet gewesen

* Die dickste Beplankung der Schiffsseite, halbwegs etwa zwischen Schandeckel und Wasserlinie, auch Bergholz genannt. (Anm. d. Übers.)

Abmessungen der Karracks – Anfang 15. Jahrhundert[1]

Karracke	Burden (botte)*	Länge des Kiels	Länge des Vorstevens	Länge des Hinterstevens	Breite	Länge des Decks	Breite 0,9 m über dem Kiel	Breite 1,83 m über dem Kiel	Tiefe	Länge des Heckbalkens
1	1000	25,91 m	13,87 m	10,67 m	10,36 m	3,35 m	8,23 m	10,06 m**	3,66 m	-
2	700	22,10 m	10,97 m	6,40 m	8,53 m	3,05 m	6,02 m	7,24 m	3,35 m	-
3	700	21,34 m	10,97 m	6,40 m	8,53 m	3,05 m	-	7,62 m	-	6,10 m
4	500	22,10 m	10,36 m	7,62 m	7,62 m	2,74 m	5,64 m	-	3,35 m	-
5	300	19,05 m	7,62 m	4,72 m	6,86 m	2,13 m	4,57 m	-	2,29 m	3,96 m
6	250	18,29 m	8,23 m	5,79 m	6,25 m	2,59 m	4,95 m	5,64 m	2,59 m	-
7	200	18,29 m	7,62 m	5,64 m	5,49 m	-	-	-	-	-

* 1 botte ≙ 0,5 ts.
** Dr. Anderson glaubt, daß die Angabe ein Fehler ist. Es sollte besser 8,84 m bzw. 9,45 m heißen.

[1] Die Werte wurden bei der Umrechnung von „ft" und „in" in „m" abgerundet. (Anm. d. Übers.)

11

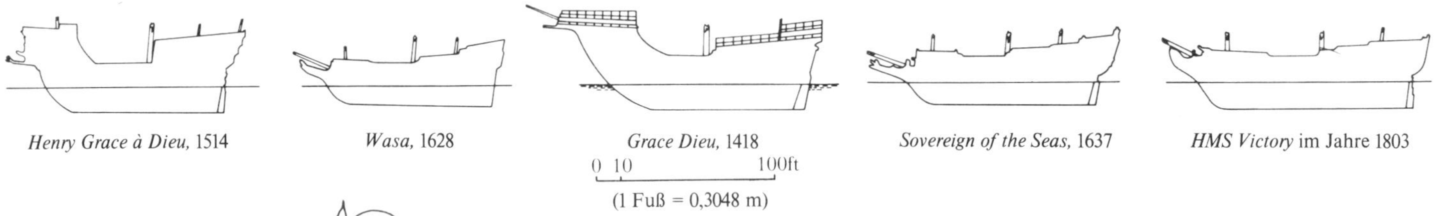

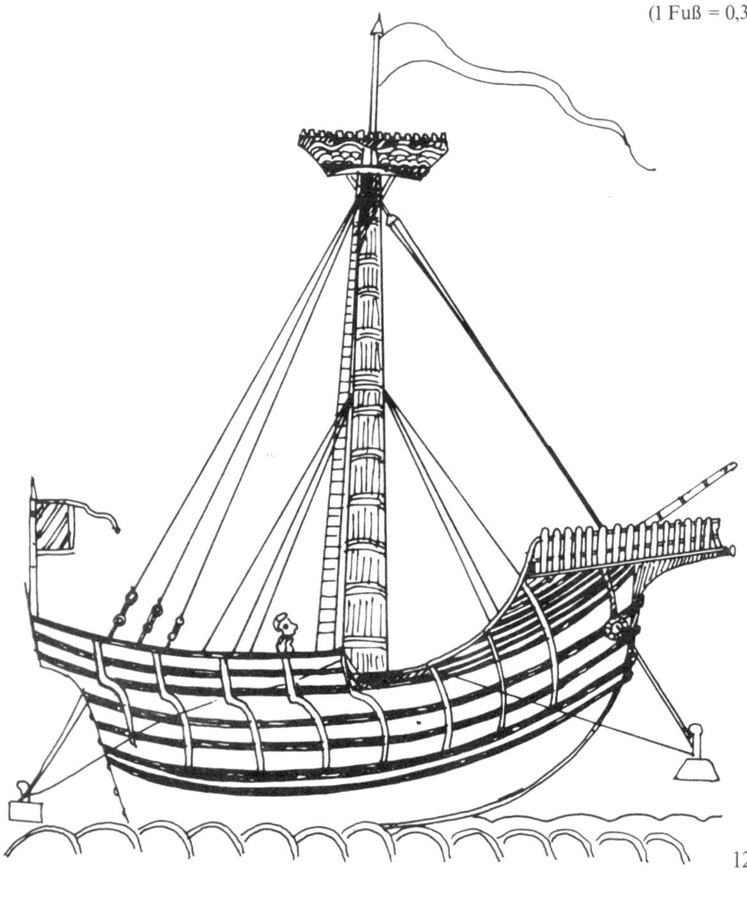

12

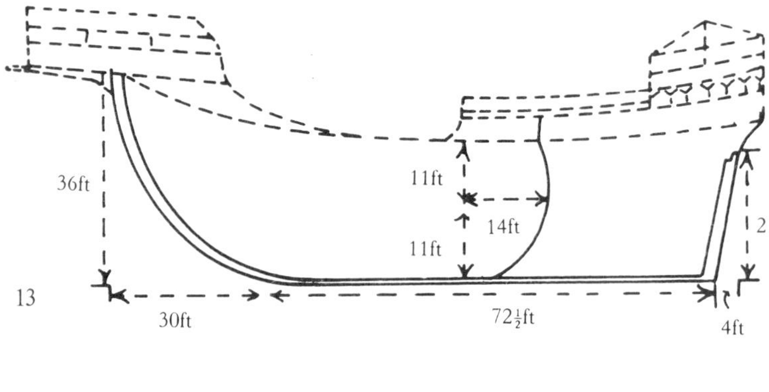

13

11. Das Profil der *Grace Dieu* im Vergleich mit einigen großen Schiffen, wie sie durch Major General (Generalmajor) M.W. Prynne rekonstruiert wurde.

12. Eine einmastige Karracke aus einer italienischen Schiffbauschrift von etwa 1445. Der Künstler hatte Schwierigkeiten mit der Perspektive, als er die Kattsporen am Schiffskörper zeichnete. Er versuchte wiederzugeben, wie der obere Schiffskörperteil zum Achterkastell hin enger wurde. Man beachte die Darstellung der Klinkerbeplankung unter dem Vordeck. Auf nördlichen Schiffen war der Plankensprung viel geringer. Das Takelwerk ist skizzenhaft und falsch, trotzdem ist es interessant zu sehen, daß das Stag mehrfach zu sein scheint.

13. Die Rekonstruktion einer Karracke des frühen 15. Jahrhunderts, die der verstorbene Dr. R.C. Anderson fertigte. Er benutzte Maße, die in der italienischen Niederschrift von 1445 angegeben sind. Die Oberbauten fertigte er nach zeitgenössischen Bildern.

36 ft (10,97 m)	14 ft (4,27 m)
30 ft (9,14 m)	21 ft (6,40 m)
11 ft (3,35 m)	72½ ft (22,09 m)
11 ft (3,35 m)	4 ft (1,22 m)

14

15

14. Ein englisches Kriegsschiff aus etwa der Mitte des 15. Jahrhunderts. Es ist aus dem *Hastings-Manuscript.* Das Schiff hat drei Masten und offenbar eine Großmarsstenge. Der Schiffskörper trägt das altmodische hohe Vorkastell, aber die Kanonenpforten im Hinterteil sind bereits Zeichen des beginnenden Wandels, der mit Übernahme der Kanonen als wichtiger Teil der Schiffsarmierung eintrat. Es ist durchaus möglich, daß das Schiff ein rechteckiges Heck besaß, da es jedoch vermutlich Anfang des 16. Jahrhunderts aus einem alten Manuskript kopiert wurde, kann es auch sein, daß dem Künstler bei der Darstellung des Hecks ein Fehler unterlaufen ist.

15. Eine kleine Karracke, wahrscheinlich aus der Mitte des 15. Jahrhunderts. Auch diese Abbildung gehört zur *Warwick-Roll.* Es befindet sich nur ein Deck im Vorschiff. Der Schiffskörper ist klinkergebaut, hat kurze Planken, aber zwei starke Barkhölzer. Beachte den großen Bogenzugang zum Backdeck und die Art, wie das Schanzkleid in der Kuhl konstruiert ist. Die Großwanten scheinen mit Jungfernblöcken angeordnet zu sein.

wäre, könnte man vermuten, diese Details seien weggelassen worden. Es ist aber auch möglich, daß der Künstler eine Kraweelbeplankung zeigen wollte. Andere interessante Merkmale des Schiffskörpers werden bei der Ausrüstung, Bewaffnung und Verzierung abgehandelt. In der *Roll* werden auch Schiffe, die zu jener Zeit den letzten Entwicklungsstand im Kriegsschiffbau darstellen, gezeigt. Obwohl es immer noch Karracks sind, begann mit ihnen bereits die Entwicklung des großen Schiffes des folgenden Jahrhunderts. Die Wölbungen im Vor- und Achterkastell (was man auch als ‚Halbdeck' ansprechen kann) beweisen, daß nunmehr mehr Kanonen mitgeführt werden als zuvor. Der Vorsteven hat die vordere Auslage größtenteils verloren, er verläuft nahezu gerade von der Wasserlinie zum Bugknie. Das Achterkastell ist voll mit dem unteren Schiffskörper verbunden, der nun nicht mehr die stark eingezogene Form früherer Schiffe hat. Die gezeigten Schiffskörper wurden in Klinkerbauweise gefertigt und haben ein Paar Barkhölzer. Die Kombination Klinkerbau und Barkholz ist ungewöhnlich und mag als Fehler angesehen werden. Die Baurechnungen der *Mary Fortune*, die ein Klinkerbau war, beeinhalteten auch ‚lange Balken für Barkholz'[2]. Die Schiffe der *Warwick-Roll* stimmen genau mit den Marinerechnungen Heinrich VII. überein. In Fragen, was auf den Schiffen oder in den Lagerhäusern war, geben die Belege jedoch nur wenig Auskunft. Auch über Bestandsaufnahmen oder darüber, welche Materialien für den Bau oder die Reparatur königlicher Schiffe entnommen wurden, sagen sie nichts aus. Desgleichen enthalten sie nichts über die Form der Schiffe. Trotzdem können einige nützliche Folgerungen gezogen werden. Die Kanonenliste der *Sovereign* besagt, daß sie mindestens zwei Decks im Vorkastell und zwei im Achterkastell besaß. Die große Menge an Niet- und Klinkernägeln, die für die neuen Schiffe *Sweepstake* and *Mary Fortune* gekauft wurden, beweisen, daß wesentliche Teile dieser Fahrzeuge in Klinkerbauweise gefertigt wurden. Auf der anderen Seite besitzen die Rechnungen für die *Sovereign* und *Regent* keinen Nachweis für Niet- und Klinkernägel. Bei *Regent* sind immerhin Kraweelnägel angeführt. Die Folgerung ist klar. Um 1497 waren die größten und neuesten englischen Kriegsschiffe kraweelbeplankt. Allerdings besteht die Möglichkeit, daß die

Sovereign, da sie zuerst gebaut wurde, noch ein Klinkerbau war (siehe Kapitel II). Diese Beispiele geben nur einen kleinen Teil dessen wieder, was man aus dem Studium der Belege schließen kann. Sie sind bis heute noch nicht systematisch analysiert worden.

Bevor der Abschnitt über die Schiffskörperkonstruktion abgeschlossen wird, muß noch einiges über die Anordnung der Decks auf den Karracks und anderen Schiffen des 15. Jahrhunderts gesagt werden. Zeitgenössische Dokumente erwähnen die Decks nur selten, und wenn sie es tun, sind es für gewöhnlich nur die im Vor- und Achterkastell. Die Deckseinteilung wurde nach Bildern ausgearbeitet und gelegentlich bilden Belege den Schlüssel für den Einbau von Einrichtungen. Das Hauptdeck vom Großmast nach voraus ergibt keine Schwierigkeiten. Es ist eben oder auch mit leichtem Sprung und reicht vom Schott des Achterkastells bis zum Bug. Die Bilder der *Warwick-Roll* vermitteln den Eindruck, daß es auf gleicher Ebene auch unter dem ‚somercastle‘ (Halbdeck) hindurchführt, weil eines der Schiffe eine Tür im Schott auf der Hauptdeckebene besitzt. Bei einem anderen Schiff befinden sich eine Reihe Heckfenster in der Ebene des Hauptdecks. Die ‚*Kraeck*‘ hat eine ähnliche Einteilung. Bei Schiffen der *Warwick-Roll* und der ‚*Kraeck*‘, jedoch nicht bei den anderen, führt die Ruderpinne ein Deck unter dem Hauptdeck nach innen.

Auf den großen Schiffen gab es mindestens zwei Decks unter dem Hauptdeck und vielleicht mehr, denn die *Grace Dieu* und das *Bayonne-Schiff* waren vom Kiel bis zum Hauptdeck mehr als 30 ft (9,14 m) hoch. Schiffe späterer Zeit hatten ein Deck in der Nähe bzw. in der Wasserlinie. So gab es im Mittelalter möglicherweise auch dort schon eines. Auf der ‚*Kraeck*‘ saß bereits ein Deck direkt unterhalb der Ladepforte. Soweit es die Abbildungen klar zeigen, verlief ein Hauptdeck ununterbrochen vom Bug zum Heck. Darunter befanden sich ein oder zwei Decks, von denen jedes eine Kopfhöhe von 5 ft (1,52 m) oder 6 ft (1,83 m) hatte. Im Achterkastell war das Halbdeck (‚somercastle-deck‘, auf englischen Schiffen des 15. und Anfang des 16. Jahrhunderts *das* Deck). Darüber saß das Poopdeck. Das Vorschiff besaß ein oder zwei Decks.

Dann wird es kompliziert. Wie R.M. Nance feststellt[12], saßen die Klüsen der Karracks ständig so hoch, daß ein Ankertau von dort zu einem Spill in der Kuhl unter einem solchen Winkel ankam, daß die Drehungen die Trommel hochschieben mußten. Nance nimmt daher an, daß das Spill im Halbdeck stand und daß das Hauptdeck im Innern des Halbdecks höher lag als die Kuhl. Bei den Skizzen der *Warwick-Roll* scheinen die Klüsen allerdings ein ganzes Deck höher zu sitzen als die Kuhl. Bei der ‚*Kreack*‘ ist das Arrangement ähnlich. Somit bleibt die Frage offen. Trotzdem ist es verwunderlich, daß ein Block mit einem freien Tau von 5 ft oder 6 ft (1,52 m oder 1,83 m) über der Kuhl praktizierbar war.

16

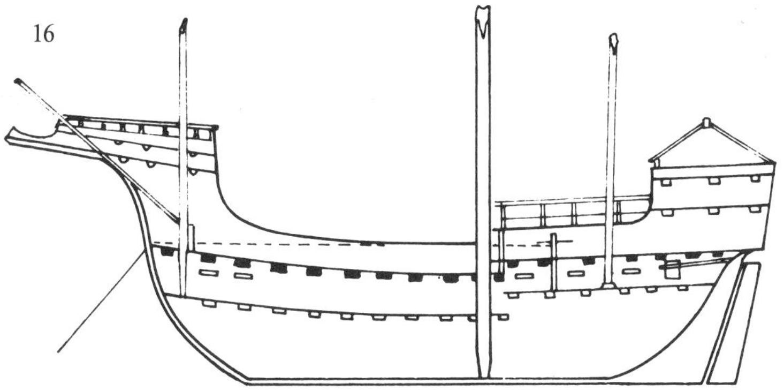

17

18

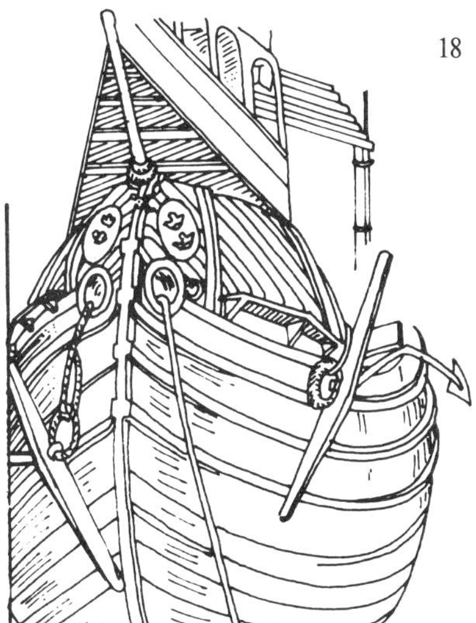

16. Vermutliche Anordnung der Decks einer Karracke. Diese Zeichnung basiert allerdings auf einer Mittelmeerkarracke. In Übereinstimmung mit der *Warwick-Roll* saßen auf englischen Karracks die Ankerklüsen weiter oben.

17. Der Bug einer Mittelmeerkarracke aus dem 15. Jahrhundert. Die kleinen Ankerklüsen waren zu dieser Zeit ungewöhnlich. Die Details dieser Zeichnung sind jedoch so sorgfältig wiedergegeben, daß sie offenbar korrekt sind. Der Anker ist von einer Holzstütze oder Klampe umschlossen und hat eine weitere Lasching um seine Ankerflunken. Das quadratische Mattentaugeflecht ist ein Ankerschutz für die Ankerflunken um eine Beschädigung der Schiffsaußenhaut zu vermeiden. Die Zeichnung basiert auf der florentinischen Gravierung ‚Three Ships at Sea‘, die sich im Albertina-Museum, Wien, befindet.

18. Der Bug einer Mittelmeerkarracke aus der zweiten Hälfte des 15. Jahrhunderts. Das Schiff ist kraweelgebaut, hat eine Reihe Barkhölzer und der Bereich unterhalb des Vordecks ist mit Diagonalklinkerplanken bedeckt. Die großen Ankerklüsen sind weit über das Hauptdeck gesetzt und haben ein Paar ovaler Abdeckungen, die an Ketten und direkt vor dem Bug hängen. Man beachte den Davit hinter dem Ankerstock und die kleine Plattform direkt davor. Sie war sicherlich für die Seeleute beim Ankerhieven gedacht. Die Skizze wurde nach einer Darstellung in Carpaccios ‚Legende of St. Ursula‘ gefertigt.

Schiffskörperausrüstungen

Sie sind eingeteilt in außenbords und binnenbords und in der Reihenfolge vom Bug zum Heck beschrieben. Einige wenige unbestimmbare Teile, wie Anker und Taue sind da zugeteilt, wo sie hinpassen.

Klüsen: Jede Abbildung von Schiffen des 15. Jahrhunderts zeigt
große Klüsen am Bug. Außerdem sitzen sie auch noch weit oben. 18
Die hoch angesetzte Position ist verständlich. Aber warum waren sie so groß? Manche müssen einen Durchmesser von mehr als 2 ft (61 cm) besessen haben. Die Klüse selbst war mit einem dicken Holzkragen eingefaßt.

Vorschiffsplattform: Zu Beginn des Jahrhunderts war die Vorschiffsplattform bei den Schiffen des Nordens immer noch mehr eine Ergänzung des Schiffskörpers als ein fester Bestandteil desselben.
Die Plattform befand sich auf einem Spantenrahmen und aufgesetz- 19
ten Relingsstützen. Gelegentlich waren die Seiten als Bordwand hochgezogen. An der Reling hingen Schilde oder manchmal auch Planken. Ziemlich am Anfang des 15. Jahrhunderts war die Vorschiffsplattform zwischen der Plattformunterseite und dem Schandeckel durch Planken miteinander verbunden. Auf den Schiffen des Südens waren die Planken diagonal gelegte Klinker, auf der ‚*Kraeck*‘ und den Schiffen der *Warwick-Roll* folgten sie der Linienführung des Sprungs. Falls es eine obere Etage zur Vorschiffsplattform gab, war sie von gleicher Bauart, jedoch kleiner. Auf den Schiffen des letzten Vierteljahrhunderts wurde das obere Stockwerk durch hölzerne, gebogene Streben unterstützt.

Barkhölzer und Fender: Das augenscheinliche Vorkommen von Barkhölzern auf klinkergebauten Schiffskörpern wurde bereits
erwähnt. Kraweelbeplankte Schiffe besaßen viele Barkhölzer, Mit- 20
telmeerschiffe für gewöhlich mehr als die des Nordens. Letztere hatten vier. Zum Jahrhundertende kamen Fender auf, die senkrecht in der Kuhl saßen. Sie schützten die Schiffsseiten vor Beschädigungen durch Kaianlagen oder bei Übernahme schwerer Lasten. Auf der ‚*Kraeck*‘ sind die Klauen der Barkhölzer seitlich des Großmastes zu sehen. Dort waren sie jedoch kaum von Nutzen, es sei denn, man benötigte sie nicht als Fender, sondern als Diagonalschienen, um den Druck der Wanten aufzufangen. Möglicherweise fertigte der Künstler die Perspektive falsch, und sie sollten in Wirklichkeit in der Kuhl sitzen.

Rüsten:* Die Frühgeschichte dieser Ausrüstung wurde erst jetzt erarbeitet. Die ‚*Kraeck*‘ besaß Hauptrüsten und eine Karracke der *Warwick-Roll* ebenfalls. Keines der übrigen Fahrzeuge der *Roll* zeigt ähnliches. Die der ‚*Kraeck*‘ sind auf der Oberkante der Brustwehr befestigt, ein ziemlich unwahrscheinlicher Platz. Zweckmäßiger wäre die Hauptdeckebene gewesen.

Speigatts: Diese saßen im ersten Deck über der Wasserlinie, so daß die Austritte weit genug über Wasser lagen, wenn das Schiff überholte. Auf dem 15. Jahrhundert-Modell von Mataro und einem frü-
22 hen Wrack aus dem Zuidersee waren die Speigattrohre ein quadratisches Holzstück, axial durchbohrt und zwischen den Spanten eingebaut. Hölzerne Speigatts wurden manchmal mit Blei ausgefüttert und die äußeren Enden mit Lederlappen abgedeckt. An Oberdeck bestanden die Speigatts aus einfachen Bohrlöchern, die durch die Brustwehren hindurchführten, oder es waren Rohre wie die unter Deck.

Ladepforten: Obwohl Kriegsschiffe keine Ladepforten benötigten, besaß eines der Schiffe Heinrichs IV., die *Carake*, zwei eiserne Bolzen zum Verschließen einer Pforte. Sie sind in der Inventarliste angeführt. Wahrscheinlich war die *Carake* ein früheres Handelsschiff. Eine Tür von der Größe wie auf der ‚*Kraeck*‘ benötigte einen sicheren Verschluß.

Ruder: Schiffe mit nur einem Mast benötigten ein großes, breites Ruder. Da die Ruderpinne über dem Ruderkopf befestigt war, erforderte das Legen des Ruders eine breite Öffnung im Heck. Auch als die Schiffe bereits drei Masten hatten und somit leichter den Kurs am Wind halten konnten, blieb das Ruder groß. Die italienischen Schiffbauunterlagen weisen immer wieder darauf hin, daß die Ruderbreite unten $\frac{1}{4}$ und oben $\frac{3}{16}$ der Ruderlänge betragen sollte. Nordschiffe hatten ähnliche Proportionen. Wie die Pinne am Ruderkopf befestigt war, ist aus dem Bild der ‚*Kraeck*‘ von W.A. zu sehen. Die Befestigung wurde möglicherweise durch ein Eisenband verstärkt, das von einer Seite zur anderen und drumherum reichte. Wie die Ruder geführt wurden, können wir nicht sagen. Soweit wir wissen, wurde im 15. Jahrhundert kein ‚Whipstaff‘ (Schwengel/Pinne) benutzt (siehe Kapitel II). Mutmaßlich hatten große Schiffe eine Mannschaft von Rudergängern oder Taljen am Ende der Pinne. Die Sicht des Rudergängers ist ein interessantes Problem, denn ab Mitte des Jahrhunderts, wenn nicht sogar schon früher, stand er unter dem Halbdeck. Wenn man der *Warwick-Roll* vertrauen darf, befand er sich sogar noch ein Deck tiefer.

Das Heck: Schiffe werden oft mit einem Paar Tonnen am Heck ge-
zeigt, die am Heckgeländer oder an den Unterkünften sitzen. Man 21
erzählt sich, daß diese Gebilde zum Wässern des Pökelfleisches
dienten, bevor es gekocht wurde. Auf der großen Karracke der *War-* 28
wick-Roll waren sie jedoch für diese Zwecke recht ungünstig untergebracht. Wahrscheinlich handelt es sich nur um eine Vermutung. Die ‚*Kraeck*‘ besaß an jeder Ecke der Galerie eine Latrine. Es ist jedoch nicht klar, warum jeweils ein Teil der Takelage durch die Dekkel lief.

Brustwehr und Reling: Die Brustwehr (auch Schanzkleid genannt) der Kuhl bestand entweder aus Stützen, Relings oder Planken. Auf der offenen Vorschiffsplattform waren es offene Relings bzw. Planken oder auch beides zur Hälfte. Oftmals befanden sich in den Planken Reihen runder Löcher. Ihr Zweck ist unbekannt, denn für Handwaffen, wie Pistolen und Gewehre, waren sie zu früh, für Kanonen zu zahlreich. Die Brustwehr der Achterkastelle war ähnlich. Offene Relings wurden mit großen Schilden behangen, die man ‚pavesses‘ nannte. Sie verliehen der Besatzung einen gewissen Schutz.

Anker und Taue: Obwohl sie streng genommen nicht zur ‚festen‘ Ausrüstung gehören, werden sie doch hinzugezählt. Schiffe des Mittelalters waren mit zahlreichen Ankern versehen[15]. Die englische *Christopher* von 1410/12 besaß fünf Stück. Die *Sovereign* hatte acht: einen Sheetanker (Rüstanker), einen Bristolanker, zwei Buganker, zwei ‚destrelles‘ (kleine Buganker) und zwei Wurfanker. Die Anker der *Sovereign* waren gleichmäßig an Steuerbord und Backbord verteilt, was zweifellos allgemeiner Handhabung entsprach. Unterlagen über die Größe mittelalterlicher Anker sind schwerlich zu finden, jedoch besaß die *Holigost* Heinrichs V. mit 760 ts einen großen Anker, der 15 ft 11 in (4,85 m) lang und 11 ft (3,35 m) breit war. Wenn man die Breite über den Stock von Spitze zu Spitze mißt, ist die Proportion die gleiche wie bei den Ankern des 17. Jahrhunderts.

Unter gebührender Zubilligung künstlerischer Fehler bei der Darstellung von Schiffen vermitteln diese den Eindruck, daß die Anker des 15. Jahrhunderts die gleiche Größe besaßen wie die Admiralitätsanker. Die Arme waren gewöhnlich von gebogener Form, jedoch sind auch gerade bekannt. Sie trafen in einem Winkel zwischen 45° und 60° auf den Schaft. Bei frühen Darstellungen sind kleinere Winkel üblich. Die Arme waren etwa halb so lang als der Schaft, manch-

* Rüsten = Ein an der oberen Bordwand angebrachtes, gebolztes leichtes Stück Bauholz von größerer Breite als Dicke. Es dient zum Spreizen der Wanten und Pardunen. (Anm. d. Übers.)

19. Das Vordeckspantwerk einer Karracke. In die Außenteile wurden Stützen angeordnet und der Boden überplankt. Die Pfosten konnten einen oberen Boden unterstützen und die Räume dazwischen verbinden. Für Kanonen oder Bogenschützen wurde entsprechend Platz gelassen.

20. Eine große Mittelmeerkarracke, offenbar ein Handelsschiff, denn das Achterdeck hat eine Reihe Fenster. Die Kattsporen am Schiffskörper dienten zur Festigung des leichteren Oberwerks, insbesondere gegen den Druck der Wanten und als Seitenschutz gegen Beschädigungen am Kai oder durch ein anderes Schiff. Wie alle südlichen Karracks hat sie Sonnensegel auf dem Vordeck und der Poop. Die letzteren sitzen querschiffs. Nördliche Karracks hatten ihre Poopsonnensegel immer längsschiffs zu sitzen. Das Spantwerk am Zugang des Backdecks und die Seitengangways verlaufen im Bogen zum Deck auf dem Vorkastell und der starke Pollerbaum, der durch die Seiten führt, ist ebenfalls zu sehen. Das Außenbordsteil wurde wohl als Kranbalken benutzt. Die Ankerklüsen sitzen wie auf nördlichen Schiffen ganz oben.

21. Hecks einiger Mittelmeerkarracks. Sie basieren auf zeitgenössischen Illustrationen. Die rohrartigen Teile können Ölfässer sein. Zwischen ihnen sitzen anscheinend Hühnerställe. Das Schiff zur Linken hat zahlreiche kleine Öffnungen in der Seite, die offenbar dem Luftzutritt und als Lichtspender für die Kammern dienen. Man beachte die große Ladepforte nahe der Wasserlinie sowie die große Öffnung in der Gillung, durch die die Ruderpinne führt.

19

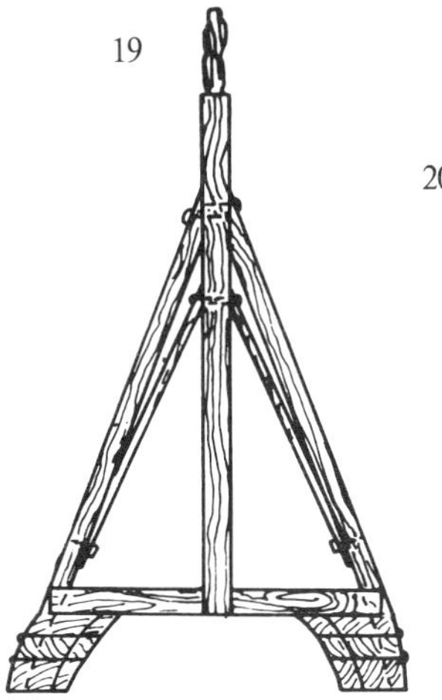

20

21

22

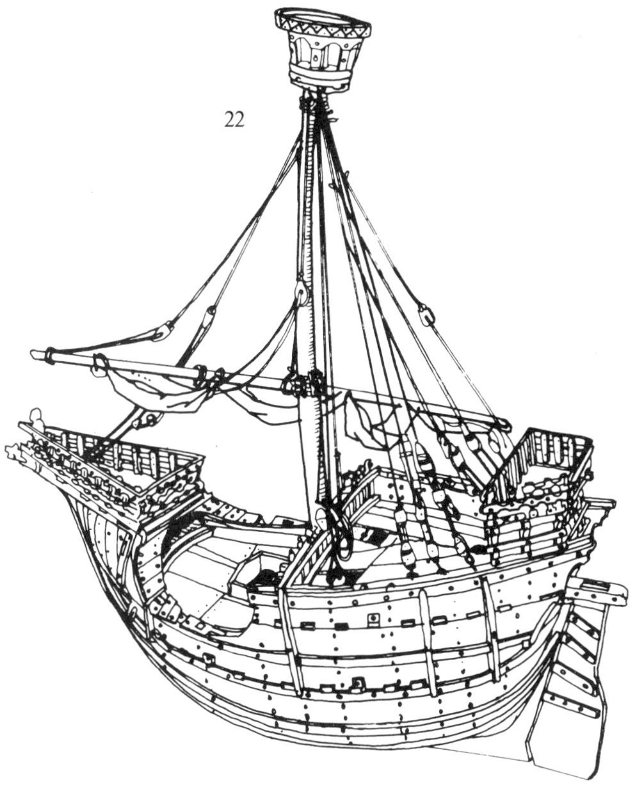

22. Diese Zeichnung basiert auf einem geweihten Modell des 15. Jahrhunderts, das sich in einer Kirche in Mataro/Katalonien befindet. Man glaubt, daß es irgendwann in der zweiten Hälfte des 15. Jahrhunderts gefertigt wurde. Das Schiff ist kraweelbeplankt und hat einen Mast. Im Original mögen es jedoch zwei gewesen sein. Obwohl das Modell ein Mittelmeerschiff darstellt, zeigt es viele Merkmale, die den kleinen Schiffen ähnlich sind, die W.A. gezeichnet hat. Das Modell befindet sich heute im Prins Hendrik Museum, Rotterdam.

mal etwas mehr. Die Flügel hatten wiederum die halbe Länge der Arme. Für gewöhnlich besaßen die Flügel eine dreieckige Form. Andere zeigten verfeinerte Pfeilspitzen mit Widerhaken. Vielfach hatten die Anker am oberen Ende einen großen Ring, dessen Durchmesser (wie auf Abbildungen zu sehen ist) nur etwas kleiner war als ein Flügel. Der Ring diente zum Festzurren des Ankers an der Schiffsseite oder Befestigen des Ankerbojenreeps. Die Ankerstöcke bestanden aus Holz und waren überwiegend von gleicher Form wie in späteren Jahrhunderten. Neben ihren Ankern besaßen die Kriegsschiffe zumindest einen Dregganker (Schleppanker). Er hing am Ende des Bugspriets. Er war an einer Eisenkette befestigt, die über eine Scheibe oder ein ‚pulley'* lief, und konnte schlagartig aufs Deck fallengelassen werden. Der Dregganker der ‚*Kraeck*' hatte sechs Arme. Normalerweise waren es nur vier. Über die Größe sind keine Angaben bekannt, auch nicht über das Gewicht der Wurfdraggen. Sicherlich waren sie so schwer, daß sie, wenn sie auf Deck einschlugen, nicht aufgenommen und über Bord geworfen werden konnten.
Über die englischen Schiffstaue ist etwas mehr bekannt. Ende des 16. Jahrhunderts gab es eine Vorschrift, die besagte, daß der Umfang des dicksten Taues $\frac{1}{24}$ der Schiffsbreite betragen mußte. Bei Hanftauen des Mittelmeerraumes durfte es etwas weniger sein. Falls diese mittelalterliche Vorschrift auch für die *Grace Dieu* galt, die eine Breite von 50 ft (15,24 m) hatte, besaßen die Taue einen Umfang von 25 in (63,5 cm). Das 1000-botte-Schiff (~ 500 ts) des italienischen Berichtes hatte demnach sein bestes Tau mit einem Umfang von etwas weniger als 17 in (43,2 cm). Die Marinerechnungen Heinrichs VII. geben uns tatsächlich für viele Taue die Größe an. Die *Sovereign* besaß zwei von 13,5 in (34,3 cm), zwei von 13 in (33 cm), drei von 10 in (25,4 cm) und ein etwas kleineres. Sie kann auch ein 15 in (38 cm)-Tau besessen haben. Die größere *Regent* hatte ein 15 in (38 cm)-Tau und andere von 13 in (33 cm), 12 in (30,5 cm) und 11 in (28 cm) Umfang, aber möglicherweise auch solche mit 8 in (20,3 cm) und 7,5 in (19 cm).

Auf großen Schiffen wurden die Anker normalerweise einheitlich gestaut. Der eine Arm wurde an der Brustwehr in der Kuhl gezurrt, während das obere Schaftende am Tau hing. Alternativ dazu wurde der Anker auch an irgendeiner passenden festen Stelle der Kuhl von der Schaftrüstleine gehalten.
Wenn wir zur inneren Einteilung und den Einbauten der Schiffe des Mittelalters kommen, finden wir wenig zeitgenössische Belege. Wir sind praktisch auf die Darstellungen angewiesen und daher sind die folgenden Abschnitte bis zu einem gewissen Grade Mutmaßungen. Aber man muß sich damit zufrieden geben, zumindest solange, bis weitere Forschungen in den Dokumenten der nationalen Archive getätigt worden sind.
Schotte: Die Back der Karracke (das ist moderner Sprachgebrauch, denn die Seeleute des Mittelalters sprachen von ‚unter dem Vorkastell') war teilweise geschlossen. An der Kuhl saß ein gewölbtes Schott, das die Engländer ‚clubbridge head' nannten. In der Mitte hatte es eine große bogenförmige Öffnung und manchmal, so scheint es, besaßen die Seiten der Schotte Querstreifen, die so aussahen, als seien es Fußstützen für die Besatzung zum Besteigen des Plattformdecks. Für ein Handelsschiff kann das auch zutreffen. Bei einem Kriegsschiff der *Warwick-Roll* scheint es sich jedoch um die Darstellung von Streifen der Klinkerplankenbauweise zu handeln.
Die hohe Brustwehr um das Kastell hätte einen Zutritt auf die vorge- 15
nannte Art schwierig gemacht. Die *Wasa* besaß allerdings eine ähnliche Anordnung am ‚beakhead' (Schnabel/Vorschiff). Obwohl erforderlich, um Enterern den Zutritt zum Vorkastell zu verwehren, zeigt kein Bild eine Tür oder andere Sperren quer vor den Schottöffnungen. Falls notwendig, wurden die Sperren wahrscheinlich für den Kriegseinsatz angebracht.
Die ‚*Kraeck*' hatte kein Schott, dafür in der Kuhl eine breite Laufplanke entlang jeder Schiffsseite. Sie sitzt auf der ‚gunwale'-Ebene* und ist bis zum Backdeck hochgehend zu sehen. Kein Schiff der *Warwick-Roll* besaß Laufplanken. Skizzen vom hinteren Schott sind selten. Eine der Illustrationen der *Warwick-Roll* zeigt eines senkrecht zum Poopdeck hochlaufend. In der Mitte befindet sich ein kleiner gewölbter Durchgang.
Auf manchen Gravierungen kleiner Handelsschiffe des flämischen Künstlers W.A. sind die Achterkastelle zum Hauptdeck hin offen. Über Innenschotte gibt es keine Informationen:
Decköffnungen (Luken) und Niedergänge:
Es ist anzunehmen, daß ein Kriegsschiff seine Vorräte in Fässern und Tonnen mitführte, deren Größe sich vom Mittelalter bis zum Ende der Segelschiffsära nicht verändert hat. Somit waren auch die Luken im Hauptdeck und den Decks darunter die gleichen. Daher können wir voraussetzen, daß die Hauptluke mit 8–10 ft (2,44 m - 3,05 m) Länge und 6–8 ft (1,83 m - 2,44 m) Breite von beachtlicher Größe war. Falls es eine vordere gab, maß sie sicherlich 6×5 ft (1,83 m × 1,52 m). Ohne Zweifel wurden die Lukenöffnungen durch Grätings gesichert. So wurde nicht nur die Luftzirkulation gewährleistet, sondern auch den Verteidigern unter dem Hauptdeck die Möglichkeit gegeben, Enterern mit Spießen entgegenzuwirken.
Ein Schiff, das sich im Kampf befand, benötigte unverkennbar etwas, das bewaffneten Männern erlaubte, schnell von einem Deck ins andere und von einem Kastell zum anderen zu gelangen. Leider gibt es keine Beweise dafür, wie das vor sich ging. Daher muß vorausgesetzt werden, daß der Verkehr über Niedergänge erfolgte.
Zeltplanen für Sonnensegel: Die Schiffe des Nordens und Südens besaßen Sonnensegel. Bei ersteren befanden sie sich gewöhnlich auf der Poop. Die Südschiffe führten sie sowohl auf der Poop als auch auf der Vorschiffsplattform. Aufgrund von Abbildungen kann man folgern, daß das Poopsonnensegel der Mittelmeerschiffe querschiffs lag. Auf den Nordschiffen befand sich die Achse hingegen in der Schiffsmittellinie. In diesem Falle saß das Sonnensegel direkt hinter dem Großmast, bzw. der Holm ging an der Seite des Mastes vorbei (auf einem der Schiffe der *Warwick-Roll* an Steuerbord). Auf der ‚*Kraeck*' saß der Holm des Vorschiffsplattform-Sonnensegels an der Backbord-Seite des Fockmastes.

* Die Engländer bezeichnen mit dem Ausdruck ‚pulley' irgendeine Vorrichtung, die dazu dient, unter Zeitverlust mehr Kraft zu erzeugen. (Anm. d. Übers.)

* Die Engländer verstehen darunter die Linie, in der die Schiffsseiten mit den Seiten des Oberdecks bzw. dem Oberdeckstringer in Berührung kommen. (Anm. d. Übers.)

Betinge (Poller) und Belegbäume (catenas)*: Einige Abbildungen von Karracks zeigen einen starken runden Balken, der von einer Seite des Vorkastells zur anderen führt. Er liegt etwas vor dem Schott. Die Balkenenden reichen oft durch die Schiffsseiten, so wie es auch bei dem *Mataro*-Modell der Fall ist. Der Balken diente zum
23 Belegen von Tauen. Obgleich diese Balken bei den Schiffen der *Warwick-Roll* nicht zu sehen und in den Inventarien Heinrichs VII. nicht angeführt sind, wird in einigen Veröffentlichungen darauf hingewiesen, daß sie auf englischen Schiffen des 16. Jahrhunderts und davor Verwendung fanden. Gegen Ende des 15. Jahrhunderts besaßen allerdings einige englische Kriegsschiffe vermutlich Poller, die ein Standardaussehen hatten. Sie bestanden aus zwei starken senkrechten und einem Querbalken. Die *Regent* besaß 1497 vordere Poller. Folglich muß sie auch andere gehabt haben, die keine Erwähnung finden.

Knights (Mastpoller/Ohrhölzer): Sie sind nur selten in den Inventarien angeführt, und wenn doch, geht daraus nicht hervor, daß sie zur normalen Ausrüstung gehörten. 1419/22 besaß eines der Schiffe Heinrichs V. zwei ‚knights' mit vier Scheiben (jedes ‚knight' mit zwei Scheiben). Sowohl *Sovereign* als auch *Regent* führten am Jahrhundertende im Vorkastell ein ‚knight' mit zwei Messingscheiben (es handelte sich natürlich um Bronze). Sie befanden sich oben auf dem Deck. Da keine weiteren ‚knights' erwähnt werden, ist es möglich, daß sie wegen der teuren Bronzescheiben nicht angeführt wurden. Der Name ‚knight' weist darauf hin, daß diese Hölzer an den oberen Enden geschnitzt waren und einen behelmten Kopf darstellten. Zumindest bei wichtigen Schiffen war das der Fall.

Davits: Das Verfahren im 15. Jahrhundert, einen Anker an Bord zu hieven, mutet seltsam an. Um 1410/12 besaß das englische Kriegsschiff *Christopher* am Bug einen Haken zum Ankerhalten und ein Vorkastelldavit. Ein paar Jahre später führte die *Holigost* ein Davit und zwei Messing-‚trokelis'**[12]. Auf Bildern sind Davits selten zu sehen. Das liegt hauptsächlich daran, daß sie verstaut waren, wenn sie nicht benötigt wurden. Gegen Ende des Jahrhunderts besaßen die englischen Kriegsschiffe mehrere Davits. Die *Sovereign* hatte ein langes Davit mit Messingscheiben, zwei kurze, jedes mit einer Eisenscheibe und zwei weitere unbestimmter Größe, ebenfalls mit Eisenscheiben. Die größere *Regent* führte ein langes Davit mit zwei Messingscheiben, das im Backdeck stand (d.h. auf der Vorschiffsplattform). Außerdem gehörten ihr zwei kurze Davits mit Eisenscheiben und eines von unbestimmter Länge. Die Tatsache, daß lange Davits zwei Scheiben hatten, läßt vermuten, daß sie direkt über das Schiff liefen und für beide Schiffsseiten vorgesehen waren, so wie es bei manchen Davits auch im 18. Jahrhundert der Fall war. Die kurzen Davits hatten die Binnenbordenden unten gezurrt, wahrscheinlich mit einem Ringbolzen oder Augbolzen.

Winden und Spille: Sie waren lange vor 1400 in Gebrauch. Ein kleines Schiff, das im Hafen von Kalmar/Schweden gefunden wurde, und das man dem 13. Jahrhundert glaubt zuordnen zu müssen, besaß ein Spill. Die Bremer Kogge hatte sowohl eine Winde als auch ein Spill. In den Dokumenten des 15. Jahrhunderts treten weder Winden noch
Spille in Erscheinung. Die *Christopher* Heinrichs IV. besaß vier Spill- 24
spaken im Zubehör, seine *Carake* zwei. Eine Winde war jedoch nicht aufgeführt. Die *Cog John* Heinrichs V. hatte eine Winde „köstlich geschmiedet in Form von 3 fleur-de Lys" (Drei Lilien)[16]. Nach dem Tode Heinrichs V. (1422) klafft bis 1485 eine Lücke in den englischen Unterlagen. In diesem Jahre besaß die *Mary of the Tower* drei Winden, die zweifellos von gleicher Art waren wie auf der *Sovereign*. Eine stand auf dem Backdeck. Hinzu kamen eine Hauptwinde und eine Aufzugswinde. Auch *Regent* besaß drei Winden. Es wird erzählt, daß eine im Deck über der Hauptwinde stand. Da die Hauptwinde anscheinend stets hinter dem Großmast aufgestellt war, muß sie auf der *Regent* im ‚somercastle' gestanden haben und die andere auf dem Halbdeck. Es ist unwahrscheinlich, daß sie eine gemeinsame Welle besaßen. Doppelwinden kamen erst viel später zur Einführung.

Die Anordnung der Hauptwinde unter dem Halbdeck wirft die Frage auf, wie das Tau eingeholt wurde. Soweit es die englischen Schiffe angeht, gibt es keinen zuverlässigen Beweis, daß die Hauptwinde höher stand als in der Kuhlebene. Also muß es irgendeine Möglichkeit gegeben haben, den Höhenunterschied zwischen Hauptdeck und Klüse zu überwinden.

Eine mögliche Lösung des Problems liegt nahe durch die Anwendung von Fuß-‚pulleys'*. Auf *Sovereign* und *Regent* wurden je drei davon beim Ankergeschirr verwendet. Falls von diesen ein oder zwei als Führungsblöcke fungierten, war es möglich, das Tau auf die Hauptdeckebene herunterzubringen. Somit bleibt nur noch das Problem des Einbringens dicker Taue, die nicht um die Winde gelegt werden konnten. Es sei denn, es gab eine Hilfswinde, die das Tau steif hielt. Der dritte Fußblock wurde wahrscheinlich mit einem Kabelarring verwendet. Die Winden des 15. Jahrhunderts hatten

* Benennung für auf einem Oberdeck stehende gußeiserne (hölzerne) Säulen oder durch dieses hindurchragende starke senkrechte Hölzer, auf denen die Ankertaue oder andere Taue belegt werden. (Anm. d. Übers.)

** Alte Bezeichnung für Scheibe. (Anm. d. Übers.)

* pulley = Block/Scheibe/Rolle. (Anm. d. Übers.)

23. Die angenommene Methode, wie ein Tau an der *catena* belegt wurde.
24. Die Winde eines kleinen Schiffes aus dem 13. Jahrhundert, das im Hafen von Kalmar/Schweden gefunden wurde. Die Spaken wurden durch Löcher in der Trommel hindurchgesteckt. Es gab keine Sperrklinke. Das Stück befindet sich heute im Sjöhistoriska Museum, Stockholm.
25. Eine Windenart, wie sie auf den großen Schiffen des 15. Jahrhunderts verwendet worden sein könnte. Die Trommelachse wurde zwischen einem Paar starker Pfosten eingebaut. Die Sperrklinke aus Holz oder auch Eisen saß an einem weiteren Pfosten gegenüber den Zähnen auf der Trommel.
26. Eine kleine Windentrommel von einem Wrack, das man im Zuidersee fand. Diese Art wurde auf Booten und kleinen Fahrzeugen benutzt. Das Stück steht heute im Ketelhaven-Museum/Niederlande.

25

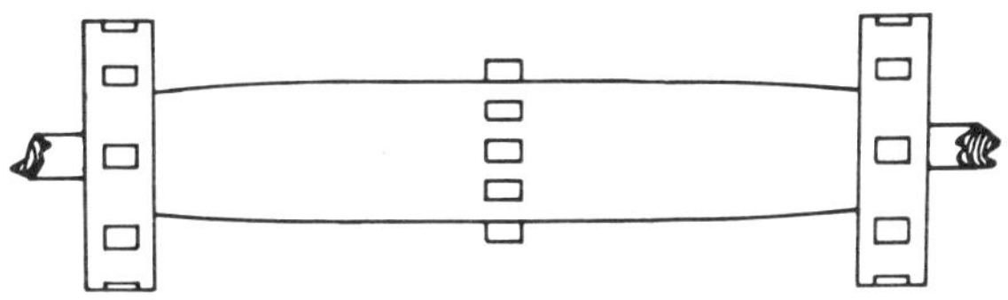

24

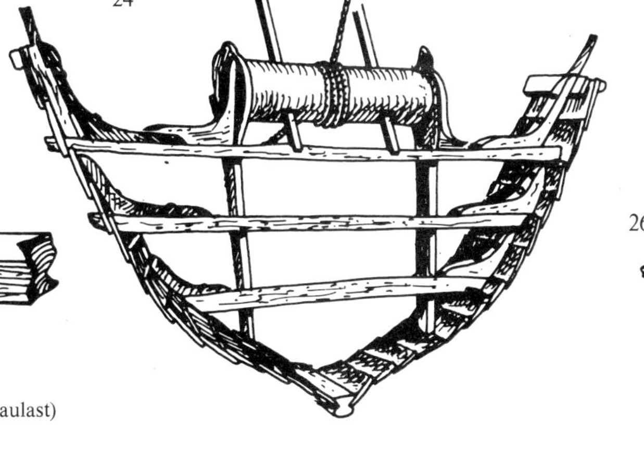

23

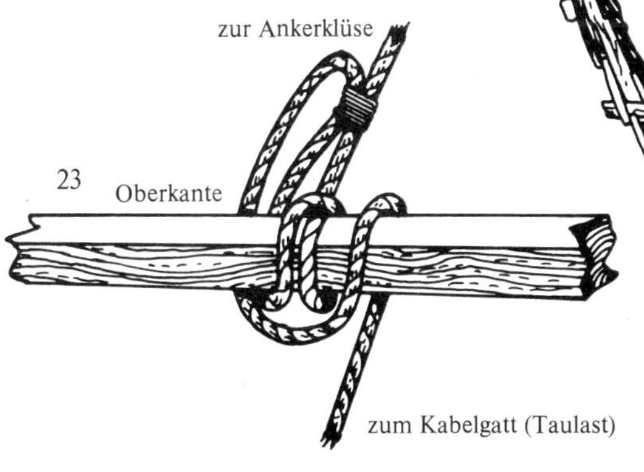

26

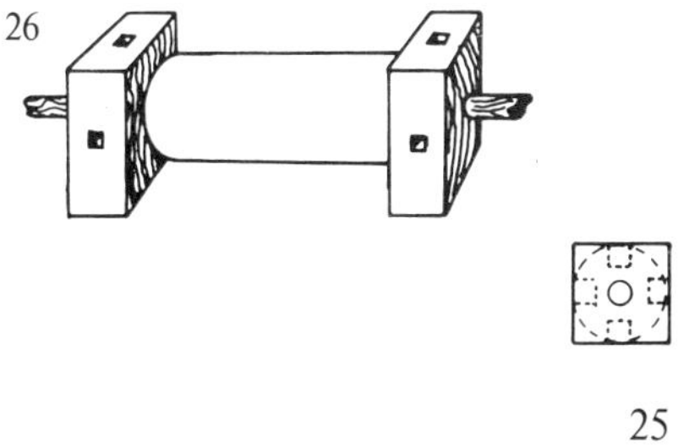

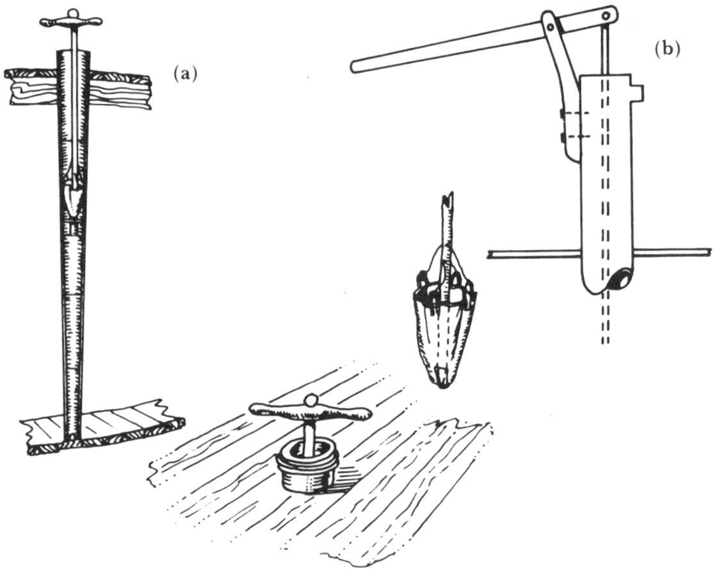

27. Kleine Schiffe hatten vermutlich Pumpen einfacher Art (a), größere Fahrzeuge den etwas komplizierteren Typ (b). Das Pumpenrohr war ein Baumstamm oder viele Baumstammteile. Der (die) Stamm (Stämme) war(en) ausgehöhlt und am Boden mit einem Verschluß versehen. Pumpen wie (b) waren noch gegen Ende des 19. Jahrhunderts auf einigen Fluß- und Flußmündungsfahrzeugen in Gebrauch.

28. Eine große Karracke der *Warwick-Roll*. Die Skizze zeigt den Verlauf der Heckbalken und des Totholzes, die Öffnung für die Ruderpinne, die Formgebung der Rudereisen und die Dekorationen des Achterkastells. Zusammen mit anderen Illustrationen der *Warwick-Roll* gibt es genügend Informationen für ein genaueres Modell des Schiffskörpers. Man beachte die Kanonen. Es sind mindestens fünf an jeder Seite, die *durch* die Kuhlreling schießen. Aufmerksamkeit verdienen auch die Kattsporen, die die Achterkastellseiten abstützen.

keine Pilzköpfe, wie sie seit Ende des 17. Jahrhunderts ein vertrauter Anblick sind. Die Spaken führten direkt durch die Windentrommel. Winden dieser Art konnten nicht viele Spaken aufnehmen. Sie mußten in einer Höhe sitzen und die Bedienung erforderte viel Manneskraft. Mit anderen Worten, sie befanden sich zwischen 3,5 ft (1,07 m) und 4,5 ft (1,37 m) über Deck. Am Fuß der Winde saß eine Sperrklinke, die horizontal zu einem Deckpivot wirkte. Ob sie sich jedoch in der Mitte oder am Ende befand, ist unbekannt. Erstere Lage erleichterte die Veränderung des Sperrklinkensitzes, war allerdings auch leichter durch einen unglücklichen Stoß verschiebbar.

Die Geschichte der ersten Spille ist noch unbestimmter als die der ersten Winden. Die *Holigost* und die *Jesus* von Heinrich V. besaßen ein Spill für das Heißen des Großsegels, es ist jedoch weder bekannt, ob für das Segel allein oder das Segel und die Rah, noch wo es aufgestellt war. Die einzigen Daten über Spille des 15. Jahrhunderts stammen aus den italienischen Schiffbauveröffentlichungen von 1445. Der Text ist schwierig zu verstehen, aber man kann in etwa sagen, daß die Länge eines Schiffsspills $\frac{1}{10}$ der Großmastlänge über Deck entsprach, und daß der Trommelumfang $1\frac{1}{4}$mal so lang war wie die Trommel selbst. Bei der *Grace Dieu* von 1418 erhob sich der Großmast etwa 160 ft (48,77 m) über das Hauptdeck. Somit wäre ihr Spill (falls sie überhaupt eines besessen hat) etwa 16 ft (4,88 m) lang gewesen (eine bemerkenswerte Größe). Der Umfang der Trommel lag um 20 ft (6,10 m), was einem Durchmesser von 6 ft (1,83 m) entspricht. Auch auf einem viel kleineren Schiff, mit einem Großmast von nur etwa 70 ft (27,34 m) lag der Durchmesser des Spills – wenn man den Veröffentlichungen glauben darf – noch nahe 3 ft (1,05 m). Das erscheint zwar groß, ist jedoch nicht unmöglich.

Wir können über mittelalterliche Spille auf großen Schiffen lediglich Mutmaßungen anstellen, denn die gezeigten Formen basieren auf einem Schleuderspill des 14. Jahrhunderts[25]. Die Zähne auf der Trommel waren aus Hartholz gefertigt. Die Tatsache, daß das Spill der *Holigost* mittels einer eisernen Sperrklinke festgehalten wurde, deutet auf hölzerne Zähne hin.

Das Spillproblem wird mit dem Übergang vom 15. ins 16. Jahrhundert noch verworrener. Das liegt an der Vorrichtung „a whele for wynding the sail up"*. Nur Großsegel hatten Rollen. Aufgrund des anderen angeführten Gerätes ist aber klar, daß die Rolle kein Teil der Rahaufzugstakel war, sondern zum Heißen des Segels benutzt wurde. Eine alte Deutung über die Rolle zeigt eine Art Kurbel – ähnlich wie man es früher über Brunnen benutzte – und so kann die „whele to wynd the sail up" von dieser Art gewesen sein. Das ganze erweckt auch den Eindruck, daß das Spill der *Holigost* ähnlich war. Es war der schnellste Weg, das Segel aufzuziehen. Ein Spill oder eine Winde vermochten das nicht. Trotzdem war das Verfahren beim Hochziehen der Rah und des Segels unpraktikabel.

Pumpen: Trotz ihrer enormen Wichtigkeit ist über Pumpen nur wenig bekannt. Offensichtlich waren sie vom gleichen Typ, wie sie noch bis Ende des 19. Jahrhunderts auf kleinen Schiffen Verwendung fanden.

Einige frühe Pumpen besaßen keinen Hebel. Der Plunger ging rauf 27
und runter. Über Pumpen auf englischen Kriegsschiffen gibt es einige zufällige Nachweise. Als *Grace Dieu* 1418 gebaut wurde, besaß sie zwei Pumpen, die *Regent* hatte 80 Jahre später eine am Großmast und eine weitere am Kreuzmast. Die kleineren Schiffe *Sweepstake* und *Mary Fortune* besaßen jeweils nur eine Pumpe.

Auf großen Schiffen saßen die Pumpen unter dem Hauptdeck, auf kleinen standen sie im Freien. Es ist nicht bekannt, ob die Pumpen das Fördergut in eine Rinne, die es zu den Speigatts weiterbeförderte, entleerten, oder ob das Wasser einfach über das Deck lief.

Die Pumpen auf *Regent* hatten Schläuche. Aber diese können nur kurz gewesen sein, denn das aus Ochsenhaut bestehende Material war nicht sehr lang.

Laternen (Lichterführung): Obwohl die Unterlagen manchmal Laternen anführen, verraten sie nicht, ob die Schiffe des 15. Jahrhunderts bei Nacht Lichter setzten. Die englische *Holigost* zählte 1422 zu

* whele = wheel = Rolle; wynding = winding: Heißrollenvorrichtung für die Segel. (Anm. d. Übers.)

29. Eine große Karracke, wahrscheinlich aus den 1480er Jahren. Die Bögen im Vordeck und Achterkastell deuten auf Kanonen hin. Diese Kanonen waren kleiner als die über die Kuhlreling hinwegschießenden. Falls die Masten korrekt gezeichnet sind, ist es möglich, daß der Künstler nur eine Takelwerkandeutung machte, denn echte Marsstengen kamen erst später als der hintere Besanmast auf (gemeint ist der ‚Bonaventure'-Besanmast). Für die Zeit um 1485 ist es immerhin eine interessante Möglichkeit.

ihrer Ausrüstung zwei kleine und sechs große Laternen. Die *Sovereign* besaß drei große und vier kleine. Zur gleichen Zeit hatte *Regent* eine große Laterne über ihren ‚fore-bitts' (Bugpoller). Da diese möglicherweise unter dem Backdeck waren, muß dort sehr viel Freiraum gewesen sein, um die Laterne vor Schäden zu schützen. Eines der
28 Schiffe der *Warwick-Roll* zeigt an jeder Ecke der Poop ein kugelförmiges Objekt, und am hinteren Ende des Verstärkungsbandpfostens vom Sonnensegel ein weiteres. Es könnten Laternen sein. Allerdings zeigt keines der übrigen *Warwick*-Schiffe ähnliches.

Glocken: *Regent* besaß zwei Wachglocken, deren Position nicht bekannt ist. Im 16. Jahrhundert befand sich die Schiffsglocke jedoch entweder unter dem Halbdeck oder direkt davor. Mit Ausnahme der wichtigen Schiffe waren es einfache Glocken mit einem Schlegel. Sie bestanden aus Eisen- oder Messingblech und hatten in etwa die Form von Kuhglocken.

Die vorangegangene Aufzählung der Ausrüstung ist natürlich alles andere als vollständig. Klampen, Kreuzhölzer, Poller, Ringbolzen usw. waren im Mittelalter genauso erforderlich wie auch später. Aber wir wissen darüber zu wenig. Für den Augenblick kann man nur der Praxis des 17. Jahrhunderts folgen.

Verzierungen und Farbanstriche

Im Mittelalter und lange Zeit danach war der ausschließliche Farbanstrich mit Ölfirnis oder Lack als Schutz gegen Witterungseinflüsse oder zur Verschönerung großer Flächen zu teuer. Die Schiffbauhölzer erhielten, falls ihnen überhaupt irgendeine Schutzbehandlung zugestanden wurde, einen Anstrich aus Fischöl (Tran), einem anderen Fettmaterial oder Holzteer.

War ein Farbanstrich vorhanden, erfüllte er einen doppelten Zweck:

- Die Zurschaustellung, d.h. die Anwesenheit einer hohen Persönlichkeit oder mehrerer dieser Art an Bord zu unterstreichen.
- Soweit es möglich war, die prächtige Ausstattung einer Burg oder eines Herrensitzes nachzuahmen.

Bei besonderen Anlässen, wie bei einer königlichen Reise, ging der Anstrich allerdings über alles. Zum Jahrhundertbeginn besaß ein Schiff Heinrichs IV., die *Trinity,* einen roten Anstrich. Er setzte sich möglicherweise aus Roteisenstein, das ein trübes Rot ergibt bzw. Roteisenocker, zusammen. Zur gleichen Zeit war eine der königlichen Bargen (Galaruderboot/Vergnügungsboot), die *Nicholas*, von schwarzer Farbe sowie mit weißen Straußenfedern und vergoldeten Schnäbeln versehen worden. Die *Goodgrace* um 1400 war rot, Hütte und Heck andersfarbig und die Brustwehren in unterschiedlichem Farbton[16]. Wir wissen allerdings nicht, wie diese Farben aussahen. Etwa 20 Jahre später besaß die *Holigost* Heinrichs V. als Malerei den Schwan und die Antilope (zwei Tiere des Königswappens), außerdem verschiedene andere Wappen mit dem königlichen Spruch „Une sanz pluis". Diese befanden sich an verschiedenen Plätzen auf dem Schiff verteilt. Die Malereien saßen wahrscheinlich an der Hüttentäfelung und auf den Schilden, die entlang den Brustwehren hingen. Ein anderes Schiff, die *Trinity*, hatte vier Schilde des königlichen Wappens in einer goldenen Kette und zwei weitere mit dem Wappen von St. George im Hosenbandorden. An ihrer Hütte befanden sich zwei große Adler auf einem rautenförmig gemusterten Grund.

Über den Farbanstrich englischer Schiffe in den 50er Jahren des 15. Jahrhunderts sind keine Einzelheiten bekannt. Die Zeichnungen der *Warwick-Roll* zeigen zwar einiges über die Gebräuche der letzten 25 Jahre des Jahrhunderts, jedoch geben sie keine Auskunft über die Farben. Die älteren Schiffe trugen weiterhin bunte Schilde auf den Vorder- und Achterkastellen sowie entlang der Reling in der Kuhl. Hingegen führten die großen Schiffe die Schilde nur an der Vorderkante der Poop. Das hintere Ende der Poopbrustwehr, die Heckreling, die Brustwehren an Oberdeck und der Vorderkastelle waren wahrscheinlich schachbrettartig in blau und gelb, den Farben des Earls of Warwick, gestrichen.

Im Jahre 1497 belief sich die Rechnung für den Anstrich der *Regent* auf 14 £. Der Betrag umfaßte die Farbe für die Bordwände, Unterkünfte und den Lohn eines Malermeisters mit vier Mann. Der Anstrich war weder teuer noch sorgsam. Es ist wichtig, daß man sich speziell als Modellbauer daran erinnert, daß die Farben, die im Mittelalter und noch lange danach benutzt wurden, genauso wie andere bunte Teile, weder den leuchtenden Ton noch den kräftigen Glanz heutiger Farben besaßen. Ausgenommen davon waren die Künstlerfarben. Die damaligen Farben bestanden nahezu alle aus natürlichen Grundstoffen und enthielten prozentuale Schmutzanteile, die den Ton beeinflußten. 1295 verwendete man für den Anstrich einer englischen Galeere himmelblau, bleizinnober, zinnoberrot, rauschgelb, schwarz, blau, weiß, rot, grün, ‚foreign blue', ocker und braun[17]. Alle Farben blieben bis in die neuere Zeit in Gebrauch, die Farbschattierungen weiterhin stumpf. Das kam von den Ölen und dem Firnis, die man zum Binden benutzte. Es ist allerdings unwahrscheinlich, daß gewöhnliche Farbe eine Ölmischung enthielt. Sie war vielmehr mit Eiweiß oder Leim angerührt und möglicherweise auch mit Käsestoffleim, der aus gemahlenem Käse und gelöschtem Kalk hergestellt wurde. Alternativ kann die Farbe auch eine einfache Kalktünche gewesen sein, auf die Muster gezeichnet wurden. Das geschah noch während die Tünche feucht war[18]. Welche Methode auch zur Anwendung kam, die fertige Oberfläche war stets matt, wie eine altmodische Wandwasserfarbe oder -leimfarbe. Sie glich einem modernen Untergrund und war weder hell noch kräftig.

30. Zwei weitere Ansichten des Schiffes von Bild 29. Sie stammen ebenfalls aus der *Warwick-Roll.* Das Zusammenlaufen der Holzbeplankung ist in der oberen Skizze zu sehen, das Klinkernagelmuster in der unteren. Das Schachbrettmuster um das obere Vordeck und die Poop wird durch bemaltes Tuch hervorgerufen. Es trägt die Farben des Earls, gelb und blau. Die Fenster im Heck des oberen Schiffes deuten die Decksebenen an. Man beachte die Ankerklüse hoch unter dem Vordeck. Das Schiff sieht aus, als wenn es eine Großmarsstenge führt.

Gemalte Verzierungen unterlagen keiner Begrenzung und Schnitzwerk war ein wichtiges Merkmal. Die *Trinity* Heinrichs V. hatte vier Abbildungen: St. Margaret, St. Katherine, St. George und St. Anthony. Es ist jedoch nicht bekannt, ob diese innerhalb oder außerhalb des Hecks saßen. Interessant ist die Feststellung, daß die ‚*Kraeck*‘ auf der Heckreling drei schwarze Umrisse zeigt, die an stehende menschliche Gestalten erinnern. Die Umrisse werden als Türen mit runden Fenstern angesehen, aber drei große Türen in einer schmalen Reling erscheinen ungewöhnlich. Offenbar zeigte der Künstler drei Bilder oder Statuen von Heiligen. Falls das so ist, kann die *Trinity* nicht etwas ähnliches gehabt haben?
Über Schnitzwerk wird auch von anderen englischen Schiffen berichtet. Die *Holigost* von 1420 soll einen geschnitzten Schwan und eine Antilope besessen haben. Die Position ist jedoch nicht festgehalten worden. Schnitzfiguren befanden sich auch auf Rundhölzern und Spieren. Die *Goodpace of the Tower* um 1400 besaß auf dem Bugspriet einen großen goldenen Adler mit einer Krone im Schnabel. Etwas später führte die *Cog John* von Heinrich V. in der Öffnung ihres Masttopps eine Krone mit Zepter. In der zweiten Jahrhunderthälfte, wenn nicht sogar schon früher, hatten die Schiffe am Ende des
Stevenknies eine Galionsfigur. Eines der *Warwick*-Schiffe hatte 1
etwas, das einem Entenkopf mit Ohren glich und bei der ‚*Kraeck*‘ be- 2
fand sich ein seltsames kopfartiges Gebilde am Ende des Stevenknies.
Die Schiffe Heinrichs VII. scheinen nur wenig Schnitzereien gehabt zu haben. Die *Sovereign* besaß drei vergoldete ‚fleur-de-Lys‘, die sich anscheinend auf dem Burgspriet befanden. *Regent* hatte eine Krone aus vergoldetem Kupfer.
Die auffälligsten Verzierungen mittelalterlicher Schiffe waren farbige Banner, Wimpel, Flaggen und Segel. Sie wurden wahrscheinlich nur dann gesetzt, wenn sich wichtige Persönlichkeiten an Bord befanden oder um einen Gegner zu beeindrucken. Von der *Holigost* blieb eine nahezu komplette Auflistung der Flaggen und Segel erhalten[12]. Das Schiff besaß ein kleines, aus Kammgarn gesticktes Erkennungszeichen des Heiligen Geistes. Das diente zum Bespannen des Segels. Außerdem besaß sie Kammgarnbezüge für die Bonnets, von denen eines mit ockerfarbenen Federn, die übrigen mit dem Heiligen Geist bestickt waren. Zu ihren Flaggen gehörten drei Stander. Der große Stander führte das Bildnis des St. George, ein anderer den Schwan, der dritte die Antilope. Beide Tiere gehörten zum Wappen Heinrichs V. Zu verschiedenen Zeiten besaß *Holigost* fünf ‚gitons‘ (lange schmale Pendants), denen der Schwan, die Antilope, das Königswappen und der St. Edward eingestickt war. Über verzierte Segel wird vom Jahrhundertbeginn an berichtet. Das Schiff, auf dem Heinrich V. nach Frankreich fuhr, hatte das königliche Wappen auf dem Segel, ein anderes besaß ockerfarbene Federn und Sterne. Das Segel der *Nicholas* zierte ein Schwan, das der *Katherine of the Tower* eine Antilope, die einen Turm erklomm (ein weiteres Wappen des Königs).
Die Inventarien Heinrichs VII. enthalten viele Flaggen- und Wimpelarten, die zu einem Schiff gehörten. 1485 führte *Mary of the Tower* zwei Wimpel, sieben Stander und 19 Pendants. Die letzteren wurden für die Auslage bis zum Mastkorb benötigt. Außerdem hatte sie Mastkorbwappen und Zeug, um die Außenfront des Mastkorbes zu verkleiden. Darauf befanden sich für gewöhnliche Wappensprüche. Zwölf Jahre später hatte *Regent* fünf Mastkorbwappen, drei Wimpel, elf Stander, zwei ‚gitons‘ wie auch 22 Pendants, die mit roten Kreuzen und Rosen verziert waren. Wie man erzählt, bestanden die Flaggen aus einer Art Serge.
Verzierungen an einem Modell sollten stets der Zeit angepaßt sein, zu der das Schiff gehört. Bücher über Heraldik geben detaillierte Auskunft über Schilde und Segel. Für religiöse Motive sind zeitgenössische Gemälde eine gute Quelle.

Masten und Rahen

Bei den Nachforschungen über die Entwicklung in der Takelage des 15. Jahrhunderts müssen drei Faktoren berücksichtigt werden:
☐ die ungleichmäßige Verteilung der Beweisstücke;
☐ die Tatsache, daß die vorliegenden Beweisstücke über das, was man sucht, nur spärliche Auskünfte geben;
☐ der Zeitraum, der zwischen dem Auftauchen einer neuen Einzelheit und seiner ersten Veröffentlichung liegt.

Um beim letzten Punkt zu bleiben: der erste Hinweis darauf, daß ein englisches Schiff ein Fock-, ein Groß- und ein Besansegel führte, stammt aus dem Jahre 1466, etwa 30 Jahre nachdem die Dreimasttakelung allgemein üblich geworden war. Aufgrund dieses Beleges
können wir vorläufig feststellen, daß die Entwicklung mehrmastiger 31
Schiffe wie folgt vor sich ging:
☐ bis etwa 1400 = 1 Mast;
☐ zwischen 1400 bis irgendwann weit nach 1420 = 2 Masten;
☐ ab dann bis irgendwann vor 1480 = 3 Masten;
☐ danach 4 Masten.

Die Daten sind nicht absolut, neue Beweise können sie alle weiter zurückdatieren.

31. Die Entwicklung der Segelfläche von Karracks.

(a) Zwischen Anfang der 1400er Jahre und etwa 1430.

(b) Um 1450.

(c) Um 1500.

Masten: Bis nahezu Ende des 14. Jahrhunderts entsprach die Einzelmasttakelung den nördlichen Schiffen. Diese waren allgemein kleiner als die Fahrzeuge des Mittelmeers oder der in den Häfen der iberischen Halbinsel. Als im Norden jedoch Schiffe von 200 ts und mehr gebräuchlich wurden, trat die Unzulänglichkeit der einfachen Takelung zu Tage. Im Falle der Kriegsschiffe kam die Erfordernis einer Mehrmasttakelung aufgrund der hohen Vor- und Achterkastelle hinzu. Folglich verwendeten die Seeleute im Norden um 1400 einen zweiten Mast. Die erste englische Aufzeichnung stammt aus der Zeit 1409/10 und spricht davon, daß die *Carake* Heinrichs IV. (ein Schiff aus dem Süden) einen großen und einen kleinen Mast besaß. Etwas später, zwischen 1413 und 1420, ist von einem ‚mesan mast' die Rede, danach von einem gewöhnlichen Besan (in unterschiedlicher Schreibweise). Von einem Fockmast oder Focksegel ist vor 1432 in englischen Unterlagen nichts zu finden. Allgemein wird gefolgert, daß die ursprüngliche Bedeutung von ‚mesan/Besan' für ein Focksegel steht. Das ist auch im Französischen der Fall[19]. Ob das nun stimmt oder nicht, im ersten Vierteljahrhundert stand hinter dem Großmast ein zweiter Mast. Es scheint tatsächlich so, daß ein Schiff, dem ein Fock- oder ein Besanmast gegeben wurde, besser in den Wind drehen oder abfallen konnte, je nachdem, wonach es strebte. Auf Kriegsschiffen mit hohem Vorschiff war der zweite Mast wahrscheinlich ein Besan (in der tatsächlichen Bedeutung des Namens).
Die Zweimasttakelung hielt sich nicht allzu lange und 1432 besaß eine englische ‚balinger'* ein Focksegel und ein Besan. Der fehlende Nachweis für ein Großsegel führte prompt zu dem Schluß, daß das Schiff ein Zweimaster gewesen ist. Die Erklärung dafür ist ganz einfach, es hatte ein Großsegel, das keine Erwähnung fand. Insgesamt belegen alle Beweise, daß die nördlichen Schiffe um 1430 drei Masten führten. Wann nun der vierte hinzu kam, steht bis heute nicht fest. In der *Warwick-Roll* werden Viermaster gezeigt, und in den Marineaufzeichnungen Heinrichs VII. von 1485 kommentarlos ‚aftermizzen' (Hinterbesan)**, wie der 4. Mast bezeichnet wird, angeführt. Auf der anderen Seite besitzt die *‚Kraeck'* nur drei Masten. Dafür ist das Datum der Anfertigung dieses Bildes alles andere als genau, denn die englischen Schiffe benutzten den 4. Mast bereits um 1480 und offenbar schon einige Jahre zuvor.
Der Großmast auf Einzelmastschiffen und die ersten Masten der Zweimastschiffe standen etwas hinter der Mitte des Hauptdecks gestaffelt und daher vor der Kielmitte. Der Großmast der *Grace Dieu* von 1418 stand 55 ft (16,76 m) vom vorderen Ende des 125–130 ft (38,1–39,6 m)-Kiels entfernt. Das war etwas mehr als $\frac{2}{5}$ der Kiellänge. Der italienische Schiffbaubericht von 1445 besagt, daß der Großmast etwa $\frac{2}{5}$ von der Kiellänge von vorne her stehen sollte und etwa auf $\frac{3}{7}$ der Schiffslänge zwischen Vorsteven und Heckpfosten[13]. Die ersten Besanmasten standen etwas mehr als auf halben Wege vom Großmast zum hinteren Ende der Poop. Zumindest auf englischen Schiffen befanden sie sich im späteren Jahrhundert weiter hinten. Die ersten Fockmasten waren klein und das Segel konnte lediglich als Ausgleichskraft dienen, als Antrieb war es unzureichend. Abmessungen stehen leider nicht zur Verfügung, aber Abbildungen zeigen eine Fockmasthöhe über Deck von $\sim \frac{1}{3}$ (überwiegend) der vergleichbaren Höhe des Großmastes. Sie wurden jedoch sehr schnell größer. Trotzdem ist es unmöglich zu bestimmen, wo der Fockmast in der ersten Jahrhunderthälfte stand. Das Schiff, das im *Hastings-Manuscript* erwähnt ist und die Schiffe der *Warwick-Roll* hatten ihre 14
Fockmasten dort stehen, wo Vorsteven und Wasserlinie zusammentreffen, also vor dem Kielende.
Die Größe der mittelalterlichen Großmasten faszinierte die Künstler, und oft gaben sie die Masten zu hoch und zu dick wieder. Eigentlich hätten die Schiffe kentern müssen. Trotzdem gibt es gewisse Entschuldigungen für die Übertreibungen bei der Darstellung, denn die Großmasten waren enorm.
Die Abmessungen im Mittelmeerraum waren wie folgt:

- ☐ Länge entsprechend viermal der Schiffsbreite oder 1,6mal die Kiellänge. Der Umfang an Deck entsprechend $\frac{1}{14}$ der Länge.

Die *Grace Dieu* hatte eine Kiellänge von 125–130 ft (38,1–39,6 m). Der Großmast maß ~ 180 ft (54,86 m). Wir wissen aber, daß es tatsächlich 200 ft (60,96 m) mit einem Umfang von 14 ft (4,27 m) waren. Das entsprach einem Durchmesser von $4\frac{1}{3}$ ft (1,32 m). Luca di Maso berichtet allerdings, daß der Umfang 22 ft (6,71 m) war, mit einem Durchmesser von 7 ft (2,13 m). Die Differenz weist ohne Zweifel auf das rauhere Wetter im Kanal hin. Der Großmast der englischen *Grace Dieu* ist auch der einzige des 15. Jahrhunderts, über den wir etwas Schriftliches besitzen. Wenn das *Woolwich-Wrack* (siehe Kapitel II)

32. Die geschnitzte Karracke an einem Bankende von King's Lynn in Norfolk, der man als Datum das Jahr 1415 zuspricht. Da das Schiff groß ist, ist es möglich, daß es sich um das Modell der *Grace Dieu* handelt. Das Schiff ist klinkergebaut und hat vorstehende Balkenköpfe. Die Ankerklüsen sitzen hoch unter dem Vorkastell, das zwei Bühnen hat. Das Achterkastell kann ebenfalls zwei Bühnen gehabt haben oder auch nur eine und ein Sonnensegel. Man beachte den gewaltigen Großmast mit seinem Gefechtsmars, in dem die schweren eisernen ‚darts' (gadds)/Speere klar zum Einsatz stehen. Das Takelwerk ist sorgfältig angedeutet und, obwohl vereinfacht dargestellt, richtig. Das Schnitzwerk ist heute im Victoria und Albert Museum, London.
33. Beispiele mittelalterlicher Marse.

32

33

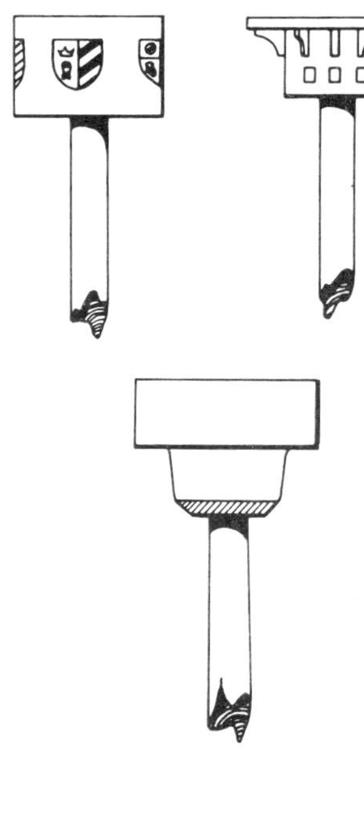

* ‚balinger' = Balinger oder auch Ballinger, eine kleine Kriegsschaluppe, die als schnelles Jagdfahrzeug Verwendung fand. (Anm. d. Übers.)
** Die Bezeichnung ‚mizzen' steht sowohl für ‚Besan ...' als auch ‚Kreuz ...'. Beides ist richtig. Der Übersetzer benutzte überwiegend die Bezeichnung ‚Besan ...'. (Anm. d. Übers.)

53 tatsächlich der Überrest der *Sovereign* Heinrichs VII. ist, entspricht deren Großmast zumindest unter Deck der Form des nachfolgenden 16. Jahrhunderts. Der Durchmesser mißt 52 in (1,32 m) und ist daher dicker als bei den anderen.
Besanmasten waren weit weniger auffällig. Das italienische Manuskript von 1445 hält fest, daß der Hintermast nur halb so lang war als der Großmast. Für die Mastlängen in der zweiten Jahrhunderthälfte sind Abbildungen die einzige Quelle. Bei den Schiffen der *Warwick-Roll* ist die Großmastlänge über Deck gleich der Länge des Hauptdecks. Die Länge des Fockmastes über Deck ist etwa die Hälfte des Großmastes und der Besanmast ist $^3/_4$ so lang. Der Hinterbesanmast mißt etwas weniger als die Hälfte der Höhe des Großmastes über Deck.
Die Konstruktion der Großmasten kann nur gefolgert werden. Die zahllosen Tauwicklungen (Wuhlinge), die auf den Abbildungen zu sehen sind und die durch die Auflistungen über gekauftes Tauwerk bestätigt werden, weisen z.B. darauf hin, daß der Großmast der *Regent* zusammengesetzt oder aufgestockt war. Das bereits erwähnte *Woolwich-Schiff* besaß ebenfalls einen zusammengesetzten Mast. Es ist nicht bekannt, wie die anderen Masten konstruiert waren. Immerhin waren sie klein genug, daß sie aus Einzelbäumen gefertigt werden konnten.
Bugspriet: Der Bugspriet war bereits im 13. Jahrhundert in Gebrauch und hat mit Ausnahme des Großmastes bei den Schiffen des Nordens eine längere Geschichte als jede andere Spiere. Es scheint, daß es die ursprüngliche Aufgabe des Bugspriets war, den Buleinen eine bessere Führung zu geben. Später diente er als Vorhaltepunkt für den Dregganker und besaß am äußeren Ende eine Scheibe oder zeitweise auch eine Rolle, über die das Ankertau lief. Falls die Bildbeweise zuverlässig sind, erhielt der Bugspriet im 15. Jahrhundert an der Unterseite große dreieckige ‚Zähne', die – so nimmt man an – die Führung der Buleinen unterstützten. Eine lief von Steuerbord nach Backbord, die andere umgekehrt. Wie der Bugspriet abgesetzt war, bleibt noch zu klären. Abbildungen zeigen ihn vom Vordeck aus in einem steilen Winkel (in einigen Fällen 45°). Die Hacke saß offenbar am Großmast, falls eine vorhanden war. Tatsächlich führte der Bugspriet wahrscheinlich an einer Seite des Fockmastes vorbei. So war es im folgenden Jahrhundert üblich. Auf englischen Schiffen war es die Steuerbord-Seite. Das Bild der ‚*Kraeck*' zeigt eine Buglasche (Bugsprietzurring), die den Bugspriet am Bugende hält. Bei den Schiffen der *Warwick-Roll* ist davon nichts zu sehen, es gibt in den Inventarlisten Heinrichs VII. auch keinen Hinweis auf irgendeine Zurring. Die englischen Bugspriets scheinen oberhalb des Vorschiffdecks nahezu so lang und dick wie der Fockmast gewesen zu sein. Die Bugspriets auf *Sovereign* und *Regent* von König Heinrich VII. besaßen je ein Paar Schneidewiderhaken. Das waren sichelförmige Messer, dafür vorgesehen, gegnerische Takelagen zu zerschneiden, wenn die Schiffe im Gefecht aufeinandertrafen.

Im Verlauf des Jahrhunderts kam eine neue Spiere in Gebrauch. Das war der ‚outligger', ein starker Holzbalken, der über das Heck hinausreichte und zum Auslegen der Besansegelfläche benutzt wurde. ‚Outligger' waren schon vor 1485 in Gebrauch, und falls das *Hastings-Manuscript* aus dieser Zeit stammt, wahrscheinlich bereits vor 1450. 14
Trotzdem ist es verwunderlich, daß ihn weder die ‚*Kraeck*' noch die Schiffe der *Warwick-Roll* besitzen. Das Fehlen bedeutet natürlich auf keinen Fall, daß man ihm keine Beachtung schenkte oder darüber hinwegging. Es ist möglich, daß die Besans und Hinterbesans im 15. Jahrhundert manchmal direkt mit der Poop verbunden waren, was uns von der Anordnung her als sehr uneffektiv erscheinen mag.
Marse: Alle Schiffe des späten Mittelalters hatten auf dem Großmast einen großen Mars. Zum Ende des 15. Jahrhunderts kamen auf den Fock- und Besanmasten kleinere hinzu. Die Marse waren ursprünglich Kampfplattformen, daher weisen ältere Aufzeichnungen auf den Begriff ‚Marskastell' hin. Die unzulänglichen Bildbeweise über mittelalterliche Marse zeigen, daß sie überwiegend wie im späteren 17. Jahrhundert gestaltet waren, d.h. auf Gerüstbäumen und Kreuzstämmen saßen Plattformen, deren Seiten fest am Plattformboden angebaut waren (siehe Kapitel III). 182
Der Mars der ‚*Kraeck*' scheint allerdings auf vier Trägern, die am Mastkopf angebaut waren, gesessen zu haben. Wenn das stimmt, ist schwierig zu verstehen, wie die Träger befestigt waren. Es war üblich, die Plattformen mit Stoff zu verkleiden, der Heraldikstickerei führte. 33
Die Verkleidung diente zum Schutz der dort befindlichen Männer. Die Kampfstände waren mit Aufzügen ausgerüstet. Mit ihnen wurden Steine, ‚gadds' (schwere eiserne Speere) und andere Wurfgeschosse nach oben befördert. Das Aufzuggeschirr bestand aus einem kurzen Davit, das über die Marskante reichte. Vom Davitende lief ein Tau über eine Scheibe hinunter aufs Deck. Auf der ‚*Kraeck*' bestand die Kranführung aus einem endlosen Tau, an das die Güter angehängt wurden. Im Mars nahm man diese ab. Ob das jedoch die übliche Anordnung gewesen ist, ist unbekannt.
Wie die ‚*Kraeck*' zeigt, befanden sich auf den Marsen Kanonen. Auf den Schiffen der *Warwick-Roll* sind hingegen keine zu sehen. Soweit wir wissen, führte das Aufkommen der Marsstengen zu keiner Formänderung oder anderen Konstruktion der Marse. Wenn eine Marsstenge auf dem Mars saß, Bramstenge genannt, entsprach sie der unteren.
Marsstengen und Bramstengen: Obwohl in einem englischen Gedicht aus dem Jahre 1390 ein Marssegel angeführt ist, gibt es keinen Hinweis auf eine Marsstenge. Der früheste Nachweis stammt von 1420. Dabei ist jedoch nicht klar, ob damit tatsächlich eine Marsstenge gemeint ist und nicht der Mast, der ebenfalls angeführt ist[19]. Die erste englische Darstellung über eine Marsstenge bringt das *Hastings-Manuscript*. Die fehlende Marssegelrah kann bedeuten, daß sie niedergeholt war. Um 1485 gehörten Großmarsstengen allerdings zur normalen Ausrüstung englischer Kriegsschiffe (und wahrschein-

34. Scherhaken waren sichelförmige Messer, die am Ende der Großrah und manchmal auch am Bugspriet saßen. Sie waren an beiden Kanten geschliffen, so daß sie die Takelage eines gegnerischen Schiffes durchschneiden konnten, sobald sich die Schiffe einander näherten.

35. Vier Arten, wie mittelalterliche Wanten angeordnet sein konnten.
(a) Die Want lief durch das Schanzkleid und war außenbords an einem Knebel befestigt.
(b) Die Want führte zu einem Ring- oder Augbolzen in der Seite, das Ende war um den vollen Teil gebändselt und befestigt.
(c) Das Wantende hatte einen eingesetzten Jungfernblock und drei einzelne Taue führten entweder zu Löchern in der Schiffsseite oder auch zu einem Taljenreep zwischen dem Jungfernblock und den Löchern.
(d) Ein Arrangement ähnlich (c), jedoch mit einem Herzen.

34
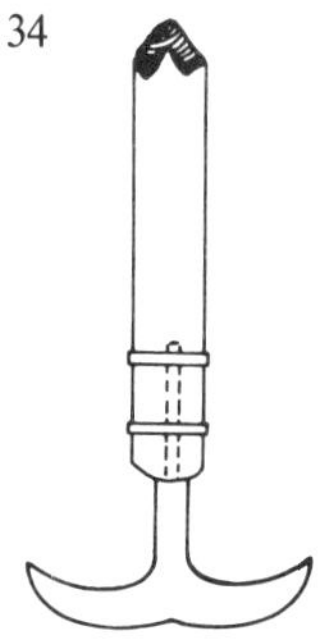

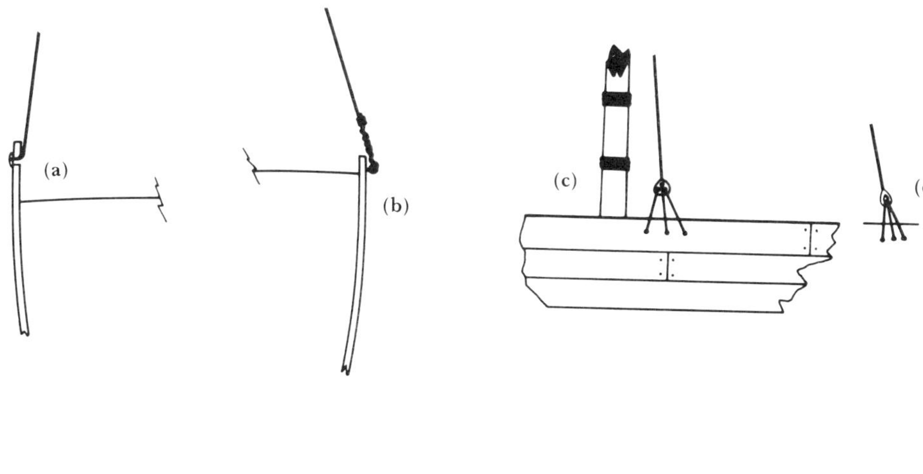

35

lich aller Schiffe des Nordens). Um 1495 tauchten auch Vormarsstengen auf, Besanstengen gab es nicht. Wie die Marsstengen entstanden sind, ist nicht bekannt. Möglicherweise bestand die Absicht, vom Flaggenstock her im Mars ein Segel zu setzen. Und als man den Vorteil dieses zusätzlichen Segels erkannte, wurde der Flaggenstock durch eine kleine Stenge ersetzt. Man nimmt allerdings an, daß die ersten Marsstengen einfach der obere Teil des Mastes waren. Ob es nun so ist oder nicht, die Großmarsstenge der *Sovereign* von 1495/97 war eine separate Spiere, die am unteren Masttopp mit einem Eisenband, Kranz genannt, befestigt schien.
Bramstengen waren kleine Versionen der Marsstengen. Die *Regent* besaß 1497 eine Großbramstenge, *Sovereign* jedoch nicht. Es scheint also, daß die Großbramstengen zu dieser Zeit erst eingeführt wurden. Sowohl die Bramstenge als auch die Großbramstenge waren ziemlich oben eingebaut. Sie müssen in einem Sturm fürchterlich gelitten haben. Über die Bramstengen sind keine Abmessungen bekannt, aber die im *Hastings-Manuscript* festgestellte Bramstenge hatte die halbe Länge des Großmastes über Deck. Obwohl die Skizze ohne Maßstab ist, kann das etwa zutreffen. Die Bramstengen auf einigen Schiffen der *Warwick-Roll* sind offensichtlich zu kurz.
Rahen: Die Großrah des 15. Jahrhunderts war – wie der Mast selbst – eine große Spiere. Darstellungen zeigen für gewöhnlich, daß sie die gleiche Länge hatte wie der über Deck stehende Mastteil. Und sie war auch sehr dick. Das italienische Schiffbaumanuskript von 1445 führt an, daß die Großrah $\frac{4}{5}$ der Mastlänge, ihr maximaler Durchmesser $\frac{1}{28}$ der Rahlänge haben sollte. Die Besanrah, die ein Lateinsegel führte, durfte halb so lang sein wie die Großrah. Ob diese Maße auch für nördliche Schiffe zutreffen, ist ungewiß. Im Hinblick auf die Handelsbeziehungen zwischen Flandern, England und Italien dieser Zeit war es wahrscheinlich so. Zum Jahrhundertende – und zweifellos schon zuvor – waren die Besanrahen jedoch ein gutes Stück länger als die Hälfte der Großrah.
Fockrahen waren wesentlich kleiner als die Großrah. Zuerst hatten sie wahrscheinlich nur etwa $\frac{1}{3}$ der Länge. Um 1470 wuchsen sie zur Hälfte an und um 1500 auf etwa $\frac{3}{5}$. Die einzigen Aufzeichnungen über die Konstruktion der Rahen nördlicher Schiffe stammen aus dem ersten und letzten Jahrzehnt des Jahrhunderts. Die *Carake* Heinrichs IV. von 1410 hatte eine Segelrah. Das war vermutlich die Großrah, kann aber auch die Besanrah gewesen sein. Die Rah war aus zwei Teilen gefertigt. Die *Carake* war ein Schiff aus dem Süden, und wie wir wissen, besaßen die Mittelmeerfahrzeuge Rahen, die aus zwei sich überlappenden Hölzern bestanden. Die Inventarlisten Heinrichs VII. geben genauere Auskünfte. Für die *Sovereign* wurden 1496 „ij mastes to make a new mayneyard for the seyd ship" gekauft. Sie kosteten 9 £, seinerzeit ein ziemlicher Preis. Die Eintragung kann bedeuten, daß das Holz, anstelle neues zu kaufen, von den Masten genommen wurde. Eine Eintragung für die *Regent* weist den Kauf von zwei Fichten nach (Preußische Bäume, es waren durchaus nicht immer Fichten), um die Großrah zu fertigen. Es ist ausdrücklich festgehalten, daß jeder Baum für eine Rahhälfte verwendet wurde.
So gesehen, kann das nichts anderes bedeuten, als daß die Großrahen der beiden Schiffe aus jeweils zwei Teilen bestanden, die sich in der Mitte überlappten. Auf diese Art hergestellte Rahen wurden auch 1546 noch benutzt. Nur die größten Schiffe besaßen zweiteilige Rahen. Die Erklärung dafür ist, daß es sicherlich keine Bäume gab, die lang genug waren, eine Rah aus einem Stück zu machen. Soweit wir wissen, waren die Besanrahen der Nordschiffe stets aus einem Stück und die Mars- und Bramsegelrahen ebenfalls.
Im 15. Jahrhundert gab es keine Kreuzmarssegelrah. Über den Einbau von Rahen des 15. Jahrhunderts ist praktisch nichts bekannt. Wir wissen lediglich, daß an den Enden der Großrahen jeweils Schneidewiderhaken saßen.
Parden oder Jackstage gab es nicht. Eine weitere Rah, die im Verlauf des Jahrhunderts auftauchte, ist die Sprietsegelrah, die sich unter dem Bugspriet befand. Sie wurde um 1485 auf englischen Kriegsschiffen benutzt und war seit etwa 1466 bekannt[19]. Dann kam eine moderne Art Sprietsegel zur Einführung. Es ist jedoch seltsam, daß keines der Schiffe der *Warwick-Roll* eine Bugsprietrah besitzt. Bei soviel Unbestimmtheit kann man das Einführungsdatum des Sprietsegels nur raten. Nach den gegenwärtigen Erkenntnissen geschah das um 1460.

Stehendes Gut

Die schnelle Verbreitung mehrmastiger Schiffe im 15. Jahrhundert wurde von der Entwicklung der Takelage begleitet. Letztere lag in ihrem Aussehen irgendwo zwischen dem *Gokstad-Schiff* und den Segelkriegsschiffen der letzten Tage. Trotz zahlreicher Nachschlagewerke über Takelagen der letzten 20 Jahre des Jahrhunderts und speziell deren Verwendung, ist nur wenig über ihre Anordnung bekannt.
Bugspriet: Der Bugspriet scheint außer der möglichen Bugsprietzurring (Bugsprietwuhling) kein weiteres Stehendes Gut gehabt zu haben. Wir wissen allerdings nicht, ob die Verlaschung derjenigen des 17. Jahrhunderts glich. Ob das untere Ende des Butspriets am Fockmast angelascht war, ist unbekannt.
Masten, Untermasten: Geläufige Bezeichnungen wie Taljen*, Wanten, Leitern, Pardunen, ‚swifter' (Strecktaue) erscheinen vom Jahrhundertbeginn an immer wieder in den englischen Inventarlisten. Es ist jedoch unsicher, ob die Namen jener Zeit auch mit denen im späteren Jahrhundert gleichbedeutend sind.
Pardunen** gehörten beispielsweise seit dem 15. Jahrhundert zur Takelung des unteren Mastes und am Jahrhundertende reichten sie bis zu den Marsstengen. Ein anderer Fall ist das Fockstag. Bis die Schiffe einen Fockmast erhielten, gehörte das Fockstag zum Großmast und war das, was der Name sagt, ein Gegenstück zur Pardune. Bezogen auf die mittelalterlichen Mastgrößen war die unterstützende Takelung geradezu reichlich. Das englische Kriegsschiff *Christopher* 1410/12 hatte 20 Wanten, sechs Pardunen und eine Fockstag. Zur gleichen Zeit führte die *Carake* 19 Wanten mit 38 ‚pulleys'. Ihre Wanten waren mit Taljen versehen, die in ihrer Ausführung denen glichen, die auf den Galeeren des Mittelmeers verwendet wurden. Die Masten hatten ebenfalls Taljen, die man ‚pollankers' nannte (diese Bezeichnung hat viele Bedeutungen). Außerdem besaßen sie ‚swifter', die die gleichen (oder auch nicht) gewesen sein mögen, wie die späteren Reeps gleichen Namens. Die englischen Berichte haben zwischen 1420 und 1485 leider eine große Lücke, erst die Marineinventarien Heinrichs VII. geben detaillierte Auflistungen wieder. Einige dieser ersten Listen sind allerdings ziemlich konfus und es geht nicht in allen Fällen klar daraus hervor, ob es sich um ‚Stehendes' oder ‚Laufendes Gut' oder um die gesamte Ausrüstung handelt oder nicht.
Die 1495/97er Listen geben viel mehr Informationen her und, auf die Vollständigkeit der bildlichen Darstellungen vertrauend, auch Auskunft über die Takelung eines großen Kriegsschiffes.
Der Großmast der *Sovereign* besaß beispielweise 16 Schwichttakel, sechs ‚pollankers' und 32 Wanten, außerdem eine Großstag. Sie hatte auch vier Ladetakel und vier ‚Breton'-Takel, die wahrscheinlich den späteren Stengetaljen entsprachen. Es ist verwunderlich, daß keines der Schiffe Heinrichs VII. Pardunen besaß. Wahrscheinlich übernahmen bei ihnen die Schwichttakel deren Aufgaben. Die Vielzahl der Wanten und Haltetakel ist ein Kennzeichen der englischen Schiffe des 15. und beginnenden 16. Jahrhunderts. Das kann durchaus angemessen gewesen sein, denn die Taue waren wesentlich schwächer als in späterer Zeit. Andererseits waren sie wohl erforderlich, um den Druck auf die Wanten, der auf einer langen Strecke auf die jeweilige obere Schiffsseite ausgeübt wurde, aufzufangen. Die Aufzählung der Takelung ist die eine Seite, festzustellen, welchen Zweck sie erfüllte, schon schwieriger. Die Inventarlisten Heinrichs VII. lassen für die Takelung des Großmastes viele Arrangements zu, wie:

☐ Wanten, Schwichttakel, Stage oder
☐ Wanten, Schwichttakel, ‚pollankers', Stage oder
☐ Wanten, Stage, ‚pollankers', ‚Breton'-Takel, Schwichttakel.

Es ist daher anzuzweifeln, ob die Reihenfolge der Listen auch die der Takelung wiedergibt und bis definitive Beweise ans Tageslicht kommen, ist es am besten, man folgt der Praxis des 17. Jahrhunderts, wenn man ein Modell takeln will.
Die Anordnung wäre dann wie folgt: ‚pollankers', Wanten, Schwichttakel oder Pardunen und Stage.

* Allgemein auch ‚Takel' genannt. (Anm. d. Übers.)
** Üblich ist auch die Bezeichnung ‚Backstag'. (Anm. d. Übers.)

Die Anzahl der ‚pollankers' auf einigen beurkundeten Schiffen des 15. Jahrhunderts sind in der Tabelle wiedergegeben.

„pollankers" – 15. Jahrhundert

Schiff	Datum	Anzahl der „pollankers"
Christopher	1410/12	2
Holigost	1414/16	2*
Mary of the tower	1485	6
Martin Garsia	1485	4
Governor	1485	4
Sovereign	1495/97	6
Regent	1495/97	8**
Mary Fortune	1497	xxx
Sweepstake	1497	2

* Jeder mit 2 „pulleys".
** zuzüglich 2 am Fockmast.
xxx Nicht aufgelistet.

Das Fehlen der ‚pollankers' im Inventar der *Mary Fortune* ist interessant, denn sie war ein neues Schiff, das zeitgleich mit der *Sweepstake* gebaut worden war und auch dieselbe Größe hatte (80–100 ts). Die ‚pollankers' waren an sich nicht zu übersehen. Es ist möglich, daß man ihnen keine Beachtung schenkte, aber ebensogut auch, daß man auf sie verzichtete, als die *Mary Fortune* gebaut wurde. Denn in der Takelliste der wichtigsten Schiffe der nächsten Serie erscheinen sie nicht. Wo die ‚pollankers'-Läufer befestigt waren, ist unbekannt. Möglicherweise geschah das an der Brustwehr mittels großer Klampen oder an passenden Pollern. In frühen englischen Berichten werden die Wanten oder Wanttaue auch als Vorleine bzw. vordere Verholleine bezeichnet, ein Name, der später als Teil der Segel bekannt wurde. Wie die ersten Wanten aufgesetzt wurden, war teilweise Gegenstand angeregter Diskussionen[20]. Der einzige Hinweis auf die
35 Zeit vor 1470 ist eine Darstellung von zweifelhafter Zuverlässigkeit und grob gezeichnet. Immerhin ist es möglich, zu erkennen, auf welche drei Arten die Wanten befestigt waren. Die ersten beiden Verfahren sind für große Schiffe unwahrscheinlich. Sie wurden auf jeden Fall für kleine Schiffe und Boote benutzt. Die dritte benötigte man zur Halterung der Wanten an den kleineren Masten. Auf der „*Kraeck*" und wahrscheinlich auch auf einem Schiff der *Warwick-Roll* gibt es Jungfernblöcke. In allen Fällen gehörten diese zur normalen Ausrüstung englischer Schiffe um 1485, und wenn man alle Beweise zusammenzählt, ist es gut möglich, daß sie bereits ab 1450 benutzt wurden. Wie die Wanten vor dieser Zeit gehaltert wurden, bleibt noch zu erforschen.
In den englischen Veröffentlichungen vom Ende des 15. Jahrhunderts sind die Jungfernblöcke der unteren Masten wie auf der ‚*Kraeck*' mittels Ketten an der Schiffsseite festgemacht. Ob die Kettenglieder kurz waren, wie es auf den Schiffen des Kontinents aussah oder ob sie die Länge jener auf englischen Schiffen des 17. Jahrhunderts hatten, ist unbekannt. Auf der ‚*Kraeck*' besaßen die Jungfernblöcke des Fock- und Besanmastes ebenfalls Ketten. Die englischen Belege über Wanten und deren Halterung sind in der Tabelle aufgelistet. Zwischen den Eintragungen der Tabelle gibt es einige verwirrende Unterschiede. Jungfernblöcke sind nur dann angeführt, wenn sie Ketten haben, über die oberen gibt es keine Aufzeichnungen. Folglich sind einige Schiffe angeführt, bei denen zwar die Wanten stehen, die Jungfernblöcke jedoch fehlen. Weiterhin führten nur die beiden größten Schiffe bei ihren Fock- und Besanmaster (einschließlich des Hinterbesanmastes) Ketten an den Jungfernblöcken. Die spezielle Erwähnung der Ketten bedeutet wahrscheinlich, daß sie sehr teuer waren, und da dadurch Diebe herausgefordert werden konnten, war ihre Angabe unerwünscht.
Andererseits kann das Fehlen eines Nachweises über die Jungfernblöcke jeder Art auch bedeuten, daß sie ein normaler Teil der Ausrüstung waren und mit Tauen an den Schiffsseiten befestigt wurden. Oder bedeutet es, daß die Wanten auf eine andere Art gesichert wurden, möglicherweise mit Taljen oder wie auf den Galeeren, wie es manchmal in folgenden Jahrhundert geschah? (siehe Kapitel II) Oder wurden sie auf ganz einfache Art an einem Poller an der Brustwehr gehalten?
Beachtenswert ist die Tatsache, daß mit Ausnahme der Schiffe vom Jahrhundertbeginn, von denen wir nur bruchweise Unterlagen besitzen, bei allen kleinen Masten Jungfernblöcke fehlen. Auf der ‚*Kraeck*' waren die Jungfernblöcke an den Großwanten direkt unterhalb der Auskehlung am Schiffskörper befestigt. Das muß jedoch ein Fehler sein, denn wenn die Ketten auf diese Art saßen, konnten sie dem Druck der Wanten nicht standhalten. Vermutlich hätten sie ein Gurtholz niedriger sitzen müssen, so wie es bei einem der Schiffe der *Warwick-Roll* und der deutschen Karracke gezeigt wird. 49
Die Jungfernblöcke des 15. Jahrhunderts waren herzförmig und so angesetzt, daß sich die breiten Enden gegenüber saßen. Über ihre Größe ist nichts bekannt. Einer englischen Vorschrift des 17. Jahrhunderts folgend, mußte die Weite der Jungfernblöcke entsprechend dem halben Durchmesser des zugehörigen Mastes sein. Es ist jedoch zweifelhaft, ob das bereits im 15. Jahrhundert der Fall war, wo die Masten ja wesentlich dicker waren. Wäre die Vorschrift auch da schon gültig gewesen, hätten die Jungfernblöcke der *Grace Dieu* von 1418 eine Breite von 3,5 ft (1,07 m) gehabt. Der Platzbedarf der Jungfernblöcke ist nicht bekannt. Bei der ‚*Kraeck*' sitzen sie dicht beieinander. Im Hinblick auf die zahlreichen Wanten an den Masten der Schiffe des 15. Jahrhunderts ist das, zumindest beim Großmast, wahrscheinlich ziemlich genau.
Wie der Fockmast war auch der Besanmast in diesem Jahrhundert mehr eine größere Spiere denn ein Mast. Das unterstreicht auch die tatsächliche Zahl der Wanten in der Tabelle. Erst in den letzten Jahren des Jahrhunderts nahm der Fockmast an Größe zu und führte mehr Wanten als der Besanmast. Die Tabelle verdeutlicht aber auch

Wanten – 15. Jahrhundert

Schiff	Datum	Fockmast Wanten*	Untere Jungfernblöcke mit Ketten	Großmast Wanten*	Untere Jungfernblöcke mit Ketten	Besanmast Wanten*	Untere Jungfernblöcke mit Ketten	Hinterer oder „Bonaventure"-Besanmast Wanten*	Untere Jungfernblöcke mit Ketten
Christopher	1410/12	-	-	20	-	-	-	-	-
Holigost	1416	-	-	30	-	-	-	-	-
Mary of the Tower	1485	12	-	32	32	26	-	-	-
Martin Garsia	1485	8	-	26	26	12	-	-	-
Governor	1485	12	-	28	32	16	-	-	-
Sovereign	1495	16	32	32	32	12	12	8	8
Regent	1495	16	32	36	36	12	12	10	10
Mary Fortune	1497	6	-	14	14	-	-	4	-
Sweepstake	1497	8	-	18	18	-	-	4	-

* Die Zahl der Wanten ist an beiden Seiten gleich.

36. Backstage (Pardunen) und Takel.
37. Das große Garnet (Tau zum Aufholen der Untersegel an die Rah).

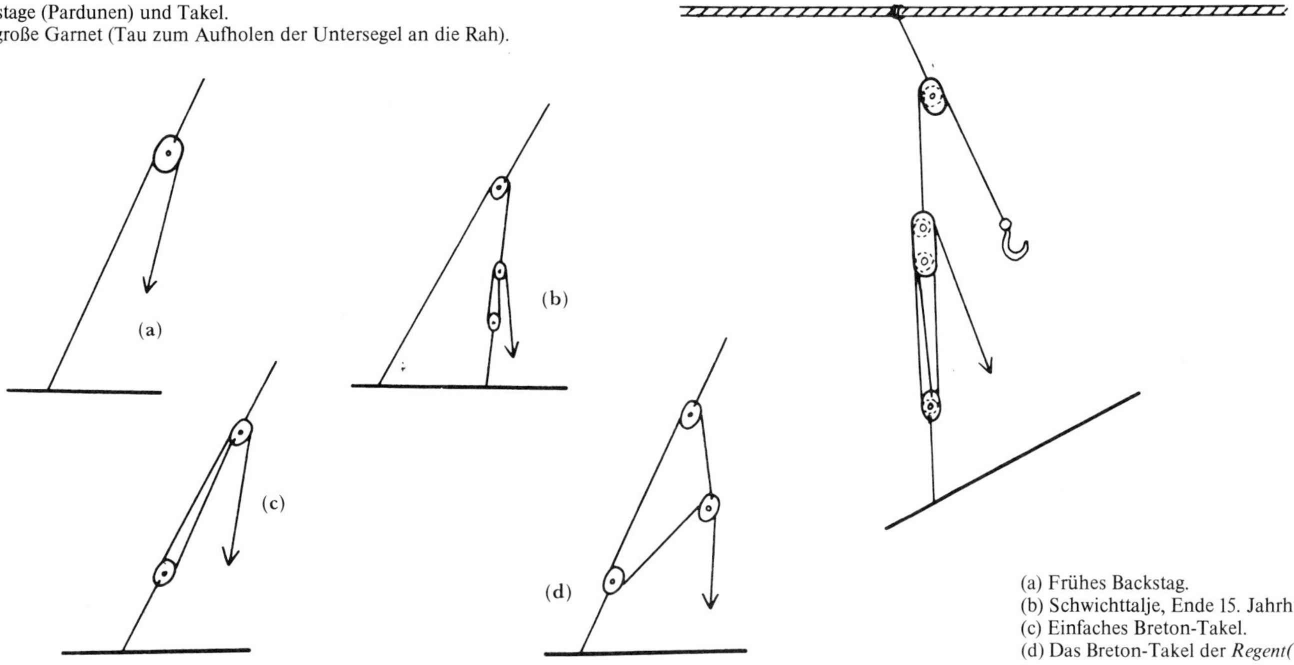

(a) Frühes Backstag.
(b) Schwichttalje, Ende 15. Jahrhundert.
(c) Einfaches Breton-Takel.
(d) Das Breton-Takel der *Regent(?)*

ein Problem, das den Besanmast betrifft. Nach den Niederschriften Heinrichs VII. aus dem Jahre 1485 besaßen die Schiffe Besanmasten. Die beiden großen Schiffe, *Sovereign* und *Regent* führten Besan- und ‚Bonaventure'-Besanmasten*. Hingegen hatten die beiden neuen und kleineren Schiffe, *Sweepstake* und *Mary Fortune* wohl ‚Bonaventure'-Besanmasten, jedoch keine Besanmasten. Nun wird der ‚Bonaventure'-Besanmast stets auf Viermastern gezeigt. Er sitzt meist über dem Heckpfosten am Heck, was eine angemessene Position ist. Das Problem ist jedoch, daß einige Abbildungen aus dem Beginn des
55 16. Jahrhunderts Dreimaster zeigen, bei denen an dieser Stelle der Besanmast steht. Die Bilder zeigen den Mast so weit hinten und so sorgfältig ausgeführt, daß man nicht mehr von Flüchtigkeit sprechen kann. Daher besteht die Möglichkeit, daß gegen Ende des 15. Jahrhunderts und zumindest auf englischen Schiffen die Aufstellung so war, daß sich der Besanmast auf Dreimastern in der gewöhnlichen Postion, etwa auf halbem Wege zwischen Großmast und Heckreling befand oder am hinteren Teil der Poop.

Es ist überraschend, daß die letzten beiden Schiffe, obgleich sie Neubauten waren, weder Pardunen noch Schwichttakel besaßen. Wahrscheinlich hatten kleine Schiffe keine. Nur *Sovereign* und *Regent* führten an den Fockmasten Takel, erstere acht Schwichttakel, letztere zwei mit zwei ‚pollankers'. Bei den Schiffen Heinrichs VII. sind keine Fockmastpardunen angeführt.

Wie die Tabelle verdeutlicht, sind die Pardunen und Schwichttakel ein weiteres Rätsel, soweit es die englischen Schiffe betrifft. Falls die ersten Pardunen den laufenden des 17. Jahrhunderts entsprachen, waren es einfache Stander und Jolltaue. Mit den Schwichttakeln ist es schon komplizierter. Die mit drei ‚pulleys' sahen wahrscheinlich so aus wie die Abbildungen es zeigen. Beide Ausrüstungsteile waren vermutlich nahe am Mast an der Brustwehr befestigt. *Sovereign* hatte
36 vier der neuen ‚Breton'-Takel, jede mit zwei ‚pulleys'. Die Auflistungen der *Regent* sind jedoch verwirrend, die eine Liste spricht von drei Takeln mit zehn ‚pulleys', vier Standern und vier Fallen für die Takel, eine andere von nur zwei Standern und zwei Fallen. Das verführt zu der Feststellung, daß die Anzahl unvollständig war, sie hätte eigentlich vier Takel mit je drei ‚pulleys' haben müssen.

Auch die Stage werfen Probleme auf. Einige der frühen Inventarlisten weisen zwei, drei oder sogar vier Fockstage auf (d.h. Großstage für Einzelmastschiffe). Ob das nun bedeutet, daß die Schiffe mehrere Stage besaßen oder ob hierbei auch Spieren einbezogen sind, ist nicht bekannt. Für das nächste Jahrhundert gibt es einige Beweise, daß Stage zeitweise aus mehreren Teilen bestanden. Wir wissen nicht, wie die Stage getakelt waren.

* ‚Bonaventure' = Latein ... (Anm. d. Übers.)

Pardunen und Schwichttakel – 15. Jahrhundert

Schiff	Datum	Pardunen	Schwichttakel
Christopher	1410/12	6	0
Carake	1410/12	4	0
Holigost	1416	2	0
*Grace Dieu**	1485	0	0
Mary of the Tower	1485	0	8
Martin Garsia	1485	0	6
Governor	1485	0	12
Sovereign	1495	0	16**
Regent	1497	0	16***
Mary Fortune	1497	0	0
Sweepstake	1497	0	0

* Die Inventarien sind sehr durcheinander.
** Mit 45 (48 ?) „pulleys".
*** Mit 48 „pulleys".

Wenn man nun angesichts der Takelung der Mars- und Bramstengen späterer Jahrhunderte argumentiert, daß diese die Fortsetzung der Praxis früherer Jahrhunderte war, dann allerdings führten die Stage an ihrem oberen Ende ein großes Auge, das über den Masttopp lief. Soweit feststellbar, war das untere Ende nahe der Bugspitze befestigt. Als dann die Fockmasten aufkamen, wurden die Großstage anscheinend in der Nähe des Fockmastfußes gesichert. Die *Holigost* hatte am unteren Ende des Großstags ein kompliziertes Takel. Es war ein Stag mit drei Tauen und vier Takeln, jede mit drei ‚pulleys'. Auf der *‚Kraeck'* ist das Großstag mit einem Paar Jungfernblöcken gehaltert. Das Stag führt an die Steuerbord-Seite des Fockmastes und scheint am Bugknie festgemacht zu sein.

Berichte legen offen, daß die *Grace Dieu* von 1485 am Großstag fünf Jungfernblöcke besaß. Möglicherweise machte der Schreiber einen Fehler, daß er anstelle ‚ij' ein ‚v' setzte. Die Daten haben Ähnlichkeit mit denen, die in verschiedenen *Tudor*-Aufzeichnungen auftauchen. Für die Bedienung des Großstags auf der *Sovereign* gab es hinter den Jungfernblöcken zwei Drehreeps und vier eiserne Doppelketten[2].

Die *Mary Fortune* von 1497 hatte eine Eisenkette mit einem Bolzen, der am Stag hing. Fockstage gingen vom Bugspriet aus. Auf den Schiffen der *Warwick-Roll* reichen die Fockstage nahezu bis zum äußersten Ende des Bugspriets. Bei der *‚Kraeck'* und den Abbildungen des *Hastings-Manuscripts* sitzen sie weiter nach innen. Wie die Befestigung war, ist unbekannt.

Die Geschichte des Besanstags ist noch verworrener als die des Fockstags. Sie sind in den frühen Inventarlisten nicht angeführt und es gibt in den Marinerechnungen Heinrichs VII. keinerlei Hinweise darüber. Trotzdem sind für *Sovereign* und *Regent* ‚Bonaventure'-Besanstage angeführt, für *Sweepstake* und *Mary Fortune* jedoch nicht. Dennoch zeigen Abbildungen der *Warwick-Roll* sowohl Besanstage als auch Bonaventure'-Besanstage. Auch das Schiff im *Hastings-Manuscript* besitzt ein Besanstag. Auf der ‚*Kraeck*' befindet sich keines. Gegenwärtig muß daher die Frage offen bleiben, ob Schiffe des 15. Jahrhunderts tatsächlich Besanstage besaßen.

Die letzten Teile der Masttakelage (falls man sie als solche bezeichnen kann) sind die Ladetakel. *Sovereign* und *Regent* besaßen davon je vier, die kleinen Schiffe *Sweepstake* und *Mary Fortune* hingegen nur je eines. Die Zweifel über ihre Verwendung gründen sich auf die Art, wie über sie berichtet wird. Auf den beiden großen Schiffen sitzen die Ladetakel zwischen der Ausrüstung des Großmastes, bei den anderen jedoch bei der Ausrüstung der Großrah. Auf der *Mary Fortune* wird wiederum ein einzelnes Ladetakel angeführt und als ‚Ladetakel zum Großtakel' bezeichnet, was immer das bedeuten mag. Hinsichtlich der großen Ladetakel gibt es keine Zweifel. Es war das
37 Aufzugtakel, das auf Schiffen des 17. Jahrhunderts zu finden ist und vermutlich so getakelt, wie es die Abbildungen darstellen. Wo die Ladetakel befestigt waren, erzählt kein Bericht. So müssen wir der Praxis des 17. Jahrhunderts folgen.

Marsstengen und Bramstengen: Die geringe Größe der ersten Mars- und Bramstengen geht aus der Einfachheit ihrer Takelung hervor. Im Vergleich zu den Masten gibt es nur wenige Wanten, keine Schwichttakel oder Pardunen, Stage erscheinen nur in Berichten von 1495. Die Tabelle gibt die vorhandenen Kenntnisse wieder. Nur für die Großmarsstenge der *Regent* werden auch Jungfernblöcke angegeben. Wie die unteren Jungfernblöcke hatten auch diese Ketten. Das läßt die Frage offen, ob die Wanten der anderen Masten, die durch Taue gesichert waren, Jungfernblöcke besaßen oder ob die Enden der Wanten durch Augenbolzen beispielsweise am Rand oder Boden der Marse befestigt waren. Bei den Schiffen des *Hastings-Manuscripts* führten die Großmarsstengewanten an der Außenseite des Mars herunter und scheinen entweder am Boden des Mars festgemacht gewesen zu sein oder unter diesem durch zum Masttopp. Auf nördlichen Schiffen besaßen sowohl die oberen als auch unteren Wanten Webeleinen. Soweit bekannt ist, hatten sie diese von Beginn des Jahrhunderts an, wenn nicht schon früher. Da ihre Wanten mit Takeln versehen waren, hatten die südlichen Schiffe eine Jakobsleiter zum Masttopp, so wie es auch bei der ‚*Kraeck*' der Fall war. Das Großmarsstengestag hatte am oberen Ende vermutlich ein großes Auge und lief über den Masttopp. Das untere Ende lief zum Vormars oder direkt daruntersitzenden Masttopp, wie es auch im folgenden Jahrhundert der Fall war. Vormasstengestage saßen auf dem äußeren Ende des Bugspriets. Das Großbramstengestag führte anscheinend zum Vormars.

Takelung der Mars- und Bramstengen – Ende des 15. Jahrhunderts

Schiff	Datum	Vormarsstenge Wanten*	Vormarsstenge Stage	Großmarsstenge Wanten*	Großmarsstenge Stage	Großbramstenge Wanten*	Großbramstenge Stage
Grace Dieu	1485	xx	xx	xx	xx	–	–
Mary of the Tower	1485	xxx	xxx	6	nein	xxx	xxx
Martin Garsia	1485	xxx	xxx	6	nein	xxx	xxx
Governor	1485	xxx	xxx	6	nein	xxx	xxx
Sovereign	1495/97	8	ja	12	ja	xxx	xxx
Regent	1495/97	8	ja	10	ja	8	ja
Mary Fortune	1497	xxx	xxx	4	ja	xxx	xxx
Sweepstake	1497	xxx	xxx	8	ja	xxx	xxx

* Die Anzahl der Wanten ist die Gesamtzahl beider Seiten.
xx : Es ist unbekannt, ob Marsstengen eingebaut waren.
xxx: Keine Mars- oder Bramstengen.

Laufendes Gut

Dieser Teil der Takelageausrüstung ist entsprechend seiner Verwendung in zwei Abschnitte unterteilt. Der eine befaßt sich mit den Hebevorrichtungen und Führungen der Rahen, der andere mit der Befestigung, Halterung, Führung und den Beschlägen der Segel. Jeder Abschnitt ist dahingehend unterteilt, ob die Ausrüstung zum Rahsegel oder Lateinsegel gehört. Die Rahsegel und Rahen werden zuerst behandelt.

Fock- und Großrahen: Ab Jahrhundertbeginn wird von zwei Arten des Aufziehens einer Rah berichtet. Beide wurden wohl auch angewandt. Einmal waren es Drehreeps und Fallen und zum anderen Schwertakel. Das Drehreep war ein starkes Tau, das um die Rah herum befestigt war und über einen Block lief, der am Masttopp saß. Es konnte aber auch über eine Scheibe in der Marsbacke oder im Mast selbst laufen. Am unteren Ende des Drehreeps saß ein Block. Zwischen ihm und einem anderen Block lief ein Fall, wahrscheinlich nahe am Mast, an Deck. Auf der *Holigost* von 1416 hatte das Drehreep zwei ‚pulleys', die anscheinend jeweils nur eine Scheibe hatten, denn Mehrscheiben-‚pulleys' werden für gewöhnlich als solche angegeben. Mit der Zeit wurden die unteren Blöcke durch Scheiben ersetzt, die in einem Ohrholz saßen. Die Ohrhölzer hatten anfangs vermutlich nur zwei Scheiben. In späterer Zeit tauchen jedoch auch welche mit drei und sogar vier Scheiben auf. Spärliche Beweise erwecken den Eindruck, daß jedes Drehreep sein eigenes Ohrholz hatte. Die Anzahl der Drehreeps auf englischen Schiffen ausgangs des 15. Jahrhunderts sind in der Tabelle angeführt.

Drehreeps – Ende des 15. Jahrhunderts

Schiff	Fockrah	Großrah
Grace Dieu	*	*
Mary of the Tower	2	2
Martin Garsia	1	2
Governor	1	2
Sovereign	2	2
Regent	2	2
Mary Fortune	1	2
Sweepstake	1	2

* Bei den Rahen sind keine Drehreeps verzeichnet, dafür sind zwei Halbdrehreeps angegeben.

Ob Halbdrehreeps von vornherein Teil der Takelung oder ob es in zwei Teile gespleißte alte Drehreeps waren, können wir nicht sagen. Obwohl Beweise dafür fehlen, ist es möglich, daß sie mit dem Einsatz des oberen Falltakelblocks durch den Widderkopf in Verbindung standen. In der späteren Version war der Widderkopf ein großer Holzblock, der oben ein Loch zur Aufnahme des Falls hatte. Wahrscheinlich besaß der erste Widderkopf zwei obere Löcher, jedes für ein halbes Drehreep.

Schwertakel wurden nur bei den größten Rahen benutzt. Sie sind in
den Marinelisten Heinrichs VII. für die Großrahen der *Sovereign* und 38
Regent angeführt. Bei jedem weiteren Schiff fehlen sie. Das Schwertakel der *Regent* hatte drei Blöcke. Obwohl die Besatzung der Kriegsschiffe zahlreich war, konnten die schweren Großrahen der Großsegel nicht von Hand hochgezogen werden. Die Fallen und Schwertakelfallen mußten zu einer Winde oder einem Spill führen. Wir wissen, daß die Schiffe Ende des Jahrhunderts bis zu drei Spille besaßen. Daraus kann man schließen, daß zwei davon dazu dienten, die Fock- und Großrahen aufzuziehen. Zu Beginn des Jahrhunderts mögen die Dinge durchaus anders gelegen haben. Die *Holigost* besaß zum Segelsetzen eine Winde (‚in modo carrac'/nach Art einer Karracke). Das heißt nichts anderes, als daß alle *Tudor-Schiffe* zwischen 1485 und etwa 1530 eine Vorrichtung dafür besaßen. Auf der anderen Seite mag ‚in modo carrac' aber auch bedeuten, daß auf einer bestimmten Art von Schiffen die Rah mittels Winde und auf anderen mittels Spill hochgezogen wurde.

Racks und Brassen: Die Geschichte dieser Ausrüstungsteile des 15. und auch der beiden folgenden Jahrhunderte ist verworren und rätselhaft. Das frühe Rack scheint einfach eine Öse aus einem starken Tau gewesen zu sein, die um den Mast oder die Rah saß, vielleicht mit irgendeinem Niederholer versehen, um die Racks über die Wuhling des Mastes zu ziehen. Zu Beginn des 15. Jahrhunderts hatte das einfache ‚parrel' (das ‚rack' oder auch ‚rakke' genannt wurde) zeitweise ein Paar ‚susters', was ‚Schwestern' waren.
Die genaue Bedeutung ist strittig[19], aber die passenste Definition ist, daß die ‚susters' hölzerne Rippen waren, die ein Paar oder auch mehrere Löcher hatten und so aussahen, wie die Rippen späterer Racks. So bestand das Rack vielleicht aus zwei Tauwinden, die durch die Löcher der ‚susters' liefen und rund um den Mast und die Rah führten. Die ‚susters' wirkten wohl als Zwischenraum für das Tauwerk und halfen, daß es frei von der Wuhling blieb.
Eine andere Art Rack hatte große hölzerne Klöppel oder Spulen, die auch Klotje genannt werden, die sich auf einem Racktau rund um den Mast wanden. Zu einer anderen Zeit des Jahrhunderts wurden ‚susters' und Klotjes miteinander zu einem komplizierten Rack kombiniert und blieben bis zum Ende der Segelkriegsschiffsära in Gebrauch. Das ist auf der ‚*Kraeck*' zu sehen.
Die Racks wurden bald mit den Racks der Rahen verbunden und später gab es auch eine Art Zwitter, ‚truss-parrel' (Taurack) genannt. Was das erste Rack eigentlich war, kann man nicht sagen. Grundsätzlich war es ein Tau, um die Rah am Mast hochzuziehen, aber auch um sie herunterzuholen. Wie diese entgegengesetzte Funktion miteinander verbunden wurde, ist nicht klar, denn gerade die Beschreibungen des 17. und 18. Jahrhunderts lassen eine Reihe von Fragen offen. Das Problem wird im Kapitel III nochmals behandelt werden.
Was auch immer mit diesen Teilen gemeint ist, *Regent* besaß alle drei Arten. Die Großrah hatte ein Großrack, ein ‚truss-parrel' und zwei Racks für die Rah. Es gab auch eine Querfeste, was in späteren Jahrhunderten ein Tau war, das die Rah am Mast befestigte und falls das Großrack abrutschte als Hilfsrack fungierte.
Neben den Racks und deren Zubehör besaßen die Großrahen noch zwei weitere Ausrüstungsteile. Das waren ‚stetyngs' und ‚dryngs'. Sie werden oft gemeinsam angeführt, aber zu Beginn des Jahrhunderts sind ‚stetyngs' öfter angegeben als ‚dryngs', die für gewöhnlich erst ausgangs des Jahrhunderts Erwähnung finden. Zu dieser Zeit kann es aber auch bedeutet haben, daß ‚stetyngs' verschiedene Funktionen hatten (siehe Kapitel II). Die ersten ‚stetyngs' waren wohl extra oder unterstützende Bänder/Gurte. Einige dieser Art kann man bei der portugiesischen Karracke, die im Kapitel II dargestellt ist, sehen. Damit soll hier nicht behauptet werden, daß etwas, was um 1520 auf fremden Schiffen benutzt wurde, auf englischen bereits zuvor in Gebrauch gewesen ist. Auf der *Holigost* besaßen die ‚stetyngs' jeweils ein Paar Blöcke, es ist jedoch nichts darüber gesagt, wie viele Blöcke die ‚stetyngs' der *Regent* hatten. Auf der *Holigost* werden 1416 bereits ‚dryngs' erwähnt. Sie besaß einen ‚dryng' mit zehn ‚pulleys', so daß es ein kompliziertes Takel gewesen sein muß. In den *Tudor*-Aufzeichnungen aus den letzten beiden Jahrzehnten des Jahrhunderts entsprach die Zahl der ‚dryngs' derjenigen der Racks und bis 1495, als die *Regent* – jedoch nicht die *Sovereign* – ‚dryngs' an der Fockrah hatte, wurden auch welche bei der Ausrüstung der Großrah gefunden.
Man nimmt an[19], daß ‚dryngs' eine Art Schlinge für die Rah waren. Zum Jahrhundertende erscheint das als sehr zweifelhaft, denn zu der Zeit besaßen die großen Schiffe ein Schwertakel und auch Drehreeps an den Großrahen. Das Nebeneinanderstellen in den Inventarien – ‚dryngs' mit Racks und Tauracks – weist darauf hin, daß sie irgendwie die Aufgabe hatten, die Rahen zurückzuhalten. Möglicherweise waren sie ein Takel am Racktau und ganz hinten angesetzt. Bei bestimmten Bildern können einige dieser Arrangements festgestellt werden. Sie sind sicherlich eine große Hilfe gewesen, die großen Rahen gegen den Druck lebhafter Winde zu halten. Daß die ‚dryngs' Takel waren, ist aus den Inventarien der *Henry Grace à Dieu* von 1512/14 ersichtlich. Ihre ‚dryngs' hatten je einen doppelten und einzelnen Block.
Toppnanten: Sie waren schon sehr früh in Gebrauch und z.B. auf Abbildungen um 1400 zu sehen. Die frühen englischen Berichte erwähnen allerdings keine. Nur bei der *Holigost* werden ‚2 old lifting ropes'[12] angegeben. Das waren Toppnanten. Um 1485 kamen Toppnanten mit doppeltem und einzelnem Block in Gebrauch.
Brassen: Obwohl diese so unverkennbar notwendig sind, überrascht es, sie in manchen Inventarien nicht zu finden. In solchen Fällen wurde ihr Platz – wie die Tabelle zeigt – von Rahtauen eingenommen. Am Beispiel der Tabelle können Blinde Segelrahen hinzugezählt werden, deren Rahtaue jedoch keine Brassen hatten. Die Verteilung erweckt den Eindruck, daß Brassen nur bei großen Rahen benutzt wurden und daß Rahtaue dafür bei den Großrahen kleiner Fahrzeuge in Gebrauch waren. Wir wissen, daß die Brassen auf einem Stander von den Rahnocken aus durch einen Block liefen. Auf *Holigost* war das allerdings nicht der Fall.

Brassen – 15. Jahrhundert

Schiff	Datum	Fockmast Brassen	Rahtaue	Großmast Brassen	Rahtaue
Holigost	1416	*	*	–	2**
Grace Dieu	1485	xxx	xxx	2	–
Mary of the Tower	1485	–	2	2	–
Martin Garsia	1485	xxx	xxx	2	–
Governor	1485	xxx	xxx	2	–
Sovereign	1495/97	2	–	2	–
Regent	1497	2	–	2	–
Mary Fortune	1497	–	2	–	2
Sweepstake	1497	–	2	–	2

* Kein Fockmast.
** Mit zwei Blöcken.
xxx Keine Angaben vorhanden.

Blinde Rahen: Auf den Schiffen Heinrichs VII. wurden die Rahen mit einem Drehreep aufgezogen, offensichtlich ohne ein Fall. Wenn das richtig ist, muß das Drehreep über eine Scheibe im Bugspriet gelaufen sein, oder die Befestigung geschah mittels eines Blocks und führte dann in das Vorkastell. Sie waren wahrscheinlich unpraktikabel und mehr eine Modeerscheinung und wurden in die vordere Stellung gebracht, wenn man das Segel nicht benutzte. Wie schon erwähnt, gab es keine Blinde Rahsegelbrassen.
Besanrahen: Die Frühgeschichte der Besantakelung muß noch geschrieben werden. Gegen Ende des 15. Jahrhunderts war die Rah vorwiegend auf die gleiche Art getakelt wie es im 16. und 17. Jahrhundert der Fall war. Daher erfolgt die Beschreibung im nächsten Kapitel.
Toppsegel- und Bramrahen: In einem englischen Gedicht von 1390 ist ein Toppsegel (Marssegel) erwähnt. Auch in Gedichten aus dem Jahre 1399 und 1420[19b] ist es beschrieben. Details über die Takelung gibt es jedoch erst ab 1485, und die sind bruchstückhaft. *Mary of the Tower*

38. Das Rahtakel der *Regent*.
39. Ladegeschirr Ende 15. Jahrhundert.

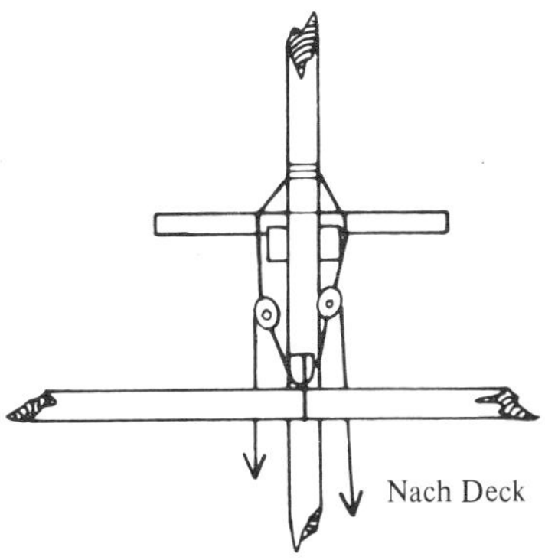

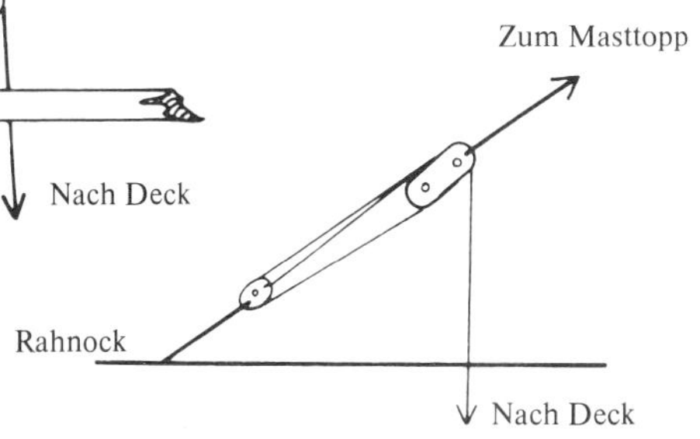

40

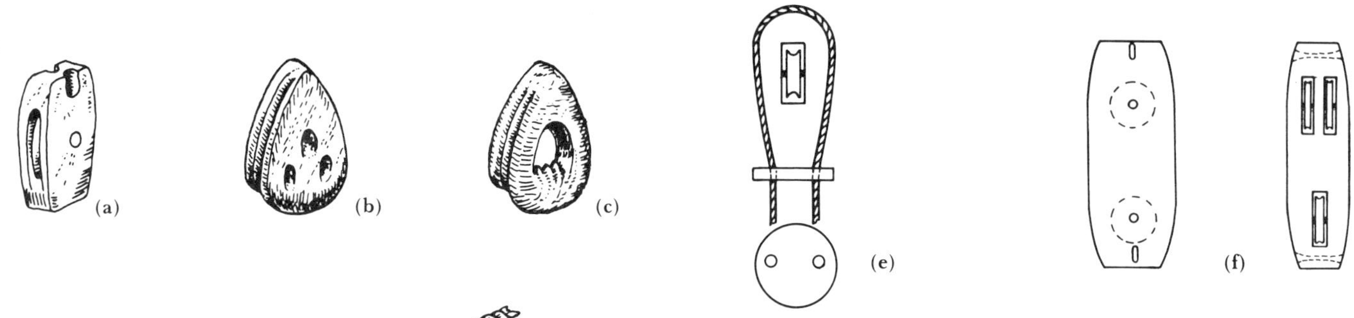

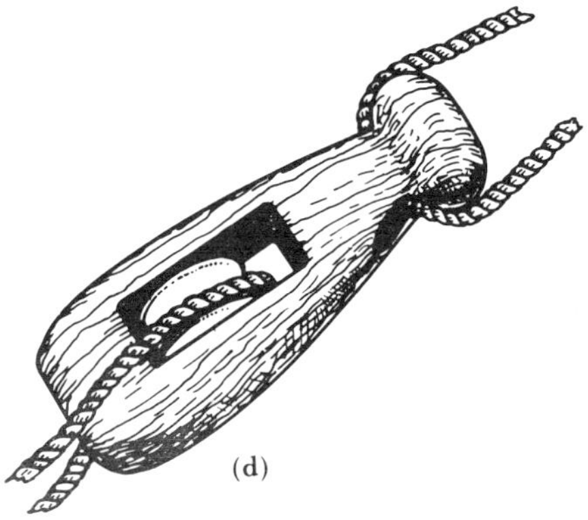

40. Mittelalterliche Blöcke und Jungfernblöcke.
(a), (b) und (c) basieren auf dem *Mataro-Modell* aus dem 15. Jahrhundert in Spanien.
(d) ist ein mittelalterlicher Block aus Dänemark. Der Block ist aus Eiche hergestellt und 49 cm lang.
(e) ist ein ähnlicher Block, aber auf andere Art bestroppt. Es befindet sich im Sjöhistoriska Museum, Stockholm und stammt von einem Wrack in der Ostsee vom Ende des 15. oder Anfang des 16. Jahrhundert.
(f) basiert auf einem Dreischeibenblock der *Wasa.*
41. Widderkopf mit zwei Halbreeps.
42. Das Laufende Gut des Großsegels einer Karracke. An der Seite sind die Bulins und das Takel, später als ‚martnet' (Segelliek) bezeichnet, zu sehen, das das Segel zum Reffen aufholte (zu dieser Zeit und für die beiden nachfolgenden Jahrhunderte wurden die Segel zum Reffen herabgelassen). Die Takel in der Mitte der Segel könnten ‚stryks' sein. Sie sind auf der Skizze rechts zu sehen, die von einem zeitgenössischen dänischen Bild abgenommen wurde.

und *Governor* hatten Großmarstoppnanten, bei der *Grace Dieu* und *Martin Garsia* sind keine Ausrüstungen dieser Art angeführt. Keines dieser Schiffe besaß Vormarssegelrahen.

Zehn Jahre später wurden folgende Inventarien angeführt:

Sovereign: Vormarssegelrah – Drehreep, Fall, Rack, Toppnanten, Keine Brassen oder Rahtaue.
Großtoppsegelrah – Drehreep, Fall, Rack, Toppnanten, Brassen.
Regent: Vormarssegelrah – Drehreep, Fall, Rack, Toppnanten. Keine Brassen und Rahtaue.
Großtoppsegelrah – Nur Rack und Toppnanten.
Sweepstake: Großtoppsegelrah – Drehreep, Rack, Rahtaue.
Mary Fortune: Großtoppsegelrah – Drehreep, Rack, Rahtaue.

Das Fehlen der Vormarssegelrah ist seltsam. Bei den Auflistungen von 1485 mag es daran liegen, daß die Ausrüstung verloren ging oder in dem gerade beendeten Krieg abgenutzt worden war. Das Fehlen der Großtoppsegelrah bei der *Regent* ist vielleicht auf Verschleiß zurückzuführen. Bei den anderen mag es an der Art liegen, wie die Rahen geführt wurden. Die Brassen oder Rahtaue bei der Vormarssegelrah auf *Sovereign* und *Regent* fehlten, weil diese mit der Toppsegelfläche geführt wurde. Sie kamen zu diesem Zweck an die untere Rah. Das Fehlen der Racks an den Großtoppsegelrahen bei *Sweepstake* und *Mary Fortune* muß bedeuten, daß die Rahen ‚fliegend' gesetzt wurden. Für die Großbramsegelrah der *Regent* ist kein Geschirr angeführt. Obwohl es sich um ein Bramsegel gehandelt hat, ist keine Rah angegeben. Im Mittelalter gab es an keiner Rah irgendwelche Pards, diese kamen erste Ende des 17. Jahrhunderts auf.

Blöcke und Tauwerk: Die Größe der Blöcke und Taue, die für die Ausrüstung der einzelnen Schiffsarten erforderlich waren, gehörten zum täglichen Wissen der Takler. Aus diesem Grunde ist das nur selten schriftlich festgehalten worden. Auch im späten 18. Jahrhundert waren die Größe der Blöcke für gewöhnlich nicht angegeben. Im 15. Jahrhundert und Anfang des 16. Jahrhunderts waren die Blöcke (stets als ‚pulleys' bezeichnet) in der Regel nur aufgelistet, wenn sie aus teurer Bronze gefertigt waren. Die Größe wurde jedoch niemals angegeben. Frühe Blöcke hat man von Wracks in der Ostsee geborgen, in englischen Gewässern noch nie. Die skandinavischen Blöcke unterscheiden sich in mancherlei Hinsicht von denen, die uns von den *Navy Board*-Modellen und zeitgenössischen Bildern her vertraut sind. Einige gleichen den Einzelblöcken der *‚Kraeck'* und an einem Modell des 15. Jahrhunderts aus *Mataro.* Es sind grobe Rechtecke mit abgerundeten Ecken. An einem Ende befindet sich ein Loch zur Befestigung des Blocks. Wenn diese Blöcke Teil eines Takels waren, besaßen sie an jedem Ende ein Loch. Andere Blöcke scheinen Nachkommen der beim *Gokstad-Ship* verwendeten zu sein. Es wurden auch bestroppte Blöcke gefunden. In englischen Berichten tauchen gelegentlich Nachweise über Mehrscheibenblöcke auf. Der bildliche Beweis für letztere ist jedoch unklarer als derjenige für Einzelblöcke. Man hat allerdings den Eindruck, daß die Scheiben anstelle nebeneinander, wie in späteren Zeiten, eine hinter der anderen saßen. Blöcke dieser Art waren auf der 1618 gesunkenen *Wasa* in Gebrauch. Zusätzlich zu den Blöcken gab es noch ein Teil, das später ‚bullseyes' (Kauschen) genannt wurde. Auf der *‚Kraeck'* sind sie herz- oder birnenförmig. Die Blockgröße kann man nur vermuten, es ist jedoch sicher, daß sie zumindest so groß waren wie die Blöcke des 17. Jahrhunderts (siehe Kapitel III). Die Blockgröße wurde von den Scheiben bestimmt, und diese waren abhängig von der Taudicke. Ende des 17. Jahrhunderts hatten die englischen Blöcke Scheiben mit Durchmessern, die etwa sechsmal so groß waren wie die der Taue. Zwei Jahrhunderte zuvor waren sie sicherlich nicht kleiner, sondern eher ein bißchen größer. Blöcke, die schwere Lasten bewältigen mußten, hatten oftmals Bronzescheiben. Es wurde errechnet, daß einige englische Schiffe am Anfang des 16. Jahrhunderts Scheiben mit einem Durchmesser bis zu 20 in (51 cm) hatten. Eine hölzerne Scheibe für den gleichen Zweck hätte wenigstens einen Durchmesser von 30 in (76 cm) oder mehr haben müssen. Etwas mehr als über Blöcke ist über die Maße der Taue bekannt, die auf englischen Schiffen benutzt wurden. Wenn man eine Wechselbeziehung zwischen dem Gewicht eines Taues oder einer Klüse und deren Umfang herstellen könnte, würde man noch mehr darüber wissen, denn in den Marinerechnungen Heinrichs VII. sind die Gewichte der Taue angegeben.

Um ein Modell des 15. Jahrhunderts zu takeln, ist heute die Inventarliste der *Queens-Schiffe** aus dem Jahre 1588 (nach dem Einsatz gegen die ‚Armanda') der beste Anhalt (siehe Kapitel II).

Im Bemühen, Informationen über Schiffe des vorangegangenen Jahrhunderts zu erhalten, müssen viele Voraussetzungen und Annahmen stimmen. Die erste ist, hatten die Schiffe gleicher Tonnage auch die gleichen Abmessungen? Die frühere englische Tonnage ist immer noch schlecht zu definieren, und schon ein einziges Schiff kann mit verschiedener Tonnage beschrieben sein. In einer Quelle ist *Sovereign* mit 600 Tonnen angegeben, in einer anderen mit 800, die Tonnage der *Regent* variiert zwischen 800 und 1000 Tonnen. Die beiden Neubauten *Sweepstake* und *Mary Fortune* lagen anscheinend zwischen 80 und 100 Tonnen. Die zweite Annahme ist, daß das Tau des 15. Jahrhunderts genau so stark war wie das am Ende des 16. Jahrhunderts. Das ist sicherlich so nicht richtig, denn es gibt einige ungenaue Beweise, die es anders beschreiben[22]. Drittens gibt es die unbe-

* Gemeint sind die Schiffe der Königin Elizabeth I. (Anm. d. Übers.)

41

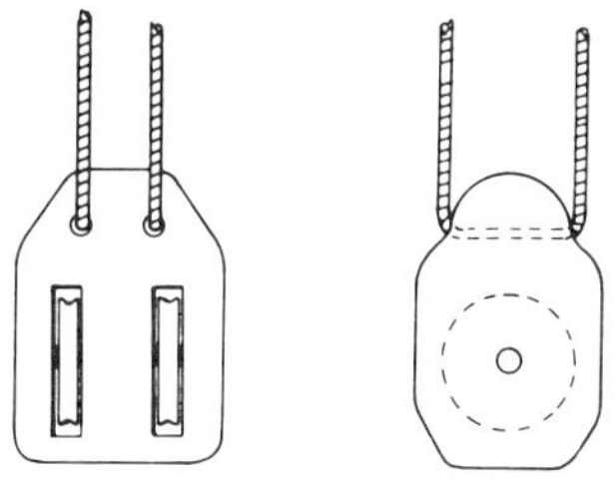

42

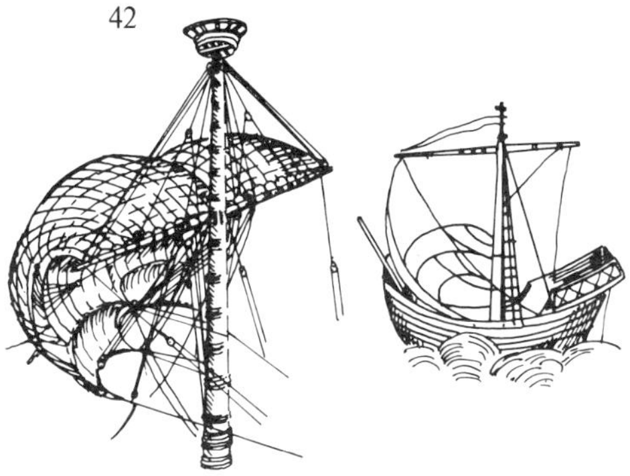

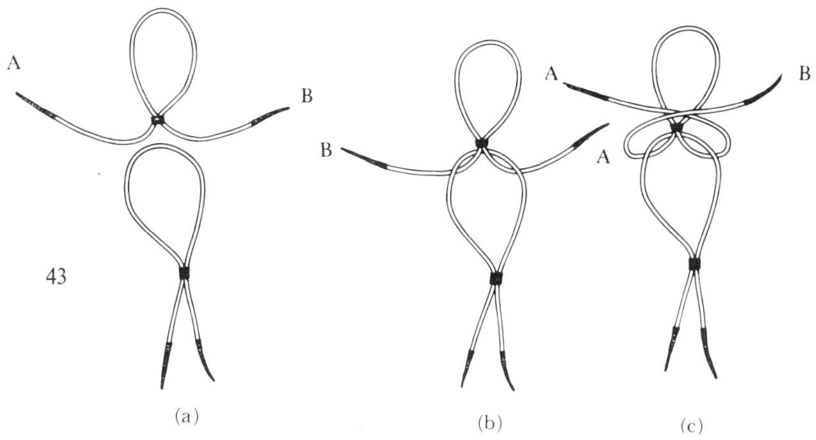

43

43. Mittelalterliche Reffen.
(a) Ein Paar Reffzeisinge (Reffbändsel), eines über dem anderen.
(b) Die obere Schlinge ist durchgezogen und die Schläge des oberen laufen von vorn nach hinten. Ein Schlag ist nach rechts gelegt (A), der andere nach links (B).
(c) Die Schläge sind vorn herumgeholt und verbunden, offenbar mit einem Reffknoten.

kannte Größe, in wie weit der Takler im 15. Jahrhundert auf Sicherheit arbeitete.

Letztenendes war er stets versucht, mit den Problemen des auffälligen Anwachsens der Größe und Zahl der Masten und Segel Schritt zu halten, besaß jedoch zu wenig Erfahrung, darauf genau eingehen zu können. Es war nur zu natürlich, die dicksten Taue zu verwenden, genauso wie er sicherlich auch eine große Anzahl von Wanten verwendete, um die Sicherheit der Masten und Rahen zu gewährleisten. Wenn man diese Faktoren zusammenzählt und danach Mutmaßungen anstellt, so waren die Abmessungen der Takelage bei der ‚Elizabethanischen' *Ark Royal* und *Lion* etwa die gleichen wie bei der *Sovereign, Elizabeth Jonas* und *Regent*; aber auch *Sweepstake, Mary Fortune* und *Achates* kamen ihnen sehr nahe (siehe Kapitel II).

Segel und ihr Zubehör

Das italienische Schiffbauhandbuch stellt fest, ein ‚Cocca'-Großsegel sollte halb so hoch als breit sein. Das ist genau die Proportion, die mehr als zwei Jahrhunderte später in einem spanischen Buch über Navigation und Schiffbau wiedergegeben ist[27].

103 Ob die Segel der nördlichen Schiffe diesem Verhältnis entsprachen, ist zwar nicht bekannt, aber es scheint so. Segel wurden aus Hanffasertüchern gefertigt und senkrecht zusammengenäht. Soweit wir wissen, hatten die einzelnen Bahnen jeweils eine Breite von 28 in (71 cm). Die Stiche waren so angeordnet, daß die Segel einen großen ‚bag' (Beutel) bilden konnten. Um sie standfest zu machen, war es bei allen Schiffsarten des Mittelmeers Mode, senkrecht und quer über das Segel Stoffstreifen zu nähen. Diese Streifen waren teilweise farbig, so daß die Segel ein geschecktes Aussehen hatten. Englische Schiffe führten solche Bänder im 14. Jahrhundert, ob das jedoch ein Jahrhundert später auch noch der Fall gewesen ist, kann keiner sagen. Alles Segelzubehör der späteren Jahrhunderte war nahezu auch im 15. Jahrhundert schon in Gebrauch, zumindest in einfacherer Art. Es gibt allerdings auch einige Teile, die ab Mitte des nachfolgenden Jahrhundert außer Gebrauch kamen.

Anschlagbändsel (auch Rahbändsel): Das waren die Zurrings, mit denen das Segel an der Rah befestigt war. Sie waren bereits Ende des 13. Jahrhunderts angeführt. Mittelalterliche Abbildungen zeigen die Anschlagbändsel in einem solch weiten Abstand zueinander, daß sie ungenügend erscheinen. Im 17. Jahrhundert befanden sich je zwei Zurrings an einem Tuch. Sie saßen im ersten und dritten Viertel. Segel des Mittelalters hatten möglicherweise nur eine. Die Abbildungen im Kapitel III zeigen, wie die Anschlagbändsel im 17. Jahrhundert befestigt waren. Im 15. Jahrhundert mögen sie eine andere Anordnung gehabt haben, denn ein englisches Dokument von 1420 spricht von zwei dünnen Tauen, die Anschlagbändsel genannt werden. Sie wurden wahrscheinlich um die Rah gewickelt und führten durch Augen im Segel[19].

Lieks und Seitenlieks: Von ihnen spricht man schon vor dem 15. Jahrhundert. Die Seitenlieks am Topp der Segel wurden anscheinend auch als Vorholleine oder auch Kopfleine bezeichnet.

Schoten und Hälse: Die Schoten als solche werden vom Beginn des Jahrhunderts an angeführt. Die Hälse sind erst ab ca. 1415 bekannt. Es gibt Bezeichnungen wie ‚lollers', aber das sind wohl Hälse unter einem anderen Namen.

Buleinen: Die *Holigost* von 1416 besaß zwei Buleinen zu ihrem Großsegel. Jede hatte einen Block. Es ist nicht bekannt, ob die Buleinen wie Brassen mit einem Stander und Jolltau getakelt waren, oder ob der Block mehr ein Führungsblock war. Buleinen führten zu einem passenden Punkt am Bugspriet. Als Fockbuleinen in Gebrauch kamen, wurden sie weiterhin entlang den Großbuleinen geführt.

Reffbändsel: Sie waren im späteren Mittelalter in Gebrauch und von Abbildungen her sind drei Arrangements bekannt. Einmal befindet
sich die Reffbändsel in der Nähe des Fußbandes am Segel, ein ande- 43
res scheint nahe am Topp des Segels gesessen zu haben. Beim dritten sind sie über das ganze Segel verteilt. Zwei Arten Reffbändsel sind abgebildet. Eines ist von gewöhnlicher Art. Ein kurzes Tauende geht durch das Segel und hängt an jeder Seite herunter. Das andere ist wie ein umgekehrtes ‚V' und konnte an jeder Segelseite sitzen. Der Zeichner hat versucht darzustellen, wie das ganze aussah und wie die Schleifen der Taue verliefen und eine Art Sackbändsel im Segel bildeten. Die Existenz von Reffbändseln bedeutet, daß die Möglichkeit bestand, die Lose des Segels aufzuziehen. In den englischen Inventarien erscheinen jedoch nur zwei Teile dieser Ausrüstung. Das eine ist das ‚brail' (Geitau) – stets als Einzelteil – als Teil der Rahsegel, jedoch nicht, wie in späteren Zeiten, des Latein-Besansegels.

Tatsächlich scheint das mittelalterliche Geitau eine einfache Buggording gewesen zu sein, die zum Aufholen des Fußbandes am Segel gebraucht wurde. Es wird nur bei Fock- und Großsegeln angeführt. Einige der Schiffe Heinrichs VII. besaßen ein Rad, um das Großsegel in den Wind zu drehen. In Verbindung damit finden wir in den Listen ein starkes Radtau. Gelegentlich werden zwei Radtaue angeführt, jedoch mag eines eine Spiere gewesen sein. Nur die großen Schiffe hatten Räder. In den Inventarien gibt es keinerlei Hinweise auf Buggordings, Geitaue oder ‚martnets', jedenfalls werden sie unter diesem Namen nicht erwähnt. Trotzdem waren ‚martnets' in Gebrauch. Sie sind auf dem Großsegel der ‚*Kraeck*' zu sehen (‚martnets' sind Achterliektaue).

Einige Großsegel besaßen ein unbekanntes Ausrüstungsteil mit Namen ‚stryks'. Es war ein wichtiges Teil, denn die große *Henry Grace à Dieu* des folgenden Jahrhunderts benötigte an den ‚stryks' des Großsegels acht spezielle Männer. Das Wort erscheint nur in den Inventarien Heinrichs VII. und Heinrichs VIII. Es steht in keinem englischen Wörterbuch des Mittelalters, und in deutschen bzw. niederländischen Wörterbüchern wurde dieses Wort in keinem nautischen Zusammenhang gefunden. ‚Stryks' scheint mit dem gewöhnlichen deutschen Ursprung für Spannen, Ziehen, oder genauer Aufziehen, Hochziehen in Verbindung zu stehen. Daß die ‚stryks' ein Takel zum Aufziehen der Großrah war, ist zweifelhaft. Das geschah mittels Drehreep und Fall. Des Wortes grundlegende Bedeutung ‚Spannen/Ziehen' weist darauf hin, daß es Takel gewesen sind, um die Segel zu spannen, indem deren Fußband unten gehalten wurde. Takel dieser Art waren auf kontinentalen Schiffen des 15. und Anfang des 16. Jahrhunderts in Gebrauch. Eines davon kann man auf der portugiesischen Karracke sehen, die im Kapitel II dargestellt ist. Die Verwendung dieses Takels auf englischen Schiffen des 16. Jahrhunderts ist auf einigen zeitgenössischen Gemälden angedeutet. Das Großsegel ist in der Mitte jeweils angezogen. Inventarlisten sprechen ab und zu von einem ‚strykrope' oder auch von zwei. Das zweite war wohl für das Bonnet, das ebenfalls ein Haltetakel hatte, falls es nicht gerade eine Spiere war. Andere Ausrüstungsteile unbekannter Verwendung und Art sind die ‚tayling ropes' (Steert/-Schwanztau) des Großsegels. Man findet sie sowohl am Anfang als auch am Ende des Jahrhunderts. Auf der *Holigost* gab es 12 kleine Taue für ‚taylropes' und das Geitau. Für die *Sovereign* sind 1495/97 sechs ‚tayling ropes' verzeichnet. Keines der anderen Schiffe Heinrichs VII. besaß ‚tayling ropes' und sie erscheinen auch nicht in den Inventarlisten des folgenden Jahrhunderts.
Es gab auch sogenannte ‚trepgatelynes' und ‚tragetes' (Leinen für den Anstellwinkel der Segelrah zum Wind), was zwei verschiedene Bezeichnungen für ein und dasselbe sein können. Alles was wir wissen ist, daß *Holigost* ein Paar davon besaß und das jedes davon zwei Blöcke hatte. Was immer die ‚tragetes' oder ‚trepgatelynes' auch gewesen sind, sie blieben bis mindestens 1531 in Gebrauch. Das letzte Ausrüstungsstück eines Segels war das Bonnet. Das war ein breiter, am Boden des Segels befestigter Stoffstreifen, um die Vortriebskraft zu vergrößern. Die Zurring des Bonnet ist im Kapitel III beschrieben. Schiffe konnten am Großsegel zwei oder sogar drei Bonnets setzen.

Bewaffnung

Die Engländer glauben, daß erstmals 1340, in der Schlacht bei Sluys, Kanonen auf Schiffen verwendet wurden. Aber mehr als ein Jahrhundert später bestand die tatsächliche (Schieß-) Armierung der Kriegsschiffe (und Handelsschiffe) immer noch aus Pfeil und Bogen sowie Steinen und schweren Eisenstangen, die vom Mars herabgeschleudert wurden. Unter der Regentschaft Heinrichs IV. und V. im 15. Jahrhundert sind Kanonen auf Schiffen verzeichnet. Sie waren jedoch gering an Zahl und klein. 1410/12 führte *Christopher* drei eiserne Kanonen mit Schaft/Griff und fünf Ladelöcher-Kammern. Zur gleichen Zeit besaß *Mary of the Tower* eine Eisenkanone mit zwei Ladelöchern und eine Messingkanone mit einem Ladeloch. Folglich handelte es sich bei allen um Hinterlader. Zur Ausrüstung der *Carake* gehörte ein Schraubstock ‚for the sprynghole' (Springstag/Springleine). Ein Jahrhundert später war der Schraubstock eine Einschraubladekammer für ein Hinterladergeschütz[24].
Kanonen kamen ab Mitte des Jahrhunderts in allgemeinen Gebrauch. So hatte ein englisches Schiff im Jahre 1466/67 „xj gonnys grete and small"[25]. Die *‚Kraeck'* besaß acht im Achterkastell und eine im Mars, die Schiffe der *Warwick-Roll* führten drei, auf einem je vier Kanonen an jeder Seite in der Kuhl. Die Kanonen hatten wie die Landgeschütze dieser Zeit ein Visierkorn. Als das Schießen durch Pforten Mode wurde und die Kanonen durch diese zurücksprangen, verschwand das Visierkorn, denn durch die Pfortenoberkante wurde das Visiernehmen behindert. Die Armierung der *Warwick*-Schiffe mit einer Kanone ist möglicherweise nur als Beweis gedacht, denn die Schiffe Heinrichs VII. aus der Zeit etwas nach der vermuteten Anfertigung der Darstellung hatten reichlich Kanonen. Die *Grace Dieu* von 1485 besaß 21 Kanonen, die *Mary of the Tower* 58. Zehn Jahre später hatte die *Sovereign* folgende Armierung:

Backdeck = 16 eiserne ‚Serpentines'
Kuhl = 20 ‚Stone Guns' (aus denen Steine verschossen wurden)
‚somercastle' = 20 eiserne ‚Serpentines', 1 Messing* –, ‚Serpentine' 11 ‚Stone Guns' (unter dem Halbdeck)
im Heck = 4 Scharpentinen (nach achteraus schießend)
im Deck über dem ‚somercastle' = 25 eiserne ‚Serpentines'
auf der Poop = 20 weitere ‚Serpentines'

Für *Regent* ist nur die Gesamtzahl angegeben: 30 Messing-‚Serpentines' und 195 eiserne ‚Serpentines'. Auf beiden Schiffen waren die Kanonen Hinterlader, denn ihre Ladelöcher/-kammern sind aufgelistet. Das Vorhandensein so vieler Kanonen auf den beiden Schiffen 45
besagt, daß die meisten davon mehr kleine ‚man-killer' waren als ‚ship-smashers'. Einige Kanonen, die auf Schiffen der zweiten Hälfte des 15. Jahrhunderts mitgeführt wurden, waren jedoch sicherlich in der Lage, schwere Kugeln abzufeuern. Die großen Pfortenöffnungen auf dem Schiff des *Hastings-Manuscripts* – wenn auch übertrieben dargestellt – lassen vermuten, daß es sich um Kanonen großen Kalibers handelte, die dem der *Warwick*-Schiffe entsprachen.
Der sichtbare Beweis wurde durch die Bergung einiger Kanonen vor der dänischen Insel Anholt erbracht[26]. Zumindest eine dieser Kanonen hatte eine Bohrung von 10 in (25,4 cm) und Rohrlänge von über 10 ft (~ 3 m). Einige weitere Nachweise erbringen die Inventarien der *Sovereign*, die 200 Eisenwürfel von 1,5 in im Quadrat (3,81 cm × 3,81 cm) enthalten. Nur eine Kanone mit genügend großem Kaliber konnte eine solche Ladung abfeuern.
Aus anderen Quellen wissen wir, daß Steinkanonen schwere Steine abschossen, und diese waren so ziemlich die größten Kanonen. Auf *Sovereign* spricht das für ihre Aufstellung in der Kuhl und im ‚somercastle'. Über die Konstruktion, Form und Abmessungen der Schiffskanonen sagen die zeitgenössischen Berichte nur wenig aus. Eines ist allerdings ziemlich sicher, die ersten eisernen Kanonen waren nach der ‚Stück- und Ring-Methode' gefertigt. Die Messingkanonen (das bedeutet Bronze) bestanden offensichtlich aus einem Guß. Wie ihre Form und Abmessungen ist meistens auch unverständlich, wie die Kanonen lafettiert waren. Die ‚Anholt'-Kanone besaß einen Schaft, der dem der ‚Cattewater'-Kanone und auch einigen der Kanonen der *Mary Rose* ähnelte. Das war eine Methode der Lafettierung, die bis zur Mitte des nächsten Jahrhunderts angewendet wurde. Kanonen mit dieser Lafettierung sind auf der großen Karracke der *Warwick-Roll* zu sehen, denn ihre Mündungen liegen direkt über dem Deck und sehen aus den Brustwehren hervor. Auf einigen anderen Schif-

44. Bewaffnung des 15. Jahrhunderts.
(a) Hinterlader-‚Cannon'. Die Kammer mit der Pulvertreibladung wurde durch einen Eisenkeil gehalten, den man dahintersetzte.
(b) Eine ‚Falconet'.
(c) Eine Handkanone, eine Waffe, mit der man durch Löcher im Schanzkleid schoß.

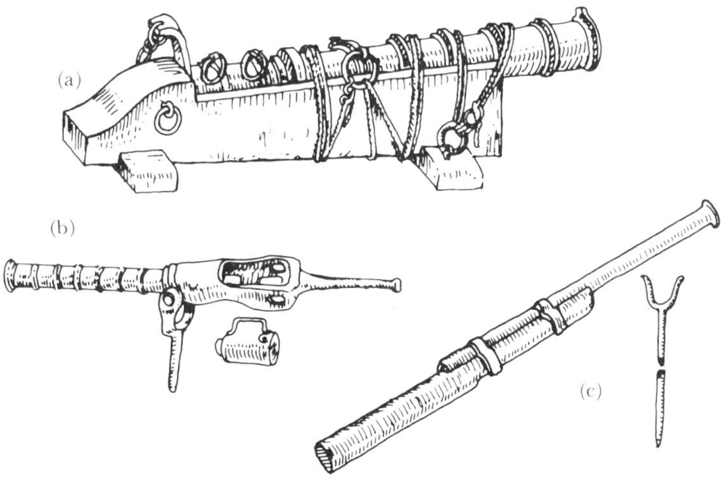

* Mit Messing ist natürlich Bronze gemeint (Anm. d. Übers.)

45

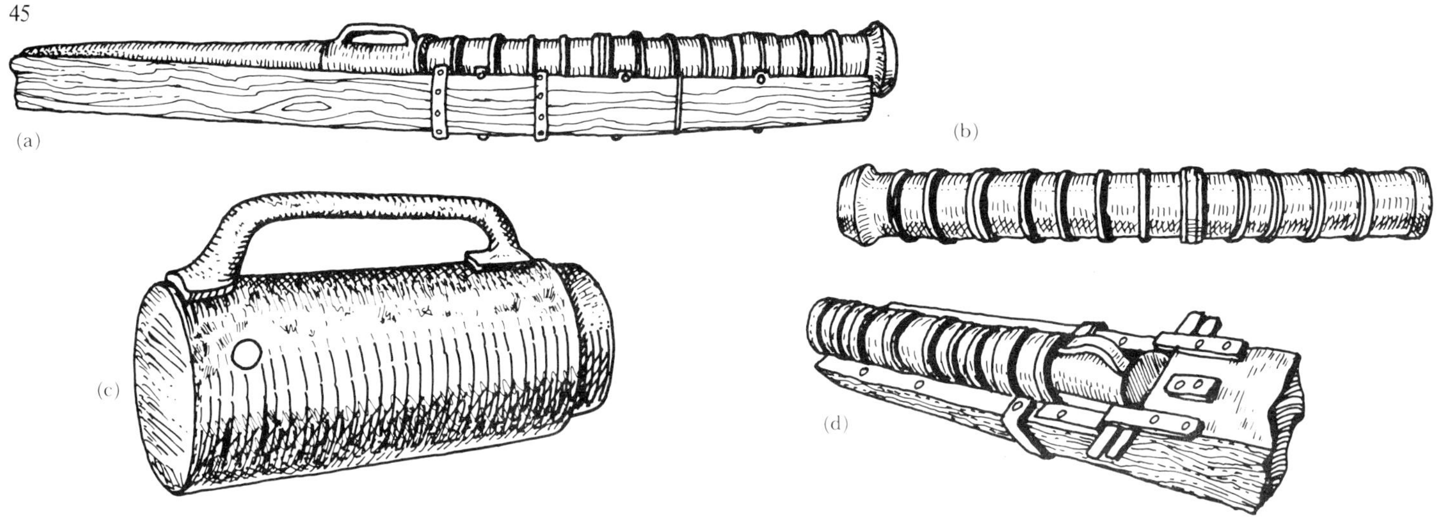

46

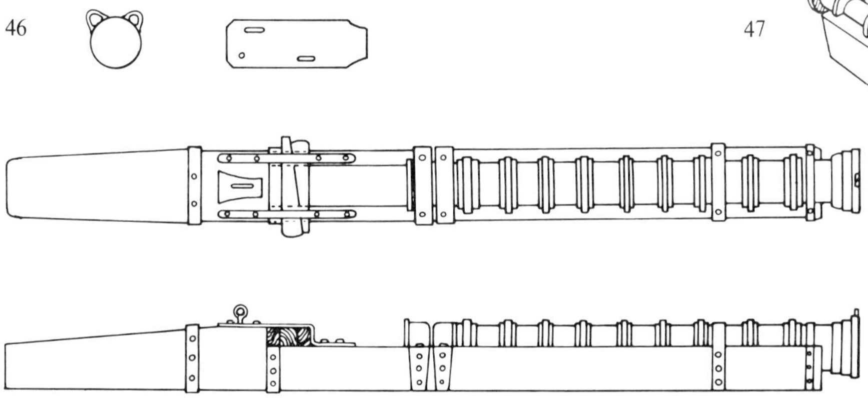

47

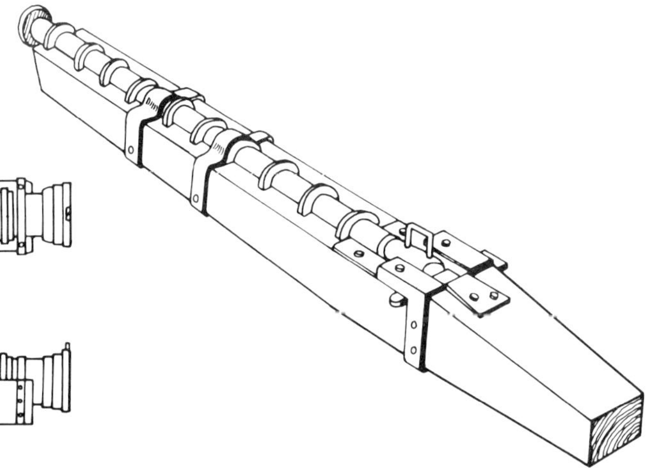

45. Eine Hinterlader-‚Cannon' des 15. Jahrhunderts, die 1847 von einem Wrack bei der dänischen Insel Anholt geborgen wurde. Die Kanone ist auf einem Eichenstamm gelagert.
(a) Die komplette Kanone. Das Hauptrohr, oder ‚Hall', scheint etwa 8 ft (2,44 m) lang zu sein. Die Länge über alles, Kanone und Stamm, mag bei 14 ft (4,27 m) gelegen haben.
(b) Das Hauptrohr. Es scheint keine ‚bar-and-hoop'-Konstruktion zu sein (aus einem Stück und mit Eisen umwickelt, Stück-und-Ring-Methode), sondern besteht aus gerolltem Eisenblech und ist durch Eisenbänder verstärkt. So schauten auch die Kanonen der *Mary Rose* aus.
(c) Die Kammer für die Pulverladung. Es war üblich, jeder Kanone mehrere Kammern beizugeben. So konnte sie fortwährend geladen werden, und man erzielte eine schnelle Schußfolge.
(d) Eine weitere Ansicht der Kanone.
46. Ein Hinterlader aus dem späten 15. bzw. frühen 16. Jahrhundert, der sich im Tøjhus Museum, Kopenhagen, befindet. Das Bett ist 11 ft (3,35 m) lang, das Rohr 5 ft 9 in (1,75 m). Die Bohrung ist 6 in (15,2 cm). Die Kammer hat eine Länge von 22 in (56 cm). Es ist allerdings möglich, daß sie gar nicht zur Kanone gehört.
47. Die Kanone vom Wrack im Cattewater, Portsmouth. Sie ähnelt sehr derjenigen vom Anholt-Wrack, obwohl man heute glaubt, daß das Wrack aus dem 16. Jahrhundert stammt. Die Cattewater-Kanone hat etwas mehr als 6 ft (1,83 m) Länge über alles.

fen liegen die Kanonenmündungen über der Oberkante der Brustwehren. Sie mußten daher etwa 3 ft (~ 1 m) über Deck sitzen. Drehzapfenlafetten für Kanonen der Art, wie sie auf Abbildungen gezeigt werden, sind zweifelhaft, denn es gibt bisher keinen Beweis dafür, daß in den 1480er Jahren Radlafetten verwendet worden sind. Das ist allerdings ein stummes Argument, denn Landkanonen waren zu dieser Zeit auf zwei- und vierrädrigen Lafetten gelagert. Es ist jedoch nahezu unmöglich, daß einige solcher Lafetten für die Bordverwendung herangezogen worden sind. Eine andere Möglichkeit ist, daß die Kanonen auf einer Art Bock gelagert wurden. So unglaubhaft es erscheint, Anfang des 17. Jahrhunderts wurden auf englischen Schiffen – und sicherlich auch auf anderen – Bock-Kanonen verwendet. Bedauerlicherweise ist die Konstruktionsbeschreibung sehr vage. Die kleineren Kanonen waren auf Drehzapfen gelagert, eine Methode, die bereits ab 1470 angewandt wurde und bis Anfang 1800 blieb.

Unterstützungs-/Hilfsfahrzeuge und Boote

Die vorangegangenen Abschnitte behandelten die großen Schiffe. Der gewöhnliche Patrouillendienst der Seestreitkräfte wurde im Mittelalter – nicht anders wie heute – jedoch nicht von den Giganten der Flotten durchgeführt. Für diese Arbeit gab es eine Anzahl verschiedener kleiner Boote. Wir wissen deren Namen: ‚balinger'*, Barken, Ruderboote, ‚crayers' (Troßschiffe) und ‚hoys' (Lastkähne). Dieses sind einige, ansonsten ist wenig bekannt. Was über kleine Handelsfahrzeuge bekannt ist, kann im ›English Merchant Shipping 1460–1540‹ von Dorothy Burwash nachgelesen werden. Es ist mit einigen brauchbaren Zeichnungen von W.A. versehen, unter anderem dem Deck-Layout und anderen Details. Viele der Hilfsfahrzeuge wurden in einem Kriege von Handelsschiffseeleuten kommandiert. Teilweise wurden diese Fahrzeuge speziell für eine Marineverwendung gebaut.
Die große *Grace Dieu* von 1418 hatte zwei Begleitschiffe, die ‚balinger' *Falconer* und *Valentine*. Erstere war 80 ts, *Valentine* etwas größer. Ein anderes großes Schiff Heinrichs V., die *Jesus* mit 1000 ts, hatte eine ‚balinger' für den Geleitdienst, die zuerst unter dem Namen *Follower* und später als *Little Jesus* bekannt wurde. Das Aussehen der ‚balinger' kann man nur raten. Es waren Ruderschiffe. *Valentine* besaß 48 Riemen (worin möglicherweise einige Rundhölzer einbezogen sind), *Falconer* 38. Vielleicht waren es aber auch nur 40 bzw. 30 Riemen. Über die Schiffskörperform wissen wir nur wenig. Als Ruderschiffe waren sie ziemlich niedrig gebaut. Das wird durch den Bericht über einen erfolglosen Angriff eines englischen Geschwaders ‚balingers' auf eine französische Karracke im Jahre 1416 unterstrichen.

* balinger = Ballinger, Kriegsschaluppe. (Anm. d. Übers.)

II. Das 16. Jahrhundert

Große Kanonen und Galeonen

Die revolutionäre Schiffsbauentwicklung, die in den letzten 20 Jahren des 15. Jahrhunderts ihren Anfang nahm und sich im ersten Viertel des nachfolgenden fortsetzte, betraf auch die Umwandlung der mittelalterlichen Karracke in ein Fahrzeug, das sich nur im Detail vom Segelkriegsschiff der nachfolgenden Jahrhunderte unterscheidet. Die Schiffskörperform änderte sich, denn durch die gewandelte Bewaffnung erfuhr sie eine Ausdehnung. Die englischen Kriegsschiffe, wie auch die anderer Staaten, trugen am Ende des 15. Jahrhunderts unzählige Kanonen. Die meisten davon waren vergleichsweise kleine, schnellschießende Hinterlader. Es gab nur einige wenige schwere Stücke. Letztere befanden sich auf dem Hauptdeck in der Kuhl und manchmal auch unter dem Halbdeck. Am Ende der ersten Dekade des 16. Jahrhunderts gab es an Bord jedoch eine gewachsene Anzahl großer Kanonen.
Die *Henry Grace à Dieu* mit 1500 ts, die 1514 gebaut worden war und zur Flotte Heinrichs VIII. gehörte, führte eine Armierung von 186 Kanonen. Von diesen waren mindestens 18 schwere Stücke. Der Wandel reflektierte eine Phase des fortgesetzten Ringens zwischen Angriff und Verteidigung, denn das Kriegsschiff des Mittelalters war als Kampfschiff *al fresco* konstruiert, Bogenschützen und Speerwerfer stellten zugleich die erste Stufe des ‚Schießens' dar. Als jedoch der Gebrauch von Kanonen üblich wurde, erwiesen sich die offenen Decks als nachteilig, und auf Bug und Heck kamen zusätzlich höhere und geschlossene Strukturen. Diese neuen Vor- und Achterkastelle waren stark genug, den Schüssen kleiner Kanonen zu widerstehen. Kanoniere und Soldaten konnten in der Deckung verbleiben, ihre eigenen Waffen abfeuern und den Zeitpunkt abwarten, bis der Gegner geentert wurde. Als Antwort auf die ‚Kastelle' stellte man folglich an Bord sogar Belagerungskanonen auf. Anfangs führte man diese auf dem Hauptdeck mit. Zum Jahrhundertbeginn erarbeitete man jedoch Möglichkeiten, sie im Zwischendeck aufzustellen. Das geschah schon lange bevor alle Schiffe, ausgenommen der kleineren, ihre schweren Kanonen in dieser Position installierten. Zur gleichen Zeit, als sich dieser Wandel vollzog, stabilisierte sich auch die Takelage. Obwohl die größten Schiffe vier Masten besaßen, hatte die Mehrzahl nur drei. Es gibt einige Hinweise und Anzeichen dafür, daß man gerade auf den großen Schiffen den vierten Mast als überflüssig angesehen hat. Nach 1550 verzichtete man auf seine Aufstellung. Erst in den letzten Jahren des Jahrhunderts kehrte man zu ihm zurück. Marssegel kamen in allgemeinen Gebrauch und die größten Schiffe verwendeten bereits Bramsegel. Das Sprietsegel war reguläres Merkmal jedes Segelplans. Die mittelalterliche Takelanweisung wurde in der ersten Jahrhunderthälfte durch eine neue Vorschrift ersetzt, die praktisch bis zum Ende der Segelschiffsära gültig blieb. Auch hinsichtlich der Armierung wurden alle grundsätzlichen Teile für die klassische Schiffsschutzausrüstung wie Vorderlader-Kanonen mit Drehzapfen auf Radlafetten, weitreichende Kanonen vom Typ ‚Culverin' und sehr schwere Kanonen für den Nahkampf eingeführt. Zur Zeit ihres Unterganges im Jahre 1545 hatte die *Mary Rose* eine Kanone, die 70 pound (31,752 kg)-Kugeln verschoß*.
Im Gegensatz zu den Problemen, die sich bei der Entwicklungserforschung früherer Jahrhunderte ergaben, ist es möglich, die Daten der Neuerungen des 16. Jahrhunderts nahezu geschlossen wiederzugeben. Es gibt eine Fülle zuverlässiger Bilder, außerdem eine Menge dokumentarischer Beweise aller Art, die allerdings erst zum Teil durchforstet worden sind. Großbritannien ist in der glücklichen Lage, eine gut katalogisierte Sammlung von Berichten zu besitzen, die aus der Regentschaft Heinrichs VIII. und seiner Tochter Elizabeth I. stammt und etwa Vierfünftel des Jahrhunderts behandelt. Sie ist in diesem Kapitel ausführlich beschrieben, obwohl man daraus nicht schließen darf, daß die Engländer die einzigen waren, die in Marineangelegenheiten des 16. Jahrhunderts die Haupterneuerer waren. Neue Ideen verbreiteten sich rasch, und jede seefahrende Nation übernahm solche, die für ihre eigenen Seestrategie erforderlich waren, und entwickelte sie sogar weiter.
Ob das Verdienst, die großen Kanonen im Zwischendeck der Kriegsschiffe einzubauen, den Engländern zukommt, ist nicht sicher. Aber es gibt ohne Zweifel eine andere Entwicklung: Der Bau flinker, wetterfester Schiffe ohne die normalen hohen Aufbauten am Bug und Heck mit einer furchterregenden Armierung weitreichender Kanonen. Diese Schiffe waren die ‚Elizabethanischen' Galeonen. Sie forderten den Neid der Spanier heraus und verurteilten sie während des langen Krieges zur Hoffnungslosigkeit.

Der Schiffskörper

Im ersten Vierteljahrhundert wurden zwei wichtige Strukturänderungen durchgeführt. Die erste war bei den großen Schiffen der Verzicht auf die Klinkerbeplankung. Das letzte englische Kriegsschiff dieser Größe, das auf diese Art gebaut wurde, war die *Great Galley* von 1515. Sie erhielt 1523 eine Kraweelbeplankung. Mit anderen Schiffen verfuhr man auf die gleiche Art, und das letzte der restlichen, möglicherweise *Sovereign,* wurde 1912 in Woolwich ausgegraben.
Die Spanten hatten an der Außenfläche ursprünglich Abstufungen, 53
damit sie nicht über den Klinkerplanken saßen. Diese Abstufungen
schnitt man nachträglich größtenteils ab, so daß die Kraweelplanken
auf den Spanten befestigt werden konnten. Bei kleinen Fahrzeugen
benutzte man die Klinkerplanken weiter, so wie es bis zum heutigen
Jahrhundert auch noch der Fall ist. 1964 wurden die Überreste eines
kleinen klinkergebauten Schiffes gefunden, von dem man glaubt,
daß es aus dem 16. Jahrhundert stammt. Man entdeckte es, als in
Rye/Sussex ein neuer Kanal gebaut wurde. Das Fahrzeug besaß eine 54
innere und äußere Beplankung, eine sehr ungewöhnliche Anordnung[1].

50. Die Schiffe dieser lebendigen Szene sind englisch und aus dem frühen 16. Jahrhundert. Einige sind Kriegsschiffe oder auch schwer bewaffnete Handelsschiffe und tragen ihre Kanonen in den unteren Decks. Das Schiff oben links hat eine der Pfortenklappen angehoben. Die Aktivitäten an Bord sind auf natürliche Art dargestellt und unterscheiden sich von der Strenge mittelalterlicher Bilder. Auf dem Schiff in der Bildmitte verstauen einige Besatzungsmitglieder die Schiebeblinderah auf dem Vorkastell und auf dem vor Anker liegenden Fahrzeug befindet sich ein Mann an der Großrahnock, ein weiterer klettert die Großwanten hinauf. Das Takelwerk ist nur skizzenhaft, das, was zu sehen ist, jedoch realistisch. Man beachte die große Dicke der Großstage, die Führung der Bulinen und das Laufende Gut am Besan. Drei Boote gehen ihrer Arbeit nach. Das ein Schiff schleppende Boot scheint seine Riemen durch Löcher im obersten Streifen zu führen und hat an jedem Riemen einen Mann zu sitzen, das unterste Boot hat seine Riemen hingegen über die Oberkante und jeder Mann bedient zwei. Dieses Boot hat ein dunkles Dollbord, darunter einen hellen Streifen, der Bootskörper darunter ist dunkelfarbig. Das oberste Boot hat einen höheren Vor- und Achtersteven als die anderen, aber die Erhöhung kann auch übertrieben sein. In Wahrheit waren die Boote mit Ausnahme der ausgedehnten Rundung der Bootskörper und der Steuerung durch die Riemen (anstelle eines Ruders) wie bereits die des 18. Jahrhunderts. Das Bild ist Teil eines Lotsenhandbuches. Es ist ausgefüllt mit einer vielschichtigen Sammlung von Materialien über das 13. bis 16. Jahrhundert und als *Hastings Manuscript* bekannt geworden. Irrtümlich datierte man es auf 1450.

* Pound = Pfund, englisches Pfund, Formelzeichen lb. 1 lb = 453,6 g (Gramm). (Anm. d. Übers.)

51

51. Englische Schiffe um 1530 vor Dover. Obwohl die Schiffskörper verzogen sind und das Takelwerk überwiegend skizzenhaft ist, gibt es viele interessante Punkte. Das mittlere Schiff führt im unteren Deck eine komplette Kanonenreihe, das rechte hat jedoch nur im hinteren Teil Kanonen. Darüber hinaus besitzt es eine Einzelpforte, die offenbar im Hauptdeck sitzt und zum Bug hinweist. Die Ruderpinne führt ins Hauptdeck. Man beachte den Besanmast, der direkt am Poopende steht. Dies scheint die übliche Position bei den meisten Schiffen des Jahrhunderts gewesen zu sein – jedoch nicht bei allen. Es ist schwierig zu verstehen, wie die Masten so weit hinten effektiv gehaltert werden konnten. Vermutlich wurden sie daher auch ‚Bonaventure' – oder ‚Good Luck'-Masten genannt.*

52. Eine sehr phantasievolle Szene. Sie ist bekannt als ‚The Embarkation of Henry VIII for France' (Die Einschiffung Heinrichs VIII. nach Frankreich). Das Bild, das sich im Hampton Court befindet, wurde erst eine Reihe von Jahren nach diesem Ereignis gemalt (1520) und kann daher nicht als zeitgenössischer Beweis für das Aussehen der Schiffe, die wirklich teilnahmen, gewertet werden. Beteiligt waren die *Great Bark* (400 ts), die *Less Bark* (160 ts), die *Katheryn Pleasaunce* (100 ts) und die *Mary and John* (Tonnage unbekannt. Sie war ein altes Schiff). Da alle Schiffe auf dem Bild von gleicher Größe sind, ist der Künstler einer Eingebung nach wohl einigen der größten Schiffe Heinrichs VIII. gefolgt. Das Schiff mit den vier Masten und bemalten Segeln wird allgemein als die *Henry Grace à Dieu* angesprochen, obwohl es weiter nichts ist als ein Zwilling des links vorn am Turm gezeigten Schiffes. Trotz des übertriebenen Einfalls und des außerordentlichen Überhangs der Hecks (ein Merkmal, da man oft auf Darstellungen es frühen 16. Jahrhunderts findet) gibt das Bild die allgemeine Schiffskörperform gut wieder. Sie war kurz und dickbäuchig und hatte hohe Vor- und Achterkastelle. Die Schiffe trugen eine schwere Armierung. Das Takelwerk ist allerdings ungenau. Alle Schiffe haben Vierkantbesantoppsegel und Viertelbesans, von denen bis 1600 nie etwas bekannt gewesen ist. Toppnanten und Brassen stimmen mit den Inventarien nicht überein, und nur ein Schiff führt eine Blinde Rah, obwohl gerade diese vor 1500 im allgemeinen Gebrauch gewesen ist. Eine Nahansicht des mittleren Schiffes ist im Farbteil nochmals abgebildet.

* Der ‚Bonaventure'-Mast war ursprünglich eine Modeerscheinung des Mittelmeers. Wenngleich die Übersetzung für ‚Bonaventure' auch dem ‚Viel Glück' gleichkommt, so ist die normale Bezeichnung doch ‚Latein' – oder ‚Bonaventure'-Besanmast. Da er in der Tat überwiegend nur bei gutem Wetter zu gebrauchen war (in den nördlichen Regionen), nannte man ihn auch ‚Good Luck'-Mast. (Anm. d. Übers.)

52

Die zweite Änderung betraf die Verwendung eines platten Hecks (das Plattgatt) anstelle des alten Rundhecks. Das hintere Schiffskörperende wurde nahezu senkrecht abgeschnitten, meistens bis zur Wasserlinie und die Seitenplanken des Schiffskörpers an einem u-förmigen Heckspant befestigt. Das Heck selbst war diagonal beplankt. Unter der Wasserlinie waren die Planken nach innen gebogen, zum Achtersteven hin wie zuvor. Man nimmt an, daß das platte Heck entwickelt wurde, um tief unten Kanonen zu installieren, damit man auf diese Weise Galeeren beschießen konnte. Die Galeeren hatten auf ihrem Bug schwere Kanonen, und da sie niedrige Fahrzeuge waren, konnten sie schwere Geschosse in die Wasserlinie des gegnerischen Schiffskörpers schießen. Hecks mit der altmodischen Rundung boten den besten Platz für einen Angriff, denn es war unmöglich, tief genug stehende Kanonen einzubauen, um entsprechend entgegen zu schießen. Außerdem besaßen die Kanonen am Ende des 15. und Anfang des 16. Jahrhunderts noch keine Drehzapfen und konnten daher auch nicht abgesenkt werden. Daher setzte sich die Auffassung durch, das Heck platt zu machen, so daß Kanonen in der Wasserliniennähe lafettiert werden konnten[2]. Die Einführung des platten Hecks hatte noch einen anderen Effekt. Sie erlaubte den Schiffbauern, das Achterkastell fest in den hinteren Schiffskörperteil zu integrieren und das hintere Ende in einer Reihe überhängender Gillungen zu gestalten.

Eine dritte Änderung und möglicherweise zugleich der wichtigste Faktor, der die künftige Kriegsschiffentwicklung beeinflußte, war die Kanonenaufstellung im unteren Deck (Zwischendeck). Vor dem 16. Jahrhundert schossen die Kanonen entweder über oder durch die Kuhlrandstützen oder durch winklige fensterartige Öffnungen in den Aufbauten. Als die Schiffe dann mit schweren Batteriekanonen bestückt wurden, die zeitweise jeweils mehr als 2 ts wogen, standen die Schiffbauer vor einem schwierigen Problem. Wenn die Kanonen alle auf dem Haupt- oder Oberdeck aufgestellt wurden, ergab sich für das Schiff eine Topplastigkeit und man mußte zumindest die Schiffskörperstruktur verstärken. Mehr noch, da die ersten Rohre der Kanonen weder erhöht noch abgesenkt werden konnten, beschränkte sich ihre Verwendung ausschließlich auf die Aufbauten eines Gegners, sie konnten also nicht in die Wasserlinie schießen.

Gemäß der Überlieferung fand ein Franzose aus Brest namens Descharges um 1500 die Lösung. Er legte die Kanonenpforten in die Seiten des Zwischendecks und versah sie mit Klappen. Wie die Geschichte erzählt, war das jedoch gar nicht so sehr das Verdienst Descharges', denn es waren ja nicht mehr als ein paar Pforten im unteren Deck, und die benutzte man schon seit längerem als Ladepforten oder zum Verladen von Pferden usw. Was Descharges tatsächlich herausfand, war anscheinend die Lösung, wie man die Pforten einbauen konnte, ohne die Barkhölzer zu durchtrennen, die ja für die Längsfestigkeit eines kraweelgebauten Schiffskörpers so wichtig waren. Die Stückpforten wurden zuerst nur im hinteren Schiffskörper eingesetzt, weil das Zwischendeck mittschiffs zu dicht an der Wasserlinie saß. Die Erfahrung hieraus führte dazu, daß die Decks schrittweise höhergesetzt wurden, die Deckhöhe selbst wuchs und die Schiffe nun auch Pforten im Zwischendeck und vorne erhielten. Daraus entstand später eine lange Kanonenreihe. Wann das der Fall war oder begann, ist nicht bekannt. Bei englischen Schiffen scheint es nach 1515, jedoch vor 1546 gewesen zu sein, zu einer Zeit also, als Anthony Anthony seine Skizzen der Marine Heinrichs VIII. herstellte. Somit stellt sich nunmehr die Frage, wie die Form und das Aussehen der Kanonendecks im 16. Jahrhundert war[3]. Sie stellt sich deshalb, weil die Linie der Stückpforten dem Sprung der Barkhölzer folgte. Diese hatten jedoch einen zu großen Sprung, so daß die Decks am oberen Ende ähnlich gewölbt waren und die Handhabung der Kanonen dort recht schwierig gewesen sein muß. Auch wenn sich das Deck in der Ebene mehr oder weniger vom Bug zum Heck erstreckte, saßen die Pforten für die Kanonenmündungen ein Stück zu hoch. Das Problem wurde dadurch gelöst, daß man das Zwischendeck und wahrscheinlich auch den hinteren Teil des Hauptdecks teilweise in unterschiedlichen Ebenen fertigte. Im Plan eines englischen Schiffes vom Jahrhundertende ist ein solches Deck tatsächlich eingezeichnet. Der Plan gehört zu einem Manuskript, das als *Fragments of Ancient English Shipwrightry* bekannt geworden ist. Ein Detail des Decks muß erwähnt werden, das für eine Rekonstruktion des

53

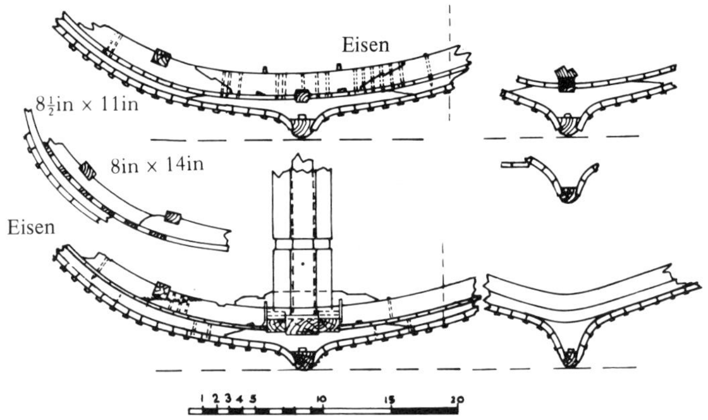

8½ in x 11 in (21,5 cm x 28 cm)
Eisen
8 in x 14 in (20,3 cm x 35,6 cm)

54

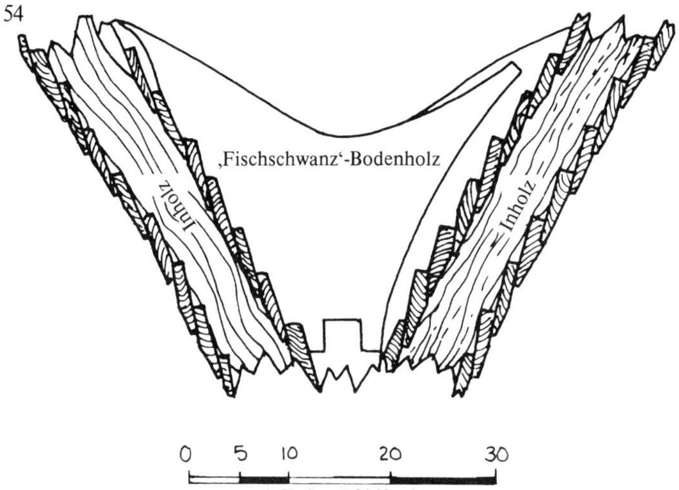

(1 Fuß = 0,3048 m)

55

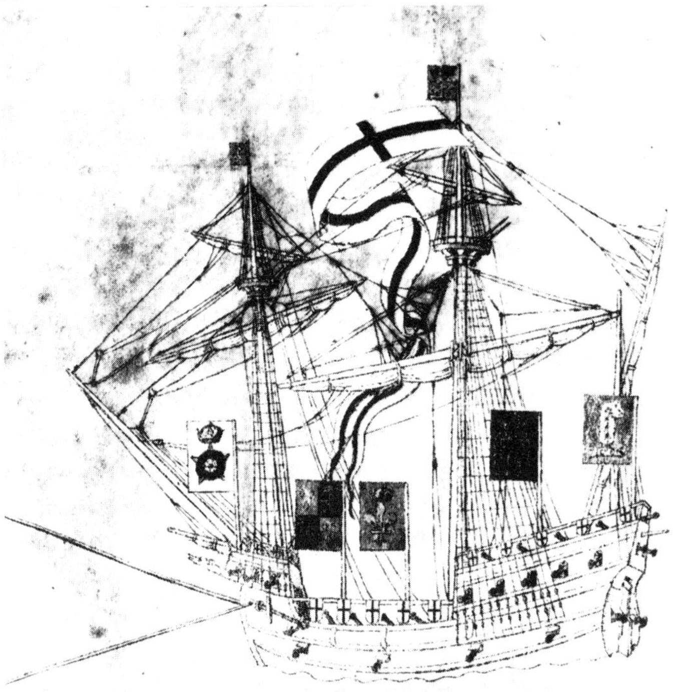

56

53. Überreste eines Schiffes, die während der Ausgrabungen auf Roff's Wharf, Woolwich, freigelegt wurden. Das Schiff hatte eine Breite von 45 ft (13,72 m) und eine vermutete Kiellänge von 115–120 ft (35,05–36,58 m). Die Identität dieses großen Schiffes ist nicht sicher, aber man neigt dazu, die Beweise dahingehend zu deuten, daß es sich um die 1488 gebaute *Sovereign* handelt. Sie wurde 1509 umgebaut und nach der Ausmusterung 1521 aufgelegt. Das Schiff war im Original klinkergebaut, erhielt jedoch nachträglich eine Kraweelbeplankung. Diese Maßnahme brachte es mit sich, daß die Kerben von den Planken abgeschnitten werden mußten, um sie über die Originalklinkerplanken setzen zu können. Als Folge waren die Bodenhölzer für die Größe des Schiffes zu klein. Folglich mußte man, um dem Schiffskörper die nötige Festigkeit zu verleihen, starke Kattsporen dort auf die Wegerungsplanken setzen, wo diese die Spanten kreuzten. Hinzu kamen Längsstringer und auf die Nähte der Außenseite dicke Leisten. Diese können ein Originalmerkmal oder eine Erste Hilfe-Maßnahme gewesen sein, um das Schiff auf seine alten Tage wasserdicht zu halten. Der Großmast bestand aus einem Pinienstamm, der von Eichenbalken umgeben war. Das ganze war mit einem Eisenband umwickelt.

54. Zweihüllen-Klinkerbauweise

55–59. Diese Schiffe sind Teil eines großen Panoramas von Calais und dessen Umgebung. Es stammt aus dem Jahre 1540 und ist von Thomas Pettyt. Heute ist es Teil der Cottonian Collection der British Library. Die Schiffe mögen aus der Zeit davor stammen, denn ihre Schiffskörper stimmen mit dem überein, was wir bereits über die *Sovereign* aus dem Jahr 1497 wissen, außerdem auch mit der Spezifikation der *Mary Gonson* von 1514. Obwohl die Schiffskörper zu den Masten und Segeln unterproportioniert sind, wurden sie gut gezeichnet und die Schiffe sehen seetüchtig aus. Die Bilder sind teilweise farbig und somit die ersten zuverlässigen Beweise für das Aussehen der *Tudor-Schiffe.*

55. Ein schwer bewaffnetes königliches Schiff. Es hat mindestens 40 Breitseitkanonen sowie fünf oder sechs Heckjagdkanonen und vermutlich andere in den Vor- und Hinterschotts der Kuhl, um Enterer unter Kreuzfeuer nehmen zu können. Das Takelwerk ist sorgfältig gezeichnet, obwohl die Proportionen teilweise nicht übereinstimmen und der Künstler sich nicht über die Funktion der Einzelteile im Klaren war. Er mag das Schiff tatsächlich ‚aus dem Leben gegriffen‘ und von Nahem gezeichnet haben. Es zeigt z.B. die Jungfernblöcke am Fock- und Großmast, jedoch keine einzige Rüste. Solche auffälligen Objekte konnten der Aufmerksamkeit eigentlich nicht entgehen, falls sie vorhanden waren. Die Besanwanten haben keine Jungfernblöcke. Das war im vorangegangenen Jahrhundert manchmal der Fall. Die Kanonenmündungen in der Kuhl und auf der Poop befinden sich über dem Schanzkleid, folglich mußten sie ein Stück über dem Deck lafettiert stehen. Die Flaggen, die die Anwesenheit des Königs demonstrieren, sind farbig. Am Vormarstopp und an der Poop befindet sich eine weiße Straußenfeder auf grünem Grund. An der Großmarsstenge und in der Kuhl sieht man die Königsstander, ebenso sind in der Kuhl die drei Lilien in Gold auf rotem Grund zu erkennen. Das gleiche gilt für das Halbdeck, wo sich goldene Pfortenbuchten auf rotem Grund befinden. Die Ripphölzer an den Oberkanten sind gelb und grün, die Kanonenrohre bronzegelb gemalt.

56. Ein anderes königliches Schiff, größer als das vorige, jedoch mit weniger Kanonen im unteren Deck. Im Achterkastell befinden sich drei Kanonenreihen und im Schanzkleid über der Kuhl zwei. Die Winkel am Schanzkleid und unter der Poopreling sind grün und weiß – die Tudorfarben. Ein Deck darunter ist eine Reihe von Tudor-Rosen zu erkennen. Andere interessante Stellen sind die kleinen Ankerklüsen (allerdings noch immer hoch über dem Hauptdeck) und die Bonnets am Fock- und Großsegel. Die Löcher entlang der Bonnetfüße sind für das Anlaschen eines weiteren Bonnets. Wenn der Wind zu stark blies, konnte man ein oder zwei Bonnet(s) abnehmen, so daß das Segel selbst nicht gerefft zu werden brauchte.

57. Ein Schiff, das sich von den anderen beiden unterscheidet. Es gibt keine Kuhlreling und nur zwei Kanonenreihen im Achterkastell, eine im Halbdeck und eine auf der Poop. Die untersten Heckkanonen scheinen mit den Breitseitkanonen in einer Ebene zu stehen. Das läßt vermuten, daß es sich um ein durchgehendes Deck handelte. An der Gillung sitzen die Tudor-Rose sowie die drei Lilien mit der Krone.

58. Ein Schiff wie (57), jedoch mit anderer Mastform und unterschiedlicher Kuhloberkante. Quer zum Heck sitzen zwei Fensterreihen, die Gillung trägt die Tudor-Rose und das St. Georgskreuz. Die unteren Heckkanonen sitzen tiefer als die der Breitseite, so daß es sich dort wohl um ein abgestuftes Deck handelt. Dieses Schiff hat Rüsten am unteren Teil des Achterkastells.

Schiffskörperprofils wichtig ist. Es ist die Höhe zwischen aufeinanderfolgenden Decks. Auf einem Kriegsschiff mußte genügend Kopffreiheit sein, um einem Mann in der Erregung des Kampfes oder in der Dunkelheit des Pulverrauches genügend Bewegungsraum zu gewährleisten, ohne daß für ihn das Risiko bestand, mit seinem Kopf an einen Balken zu stoßen. Die Spezifikation für die *Mary Gonson,* die, wie man glaubt, aus dem Jahre 1514 stammt, gibt einen Freiraum von 5 ft 9 in (1,75 m) und 5 ft 10 in (1,78 m) zwischen Deck und Kopfbalken an.

Die Back (oder wie es in den Dokumenten ausgedrückt wird: ‚under the forecastle'/Unter der Back) war viel höher. Bei ihr gab es zwischen dem Pollerbaum und oberem Deck einen Freiraum von 6 ft (1,83 m). Seit der Pollerbaum über seinem Deck eine entsprechende Höhe erforderte, ergab sich im Vorschiff eine Kopfhöhe von ~ 10 ft (~ 3 m). Die Höhe des Backdecks wird durch zeitgenössische Darstellungen bestätigt.

Die bisher beschriebenen Umwandlungen waren natürlich nicht die einzigen. Es gab auch eine merkliche Reduzierung des Vorstevenausfalls. Das *Bayonne-Schiff* Heinrichs V. besaß einen vorderen Ausfall von mehr als der halben Kiellänge, ein Jahrhundert später war es bei der *Mary Gonson* nur noch etwas mehr als $\frac{1}{3}$ des Kiels, am Heck noch $\frac{1}{10}$. Mit fortschreitendem Jahrhundert verringerte sich der vordere Ausfall immer mehr und zum Jahrhundertende betrug er nicht mehr als $\frac{1}{5}$ der Kiellänge, obwohl die bevorzugte Proportion bei $\frac{3}{10}$ lag. Am Jahrhundertende lag der hintere Ausfall zwischen $\frac{1}{16}$ und $\frac{1}{20}$ der Kiellänge.

Andere Veränderungen waren das Verpfählen von Decks am Bug und Heck und bei jeder Schiffsklasse des Nordens die stete Verminderung der Höhe. Ende des 15. Jahrhunderts hatte *Sovereign* nur ein Halbdeck und eine Poop über dem Hauptdeck und an den Enden wahrscheinlich nur ein einzelnes Deck. Es scheint, daß die Anordnung auf der *Mary Gonson* ähnlich war. Die abgebildeten Schiffe zei-
52 gen die Abreise Heinrichs VIII. nach Frankreich im Jahre 1520. Sie haben in der Back bis zu drei Ebenen und hinten vier. Die große
63 portugiesische Karracke *Santa Caterina do Monte Sinai* scheint vier bzw. fünf gehabt zu haben. Beide Bilder mögen gewisse künstlerische Freiheiten aufweisen, sie sind jedoch nicht mit so vielen Zweifeln behaftet wie die hervorragende Sammlung bunter Zeichnungen
60 über die gesamte Marine Heinrichs VIII. von Anthony Anthony, eine Zusammenstellung, die er 1546 dem König schenkte und die heute als *Anthony-Roll* bekannt ist. Die große Naivität des Stils von Anthony garantiert, daß er nur das darstellen wollte, was er tatsächlich gesehen hatte, und Heinrich VIII. wußte auf jeden Fall genug über seine Schiffe, um vorhandene Entstellungen zu tolerieren, was immer er auch von der Zeichenkunst halten mochte.

Anthony gibt der *Henry Grace à Dieu* vier Decks über dem Hauptdeck am Heck und drei am Bug, außerdem eine Art Penthouse auf allen. *Henry Grace à Dieu* war ein ausgenommen großes Schiff, jedoch sind andere in den Strukturen ähnlich aufgetürmt. Wie in vorherigen Jahrhunderten war die Höhe ein Vorteil. Als jedoch schwere Kanonen und unzählige kleine an Bord kamen, rief das Waffengewicht Stabilitätsprobleme und zusätzliche Schiffskörperbelastungen hervor. Um die Stabilitätsschwierigkeiten zu meistern, machte man die oberen Strukturen so leicht wie möglich und den oberen Schiffskörper enger. Bildern zufolge waren die Aufbauten manchmal, möglicherweise sogar immer klinkergebaut, und um die leichte Beplankung für das Tragen von Kanonen und zur Druckaufnahme der Wanten hinlänglich stabil zu gestalten, wurden an der Außenseite Kattsporen befestigt.

In der zweiten Jahrhunderthälfte übernahmen die Engländer die ‚stand-off'-Taktik (Abstandstaktik) und verließen die hohen Aufbauten, die von der ‚grapple- and board'-Schule (Verankern und Entern) bevorzugt wurden. Die Spanier und Portugiesen behielten das System allerdings bis in die letzten Jahre des Jahrhunderts bei.

Trotz der Verbesserungen der Schiffskörperform und Takelung blieb die Karracke schwerfällig und bei seitlichem Wind muß sich dieser Typ beim Segeln wie ein ‚Heuschober' bewegt haben. Mittlerweile hatte man andere Schiffskörperformen erprobt und die niedriggebaute Galeone entwickelt. Dieser Typ bewirkte in den Händen der Seeleute Elizabeths weitreichende Veränderungen im Verlauf der europäischen Geschichte. Der Ursprung dieses niedriggebauten Schiffskörpers und wann er zuerst auftauchte, ist unbekannt, jedoch sehen die Fahrzeuge der *Anthony-Roll* aus wie ausgereifte Exemplare dieses Typs. Sie haben eine starke Ähnlichkeit mit dem Erschei-

59. Es gibt einige interessante Unterschiede zwischen diesem Schiff und denen der anderen Illustrationen. Man sieht mehr Barkhölzer, das Heck ist enger, die Ruderpinne führt ins Halbdeck. Die einzige Dekoration ist ein Schild mit dem St. Georgskreuz, das an der Heckreling sitzt. Es ist vermutlich ein Schiff, das von Niederländern oder Flamen gebaut wurde, und ähnelt den auf einigen Bildern von Breughel abgebildeten Fahrzeugen. Das vergleichsweise flache Heck erinnert an die Bilder von Anthony.

57

58

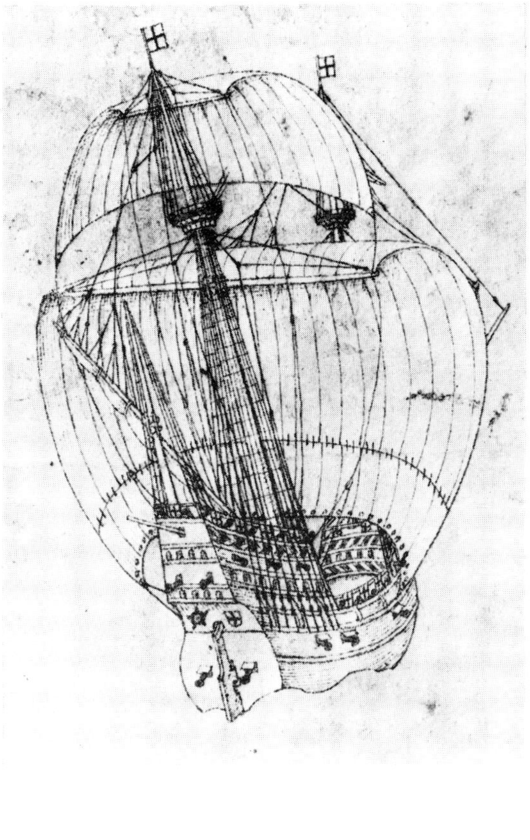

59

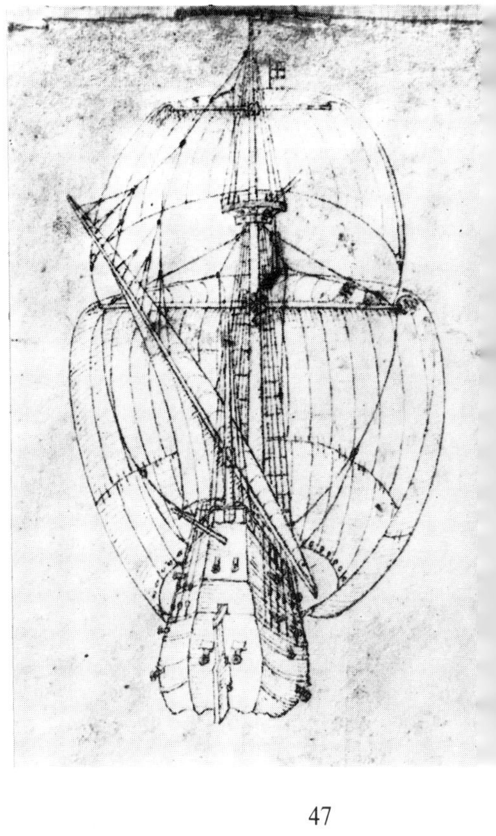

60

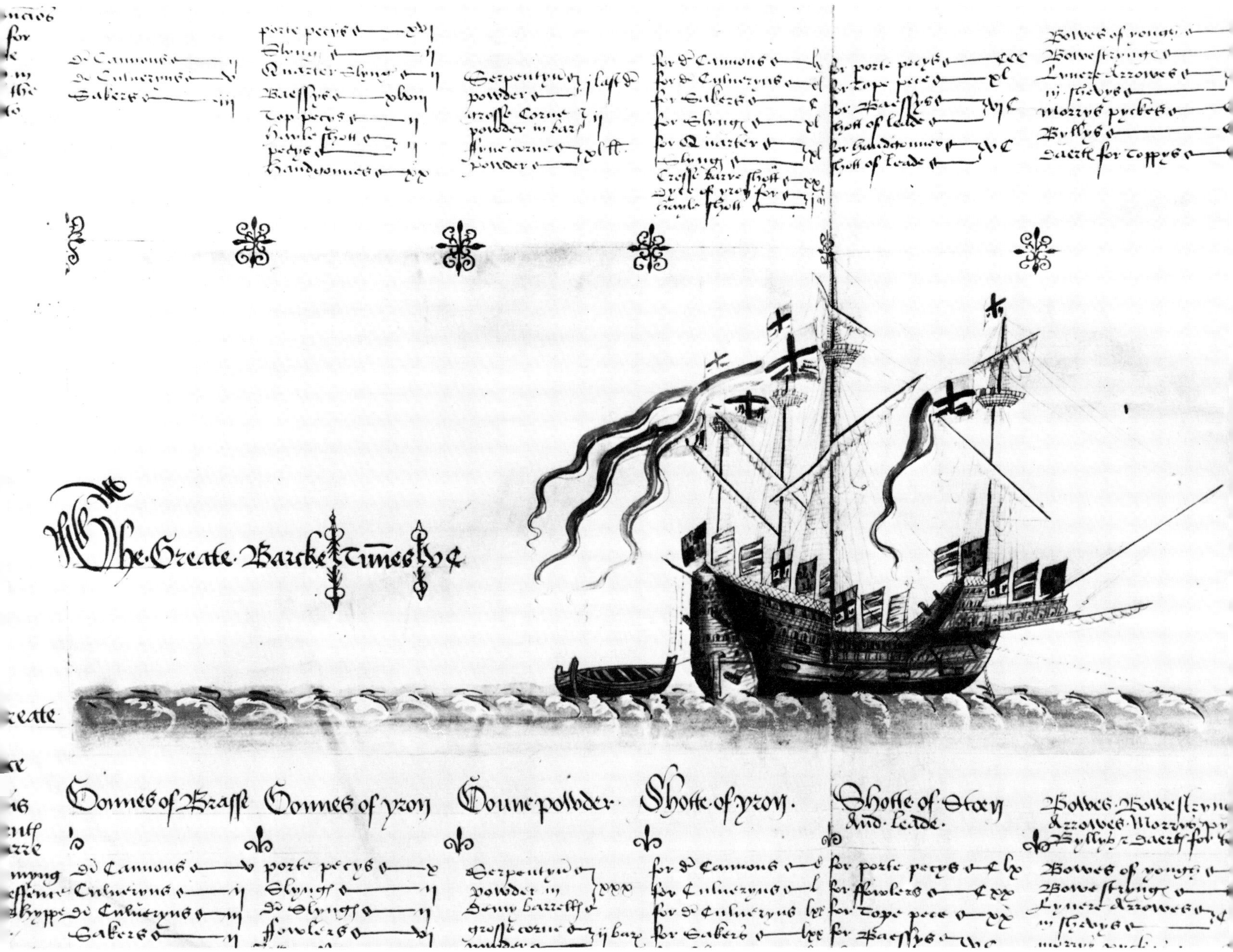

nungsbild der nachfolgenden Kriegsschiffe Elizabeths. Beim Vergleich verschiedener zeitgenössischer Abbildungen kann man die Verwandtschaft sofort erkennen.

Bei den Schiffen der ersten 75 Jahre des Jahrhunderts ist es leichter, ihren Schiffskörper zu beschreiben als den Außenlinienriß. Bisher ist nur eine Zusammenstellung von Abmessungen englischer Schiffe aus dieser Zeit ans Tageslicht gekommen und das sind die Daten der *Mary Gonson*, eines Schiffes von 400 bis 500 ts[5].

Die Abmessungen der zeitgleichen *Henry Grace à Dieu* sind nicht bekannt, aber man nimmt an, daß ihr Kiel 125 ft (38,1 m) lang war. Die Breite maß 41 ft (12,5 m) und die Länge über alle Decks 175 ft (53,34 m)[6].

Ein etwas späteres schwedisches Schiff, die *Stora Krafvel*[7] aus dem Jahre 1534, besaß ähnliche Dimensionen und die *Mars,* ein anderes schwedisches, in den 1560er Jahren gebautes Schiff, hatte folgende Maße: Länge über alles 211 ft (64,31 m), Kiel 118 ft (35,97 m), vorderer Ausfall 30,5 ft (9,3 m), hinterer Ausfall 13,5 ft (4,11 m), Höhe des Hintersteven 38 ft (11,58 m), Länge Vorsteven-Achtersteven 162 ft (49,38 m), gemallte Breite 45,5 ft (13,89 m), Höhe des Vorstevens 46,5 ft (14,17 m), Gesamthöhe Heck 70,5 ft (21,49 m), Länge Schiffsschnabel 34 ft (10,36 m), Ruder 40 ft (12,19 m).

Die Geschichte der englischen Schiffsentwicklung zwischen dem Tode Heinrichs VIII. im Jahre 1547 und der Thronbesteigung Elizabeths I. im Jahre 1558 ist größtenteils noch immer unbekannt. Nach 1558 gibt es reichlich Dokumente aller Art, nicht nur nüchterne offizielle Berichte, sondern auch Briefe und Personalpapiere, die kundtun, wie die Männer über ihre Schiffe dachten und wie sie sie entwarfen. Trotzdem ging die Theorie nicht allzusehr über grundsätzliche Überlegungen hinaus und blieb bei der traditionellen ‚rule of thumb' (Faustregel). So legte zum Beispiel William Borough, von 1588 bis 1596 Comptroller (Buchhalter)*, die besten Proportionen für die Schiffe wie folgt fest:

- ☐ Kürzeste, breiteste und volle Schiffe: $2 : 1 : \frac{1}{2}$
- ☐ Handels- und allgemeine Schiffe: $2\text{–}2\frac{1}{4} : 1 : \frac{11}{24}$
- ☐ Galeonen und schnelle Kriegsschiffe: $3 : 1 : \frac{2}{5}$

(Formel: Kiel: Mittschiffsbreite: Raumtiefe)

Mit kleinen Abänderungen wurden die Proportionen der letzten Gruppe bis zum Ende der Segelkriegsschiffsära bevorzugt. Die wohl

* 1673 wurde der Lord High Admiral erstmals durch einen ‚First Lord' (Erster Lord) ersetzt. Der erste war Prinz Rupert.
Das ‚Navy Board' (die Admiralität) setzte sich dann aus vier ‚Principal Officers' (Hauptoffizieren, später Seelords) zusammen:
Comptroller = Buchhalter
Treasurer = Schatzmeister
Surveyor = Aufseher
Clerk of the Acts = Sekretär (Anm. d. Übers.)

60. 1545 übergab ein Artillerieoffizier mit Namen Anthony Anthony König Heinrich VIII. zwei Sammlungen mit Zeichnungen, die alle Schiffe der königlichen Marine enthielten. Der Titel der ersten Sammlung (in der heutigen Leseart) besagte: „Dieses ist die erste Zusammenstellung, die die Anzahl aller dem König gehörenden Schiffe wiedergibt. Sie enthält den Namen jedes Schiffes, seine Tonnage und Besatzungsstärke, gibt aber auch Auskunft über die Armierung mit Kanonen, den Munitionsbestand und die Art der Munition sowie über die Ausstattung für den Kriegsfall. Darüber hinaus ist die Bewaffnung für den Angriff und die Verteidigung jedes Schiffes gegen die Feinde auf See festgehalten." Die Zusammenstellung, bekannt als *Anthony-Roll*, befindet sich zu einer Hälfte in der Pepysian Library, Cambridge, und zur anderen in der British Library, London. Die in dieser Zusammenstellung wiedergegebenen Bilder bilden nur einen geringen Teil der Sammlung, die nie als ganzes publiziert worden ist. Die Sammlung ist eine Schatzkammer für Informationen über die Schiffskörper englischer Schiffe in den 1540er Jahren (obwohl das Takelwerk leider vielfach nur skizzenhaft ist), und jede Zeichnung ist ein Einzelporträt. Hier ist die *Great Bark* mit 400 ts und 1512 gebaut, zu sehen. Sie hat die typischen Vor- und Achterkastelle einer Karracke, aber das Vordeck besitzt einen weit größeren Überhang als das der *Henry Grace à Dieu* und das Vorkastell als ganzes eine andere Form. Das ist eine Variation, die uns veranlaßt, die Zeichnungen Anthonys als zuverlässig anzusehen, zumindest, soweit die Einfachheit seines Stils dies zuläßt. Wie die anderen Schiffe hatte auch die *Great Bark* ein vergleichsweise flaches Heck, das in seiner Erscheinung jedoch unterschiedlich zu den überhängenden Hecks der Schiffe bei der Einschiffung Heinrichs VIII. (siehe → farbige Darstellungen) ist. Obwohl die *Great Bark* nur etwa ein Drittel der Tonnage der *Henry Grace à Dieu* besaß, führte sie eine ungewöhnliche Auswahl an Kanonen: 5 ‚Demi-cannon', 2 ‚Culverins', 3 ‚Demi-culverins', 2 ‚Sakers', 10 ‚Port-pieces', 2 ‚Slings', 2 ‚Half-slings', 6 ‚Fowlers', 30 ‚Bases' und 1 ‚Top-piece' (1 ‚Swivel'-gun für den Mars).

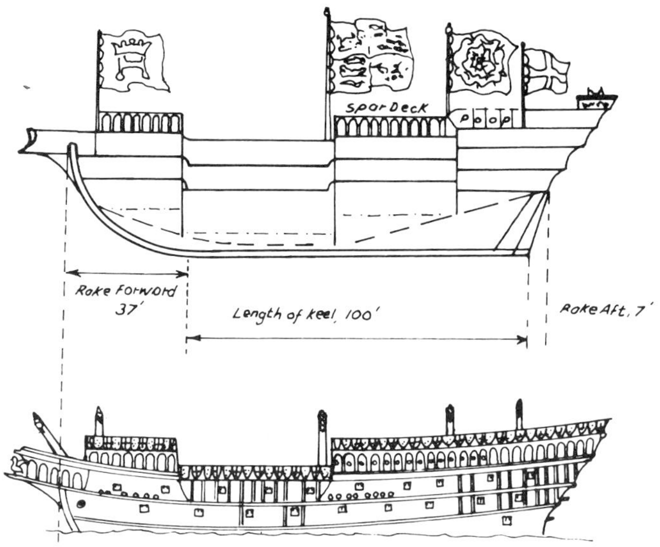

61

61. Mögliche Decksanordnungen auf einem frühen *Tudor-Kriegsschiff*. Wenn man eine Pause des Außensprungs auf den Innenlängsschnitt legt, dann sitzen die Kanonenpforten, die dem Sprung der Barkhölzer folgen, auf den horizontalen Decks.
Vorderer Ausfall 37 ft (11,28 m)
Kiellänge 100 ft (30,48 m)
Hinterer Ausfall 7 ft (2,13 m)
Spardeck

62. Die Gravierung eines flämischen Kriegsschiffes aus der Mitte des 16. Jahrhunderts oder etwas später ist von Peter Breughel dem Älteren. Obwohl es kein absoluter Zweidecker ist, trägt das Schiff Kanonen im Haupt- und unteren Deck, sowie an jeder Seite über der Kuhl vier weitere, was auf ein Spardeck schließen läßt. Die Schiffskörperdetails sind interessant und einigen ähnlich, die man in der zweiten Jahrhunderthälfte auf englischen Schiffen findet: ein kurzes und relativ niedriges Vorkastell, ein langes Vordeck, Ankerklüsen im unteren Deck und schlichte Dekorationen. Die zahllosen Kattsporen am Achterkastell fand man bei englischen Schiffen dieser Zeit allerdings nicht. Das Takelwerk ist eine merkwürdige Mischung. Teile davon zeugen von sorgfältiger Beobachtungsgabe, wie z.B. die Schamfilungsmatte am Bugspriet, um den Fuß des Focksegels zu schützen, die Ausleger für die Fockhalsen und die Führung der Bulinen. Andere notwendige Teile, wie Racks, Großmastbrassen und Besantoppnanten fehlen oder sind unvollständig.

62

63. Eine große viermastige portugiesische Karracke, vermutlich die *Santa Caterina do Monte Sinai* von etwa 1520. In Übereinstimmung mit den künstlerischen Bräuchen zeigen die drei Karracks in der Bildmitte und offenbar auch die rechts nahe am Fort unterschiedliche Ansichten desselben Schiffes. Der riesige Großmast, typisch für Karracks, trägt eine gewaltige Großrah und einen enormen Windsack von Segel, dem außerdem noch zwei Bonnets angelascht worden sind. Die Takel, die das Segelmittelteil zurückhalten, sind klar eingezeichnet und nahe der Oberkante des Großsegels erkennt man die ,martnets' für das Zusammenziehen der Segel beim Zusammenlegen. Zu dieser Zeit – und schon lange zuvor – wurden Großsegel zum Zusammenziehen heruntergelassen. Folglich gab es keine Reffzeisinge und Fußtaue an den Rahen, die die Seeleute beim Anschlagen der Segelleinen an die Segel spreizten. Die schlanken Marsstengen sind an den unteren Masttopps festgelascht. Bei schlechtem Wetter konnte man sie nicht einziehen. Die Karracke hat das altmodische runde Heck. Falls der Künstler allerdings den Verlauf der Planken richtig wiedergegeben hat, gleicht es sehr jenem Heck, das die Engländer im folgenden Jahrhundert einführten. Das dachförmige Spantwerk über der Kuhl ist als Unterstützung der Netze gedacht, die Enterer abhalten und im Gefecht auch einigen Schutz vor herabfallenden Blöcken und anderen Teilen gewähren sollten.

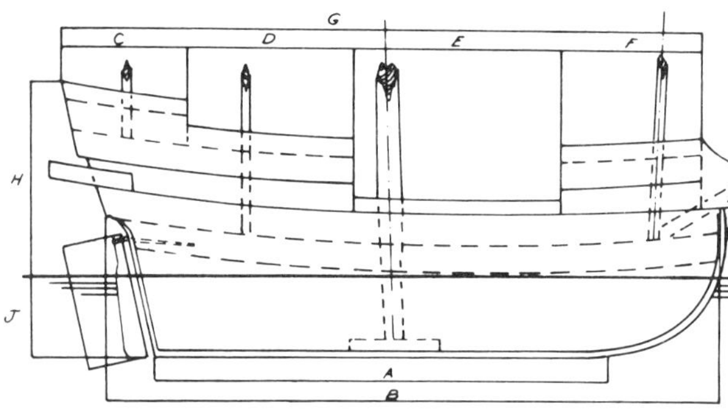

64. Die *Stora Krafvel* von 1534
A Kiel 130 ft (39,62 m)
B Länge der Längsschiffsmitte 174 ft (43,04 m)
C Achterkastell 34 ft (10,36 m)
D Mittelschiff 47 ft (14,33 m)
E Vorschiff 58 ft (18,89 m)
F Vorkastell 40 ft (12,19 m)
G Länge Vordeckschott bis zur Heckreling 179 ft (44,56 m)
Mittschiffsbreite 40 ft (12,19 m)
Seitendicke (je 3 ft/0,91 m?) 6 ft (1,83 m)
H Höhe über Wasser 54 ft (16,46 m)
J Tiefgang 22 ft (6,71 m)
Die Abmessungen sind entweder schwedische oder Danziger Fuß. Diese waren 3% und 9% kürzer als englische Fuß.

wichtigste Informationsquelle über die Form englischer Schiffe des letzten Vierteljahrhunderts ist die wundervolle Sammlung farbiger Zeichnungen nebst zugehöriger Arbeitsanleitungen, die als *Fragments of Ancient English Shipwrightry* bekannt geworden ist. Man glaubt, sie sind das Werk von Matthew Baker, des führenden Schiffbauers in den späteren Jahren der Regentschaft Elizabeths I. Das Entstehungsdatum ist unbekannt. Eine Bemerkung auf einem der Pläne weist auf ein Schiff hin, das 1586 gebaut wurde. Es ist aber durchaus möglich, daß der Plan bereits vor diesem Datum oder sogar erst lange danach gefertigt worden ist.

Ob die Pläne königliche Schiffe darstellen oder solche, die gebaut werden sollten oder nicht gebaut wurden, darüber rätselt man immer noch. Die gegenwärtigen Ansichten tendieren zum letzteren. Was nun richtig ist oder nicht, die Pläne repräsentieren eine Schiffsart, die in den fähigen Händen englischer Seeleute dazu beitrugen, die ,Armada' zu vernichten und die spanische Marine bis zur spotthaften Hilflosigkeit zu reduzieren. Einige von ihnen sind von besonderem
Interesse, weil sie die frühesten Beispiele nordeuropäischer Schiffe 65
und Segelpläne darstellen. Die Schiffskörperquerschnitte zeigen ein 248
Merkmal, das für englische Schiffe charakteristisch war (wir können nicht sagen, ob das auch für Schiffe anderer Länder zutrifft), nämlich einen deutlichen Wulst oder ,knuckle' (Knick) in der Seitenwölbung, direkt über der Wasserlinie. Dieses Merkmal ist auch beim Schiffskörper der *Mary Gonson* festzustellen und war bis etwa 1670 (siehe Kapitel III) Teil aller Entwürfe. Die Art, wie dieser spezielle Teil der Schiffskörpersektion hergestellt wurde, ist im *Treatise on Shipbuilding* vom Anfang des 17. Jahrhunderts beschrieben.

Ein englisches Schiff aus dem letzten Viertel des Jahrhunderts unterscheidet sich von allen anderen. Es ist die *Ark Royal*, zugleich Flaggschiff des Lord Admirals im Kampf gegen die ,Armada'. Sie wurde von ihm als das beste Schiff der Welt bezeichnet. Die Schiffskörperform der *Ark Royal* wurde bis heute nicht identifiziert, allerdings sind

einige Grunddaten bekannt. Ihr Kiel/Breite/Raumtiefe-Verhältnis war 100 ft/37 ft/15 ft (30,48 m/11,28 m/4,57 m), der vordere Ausfall maß 33,5 ft (10,82 m), der hintere 6 ft (1,83 m). Als die *Ark Royal* gebaut wurde, besaß sie einen Galeonenschnabel, ein einzelnes Deck auf der Back und am Heck offene Galerien. Es gab auch zwei Türme
69 oder besser Halbtürme, die denen schottischer Burgen glichen, ihre Heck- und Poopbrustwehren waren mit Zinnen versehen. Es kann sein, daß sie später am vorderen Poopende zwei weitere Türme führte, die als Toiletten dienten.

Da hier Heckgalerien erwähnt werden, ist es zweckmäßig, deren Entwicklung auf den englischen Schiffen, soweit bekannt, aufzuzeichnen. Zuerst sind sie auf der *Anthony-Roll* von 1546 zu sehen (auf
114 der *Greyhound).* Sicherlich waren sie zu dieser Zeit allgemein noch
246 nicht gebräuchlich, sondern erst lange danach. Obwohl ein Bild, wie
75 man glaubt aus dem Jahre 1570, eine Heckgalerie zeigt, hat keines
121 der Schiffe, die beim Angriff auf Fort Smerwick gezeigt werden, und keines auf den Plänen der *Fragments of Ancient English Shipwrightry* (sowie weitere andere) etwas ähnliches. Auf englischen Eindeckschiffen saß die Galerie gewöhnlich in Höhe der Hauptdeckbrustwehr, d.h. halbwegs zwischen Haupt- und Halbdeck. Auf Zweideckern befand sich die Galerie normalerweise in Höhe des Oberdecks, aber manchmal auch zwischen Oberdeck und Zwischendeck, eine Position, die überraschend niedrig und Beschädigungen durch schwere See ausgesetzt war. Englische Galerien des 16. Jahrhunderts waren offen, d.h. sie besaßen entweder kein Dach oder sie hatten eines, jedoch waren dann die Seiten offen und mit einer Reling versehen.

Ein letzter interessanter Punkt der englischen Schiffskörperkonstruktion am Jahrhundertbeginn ist, daß die Planken immer noch kurz waren, wahrscheinlich nur etwa 12 ft (3,66 m) und aus gespaltenen Baumstämmen hergestellt, mit Breitbeilen geformt. Im späteren Jahrhundert kamen dann gesägte Planken in allgemeinen Gebrauch, die entschieden länger waren, allerdings kamen dafür bis heute keine definitiven Beweise ans Licht. Als die Planken noch kurz waren, spielten die Barkhölzer eine große Rolle für die Festigkeit des Schiffskörpers, und es war wichtig, daß sie durch den Einbau von Stückpforten durch sie hindurch nicht gefährdet oder geschwächt wurden.

Schiffskörperteile und Inneneinrichtungen

Ankerklüsen: Mindestens bis zum Ende der 1540er Jahre saßen die Ankerklüsen englischer Schiffe sehr hoch, und soweit man es anhand von Abbildungen erkennen kann, in einer Ebene, die leicht über der Brustwehroberkante lag. Das Ankertau führte, wie schon im früheren Jahrhundert, ins Hauptdeck (siehe Kapitel I). Die Schiffe der *Anthony-Roll* besitzen große Klüsen. Das kann ein Fehler des Künstlers gewesen sein, denn andere und realistischere Schiffe, die zur gleichen Zeit gezeichnet wurden, haben kleinere Klüsen von normaler Größe mit einem Kragen rundherum, der als Scheuerleiste wirkte. Die Klüsen kontinentaler Schiffe waren ähnlich placiert. Etwa in der Jahrhundertmitte versetzte man die Klüsen in die Zwischendecksebene. Das mag daran gelegen haben, daß das Zwischendeck etwas höher gesetzt wurde, um die schweren Kanonen unterzubringen.

Barkhölzer, Fender und Kattsporen*: Das ganze Jahrhundert hindurch hatten englische Kriegsschiffe grundsätzlich drei Barkhölzer

* Flacheisen/Diagonalschienen, die sich über die Wegerung vom Ende eines Raum- oder Unterdeckbalkens bis zur unteren Kimm erstrecken. (Anm. d. Übers.)

65. Der älteste bekannte Plan eines englischen Schiffes, von dem man annimmt, daß er aus den 1580er Jahren stammt. Der Mittschiffsquerschnitt (Hauptspant), ist aus zahlreichen Halbkreisen geformt, deren Mittelpunkt mit einem + gekennzeichnet ist. Gemeinsam mit den einzelnen Querschnitten wurde die Schiffskörperlinie über die Kiellinie über die Kiellinie entwickelt. Diese Linien und der Segelplan (siehe Farbteil) sind aus dem Buch *Fragments of Ancient English Shipwrightry.* Sie waren die Grundlage für die meisten Modelle und Kopien von Schiffen der Elizabethanischen Ära und des frühen 17. Jahrhunderts.

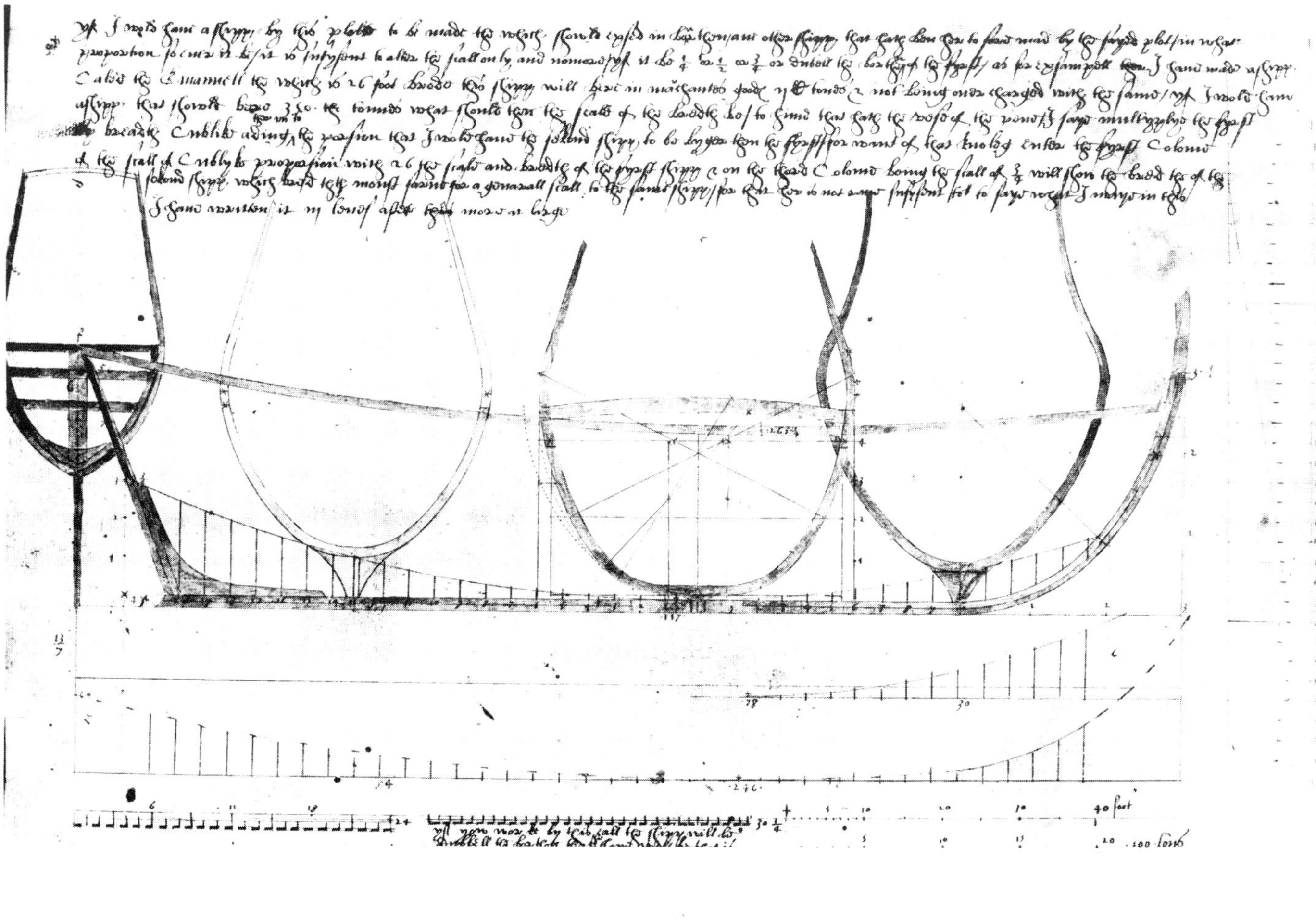

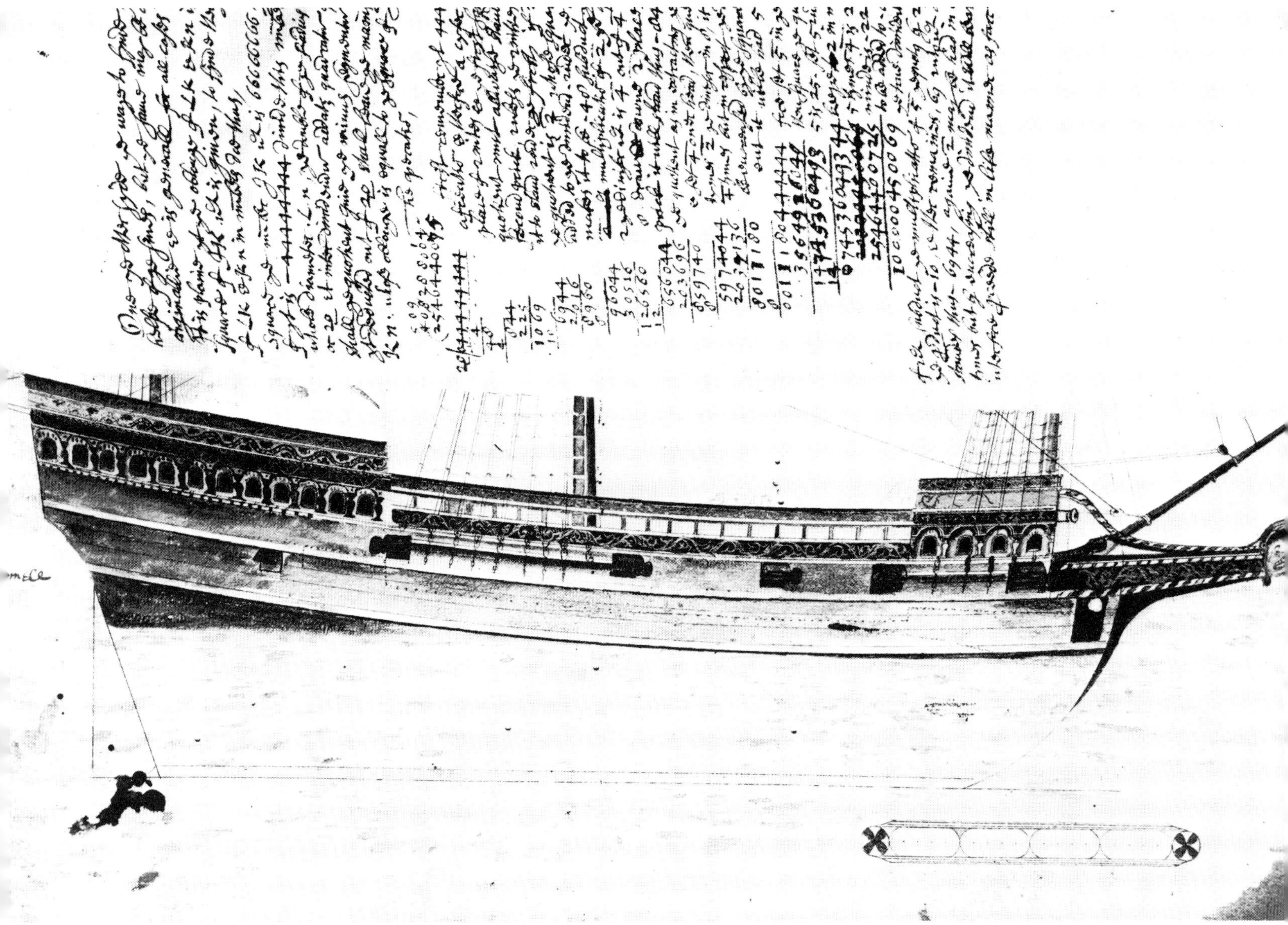

66

an jeder Seite. Eines saß direkt über der Wasserlinie, ein anderes in der Ebene des Mittschiffszwischendecks (nachdem dieses höhergesetzt worden war), das dritte scheint in Oberdecksebene gesessen zu haben. Die Barkhölzer folgten dem Sprung des Schiffskörpers (in Wahrheit bestimmten sie ihn). Ausgenommen mittschiffs, verliefen die Decks nicht übereinstimmend mit ihnen. Oberhalb der Barkhölzer befanden sich entlang den Seiten der Verteufung* Längsspanten, die dünnen Barkhölzern glichen. Die größten Schiffe hatten sicherlich mehr Barkhölzer und Längsspanten. In der Kuhl einiger englischer Schiffe um 1540 sind Fender zu sehen, sie erscheinen jedoch auf keiner anderen Skizze der *Anthony-Roll* oder gar in den Plänen der *Fragments of Ancient English Shipwrightry.* So kann man
62 nicht mit Sicherheit sagen, daß sie im 16. Jahrhundert zur ständigen Ausrüstung gehörten. Die gut bekannten Schiffsbilder von Peter Breughel zeigen allerdings Schiffskörper mit vielen Fendern. Andererseits waren äußere Kattsporen in der ersten Jahrhunderthälfte normal. Sie hatten die Aufgabe, die vergleichsweise leichten Oberwerke zu festigen und dem Wantendruck entgegenzuwirken. Englische Schiffe besaßen nach den 1560er Jahren anscheinend keine Kattsporen mehr, auf vielen kontinentalen Schiffen blieben sie weiterhin sichtbar.

* Das ist der über der Ladewasserlinie liegende Schiffskörperteil, also die Schiffsseiten von der Wasserlinie bis zum Schandeckel, hier das ‚Oberwerk'. (Anm. d. Übers.)

Rüsten: Die Geschichte der Rüsten im 16. Jahrhundert ist verworren, und auf Abbildungen englischer Schiffe sind sie bis zum Jahrhundertende nicht zu sehen. Rüsten sind ein so auffallendes Objekt, daß ihr Weglassen durch einen Künstler kaum auf Sorglosigkeit zurückzuführen ist. Gerade die Pläne der *Fragments of Ancient English Shipwrightry* haben nicht immer Rüsten, obwohl sie in diesen Fällen absichtlich weggelassen worden sein mögen, weil die Schiffbauer sie von vornherein als Standardausrüstung ansahen. Insgesamt gesehen lassen die dürftigen Beweise allerdings vermuten, daß projektierte Rüsten mindestens bis zum letzten Viertel des Jahrhunderts die Ausnahme bildeten. Eine mögliche Erklärung ist, daß die Wanten wenn die Oberseiten, um dem Kanonengewicht entgegenzuwirken, nach innen schmal gehalten waren, ohne ein projektiertes Bord von den Seiten freigehalten wurden. Später, als die Masse des Seiteneinfalls reduziert wurde und Spardecks in Benutzung kamen, kehrte man allerdings zu den Rüsten zurück. Bei der Betrachtung von Bildern kontinentaler Schiffe waren Rüsten ein reguläres Merkmal, allerdings fehlen sie bei einem dänischen Schiffsmodell vom Ende des 16. Jahrhunderts, das sich im Trinity House, Leith, befindet*.

* Trinity House = eine lange bestehende, durch die englische Regierung anerkannte Körperschaft, zusammengesetzt aus einem Präsidenten, verschiedenen Vize-Präsidenten, Beamten, Unterbeamten usw., welche mit der Ausführung verschiedener Amtsverrichtungen wie: Unterhaltung und Bemannung der Leuchttürme und Feuerschiffe an und in der Nähe der englischen Küste, dem Auspeilen der Fahrwasser, Auslegen und Unterhalten der Bojen betraut sind. Dem Trinity House obliegt auch die Prüfung und Patentierung der Lotsen. (Anm. d. Übers.)

66. Ein kleineres Schiff als (65). Die Außenlinie des abgestuften Decks ist auf dem Plan markiert, ob jedoch die Erhöhung des Hinterendes tatsächlich so dicht an der Kanone saß, ist anzuzweifeln. Die schwarz und weiß unterbrochene Linie unter den bogenförmigen Öffnungen des Achterkastells scheint die Plazierung der Heckgalerie zu markieren. Die Galionsfigur erinnert an Gesichter, die man in italienischen Renaissancebrunnen findet und die Schnörkel entlang den Seiten sind ein Vorgriff auf die Mode des 18. Jahrhunderts. Die Takelwerkdetails sind interessant, zeigen sie doch Ketten für die unteren Jungfernblöcke (die überraschend dicht zusammensitzen) und die Position der Fock- und Großrüsten. Es gibt keine Besanrüsten, und die Wanten sind binnenbords angeordnet. Der Besanmast steht weiter vor als während des ganzen Jahrhunderts, aber immer noch weiter hinten als in den folgenden Zeiten.
67. Der Mittschiffsquerschnitt (Hauptspant) eines in Bau befindlichen sehr großen Schiffes, denn wenn die Skala stimmt, hätte die maximale Breite 48 ft (14,63 m) gemessen. Das wäre mehr gewesen als bei der *Sovereign of the Seas* von 1637. Der Schiffskörperquerschnitt hat die enge eingepreßte Formcharakteristik der vielen Entwürfe, die nach der Dreikreismethode gefertigt wurden. Der Querschnitt hat den Knick an der Stelle der maximalen Breite, schon 1514 ein Merkmal der englischen Schiffe. Der Zeichner gab sich Mühe, zu zeigen, wie die Kniee über die Längsstringer an den Schiffskörperinnenseiten eingebaut wurden, und auch, daß die Stringer nach hinten zur Außenlinie des Hecks verlaufen. Die Diagonalstreben dienten zum Zusammenhalt des Schiffskörpers und zur Decksabsteifung, um den Rückstoß und das Gewicht der Kanonen aufzufangen (Streben dieser Art waren auf dänischen Schiffen noch in den 1640er Jahren üblich). Die Identität eines solch' großen Schiffes (immer unter der Annahme, daß der Maßstab stimmt) ist eine interessante Frage. Ein Schiff dieser Größe hätte normalerweise einige Kanonen im zweiten Deck über dem Kiel und eine volle Batterie im dritten Deck haben müssen. Die Deckstützen unter dem vierten Deck lassen vermuten, daß dieses ebenfalls Kanonen trug. War das Schiff als Dreidecker vorgesehen? Wenn es so war, kann man die Zeichnung irgendwie mit der *Prince Royal*, dem ersten englischen Dreidecker, in Verbindung bringen?
68. Das Modell einer Elizabethanischen Galeone im Science Museum London. Es fußt auf den Dimensionen der *Elizabeth Jonas*, und zwar nach deren Umbau 1597/98 (Kiel 100 ft/30,5 m; Breite 38 ft/11,58 m; Tiefgang 18 ft/5,49 m; Ausfall vorn 36 ft/10,97 m; Ausfall hinten 6 ft/1,83 m). Die Linien und strukturellen Details stammen aus Bakers *Fragments* und einer Takelliste der *Queen-Schiffe* von 1600. Die Schiffskörperform und der Dekorationsstil sind allerdings mehr den 1580er Jahren zugehörig als 1600, denn keines der *Queen-Schiffe* hatte 1588 ein Vorbramsegel. Falls das Schiff die Zeit nach dem Umbau 1597/98 repräsentiert, stimmt die Dekoration nicht mit zeitgenössischen Unterlagen über die Dekoration der *Elizabeth* und anderer Schiffe überein. Mehr noch, um 1613 zeigt das Aussehen der Kriegsschiffe größere Unterschiede, als man es in einem solch kurzen Zeitabschnitt vermuten kann.

67

68

Kanonenpforten (Stückpforten)*: Sie befanden sich rechtwinklig im Haupt- oder Zwischendeck. Sie können aber auch winklig oder sogar drehbar und höher gestanden haben. Nur die untersten Pforten besaßen Klappen, und auf englischen Schiffen waren diese stets oben befestigt. Die Darstellung seitlich öffnender Pforten sind nicht nur eine Erfindung von Künstlern, denn spanische Schiffe besaßen am Jahrhundertende manchmal solche, jedoch ziemlich selten. Die Abmessungen zweier früher englischer Pfortenklappen sind bekannt.
Die der *Mary Gonson* waren 32 in zu 27 in (81,28 cm zu 68,58 cm), und eine Pfortenklappe, die auf der *Mary Rose* gefunden wurde, maß 28,5 in zu 25,5 in zu 4 in (72,39 cm zu 64,77 cm zu 10,2 cm).
Ruder und Ruderpinne: Beides wurde im 16. Jahrhundert nicht anders eingebaut als im vorangegangenen. Die Einführung des Plattgatts ergab keinen Unterschied beim Einhängen des Ruders oder bei der Befestigung der Ruderpinne am Ruderkopf. Die Position des Pinnenlochs in den Decks ist schwierig zu bestimmen. Am Jahrhundertbeginn scheint es sich im Deck über dem Hauptdeck befunden zu haben. Mit den Abstufungen in den hinteren Decks auf verschiedenen Schiffen (Wechsel der Ebenen) wird die Sache dann kompliziert. Die einzig feststehende Tatsache ist, daß die Pinne oberhalb des Hinterstevens eintreten mußte. Irgendwann im Jahrhundert wurde zum Bewegen der Pinne ein Anschlaghebel übernommen,

* Der gebräuchliche Ausdruck ist ‚Stückpforte'. (Anm. d. Übers.)

69

70

71

69–71. Drei Gravierungen des niederländischen Künstlers Visscher, die einige englische Kriegsschiffe darstellen sollen, die am Kampf gegen die ‚Armada' teilnahmen. Als Beweis sagen sie nur wenig aus, denn sie wurden erst lange danach gefertigt und mindestens zwei davon, die *White Bear* (71) und *Golden Lion* (70) haben eine große Ähnlichkeit mit Darstellungen, von denen man sagt, es seien niederländische Schiffe. Das als *Ark Royal* (69) bezeichnete Schiff entbehrt das kennzeichnende Brustwehr-Poopschanzkleid. Die wunderlichen Türme sind vermutlich künstlerische Eingebungen, basieren allerdings auf manchen Darstellungen von Hecktürmen. Das Takelwerk ist größtenteils ein bedeutungsloses Durcheinander von Leinen. Die *Golden Lion* ist nicht besser dargestellt. Es ist anzuzweifeln, ob sie ein Lateinbesanmarssegel hatte oder die kuppelartige Struktur an der Achtergalerie.

der im englischen als ‚whippstaff' (Schwengel) bekannt ist. Der Schwengel erlaubte dem Rudergänger ein Deck höher als die Pinne zu stehen. Auf allen großen Schiffen hatte er so einen Blick auf die Segel. Der Schwengel erlaubte nur ein begrenztes Ruderlegen, aber im Zusammenwirken mit der Segelführung genügte das.

Schanzkleid und Reling: Schiffe konnten zusammengesetzte Schanzkleider, Relings oder eine Kombination aus beidem haben. Einige hatten nichts davon, bzw. nur niedrige, denn Sir Edward Etchyngham beschrieb 1513 ein Gefecht seines Schiffes bei dem er, weil sein Schiff keine Reling besaß, rund ums Schiff in Brusthöhe ein Tau hatte spannen lassen, das zum Schutz der Männer mit Kleidern, Bettzeug und Matratzen behangen wurde[9]. Es war seinerzeit üblich und auch noch lange danach, Kleider über die Reling zu hängen. Die Relings konnten an hochgezogenen Spanthölzern, an Stützen, an Geländerstützen oder Unterbauten an der Außenseite des Schiffskörpers befestigt sein. Außer ihren Schanzkleidern usw. konnten die Schiffe Schutznetze oder Holzgiller führen, die von der Oberkante der Schanzkleider oder Relings zu einer Mittschiffslaufplanke von der Back zum Halbdeck reichten. Netze und Giller waren manchmal bei den obersten Decks an der Back und am Heck eingebaut. Mindestens bis 1550 blieben auf den englischen und auch den kontinentalen Schiffen Schilde in Gebrauch, wie die von Breughel dargestellten Schiffe zeigen. Zur Zeit Königin Elizabeths I. waren die Schilde nicht mehr in Gebrauch, wenn es auch seltsam ist, sie auf einem Plan aus dem letzten Vierteljahrhundert vorzufinden.

Schotte: Als sich die Vor- und Achterkastelle zu Mehrzweckbollwerken entwickelten, wurden ihre Schotte für Kanonen und Handwaffen durchbrochen, so daß Enterer durch Kreuzfeuer in der Kuhl abgewehrt werden konnten. Es kann sein, daß in der Kuhl lediglich in den Ecken je ein Paar Kanonen stand oder mehrere in den einzelnen Decks. Der sehr große Bogengang zum Vorkastell, den die älteren Karracks im 16. Jahrhundert noch immer besaßen, wurde schließlich durch einen schmaleren ersetzt. Er ist stets als offen zu sehen, obwohl einige meinen, daß er in einem Gefecht Barrikaden erhielt.

Die hinteren Schotte sind auf Bildern zwar nur selten zu sehen, aber in ihnen müssen Zugänge zu den einzelnen Decks vorhanden gewesen sein.

Luken und Grätings: Bis zur letzten Dekade des Jahrhunderts gibt es keine Beweise für diese wichtigen Merkmale. Die Hauptluke befand sich etwa auf halbem Weg zwischen Vorschiffschott und Großmast. In Übereinstimmung mit Belegen aus dem beginnenden 17. Jahrhundert gab es auch kleinere Luken und Verbindungswege zum Back- und Achterdeck. Für das 16. Jahrhundert kamen bisher keine entsprechenden Nachweise ans Tageslicht. Die Luken waren durch Grätings gesichert, um Licht und Luft in die Decks zu lassen. Zum Jahrhundertende, wenn nicht schon früher, hatten englische Schiffe um die Hauptluke herum ein erhöhtes Süll.

Belfry (Glockengalgen): Die *Henry Grace à Dieu* hatte eine große Messingglocke und ein anderes königliches Schiff, die *Gabriel Royal,*

72 

72. Ein Teil der schwedischen *Elefanten* von 1559, ein Schiff von etwa gleicher Größe wie die *Henry Grace à Dieu*. Interessantestes Merkmal dieses Fragments vom Wrack sind die Bodenwrangen und unteren Auflanger. Sie bestehen aus naturgebogenen Hölzern. Dazu gehören auch die dicken Planken (Nr. 5 und 7 vom Boden aus), die Barkhölzern gleichen.

eine Glocke ‚hanging in the deck', eine Feststellung, die nichts anderes besagt, als daß sie sich unter dem Halbdeck befand. Auf der *Golden Hind* von Drake* – so nach einem spanischen Augenzeugen – hing die Glocke nahe der ‚pump dale' (Pumpenrinne), der Vertiefung, durch die das gelenzte Wasser nach den Speigatts läuft. Wie die Glocken aufgehängt waren, ist unbekannt. Das Bild, das vorgibt,
71 die *White Bear* von 1588 zu sein, zeigt eine Glocke, die unter einer kleinen Veranda an der Vorkante des Achterdecks hängt.

Hecklaternen: Das Fehlen spezifizierter Nachweise über Hecklaternen führt zur Annahme, daß sie im 16. Jahrhundert nicht zur regulären Ausrüstung gehörten, genau genommen bis zur zweiten Jahrhunderthälfte. Ein französisches Dokument aus dem Jahre 1545[10] beschreibt die Praxis im Jahrhundertanfang. Es empfiehlt bei Nacht das Aufhängen einer brennenden Pechpfanne über dem Heck. Das war möglich, solange der Wind nicht von achtern wehte und so stark wurde, daß das Feuer zum Risiko wurde. In diesem Falle sollte man dann eine Laterne nehmen. Die englische Praxis war sicherlich ähnlich. Die einzige zeitgenössische Illustration englischer Hecklaternen ist die von der *Revenge* und auf einem mehr exotischen Schiffsbild, von dem man annimmt, es sei die *Ark Royal* im Kampf
69 gegen die ‚Armada'.

Betinge (Holzpoller): Zum Jahrhundertbeginn war der altmodische Pollerbaum auf englischen Schiffen nach wie vor in Gebrauch. Die *Mary Gonson* besaß einen und seine Länge ist ausdrücklich als ‚between the timbers' (zwischen den Bäumen)* festgehalten. Wann er durch den bekannten Poller ersetzt wurde, ist nicht bekannt.

Mastpoller: Falls die Inventarien der *Henry Grace à Dieu* die typische Praxis des frühen 16. Jahrhunderts widerspiegeln, besaß jeder Mast viele Mastpoller. Der Großmast dieses Schiffes hatte sieben: ein Paar für das Aufziehen der Großrah, einen für jedes der drei Rahtakel und drei als Reserve (d.h. schwache, nicht überschüssige). Mastpoller werden auf keinem zeitgenössischen Bild gezeigt, aber man kann vermuten, daß sie runde Enden hatten, wie es damals Mode war.

Klampen, Belegklampen/Kreuzhölzer und Belegnägel: Wo und wie das Laufende Gut befestigt war, ist in den Berichten nicht festgehalten. Manches wurde wohl an angemessenen Geländerstützen befestigt, aber für die ganze Takelage gab es sicherlich genug davon. Belegnägel kamen anscheinend zum Jahrhundertende, wenn nicht bereits früher, in Gebrauch. Die *Mary Rose* hatte eine große Belegklampe, von einer Sorte, die später als ‚Staghorn'** bezeichnet wurde.

Das Rad: Obwohl dieses Ausrüstungsteil auf der *Henry Grace à Dieu* vorhanden und 1514 auf der *Mary Gonson* eingebaut war, ist nicht

* Sir Francis Drake, engl. Seeheld um 1540–1596. Spanienhasser. Brandschatzte die span. Kolonien, umsegelte dabei 1578/1580 die Erde. Kämpfte 1588 gegen die Armada. (Anm. d. Übers.)

* Poller mit zwei horizontalen Armen. (Anm. d. Übers.)
** Siehe Erläuterung zu *. (Anm. d. Übers.)

mehr darüber bekannt, als bereits im vorangegangenen Kapitel gesagt wurde. In den Inventarien aus der Zeit nach 1550 sind weder Räder noch Radtaue angeführt.
Die *Henry Grace à Dieu* hatte an ihrem Großsegel noch ein anderes und ebenfalls unbekanntes Ausrüstungsteil. Es nannte sich ‚trin' und erforderte zusammen mit den beiden ‚dryngs' 20 Mann Bedienung. ‚Trin' scheint ein Wort zu sein, das für ein Rad oder eine andere drehbare Einrichtung steht. Ob es jedoch das gleiche war wie ‚the wheel for to wind up the mainsail' (das Rad zum Aufziehen des Großsegels), ist unbekannt.
Winden und Spille: Die Spille des 16. Jahrhunderts zeigen die gleichen zahlreichen Probleme wie im vorangegangenen Jahrhundert. Wir wissen nicht, wieviele davon ein Schiff bis zum letzten Vierteljahrhundert besaß. Die Inventarien der *Henry Grace à Dieu* führen keine Spille an, hingegen spricht eine andere Quelle von einem Hauptspill. Die *Mary Gonson* hatte zwei, ein Hauptspill und eines im Vorkastell. Das bedeutet, daß es auf der Back stand. Zwei Spille, ein Haupt- und eine Rahtakelfallspill waren am Jahrhundertende die normale Zahl. Wie die Anzahl ist auch der Standort der Spille unbestimmt. Für das Hauptspill ist der einzige Anhaltspunkt, daß es auf demselben Deck stand, in dem sich die Ankerklüsen befanden. Falls diese also im Hauptdeck saßen (im 15. Jahrhundert war das das Oberdeck), mußte es jetzt ebenfalls dort stehen. Das ist allerdings nicht das Ende der Geschichte, denn die Spille des frühen 16. Jahrhunderts waren wie auf der *Regent* placiert. Dort standen sie unter dem Halbdeck, und in diesem Falle muß es irgendetwas gegeben haben, durch das das Tau oder ein Kabelar (falls ein solches in Gebrauch war), ins und aus dem Halbdeck wieder herauslaufen konnte. Das ist wiederum das Problem der hohen Klüsen, wie bereits im Kapitel I beschrieben.
Als die Klüsen ins Zwischendeck heruntergesetzt wurden, versetzte man das Hauptspill ebenfalls nach unten und unter Berufung auf Experten des 19. Jahrhunderts stets direkt hinter den Großmast. Über die Aufstellung des Hilfsspills zwischen dem ersten und letzten Viertel des Jahrhunderts ist nichts bekannt. Zu dieser Zeit stand das Rahtakelfallspill in der Kuhl zwischen dem Luk und Vorschiffsschott. In den letzten Jahren des Jahrhunderts hatten die neueren Kriegsschiffe allerdings eine überdeckte Kuhl und einige Hinweise deuten darauf hin, daß das Rahtakelfallspill in einem neuen Deck stand[11]. Da es von Spillen des 16. Jahrhunderts keine Abbildungen gibt, muß man daraus schließen, daß sie denen des 17. Jahrhunderts glichen.
Winden wurden nur auf kleinen Fahrzeugen und Booten benutzt. Über ihre Größe und Form ist nichts bekannt.

73

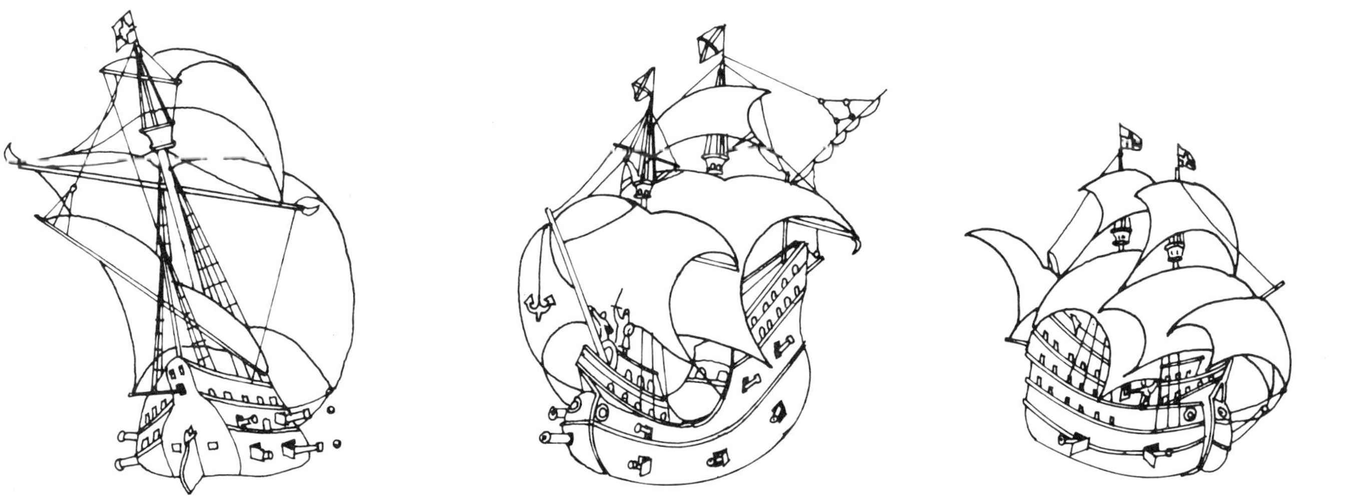

73. Diese Darstellungen von Schiffen der Mitte des 16. Jahrhunderts beruhen auf Zeichnungen, die sich auf einer 1567 von John Goghe gefertigten Karte von Irland befinden. Sie befindet sich heute im Public Records Office, London. Man beachte die ungewöhnlichen seitlich aufgehängten Pfortenklappen, die Scherhaken mit nur einer Klinge, die sich an den Nocken der Großrah befinden und den Mann auf dem Vordeck des mittleren Schiffes, der klar zum Werfen des Dregankers ist. Dasselbe Schiff hat die Führung der Besanschot unten sitzen.

74. Arbeitsweise des Ruderschwengels. Der Rudergänger konnte durch die Vorseite der kleinen Hütte des obersten Decks sehen.

74

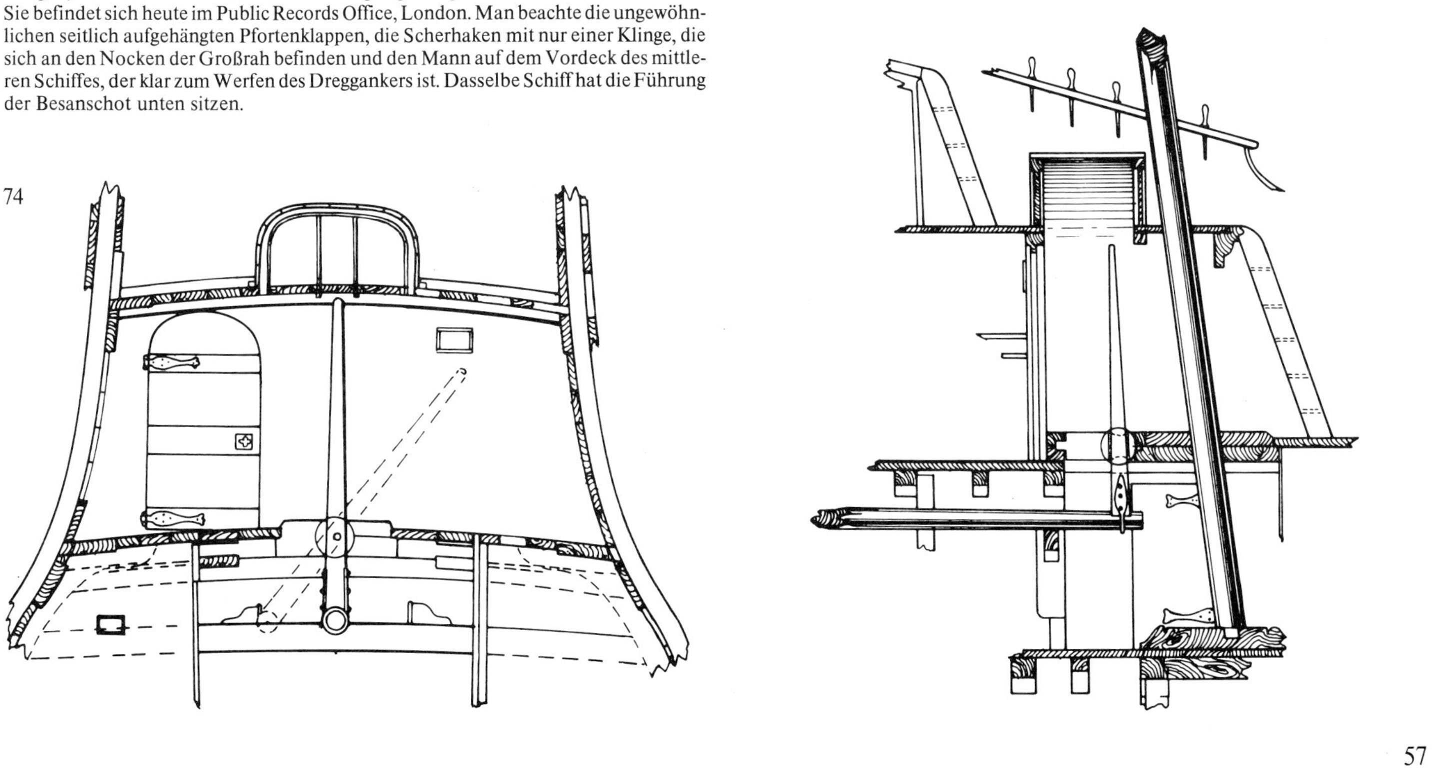

75

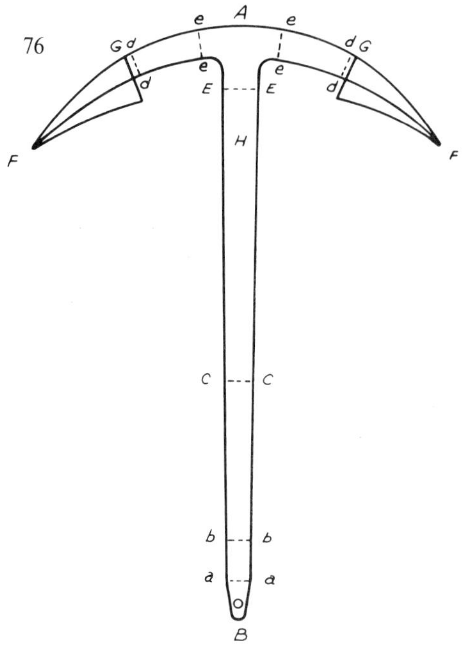

76

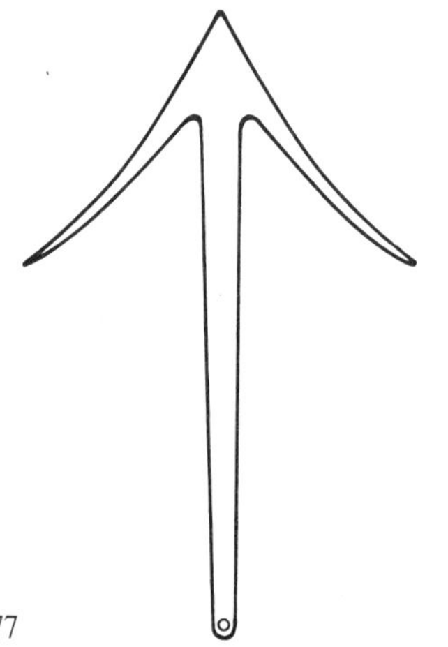

77

75. Das bemerkenswerte Bild eines englischen Kriegsschiffes von 1570. Es zeigt viele sorgfältig festgehaltene Details und einige überraschende Weglassungen. Die Scharniere der Kanonenpfortenklappen und das kleine Loch für das Klappenanlüfttau sind Beispiele für erstere Feststellung, das Fehlen der Jungfernblöcke für die letztere. Andererseits ist das Takelwerk genau wiedergegeben. Man beachte die Püttingswanten, die Heißstroppbefestigung der Marsstenge am unteren Masttopp und die Führung der Großbrassen. Einige Teile blieben unvollendet, wie die Fallen der Fockbrassen und die weggeschnittene rechte Bildkante hat das weggenommen, was uns gezeigt hätte, wie der Buspriet getakelt war. Der Schiffskörper hat einen zu großen Sprung, ist andererseits jedoch gut proportioniert. Der Unterboden ist weiß. Das weist darauf hin, daß er mit Bleiweß oder Talg behandelt worden ist. So machte man es bei den Schiffen Heinrichs VIII. Die Galionsfigur ist gestreift und sollte wohl einen Tiger darstellen, wenn auch eine gewisse Ähnlichkeit mit einem Bärenkopf besteht. Falls es ein Tiger ist, handelt es sich bei dem Schiff wahrscheinlich um die *Swiftsure* mit 450 ts, die 1573 gebaut wurde. 1585 trug sie eine Bewaffnung von 2 ‚Cannon-periers', 4 ‚Culverins', 8 ‚Demi-culverins', 8 ‚Sakers' und 4 ‚Falcons'. Zusätzlich hatte sie 2 ‚Port-pieces', 6 ‚Fowlers' und 8 ‚Bases'.

76. Ein Anker aus dem späten 16. Jahrhundert. Er wiegt 20 cwt (1,016 ts) und basiert auf Details der *Fragments.*
AB = 15 ft (4,57 m); E–E = e–e = 10 in (25,4 cm); a–a, b–b, c–c, d–d = 7 in (17,8 cm); AF = 5 ft (1,52 m) = FH; FG = A–G = 2 ft 6 in (0,76 m)

77. Die Rekonstruktion des Dreggankers der *Henry Grace à Dieu.* Es sind nur zwei der vier Arme zu sehen.

Pumpen: Die altmodischen Handpumpen blieben das ganze Jahrhundert hindurch in Benutzung. In den 1570er Jahren wurden auf englischen Schiffen Kettenpumpen eingebaut, zweifellos auch auf denen anderer Staaten (obwohl die alten Pumpen in der französischen Marine noch bis zum Ende des 18. Jahrhunderts in Gebrauch blieben). Der Mechanismus bestand aus einer endlosen Kette s-förmiger Haken, an denen hölzerne ‚Flaschen', ‚burrs' genannt, hingen. Die ‚burrs' waren mit Lappen abgedeckt und die Kette (daher der Name Kettenpumpe) lief über eine Winsch an Deck und einen hölzernen Schacht hinunter. Nach passieren einer Bockscheibe am Schiffsboden lief sie über einen anderen Schacht nach oben zurück, jetzt mit Wasser in den ‚burrs'. Am Schachtaustritt wurde das Wasser in einen querlaufenden Trog geschüttet, Pumpendahl* genannt, von wo es zum Speigatt lief. Ob die ‚burrs' rund oder quadratisch waren, ist unbekannt. Wahrscheinlich trifft ersteres zu. Abgesehen von ihrer größeren Förderleistung war der Vorteil der Kettenpumpen der, daß sie unabhängig vom Ansaugen und frei von leckenden Ventilen waren. Sie konnten daher auf dem Hauptdeck (anstelle tief unten) aufgestellt werden. Da das Wasser allerdings ohne Druck gefördert

* Eine Rinne, durch die das ausgepumpte Wasser über Bord läuft (dahl = dale = Tal). (Anm. d. Übers.)

wurde, konnten diese Pumpen für keine anderen Einsätze, wie etwa zur Brandbekämpfung, für die ein hoher Wasserdruck erforderlich war, eingesetzt werden.

Davits und Kranbalken: Bis zur Erfindung des Kranbalkens wurden die Anker weiterhin mit Flaschenzügen von Davits hochgehievt. Das Einführungsdatum von Kranbalken ist unbekannt. Sie sind auf den Abbildungen englischer Schiffe vor den 1580er Jahren nicht zu sehen und fehlen auf einem Modell des frühen 17. (?) Jahrhunderts, das im Ashmolean Museum steht, sowie auch auf den Schiffen von
132 Breughel. Da soviel Ungewißheit besteht, kann man sagen, bis etwa 1550 wurden die Anker wahrscheinlich mittels Davits gehievt und nach 1580 mit Kranbalken. Für die Zeit dazwischen bleibt es jedem überlassen, seine eigene Meinung zu bilden.

Anker und Ankertaue: Wie schon bei den Schiffen des 15. Jahrhunderts sind uns die Namen der Anker bekannt, desgleichen die Anzahl, die von den Fahrzeugen mitgeführt wurden und in einigen Fällen auch die Abmessungen der zugehörigen Taue. Über die Größe und Form der Anker selbst wissen wir wenig. Nach einer Studie von J.T. Tinniswood[12] war es wie folgt:

1. Ein Ankerstock war zwei- bis zweieinhalbmal so lang wie seine Arme.
2. Die Flunken (palms) waren gleichseitige Dreiecke, gewöhnlich halb so lang wie die Arme, manchmal etwas weniger.
3. Die Arme waren gewöhnlich gebogen, aber es wurden auch gerade gefunden.
4. Der Winkel zwischen Ankerschaft und Arm war in der ersten Jahrhunderthälfte etwa 45°, in der zweiten etwa 60°.
5. Der Ankerstock war so lang oder noch etwas länger als der Schaft.
6. Der Durchmesser des Ankerringes war etwas weniger als die halbe Armlänge.
7. An der Spitze befand sich manchmal ein Ring.

Diese Proportionen werden durch die *Fragments of Ancient English Shipwrightry (Folio 116)* bekräftigt, die nach Ansicht ihrer Urheber als
76 bestes Gewicht für einen Anker 20 cwt (1016 kg) angeben*. Leider gibt es bis heute keinen befriedigenden Weg, die Länge eines Ankerschaftes aus dem Gewicht heraus zu bestimmen, zwangsläufig somit auch nicht die übrigen Abmessungen.

Wenn eine solche Formel existieren würde, wäre die Gewichtstabelle für Anker jeder Schiffsgröße und aller Boote, die sich im Public Records Office befindet, von unschätzbarem Wert und ein Anhalt für englische Anker des späten 16. und frühen 17. Jahrhunderts[13]. Kontinentale Schiffe hatten möglicherweise abweichende Dimensionen. Tatsächlich waren spanische Anker erwiesenermaßen dünn und so mögen andere es auch gewesen sein.

Neben ihren Ankern hatten die Kriegsschiffe der ersten Jahrhunderthälfte Dregganker. Diese befanden sich nicht nur am Ende des Bugspriets wie im vorigen Jahrhundert, im Falle der *Henry Grace à Dieu* gab es einen Dregganker an den Enden der Großrah. Allerdings kamen sie um 1546 von Bord. Dregganker sahen mit ihren gebogenen Armen gewöhnlich wie Fischhaken aus, aber die Bugdregganker der *Henry Grace à Dieu* und die der *Mary Rose* und *Jesus of Lubeck* hatten gerade Arme. Wahrscheinlich machte diese Form es leichter, daß der Dregganker durch die Decksplanken eines gegnerischen Schiffes drang.

Die meisten Informationen über die Taustärken in diesem Jahrhundert sind dürftig. 1514 waren die stärksten Taue der *Henry Grace à*
77 *Dieu* 17 in (43,18 cm) im Umfang, überraschend gering für ein 1500 ts-Schiff. Von dieser Zeit bis zur Regentschaft Königin Elizabeths I. fehlen alle Angaben.

Das Dokument, das in Verbindung mit dem Ankergewicht bereits angeführt wurde, enthält auch eine Anweisung für die Taustärken und stellt fest, daß das beste Tau (d.h. das dickste) im Umfang 0,5 in (12,7 mm) je Fuß der Schiffsbreite entsprechen sollte. Diese Proportion mag ideal gewesen sein und auch zutreffend für ältere und weniger starke Taue, auch war 1588 das Verhältnis zwischen Breite und Taugröße auf den Schiffen der Königin nicht mehr so genau.

* cwt = centweight = 112 pound = 50,8 kg. (Anm. d. Übers.)

Beziehung zwischen Breite und Taustärke 1588*

Schiff	Tonnage (ts)	Breite (m)	Stärkstes Tau (cm)
Triumph	1100	12,19	45,7
Ark Royal	690	11,28	43,2
Rainbow	500	10,21	38,1
Tiger	200	?	28
Marylon (= Merlin)	50	~ 4,27	19

Die Größe der kleineren Taue war gewöhnlich 1 in (2,54 cm) weniger im Umfang als das nächstgrößere.

* Die Werte wurden bei der Umrechnung von „ft" und „in" in „m" und „cm" abgerundet. (Anm. d. Übers.)

Verzierungen, Farbanstrich

Bis zur zweiten Jahrhunderthälfte kann man die Beschreibung der Dekoration englischer Schiffe nur als mäßig und beschränkt bezeichnen. Zum Jahrhundertbeginn belief sich die Rechnung für die Farberneuerung von *Regent* und *Mary Fortune* auf nur 2 £ 19 s und 10 d*, und als die große *Henry Grace à Dieu* gebaut wurde, sind als einzige Angaben darüber bekannt, daß die Marse, Segel und Abbildungen farbig waren (was immer und wo immer sie waren). Allerdings berichten die Rechnungen von Mennige, Bleiweiß, gelbocker, zinnober, karmesin, braun, verdigris (Grünspanfarbe) und Firnis.

Das Bild über die Reise Heinrichs VIII. nach Frankreich zeigt, daß die Oberwerke einiger Schiffe bunt gestrichen sind. Aber diese Szene wurde erst einige Zeit danach gemalt und ist auch in anderer Hinsicht nicht sehr zuverlässig. Hingegen ist bewiesen, daß keines der Schiffe, die von Thomas Pettyt gezeichnet wurden, oder die der *Anthony-Roll* viele Dekorationen hatten. Auf den anderen Schiffen waren die Diagonalstreifen wie auch die Ripphölzer der Marse grün.
Anthonys Bild der *Henry Grace à Dieu* zeigt auf dem Schiffskörper 242
trübrote Diagonalstreifen, aber der überwiegende Teil des Schiffskörpers hatte oberhalb des Hauptbarkholzes ein helles Braun, die Farbe des Holzes. Andere Schiffe der *Roll* sind in ähnlicher Art dargestellt. Unterhalb der Wasserlinie waren die Schiffskörper dunkelbraun, was der Teerfarbe oder dem Pech entsprach, mit dem die Schiffsböden gestrichen wurden. Der Farbanstrich kontinentaler Schiffe war überwiegend gleichartig. Das wird durch zahlreiche Schiffsabbildungen in einem Atlas belegt, der durch den bekannten französischen Lotsen Le Testu über die Jahrhundertmitte zusam-
mengestellt wurde[14]. Die Schiffskörper über Wasser sind über- 78
wiegend braun oder ocker und unter der Wasserlinie dunkelbraun oder schwarz. Die Oberwerke hatten gelbe, rote, blaue, grüne oder weiße Streifen.

Obwohl sich die Schiffsdekoration bis zum Ende der 1560er Jahre in Schranken hielten, müssen sie sorgfältiger ausgeführt gewesen sein als im ersten Vierteljahrhundert, denn man spricht von ‚rotmalen' und ‚farbenrot' (der Unterschied ist nicht ganz sicher). Der Farbanstrich der *White Bear* von 1563 kostete 20 £, das ist gleichwertig zu setzen mit heutigen 2000 £ (1979).

Etwa zur gleichen Zeit waren die Oberwerke der *Bonaventure* schwarz und weiß, auf *Revenge* und *Scout* später grün und weiß. Andere Farben, die für die Schiffe Elizabeths (nicht unbedingt äußerlich) benutzt wurden, waren zinnober, rotbraun, ‚bice' (blaugrün), braun, grünspan, grün und ‚aneral' (aschgrau).

Einige Pläne der *Fragments of Ancient English Shipwrightry* zeigen das 66
erste Auftreten einer neuen dekorativen Idee, die Schnörkelverzie- 119
rungen in der Art von Pflanzenranken. Obwohl sie seinerzeit nicht einschlug, zeichnete sich mit ihr doch das Aufkommen der barocken Dekoration des kommenden Jahrhunderts schon ab.

* £ = Pfund Sterlin
s = Shilling (1 £ = 20 Shilling)
d = Pence (1 Shilling = 12 Pence), das d steht für deniers. (Anm. d. Übers.)

78. Einige Schiffe aus der Mitte des 16. Jahrhunderts, die auf dem Atlas eines französischen Lotsen namens Guillaume Le Testu beruhen.

Als das 16. Jahrhundert schloß, kamen die ersten definitiven Zeichen dieses extravaganten aber faszinierenden Stils auf. Die Rechnung für die Dekoration der *Elizabeth* von 1598 belief sich 180 £ und lautete: „. . . Neuer Anstrich und Vergolden des Schiffsschnabels an beiden Seiten mit feinem Gold sowie Ihrer Majestät Wappen und dessen Beifiguren. Für den Anstrich der Back, des ‚cubbridge heads' (Schott der Back) in der Kuhl, der Außenhaut von Vorsteven bis zum Heck, der Galerien und das Aufmalen Ihrer Majestät Wappen und Beifiguren an beiden Seiten. Für das Schmücken des Hecks mit diversen Sinnbildern und Tieren, mit feinem Gold vergoldet. Für den Anstrich der Kapitänskajüte, des ‚somerdeck' (Halbdeck) als auch darüber und an den Seiten, die Außenwerke, den Eßraum und den Arbeitsraum."

Etwa zur gleichen Zeit hatte die *Rainbow* eine vergoldete Galionsfigur und an ihren Seiten Planeten, Regenbögen und Wolken, wie auch königliche Wappen in allen drei Ebenen des Hecks. Die Kosten beliefen sich auf 60 £.

Die Dekoration beschränkte sich nicht nur auf den Farbanstrich und das Vergolden. Es gab auch Schnitzereien, obwohl diese, soweit unsere Kenntnis reicht, auf englischen Schiffen bis zum letzten Viertel des Jahrhunderts selten waren. Wie auf den Schiffen anderer Länder besaßen auch englische Schiffe Galionsfiguren. Mindestens bis zur Jahrhundertmitte waren sie jedoch nur klein und saßen auf einem Sporn, der sich an der Vorkante des Vorgerüstes befand. Die kleineren Fahrzeuge der *Anthony-Roll* haben keine Galionsfiguren, jedoch eine rammartige Ausbildung, ähnlich der auf den Galeeren. Zwei der Schiffe Heinrichs VIII. hatten auf den Rammschnabeln
79 mystische Figuren. Bei diesen Fahrzeugen handelte es sich jedoch um Prisen.

In der zweiten Jahrhunderthälfte wurde die Galionsfigur zum festen Bestandteil. Sie saß am Schnabelende und wie man aus den wenigen bekannten Beispielen schließen kann, bezog sie sich sinnbildlich auf den Namen des jeweiligen Schiffes.

Als die *White Bear* 1598 umgebaut wurde, schloß diese Änderung ihre Schnitzereien und Dekorationen ein.: „. . . ein Ebenbild Jupiters, sitzend auf einem Adler mit Wolken vor dem Kopfende des Schiffes = 12 £, zwei Seitenborde für das Kopfende mit Räumen, Zeichen und ‚frutiages' = 10 £, 16 Verzierungsschnecken rund um das Kopfende zu 12 Shilling das Stück, 28 Kanonenstücke rund um das Schiff zu 14 Shilling das Stück. Die große Neptunfigur mit den Nymphen um sie herum und für die Säulen des Hecks = 6 £ 10 s."

Einige der Dekorationen waren gemalt, aber es ist wahrscheinlich, daß die Konsolen und der Neptun teilweise geschnitzt waren.

Dieses ist der erste Nachweis für den Brauch, die Galionsfigur auf eine kleine Plattform zu setzen, weg von der Kopfendenreling, die sich im nächsten Jahrhundert so großer Beliebtheit erfreuen sollte. Zusammen mit dem, was über die Praxis der vorangegangenen Dekade bekannt ist, stellt die Neuartigkeit der Galionsfigur auf *White Bear* die Verwendung stehender Tiergestalten und Nachbildungen auf Modellen in Frage, die z.B. die *Golden Hind* darstellen sollen.

Bei den Dekorationen muß noch ein anderer Punkt erwähnt werden. Die *Henry Grace à Dieu* hatte auf einem kleinen Mastspriet am Ende des Bugspriets einen gekrönten Reichsapfel.

Kriegsschiffe besaßen entlang der Brustwehren und rund um die Marse ebenfalls Verzierungen. Mindestens bis zur Jahrhundertmitte hingen heraldisch gemalte Schilde entlang der Reling. Sie dienten der Besatzung als Schutz. Für die Kanonenmündungen sparte man genügend Platz aus. Am Jahrhundertende wurden die Schilde durch geschmückte Stoffe ersetzt. Marskleider, wie der Stoff rund um den Mars bezeichnet wurde, konnten sowohl ‚a penny plain or tuppence coloured' (einfarbig wie mehrfarbig) sein.

Der überwiegende Teil dekorativer Merkmale englischer Schiffe des 16. Jahrhunderts war die verschwenderische Verwendung von Flaggen, Bannern und Wimpeln. Sie unterstrichen den Rang und die Wichtigkeit der bedeutensten Person(en) an Bord. Sie sollten Ausländer mehr beeindrucken als drohen und auf Veranlassung brachten sie das ‚joie de vivre' (Lebensfreude) zum Ausdruck, so wie es die Flaggen und Wimpel auch heute noch tun. Zusätzlich begann man, Flaggen zum Signalisieren zu verwenden. Der reichliche Gebrauch von Flaggen, großen und kleinen sowie langer Wimpel wird durch zeitgenössische Berichte und Bilder bestätigt.

79

79. Die *Unicorn* (oben) und die *Salamander* waren die einzigen Schiffe der Flotte Heinrichs VIII., die ihre Galionsfiguren auf dem Schnabel zu sitzen hatten. Beide waren Prisen, erstere ehemals schottisch, die andere französisch. Bis zum Ende des Jahrhunderts gibt es keinerlei Beweise für ähnlich plazierte Galionsfiguren auf englischen Schiffen. Die Skizzen beruhen auf der *Anthony Anthony-Roll.*

Die *Henry Grace a Dieu* hatte zwei Wimpel für ihren Großmast. Sie waren 40 und 51 yds (35,56 m und 46,41 m) lang*. Ein Wimpel befand sich am Fockmast und maß 56 yds (51,18 m), einer am Besanmast mit 28 yds (25,59 m). Außerdem gab es zehn Banner mit je 3,5 yds (3,2 m) Länge und 18 mit je 3 yds (2,74 m). Die Banner waren mit Seide eingefaßt, Flaggen als auch Banner bunt und alle mit königlichen Wappen und Zeichen verziert.

Ähnliche Flaggen wurden im letzten Vierteljahrhundert überall geführt. Ein Manuskript in der British Library unter dem Titel *Sizes of Streamers und Banners fit for the Queen's Ships*[15] listet auf:

28 Wimpel zu je 3 yds (2,74 m)
24 Wimpel zu je 3 yds (2,74 m)
20 Wimpel zu je 2 yds 2 ft (2,05 m)
18 Wimpel zu je 2 yds 2 ft (2,05 m)
15 Wimpel zu je 2 yds (1,83 m)

Damastbanner mit Saum und gevierteilt (mit Wappenschild) maßen 5 zu 4,5 yds (4,57 m zu 4,11 m). Normale (Werktags-)Flaggen waren natürlich schlichter[16].

Die Segel des 16. Jahrhunderts waren manchmal verziert, jedoch nicht in dem Maße, wie es auf bekannten Bildern gezeigt und in der Geschichte erzählt wird. Nur die allerwichtigsten Schiffe, und diese nur aus besonderem Anlaß, besaßen verzierte Segel mit einfachen Emblemen.

So ist es auch auf einem der Bilder Visschers zu sehen und beim Schiff von Barentsoen, die als Basis für so viele verzierte Segel von Modellen und Bildern dienen. Sie sind von zweifelhafter Zuverlässigkeit.

Was im vorangegangenen Kapitel über die Malerei gesagt wurde, gilt auch für das 16. Jahrhundert. Ölfarben waren immer noch zu teuer, um auf großen Flächen verwendet zu werden. Normal waren Öl, Teer, Pech und manchmal Firnis. Gerade wenn man Ölfarbe benutzt hätte, wären die Farben matt und ohne Glanz gewesen. Der heute allgemein bekannte brillante Glanz war seinerzeit noch völlig unbekannt. Das Rot sah beispielsweise aus wie rotoxyd und glich der Grundfarbe, die heute für Kraftwagenböden benutzt wird, und das Grün glich der Patina auf Bronze- und Kupferdächern. Blau wurde oft aus einer Art Kupfererz, dem ‚azurite', hergestellt. Die Spezifikationen dieser ganzen Mineralien, und manch anderer, die für Farben verwendet wurden, kann man in jedem mineralogischen Museum besichtigen. Für den Dekorationsstil, die *Tudor*-Architektur und die englische Mode zeugen Bücher und Renaissancebilder der Kontinentalländer.

* 1 yard = 0,914 m. (Anm. d. Übers.)

80. Diese Zeichnung von Holbein zeigt ein kleines flämisches oder deutsches Handelsschiff um 1530. Sie stellt ein Gemisch von richtiger Beobachtung (das Großtakel und die Art, wie die Reeps geknotet sind) und reiner ‚Füllarbeit' dar. Wichtige Takelwerkteile, wie die Brassen und Bulinen, fehlen. Trotzdem wird insgesamt auf kleine Details, wie die Form der Kniee, die die Rüsten stützen, und das Vorderteil des Beibootes, die richtig wiedergegeben sind, eingegangen. Das Bestreben der Bootsbesatzung, an Bord zu kommen, ist verständlich! Die Galionsfigur ist ungewöhnlich und viel größer als diejenigen, die auf anderen zeitgenössischen Bildern zu sehen sind.

Masten und Rahen

Die ersten Jahre des 16. Jahrhunderts waren zugleich eine Periode von Versuchen und Entwicklungen in der Takelung. Wir wissen nur wenig darüber. Nichtsdestoweniger ist der Unterschied zwischen der Takelage der *Regent* von 1497 und der *Henry Grace à Dieu* von 1514 ein Maßstab für den Fortschritt, den man machte. Auch wenn einige Segel des letzteren Fahrzeuges, wie ihr Latein-Kreuzmarssegel und Bramsegel, mehr schadeten als nutzten.

Mit Ausnahme ihrer komplizierten Takelung war *Henry Grace à Dieu* das größte Schiff der Marine. In der überwiegenden Zeit des Jahrhunderts bestand die Takelung der größten Schiffe aus dem Spriet-, Fock- und Großsegel, dem Vormars- und Großmarssegel und einem, manchmal zwei Lateinbesansegel(n). Leesegel hatte man auch erprobt, denn es gibt in den Rechnungen der *Great Bark,* gebaut 1512, einen Vermerk: „. . . 8 small masts at 6 s 8 d the pece ymploied in the Great Bark and other the Kynges shippes for steddyng sails . . ."[17]. Irgendwann in der ersten Jahrhunderthälfte verschwand das alte bisher verwendete Gerät, wie ‚pollankers', ‚dryngs', ‚stryk ropes' und die ‚wheel for the wind up the mainsail'*. Die neue Takelungsanordnung geht aus den Inventarien Königin Elizabeths I. nach Abschluß des Krieges gegen die ‚Armada' hervor und ist überwiegend identisch mit der des 17. Jahrhunderts.

* Erläuterungen siehe Kapitel I. (Anm. d. Übers.)

Der Bugspriet: Während des ganzen Jahrhunderts war der Bugspriet eine lange Spiere, die sich in einem Winkel zwischen 30° und 40° erhob. Zum Jahrhundertbeginn war der Winkel etwas größer. In Übereinstimmung mit Bildern war der sichtbare Teil etwa so lang wie der Fockmast über Deck. Die Verspannung des Bugspriets variierte im Verlauf des Jahrhunderts, so wie es die tabellarische Zusammenstellung englischer Nachweise zeigt. Mit Beginn des folgenden Jahrhunderts lag der Bugspriet an der Steuerbord-Seite des Fockmastes, so wie es früher wahrscheinlich auch schon gewesen war. Es gibt einen Nachweis für einen Sprietmast auf dem Bugspriet der *Sweepstake* von 1514[18]. Es ist jedoch unwahrscheinlich, daß das Schiff dort auch ein Segel führte, eher ein Emblem am Ende wie auf der *Henry Grace à Dieu.*

Bugspriete – 16. Jahrhundert

Datum	Ansatzpunkt	Mögliche Position der Hacke
1500–1520	Äußeres Ende des Vorgerüstes	Am oder Nähe Fockmast, an Deck unter dem Ansatzpunkt
1540er Jahre	1. Äußeres Ende des Vorgerüstes auf dem Oberdeck	Am oder Nähe Fockmast, an Deck unter dem Ansatzpunkt
	2. Äußeres Ende des Vorgerüstes, direkt unter dem Oberdeck	Am Fockmast, an Deck unter der Back (Hauptdeck)
	3. Auf dem 2. Backdeck	Auf dem Hauptdeck (?), an einer Seite des Fockmastes vorbei
	4. Äußeres Ende des Vorgerüstes oder Schnabels	Auf dem Hauptdeck (?), an einer Seite des Fockmastes vorbei
	5. Oberes Ende der Back	Auf dem Hauptdeck (?), an einer Seite des Fockmastes vorbei
1570 und später	Schnabel, am oder direkt vor dem Schnabelschott	Bei Eindeckern auf dem Hauptdeck, bei Zweideckern im Zwischendeck, jeweils an einer Seite des Fockmastes vorbei.

Masten/Untermasten: Im Verlauf des Jahrhunderts wuchsen die Fock- und Besanmasten in ihrem Verhältnis zum Großmast stetig, aber für die Zeit vor den 1580er Jahren gibt es darüber keine wirklichen zeitgenössischen Daten irgendwelcher Art. Alle davorliegenden Maße müssen Bildern entnommen werden. Die Ergebnisse sind nicht so ungenau, wie man annehmen müßte. Obwohl die Masthöhen überhöht dargestellt sind, lassen sich die Proportionen von einer Zeichnung leicht abnehmen. Natürlich geben Bilder nur die Mastlänge über Deck wieder, und es ist praktisch unmöglich, die absoluten Proportionen festzustellen, denn die Art der Absetzung der Fock-und Besanmasten ist unbestimmbar. Für englische Schiffe sind die Längen über Deck in der nachfolgenden Tabelle angegeben.

Mastproportionen – 16. Jahrhundert

Datum	Fockmast	Großmast	Besanmast	Hinterbesanmast
1500–1520	0,66	1	0,6	–
~ 1540	0,7	1	0,6	–
~ 1540	0,7	1	0,7	0,6
~ 1570	0,8	1	0,7	0,55
nach 1585	0,9	1	0,67	0,44

Im Vergleich dazu sind die absoluten Proportionen der Masten eines anderen Schiffes 0,8 : 1 : 0,6 : 0,4. Der Plan dieses letzteren Beispiels befindet sich bei den *Fragments of Ancient English Shipwrightry.* Ein weiterer Plan befindet sich an anderer Stelle *(Folio 127)* und gibt die

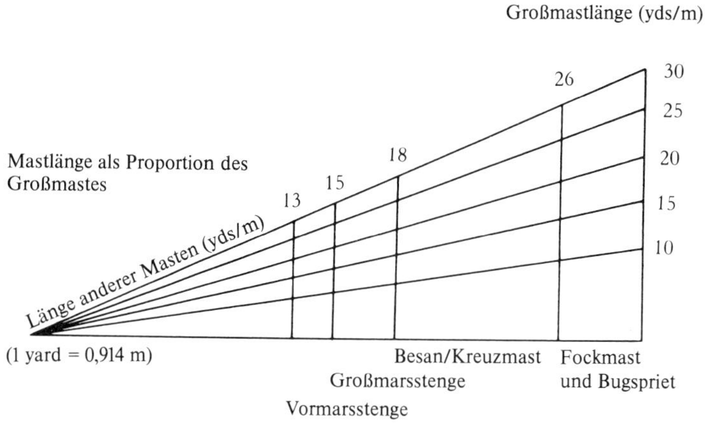

81. Ein Schaubild für die Feststellung der Größenproportionen von Masten bei vorgegebener Großmastabmessung. Es basiert auf den *Fragments* von Baker.

proportionalen Mastgrößen eines Dreimasters wieder. Der Fockmast ist 26, der Großmast 30 und der Besanmast 18. Das Verhältnis war somit 0,87 : 1 : 0,6. Das begleitende Diagramm, das der gleichen Quelle entstammt, ist eine Skala zum Ablesen der Mastgrößen.
Um bei der Länge der Masten zu bleiben, alles was wir aus der Zeit des letzten Viertels dieses Jahrhunderts wissen ist, daß die *Great Bark,* ein Schiff von 400 ts und Baujahr 1512, im Jahre 1531 einen Großmast von 75 ft (22,86 m) Länge besaß[19].
Ohne die Kenntnisse ihrer Dimensionen kann man keine Schlüsse über die Beziehungen zwischen Kiel und Mastlänge ziehen. Ein schwedisches Schiff, die *Stora Krafvel* hatte 1532 (oder um diese Zeit) einen Großmast von 126 ft (38,40 m), ihr Kiel maß 130 ft (39,62 m). Die *Fragments of Ancient English Shipwrightry* beinhalten eine Formel, die besagt, daß die Länge des Großmastes zweimal die Summe der Schiffsbreite plus -tiefe haben sollte. Ein Schiff von 32 ft (9,75 m) Breite und 16 ft (4,88 m) Tiefe mußte folglich einen Großmast mit 96 ft (29,26 m) Länge besitzen. Bei einer vorgegebenen Länge waren die Masten in der ersten Jahrhunderthälfte dicker als am Ende des Jahrhunderts.
Der Großmast des *Woolwich-Wracks*[20] hatte direkt unter der Decksebene einen Durchmesser von 52 in (1,32 m) und war somit dicker als bei anderen Fahrzeugen. Der Mast der *Great Bark* war 92 in (2,34 m) im Umfang, der Durchmesser an Oberdeck somit 29 in (73 cm). Ein Mast von gleicher Länge (75 ft/22,86 m) hatte am Jahrhundertende nur noch einen Durchmesser von 24 in (61 cm). Die englischen Schiffe waren nicht die einzigen, die sehr dicke Masten besaßen. Der Großmast der *Stora Krafvel* war am Boden 5 ft 8 in (1,73 m) dick und am Mastkopf immer noch 3 ft 10 in (1,16 m)[7].
Ein Manuskript in der British Library[21] aus dem späten 16. Jahrhundert enthält eine Tabelle von Umfängen an den Ausfütterungen und Mastköpfen für 25 Masten, die eine Länge von 36 ft (10,97 m) bis 108 ft (32,92 m) haben. Die Beispiele in der Tabelle sind ein repräsentativer Querschnitt und zeigen, wie die Proportion des Mastdurch-

Mastdurchmesser – Ende 16. Jahrhundert*

Mastlänge (m)	Durchmesser an der Ausfütterung (cm)	Verhältnis zur Länge
10,97	17,5	1 : 58
14,63	30,65	1 : 46
18,28	45,72	1 : 40
21,84	58,42	1 : 38
25,60	71,12	1 : 36
29,26	83,82	1 : 35
32,92	96,52	1 : 34

* Die Werte wurden bei der Umrechnung von „ft“ in „m“ und „in“ in „cm“ abgerundet. (Anm. d. Übers.)

messers mit der Länge wächst. Die Durchmesser der Mastköpfe maßen $\frac{2}{3}$ des Durchmessers der Ausfütterung und in Übereinstimmung mit der *Folio 127* der *Fragments of Ancient English Shipwrightry* war das Verhältnis der Durchmesser zwischen Ausfütterung und Mastkopf wie folgt:

Ausfütterung = 1: Bei $\frac{1}{4}$ Länge = 0,99
Bei $\frac{1}{2}$ Länge = 0,928
Bei $\frac{3}{4}$ Länge = 0,83
und am Mastkopf = 0,6
(Die Daten im Original sind Brüche)

Um die Position des Großmastes mit letzter Genauigkeit zu bestimmen, sind die Beweise zu dürftig. Das beste, was man sagen kann ist, daß der halbe Weg zwischen dem Heckspiegel und der Vorstevenkante in etwa zutrifft. Die Position des Fockmastes war unterschiedlich. Die frühesten Abbildungen zeigen ihn offenbar über der Vorstevenkante, aber das ist ziemlich unwahrscheinlich, möglicherweise saß er hinter dem Vorsteven. Spätere Bilder zeigen den Mast ein Stück hinter dem Vorsteven. Im letzten Vierteljahrhundert traf die Linie des Fockmastes den Vorsteven etwa in der Wasserlinie. Somit saß er etwas vor dem Kielende. Die Ausdehnung wechselte natürlich mit der Größe der vorderen Auslage, lag jedoch zwischen $\frac{1}{3}$ und $\frac{1}{2}$ der Distanz vom Kielende und der Linienführung der Vorstevenkante. Die Position des Besanmastes ist variabler. In der überwiegenden Zeit des Jahrhunderts ist auf englischen Dreimastern und vielen kontinentalen Schiffen die Spur des Besanmastes nur kurz vor der Heckreling und meistens senkrecht über der Heckkante befindlich gezeigt. Das war auf Viermastern die Position des Hinterbesanmastes. Der Hauptbesanmast stand dann etwa auf halbem Wege zwischen der Heckreling und dem Großmast. Am Jahrhundertende befand sich der Besanmast auf Dreimastern etwas voraus versetzt und stand über dem hinteren Kielende. Der Zeitpunkt, an dem er in diese wohlbekannte Position gesetzt wurde, zwischen $\frac{1}{3}$ und $\frac{1}{2}$ der Distanz von der Heckreling zum Großmast, ist bisher nicht geklärt worden. Es gibt jedoch keinen Zweifel, daß der Besanmast sich während des ganzen 16. Jahrhunderts viel weiter hinten befand als in den nachfolgenden Jahrhunderten. Auf Viermastern wurde der Hinterbesanmast als ‚Bonaventure'-Besanmast bezeichnet. Das scheint auch der Name für einen Besanmast gewesen zu sein, der auf einem Dreimaster ganz hinten stand, denn die *Mary Fortune* von 1497 besaß einen ‚Bonaventure'-Besanmast und keinen Besanmast. Ihre viermastigen Zeitgenossen führten hingegen Groß- und ‚Bonaventure'-Besanmasten. Wahrscheinlich verwendete man die Bezeichnung ‚Bonaventure' (Good Luck/Viel Glück)* wegen der bedenklichen Position des Mastes, denn sein Segel war nur ein ‚Gutwettersegel'. Die Position der Mastspur unterscheidet sich von einem Mast zum anderen. Die Spur des Großmastes lagerte immer am Kielschwein, die von Fock- und Besanmast saß höher. Fockmasten scheinen im Zwischendeck gestanden zu haben, oder falls sie sich weit voraus befanden, auf dem Hauptdeck. Alles, was man über die Besanmasten sagen kann ist, daß sie und auch die Hinterbesanmasten an Deck über der Ruderpinne gestanden haben. Die Größe der Großmasten großer Schiffe weist ziemlich sicher darauf hin, daß sie in den meisten Fällen zusammengesetzt wurden.

Der Mast des *Woolwich-Wracks* hatte eine Achse, die aus Fichte (Pinie) bestand. Sie war von Eichenbalken umgeben. Das Ganze 53
hielten Eisenbänder zusammen. Über Deck waren zusammengesetzte Masten durch Tauwuhlinge verstärkt. Im 17. Jahrhundert bestanden diese aus 3 in (7,62 cm)-Tauen und es gab acht bis zehn davon an einem Großmast, am Fockmast sechs bis acht. Wenn man Bäume nehmen konnte, die für Untermasten groß genug waren, wurden sie ohne Zweifel aus einem Stück hergestellt. 1531 hatte die *Great Bark* „... a new mainmast of spruce hounsyd and scarfyd with the same wood ...". Das weist auf einen Mast hin, der nicht zusammengesetzt worden war.

Die Masttopps des 16. Jahrhunderts waren nur kurz, denn sie standen nicht oberhalb des Marsrandes. Aber in der zweiten Jahrhunderthälfte waren die Masttopps entweder länger oder die Marse niedriger, denn jetzt waren die Topps sichtbar.

In einer zeitgenössischen Illustration ist die Länge des Fockmasttopps $\frac{1}{14}$ der Gesamtmastlänge über Deck, des Großmasttopps etwas mehr als $\frac{1}{10}$ des sichtbaren Mastes, der Topp des Hauptbesanmastes $\frac{1}{16}$ und des ‚Bonaventure'-Besanmastes $\frac{1}{12}$. Über die Form der Masttopps ist nichts bekannt. Wahrscheinlich hatten sie das gleiche Aussehen wie im nachfolgenden Jahrhundert.

Marse und Eselshäupter: Als die Marsstengen an Größe zunahmen, veränderte sich auch die ursprüngliche Funktion der Marse. Von einer Kampfplattform verwandelten sie sich mehr und mehr zum Unterstützungsteil der Marsstengentakelung. Das ganze Jahrhundert hindurch bildeten die Marse runde Ebenen auf einer mehr oder weniger kugelförmigen Basis. Die Seiten waren auffallend gleich- 51
mäßig oder sogar zweistufig. Manchmal waren die Seiten so ausfallend, daß ein Mann, der auf dem Boden des Marses stand, die Kante nicht erreichen konnte, es sei denn, er nahm einen Balanceverlust in Kauf. Einige Marse waren tief und andere so flach, daß sie Untertassen glichen. Als grober Anhalt mag dienen, je jünger der Mars, desto einfacher war seine Form. Die Konstruktion ist in einer Skizze (siehe Kapitel III) dargestellt. Wie allerdings die exotischeren Formen gefertigt wurden, bleibt noch zu klären. Bei Besanmasten findet man oft Halbmarse (typisch für Galeeren). Untermastmarse waren von großer Struktur. Auf frühen Abbildungen besitzen die Schiffe Marse, deren Weite um $\frac{1}{4}$ bis $\frac{1}{5}$ der Großmastlänge über Deck liegt. Sie wurden möglicherweise zu groß gezeichnet. Aber die Marse des frühen 16. Jahrhunderts waren so. Die *Great Elizabeth*, ein Schiff mit 900 ts, besaß zeitweise sechs einzelne ‚Serpentines' (Scharpentinen oder auch Schlangen genannt) und zwei ‚Stone Guns' im Großmars, und die *Henry Grace à Dieu* hatte im Großmars immerhin 12 Mann postiert. Für kurze Zeit waren Marsstengen (Bramstengen genannt) auf den Marsen in Mode, aber nach 1540 wird bei englischen Schiffen nichts mehr davon erwähnt. Die Frühgeschichte des Eselshauptes ist verworren. Bevor es erfunden wurde, um auf See die Marsstengen herunterzusetzen, kam auf englischen Schiffen eine andere traditionelle Erfindung zur Einführung. Das geschah in den 1570er Jahren unter John Hawkyns*. Die Marsstengen wurden entweder am unteren Masttopp verlascht oder mit einem dünnen Eisenband daran befestigt. Das ganze nannte man auch ‚garland' (Heißstropp/Taukragen). Zur gleichen Zeit wurde das Eselshaupt und die herunter-

82. Alternative Verfahren zum Aufziehen der Marsstengen. Beide Methoden waren schon zu Anfang des 17. Jahrhunderts in Gebrauch, folglich auch im Jahrhundert davor.
(a) ist die einfachste und vermutlich früheste Methode. Sie stammt aus *A Seaman's Dictionary*, das Manwaring in den 1620er Jahren schrieb.
(b) ist in Übereinstimmung mit dem *Treatise on Rigging*, einer anonymen Abhandlung aus der gleichen Zeit.
83. Marsstengetakel.

82
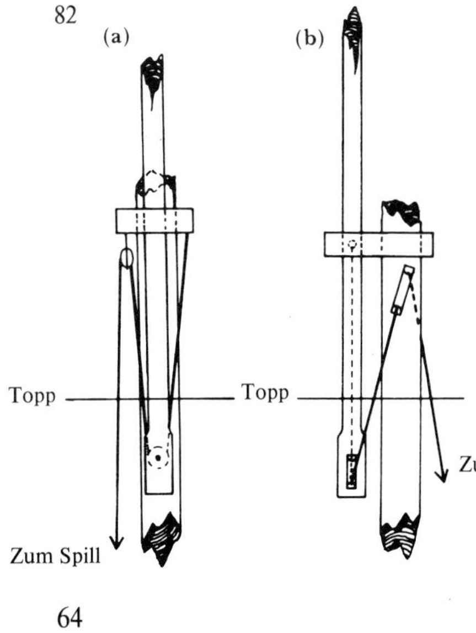

83
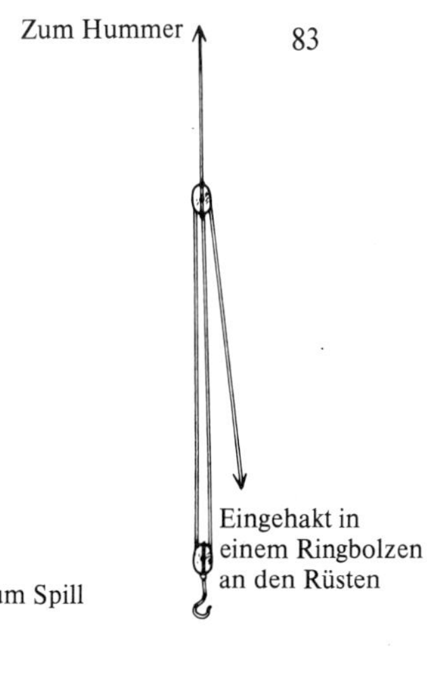

* Nur sinnbildlich, korrekt steht dafür ‚Latein' ... (Anm. d. Übers.)
* Schreibweise auch John Hawkins. (Anm. d. Übers.)

setzbare Marsstenge eingeführt. Es ist jedoch ebensogut möglich, daß das Eselshaupt zuerst auftauchte und daß danach die größere Leichtigkeit, mit der die Marsstenge abgesenkt werden konnte, den Wunsch hervorrief, das auch auf See tun zu können. Die Marse waren wie in den vorangegangenen Jahrhunderten weiterhin mit Schwichtleinen ausgerüstet.

Marsstengen im Verhältnis zur Über-Deck-Länge ihrer Untermasten – 16. Jahrhundert

Datum	Fockmast	Großmast
1500–1520	0,4 (?)	~ 0,6
~ 1530	0,5	?
~ 1540	0,6	0,5
~ 1570	0,6	0,6
nach 1580	0,6	0,64

Marsstengen und Bramstengen: Bei diesen Stengen herrscht ein ziemliches Durcheinander. Wie die Tabelle zeigt, nahmen sie im Laufe der Jahre zu. Die *Fragments of Ancient English Shipwrightry* stellen fest, daß die Vormarsstenge 0,44 und die Großmarsstenge 0,52 vom ‚Ganzen' sein sollten. Das ‚Ganze' bezog sich auf die Länge des jeweiligen Untermastes. Zwei schwedische Schiffe aus der Jahrhundertmitte besaßen Großmarsstengen, die knapp halb so lang wie die Großmasten waren[22]. Auf den großen Schiffen Heinrichs VIII. sind an den Besan- und Hinterbesanmasten Marsstengen. Diese Mode hielt sich jedoch nicht und verschwand bis zur zweiten Jahrhunderthälfte. Auf den Schiffen Elizabeths wurden sichtbare Marsstengen selten als solche benutzt. Sie dienten vornehmlich als Flaggenstock. Bezogen auf die Abmessungen, die Illustrationen zu entnehmen sind, haben die Stengen offensichtlich mehr als die halbe Länge ihrer Untermasten. Die *Fragments of Ancient English Shipwrightry* geben die Länge der Großbesanmarsstenge mit 0,35 des Großuntermastes an. Bramstengen wurden nur auf sehr großen Schiffen, wie der *Henry Grace à Dieu* geführt. Sie besaß drei, aber nur eine davon, die auf dem Großmars, gehörte zur normalen Ausrüstung. Englische Schiffe der zweiten Jahrhunderthälfte können keine Bramstengen als normale Ausrüstung besessen haben, denn es gibt aus der Zeit nach dem Kampf gegen die ‚Armada' keinen Hinweis in den Inventarien. Dennoch geben die *Fragments* die Länge der Fock- und Bramstengen mit 0,25 oder 0,27 der Länge der Großunter-
248 masten an, und die auf einem später rekonstruierten Decks- und Segelplan sind halb so lang wie ihre Marsstengen. Vielleicht waren Bramstengen ‚optional extras' (anheimgestellte Extras).

Die Bramstengen waren auf die gleiche Art wie die Marsstengen an den Untermasten, an einem Hummer, befestigt. Als die Marsstengen absenkbar gemacht wurden, geschah gleiches bei den Bramstengen. Da die Mars- und Bramstengen durch ‚garlands' gehalten wurden, waren sie sehr dicht an der unteren Spiere befestigt. Das hielten Künstler vielfach für einen Einzelmast. Als die Eselshäupter in Gebrauch kamen, befand sich die obere Spiere bereits vor dem Untermast. Der Unterschied des Aussehens kann aus verschiedenen zeitgenössischen Bildern ersehen werden.

Obwohl das Aufzugsgeschirr der Marsstengen streng genommen zum Laufenden Gut gehört, ist es besser, es hier mit abzuhandeln, denn wir besitzen keine detaillierte Kenntnis, wie die Anordnung im 16. Jahrhundert war. Man kann nur schließen, daß sie derjenigen früherer Jahrhunderte glich.

Rahen: Bei englischen Schiffen aus der Zeit vor den 1580er Jahren muß die Rahlänge Bildern entnommen werden und ist daher mit Vorsicht zu genießen. Die Künstler gaben die Länge nie korrekt wieder und die Rahen sind meistens aus einem bestimmten Winkel zu sehen. Mit Ausnahme der letzten Angaben müssen die Tabellenwerte daher als Annäherungsdaten angesehen werden. Auf einem Plan der *Fragments of Ancient English Shipwrightry* ist die Rahlänge im Verhältnis zu den Untermasten für Fock mit 0,9, Groß mit 0,95, Besan mit 1,4 (?) und ‚Bonaventure'-Besan mit 1,5 (?) angegeben. Die Unsicherheit bei den beiden letzten Angaben kommt daher, weil man nicht weiß, wo sich die Mastspur befand. Wirkliche Angaben darüber, wie sich die Proportionen klar unterschieden, sind selten. Die *Stora Krafvel,* das schwedische Äquivalent zur *Henry Grace à Dieu,* hatte eine Großrah von 102 ft (31,09 m) Länge und 8 ft (2,44 m) Umfang. Das entsprach einem Durchmesser von 2 ft 7 in (61 cm). Das Länge/Dicke-Verhältnis ist somit ~ 50 : 1.

Die Großrah war etwas weniger als die Summe aus halber Kiellänge (130 ft/39,62 m) und Schiffsbreite (40 ft/12,19 m). Die Regeln in den *Fragments of Ancient English Shipwrightry* besagen, daß die Länge der Großrah entsprechend der Hälfte der Kiellänge plus der Schiffsbreite auf den Spanten sein sollte. Das ist tatsächlich die gleiche Formel wie die schwedische und repräsentiert somit eine alte Tradition. Die *Fragments* vermitteln uns ebenfalls die ersten Abmessungen für englische Rahen (*Folio 81*). Demnach sollte eine Großrah von 90 ft (27,43 m) einen mittleren Durchmesser von 22,5 in (57,15 cm) besitzen. Das entspricht einem Länge/Dicke-Verhältnis von 48 : 1. Für andere Rahen waren im Verhältnis zur Großrah mit 90 ft (27,43 m) die maximalen Durchmesser wie folgt:

Sprietsegelrah	$12\frac{7}{8}$ in (32, 7 cm)
Fockrah	$16\frac{7}{8}$ in (42,86 cm)
Vormarssegelrah	$5\frac{1}{2}$ in (13,97 cm)
Großmarssegelrah	$7\frac{1}{2}$ in (19,1 cm)

Die Rahnocken sollten $\frac{1}{3}$ bis $\frac{1}{2}$ der maximalen Rahdicke messen. In der ersten Jahrhunderthälfte bestanden einige Großrahen aus zwei sich überlappenden Stücken (so wie es auch im vorangegangenen Jahrhundert schon gewesen war). Offenbar betraf das nur die großen Schiffe, denn die neue Rah der *Great Bark* (400 ts) von 1531 war aus ‚of spruce of one piece' (aus einem Stück Rottanne) gefertigt. Alle anderen Rahen, einschließlich der Lateinbesanrahen scheinen Spieren aus einem Stück gewesen zu sein. Für die Besanrahen sind keine Abmessungen bekannt, aber ein Bild zeigt das untere Ende einer Großbesanrah dicker als das obere, und so war es im 17. und 18. Jahrhundert tatsächlich Mode. Auf Bildern werden oftmals Lateinbesanmarssegelrahen gezeigt. Wie oft diese wirklich gesetzt wurden, läßt sich nicht beantworten.

Die Lateinbramsegel der *Henry Grace à Dieu* waren in ihrer Art einmalig, denn soweit wie wir wissen, fanden sie keine Wiederholung. Die Möglichkeit, daß im 16. Jahrhundert eine Art Leesegel (und dafür auch Leesegelrahen) benutzt wurde, kann man nicht ausschließen. Allerdings gibt es darüber keine Abbildungen. So kann man sagen, daß die Worte ‚employed . . . for steadying sails' in etwa bedeuten, daß Leesegel einer anderen Art, als wir sie heute kennen, benutzt worden sind.

Untere Rahen – 16. Jahrhundert

1. Das Verhältnis zum Untermast über Deck

Rah	1500–1520	~ 1545	~ 1570	~ 1585
Fock-	0,8–0,9	0,8	0,95	fast gleich
Groß-	gleich	0,75–0,8	1,1 (?)	1,2
Besan-	1,4	a) 2,0* b) 1,25 c) 1,3	1,4	1,6
„Bonaventure"-Besan-	–	–	0,8	0,7

2. Das Verhältnis zur Großrah

Rah	1500–1520	~ 1540	~ 1570	~ 1585	nach 1585
Sprietsegel-	0,66–0,75	–	–	–	0,56–0,6
Fock-	0,63	0,7	0,7	0,78	0,75
Besan-	1,0	0,9	0,94	0,9	0,75
„Bonaventure"-Besan-	–	–	0,5	0,57	0,56

* Das ist die Proportion in den Darstellungen, sie ist jedoch sicherlich zu groß.

Als einzige der zahllosen und notwendigen Ausrüstungsteile für Rahen tauchen in den englischen Berichten die ‚sheerhooks' (Scherhaken) auf, die normalerweise an den Enden der Großrah saßen. Allerdings saßen sie auf der *Henry Grace à Dieu* und *Jesus of Lubeck* auch an den Fockrahen. Das erstere Schiff besaß an jedem Ende einen Dregganker. Und daher muß dort ein Block oder eine Scheibe für das Tau des Dreggankers gesessen haben. In den Inventarien der Schiffe ist davon allerdings nichts zu finden.

Stehendes Gut*

Irgendwann in der ersten Jahrhunderthälfte erfuhr die Takelung der englischen Kriegsschiffe eine gründliche Änderung. Die *Henry Grace à Dieu* und ihre Mitstreiter waren 1514 noch in einer Art getakelt, die sich nur teilweise von der *Regent* aus dem Jahre 1497 unterschied, und die *Great Bark* von 1531 war beiden ähnlich. Die Schiffe der Königin Elizabeth waren jedoch nach der Mode des frühen 17. Jahrhunderts getakelt, allerdings muß man davon absehen, daß das Dreikantrahtoppsegel fehlte. Die Verbreitung der durchgeführten Änderungen wird sichtbar, wenn man die Inventarien der *Henry Grace à Dieu* mit den Überresten der *Queens-Schiffe* von 1588 und den Listen des Jahrhundertendes in *The names of all Ropes and Rigging of a Ship* vergleicht. Um eine Wiederholung des im Kapitel I gesagten und eine Vorwegnahme der Zusammenstellung der Takelung des 17. Jahrhunderts zu vermeiden, werden im folgenden Abschnitt prinzipiell nur jene Ausrüstungsteile behandelt, die im 16. Jahrhundert verwendet wurden und die sich von späteren Praktiken unterscheiden.

Der Bugspriet: In keiner Inventarliste oder auf irgendwelchen zeitgenössischen Bildern ist Stehendes Gut niedergelegt oder abgebildet, auch keine Bugsprietwuhlingzurring. Wie der Bugspriet versteift wurde, bleibt unbekannt.

Masten, Untermasten: Takel, Wanten und Pardunen waren echte Beschläge. Sie wurden das ganze Jahrhundert hindurch benutzt. Viele davon verwendete man mehr am Jahrhundertbeginn als an seinem Ende.

Great Elizabeth hatte 1509 je Seite zehn Schwichttakel, die *Henry Grace à Dieu* acht. Letztere führte an jeder Seite des Großmastes 20 Wanten. Die *Gabriel Royal*, ein kleineres Schiff, führte hingegen 16 Wanten an jeder Seite, in den 1580er Jahren waren es nur noch neun, und die genügten anscheinend. Es waren nicht nur Großmasten, die so zahlreiche Wanten hatten. Auf den Kriegsschiffen Heinrichs VIII. waren acht Wanten am Fockmast (an jeder Seite) und sechs am Besanmast völlig normal.

Für die Schiffe Königin Elizabeths langten sogar sechs und vier. Einer der Gründe für das Vorhandensein so vieler Wanten auf den ersten Schiffen war offenbar eine natürliche Vorsicht gegenüber der neuentwickelten Takelung. Es kann aber auch ganz anders gewesen sein. Sehr viel Tauwerk auf den *Tudor-Schiffen* war englischen Ursprungs und in England gefertigt, und obwohl ungeprüft, ist es möglich, daß es nicht so stark war wie das später benutzte überseeische Material[23]. Fock- und Großwanten waren mit Jungfernblöcken und Taljenreeps versehen, Besanwanten hatten hingegen manchmal Takel, galeereneigentümliche - oder Jungfernblöcke. Auf Bildern erkennbare Besanwanten sind binnen- oder außenbords befestigt. Wahrscheinlich wurde letztere Art benutzt, wenn die Wanten Takel besaßen. Jungfernblöcke wurden mit Ketten gesichert. Es scheint, daß drei Glieder normal waren. Auf einem Bild sind sie oval dargestellt, wie es anscheinend der Brauch war. Eines der Breughelschen Bilder zeigt das oberste Kettenglied durch einen unteren Jungfernblock gezogen. Das ist jedoch eine unzuverlässige Anordnung. Wahrscheinlicher ist, daß das Glied um den Jungfernblock herumlag. Die Jungfernblöcke waren birnenförmig und saßen dichter zusammen als es in späteren Jahrhunderten üblich werden sollte. Wie
80 die Taljenreeps befestigt waren, ist auf einem Bild Holbeins zu sehen. Die Knoten zur Verhinderung des Slippens der Taljenreependen sind ein interessantes und überzeugendes Detail.

* Dient zum Abstützen der Bemastung und wirkt dem Winddruck auf die Segel entgegen. (Anm. d. Übers.)

Marsstengen und Bramstengen: Die englischen Inventarien des 16. Jahrhunderts listen die Wanten dieser Stengen in rätselhafter Manier auf. Das verdeutlicht die nachfolgende Tabelle. Im Falle der Marsstengewanten auf der *Regent* (siehe Kapitel I) erhebt sich die Frage, ob das Fehlen von Jungfernblöcken bedeutet, daß sie nicht angeführt wurden oder ob irgendeine andere Wantensicherungsart benutzt wurde.

Die Zeit der Regentschaft Heinrichs VII. und Heinrichs VIII. war zugleich eine Periode von Erprobungen neuer Takelagen und es wäre voreilig, darüber hinwegzugehen und festzustellen, daß die Jungfernblöcke ohne Beachtung gelagert wurden. 55

Marsstenge- und Bramstengewanten – Anfang 16. Jahrhundert

Mast	*Henry Grace à Dieu*	*Mary Rose*	*Gabriel Royal*
Vormarsstenge	12 Wanten, keine Jungfernblöcke	?	8 Wanten, keine Jungfernblöcke
Vorbramstenge	8 Wanten, keine Jungfernblöcke	nicht aufgelistet	nicht aufgelistet
Großmarsstenge	14 Wanten mit Jungfernblöcken	10 Wanten, keine Jungfernblöcke	nicht aufgelistet
Großbramstenge	10 Wanten mit Jungfernblöcken	10 Wanten, keine Jungfernblöcke	10 Wanten, keine Jungfernblöcke
Besanmarsstenge	10 Wanten mit Jungfernblöcken	8 Wanten, keine Jungfernblöcke	6 Wanten, keine Jungfernblöcke
Besanbramstenge	6 Wanten, keine Jungfernblöcke	nicht aufgelistet	keine
„Bonaventure"-Besanbramstenge	8 Wanten, keine Jungfernblöcke	keine	keine

Im letzten Vierteljahrhundert gehörten Marsstengejungfernblöcke allerdings zur regulären Ausrüstung. Bis zu dieser Zeit zeigen Bilder, daß die Marsstengewanten an den Marsrändern befestigt waren. Ein solches Arrangement wäre jedoch niemals stark genug gewesen – mit Ausnahme bei kleinen Marsstengen – irgendetwas zu halten. Man muß daher daraus schließen, daß die Wantenenden am Marsboden gesichert wurden. Um 1570 und möglicherweise sogar schon früher waren die unteren Jungfernblöcke mittels eines Taues gesichert, das allgemein als ‚puttock' bezeichnet wird. Man nennt es auch ‚puttock shroud' (Wanttau). Es lief durch ein Loch an der Marsbodenkante oder durch einen Schlitz an der Bodenkante. Das untere Ende des ‚puttock' war zuerst an einem angemessenen unteren Want angeknüpft. Später wurden die Enden zu einer hölzernen Spake (futtock staff)* geführt, die an den Wanten saß. In Übereinstimmung mit einem zeitgenössischen Bild saß die Stenge etwa auf 1/6 der Wantenlänge unterhalb des Marses.

Die ersten Mars- und Bramstengen scheinen weder Takel noch Pardunen gehabt zu haben, hingegen besaßen die Vor-, Groß- und Besanmarsstengen der *Stora Krafvel* von 1559 Takel. Im Hinblick auf die schnelle Verbreitung von Neuentwicklungen ist es also wahrscheinlich, daß auch englische Schiffe dieser Zeit Marsstengetakel führten. Obwohl keine Einzelheiten gefunden wurden, vermutet man, daß sie den Takeln des frühen 17. Jahrhunderts glichen.

Stage: Fock- und Großuntermasten besaßen immer Stage, die Besanmasten einiger Schiffe hatten ebenfalls welche, andere wiederum keine. Die ‚Bonaventure'-Besanmasten führten bis zur Jahrhundert-

* Eine mit Segeltuch oder Leder bekleidete Holzlatte oder -stange, quer zwischen den Stengenwanten. (Anm. d. Übers.)

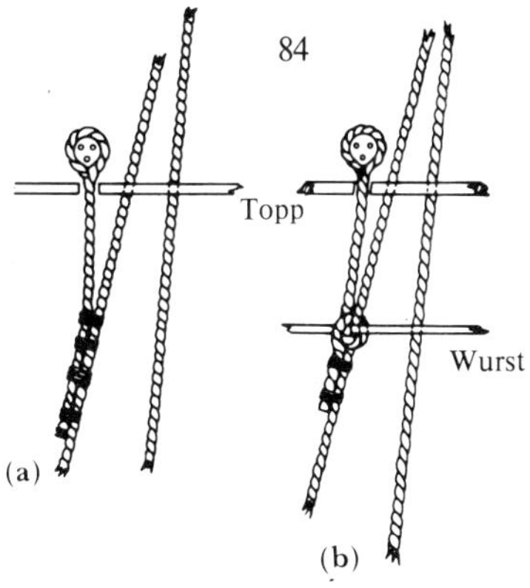

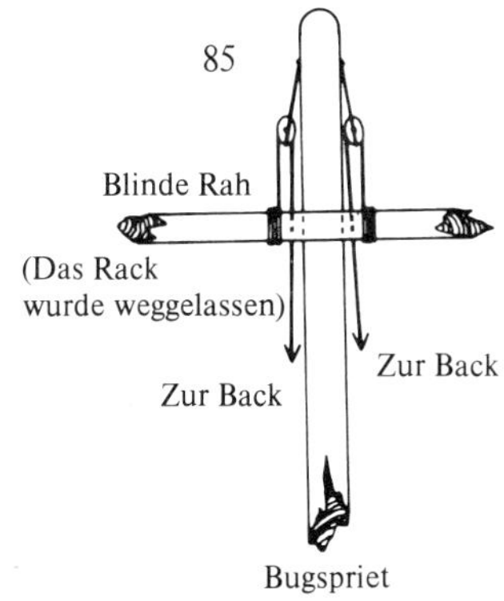

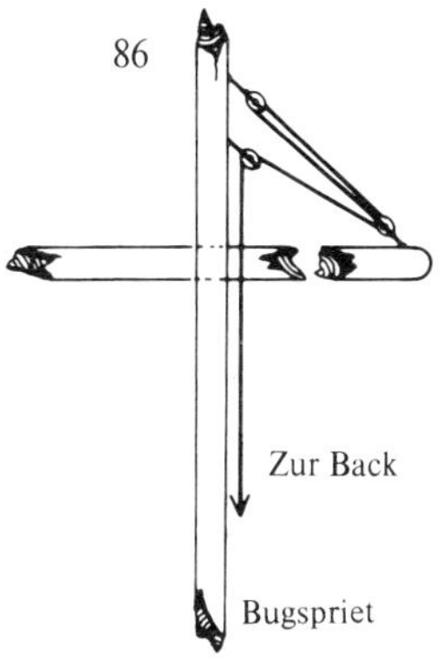

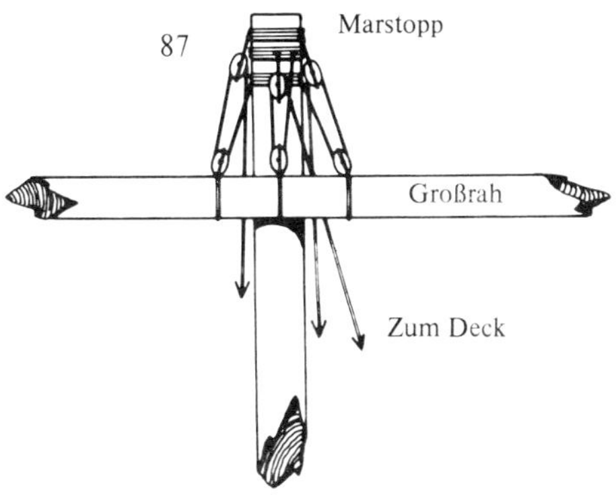

84. Die Art, Püttingswanten zu befestigen.
(a) ist die frühere Version
85. Mögliches Arrangement der Blinde Rah-Fallen auf der *Henry Grace à Dieu.*

86. Mögliches Arrangement des Blinde Rah-Hebegeschirrs auf der *Henry Grace à Dieu.*
87. Mögliches Arrangement der Großschwertakel auf der *Henry Grace à Dieu.*

Befestigung der Stage – 16. Jahrhundert

Stag	1500–1520	~ 1530	~ 1545	~ 1570	nach 1580
Fock	Halbwegs zum Bugspriet	Halbwegs zum Bugspriet	2/3 Weg zum Bugspriet	2/3 zum Bugspriet	2/3 bis 3/4 Weg zum Bugspriet
Groß	Soweit wie möglich nach voraus	Soweit wie möglich nach voraus	Am Fockmast	Am Fockmast	Am Fockmast
Besan	keine	keine	keine	keine (?)	Am Großmast
„Bonaventure“ Besan-	keine	keine	keine	keine	keine (?)
Fockmarsstengen	keine	keine	keine	Außenkante Bugspriet	Außenkante Bugspriet
Großmarsstengen	Vor unterem Masttopp	Vor unterem Masttopp	Vor unterem Masttopp	Vor unterem Masttopp	Vor unterem Masttopp
Besanmarsstengen	keine	keine	keine	Großwanten	Großwanten (?)
„Bonaventure“-Besanmarsstangen	keine	keine	keine	Großbesanwanten	keine

mitte keine. Das Fehlen der Stage an Besan- und ‚Bonaventure‘-Besanmasten kann angemessen gewesen sein, denn die Besanrahen mußten beim Halsen gezwungenermaßen herumgeschwungen werden. Vor-, Großmars- und -bramstengen hatten Stage, es ist jedoch ungewöhnlich, sie vor der zweiten Jahrhunderthälfte auch an den Besanstengen zu finden. Wo und wie die Stage befestigt waren, muß man aus Bildern folgern. Der Nachweis darüber ist der zugehörigen Tabelle zu entnehmen.
Zum Jahrhundertbeginn führten englische Schiffe eine mysteriöse Ausrüstung, die man ‚sherwyn‘ nannte. Sie hatte irgendeine Beziehung zum Großstag[24]. Die *Mary Rose* besaß einen und auch die *Mary Gonson* hat angeblich einen ‚sherwyn‘ gehabt. Grundlage für diese Annahme sind zwei Buchungen in den Schiffsspezifikationen. Sie lauten: „The forecastell fro the stem afterwards - 18½ foott; From the stem to the sherwyn - 8 footte.“
Daraus wird geschlossen, daß das Großstag folglich unter dem Vorsteven gehaltert war, im sogenannten Vorgerüst. Ein solches Arrangement ist schwer zu akzeptieren, denn erstens zeigt keines der abgebildeten zeitgenössischen Schiffe etwas von dieser Anordnung, außerdem ist das Außenbordende des Vorgerüstes strukturell viel zu schwach gewesen, um ein solch wichtiges Tau wie das Großstag zu befestigen. Auf der anderen Seite muß es nicht unbedingt bedeuten, daß sich der ‚sherwyn‘ vor dem Vorsteven befand. Es kann ebensogut sein, daß er dahinter saß und daß die Großstage sich daher nahe am Fockmast befanden. So zeigen es auch die meisten Bilder.
Einige der frühen unteren Stage waren mehrfach. Die *Great Elizabeth* hatte zwei Großstage, die *Gabriel Royal* drei und *Henry Grace à Dieu* vier. Jedes Stag war mit einem Paar Jungfernblöcken ausgerüstet. Alternative Halterungsarten der unteren Stagenden waren Blöcke und Herzen. Über die oberen Enden und wie sie rund um die Masttopps befestigt wurden, ist nichts bekannt. Sie mögen lediglich ein großes Augspleiß besessen haben, das über die untere Takelage lief.
Besanstage sind selten auf Bildern zu sehen. Trotzdem wissen wir aus Inventarlisten, daß sie nicht ungewöhnlich waren. Wenn Besanstage auf Bildern zu sehen sind, scheint es so, als ob ihre unteren Enden nahe am Großmast befestigt waren. Wie Marsstengestage und Bramstengestage getakelt waren, ist nicht bekannt.

Laufendes Gut*

Blinde Rah: Über die meiste Zeit des Jahrhunderts, wenn nicht sogar über das ganze Jahrhundert hinweg wurde die Blinde Rah bei zusammengelegtem Segel im Vorgerüst untergebracht. Da es so war, scheint die Rah ohne ein Rack aufgehängt worden zu sein, denn in den Inventarien ist keines angeführt. Die *Mary Rose* von 1514 hatte allerdings eine Blinde Rahbrasse. Am Jahrhundertende gab es ein ‚horse or tye wheron the sprietsail yard riedeth‘. Das war möglicherweise ein Tau, das unter dem Bugspriet befestigt war, mit dem die Blinde Rah ein- und ausgeholt werden konnte. Auf der *Henry Grace à Dieu* und *Gabriel Royal* besaß die Blinde Rah zwei Fallen, jedes davon mit einem Einzel-‚pulley‘.
Die Takelagenliste des späteren Jahrhunderts berücksichtigt keine Blinde Rahfallen. Die Übersicht der *Queens-Schiffe* von 1588 erwähnt

* Gesamtheit der Taue und Taljen (Takel), die zum Manövrieren der Rahen und Segel dienen. (Anm. d. Übers.)

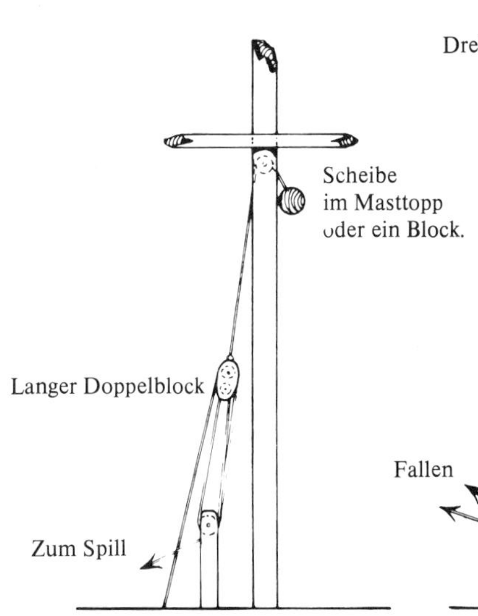

88

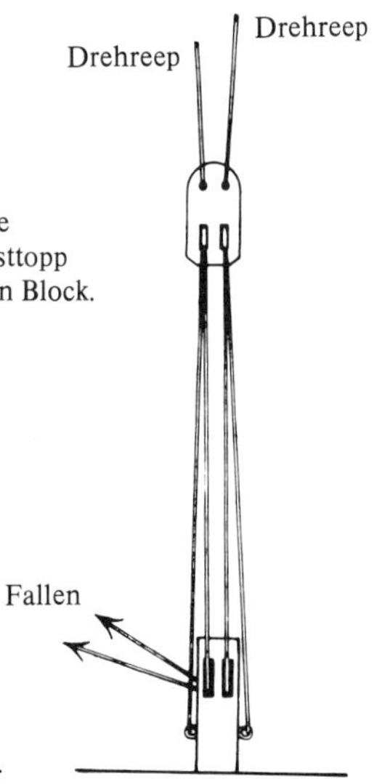

89

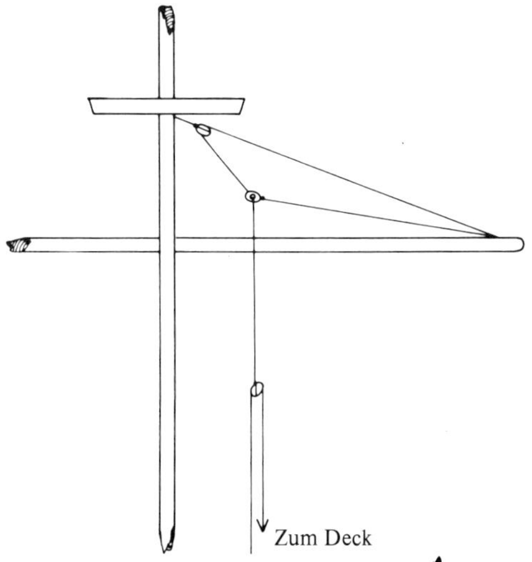

90

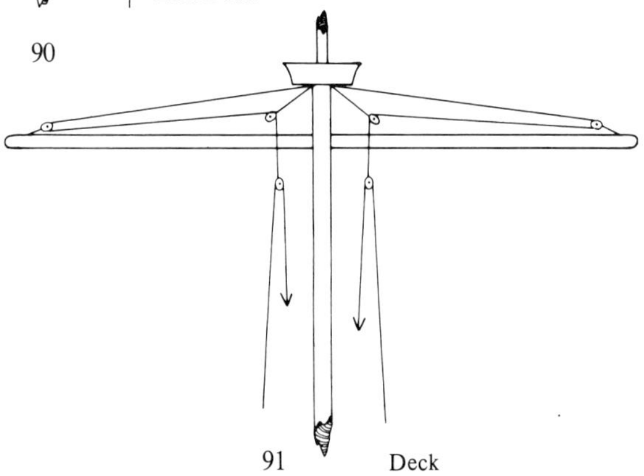

91

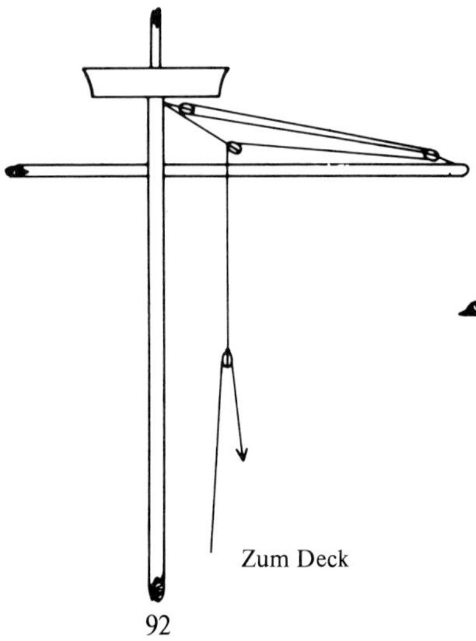

92

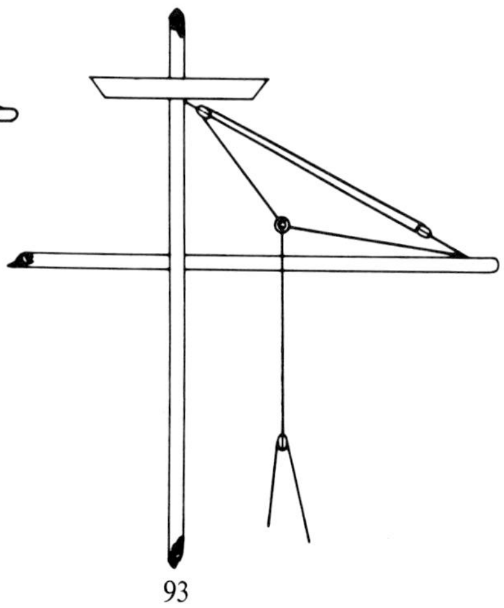

93

allerdings etwas, das ‚false tye‘ genannt wurde. Die Blinde Rahtoppnanten können einfacher Art gewesen sein. Sie hatten entweder nur ein ‚pulley‘, ebensogut konnten es aber auch zwei oder gar drei ‚pulleys‘ sein. Vor dem letzten Vierteljahrhundert finden Blinde Rahfallen in englischen Inventarien keine Erwähnung. Daher wurde das Sprietsegel wohl durch Schoten geführt.

Fock- und Großrahen: Zum Aufziehen der Rahen benutzte man Drehreeps und Fallen, für die schwersten auch Rahtakel. Die gewaltige Großrah der *Henry Grace à Dieu* hatte zwei Drehreeps und drei Rahtakel, die kleinere *Mary Rose* nur ein Drehreep und ein Rahtakel. Bei der *Gabriel Royal* genügte schließlich ein einzelnes Drehreep. 70 Jahre später besaßen die Fock- und Großrahen der *Ark Royal* lediglich je ein Drehreep und ein Rahtakel.

In Übereinstimmung mit den Nachweisen in Inventarien und auf Bildern war die Takelung der Drehreeps und Fallen größtenteils Gegenstand umfassender Versuche und Erprobungen.

Die Großrah der *Mary Rose* wurde mit einem Drehreep aufgezogen. Dazu gehörte auch je ein Fall und Rahtakel. Da kein Widderkopf aufgelistet ist, waren Drehreep und Fall von einfacher Art. Die *Great Bark* besaß zwei Drehreeps und zwei Fallen, die *Gabriel Royal* hingegen zwei Drehreeps, zwei Fallen und einen Widderkopf.

Das Arrangement auf der *Henry Grace à Dieu* ist schwieriger zu verstehen. Ihre Fockrah hatte zwei Drehreeps und einen Zweischeibenwidderkopf, die Drehreeps sind jedoch nicht verzeichnet. Die Großrah hatte ebenfalls zwei Drehreeps, aber es sind weder Fallen noch Widderkopf verzeichnet. Die einfachste Erklärung dessen ist, daß sie verbraucht waren, oder alternativ dazu, der Clerk (Schreiber/Buchhalter), vielleicht auch der Kopierer, vergessen hat, sie zu notieren. Die Rahtakel bereiten, wenn man einmal von der Frage absieht, wie ihre Läufer befestigt wurden, keine Schwierigkeiten. Vermutlich machte man sie an einer Klampe des Mastpollers fest, denn jede Rahtakel hatte ihren eigenen Mastpoller. Die Toppnanten zeigen interessante Variationen. Die einfachste begann unter der Spitze, lief durch einen Rahnockenblock und zurück zu einem anderen Block, der ebenfalls unter der Spitze saß. Von dort aus führte sie zum Deck hinunter. Auf den größeren Schiffen hatte die Toppnant am unteren Ende ein Takel. Es sind auch noch umfangreichere Arrangements bekannt. Aus dem 16. Jahrhundert gibt es keine Beschreibungen über die Racks oder das unterstützende Gerät, das die Rah am Mast hielt. Die Inventarien Heinrichs VIII. offenbaren jedoch, daß die des frühen Jahrhunderts ähnlich dem Arrangement auf der *Regent* und *Sovereign* Ende der 1490er Jahre waren. Von diesen ist bekannt, daß sie Racks, Brassen, Tauracks und ‚dryngs‘ besaßen, in einigen Fällen auch ein Lotbrook. Letzteres war eine Sicherheitsbindung rund um den Mast und die Rah, falls das Rack einmal brach. Zum Jahrhundertende verschwanden die ‚dryngs‘ und die Zahl der Brassen reduzierte sich.

Da jedoch nur sehr wenige Tatsachen bekannt sind, ist es besser, sich nicht in Spekulationen über die Konstruktion der Racks zu ergehen. Erst vom 17. Jahrhundert an ist über die Arrangements mehr bekannt. Bevor wir jedoch dieses Thema verlassen, gibt es noch ein Merkmal zu beachten, das sich an der Großrah der *Henry Grace à Dieu* befand und Aufmerksamkeit verdient. Es ist das einzelne ‚pulley‘ zum Aufziehen des Racks und zugleich das erste bekannte Beispiel einer ‚knaveline‘, die zum Klemmen und Stoppen des Racks 95
diente, wenn es um den Mast herumgeholt wurde. Um die Rah herunterzuholen, wurden die Brassen benötigt. Große Schiffe hatten an ihren Fock- und Großrahen zwei oder gar drei Brassen. Die Bras-

88. Heißen der Großrah auf der *Mary Rose* mit Drehreep und Fall.
89. *Gabriel Royal:* 2 Drehreeps, 2 Fallen und der Widderkopf.
90–93. Die Takelung der Toppnanten in den Darstellungen (55–59) scheint den Künstler verwirrt zu haben, und es ist sehr schwierig, die Anordnung zu verstehen. (90–93) sind mögliche Versionen, erklären jedoch nicht, wie das Stander des Führungsblocks vom Masttopp (falls es ein Block sein soll) in der Länge variieren konnte (wie es ja auf einigen Bildern zu sehen ist).
90. Großtoppnant, wie in (57) dargestellt.
91. Großtoppnant, wie in (56 und 59) dargestellt.
92. Großtoppnant wie in (55).
93. Alternative Arrangements für Großtoppnanten.

sen endeten in starken Takeln. Auf der *Henry Grace à Dieu* waren beispielsweise ein Doppel- und ein Einzel-‚pulley' an jeder Brasse, auf der *Great Elizabeth* zwei Doppel-‚pulleys'. Die Takelung der Brassen war relativ einfach. In Übereinstimmung mit einer Abbildung begannen die Großbrassen hinten auf der Poop, und nach Durchlauf eines Pendantblocks von der Rahnock erfolgte der Rücklauf an einen Punkt, der nahe des Beginns lag. Dort wurden sie vermutlich an einer passenden Geländerstütze oder großen Klampe festgemacht. In der zweiten Jahrhunderthälfte begannen die Großbrassen an der höchsten Kante der Poop und kehrten nach der Poopbrustwehr, etwas vom Ausgangspunkt entfernt, zurück. Die erste Führung der Fockbrassen ist unbekannt, und in der zweiten Jahrhunderthälfte scheinen zwei Versionen benutzt worden zu sein.
75 Bei der Abbildung der *Swiftsure* beginnen die Fockbrassen am Großstag und laufen dorthin zurück. Danach führen sie aufs Deck. Auf anderen Schiffen begannen die Fockbrassen am hinteren Kuhlende und kehrten nach dort zurück. Es wäre allerdings unklug, sich darauf zu verlassen, daß das Bild absolut zuverlässig ist, denn die Segel in der Mitte sind zusammengerafft und der Künstler wird die Schoten so gezeichnet haben, daß es aussieht, als kämen sie von den Rahnocken.

Solche mysteriösen Ausrüstungsteile, wie ‚stodyngs' (eine von vielen verschiedenen Bezeichnungen) und ‚tregetes' erscheinen in dieser Zeit zum letzten Mal, ersteres in den Inventarien von 1514, letzteres 1531. In den Listen über die Ausrüstungsteile der *Henry Grace à Dieu* erscheinen zweimal ‚stodyngs', einmal als Teil der Großmasttakelung und irgendein Zubehör der Pardune, zum anderen als ‚stodyngs to the foreyard...', jetzt offenbar als Sicherheitsbrasse. Bei der Großrahausrüstung der *Great Bark* von 1531 befanden sich zwei ‚tregetes'[19].

Besanrahen: Die englischen Schiffe des 15. Jahrhunderts hatten wahrscheinlich mit Ausnahme der letzten Jahre nur Lateinrahen an ihren Besanmasten. Nach den Erprobungen unter Heinrich VIII. mit Lateinmarssegeln und Lateinbramsegeln gab es pro Mast nur noch eine Rah. Die Lateinbesanmarssegel ließen allerdings bis zum beginnenden 17. Jahrhundert an Festigkeit zu wünschen übrig.

Besanrahen wurden mit Drehreeps und Fallen der einen oder anderen Art aufgezogen. Die Vielfalt ist größtenteils in frühen Berichten nachzulesen. Auf der *Mary Rose* von 1514 mag ein Einzeldrehreep und Einzelfall benutzt worden sein, die *Great Bark* von 1531 hatte jedoch ein Drehreep und zwei Fallen. Bei der *Henry Grace à Dieu* werden zwei Fallen und ein Widderkopf beim Großbesan, jedoch nur ein Drehreep mit zwei Fallen und kein Widderkopf für den ‚Bonaventure'-Besanmast erwähnt.

Es ist schon kurios, daß die Besan- und ‚Bonaventure'-Besanrahen manchmal, obwohl sie eine Brasse hatten, offenbar ohne ein Rack waren. Wenn das Fehlen eines Racks wirklich bedeutet, daß dieses nicht verwendet wurde, kann man damit nur in Verbindung bringen, daß die Rah ‚fliegend' gesetzt wurde. Die Besantoppnanten der Frühzeit offenbaren die Vorliebe für Umwicklungen und sind somit ein charakteristisches Merkmal der Takelung im 17. Jahrhundert. Da wir uns hinsichtlich der Details nur auf Bilder verlassen können, ist es nicht immer möglich, genau darzustellen, wie die Toppnanten eigentlich arbeiteten. Ausgenommen davon ist die *Henry Grace à Dieu.* Anfangs scheinen die Toppnanten am Besanmasttopp gesessen zu haben, aber in den 1530er Jahren wurden sie wohl auf den Großmarsstengekopf versetzt.

Die Besantoppnanten auf den Schiffen, die Thomas Pettyt zeichnete, sind nicht richtig abgesetzt. Sie hätten sich verklemmt, bevor die Rah voll hochgezogen gewesen wäre.
55 ‚Bonaventure'-Besanrahen waren zuerst ohne Toppnanten, später
57 wurde eines wie am Besanmast getakelt. Die Toppnanten liefen zum
58 Großbesanmarsstengenkopf und danach möglicherweise zum Be-
59 sanmars. Die Lateinbesanmarssegel und -bramsegel hatten Toppnanten, die den unteren Lateinrahen glichen. Das ergibt sich aus der Beurteilung des Geschirrs.

Marssegel- und Bramsegelrahen: Diese Rahen wurden mit Toppnanten und Fallen aufgezogen. Leider sind Einzelheiten darüber selten und in den Inventarien und auf Bildern sind die wichtigen Teile entweder nicht enthalten, unsichtbar oder schwierig zu unterscheiden.

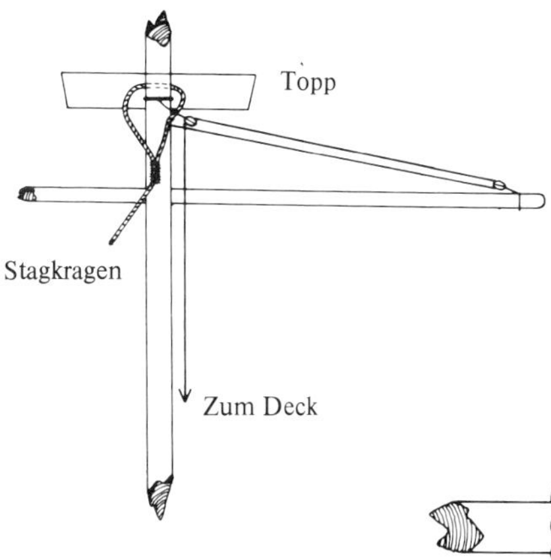

94

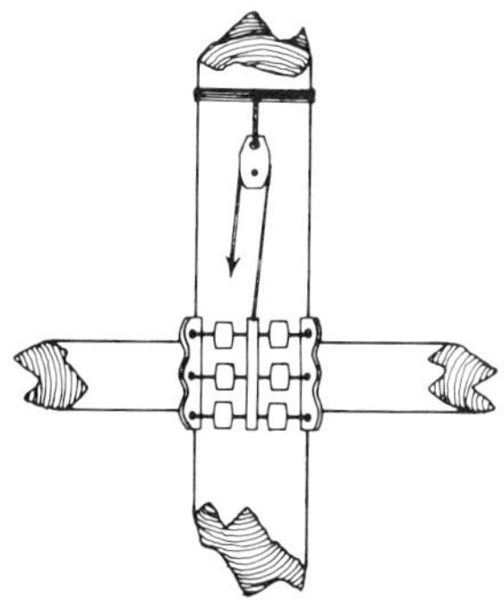
95

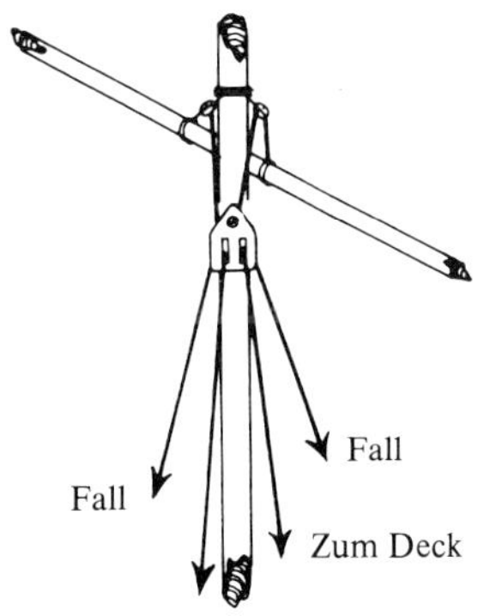

96

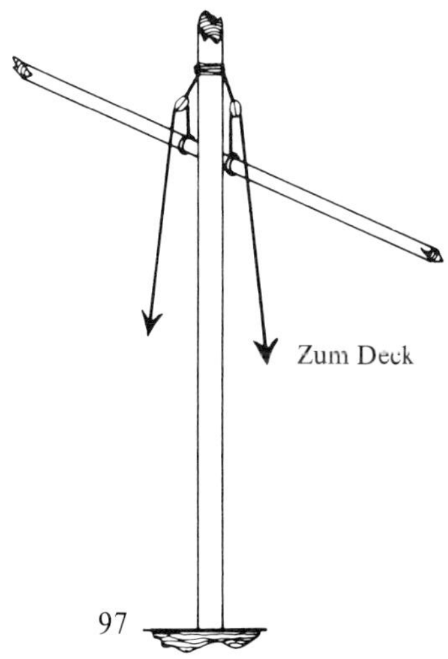

97

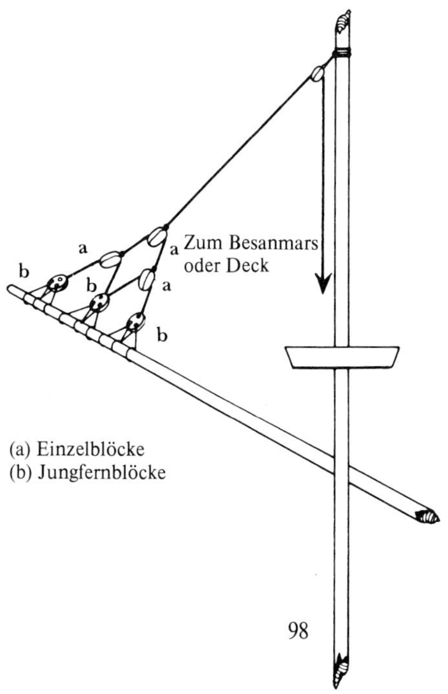

98

94. Das übliche Arrangement von unteren Toppnanten, wie es sich im späten 16. Jahrhundert darstellte. Die Toppnant konnte statt am Stagkragen – wie im 17. Jahrhundert üblich – am Masttopp beginnen.
95. Die ‚knaveline' der *Henry Grace à Dieu.* Die ‚trepgate line' oder ‚tregete' des 15. Jahrhunderts könnten ähnlich gewesen sein.
96. Mögliches Arrangement zum Heißen der Großbesanrah auf der *Henry Grace à Dieu.*
97. Die ‚Bonaventure'-Besanrah der *Henry Grace à Dieu* wurde mit Drehreeps und Fallen geheißt.
98. Besantoppnanten der *Henry Grace à Dieu.*

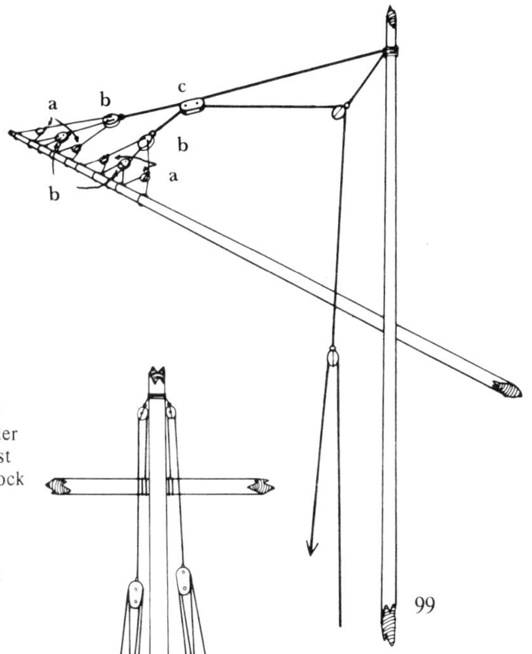

99

100

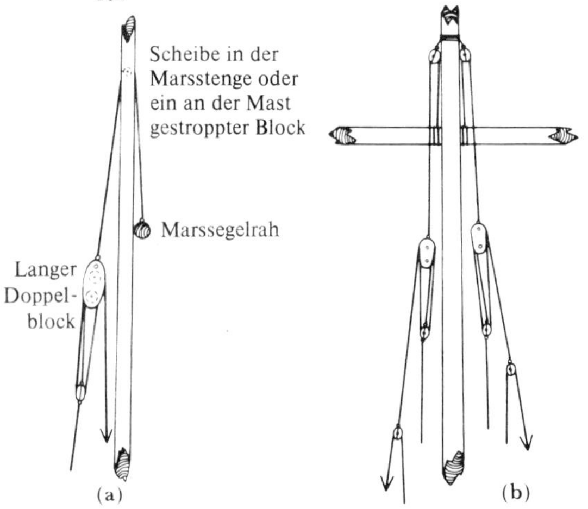

Die *Henry Grace à Dieu* gibt wie gewöhnlich Rätsel auf, denn ihr Großmarssegel besaß eine einzelne Toppnant und nur ein Fall. Die Fockmarssegel hatten hingegen zwei Toppnanten, von denen jedes ein Doppel-‚pulley' und zwei Einzel-‚pulleys', jedoch kein Fall, besaß. Die Großmarssegeltoppnanten liefen normalerweise ohne jede Verzweigung, die Fockmarssegelfallen jedoch vom Fockstag und waren dort mit einer komplizierten Takel befestigt. Diese Anordnung war in den 1540er Jahren üblich geworden und verbreitete sich im fortschreitenden Jahrhundert immer mehr. Bramsegelrahen wurden durch ein einfaches Fall hochgezogen. Die Fallen glichen denen der Großmarssegel.

Marssegelrahen hatten Racks und die größeren Rahen das ganze Jahrhundert hindurch auch Brassen. Es gibt jedoch einige wenige vage Beweise dafür, daß sie im letzten Vierteljahrhundert, zumindest auf den englischen Schiffen, wegfielen. In Übereinstimmung mit Belegen aus dem Beginn des 17. Jahrhunderts waren die Racks der Marssegelrahen kleinere Versionen der an den unteren Rahen sitzenden. Auch die Bramsegelrahracks waren einfacher Art und gleichen den altmodischen Tauringen. Eine andere Möglichkeit ist, daß die Bramsegelrahen keine Racks besaßen und ‚fliegend' gesetzt wurden.

Bilder aus dem 16. Jahrhundert sind unbefriedigende Quellen für die Führung der Marssegelrahbrassen. Manchmal wurden die Brassen weggelassen, oft sind sie in nachlässiger Manier dargestellt. Manche Bilder zeigen Großbrassen, die an der Poop beginnen und dahin zurückkehren. Dann wieder sitzen sie so weit voraus, daß ihre Zugkraft nur klein gewesen sein kann. Eine andere Abbildung zeigt sie am vordersten Besanwant, etwas unter der Schwichtungsplatte beginnend und zum Besantopp zurücklaufend. Sie können dort natürlich befestigt gewesen aber ebensogut auch aufs Deck weitergeführt worden sein.

Die Führung der ersten Fockmarssegelbrassen ist noch nicht geklärt. In der zweiten Jahrhunderthälfte liefen sie jedoch zum Großmarsstengestag und dann über Führungsblöcke am Großstag zum Belegungspunkt, der sich in der Nähe der Kuhlvorkante befand. Großbramsegelbrassen mögen dem Vorbild der Marssegelbrassen gefolgt, können aber auch zur Besanmarsstenge oder zum oberen Ende der Besanrah gelaufen sein. Fockbramsegelbrassen, auch die jeder späteren Art, wiederholten sich in ihrer Führung nach unten, liefen jedoch zum Großbramsegelstag.

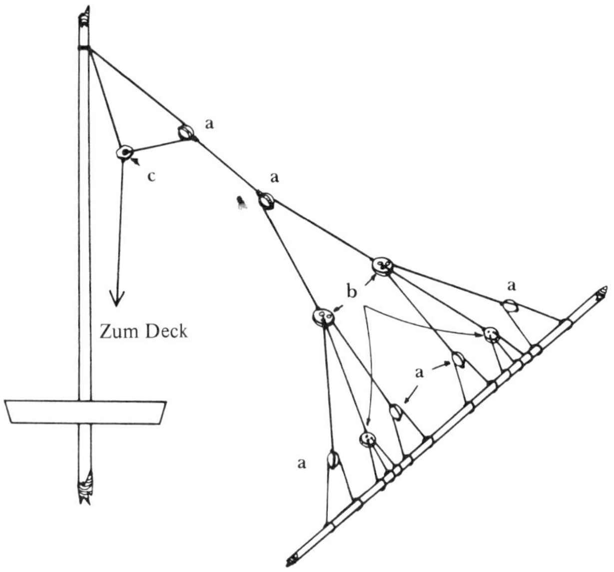

101

Segel und ihr Zubehör

Während des ganzen 16. Jahrhunderts waren die Segel riesige Windbeutel. Ob sie jedoch so ballonartig aussahen, wie es frühe Abbildungen zeigen, ist fraglich, denn die Künstler begeisterten sich bei ihren Darstellungen sicherlich an den geblähten Kurven der großen Untersegel. Genauere Schiffsporträts, speziell die aus der niederländischen Schule, zeigen, daß die Beutelform, obwohl für die heutige Betrachtungsart noch immer übertrieben, zum Jahrhundertende hin wesentlich reduziert worden war. Marssegel waren am Topp wesentlich schmaler als unten und auch weniger gewölbt. Zwei Segelpläne aus den 1580er Jahren (oder um diese Zeit) sind bekannt. Ein Satz basiert auf Zeichnungen eines spanischen Navigations- und Schiffbaubuches aus dem Jahre 1587[25], der andere Plan ist aus den *Frag-*

102

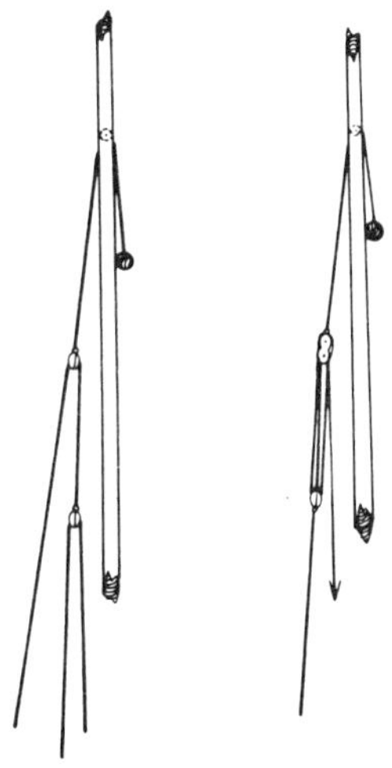

99. Mögliche Erklärung für die Besantoppnanten, wie sie auf einem der Schiffe im Bild (121) zu sehen sind.
(a) Einzelblöcke
(b) Dreilochjungfernblock
(c) Langer Doppelblock
100. Mögliches Arrangement von Marsstengefallen auf *Henry Gracé à Dieu.*
(a) Groß
(b) Fock
101. Vormarsfall auf dem Schiff (55) und (56).
(a) Einzelblöcke
(b) Dreilochjungfernblock
(c) Kausch
102. Mögliche Takelung der Mars- und Bramsegelrahfallen im späten 16. Jahrhundert.

103

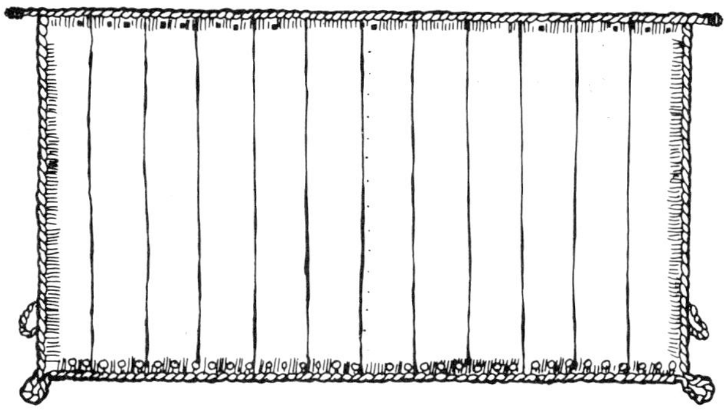

104

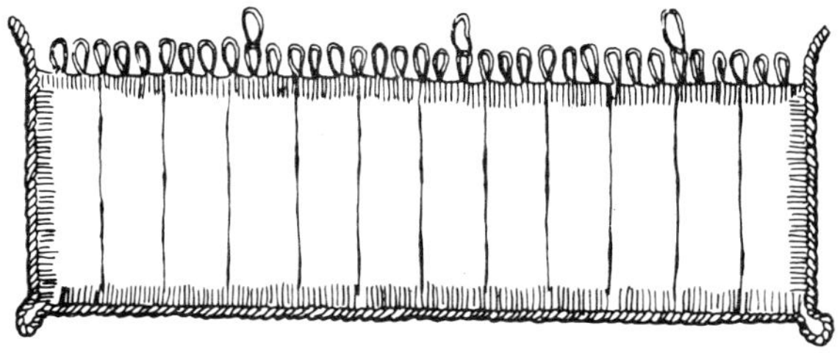

105

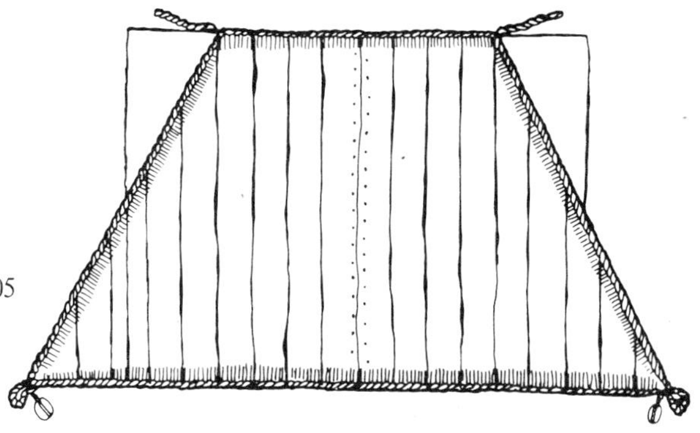

106

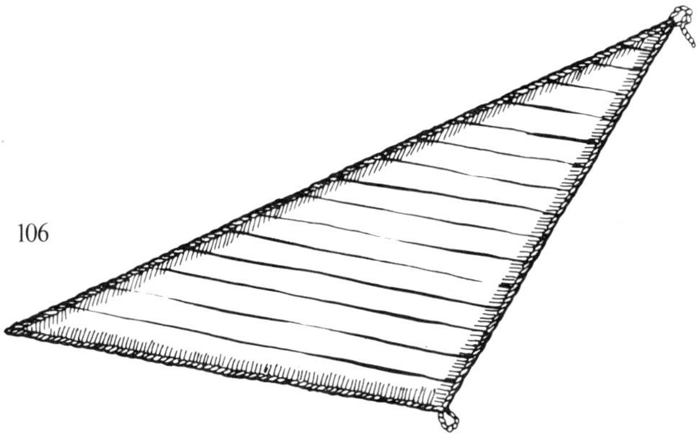

103–106. Die Hauptmerkmale der Segel des 16. Jahrhunderts.
103. Untersegel
104. Bonnet
105. Marssegel
106. Lateinbesan
(Entnommen aus der spanischen *Instruction Nautica* von 1587)

ments of Ancient English Shipwrightry. Die *Folio 115* dieses Dokumentes gibt die tatsächlichen Verhältnisse der Segelflächen zueinander wieder. Großsegel/Focksegel = 3 : 2; Großsegel/Sprietsegel = 10 : 3; Großsegel/Fockmarssegel = 10 : 3; Großsegel/Großmarssegel = 12 : 7; Großsegel/Großbesansegel = 3 : 1; Großsegel/‚Bonaventure'-Besansegel = $6\frac{1}{3}$: 1; Großsegel/Großbramsegel = 25 : 1.
Die Großschoten begannen weit hinten, etwa in der Ebene des Halbdecks und nach Lauf durch den Schotblock am Schothorn des Großsegels kamen sie nahe dem Ausgangspunkt ein Deck höher durch die Schiffsseite nach binnenbords. Die Fockschoten begannen und endeten am Hinterende der Kuhl. Die Vormarssegel- und Großmarssegelschoten liefen natürlich zu den unteren Rahnocken. Wie es von dort dann weiterging, ist unbekannt. Allerdings müssen die Schoten in der Rahmitte angekommen und dann wahrscheinlich zum Mastfuß weitergelaufen sein. Bramschoten wurden ähnlich geführt. Die Sprietsegelschoten kamen ohne Zweifel am Vorende der Back nach innen und wurden dort an Pollerköpfen oder Belegnägeln befestigt.
Die Lateinbrassen wurden gewöhnlich an einem Ausleger geschotet. Das heißt aber nicht, daß es immer so war. Wenn es ein ‚Bonaventure'-Besan gab, wurden sie an einem Ausleger geschotet und das Großbesanschot halterte man am Poophinterende. Wie die Lateinmarssegel und -bramsegel der *Henry Grace à Dieu* geschotet wurden, ist noch nicht befriedigend geklärt.
In der von Landström gefertigten interessanten Skizze dieses Schiffes[26] waren die oberen Lateinsegel von den Marsen weg an Auslegern geschotet, die Vorkanten der Rahen von Tauen (tacks/Schothorns) von den Topps her gehalten. Die Schiffsskizze von Anthony zeigt hingegen vom Topp her keine Ausleger. Wahrscheinlich waren die oberen Lateins nach den Enden der darunter befindlichen Rah hin geschotet.
Auf Bildern des Jahrhundertendes sind manchmal aufgerollte oder geraffte Lateinmarssegel zu sehen, jedoch niemals Andeutungen von Schoten. Eine weitere kuriose Tatsache ist, daß Besanschothörner selten auf Abbildungen zu sehen sind, ein Versäumnis, das durch ihr Fehlen in den Inventarien unterstrichen wird. Brassen für die Besanrahen sind in den Inventarien allerdings angeführt. Später nannte man sie Besanbuleinen (Pispotten).
Buleinen waren überwiegend auf die gleiche Art getakelt wie im nachfolgenden Jahrhundert. Auf vielen Bildern fehlen jedoch wesentliche Details. Darüber hinaus zeigen sie die Buleinen nur zum Bugspriet hinlaufend. Sorgfältiger gemalte Bilder, wie die von Thomas Pettyt, zeigen, daß die Focksegelbuleine zu einem Block auf dem Fockstag in etwa ¼ der Länge des Bugspriets und dann auf das Oberdeck der Back läuft. Die Großbuleinen liefen direkt zu diesem Block (oder auch mehreren Blöcken), der auf dem Bugspriet saß, und dann zur Back zurück. Vormarsbuleinen hatten eine ähnliche Führung nach unten. Sie liefen jedoch zum Vormarsstag und dann zurück zum Vormars. Großmarssegelbuleinen führten zu einem Blöckepaar am Großmarsstengestag, dann zu Hängeblöcken unter dem Vormars und anschließend aufs Deck. Buleinenhahnepots, deren Taue die Buleinen mit den Segeln verbanden, hatten für gewöhnlich drei ‚legs' (Schenkel). Hinsichtlich der im Kapitel I angeführten ‚stryk'-Taue ist nichts hinzuzufügen.
Das Segelbergegeschirr umfaßte Geitaue, ‚martnets' (Gordings) und zum Jahrhundertanfang das ‚wheel for to wind up the mainsail' (siehe Kapitel I). In den Inventarien ist jedoch nur das Zubehör für die Rahsegel angeführt, über die Besans ist nichts festgehalten. Mit Ausnahme der ‚wheel' scheint es, daß alles Geschirr wie am Beginn des 17. Jahrhunderts getakelt wurde. Daher wird es im nachfolgenden Kapitel behandelt werden. Ein Teil des Segelbergegeschirrs ist weder auf zeitgenössischen Bildern zu sehen noch in den Inventarien angegeben. Das sind die Reefbändsel. Sie kamen um die Jahrhundertmitte außer Gebrauch und verschwanden wohl ziemlich zu Beginn dieses Zeitpunktes. Die Reefbändsel wurden überflüssig, als die Praxis des Fierens des Groß- und Focksegels durch Verkürzen (Reffen) übernommen wurde. Sie kamen erst in den 1660er Jahren wieder auf.
Die Fläche der Fock-, Groß- und Besansegel und zeitweise auch die der Sprietsegel wurde durch das Ansetzen von einem, zwei oder

mehr Bonnets vergrößert. Wie das vor sich ging, wird im nachfolgenden Kapitel behandelt. Jungfern/Jungfernblöcke und Blöcke stehen selten in direktem Verhältnis zueinander, über die Größe und Abmessungen der Blöcke des 16. Jahrhunderts gibt es viel Unbestimmtes. Da nur wenig darüber bekannt ist, kann man vermuten, daß die älteren Formen in Gebrauch blieben. So wurden sie auch auf der *Wasa* vorgefunden.
Aber die auf den *Navy Board-Modellen* verwendeten Blöcke der vertrauteren Form kamen in wachsender Zahl zur Verwendung. Sie waren zumindest so groß wie jene des 17. Jahrhunderts, wenn nicht sogar größer. Einige Blöcke aus dem 16. Jahrhundert, die sich im Sjöhistoriska Museet/Stockholm befinden, haben folgende Proportionen:

Großer Einzelblock = $1\frac{1}{4} : 1 : \frac{1}{3}$
Kleiner Einzelblock = $1\frac{1}{3} : 1 : \frac{1}{3}$
Dreischeibenblock = $2 : 1 : 1\frac{1}{8}$
Fußblock ~ 1600 = $3\frac{1}{8} : 1 : \frac{5}{6}$
(Formel = Länge : Breite : Dicke)

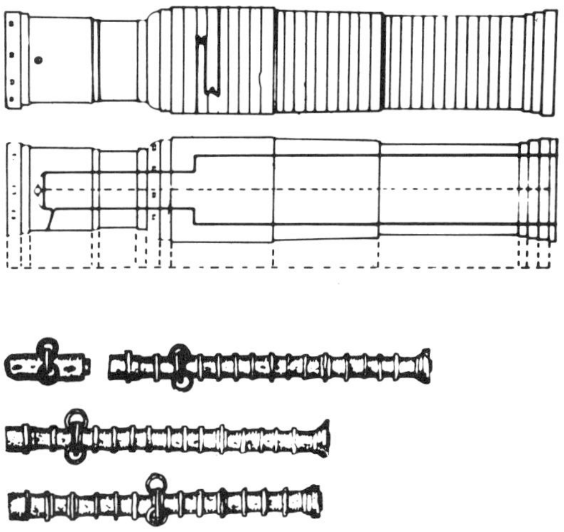

107. Zwei artilleristische Gegensätze. Ein Hinterlader aus dem späten 16. Jahrhundert von einem Wrack vor den Bahama-Inseln und die riesige ‚Bombard'. Sie heißt *Mons Meg* und steht heute auf Edinburgh Castle.

Bewaffnung

Im Gegensatz zur gut dokumentierten Geschichte der Artillerieentwicklung an Land und Verwendung der im 16. Jahrhundert auf See benutzten Kanonen gibt es bisher nichts gleichwertiges über deren Entwicklung. Trotz der großen Materialfülle in den Staatsarchiven gibt es bis heute nur einige oberflächliche Aufstellungen über die Schiffskanonenentwicklung. Die erste systematische Studie über englische Schiffskanonen erschien 1960[27], und gerade diese – so wichtig sie auch ist – geht kaum über eine grobe Darstellung hinaus. So gibt es bis heute nichts, das mit einer Studie über die englischen und spanischen Schiffskanonen aus der Zeit der ‚Armada' vergleichbar ist, die von Michael Lewis erstellt wurde. Erst mit der Zeit konnte unsere Kenntnis über die frühen Kanonen durch die Unterwasserarchäologie bereichert und die dokumentarischen Quellen auf wertvolle Art ergänzt werden.
Die erste Veränderung der Armierung der Segelkriegsschiffe war der Einbau von Kanonen, die die Schleuder- und Wurfwaffen ablösten. Sie war um 1550 abgeschlossen. Nur wenige Jahre darauf erfolgte der zweite Schritt. Man vergrößerte die Reichweite. Das erforderte die Lafettierung schwerer Kanonen im unteren Deck. Innerhalb von 20 Jahren führten die meisten Schiffe eine starke Bewaffnung in zwei Decks sowie in den Oberbauten eine Mittelartillerie von zahlreichen leichten Schußwaffen. Diese neue Entwicklung erfolgte nicht schlag-

Die Kanonen einiger Schiffe Heinrichs VIII., 1509–1515*

Schiff (Tonnage)	Slings	Culverins	Curtows	Murderers	Great stone guns	Stone guns	Serpentines	Falcons	Cast pieces	andere Kanonen
Christ (300)	3			8		15	26	2		
Gabriel Royal (700)	2	2	1	3	2	7	15	14		
Great Barbara (400)				10		2	19	8		
Great Elizabeth (900)	6			8	16	13	90			
Great Nicholas (400)	2			5		1	11		2	
Henry Grace à Dieu (1500)	1	2	1	18	16	8	126	6		5
John Baptist (400)	2			10			34	1	1	
Katherine Fortileza (700)	6		1	14		13	41	2		
Mary Rose (500)	2		5	6		26	33	5	2	
Peter Pomegranate (450)	3			11		6	61	2		
Katherine Galley (80)	2	1					6			
Rose Galley (80)	3			4		1	2			

Die Aufstellung ist eine vereinfachte Wiedergabe des Originals[27]. Die Bewaffnung der *Sovereign* wurde weggelassen, weil sie mit der oben angeführten größtenteils übereinstimmt. Das „Great" vor einem Schiffenamen gehört nicht zu dem Namen, den das Schiff führt, sondern weist auf ein kleineres Schiff gleichen Namens hin, z. B. die *Less Barbara* mit nur 150 ts.

* Anmerkung des Übersetzers:
Die Benennung der einzelnen Schußwaffen sagt wenig aus. Größtenteils handelt es sich um Waffen gleicher Bauart und gleichen Typs, jedoch unterschiedlichen Kalibers. Bei den Namen handelt es sich vielfach um „Eigennamen", die irgendwie entstanden sind und übernommen wurden. Teilweise geben Nachschlagewerke unterschiedliche Erklärungen wieder.

- Culverin = Feldschlange, auch Notschlange, Kaliber ~ 13,5 cm; auch unter dem Namen „Calverine" bekannt, Vorderlader, gegossenes Bronzerohr auf Zweiradlafette, Länge ~ 3,05 m, Geschoß ~ 7,7 kg.
- Murderer = Kleine Kanone, um das Deck leerzuschießen.
- Stone gun = Kanone, die Steinkugeln verschoß.
- Sling = Kleine Kanone, ähnlich → Culverin.
- Falcon = ¼ Schlange, Kaliber ~ 6 cm.
- Falconet = Falkonett, auch Falkonet, Kaliber ~ 5 cm, auch „Falke" genannt. Leichtes Feldgeschütz das 4 bis 0,5 pound (1,814 bis 0,226 kg-)Kugeln verschießen konnte. Es konnte anfangs auch Brandpfeile abfeuern. Die Lafette war mit einer eisernen Gabel auf dem Schanzkleid montiert.
- Cast piece = Werferart.
- Curtow = Curtall oder Courtall, eine Art Viertelkanone, ursprünglich Belagerungskanone, Kaliber ~ 18 cm.

Die Bewaffnung der Schiffe Heinrichs VIII. ~ 1540[29]*

Schiff (Tonnage)	Bronzekanonen								Eisenkanonen					
	Cannon	Demi-cannon	Culverins	Demi-culverins	Sakers	Falcons	Falconets	Fowlers	Port-pieces	Double slings	Single slings	Fowlers	Double bases	Quarter slings
Lion (160)					1	2			7		2	2	2	20
Sweepstake (300)					5	2	1		9		2	2	8	16
Jennet (200)					1	1			6	2	3	4	6	21
Primrose (160)				2	3	1	1		10	6		2	17	10
Small Galley (400)	2	6		6	2				10	4	3		30	10
Great Galley (500)	5			2	4	2			12		2		50	10
Trinity Henry (80)		1		1	2	1			11		7	1		30
Mynyon (40)		2		1	4	2			9		6	2		33
Peter (450)	2	2	1		5			10	10		4	5		52
Mary Rose (500)		4	2	2	5	2			9		6	6		60

* Siehe auch Anmerkung der vorangegangen Tabelle.
Cannon = auch Canon, Kanone, genannt ¾ Karthause, Kaliber ~ 17 cm.
Demi-cannon = Halbkanone, veraltete Bezeichnung, Kaliber ~ 16 cm, verschoß Kugeln mit 30–36 Pound (13,6–16,33 kg).
Demi-culverin = Halbe Notschlange, Kaliber ~ 10,5 cm, verschoß Kugeln von 9–13 pound (4,08–5,9 kg).
Saker = Halbschlangen, Kaliber ~ 9 cm.
Fowler = Leichtes Gewehr (Vogelfänger).
Port-piece = Kanone, die durch Pforten schoß, ein „Stück".
Double sling = Doppelläufige kleine Kanone, etwa in der Art einer → Culverin, aber kleiner.
Double base = Eine Art Pulverwerfer
Quarter sling = Vierläufige kleine Kanone, siehe → Culverin in verkleinerter Ausgabe.
(Anm. d. Übers.)

artig. Das untere (Zwischen-)Deck, als ‚Orlop' bekannt, lag anfangs (mit Ausnahme der Heckpartie) zu nahe an der Wasserlinie. Das verbot den Einbau von Kanonen(Stück-)pforten. Die Kanonen saßen daher zuerst nur im hinteren Teil des Schiffskörpers. Aufgrund von Erfahrungen setzte man das ‚Orlop' höher als die Wasserlinie. Nun konnten auch vorne Kanonen aufgestellt werden. Als schließlich aufgetretene Stabilitätsprobleme beseitigt waren, installierte man eine komplette Batterie, der Weg zum Dreidecker war die logische Folge.
Nachdem man einmal den Weg zum Mitführen schwerer Kanonen beschritten hatte, kam es zwangsläufig zur schnellen Entwicklung einer ‚ship-smashing' (schiffszerstörenden) Armierung. Die früheste umfangreiche englische Kanonenliste ist die der *Sovereign.* Sie stammt aus der Zeit nach ihrem Umbau 1509[28].
Mit fortschreitender Kanonenentwicklung wurden die schwachen und gewöhnlich kleinen ‚man-killers' durch ‚ship-smashers' ersetzt. Das Ausmaß der Umwandlung, die in dem Zeitraum von 1509 bis 1546 vollzogen wurde, wird ersichtlich, wenn man die Bewaffnung der *Henry Grace à Dieu* in dieser Zeit mit derjenigen der *Peter Pomegranate* von 1509 und einem ähnlich großen Schiffe, der *Great Bark* von 1546 vergleicht.
Nach dem Tode Heinrichs VIII. im Jahre 1547 sind die Informationen über englische Schiffsbewaffnungen für die folgenden 20 Jahre mehr als kümmerlich. Das wenige, was vorhanden ist, zeigt jedoch, daß die Politik der wenigen, aber stärkeren Kanonen fortgesetzt wurde. Eines der Schiffe Heinrichs VIII., die *Jesus of Lubeck,* befand sich 1568 noch immer im Dienst. Sie wurde nach heroischem Kampf vor San Juan de Ulloa von den Spaniern erobert. Ihr Inventar hat Michael Lewis analysiert[30].
Das Begleitschiff der *Jesus,* die *Swallow* mit 100 ts, besaß ebenfalls eine starke Armierung, aber es geht aus den Inventarien nicht klar hervor, um welche Kanonen es sich gehandelt hat. Es scheint jedoch,

Die Kanonen der *Sovereign* 1509

Bronze-curtows	4
Bronze-Falcons	2
Bronze-serpentines*	4
Great pieces (Eisenkanonen)	7
Eisen- serpentines, groß und klein	42
Halb-Bronze-curtows	3
Bronze-culverins	2
culverins ohne Schaft	1
Eisen-slings	4
Stone guns für die Marse	2

* Serpentine = Kanone unterschiedlichen Kalibers, gewöhnlich länger und leichter als eine „Bombarde", auch als Scharpentine bezeichnet. Kaliber ~ (3,7) 4 cm. (Anm. d. Übers.)

Änderungen der Kanonentypen 1509–1546

Kanone	Henry Grace à Dieu 1509	Henry Grace à Dieu 1546	Peter Pomegranate 1509	Great Bark 1546
Slings	1	4	3	2
Halb-slings		2		2
Culverins	2	4		2
Demi-culverins		2		3
Curtows	1			
Murderers	18	11		
Große Stone guns	16			
Cannons		4		
Demi-cannons		3		2
verschiedene schwere Kanonen	8			
Cannon-periers*		2		
Port-pieces		14		10
Falcons	6	2	2	
Serpentines	126		61	
kleine Stone guns	8		6	
andere kleine Kanonen	1		8	
Sakers		4		2
Fowlers		13		6
Bases		60		30
Top-pieces		2		1
Hail shot pieces**		40		20

* Eine Art Mörser, auch „Petrier", Kurzläufige, großkalibrige Waffe. (Anm. d. Übers.)
** Eine kleine Schußwaffe, die kleine Kugeln aus „Lumpen" in der Art von Feuerbällen verschoß. (Anm. d. Übers.)

daß sie auf ihrem Achterdeck 2 ‚Culverins', 1 Demi-cannon perier, 1 ‚Fowler' oder ‚Sling', 1 ‚Saker' und 2 ‚Falcons' gehabt hat. Die Bewaffnung beider Schiffe war ungewöhnlich stark für ein Handelsschiff, aber da der Kapitän der *Jesus*, John Hawkins*, wußte, wie groß das Risiko war, die Handelswege nach den spanischen Kolonien anzugreifen, mag die Verteilung der Kanonen daher den Umständen entsprechend eine ‚ad hoc'-Maßnahme gewesen sein.

Wie man in der zweiten Jahrhunderthälfte an die wirksamste Bewaffnung für ein Schiff kam, war wohl in erster Linie dem Geschick des Bootsmannsmaaten überlassen**.

Zwischen den Papieren, die sich mit dem ‚Spanischen Krieg 1585/87' befassen, befindet sich auch eine Liste mit den unterschiedlichsten Kanonenarten auf den Schiffen der Queen, so wie sich die Bewaffnung Ende 1585 darstellte.

* John Hawkins, englischer Seefahrer, 1532–1595. Erfolgreicher Freibeuter und Sklavenhändler. Von Elizabeth I. in den Adel erhoben, als Sir John Hawkins 1588 Vizeadmiral im Kampf gegen die spanische Armada. (Anm. d. Übers.)

** Die Stellung dieses Mannes ist mit heute nicht vergleichbar. Damals gehörte er zur Schiffsführung. (Anm. d. Übers.)

Die einsatzfähige Armierung der *Jesus* setzte sich zusammen aus:

Oberdeck:	2 Bronze-Periers
	1 eiserner Demi-cannon perier
	3 bronzene Demi-culverins
	2 eiserne Demi-culverins
	1 Bronze-Falcon
	4 eiserne Fowlers
Unteres Deck:	2 bronzene Demi-culverins
	6 Bronze-Sakers
	2 eiserne Sakers
	1 Bronze-Falcon
	1 eisernes Falcon
Stauung:	3 Bronze-Falcons
	2 eiserne Mörser
	10 eiserne Fowlers
	24 Robinets oder Bases aus Eisen*

* Leichtkanone, Kaliber ~ 2,5 cm, Geschoß von ~ ½ pound (0,226 kg), auch „Basse" genannt. (Anm. d. Übers.)

Der Armierungsbestand nach Wynter – 1569*

Schiff (Tonnage)	Demi-cannon	Cannon-periers	Culverins	Demi-culverins	Sakers	Minions	Port-pieces	Fowlers	Bases	Falcons	Falconets
Elizabeth Jones (855)	9	4	14	7	6	2	4	10	12	8	–
Triumph (955)	9	4	13	7	6	2	4	10	12	–	–
White Bear (915)	11	6	17	10	4	4	4	10	12	4	–
Victory (694)	6	4	12	8	2	–	6	10	12	4	–
Hope (520)	1	2	6	11	4	2	4	6	12	1	1
Mary Rose (596)	4	2	8	6	8	–	2	6	4	–	–
Non Pareil (446)	4	2	4	6	12	1	4	6	12	1	–
Lion (560)	4	4	6	8	6	–	2	6	12	2	–
Revenge (500)	2	4	10	6	10	–	2	4	6	2	–
Bonaventure (560)	4	2	6	8	6	2	4	6	12	2	–
Dreadnought (450)	–	2	4	10	6	–	2	8	8	2	–
Swiftsure (416)	–	2	4	8	8	–	2	6	8	4	–
Antelope (426)	–	2	2	6	6	2	4	4	10	2	–
Swallow (240 ?)	–	2	–	4	8	2	4	4	10	2	–
Foresight (306)	–	–	4	8	8	4	2	2	8	–	–
Aid (200)	–	–	–	2	8	2	4	8	8	6	1
Bull (200)	–	–	–	6	8	2	–	4	4	1	–
Tiger (200)	–	–	–	6	10	2	–	4	4	2	–
Scout (120)	–	–	–	–	8	2	–	–	6	6	2
Achates (100)	–	–	–	–	2	4	–	–	4	10	–
Merlin (50)	–	–	–	–	–	–	–	2	2	6	2

* Minion = Leichtes Geschütz, an sich Feldgeschütz. Kaliber ~ 8 cm (7,5 cm)
Base = Basse, leichte Schußwaffe, Kaliber ~ 2,5 cm. (Anm. d. Übers.)

108. Skizzen und Pläne einer Hinterlader-‚Swivel', die an einem Platz in Bridlington gefunden wurde.
9,3 in (23,62 cm)/9,5 in (23,97 cm)/4 in (10,2 cm)/16,5 in (41,91 cm)/
21,5 in (54,61 cm)/5 in (12,7 cm)/7 in (17,78 cm)/3,3 in (8,38 cm)/
2,2 in (5,59 cm)/10,5 in (26,67 cm)/

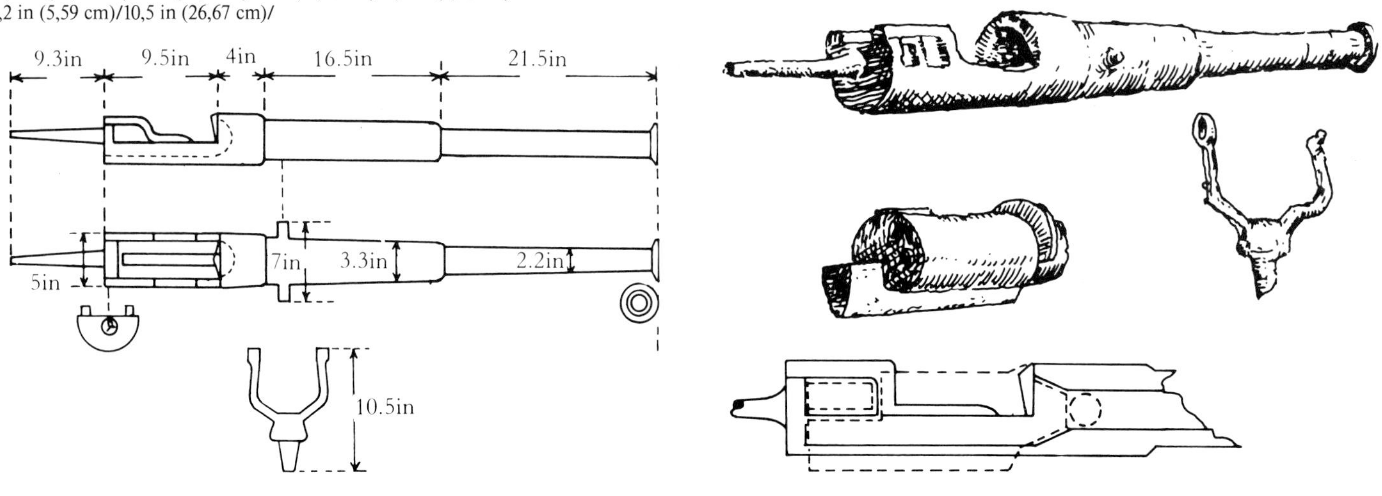

Die Zusammenstellung folgt den Proportionen, die 1569 von Sir William Wynter für die volle Ausrüstung der angeführten Schiffe angegeben wurden[31].

Wie die Kanonen an Bord in der ersten Hälfte des 16. Jahrhunderts verteilt waren, ist weniger bekannt als ihre Zahl und Art. In seiner Studie über die frühen *Tuder-Schiffe* und deren Armierung in der Reorganisationszeit der Marine von 1509 bis 1514 kommt L.G. Carr
109 Laughton zu interessanten Ergebnissen. Sie sind in der nachfolgenden Aufstellung zu sehen, die auf der Kanonenliste der *Great Elizabeth, Great Barbara* und *John the Baptist* basiert.

Da in späteren Jahren die Verteilung der Kanonen in und auf den Decks offensichtlich standardisiert wurde, ist es selten, daß dies dokumentiert ist, eine Tatsache, die anhand der vorgesehenen Armierung eines Neubaues im Jahres 1595 unterstrichen wird[11]. (Wahrscheinlich handelte es dabei um die *Warspite*).

Wie die Schiffskanonen vor den 1530er Jahren aussahen, ist ziemlich unklar. Im allgemeinen waren sie kürzer als die Landkanonen gleichen Kalibers, denn da war die Frage der Unterbringung an Bord. Außerdem mußten sie ja auch bedient werden. Der benötigte Bedienungsraum von 20 ft (6,1 m) Länge, d.h. die halbe Schiffsbreite, stand selten zur Verfügung, es waren höchstens 10 ft (3,05 m).

Einige vage Beweise lassen den Eindruck entstehen, als wenn die Pforten an den gegenüberliegenden Schiffsseiten gestaffelt waren, um so mehr Raum zu gewinnen. Das wäre jedoch nur eine teilweise Lösung des Raumproblems gewesen, denn es gab ja in der Mitte des bzw. der Decks auch noch Luken, Pumpen und andere Einbauten.

Die ersten Schiffskanonen im 16. Jahrhundert waren zusammengesetzt. Sie veralteten, als die ersten aus einem Stück gefertigten erschienen und als Vorderlader in Gebrauch kamen. Das Resultat war, daß alle alten verschrottet wurden. Unser Wissen muß sich daher mit einigen wenigen, die vom Wrack der *Mary Rose* geborgen
111 wurden, zufrieden geben. Allerdings vermitteln Unterwasserfunde in der Ostsee jetzt langsam ein Bild über diese ersten Kanonen. Die kürzlichen Funde auf der *Mary Rose* brachten ebenfalls neues Wissen über die Konstruktion früherer Kanonen. Trotzdem bleibt der allgemeine Überblick nach wie vor oberflächlich.

In seiner Studie über die frühen englischen Schiffskanonen klassifiziert L.G. Carr Laughton die des ersten Jahrhundertteils in zwei Kategorien und bezieht sich dabei auf das Länge/Kaliber-Verhältnis. Kurze Kanonen hatten eine Länge zwischen L/5 und etwa L/15, lange über L/20. Alle größeren Hinterlader waren zusammengebaut, die Drehstützen bestanden jedoch aus einem Bronzestück. Bei den Hinterladern waren nur die Kanonenrohre zusammengebaut. Die Kammer, die das Pulver enthielt, war aus einem Stück geschmiedet. Die Vorderlader sahen in den 1530er Jahren nicht anders aus als 300 Jahre später, und auch die Lafettenlagerung hat sich kaum geändert. Über die Kanonen der zweiten Jahrhunderthälfte wissen wir mehr[34]. Trotzdem ist es irgendwie kurios, daß die Abmessungen der noch
110 vorhandenen Exemplare nur selten feststellbar sind. Die Kanonenliste der *Due Repulse* (777 ts und 1596 gebaut) vermittelt einige zeitgenössische Daten[11]:

Bronze-culverins:	16 Stück, Länge	8,5 ft (2,59 m)
Bronze-culverins:	4 Stück, Länge	10 ft (3,05 m)
Eiserne Demi-culverins:	16 Stück, Länge	8,5 ft (2,59 m)
Eiserne Demi-culverins:	4 Stück, Länge	9 ft (2,74 m)
Sakers:	8 Stück, Länge	8,5 ft (2,59 m)

Armierung für ein 1595 geplantes neues Schiff

Für die Seiten des unteren Overlop*	16 Culverins
Für das Heck und Vorderteil des unteren Overlop	4 Culverins
Für das Spilldeck an den Seiten	8 Halb-culverins
Für das Heck und Vorschiff an den Seiten	4 Halb-culverins
Für die vordere und hintere Kuhl	6 Sakers
Für das Halbdeck	2 Sakers

* Overlop/upperlop – Orlop/Mitteldeck, aber auch Plattformdeck, Raumdeck, Teildeck unter dem Zwischendeck – je nachdem. (Anm. d. Übers.)

Kanonentypen – Anfang 16. Jahrhundert*

Kurz Kanone	Länge in Kalibern	Kaliber (cm)	Typ
Bombard	über L/15	28–30,5	Hinterlader
Curtow	L/10–15	15,2–25,4	Vorderlader
Murderer	L/10–15	20,3–28	Hinterlader
Stone gun	L/5–10	15,2–30,5	Hinterlader
Pot gun	unter L/5	?	Vorderlader

Lang Kanone	Länge in Kalibern	Kaliber (cm)	Typ
Serpentine	L/30	bis 20,3	Hinterlader
Sling	L/30	bis ?	Hinterlader
Culverin	L/30–40	12,1–17,1	Vorderlader
Basilisk	?	bis 20,3	Hinterlader

* Basilisk = Große Kanone aus Bronze, die Steinkugeln bis 200 pound (87.12 kg) verschoß.
Bombard = Bombarde
Potgun = eine Art Pistole
Soweit es sich um die Anmerkungen des Übersetzers handelt, wurden die Daten für den gesamten Abschnitt „Bewaffnung" alten zeitgenössischen Quellen entnommen. (Anm. d. Übers.)

Verteilung der Waffen 1509 bis 1514

Great Elizabeth:	Back, unter Deck	= 12 kleine eiserne Serpentines
	Back, Mitteldeck	= 8 eiserne Stone guns
	Upper Lop/oberes Orlop	= 2 große eiserne Murderers
	Heck	= 2 große Slings
	Unteres Deck	= 16 große Stone guns
		= 2 eiserne Halb-slings
		= 6 große eiserne Murderers
	Unteres Deck im Heck	= 3 eiserne Einzel-serpentines
	Mitteldeck	= 16 eiserne Einzel-serpentines
	Oberdeck	= 2 eiserne Halb-slings
		= 6 bronzene Einzel-serpentines
		= 6 eiserne Einzel-serpentines
		= 1 Stone gun
	Im Fockmars	= 1 Stone gun
	Im Besanmars	= 1 Stone gun
	Andere Nachweise sprechen von 8 Serpentines und 8 kleineren Kanonen auf der oberen Back[33].	
Great Barbara:	Back	= 6 eiserne Serpentines
	Upper Lop	= 2 eiserne Murderers
	Kuhl	= 6 eiserne Serpentines
		= 2 eiserne Doppel-serpentines
		= 1 Einzel-serpentine (Bronze ?)
	Schiffskörper	= 2 Stone guns
		= 2 Serpentines
	Mitteldeck	= 2 eiserne Murderers
	Außenwerke	= 2 eiserne Murderers
	Poop	= 2 eiserne Falconets
John the baptist	Back	= 8 eiserne Serpentines
	Upper Lop	= 4 große Eisenkanonen
	Mitteldeck	= 2 eiserne Slings
	Mitteldeck	= 2 eiserne Slings
		= 1 große Eisenkanone
	Heck	= 4 eiserne Serpentines
		= 5 große Eisenkanonen
	„somercastle"	= 18 eiserne Doppel-serpentines
		= 4 eiserne Einzel-serpentines
	Oberdeck	= 1 Bronze-falconet
	Marskanonen aus Eisen	= 1

Das Dokument, dem diese Details entnommen wurden, enthält die Kanonenverteilung zahlreicher weiterer königlicher Schiffe, einschl. der *Mary Rose*.

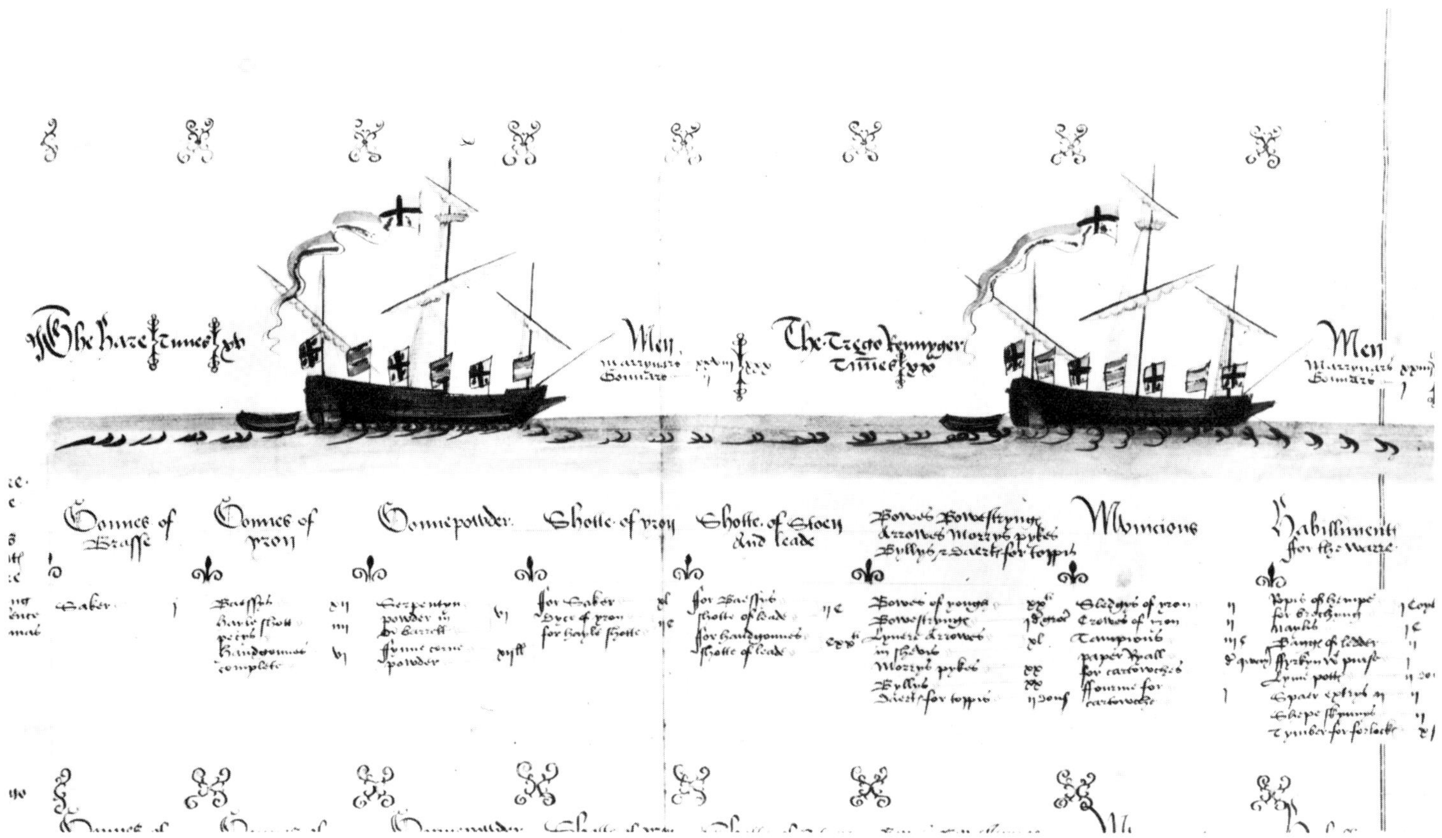

116. Zwei Pinassen, die *Hare* und die *Trego Rennyger.* Beide lagen um 20 ts. Die *Trego* ist vermutlich ein im Ausland gebautes oder nach einem verdienten Ausländer benanntes Schiff. Kleine Fahrzeuge wurden oft als Depeschenboote benutzt, aber auch als Scouts oder offizielle Yachten. Die *Hare* trug als Grundarmierung 1 ‚Saker' und 12 ‚Bases', das andere Schiff nur 12 ‚Bases'.

Um 1514 waren Radlafetten auf den englischen Schiffen eine alltägliche Erscheinung. Man unterscheidet jedoch zwischen ‚trotil wheels', was soviel wie Handwagen bedeutet, und anderen Räderarten. Einige Lafetten besaßen zwei Räder, die der schwersten Kanonen jedoch vier. Falls die Daten des schwedischen Beispiels stimmen, kamen die bekannten seitlich abgestuften Lafetten bereits in der 1530er Jahren zur Einführung. Die Übernahme von Radlafetten an Bord von Schiffen kann man mit der Entwicklung der Praxis des Aufhängens der Kanonen in Lagerzapfstücken in Verbindung bringen.

Die frühesten Beispiele besaßen bereits eine feste Rohrerhöhung, denn Kanonen, die ein Paar Lagerzapfen an jeder Seite hatten, sind bekannt. Das früheste Beispiel einer englischen abgestuften Lafette ist bei den Waffen angeführt, die 1581 für Sir Francis Drake bewilligt wurden. Kanonenlafetten diesen Typs waren bemerkenswert klein. Zum Jahrhundertende hatte eine ganze Kanonenlafette nur eine Länge von 5,5 ft (1,68 m), die einer Halbkanone maß 5 ft (1,52 m). Es war üblich, den Schiffsnamen auf die englische Kanonenlafette zu malen, und es ist ebenso anzumerken und ziemlich eigentümlich, daß die englischen Schiffe zumindest in dieser Zeit, aber auch noch lange danach ihren Namen weder am Bug noch am Heck führten.

Unterstützungsfahrzeuge und Boote

Die Trennungslinie zwischen Großkampfschiffen und den Fahrzeugen, die nur eine untergeordnete Rolle spielten, ist im 16. Jahrhundert nicht leicht zu ziehen, auch nicht in den nachfolgenden. Das liegt zum Teil daran, daß das ganze Jahrhundert eine Zeit lebhafter Experimente in der Schiffskonstruktion und Bewaffnung war. Speziell ging es hauptsächlich darum, der vorherrschenden Praxis zu folgen, indem man gerade kleine Fahrzeuge mit schweren Kanonen ausrüstete. Und so war es theoretisch jedem kleinen Schiff möglich, ein großes zu beschädigen.

Das Unterscheidungsproblem zeigt sich insbesondere an den Ruder/Segelzwittern, die unter Heinrich VIII. lange erprobt wurden. Man baute sie als Antwort auf die drohende Gefahr, die von den französischen Galeeren ausging. Sie konnten ein Schiff, das sich alleine auf seine Segel verließ, ausmanövrieren und es an seinem gefährdetsten Teil, dem Heck, angreifen. Heinrich wünschte Schiffe, die unter Rudern manövrieren, sich unter Segeln halten und eine schwere Breitseitarmierung mitführen konnten. Daß das Experiment, wie zu erwarten war, mißlang, ist nicht den Schiffbauern Heinrichs anzulasten. Wie alle Schiffbauer Europas versuchten diese die Beweglichkeit der Galeere zu übertreffen und gleichzeitig die Robustheit der traditionellen Segelschiffe zu erhalten[39].

Die Ruder/Segelzwitter Heinrichs umfaßten Fahrzeuge von der 11
Größe kleiner Ruderbargen mit 20 ts bis zur *Great Galley* mit 500 ts. Wie die Kombination der Riemen und Armierung aussah, ist bisher ungeklärt. Das interessanteste Ruderkriegsschiff war in vielfacher Hinsicht die *Tygar.* Sie hatte ihre Kanonen auf dem Deck über den Riemen, von denen sich an jeder Seite jeweils 20 befanden. Oberhalb der Kanonen saß anscheinend eine hohe Brustwehr, die Poop und Back verband, wenn sie nicht für große Schilde rund um das Schiff vorgesehen war. Aus der Position der Kanonen läßt sich schließen, daß sich an den Seiten oder auch auf dem Deck zwischen Back und Poop eine Gangway (Laufplanke) befand.

Eine weitere Eigentümlichkeit der *Tygar* ist ihr leichter Sprung und ein sanftes Ansteigen der Barkhölzer. Das ganze läßt den Eindruck 12
entstehen, daß sie ein ‚Flushdecker' (Glattdecker) war. Ein Bild zeigt *Tygar* in ihrem Aussehen in der Mitte der Elizabethanischen Ära. Die Riemen sind nicht mehr vorhanden, die Hauptbatterie ist in die Ebene des früheren Ruderdecks herabgesetzt, die Masten auf die Zahl

119 von drei reduziert. Trotzdem hatte sie noch immer ein langes und schlankes Aussehen. Die Ähnlichkeit mit den Schiffen der *Fragment-Pläne* ist bemerkenswert.

Drei weitere Schiffe wurden nach dem Vorbild der *Tygar* gebaut. Alle vier blieben bis zum Regierungsende der Königin (1603) in Dienst. Außer der *Tygar* waren es die *Bull, Antelope* und *Hart.* Es muß die umfassende Vorzüglichkeit dieser Gruppe gewesen sein, die Matthew Baker inspirierte, eine Mittelschiffquerschnittskizze der *Tygar* zu fertigen und dabei festzustellen, daß die anderen drei den gleichen Querschnitt hatten.

Die Abmessungen der *Bull* von 1591 waren: Kiel 80 ft (24,38 m), Breite 22 ft (6,71 m), Raumtiefe 11 ft (3,35 m). Das Schiff hatte ein Kiel/Breite-Verhältnis von $3\frac{2}{3}$: 1. Im Vergleich dazu war das gebräuchlichere Verhältnis $2\frac{1}{2}$: 1. Es scheinen die Originalabmessungen gewesen zu sein, und da die *Bull* 1546 an jeder Seite zwei Riemen mehr als die *Tygar* führte, mag letztere um 4–5 ft (1,22 m–1,52 m) kürzer gewesen sein.

Am anderen Ende der Skala befanden sich die Ruderbargen, wie die *Flower de Luce* mit 20 ts und die *Hare.* Angesichts ihrer kleinen Abmessungen hatte die *Flower de Luce* eine ‚culverin', eine ‚saker' 115
und sieben ‚bases'. Zur Flotte Heinrichs VIII. gehörten auch einige echte Galeeren, die jedoch niemals etwas anderes als ‚Weiße Elefanten' waren*.

Die Rudersegelschiffe fielen in der zweiten Jahrhunderthälfte in Ungnade. Der Unterstützungsdienst der Flotte wurde fortan von

* Soviel wie „Mehr scheinen als sein". (Anm. d. Übers.)

117. Die *Galie Subtile* (200 ts). Heinrich VIII. hatte mehrere echte Galeeren in seiner Marine. Diese war jedoch der einzige echte Mittelmeertyp, der jemals in England gebaut worden ist. Galeeren dieser Art erwiesen sich in den englischen Gewässern als nicht zufriedenstellend. Trotzdem machten die Engländer, Spanier und Franzosen mehrmals den Versuch, sie ihrer ‚Kanalflotte' einzuverleiben.

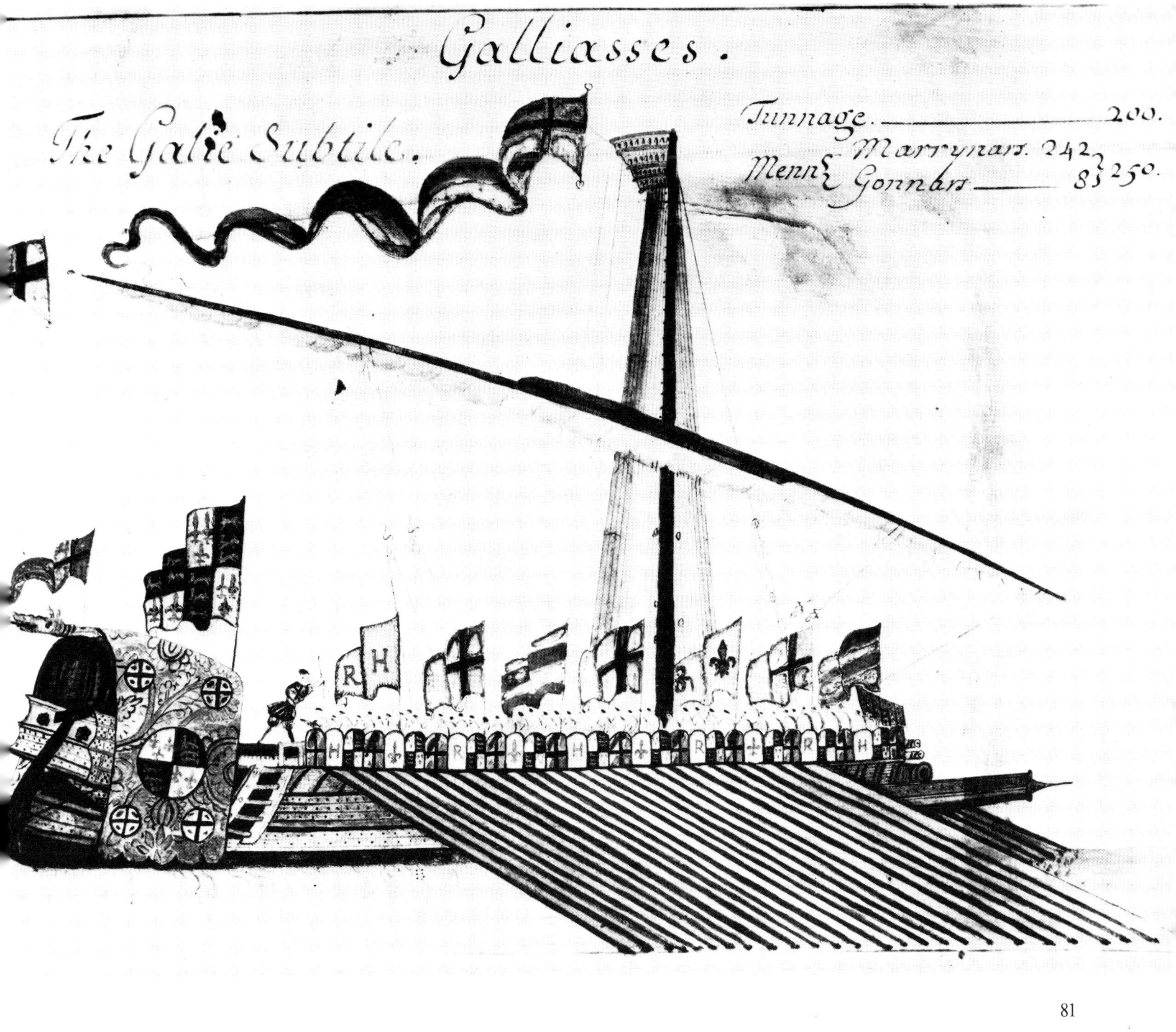

118

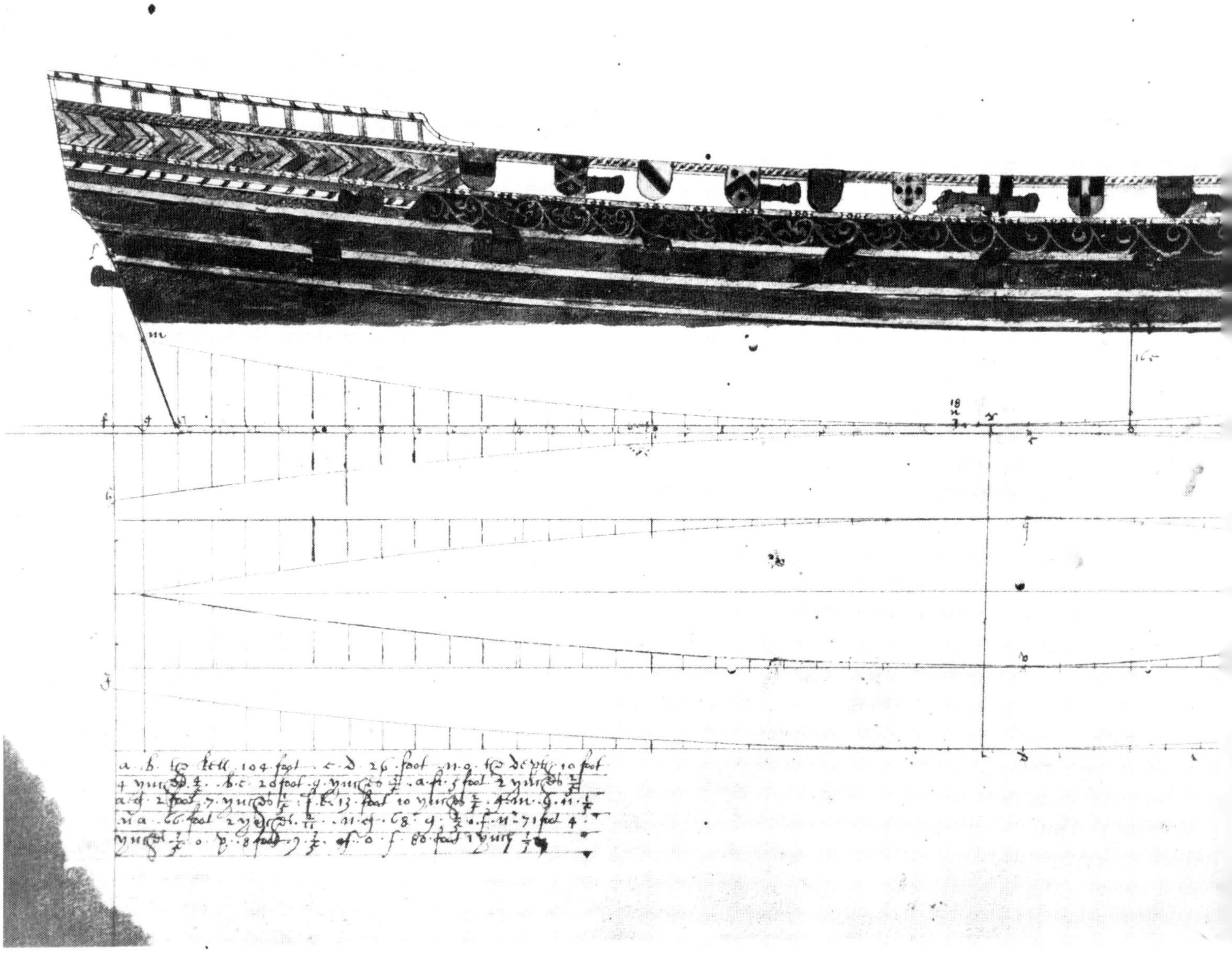

118. Die *Tygar* (200 ts), eines der interessantesten englischen Schiffe des 16. Jahrhunderts. Sie wurde 1545/46 zur gleichen Zeit wie drei ähnliche Einheiten, die *Bull, Antelope* und *Hart*, gebaut. Alle vier hatten den gleichen Hauptspant und man glaubt, daß dieser exzellente Entwurf in den Papieren des Elizabethanischen Schiffskonstrukteurs Matthew Baker aufbewahrt wurde. Alle vier Schiffe waren langlebig. Die *Tygar* blieb in der einen oder anderen Art bis 1603 in Dienst. Sie besaß einen kleinen Sprung, was damals und auch noch lange Zeit danach, recht ungewöhnlich war, und sie trägt ihre Kanonen auf einem glatten Hauptdeck. Das war im Grunde genommen eine Vorwegnahme - und zwar schon Jahrhunderte zuvor - dessen, was man sehr viel später erst bei den Fregatten einführen sollte. Über den Kanonen sind Schilde zu sehen. Dahinter befand sich vermutlich eine breite Kampfgangway oder gar ein ganzes Deck. Die Riemen befinden sich im unteren Deck, es sind 20 je Seite.

119. Dieser Plan aus dem *Fragments of Ancient English Shipwrightry* scheint der Entwurf für eine modifizierte *Tygar* zu sein. Das Schiff hat den gleichen sanften Sprung, die niedrige Back, das flache Achterdeck und den rammartigen Schnabel der *Tygar*. Es gibt Kanonen im unteren Deck und auf dem Hauptdeck in der Kuhl. Das Schiff wäre größer als die *Tygar* gewesen und hätte eine noch feinere Linienführung erhalten, denn die Angaben auf dem Plan besagen: Kiellänge 104 ft (31,70 m), Breite 26 ft (7,93 m), Tiefgang 11 ft (3,35 m). Bei der *Tygar* waren es hingegen: Kiel 75 ft (22,86 m), Breite 22 ft (6,71 m), Raumtiefe 11 ft (3,35 m). Der Plan gibt 28 bis 30 Kanonen an, *Tygar* führte 1585 insgesamt 28 Stück.

120. Der Hauptspant von *Tygar, Greyhound, Bull* und *Hart*. Aus dem Mittschiffsquerschnitt, der Kiellänge und dem vorderen sowie achteren Fall konnte ein Konstrukteur die Form des Schiffskörpers entwickeln. Er wandte dazu das Verfahren an, das in den Abhandlungen des 17. Jahrhunderts beschrieben ist und im *A Treatise on Shipbuilding* publiziert wurde.

120

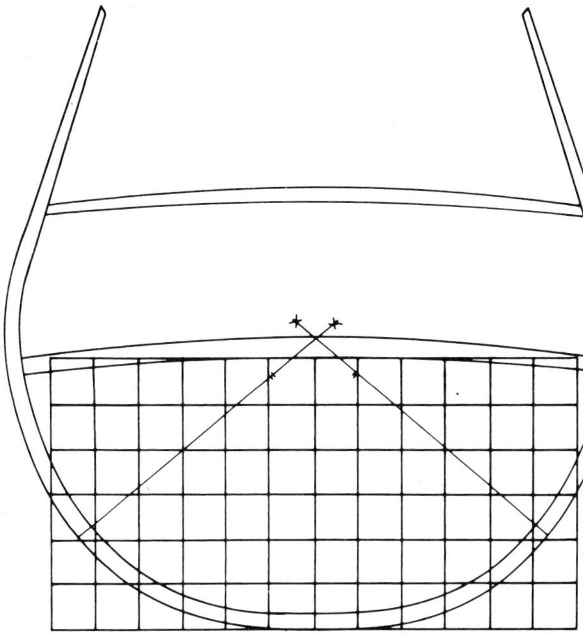

119

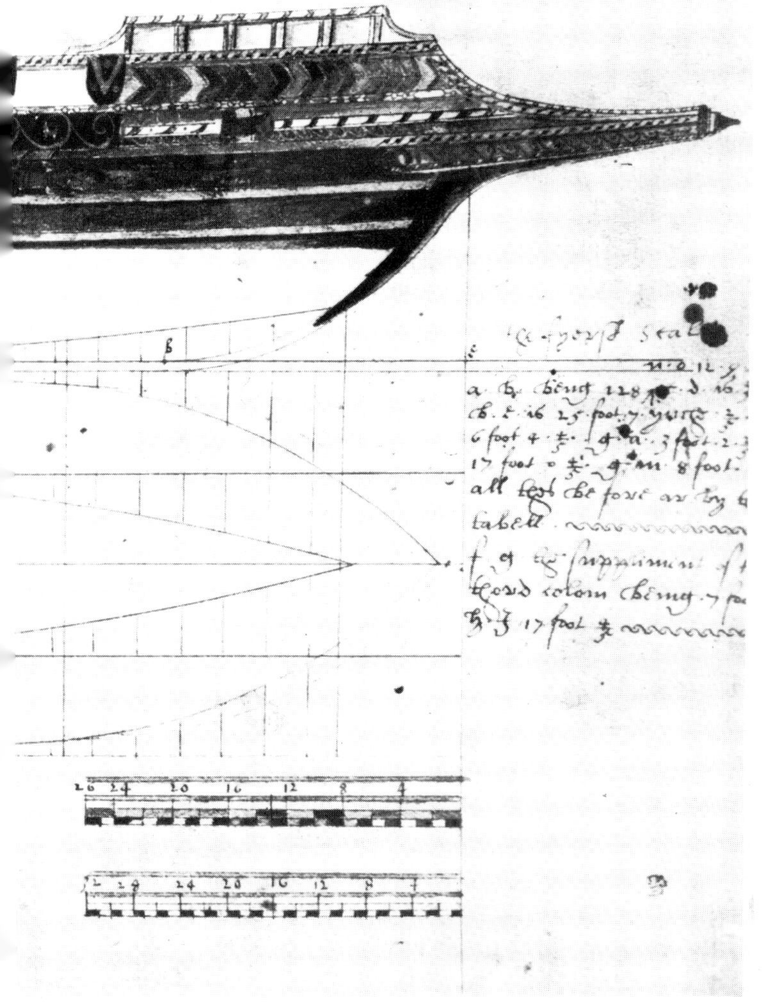

Fahrzeugen durchgeführt, von denen wir wohl die Typbezeichnung wissen, ansonsten nichts. Es waren:
Shallops (Schaluppen), Hoys (Leichter, Lastkähne), Drumlers, Plates (Flachboote/Zillen), Flyboats (Fliehboote/Vorratsschiffe), Pinnaces (Pinassen) und Crompsters. Und es gab einige, die bereits als ‚Fregatte' bezeichnet wurden. Sie wiesen jedoch genauso viele Variationen auf, wie der Name Buchstaben hat.
Eines der Fahrzeuge, die das Fort Smerwick angriffen, war die *Marlyon,* eine Pinasse. Sie mag über den Kiel 50 ft (15,24 m), in der Breite 17 ft (5,18 m) und in der Raumtiefe etwa 7 ft (2,13 m) gemessen haben. Die ‚Crompster' war ein niederländisches Fahrzeug. Es war ein breites, flachgehendes für den Küsten- und Flußmündungsdienst gebautes Schiff. Trotzdem verdrängten Fahrzeuge dieser Art oftmals 200 ts. Sie führten eine Gaffeltakelung und glichen mit ihrem Sprietsegel einer modernen Themsebarge. ‚Crompster' trugen eine schwere Bewaffnung und waren die ‚pocket battleships' jener Tage[40]. Die letzte Gruppe von Fahrzeugen und Booten war in den Inventarien zusammengefaßt. Eine Ausnahme bildete die *Henry Grace à Dieu,* die ein ‚great boat' besaß. Das war ein richtiges kleines Schiff mit vier Masten und einer Armierung von 11 Kanonen. Das ‚great boat' besaß 60 Riemen und war in etwa von der gleichen Klasse wie die *Sweepstake* von 1497.
Das *Hastings manuscript – Pilot's Guide* zeigt kleinere Boote, die mit Ausnahme ihrer ausgeprägten Krümmungen sehr denen des 18. Jahrhunderts gleichen. Falls die Zeichnung zuverlässig ist, pullte die eine Bootsbesatzung mit jeweils zwei Riemen, die andere je Mann mit nur einem. Die Boote der *Anthony-Roll* sind im konventionellen Stil gezeichnet. Ungeachtet dessen sind jedoch einige interessante Details feststellbar. Es sind Spitzgattboote und sie haben nicht nur gerade Hecks, sondern auch starke Vorsteven. In jedem Viertel des Bootskörpers befindet sich ein starkes Kantholz, das offensichtlich für das Festmachen der Schleppleinen diente.
Die Jolle der *Henry Grace à Dieu* und ihr Beiboot (Cockboat) hatten nur einen Mast mit Segel. Das kann ein Überbleibsel des mittelalterlichen Einzelrahsegels gewesen sein, aber über die Frühgeschichte der Gaffeltakelung und Luggersegel ist zu wenig bekannt, so daß bloße Behauptungen fehl am Platze sind.
Von einigen Booten sind die Abmessungen bekannt geworden. 1570 hatten die Boote der *Bull* und *Tygar* eine Länge von 25 ft (7,62 m), Breite von 8 ft 8 in (2,64 m) und einen Tiefgang von 3 ft 3 in (0,99 m). Das ‚great boat' wurde stets geschleppt, alle anderen mit Taljen am Groß- und Fockmast an Bord genommen. Wie sie an Bord gestaut wurden, ist nicht bekannt.

The three Sisters

122

122. Die *Black Pinnace,* die den Leichnam von Sir Philip Sidney, nachdem er 1586 bei Zutphen getötet worden war, aus den Niederlanden zurückbrachte. Das Schiff hat eine Zweitoppsegeltakelung und das Besan am Poophinterende. Entlang der Seite befindet sich in der Deckebene Rüstzeug mit Wappentüchern. Über dem Hauptdeck ist vermutlich ein Anti-Enternetz oder Sonnensegel mit Krähenfüßen aufgehängt. Das Takelwerk ist sorgfältig gezeichnet und scheint genau wiedergegeben.

123. Zwei Beispiele von ‚Cromster', die auf zeitgenössischen Darstellungen beruhen. Trotz ihrer Kleinheit waren die Fahrzeuge schwer armiert.

123

121. Angriff von Schiffen auf die im Fort Smerwick/Irland sitzenden Spanier (1580). Von oben nach unten sind es folgende Einheiten: *Swiftsure, Marlyon, Ayd, Revenge* und *Tygar.* Alles andere sind Handelsschiffe mit Ersatzteilen und Lebensmitteln. Das kleine Schiff nahe der *Tygar* ist das frühe Beispiel eines Typs, der später den Namen Brigg erhielt. Ungeachtet des Stils der Darstellung und der übertriebenen Größe mancher Merkmale, wie der Kanonenpforten, stimmen die Schiffe mit dem überein, was wir aus den Quellen wissen: Das niedrige und glatte Aussehen der *Tygar,* die großen Abmessungen der *Revenge* und die Kleinheit der *Marlyon,* ein Schiff von etwa 50 ts. Die Malerei an der Poop der *Revenge* erinnert an einige Dekorationen in den Plänen der *Fragments.* Das breite Rautenband in der Breitseite kann jedoch Rüstzeug gewesen sein. Ihre Hecklaterne und die Strickleiter sind interessante Dinge, die zu jener Zeit nicht oft zu sehen waren.

124. Dieses interessante Modell wird der zweiten Hälfte des 16. Jahrhunderts zugeschrieben, hat jedoch viele Merkmale, die mehr der ersten Jahrhunderthälfte ähneln. Der rammartige Sporn am Vorsteven und die Galionsfigur, die auf einem vorspringenden Holz über dem Sporn sitzt, erinnern an die Schiffe auf dem Bild, das die Reise Heinrichs VIII. nach Frankreich darstellt. Dazu zählen auch das hohe Vor- und Achterkastell und der steile Bugspriet. Andere interessante Merkmale sind die Kattsporen an der Seite des Achterschiffes und die langen Großrüsten. Das Schiff hat ein Lateinbesanmarssegel, jedoch fehlt leider die Takelage dafür. Winkelige Dekorationen sind oft angeführt und typisch englisch. Das kann man aber auch allgemein auf alle nordeuropäischen Schiffe übertragen, denn in der Jahrhundertmitte stellte man sie auch auf französischen Schiffen fest.

Nachschlagewerke

Abkürzungen: IJNA = *International Journal of Nautical Archaeology*
MM = *The Mariner's Mirror,* the Journal of the Society for Nautical Research
NRS = The Navy Records Society publications

1 ‚The Remains of two old vessels found at Rye, Sussex', H. Lovegrove, *MM* (1964), Vol. 50, pp. 115–122

2 ‚The Square Tuck and the Gun-deck', L.G. Carr Laughton, *MM* (1961), Vol. 47, pp. 100–105.

3 ‚The Development of the Capital Ship', G. Robinson, *MM* (1921), Vol. VII, p. 110.

4 *Fragments of Ancient English Shipwrightry*, Pepysian Library, Magdalene College, Cambridge.

5 ‚The *Mary Gonson*', R.C. Anderson, *MM* (1960), Vol. 46, pp. 199–204.

6 ‚The *Henry Grace a Dieu*', L.G. Carr Laughton, *MM* (1931), Vol. XVII. p. 175; and R.C. Anderson, *MM* (1932), Vol. XVIII, pp. 94 and 248.

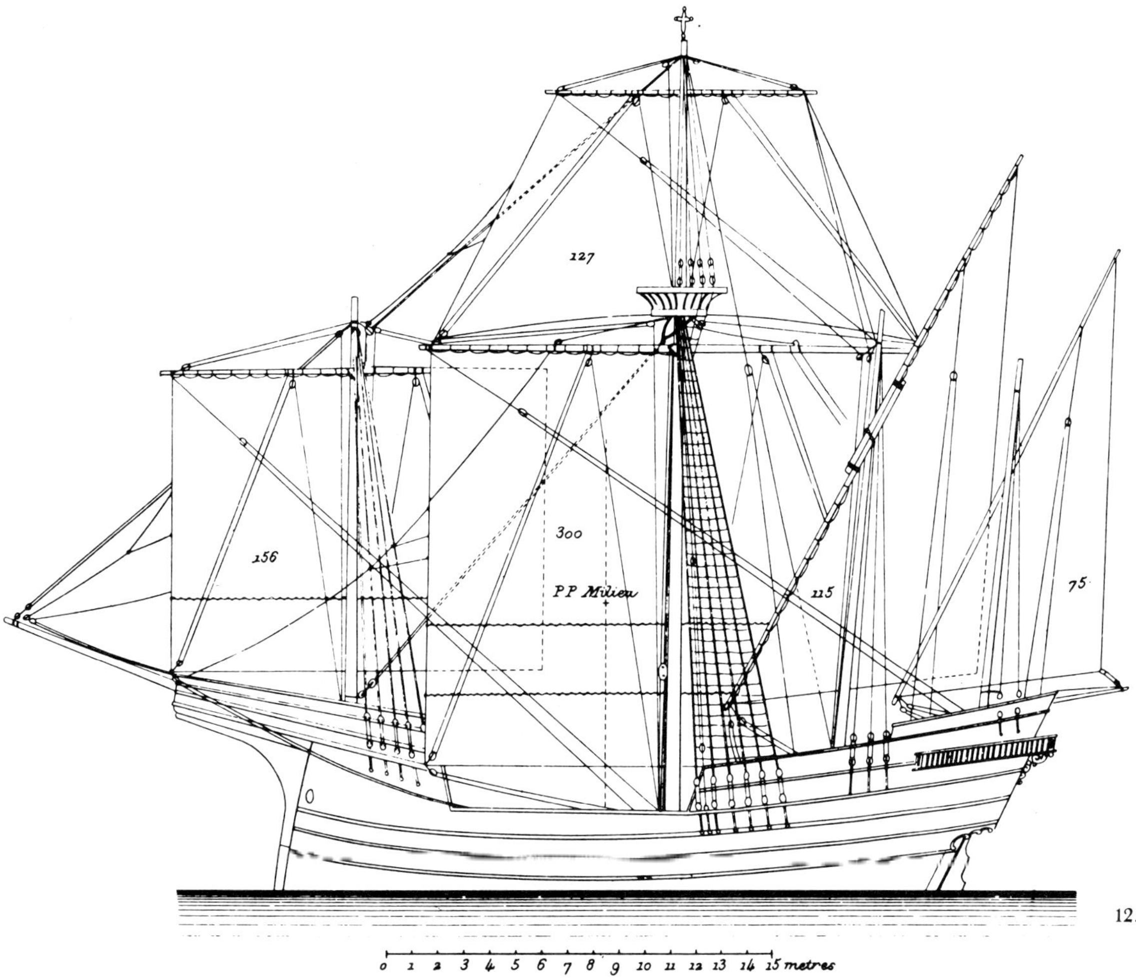

125

125. Der Plan eines venezianischen Handelsschiffes oder einer ‚cocca' vom Beginn des 16. Jahrhunderts (das Datum ist zweifelhaft). Er basiert auf einem zeitgenössischen Modell im Museo Storico Navale, Venedig. Der Schiffskörper mit seinen niedrigen Vor- und Achterkastells und der rückwärtige Fall des Vorstevens erinnern an die Schiffe des *Hastings-Manuscripts.* Es ist allerdings überraschend, zu diesem frühen Zeitpunkt eine Heckgalerie festzustellen. Eine Kopie des Modells befindet sich im National Maritime Museum, Greenwich.

7 ‚The *Stora Krafvel* of 1532', R.C. Anderson, *MM* (1924), Vol X, pp. 388–389; and H. Börjeson, *MM* (1928), Vol. XIV, pp. 158–162; ‚The *Stora Krafvel* of 1559', S. Svensson, *MM* (1938), Vol. XXIV.

8 *A Treatise on Shipbuilding written about 1620–25,* W. Salisbury (Editor), Society for Nautical Research Occasional Publications No. 6 (1958).

9 *A History of the Administration of the Royal Navy 1509–1660,* M. Oppenheim, p. 61, quoting Cottonian Mss Caligula D, vi, f. 107 (British Library).

10 *Miscellany, NRS,* Vol. 1 (1901).

11 The guns of the *Warspite* and *Due Repulse*: State Pepers Domestic (Elizabeth CCLVIV/43, Public Records Office), quoted in *The Successors of Drake* by Sir Julian Corbett.

12 ‚Anchors and Accessorie', J.T. Tinniswood, *MM* (1945), Vol. 31, pp. 84–105.

13 Oppenheim, p. 123, quoting State Papers Domestic CCLXXXVI f. 36 and Add Mss 9336 f. 10 (British Library).

14 ‚Guillaume Le Testu and his Work', J. Sottas, *MM* (1912), Vol. III, pp. 65–73.

15 The Sizes of Streamers and Banners fit for the Queen's Ships: Harleian Mss 253/61 (British Library).

16 Flags of the Queen's Ships on the Cadiz Expedition, 1596, quoted in Reference 10 above; and *British Flags,* W.G. Perrin, Cambridge University Press (1922).

17 Chapter House Books, Vol. VI, quoted in References 9 above, p. 54.

18 Chapter House Books, Vol. XII, f. 510, quoted in Reference 9 above, p. 58.

19 Cottonian Mss, Appendix XXVIII, I. Printed in *MM* (1919), Vol. V, p. 21.

20 ‚The Woolwich Ship', W. Salisbury, *MM* (1961), Vol. 47, pp. 81–93.

21 The Proportions and Sizes of Masts; Harleian Mss 253 ff 5, 6, 10b, 11 and 306 f 99 (British Library).

22 Reference 7 above and *MM* (1939), Vol. XXXV, pp. 297–299.

23 ‚Two Tudor Rigging Puzzles', G.F. Howard, *MM* (1976), Vol. 62, p. 190.

24 ‚The Sherwyn', L.G. Carr Laughton, MM (1932), Vol. XVIII, p. 326, quoting State Papers 1/230; E/36/13 f. 55 and L/9 f. 233 (Public Records Office).

25 *Instruction Nautica para Navegar,* Diego Garcia de Palacio, Mexico (1587), reprint by Ediciones Cultura Hispanica (1944).

26 *The Ship,* B. Landström, p. 116.

27 ‚Early Tudor Ship Guns', L.G. Carr Laughton, *MM* (1960), Vol. 46 pp. 242–285; should be read in conjunction with *The Gun,* Dudley Pope (1965) and *Guns at Sea,* P. Padfield (1973).

28 Letters and Papers, Henry VIII, No. 5721 f. 229

29 Letters and Papers, Henry VIII, XV, 196; printed in *MM* (1920), Vol. VI, p. 281.

30 ‚The Guns of the *Jesus of Lubeck*', M. Lewis, *MM* (1936), Vol. XXII, p. 324 et seq.

31 Quoted in *The Spanish War 1585–1587, NRS,* Vol. XI.

32 State Papers Domestic 1/9 f. 241 and E 36/13 f. 76 (Public Records Office).

33 Letters and Papers, Henry VIII, i. 5271, quoted Reference 9 above, p. 54.

34 *Armada Guns,* M. Lewis (1961).

35 *History Under the Sea,* Alexander McKee, London (1968).

36 *Full Fathom Five,* C. Martin, London (1976).

37 In *Sjöhistoriska Museet,* Stockholm.

38 ‚Old Naval Gun Carriages', J.R. Moody, *MM* (1952), Vol. 38, pp. 301–311.

39 See *Oared Fighting Ships,* R.C. Anderson (1962); ‚Oared Vessels in the Elizabethan Navy', *MM* (1966), Vol. 52, pp. 371–379; ‚The Galliases of the Wing', *MM* (1969), Vol. 55, pp. 465–467, both by T. Glasgow, Inr.

40 ‚Crompsters', R.M. Nance, *MM* (1919), Vol. V, pp. 46–51; ‚The Crompster in Literature and Pictures', R.H. Boulind, *MM* (1968), Vol. 54, pp. 3–17.

126. Das bekannteste Schiff des 17. Jahrhunderts, so wie es in einer zeitgenössischen Gravierung von J. Payne dargestellt wird. Die Sorgfalt und Genauigkeit, mit der jedes Detail des Schiffskörpers und Takelwerkes wiedergegeben wird, macht es zu einem nahezu kompletten Beweis über das Erscheinungsbild der Schiffe in der Regentschaft Karls I. Die *Sovereign of the Seas* wurde von Phinea Pett entworfen und 1637 von seinem Sohn Peter gebaut.

III. Das 17. Jahrhundert

Linienschiffe

Die Entwicklung der Schiffsbewaffnung des 16. Jahrhunderts führte nicht viel weiter als wie sie auch drei Jahrhunderte später noch in Gebrauch sein sollte. Auch die Entwicklung des Schiffskörpers und dessen Takelung erreichte im 17. Jahrhundert einen Punkt, der bis auf wenige Details für den Rest der Segelkriegsschiffgeschichte unverändert bleiben sollte. Dreidecker wurden alltäglich, und die Takelage erreichte ihre maximale Zusammensetzung – was allerdings nicht gleichbedeutend ist mit einer maximalen Effektivität. In der zweiten Jahrhunderthälfte traten Stagsegel in Erscheinung und an seinem Ende kamen auf großen Schiffen Klüver zur Einführung.

Der Fortschritt bezog sich nicht nur auf die Zwei- und Dreidecker. Erste Schritte zur Fregattenentwicklung wurden versucht, führten jedoch in einen ‚cul-de-sac' (Sackgasse). Die Idee lebte indessen im folgenden Jahrhundert, allerdings in veränderter Form, wieder auf. Auf kleinen Fahrzeugen setzte sich die Gaffeltakelung mehr und mehr durch. Sie führte schließlich zur Entwicklung der Sloops, Kutter und Schoner, die im 18. und 19. Jahrhundert eine ständig wachsende und wichtige Rolle spielen sollten. ‚Bomb-Ketches' (Bombadierfahrzeuge), kleine, aber kräftig gebaute Schiffe mit einem oder mehreren ‚mortars' (Mörser) zum Schleudern großer Sprenggeschosse kamen auf, und mit ihnen auch Yachten. Kurz, die letzten Spuren des 16. Jahrhunderts mit seinen früheren Baustilen und Takelagen verschwanden. Um 1700 gab es nur noch wenige Neuerungen, die verblieben waren und deren Entwicklung sich in den folgenden 160 Jahren vollziehen sollte.

Das 17. Jahrhundert kann für sich mit Recht in Anspruch nehmen, daß es das allerwichtigste in der Geschichte der europäischen Segelkriegsschiffe gewesen ist. Es war die Periode, in der die meisten großen Konstruktionsprobleme von den Schiffbauern des einen oder anderen Landes erkannt und gelöst werden konnten. Mehr noch, die Lösungen folgten nicht mehr den traditionellen Gesetzen der ‚Daumen-Methode'. Die zweite Jahrhunderthälfte erlebte den Beginn der Wissenschaft über die Schiffbaukunst. Jetzt setzte auch die Erforschung der prinzipiellen Grundlagen für den Entwurf eines Schiffskörpers und die Herstellung des Takelwerks ein. Parallel dazu kam es zu einem Wandel in der Entwicklung der Zeichenkunst. Sie führte bei der Fertigung der einzelnen Schiffsteile zu größerer Genauigkeit und man brauchte nicht länger den Augen des Schiffbaumeisters zu vertrauen. So schön die Pläne der *Fragments of Ancient English Shipwrightry* auch sind, so geben sie doch nur wenig Informationen über die Form eines Schiffskörpers, weil er nach einer Methode gezeichnet wurde, die in der anonymen *Treatise of Shipbuilding* beschrieben ist, die um 1625[1] gefertigt wurde. Nicht alle Pläne waren so sorgfältig gezeichnet wie die in den *Fragments* und wie es einige Beispiele in diesem Kapitel zeigen. Die nächste Stufe war ein Plan, der in sich eine Schiffskörperperspektive mit mehreren Querschnitten vereinigte. In den 1660er Jahren fertigte Pepys'* Freund, Anthony Deane, eine Art detaillierten Plan, der in seiner Art für über zwei Jahrhunderte als Vorbild gelten sollte. Der Schiffbau aller seefahrenden Nationen Europas, speziell in den Nordstaaten und Frankreich, befand sich während des ganzen Jahrhunderts in einem Gärungsprozeß. Durch das Wandern der Schiffbauer von einem Land zum anderen, eine Bewegung, die an die Maurer des Mittelalters erinnert, fand die Verbreitung neuer Ideen eine große Beschleunigung. Niederländer arbeiteten auf dänischen und schwedischen Werften. Genauso machten es auch englische Schiffbauer. Von ihnen ist die Familie Sheldon in Schweden möglicherweise die bekannteste. Schottische Schiffbauer arbeiteten in Dänemark. David Balfour war einer und Daniel Sinclair, der 1634 für Christian IV.* die *Norske Löwe* baute, ein anderer. Die Geschichte des Zaren Peter des Großen**, der auf den Werften von Deptford und Amsterdam arbeitete, ist allen bekannt. Trotzdem gibt es wenig Kenntnis darüber, welche Neuerungen Peter im Anschluß in der russischen Marine einführte. Gleiches gilt übrigens für ganz Westeuropa. Die Kriege, in die die Engländer, Niederländer und Franzosen in der zweiten Jahrhunderthälfte*** verwickelt waren, beanspruchen den meisten Raum in der europäischen Geschichtsschreibung, so daß die Schiffe der Ostseestaaten oft nur am Rande erwähnt werden.

Das ist natürlich irreführend, da die dänischen und schwedischen Schiffe im Entwurf in jeder Hinsicht genauso fortschrittlich wie die Englands und der Niederlande waren. Natürlich entwickelte jedes Land Charakteristiken, die den Umständen nach am besten für seine Schiffe und deren Aufgaben waren. Englische Schiffe waren wegen ihrer robusten Konstruktion bekannt, ein Merkmal, daß ihnen in den Kriegen mit den Niederlanden gut zustatten kam. Deren Schiffe waren von leichterer Bauart und hatten in einem regelrechten Kampf sehr viel darunter zu leiden.

Niederländische Schiffe waren in der Regel kleiner als die englischen. Sie hatten flache Böden und einen geringen Tiefgang. Das erlaubte ihnen jedoch das Segeln in den flachen Gewässern der niederländischen Küste. Dänische und schwedische Schiffe waren vielfach im niederländischen Stil gebaut, jedoch gerade mit dem Jahrhundertbeginn entwickelten die Schiffbauer beider Länder ihren eigenen Schiffskörperbaustil.

Die Wirksamkeit eines Kriegsschiffes wird nicht nur durch die Form seines Schiffskörpers bestimmt. Ein wichtiger Faktor ist die Beziehung zwischen der Schiffskörpergröße und Kanonenzahl. Spanische Schiffe zum Beispiel waren gewöhnlich größer, um ihnen mehr Kanonenleistung als denen anderer Staaten zu verleihen. Englische Schiffe waren oft mit Kanonen überladen, so daß sie nur schwerfällig segelten. Kamen sie jedoch nahe genug an einen Gegner heran, waren sie sehr wohl in der Lage, ihn zu überwältigen.

Das 17. Jahrhundert kann man auch als das Zeitalter der ‚prestige ships' (Nimbusschiffe) bezeichnen, folgte man doch das ganze Jahrhundert hindurch der Mode, speziell große, schwer bewaffnete und überreichlich dekorierte Schiffe zu bauen. Diese Mode erreichte in dieser Zeit ihren Höhepunkt. Insbesondere bei den Regenten aller seefahrenden Nationen herrschte die Ansicht vor, daß auf hoher See die königliche Würde von einem Schiff hochgehalten werden mußte, das so groß wie möglich war, mit schwerster Bewaffnung und reich dekoriert, ohne Rücksicht auf Kosten oder Nutzen und des Geschmacks, insbesondere aber auf die Schiffsstabilität.

Als Colbert, Minister Louis XIV****, schrieb: „Nothing is more impressive nor so befits the Majesty of the Kind than that his ships bear the finest ornament yet seen on the high seas." (Nichts ist eindruckvoller oder geziemt der Majestät des Königs mehr, als daß seine Schiffe die schönste Verzierung führen, die jemals auf hoher See gesehen worden ist), bestätigte er weiter nichts als die Überzeugung jedes Königs, der eine Flotte besaß. Christian IV. von Dänemark hatte in den

* Pepys, Sir Samuel (1633–1703), königlicher Beamter und Admiralitätssekretär. Verfaßte ein Tagebuch in Geheimschrift, das erst 1825 entziffert wurde. (Anm. d. Übers.)

* Christian IV., dänischer König von 1588 bis 1648. (Anm. d. Übers.)

** Peter der Große, russischer Zar von 1672 bis 1725. (Anm. d. Übers.)

*** 1642–1648 Bürgerkrieg, 1642–1655 1. engl.-niederl. Krieg, 1664–1667 2. engl.-niederl. Krieg, 1672–1674 3. engl.-niederl. Krieg. (Anm. d. Übers.)

**** Louis XIV./Ludwig XIV., auch ‚Sonnenkönig' genannt, französischer König von 1643–1715. (Anm. d. Übers.)

127. Der Segelplan des französischen Zweideckers *La Couronne*, aus einem Monumentalwerk von Paris, das den Titel *Souvernirs de Marine* trägt. Die Skizze basiert auf einer rohen Gravierung von Georges Fournier, die im 17. Jahrhundert im *Hydrograph* erschien. Die Richtigkeit einer Takelagen ist zweifelhaft.

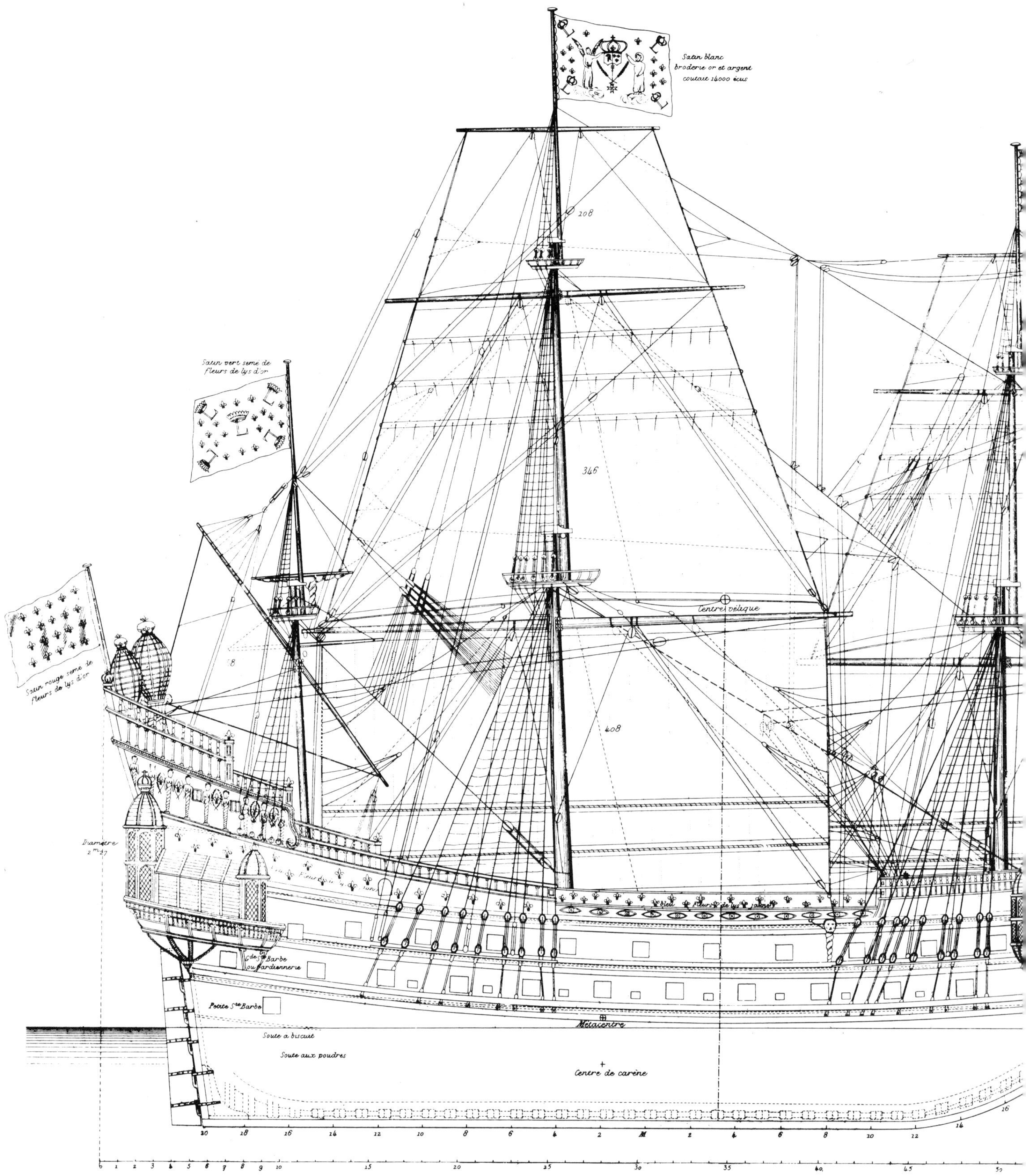

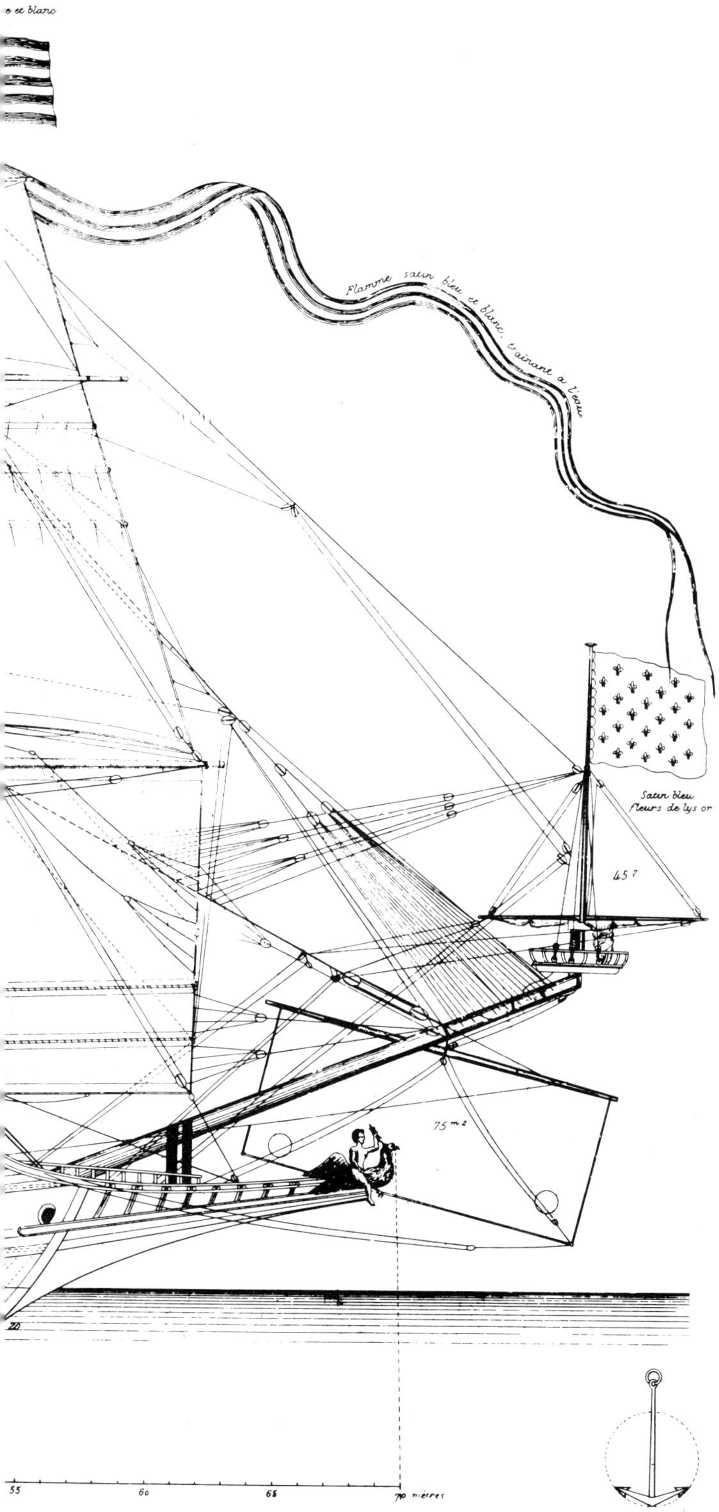

1660er ein Prestigeschiff, die *Tre Kroner*, Gustav Adolf* 1628 die unglückliche *Wasa* und 1637 lief die berühmte *Sovereign of the Seas* vom Stapel. Die Franzosen, die den Inselbewohnern nicht nachstehen wollten, bauten 1638 die *La Couronne*.

Im Gegensatz zu den beiden vorangegangenen Jahrhunderten liefert das 17. Jahrhundert viel zuverlässiges und detailliertes Informationsmaterial über den Bau, das Takelwerk, die Bewaffnung und Dekoration von Schiffen aller Art. Bilder von Künstlern der niederländischen Schule geben naturalistische und zuverlässige Zeugnisse über das Aussehen der Schiffe – mit einem Vorbehalt, denn wie schon im Kapitel II angeführt, war es zum Jahrhundertbeginn gar nicht so ungewöhnlich, daß man beispielsweise ein niederländisches Schiff als englisches ansprach. Man hat den begründeten Verdacht, daß der jeweilige Künstler, mehr als man allgemein annehmen sollte, vielfach einer Eingebung nach malte. Die beiden Gemälde der *Prince*
Royal von Vroom aus den Jahren 1613 und 1623 stimmen überein, 139
aber das gleiche Schiff auf einem Gemälde von Willaerts aus dem Jahre 1613 zeigt ein völlig anderes Schiff[2]. Der Plan eines Dreideckers
aus dem frühen 17. Jahrhundert untermauert die Version von 128
Vroom[3]. Manuskripte und Bücher über Schiffbau und Takelwerk kamen auf den Markt. Das erste englische Buch wurde 1625 geschrieben, und zur Jahrhundertmitte gab es von beiden Arten mehr als genug. Aus der ersten Jahrhunderthälfte blieben viele Pläne erhalten.
Der früheste englische Plan ist der des gerade angeführten Drei- 223
deckers und mit ziemlicher Sicherheit mit der *Prince Royal* von 252
1610 in Verbindung zu bringen. Von einem anderen nimmt man an, daß er die *Phoenix* von 1613[4] darstellt. Ein dritter Plan, von einer Pinasse der Zeit nach 1609, fand sich im dänischen Staatsarchiv[5]. Das Archiv enthält eine bemerkenswerte Zusammenstellung von Plänen aus der Zeit um 1630, und im schwedischen Staatsarchiv befindet sich
die grobe Darstellung eines Zweideckers um 1615. Nach 1650 nimmt 130
die Zahl der Pläne in allen nordeuropäischen Archiven gewaltig zu. Alles wird durch Dokumente und Abbildungen ergänzt. Wo in einigen Fällen Widersprüchlichkeiten auftraten, wurden neue Unterlagen erarbeitet. Die schönen zeitgenössischen Modelle, die gebaut wurden, sind in England als *Navy Board-Modelle* oder *Dockyard-Modelle* bekannt geworden. Einige davon sind Geschenke, wie z.B. das erstaunliche elfenbeinerne Modell der dänischen *Norske Löwe* aus dem Jahre 1634 in Kopenhagen[6]. Andere Modelle stellen geplante Schiffe dar, weitere tatsächlich gebaute Schiffe. Eine große Anzahl repräsentiert allerdings auch Schiffe, die es nie gegeben hat. Das älteste Modell des 17. Jahrhunderts ist wahrscheinlich das eines schwedischen Zweideckers, von dem man sagt, es stammt aus der Zeit um 1600. Es ist jedoch vermutlich noch älter als ein etwas grobes engli-
sches Modell im Ashmolean Museum Oxford. Der älteste *Navy* 132
Board-Modelltyp ist der der schwedischen *Amaranthe* von 1654, ein Modell, das noch vieles der Originaltakelage besitzt.
In England ist das älteste *Navy Board-Modell* das eines Schiffes mit 50 133
bis 58 Kanonen. Es stammt aus dem Jahre 1655. Wenn die Serie der 134
englischen Modelle auch verhältnismäßig spät begann, so übersteigt ihre Zahl die anderer Länder bei weitem. Glücklicherweise befindet sich die Mehrzahl der Modelle nach wie vor in England. Allerdings ging in den 1920er Jahren eine bemerkenswerte Sammlung in die USA und bildet heute die Henry Huddleston Rogers-Collection in Annapolis. Da das allgemeine Aussehen der *Navy Board-Modelle* gut bekannt ist, brauchen sie nicht besonders beschrieben werden, man muß jedoch zur Kenntnis nehmen, daß dort, wo am Modellboden offenes Spantwerk zu sehen ist, die Anordnung nicht immer mit der auf echten Schiffen übereinstimmt[7]. Die Spanten der *Dartmouth*, 1690 gestrandet, sitzen zu dicht beieinander[8].
Die Entwicklungen im 17. Jahrhundert betrafen nicht nur den Schiffbau und das Takelwerk. Es wurden auch erste Schritte unternommen, die Zusammensetzung der Flotte und ihre Armierung zu standardisieren. Die Seeleute Elizabeths hatten bewiesen, daß das Entern oder die ‚smash-and-grab'-Taktik (Niederkämpfen und Entern) angesichts flinkerer und wetterfesterer Schiffe und guter Ka-

* Gustav Adolf, auch Gustav II., König von Schweden, 1594 bis 1632. Fiel im 30jährigen Krieg bei Lützen. (Anm. d. Übers.)

128

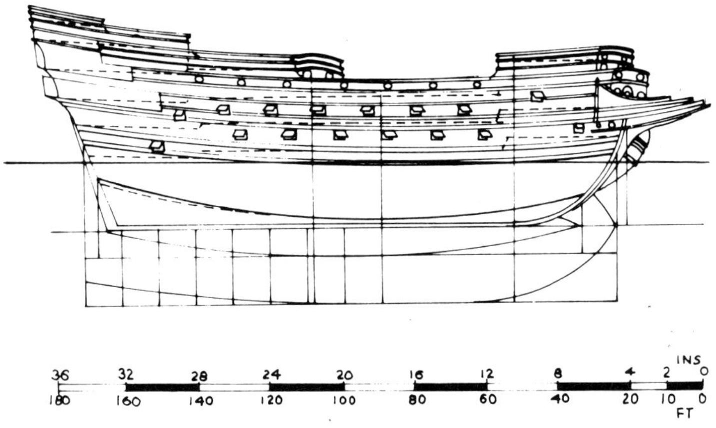

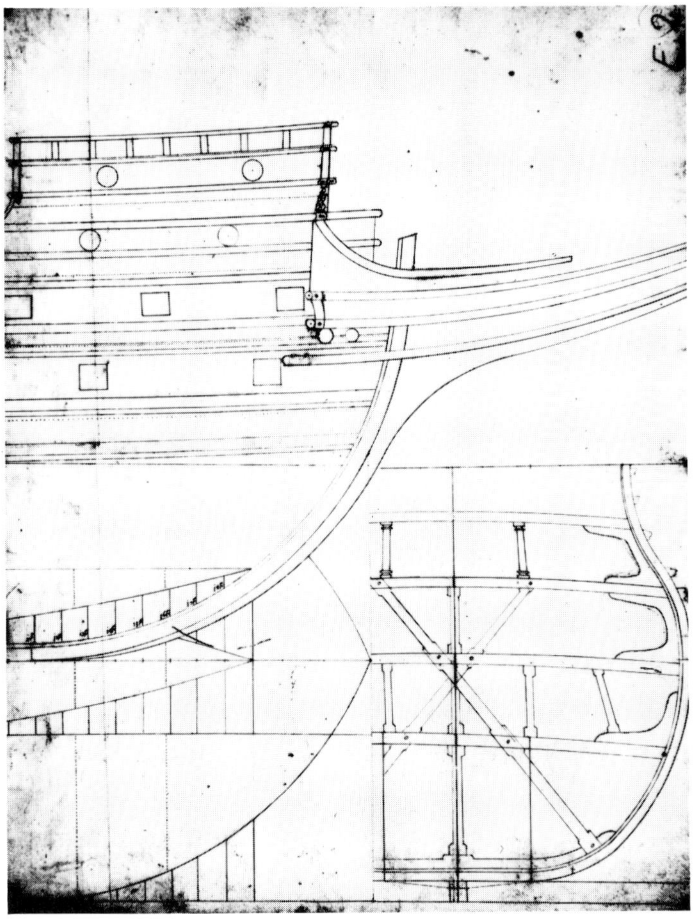

129

128. Die Rekonstruktion der Zeichnung eines Dreideckers aus der Zeit Jakobs, die nach einem unvollständigen Plan im National Maritime Museum gefertigt wurde. W. Salisbury, der diese Rekonstruktion fertigte, glaubt, daß der Plan mit der *Prince Royal* in Verbindung steht.
(1 in = 2,54 cm, 1 Fuß = 0,3048 m)

129. Bug und Hauptspant eines dänischen Zweideckers um 1630. Das Fehlen von Löchern für die Bugsprietzurringslasching bedeutet, daß diese unter dem Bugknie saß. Die Diagonalstreben in der Stauung sind wie die im Hauptspant aus Bakers *Fragments* und zugleich Beweis für ein Schiff 1. Klasse des späten 17. Jahrhunderts, das Edward Dummer zeichnete.

130. Diese Zeichnung basiert auf einer sehr grob ausgeführten Skizze im schwedischen Riksarkivet. Sie datiert um etwa 1615, das Schiff mißt am Kiel etwa 80 schwedische Fuß.

131. Ein weiterer Plan aus dem schwedischen Riksarkivet. Hierbei handelt es sich jedoch um irgendein anderes Schiff (um 1660). Es ist eine 18-Kanonen-Pinasse mit niederländischem Aussehen. Die Kiellänge mißt 62 schwedische Fuß.

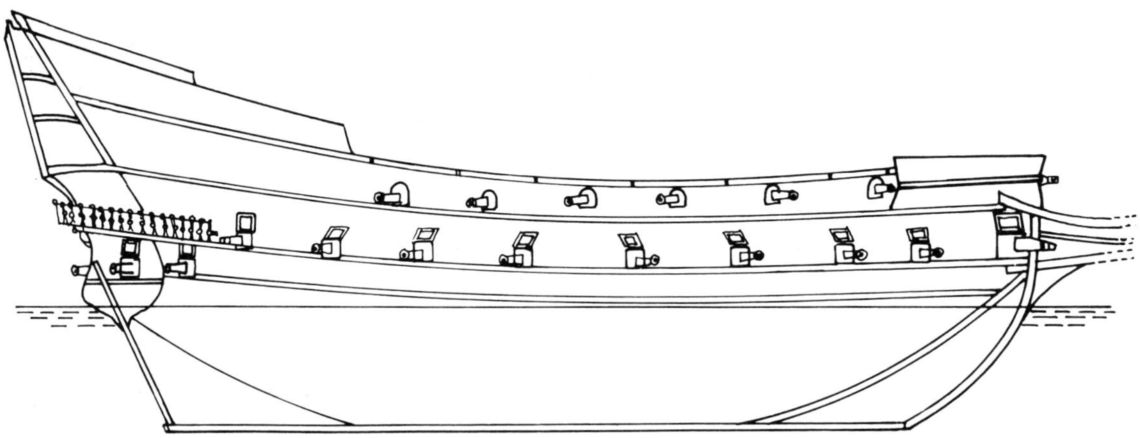

130

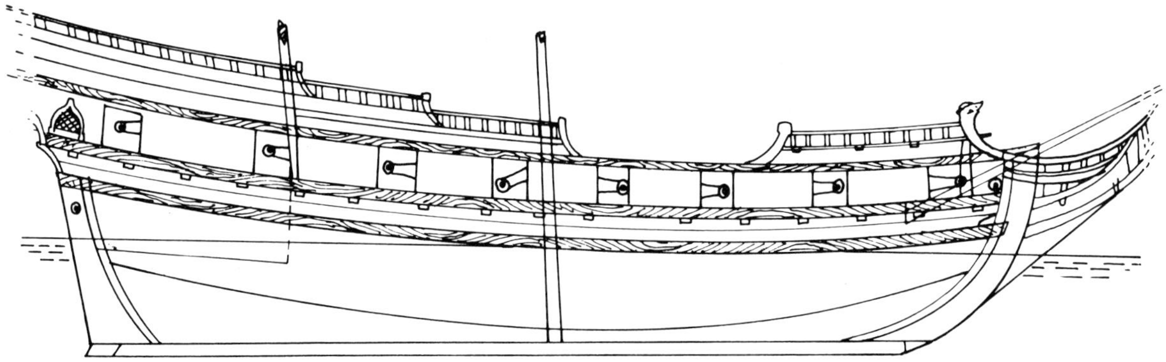

131

132. Der Ursprung dieses Modells, das seit mindestens 1689 in der Ashmolean Collection, Oxford, steht, ist unbekannt. Feststellungen, daß es die *Golden Hind* von Fancis Drake darstellt, oder ein Modell ist, das Phineas Pett 1634 für den Thronfolger Prinz Karl fertigte, entbehren jeden Beweises. Es gibt am Modell tatsächlich einige Merkmale des 16. Jahrhunderts: die überhängende Poop, die offenen Heck- und Seitengalerien, das Fehlen von Rüsten und Galionsfigur. Auf der anderen Seite gibt es aber auch Merkmale, die mehr dem 17. Jahrhundert zugehören. Der Bugspriet hat die Überreste eines Knies für die Bugsprietstenge, und es gibt zwei Bugsprietzurringslaschings, obwohl Bugsprietzurrings 1588 in keiner der Inventarlisten von *Queen-Schiffen* auftauchen. Der Fockmast steht weiter hinten als auf den englischen Schiffen des 16. Jahrhunderts und der Besanmast deutlich weiter vorn. Auch zum Schiffskörper selbst gibt es einige Anmerkungen. Die Ankerklüsen sitzen sehr tief, und die Vorkante der Back hat die konvexe Biegung wie die *Prince Royal*. Somit gibt es eine Übereinstimmung mit dem phantasievollen Gemälde Willarts im National Maritime Museum. Der Bugspriet scheint in der Schiffsmittellinie zu sitzen. Das war – soweit wir wissen – im 16. Jahrhundert nicht der Fall. Die Ausgewogenheit der Beweispunkte sprechen für ein Schiff des ersten Viertels des 17. Jahrhunderts. Es ist vermutlich kontinentaler Bauart. In Verbindung mit Prinz Karl scheint es zweifelhaft, daß ein solch grobes Modell von einer so hochstehenden Persönlichkeit, wie dem bekannten Schiffsbauer Pett, überreicht worden wäre.

nonen überflüssig geworden war. Sechs Jahre nach der ‚Armada' zeigten englisch-niederländische Seegefechte, daß gemischte Flotten aus Kriegs- und Handelsschiffen weniger effektiv waren als eine Flotte, die ausschließlich aus Kriegsschiffen bestand, und daß ein Schiff unter einer bestimmten Größe, das während eines Gefechtes mit einem sehr viel stärkeren Gegner in ein ‚melèe' (Handgemenge) geriet, großen Gefahren ausgesetzt war. Dabei spielte es keine Rolle, ob es sich um ein Kriegs- oder Handelsschiff handelte.

Die Seetaktiken änderten sich nur zögernd. Schließlich übernahm man die steife Schlachtlinie mit ihrer bindenden Anordnung, daß Schiffe nach einer allgemeinen Regel anderen Schiffen gegenüberstanden, die über die gleiche Größe und Feuerkraft wie sie selbst verfügten. Gerade vor dem Ausbruch der englisch-niederländischen Kriege* wurde es in England üblich, die Kriegsschiffe einzustufen. Daraus entwickelte sich später die Einteilung in ‚rates' (Klassen). Die Flotte James I** unterteilte sich in vier Gruppen, die wiederum Klassen bildeten. Die Schiffe 1. Klasse führten 44 bis 55 Kanonen, die der 2. Klasse 38 bis 42 und die der 3. Klasse 26 bis 34. Die 4. Klasse umfaßte alle kleinen Fahrzeuge. Diese Klassifizierung blieb bis 1655, dann ging die Marine zu einer Einteilung in sechs Klassen über, die sich nach der Gesamtkanonenzahl der Schiffe richtete[9].

Eine Wissensquelle über die Schiffe des 17. Jahrhunderts (und später) wurde bisher nicht erwähnt. Es sind die Schiffe selbst oder das, was davon übriggeblieben ist. Ein Fund wie die *Wasa* könnte sich nur in der Ostsee wiederholen. Aber auch anderen Orts wurden wesentliche Überreste entdeckt. In britischen Gewässern ist der allerwichtigste Fund zweifellos die *Dartmouth*, ein Schiff, das zur Zeit seiner Strandung vor der Island of Mull/Schottland im Jahre 1690 immerhin 40 Kanonen besaß.

* Insgesamt drei Kriege (1642–55, 1664–67, 1672–1574). Die Auslösung für den 1. Krieg war die sogenannte ‚Navigationsakte', bei den beiden anderen ging es um die Festigung der englischen Seemacht. (Anm. d. Übers.)

** James I, englischer König aus dem Hause Stuart, regierte von 1603 bis 1625. Benennung im folgenden als Jakob I. (Anm. d. Übers.)

133. Eines der ersten *Navy Board-Modelle.* Es ist ein Dreidecker, und man nimmt an, daß es 1659 durch den bekannten Schiffbauer Francis Sheldon mit nach Schweden genommen wurde, der eine Familie von Schiffbauern in schwedischen Diensten gründete. Man beachte die geschmückte Eingangspforte, die alte Spillform und die Rundpforten der Jagdkanonen. Die hellfarbenen Teile des Modells deuten darauf hin, daß es merkliche Schäden aufweist.

Der Schiffskörper

Während der ganzen Regentschaft Elizabeth I. waren die Experten der Meinung, die beste Proportion eines Kriegsschiffes im Kiel/Breite-Verhältnis schwanke zwischen 2,5 : 1 und etwa 3 : 1. Drei Schiffe, die in den letzten 15 Jahren des 16. Jahrhunderts gebaut worden waren, *Vanguard, Due Repulse* und *Warspite*, belegen die unterschiedlichsten Meinungen. Daher blieb die Frage bis ins 17. Jahrhundert hinein offen.

Die *Prince Royal* von 1610 (der erste englische Dreidecker) hatte ein Kiel/Breite-Verhältnis von eben über 2,4 : 1[11]. Der anonyme Autor des *Treatise on Shipbuilding* empfahl 2,5 : 1. Das war auch das Kiel/Breite-Verhältnis der bekannten *Sovereign of the Seas.* Ein dänisches Schiff um 1640 hatte ein Verhältnis von nahezu 4 : 1, spätere Schiffe,
230 z.B. die *Hummeren,* ein Eindecker und die *Dannebrog,* ein 1692 gebauter Zweidecker, eines von 3 : 1. Tatsächlich wurde die Frage der idealen Proportionen nie klar festgelegt. Über 100 Jahre nach dem Stapellauf der *Sovereign of the Seas* wurde die *Victory* gebaut. Ihr Kiel maß dreimal soviel wie die Breite. Das Ergebnis daraus war ein notwendiger Kompromiß. Man verkürzte den Schiffskörper. Zwar konnte ein längerer Schiffskörper mehr Kanonen aufnehmen und das Schiff schneller machen, aber mit zunehmender Länge vergrößerte sich auch die Tendenz des Durch- und Herabhängens der Schiffsenden und ein großes Länge/Breite-Verhältnis reduzierte im Vergleich zu einem kurzen Schiff gleicher Breite die Manövrierfähigkeit. Zieht man alle Fakten zusammen, so zweifelten die Schiffbauer des 17. Jahrhunderts nicht, daß das Kiel/Breite-Verhältnis für große Kriegsschiffe zwischen 2,5 : 1 und 3 : 1 zu liegen hatte, manchmal etwas darunter oder darüber.

Die Kiellänge ist kein befriedigendes Vergleichsmaß zwischen Schiffen, es sei denn, man nimmt es nur kurzzeitig und zwischen solchen gleicher Bauart. Die Länge in der Wasserlinie (oder die Länge der späteren Basislänge, des Kanonendecks) war abhängig von der vorderen und hinteren Neigung bzw. dem jeweiligen Ausfall. Von beiden spielte jedoch nur der vordere eine bedeutende Rolle. Zum Jahrhundertbeginn mag er bei englischen Schiffen gleichwertig mit der Breite gewesen sein und betrug normalerweise nicht mehr als dreiviertel davon.

Zwei Schiffe, jedes von etwa 500 ts und 1633 gebaut, hatten einen vorderen Ausfall von 0,93 und 0,88 ihrer Breite (oder annähernd 0,3 der Kiellänge)[10]. 40 Jahre später hatte sich der Ausfall bis auf 0,6 der Breite, entsprechend 0,2 der Kiellänge vermindert. Mit fortschreitendem Jahrhundert wurde der vordere Ausfall immer geringer. Ausländische Schiffe scheinen ähnliche Proportionen gehabt zu haben.

Kiel/Breite-Verhältnis – Ende 16. Jahrhundert

Schiff	Baujahr	Kiellänge*	Breite*	Verhältnis
Vanguard	1586	32,92 m	9,75 m	3,38 : 1
Due Repulse	1596	32 m	11,88 mm	2,83 : 1
Warspite	1596	27,43 m	10,97 m	2,5 : 1

* Die Werte wurden bei Umrechnung von „ft“ in „m“ abgerundet. (Anm. d. Übers.)

Bei der französischen *La Couronne* von 1638[12] entsprach die Summe der Ausfälle einem Drittel der Kiellänge. Ein dänisches Schiff von 1613 und ein anderes von 1640 hatten einen vorderen Ausfall, der um 0,25 der Kiellänge lag, ein drittes, 1692 gebautes, besaß einen Ausfall von nahezu 0,23 des Kiels.

Ein weiteres Maß, das die Schiffskörperform beeinflußt, ist seine Tiefe. Was dieser Begriff bei der Festlegung der Größe bedeutet, hängt von der Methode ab, mit der Tonnage berechnet wurde. Die

Grundlinie zum Messen der Tiefe war die Linie zwischen den Seiten des Schiffes, und zwar an der Stelle, wo es seine größte Breite hatte. Von der Mitte dieser Linie aus wurde die Tiefe gemessen. Ungewißheit entsteht dort, wo nicht sicher ist, ob die Tiefe bis zum Kielboden oder bis zur Kieloberkante genommen wurde. Nach anderen Formeln maß man bis zur Außenkante der Bodenplatte. Welche Methode auch immer angewendet wurde, die Tiefe war stets etwas weniger als die halbe Schiffsbreite.

In englischen Quellen wird sie oft als Raumtiefe angeführt. Die *Prince Royal* hatte eine Tiefe von 17 ft (5,18 m) und Breite von 43,5 ft (13,26 m). Das entspricht einem Verhältnis von fast 0,4 : 1. Das *Treatise on Shipbuilding* gibt 0,42 : 1 an und das war auch das Verhältnis der *Sovereign of the Seas.* Eine der Skizzen von Anthony Deane aus den letzten 1660er Jahren mißt eine Tiefe on 0,4 zur Breite[14].

Ausgehend von der Kiellänge, der Breite und Tiefe wurden die Schiffslinien nach geometrischem Verfahren gefertigt. Die Prozedur ist im *Treatise on Shipbuilding* beschrieben, ein vereinfachtes Verfahren findet man in *Elizabethan Ship* von Gregory Robinson[14]. Der Schlüssel des ganzen war der Mittschiffsquerschnitt. Eine Ahnung von der Wichtigkeit, die die Schiffbauer diesem Querschnitt zumaßen, vermittelt die Tatsache, daß die Schiffbauer, als sie Charles I* den Entwurf für die *Sovereign of the Seas* vorlegten, diesen baten, niemandem den Plan zu zeigen. Bereits zur Zeit der Tudors** wurde die Methode des Querschnittzeichnens angewandt, möglicherweise in der einen oder anderen Art auch schon früher.

Als die Schiffe noch kurz waren und nur ein oder, wenn es hochkam, zwei Kanonendeck(s) hatten, war es möglich, mit der angeführten Methode zufriedenstellende Entwürfe zu fertigen. Als jedoch schwerere Waffen an Bord kamen und ein zusätzliches drittes Kanonendeck, so daß viele Schiffe zur Stabilitätserhöhung ergänzende Plankenlagen in ihrer Wasserlinie anbringen mußten, mißlangen sie. In manchen Fällen mußten sogar Planken abgetakelt werden, um die Spanten auszupolstern (‚padding out'). Der Grund für die Instabilität lag in der von den englischen Schiffbauern angewendeten geometrischen Methode, deren verschiedene Verfeinerungen die Formgebung des Querschnittes nicht bedeutend änderten. Sie ergaben einen Mittschiffsquerschnitt und daran anschließend einen ganzen Schiffskörper, der unter der Wasserlinie unbefriedigende Proportionen zeigte und daher keine entsprechende Verdrängung besaß. Immerhin währte es noch bis zur zweiten Jahrhunderthälfte, bis ein Weg gefunden wurde, das Schiffsvolumen – wenn anfangs auch nur grob – aus einem Plan zu berechnen. Der Verdienst kommt Anthony Deane zu. Er ist der erste englische Schiffbauer gewesen, der den Tiefgang eines Schiffes bereits vor dem Stapellauf berechnen konnte. Nunmehr waren die Schiffbauer in der Lage, mit Hilfe neuer Methoden die Formgebung zu verbessern und stabilere Schiffe zu bauen. Trotzdem kamen bis zum Ende der Segelschiffsära immer wieder komische oder ‚tender' (schwache) Fahrzeuge zum Vorschein. Der Umfang, in dem sich die Grundproportionen englischer Schiffe im ersten Dreivierteljahrhundert änderten, ist aus der Tabelle ersichtlich. Indem man den Bug plumper gestaltete, so daß er nicht mehr so weit eintauchte und das Heck in der Wasserlinie verbreiterte, erzielte man stufenweise ein besseres Seeverhalten. Die Verminderung der hinteren Aufbautenhöhe verbesserte das Arbeiten am Wind. Im letzten Jahrhundertviertel erhielt der Unterwasserschiffskörper englischer Fahrzeuge eine rundere Form, die nahezu auf einem Halbkreis basierte. Sie verlieh mehr Auftrieb. Es gibt kein hinreichendes Material, anhand dessen man die Veränderungen des Schiffskörpers vor 1660 im Detail feststellen kann. Nach dieser Zeit bilden die *Navy Board-Modelle,* sofern man ihre Linien abgenommen hat, eine sehr interessante Vergleichsmöglichkeit. Das ist speziell dann der Fall, wenn auch noch ein Plan des betreffenden Schiffes existiert.

Die Größe der Kriegsschiffe nahm stetig zu. Die größten Schiffe der Königin Elizabeth hatten einen Kiel von 110 ft (33,53 m) Länge, die 1610 gebaute *Prince Royal* einen von 115 ft (35,05 m) und bei der *Souvereign of the Seas* waren es bereits 126 ft (38,40 m). Im Vergleich dazu betrug die Kiellänge der *Victory* Nelsons 150 ft (45,72 m).

* Charles I/Karl I,. englischer König von 1625–1649, aus dem Hause Stuart. Im Zuge des englischen Bürgerkrieges 1649–1659 vom Parlament verurteilt und hingerichtet. (Anm. d. Übers.)

** Mit Elizabeth I. endete die Regentschaft des Hauses Tudor. (Anm. d. Übers.)

134. Das Modell eines 50- bis 58-Kanonen-Schiffes von 1655, das älteste *Navy Board-Modell* in England. Es ist ähnlich dem Sheldon-Modell und stammt aus der gleichen Zeit. Das Modell befindet sich im National Maritime Museum, Greenwich.

Grundproportionen englischer Schiffe 1586 bis 1670

Maße	1586*	1620**	1637***	1670****
Größte Breite als Bruch zur Kiellänge (L)	$\frac{L}{3}$ bis $\frac{2L}{5}$	$\frac{9}{25} \times L$	$\frac{11}{30} \times L$	$\frac{3}{10} \times L$
Maximale Breite des Oberdecks als Bruch zur größten Breite (B)	$\frac{2}{3} \times B$	$\frac{2}{3} \times B$	$\frac{2}{3} \times B$	$\frac{2}{3} \times B$ (?)
Heckspiegel	$\frac{4}{9} \times B$	$\frac{B}{2}$ bis $\frac{10}{19} \times B$	$\frac{3}{5} \times B$	$\frac{2}{3} \times B$ bis $\frac{26}{36} \times B$
Tiefe	$\frac{B}{2}$	$\frac{3}{7} \times B$	$\frac{3}{7} \times B$	$\frac{3}{7} \times B$
Grenze der maximalen Breite zur Kielvorkante	nahezu $\frac{L}{3}$	$\frac{L}{3}$	$\frac{L}{3}$	$\frac{L}{3}$
Bodenfläche[1]	$\frac{B}{4} - \frac{B}{3}$	$\frac{2}{7} \times B$	$\frac{3}{10} \times B$	$\frac{3}{10} \times B$ bis $\frac{B}{3}$
„Sweep“ (Spantkreisbogen)[2] am Bodenwrangenkopf	$\frac{B}{4}$ bis $\frac{3}{10} \times B$	$\frac{15}{16} \times B$	$\frac{22}{93} \times B$	
Mittlerer Spantkreisbogen	$\frac{3}{5} \times B$ bis $\frac{9}{10} \times B$	$\frac{3}{5} \times B$	$\frac{2}{3} \times B$	$\frac{5}{9} \times B$
Spantkreisbogen der Spantbreite	$\frac{B}{4}$ bis $\frac{B}{5}$	$\frac{B}{4}$	$\frac{3}{14} \times B$	$\frac{7}{36} \times B$
Spantkreisbogen über der Spantbreite		$\frac{B}{4}$	$\frac{3}{10} \times B$	$\frac{17}{36} \times B$
Höhe des Vorstevens		$\frac{3}{4} \times B$ bis B		
Vorderer Ausfall		$\frac{3}{4} \times B$ bis B	$\frac{4}{5} \times B$	$\frac{3}{4} \times B$
Hinterer Ausfall		18°–22°	$\frac{10}{52} \times B$	$\frac{11}{72} \times B$
Höhe des Achterstevens		$\frac{2}{3} \times B$		$\frac{3}{4} \times B$

* nach *Baker*, angenäherte Daten
** aus *Treatise on Shipbuilding*, angenäherte Daten
*** *Sovereign of the Seas*
**** nach Deane

[1] Benennung für den beinahe horizontalen Boden eines Schiffes. (Anm. d. Übers.)
[2] Spantkreisbogen, ein Begriff aus alter Zeit, heute nicht mehr gebräuchlich. (Anm. d. Übers.)

Ungeachtet dessen, daß die *Sovereign of the Seas* nahezu die doppelte Tonnage des größten Schiffes Königin Elizabeths hatte, lag die Hauptentwicklung nicht alleine in der Schiffsgröße, sondern vielmehr in den kanonentragenden Decks.
Gegen Ende der 1550er Jahre führten die größten Schiffe im unteren Deck eine ganze Kanonenreihe und an Oberdeck fast eine komplette weitere. Zusätzlich besaßen einige der letzten Schiffe entweder breite Gangways oder ein Spardeck über der Kuhl und hatten auch dort Kanonen stehen. Das Spardeck wurde bald mit Planken abgeschlossen und somit der Weg zum echten Dreidecker, einem Schiff mit einer vollständigen Kanonenbatterie in jedem seiner Decks, beschritten. Der erste englische Dreidecker war die *Prince Royal* mit 1200 ts, die 1610 von Phineas Pett gebaut wurde. Der Entwurf und die Konstruktion des Schiffes und der Charakter seines Erbauers waren Gegenstand heftiger, aber im großen und ganzen erfolgloser Kritik.

Es ist immerhin von Interesse, festzustellen, daß Pett als Teil seiner Verteidigung anführte, er sei den Traditionen vorangegangener Regenten gefolgt. Mit anderen Worten, die *Prince Royal* war keine Abkehr vom festgesetzten Stil, wie es die Galeonen Elizabeths gegenüber der Karracke gewesen waren, sondern eine sorgfältige Ausarbeitung gegenwärtiger Typen.
Das Verfahren, die Kuhl mit einem Spardeck oder einer Gangway zu versehen, wiederholte sich sowohl auf der *Prince Royal* als auch auf der *Sovereign of the Seas.* Allerdings kamen dorthin keine Kanonen. Somit war keines ein Vierdecker im Sinne der *Santissima Trinidad* aus den Tagen Nelsons.
Das Anwachsen der Kanonenzahl wurde von einer Reduzierung des Sprungs begleitet. Diese setzte sich bis zum 19. Jahrhundert fort, dann war das Schiffskörperprofil fast flach geworden. Die Verminderung des Sprungs und damit desjenigen der Barkhölzer gestattete, die Kanonendecks in eine Ebene zu legen, so daß die Stückpforten ohne ein zu häufiges Durchtrennen der Barkhölzer, das ja für ein Schiff gefährlich werden konnte, angebracht werden konnten. Die *Prince Royal* besaß daher im hinteren Teil des Schiffskörpers unterbrochene oder abgestufte Decks. So vermied man eine Trennung der Barkhölzer.
Die *Sovereign of the Seas* hatte drei glatte Kanonendecks. Von dieser Zeit an erhielten englische Schiffe nur noch kleine Abstufungen in ihren Decks. Das hatte allerdings noch einen anderen Grund. Man wollte an den Enden, wo die Böden etwas höher wurden, genügend Kopffreiheit behalten.

Das Anwachsen der Decks- und Kanonenzahl sowie der Schiffsgröße war nicht das einzige Merkmal eines Schiffes des Jahres 1650, das einem alten Seemann, der noch gegen die ‚Armada‘ gekämpft hatte, ins Auge fiel. Zumindest mag er von seinem Großvater von der riesigen *Henry Grace à Dieu* gehört haben und er mochte bei Ebbe sogar die Überreste der großen *Grace Dieu* von 1418 gesehen haben. Was der alte Mann möglicherweise kommentiert haben würde, zustimmend oder anders, war das neumodische Heck und die Masse von Dekorationen. Irgendwann in der ersten Hälfte des 17. Jahrhunderts übernahmen die englischen Schiffbauer anstelle des alten Spiegelhecks das ‚round tuck‘ (Spiegelheck mit runder Gillung). Dieses Merkmal unterschied die englischen Schiffe, zumindest für den größten Teil des Jahrhunderts, klar von denen des Kontinents. Einige europäische Staaten behielten das ‚flat tuck‘ (Spiegelheck) bis ins 18. Jahrhundert bei. Das neue Heck war keinesfalls eine Rückkehr zum Heck des 15. Jahrhunderts, wo es eine Entwicklung aus dem Spitzgatt-Schiffskörper gewesen war. Beim neuen ‚round tuck‘ liefen nur die untersten Plankengänge zum Achtersteven. Der Rest verlief rund und zum Heckspiegel hoch. Der flache Heckteil begann nun etwa 10 ft (~ 3,05 m) über der Wasserlinie und nicht unter dieser. Die Konsequenz war ein ruhigerer Wasserstrom zum Ruder, der bis dahin recht schleppend gewesen war. Wann der neue Hecktyp zur Einführung kam, ist nicht ganz sicher. Die *Prince Royal* besaß noch das alte Heck, aber die *Convertine* könnte 1618 bereits das ‚round tuck‘ gehabt haben.
Die *Sovereign of the Seas* besaß 1637 noch ein Plattgattheck. Andererseits zeigt ein Bild das Schiff mit einem Plattgattheck, jedoch mit 14
Planken, die so gebogen sind, als seien sie rund. Bei soviel Ungewißheit ist das beste, was man sagen kann, das Plattgattheck war bis etwa 1620 die Regel und die ‚round tucks‘ nach 1640. Allerdings wurden bis zum Beginn des 18. Jahrhunderts und offenbar auch noch später Yachten und kleine Fahrzeuge mit Plattgatthecks gebaut. Wahrscheinlich führte das ‚round tuck‘ zu einer Änderung beim Einbau des Ruderkopfes. Seit das Heckruder auf großen Schiffen in Gebrauch gekommen war, hatte der Ruderkopf stets außerhalb des Schiffes gesessen und die Pinne kam durch eine rechteckige Öffnung ins Heck. Da diese Öffnung weit genug sein mußte, um ein Legen der Pinne zu ermöglichen, war es schwierig, bei rauhem Wetter überkommendes Wasser abzuhalten. Irgendwann vor den 1660er Jahren erkannte man allerdings, daß man eine kleinere Öffnung erhielt, wenn der Ruderkopf durch die Gillung geführt würde. Über diese konnte man eine Tuchhülle setzen. Der Nachweis über das Datum

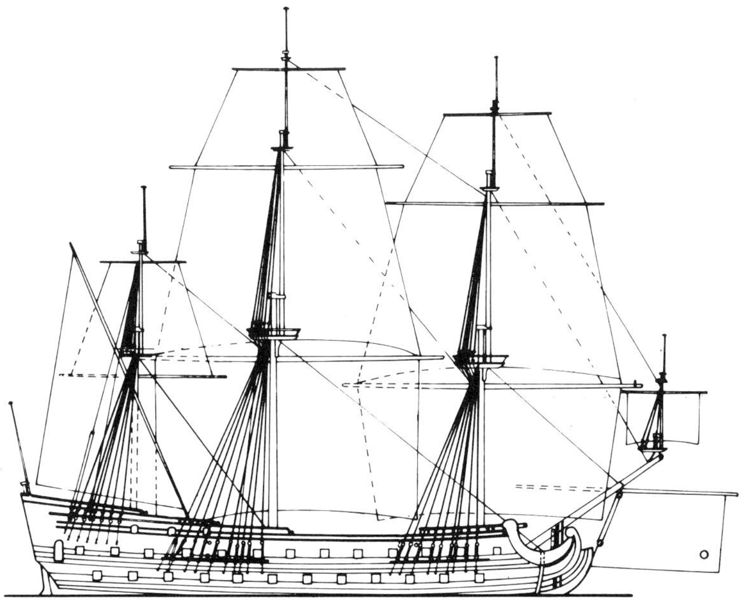

(a)

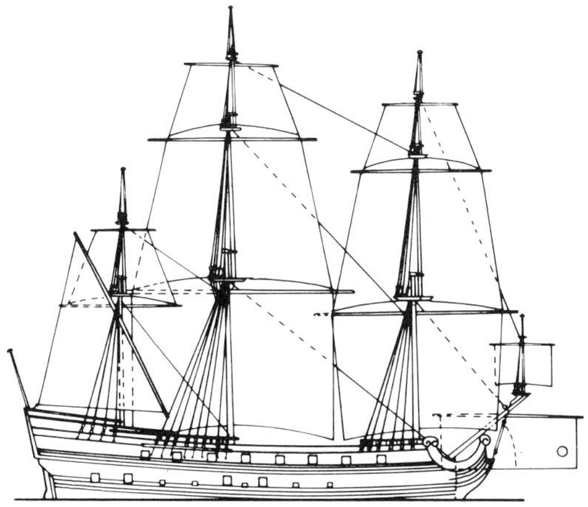

(b)

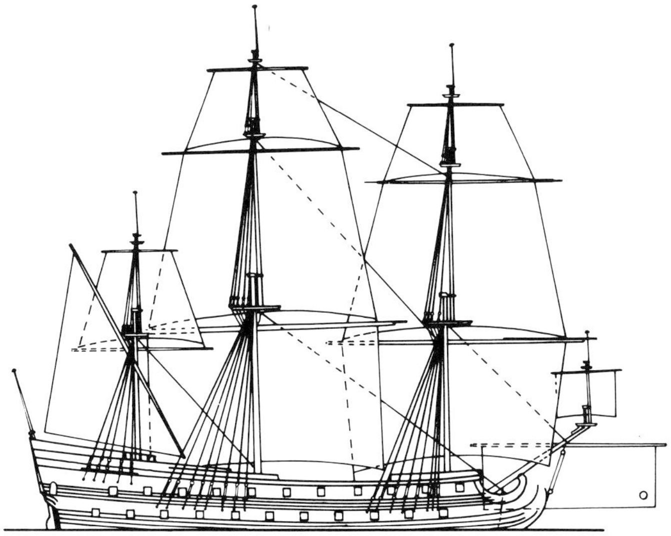

(c)

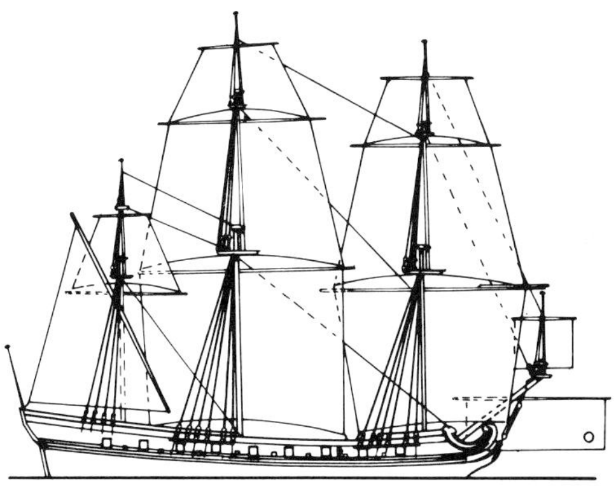

(d)

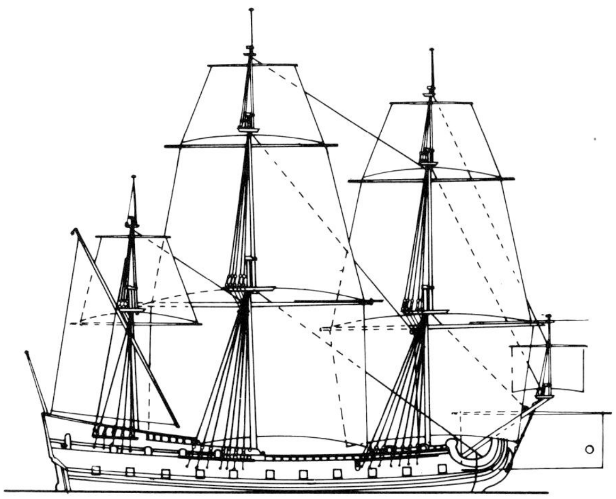

(e)

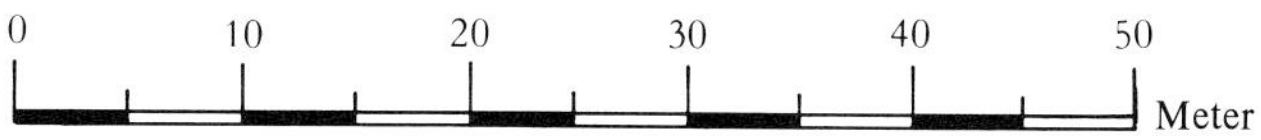

135. Vergleichende Seitenansichten französischer Schiffe des 17. Jahrhunderts:
(a) *Le Fendant*, 2. Klasse und 2. Ordnung, 60 Kanonen, 1700 in le Havre gebaut.
(b) Ein nicht identifiziertes Schiff 3. Klasse und 1. Ordnung, 48 Kanonen.
(c) *La Capricieux*, 4. Klasse, 34 Kanonen, 1689 in Dünkirchen gebaut.
(d) Ein nicht identifiziertes Schiff 5. Klasse, 24 Kanonen.
(e) Eine nicht identifizierte Fregatte.

Das französische Klassensystem wurde 1661 eingeführt. Die ersten drei Klassen wurden nochmals in ‚orders' (Unterklassen/Ordnungen) eingeteilt. Als die Schiffe später immer größer wurden, änderte man die Klassen nochmals. Zu dieser Zeit gab es jedoch keine 6. Klasse. Schiffe, die größer als die hier gezeigten waren, gehörten zur 2. Klasse. Die innerhalb dieser Klasse zur 1. Ordnung zählten, hatten bis zu 70 Kanonen. Schiffe mit mehr als 70 Kanonen zählten zur 1. Klasse.

136

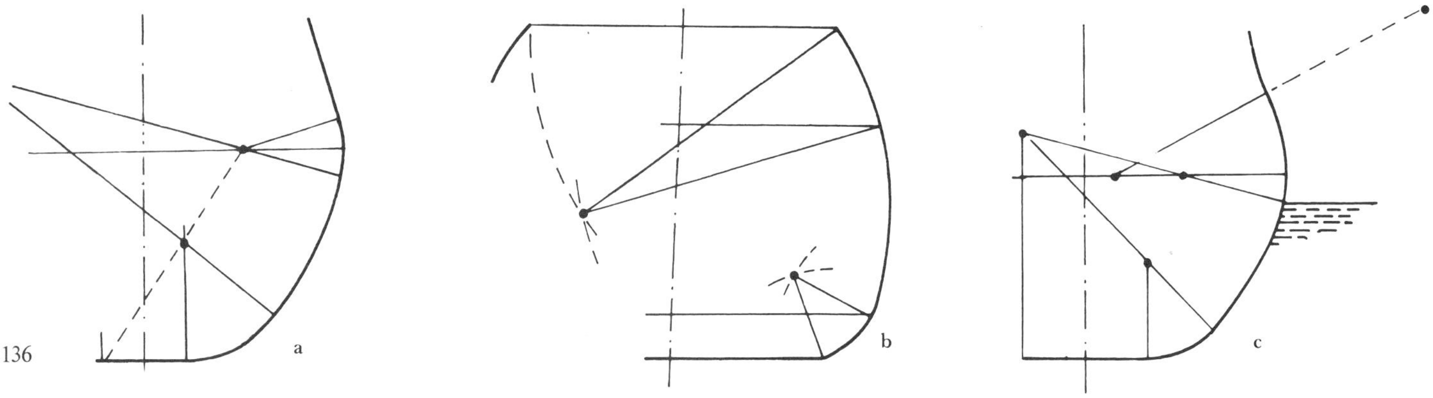

dieser Neuerung ist vage, die Einführung auf englischen Schiffen, gleich welcher Klasse, erfolgte nur schleppend. Die *Royal Katherine* besaß 1664 einen binnenbords führenden Ruderkopf, an *Navy Board-Modellen* späterer Schiffe wird jedoch der alte Typ weiterhin festgestellt.

Die Verzweigtheit der Heckaufbauten entwickelte sich im ersten Vierteljahrhundert rapide. Das Heck zur Zeit Elizabeths waren grundsätzlich zwei glatte Flächen, von denen die obere etwas vor und über der unteren stand. Mit dieser war es durch eine runde Gillung verbunden. Quer zum Heck und entlang des Achterschiffs verlief eine Galerie, die etwas höher lag als die Ebene des Oberdecks. Mit Jahrhundertbeginn waren auf großen Schiffen zwei Galerien üblich, von denen die untere in der Ebene des Mitteldecks saß. Die *Prince Royal* hatte sogar drei Galerien. Schwedische und dänische Schiffe scheinen eine oder zwei Galerie(n) gehabt zu haben. Auf englischen Schiffen wurden schon bald nach 1600, wenn nicht schon
252 früher, die ersten Schritte vollzogen, die Galerien zu schließen, denn die frühe englische Pinasse auf der Illustration hat teilweise überdachte Achtergalerien. Falls es zwei Galerien gab, ist es allerdings möglich, daß nur eine mit einem Verdeck versehen war. Auf *Prince Royal* war die mittlere Galerie rundherum geschlossen, die untere und obere offen. Der nächste Entwicklungsschritt war, daß alle Heckgalerien völlig, die Achterschiffsseitengalerien teilweise geschlossen wurden. Die Klärung der Entwicklung der Heck- und Achterschiffsgalerien ist mit großen Schwierigkeiten verbunden, und da dieses mit der zeitgleichen Mode der Dekorationen eng zusammenhängt, ist die Zeit reif für eine erneute Prüfung aller Belege, speziell derjenigen, die sich mit den kontinentalen Schiffen befassen, die im Gegensatz zu den englischen Schiffen Hecks und Galerien unterschiedlicher Konstruktion besaßen.

Das Vorende der Schiffe des 17. Jahrhunderts änderte ebenfalls sein Aussehen, jedoch nicht so umfangreich wie beim Heck. Drei Bereiche waren betroffen:

□ Der Eintritt (der vordere Schiffskörperteil im Wasser).
□ Das Vordeckschott.
□ Der Schnabel selbst.

Der volle Bugeintritt wurde bereits erwähnt. Die Form des Vordeckschotts war durch die Bugkonstruktion vorgegeben. Die Hölzer des Schiffskörpers wurden in einer Ebene abgeschnitten, die mit dem Deck übereinstimmte, das über dem untersten Kanonendeck saß. Oberhalb dieser Ebene schloß die Back durch ein Schott ab, das direkt quer zum Bug saß. Das Schott war gewöhnlich flach, um ein Vorausschießen zu ermöglichen. Manchmal war der untere Teil des Schotts nach außen gewölbt und nur der obere flach. Mindestens eine Tür gab den Zugang zum Kopfende frei. Sie saß gewöhnlich in der Mitte des Schotts, denn der Bugspriet führte bis nach 1670 immer noch an der Steuerbord-Seite der Schiffsmittellinie entlang. Die Tür kann durch Kanonenpforten flankiert gewesen sein und manchmal saß auch eine Veranda darüber. Auf Zweideckern gab es oft ein Paar Kanonenpforten im Oberteil des Vordeckschotts. Auf *Prince Royal* saß der obere Teil des Schotts etwas zurück, so daß sich davor eine Art Plattform bildete. Diese befand sich in der Ebene des Spardecks. Allgemein gesprochen waren die späteren Vordeckschotte flach. Aber es gibt eine interessante Ausnahme. Die *Royal Charles* von 1673 besaß in der Ebene des Überdecks zwei halbkreisförmige Galerien auf dem Schott.

Der Schnabel selbst war ebenfalls Änderungen unterworfen. Im späten 16. Jahrhundert hatte er eine lange und schmale Ausführung und setzte die Linie der Barkhölzer fort, eine Art, die während der Stuart-Zeit* benutzt wurde und die bis mindestens 1650 währte. Einen ähnlichen Vordeckstil findet man auf niederländischen, dänischen und schwedischen Schiffen. Er scheint dort länger benutzt worden zu sein als auf englischen Schiffen. Ende des 16. Jahrhunderts waren die englischen Vordecks niedrig und hatten einen flachen Querschnitt. Um 1600 änderte sich das in einen v-förmigen Trog. 40 Jahre später wurde der Schnabel heraufgesetzt. Es folgte ein Wechsel in der Wölbung, was eine Konsequenz daraus gewesen sein mag. Desgleichen kürzte man das Galionsknie. Der Nutzeffekt dieser ganzen Änderungen lag darin, daß der Schnabel eine andere v-Sektion erhielt. Um 1655 war diese neue Form allgemein üblich. Während des restlichen Jahrhunderts wurde das Galionsknie dann verstärkt und der vordere Ausfall reduziert. Mit der Zeit rundete man das Knie immer mehr ab bis der obere Teil fast senkrecht war. Wie das Heck, waren der Schnabel und das Vordeckschott Gegenstand üppiger Ausschmückungen, eine Sache, die im Abschnitt über die Dekorationen behandelt werden wird.

Bei den Schiffsseiten gab es keine strukturellen Veränderungen. Der Wölbungsgrad nach innen oder des Einfalls blieb vielfach unverändert, obwohl er bei einigen Schiffen anderer Länder, z.B. niederländischen, stärker ausgeprägt war. Auf letzteren hatte man die Oberseiten gewöhnlich ausgehöhlt (konkav), obwohl einige Schiffbauer sie auch flach (aber nicht senkrecht) gestalteten. Ein Merkmal, das sich änderte, waren die Barkhölzer. Wie auch im 16. Jahrhundert – und wahrscheinlich schon seit sie erstmalig eingebaut worden sind – liefen sie im Bogen eines konzentrierten Kreises als Versteifungen der Länge nach vom Bug zum Heck. Das unterste Barkholz begann am Heckspiegel über dem Kopf des Hecks, bog nach unten, erreichte kurz vor dem Punkt der größten Breite die Wasserlinie und verlief dann nach oben zum Bug. Barkhölzer waren für gewöhnlich im Abstand von 3 ft (0,9 m) gelegt. Als man dann anfing, Kanonenpforten einzubauen, müssen sich die Abstände jedoch geändert haben. Das unterste Barkholz war zugleich das breiteste und dickste. Bilder zeigen manchmal ein Barkholz, das tiefer sitzt als dort, wo normalerweise das unterste liegt. Das kann natürlich ein zusätzliches Barkholz sein, ist jedoch möglicherweise nichts als das Beispiel einer Gurtung, d.h. die Festigung des Schiffskörpers durch einen dicken Balken um ihn herum zur Stabilitätserhöhung in der Wasserlinie. Auf der *Sovereign of the Seas* waren die Barkhölzer zu Paaren angeordnet, eine Bauweise, die auf englischen Schiffe Standard wer-

* Der Zeitraum, in dem das Haus Stuart in England regierte, währte von 1603 bis 1714. In diese Zeit fiel aber auch der Bürgerkrieg, wo England für 11 Jahre Republik war. (Anm. d. Übers.)

136. Methoden zur Layout-Bestimmung des Hauptspantes.
(a) Traditionelle englische Verfahrensweise, wie man sie auch bei Matthew Baker findet. Es ist das Dreikreissystem, das man Anfang des 17. Jahrhunderts immer noch anwandte.
(b) Nach Furttenbach, 1629.
(c) Methode nach Deane, aus seinem *Doctrine* von 1670.
(d) Typisch niederländische Methode, nach Witson, 1671
(e) Vergleich eines typisch englischen (durchgehende Linie) mit einem niederländischen Hauptspant.

137. Die Abmessungen von drei 1633/34 in Göteborg gebauten schwedischen Schiffen*

	Göta Ark 78 Kanonen gebaut 1634	*Jupiter* 36 Kanonen gebaut 1633	*Göteborg* 32 Kanonen gebaut 1633
A Kieltiefe	55,88 cm	50,79 cm	40,64 cm
Kielbreite	58,42 cm	55,88 cm	48,26 cm
Kiellänge	39,62 m	32,31 m	27,74 m
Länge vom Vorsteven bis zum Achtersteven	51,21 m	42,06 m	36,58 m
B Breite auf den Planken	12,19 m	10,60 m	8,23 m
C Höhe Oberkante Kiel bis Oberkante Raumbalken	3,35 m	4,57 m	3,96 m
D Vom Raumbalken bis zum Balken unteres Deck	1,68 m	4,57 m	3,96 m
E Höhe zwischen Decks	2,13 m	2,29 m	1,91 m
F Bodenbreite	8,69 m	7,47 m	5,49 m
G Bodenanstieg	27,94 cm	25,4 cm	17,78 cm
H Hänger vid nagelen**	27,94 cm	25,4 cm	22,86 cm
Heckbalken	7,16 m	5,18 m	4,57 m
Von Unterkante Bug zum Kiel	5,18 m	4,27 m	3,66 m
Dicke Bodenbalken	38,1 cm	35,6 cm	27,93 cm
Dicke 2. und 3. Auflanger	27,93 cm	22,86 cm	17,78 cm
I Plankendicke	12,7 cm	10,2 cm	7,62 cm
K Barkholzbreite	91,4 cm	68,58 cm	45,7 cm
Barkholzdicke	22,86 cm	20,3 cm	17,78 cm
L Untere Decksbalken	38,1 cm	35,6 cm	30,5 cm
M Mitteldecksbalken	30,5 cm	27,93 cm	22,86 cm
N Oberdecksbalken	25,4 cm	-	-
O Balkweger oben zum unteren Deck	22,86 cm	17,78 cm	12,7 cm
P Balkweger unten zum unteren Deck	15,2 cm	11,43 cm	8,89 cm
R Bauchdiele über Bodenwrangenkopf	15,2 cm	11,43 cm	8,89 cm
S Kielschweindicke	27,93 cm	22,86 cm	17,78 cm
Kielschweinbreite	7,62 cm	6,35 cm	5,08 cm
T Kimmwegerbalken nahe Kielschwein	15,2 cm	11,43 cm	8,89 cm
U andere Kimmwegerbalken im Raum	10,2 cm	7,62 cm	6,35 cm
Abstand zwischen den Decksbalken	1,22 m	1,22 m	1,22 m

* Alle Werte wurden bei Umrechnung von „ft" und „in" in „m" und „cm" abgerundet. (Anm. d. Übers.)

** Hänger vid nagelen = to hang at the nail. Eine ähnliche Passage gibt es im *The Seaman's Dictionary* von Mainwaring: „to overhang the nail". Die Bedeutung ist unsicher, aber es scheint sich darum zu handeln, daß die Schiffsseite an der Stelle ihrer größten Breite mit ihren Seiten in der Wasserlinie überhängt oder an einer anderen Stelle darunter.

137

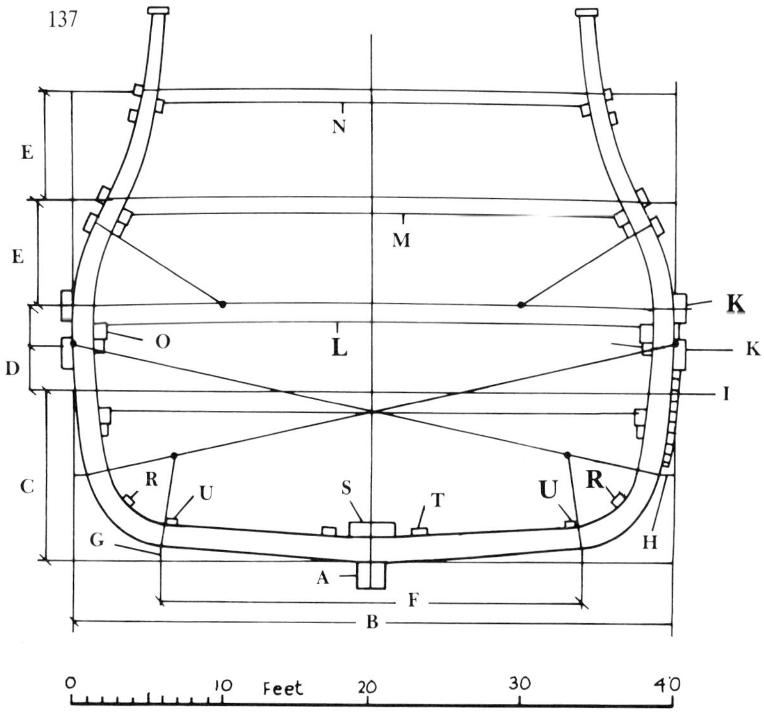

138

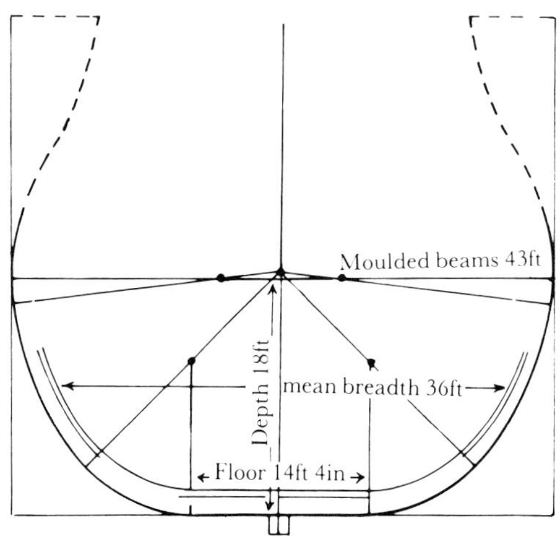

138. Der rekonstruierte Hauptspant der *Prince Royal* nach W. Salisbury.
(a) Breite auf den Spanten (gemallte Breite) 43 ft (13,11 m)
(b) durchschnittliche Breite 36 ft (10,97 m)
(c) Boden 14 ft 4 in (4,37 m)
(d) Tiefe 18 ft (5,49 m)

den sollte. Ausländische Schiffe verwendeten ihre Barkhölzer ebenfalls in Paaren. Nach einer Vorschrift saßen diese jedoch weiter auseinander als auf englischen Schiffen.

Kanonenpforten waren gewöhnlich quadratisch, aber auch rechteckige sind nicht ungewöhnlich. Die Größe der Pforten variiert ähnlich wie das Kanonenkaliber. Das *Treatise on Shipbuilding* führt für ein Schiff von 550 ts eine Größe von 30 in^2 (193,55 cm^2) an. Das entsprechende Kanonenkaliber ist jedoch nicht angegeben. Die 1634 gebaute *Leopard* von 515 ts hatte Pforten von 28 in (71,2 cm) Höhe und 26 in (66 cm) Breite. Die obersten Kanonenpforten und die im Vordeckschott waren manchmal rund. Bildnachweise mit sichtbaren runden Pforten sind jedoch mit Vorsicht zu genießen, da quadratische Pforten oftmals runde Kränze hatten, die ihnen das Aussehen kreisförmiger Öffnungen verliehen.

Die Informationen über die Schiffskörperform in der ersten Jahrhunderthälfte, die von Modellen und Zeichnungen stammen, werden durch die Entdeckung von Verträgen und anderer Spezifikationen für zu bauende Schiffe ergänzt. Das Früheste und wahrscheinlich Allerwichtigste ist ein Vertrag, den Christian IV. von Dänemark im Jahre 1613 für ein Schiff unterschrieb, das in Norddeutschland gebaut werden sollte. Das Schiff sollte eine Kiellänge von 90 ft (27,43 m) erhalten, 30 ft (9,14 m) breit sein und eine Raumtiefe von 10 ft (3,05 m) haben. Das Schiff sollte nur ein Kanonendeck erhalten (zur Aufnahme von 16 × 18 Pdr-Breitseitkanonen*). In der Kuhl war

* Das Kanonenkaliber bzw. die Größe des Geschützes ist nach dem Geschoßgewicht angegeben. (Anm. d. Übers.)

139. Der erste von Phineas Pett gebaute und 1610 vom Stapel gelaufene englische Dreidecker war die *Prince Royal*. Sie maß am Kiel 111 ft (33,83 m), in der Breite auf den Planke 43 ft (13,11 m) und hatte eine Raumtiefe von 18 ft (5,49 m). Mit ihren 1200 ts war *Prince Royal* um 200 ts größer als das nächstkleinere Schiff. Das Gemälde von Vroom mit dem Titel ‚The Arrival of the Elector Palatine at Flushing in 1613' (Die Ankunft des Kurfürsten von der Pfalz in Vlissingen 1613) zeigt das Schiff mit geringerem achteren Sprung als *Repulse* oder *Red Lion*. Die Linienführung des Schiffskörpers ist bereits eine Vorahnung der *Sovereign of the Seas*. Die *Prince Royal* unterscheidet sich durch eine Abstufung oder einen Fall an der Hinterkante des Mitteldecks. Die *Sovereign of the Seas* hingegen hatte drei glatte Decks. Die Schiffskörperform auf dem Bild Vrooms stimmt mit dem Plan eines frühen Dreideckers aus der Zeit Jakobs überein, der sich im National Maritime Museum befindet. Vroom gab seinem Schiff jedoch eine ‚Bonaventure'-Besanrah. Eine solche taucht in den Inventarien von 1611 nicht auf. Teile des Takelwerks sind unvollständig, z.B. gibt es keine Brassen an den Vor- und Großmarsrahen, auch keine Kreuzmarsrah, und Fock- und Großbrassen sind ebenfalls nicht zu sehen. Die fehlenden Brassen an der ‚Bonaventure'-Kreuzmarsrah stimmen allerdings mit den 1611er Inventarien überein. Die Rah wurde durch die Marsschoten geführt.

140. Eines der letzten Schiffe, die während der Regentschaft von Königin Elizabeth I. gebaut wurden, war die *Repulse*. Sie begleitete die *Prince Royal* 1613 nach Vlissingen, und dieser Ausschnitt des Vroomschen Gemäldes zeigt die Einfahrt in den Hafen. *Repulse* wurde 1610 umgebaut, folglich zeigt das Bild die modernisierte Form. Ob das tatsächlich auch so ist, ist zu bezweifeln, denn die Form der Heckgalerien und der große Sprung der Poop erinnern an niederländische Hecks. Bedeutender sind da schon die Unterschiede zwischen der gezeigten Takelung und den Inventarien der *Repulse* von 1611. In Übereinstimmung damit hatte die *Repulse* eine Begienrah, eine Besanmarsrah und einen ‚Bonaventure'-Besanmast mit Latein- und Marsrah. Auch ein Bugsprietoppsegel gehörte dazu, das Bugsprietende ist jedoch auf dem Bild nicht zu erkennen. Trotzdem müßte man einiges von der Takelung des Bugspriettoppsegels sehen, zumindest den Teil, der zum Vordeck zurückläuft. Auf der anderen Seite kann Vroom der *Repulse* eine Takelung späteren Stils gegeben haben, als der ‚Bonaventure'-Besanmast bereits weggefallen war, denn das Bild wurde ja erst 1625 angefertigt.

139

140

141

142

143

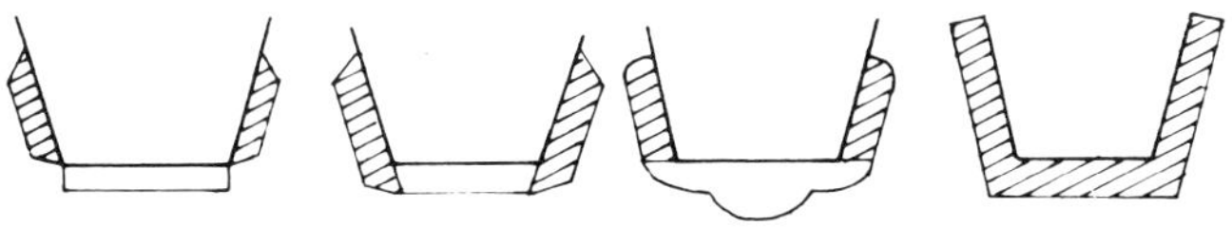

144

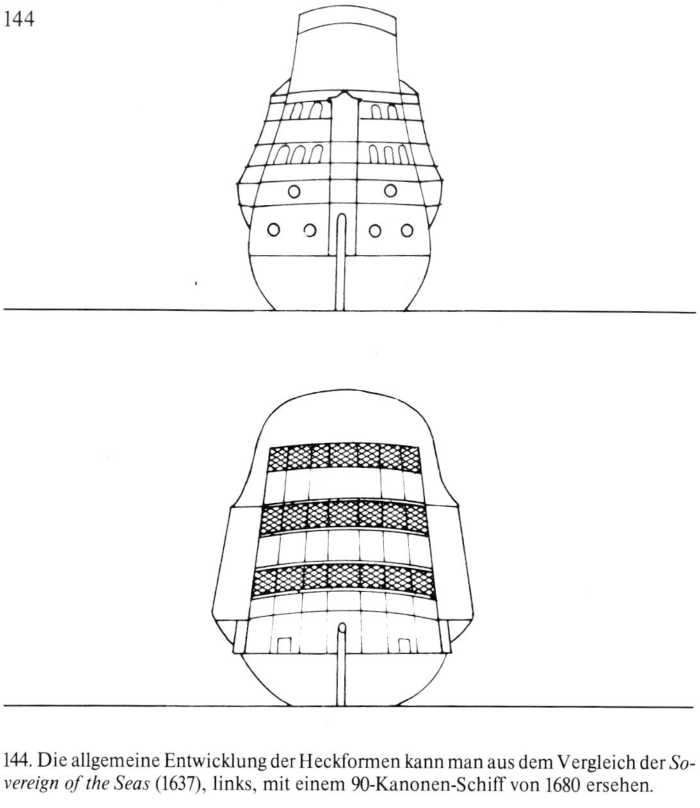

141. Eines der ältesten Kriegsschiffe Elizabeth I. die *Red Lion*, wurde 1609 einem Umbau unterzogen. Ihre Zierbemalung und Vergoldung kann aufgetragen gewesen sein, als sie in Begleitung der *Prince Royal* den Besuch in Vlissingen abstattete. Deren Heck ist rechts zu sehen. Wie im Fall des Bildes der *Repulse* gibt es auch bei *Red Lion* einige Eigentümlichkeiten. Sie trägt nur drei Masten, obwohl in den Inventarien des Jahres 1611 ein ‚Bonaventure'-Besanmast angeführt ist. Tatsächlich deutet die Position des Besanmastes auf eine Ähnlichkeit mit einem Viermaster hin. Es gibt kein Bugspriettoppsegel, obwohl sie 1611 eines besaß. Die Vorbramstenge fehlt, sie kann aber auch eingeholt gewesen sein. Kurz, so interessant das Bild auch sein mag, ist es doch von zweifelhafter Beweiskraft für das Aussehen eines der bekanntesten englischen Kriegsschiffe des Jahres 1613.

142. Die Heckzeichung eines Schiffes 3. Klasse um 1634. Sie stammt von W. van de Velde dem Älteren. Es ist ein frühes Beispiel für das englische Spiegelheck mit runder Gillung. Das ursprüngliche Merkmal dieses Hecks ist, daß die Plankenenden, die zum Heckspiegel hochlaufen, als Klinker zu sehen sind. Eine andere Bedeutsamkeit ist das sichtlich niederländische Aussehen des Hecks, trotz des englischen Königswappens und Monogramms C.R. An der Poopseite gibt es ebenfalls eine Klinkerplankenandeutung. (Die in den Niederlanden gebaute *L'Esprit* wurde 1627 den Franzosen bei Texel abgenommen. Aus ihr wurde die *St. Esprit*.)

143. Heck- und Achtergalerien (die gestrichelt dargestellten Teile sind geschlossen). Von links nach rechts: *Sovereign of the Seas*, 1637. *St. Michael*, 1669, untere und obere Galerien. Ein 80-Kanonen-Schiff von 1695.

144. Die allgemeine Entwicklung der Heckformen kann man aus dem Vergleich der *Sovereign of the Seas* (1637), links, mit einem 90-Kanonen-Schiff von 1680 ersehen.

ein Spardeck vorgesehen. Die Summe der Details über die Struktur und das Takelwerk macht diesen Vertrag zum vielleicht wichtigsten Informationsdokument aus der Zeit der Jahrhundertmitte. Es wurde 1928 als Übersetzung im *Mariner's Mirror* veröffentlicht[15]. Die frühesten englischen Spezifikationen sind die der *Leopard* und *Swallow* (478 ts), die 1634 gebaut wurden[9] und der *Sovereign of the Seas*. Da *Leopard* und *Swallow* überwiegend gleich groß waren, sind nur die Abmessungen ersteren Schiffes in der Tabelle wiedergegeben. Sie stehen dort gemeinsam mit den geplanten und tatsächlichen Daten der *Sovereign of the Seas*.
Die *Leopard* mit einem Boden von 0,4 zur Breite war ein Fahrzeug mit vollerem Schiffskörper als die *Sovereign of the Seas*, deren Boden nur 0,28 zur Breite maß. Die Abmessungen der *Leopard* sind denen des gemäß Vertrag von 1613 zu bauenden dänischen Schiffes sehr ähnlich. Die nächste englische Spezifikation ist die für die *Foresight* von 1649[16].
Obwohl nicht so detailliert wie die dänische, enthält sie eine Menge interessanten Materials. So verhält es sich auch bei einem niederländischen Bauauftrag von 1664. Beide Dokumente wurden im *Mariner's Mirror* veröffentlicht.

Spezifikationen für *Leopard* (1634) und *Sovereign of the Seas* (1637).

	*Leopard**	*Sovereign of the Seas** geplant	gebaut
Kiel	28,96 m	38,71 m	38,41 m
Tiefe vom Breitendurchmesser bis Kieloberkante	3,76 m	5,72 m	?
Breite auf den Planken	9,14 m	14,07 m	14,17 m
Breite am Spiegelheck	-	8,53 m	8,53 m
Tiefe vom Breitendurchmesser bis Unterkante Kiel	-	6,48 m	-
Raumtiefe bis Unterkante Tragebalken zur Seeling	-	-	5,18 m
Schwimmlinie vom Kielboden	3,89 m	5,72 m	5,94 m
Höhe des Breitendurchmessers über Wasserlinie	-	-	0,61 m
Bodenfläche	3,96 m	3,96 m	4,27 m
Gillung am Bodenwrangenkopf**	-	-	3,35 m
Gillung rechts der Mall (Auflangergillung)	-	-	9,44 m
Gillung zwischen Wasserlinie und Breitendurchmesser	-	-	3,05 m
Gillung über der Breite	-	-	4,27 m
Kieltiefe	0,48 m	0,76 m	?
Kiel- und Aufkimmung	-	0,76 m	?
Vorstevenausfall	9,30 m	11,58 m	11,43 m
Heckausfall	1,30 m	2,44 m	2,74 m
Höhe des Schnabels als Randsomholz	-	4,88 m	5,18 m
Höhe der Vorgangway	-	4,27 m	-
Höhe der niedrigsten Pforte über der Wasserlinie	-	1,52 m	1,52 m
Höhe des Pfortensülle über Deck	0,64 m	-	0,61 m
Höhe der Pfortensülle 1. Reihe	0,71 m	0,81 m	-
Höhe der Pfortensülle 2. Reihe	-	0,76 m	-
Höhe der Pfortensülle 3. Reihe	-	0,71 m	-
Breite der Pforten	0,66 m	wie Höhe	-
Abstand zwischen den Pforten	2,59 m und 2,74 m	3,05 m	einige 2,74 m andere mehr
Unterkante Pforte von der Linie der größten Breite	1,52 m	-	-
Höhe zwischen den Decks, 1. Deck	1,98 m	2,29 m	2,29 m
Höhe zwischen den Decks, 2. Deck	1,98 m	2,21 m	2,29 m
Abstand vom Breitendurchmesser zur Oberkante der Kuhl	4,12 m	-	-

* Die Werte bei der Umrechnung von „ft" und „in" in „m" wurden abgerundet. (Anm. d. Übers.)
** Gillung = Spantkreisbogen. (Anm. d. Übers.)

Außenbordausrüstung des Schiffskörpers

Anker und ihr Geschirr: Im Verlauf des 17. Jahrhunderts wurde der Kranbalken mehr und mehr zum festen Bestandteil der normalen Ausrüstung. Er diente zum Anbordhieven des Ankers. In seiner frühesten Form war es eine quadratische Holzbarkune (Vollkantholz), die im Winkel von etwas mehr als 45° zum Kiel saß und eine leichte Aufwärtsbiegung hatte. Das Kranbalkenende war lang genug, den Anker von der Schiffsseite klarzuhalten. Unterstützt wurde der Kranbalken von einer kräftigen Konsole, die fast bis zur unteren Vorschiffsreling reichte. Auf der *Prince Royal* bog sich das Konsolenende nach voraus, auf der *Sovereign of the Seas* war es fast senkrecht. Über die meiste Zeit der ersten Jahrhunderthälfte saßen die Kranbalken direkt unter dem Oberdeck der Back, manchmal auch in der Oberdeckebene, zu anderen Zeiten wiederum in Höhe des Oberdeckschanzkleides. Auf den neuesten englischen Schiffen wurden die Kranbalken nach 1660 auf dem Oberdeck der Back placiert und die Unterstützungskonsole abgerundet. Dadurch ging beides ineinander über und die Konsole stimmte mit der Reling überein.
An der Außenkante des Kranbalkens befanden sich zwei, manchmal auch drei Scheiben für das Ankertauwerk. Zusätzlich zum Kranbalken benutzte man Fischdavits*. Sie sind jedoch selten auf Bildern zu sehen oder bei Modellen verwendet. Daher kann nur wenig darüber gesagt werden. Ein Modell im National Maritime Museum Greenwich hat ein Paar Fischdavits an Bord. Es sind gerade, quadratisch geformte Hölzer. An den Außenkanten sitzen Scheiben, die Innenkanten werden von eisernen Bügeln gehalten. Sie befinden sich auf dem Backdeck.
Anker und Ankertaue sind streng genommen keine Beschläge, aber es ist üblich, sie als solche einzustufen. Die Schiffe führten normalerweise sieben Anker: einen Rüst(Haupt-)anker, vier Buganker, einen Stromanker (auch Wurf-/Warpanker genannt) und einen Kedgeanker**. Die Grundgrößen englischer Anker im ersten Vierteljahrhundert sind in einer entsprechenden Skizze dargestellt. Wenn man 151
sich auf Bilder verläßt, scheint es keinen festen Standard gegeben zu haben. Der Stock ist manchmal merklich länger als der Schaft, ein andermal viel kürzer. Das Verhältnis Armlänge/Schaft war unterschiedlich. Theoretisch war die Taugröße durch eine Vorschrift festgelegt. Diese besagte, daß das Rüsttau im Durchmesser ½ in (12,7 mm) pro Fuß der Schiffsbreite sein sollte. Die Taue jeder anderen Ankerart sollten in Abhängigkeit davon jeweils 1 in (2,54 cm) weniger messen. Wenn z.B. das Rüsttau 15 in (38,1 cm) war, hatten die Buganker einen von 14 in (35,6 cm) usw. In der Praxis hielt man sich nicht daran. Die Vorschrift mag auch nicht mehr gültig gewesen sein, denn bei der *Sovereign of the Seas* mit einer Breite von 46,5 ft (14,17 m) besaß das dickste Tau nur einen Umfang von 20 in (50,8 cm), und die kleine *Lion's Whelps* mit 25 ft (7,62 m) Breite besaß ein Rüsttau von 10 in (25,4 cm). Der Auftrag für das dänische Schiff spezifizierte bei einer Breite von 30 ft (9,14 m) ein Tau mit 14 in (35,6 cm).
Da wir uns schon mit den Tauen befassen, ist es zweckmäßig, auch auf die Ankerklüsen einzugehen. Diese saßen im Zwischendeck. Es ist jedoch unbekannt, welche Vorschrift festlegte, wieviele ein Schiff zu haben hatte. In der ersten Jahrhunderthälfte mögen gerade kleine Schiffe pro Seite ein Paar gehabt haben, große Schiffe hingegen nur eine Klüse. Später, und das ist auch nur ein grober Anhalt, hatten Eindecker einzelne Ankerklüsen, Zwei- und Dreidecker an jeder Seite ein Paar. Die Ankerklüsen hatten dicke hölzerne Einfassungen, als Klüsenpolster bekannt. Sie sollten die Reibung des Taues auffangen. Der letzte Gegenstand, der mit Ankern in Verbindung steht, sind die Schutzplankenlagen. Sie sind bekannt als Ankerfütterung *** oder auch ‚billboard' (Schweinsrücken). Das ganze war an

* Auch Fischgalgen oder Balkuner genannt. (Anm. d. Übers.)
** Ebenfalls Wurfanker/Warpanker genannt, aber auch Verhol- und Springanker. (Anm. d. Übers.)
*** Auch Ankerscheuerung, Schutz- oder Doppelungsplatten an der Außenhaut. (Anm. d. Übers.)

145. Das schöne Modell der *Prince*, eines 100-Kanonen-Schiffes, das 1670 gebaut wurde. Es ist eines der besten Modelle englischer Schiffe 1. Klasse und eines der ganz wenigen, die ohne irgendwelche Zweifel klar zu identifizieren sind. Die Abmessungen der *Prin-* die ohne irgendwelche Zweifel klar zu identifizieren sind. Die Abmessungen der *Prince*: Kiel 131 ft (39,93 m), Breite 45 ft 9 in (13,95 m), Raumtiefe 19 ft (5,79 m). Der Tiefgang betrug 19 ft 6 in (5,94 m). Das entsprach einer Tragfähigkeit von 1463 ts. Die Armierung bestand aus 26 x 42 Pdr im unteren Deck, 28 x 18 Pdr im Mitteldeck und 28 x 9 Pdr an Oberdeck. Auf dem Achterdeck befanden sich 10 x 6-Pdr-‚Sakers', vier weitere auf dem Backdeck. Auf der Poop standen 4 x 3 Pdr. Das Takelwerk des Modells ist neu und genau nach den Proportionen, die im *A Doctrine of Naval Architecture* von Deane aus dem Jahre 1670 für Schiffe 1. Klasse niedergelegt worden sind, gefertigt.

146

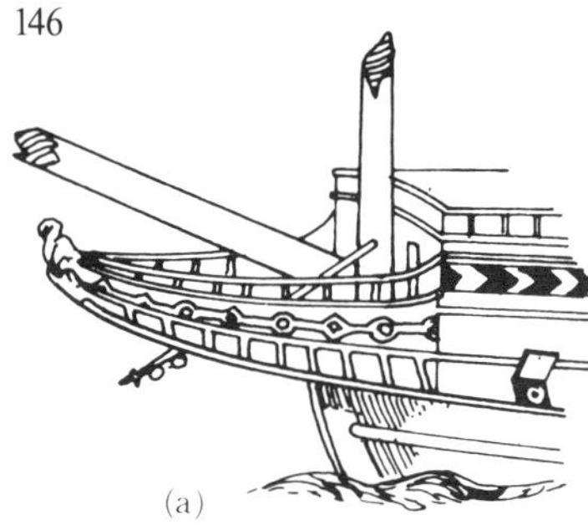

(a)

(b)

(c)

(d)

146. Das Vordeck (Schiffsschnabel)
(a) Ende 16. Jahrhundert.
(b) Änderung des Querschnittes. Von links nach rechts: um 1580, um 1600, Mitte 17. Jahrhunderts.
(c) *Prince* 1670.
(d) *Royal Charles* 1673.

147. Der Bug der *Prince.* Zu dieser Zeit wurden bei denjenigen Schiffen Reiterfiguren festgestellt, die den Namen eines Mitglieds der Königlichen Familie trugen. Dieses Foto und (145) zeigen die ausgedehnte Länge, die die Dekorationen in der zweiten Hälfte des 17. Jahrhunderts hatten.

der Schiffsseite angebaut, und zwar dort, wo die Ankerflügel beim Hieven eingefangen wurden und war gerade dick genug, den Raum zwischen den Barkhölzern auszufüllen. An der Oberkante saß ein dickes winkliges Holzstück. Das sollte den Anker von den Rüsten klarhalten. Trotz des deutlichen Nutzens der Ankerfütterung
170 erschien sie erst im letzten Vierteljahrhundert. Am Modell der *St. Michael* von 1669 ist sie nicht zu sehen, das Modell eines 90-Kanonen-Schiffes von 1675 zeigt jedoch die Urform der Fütterung. Um 1691 war sie dann in ihrer vollen Entwicklungsform in Benutzung.

Rüsten: Auf den ersten Ein- und Zweideckern saßen die Fock- und Großrüsten auf dem Barkholz über der oberen Kanonenreihe, und falls es ein Paar Barkhölzer gab, auf dem oberen der beiden. Die Spannreihen liefen zum unteren des Paars. Besanrüsten waren ein Deck höher als die anderen placiert. Als die ersten Dreidecker gebaut wurden, verblieben die Fock- und Großrüsten an ihrem traditionellen Platz, der nun das Barkholz unmittelbar unter der obersten Kanonenreihe war. Die Anbringung der Besanrüsten auf der *Prince Royal* ist nicht leicht erkennbar, ihr Bild läßt jedoch vermuten, daß sie in der Ebene des Spardecks saßen. Die *Sovereign of the seas* hatte ihre Fock- und Großrüsten am oberen Barkholz des mittleren Paares, die Besanrüsten saßen ein Deck höher. Diese Anordnung blieb für den Rest des Jahrhunderts englischer Standard. Die kontinentale Praxis war unterschiedlich. Schon 1626 führten die Franzosen ihre Fock- und Großrüsten am Barkholz über den Oberdeckskanonen und die Besanrüsten ein Deck höher. Auf niederländischen Schiffen war es üblich, die Fock- und Großrüsten aufs zweite Barkholz, oberhalb des Zwischendecks und der Kanonen zu setzen. Da das Barkholz einen Sprung machte und die Kanonenreihe des Oberdecks kreuzte, war das Ergebnis, daß die Großrüste durchtrennt werden mußte, denn die Kanonen benötigten freies Schußfeld. Es währte noch fast bis zum Jahrhundertende, bis die Rüsten auf niederländischen Zweideckern über die Oberdeckskanonen versetzt wurden. Die dänische Praxis war ähnlich, jedoch saßen die Rüsten höher. Sie brauchten nicht getrennt werden. Um sie an der Schiffsseite besser verankern zu können, hatten englische Rüsten – und wahrscheinlich auch die auf Schiffen anderer Staaten – an den Unterseiten runde Eisenstützen. Die Länge der Rüsten, abgenommen von den Jungfern/Jungfernblöcken, betrug etwa $\frac{2}{5}$ der senkrechten Höhe der Längssalinge des Großmastes über Deck. Etwa $\frac{1}{3}$ war es bei den Fockrüsten bezogen auf den Fockmast und zwischen $\frac{1}{2}$ der Spreizung der Großjungfern und $\frac{1}{2}$ der Jungfern der Fockrüsten für die Besanrüsten. Die Rüsten standen unterhalb der Endjungfern, über den Daumen gepeilt etwa auf halbem Wege zwischen einem Paar Jungfern hervor. Soweit es möglich war, behielt man diesen Platz bei. Trotzdem mußte er etwas abgeändert werden, nachdem das Risiko der Beschädigung durch den Mündungsdruck der Kanonen immer mehr wuchs. Die Breite der Rüsten war erforderlich, um die Wanten von den Seiten klarzuhalten. Ihre Dicke war hingegen gewöhnlich halb so groß wie die des Barkholzes, an dem sie befestigt waren.

Fender/Ladeschlitten: Um die Jahrhundertmitte herum begann man, an der Außenseite des Schiffskörpers, in der Kuhl, ein Paar senkrechte ‚riders' (Kattsporen)* anzubauen. Das war eine eigentümliche Praxis der Engländer, denn bis zum nachfolgenden Jahrhundert fand man – mit Ausnahme bei den Franzosen – nichts ähnliches bei kontinentalen Schiffen.

Die Aufgabe der Kattsporen lag darin, eine Art Schienenstrang nach oben zu bilden, so daß man die Beiboote einholen konnte ohne mit den Barkhölzern zu kollidieren. Die Kattsporen erstreckten sich von der Schanzreling zum obersten des untersten Barkholzpaares und hatten genügend Abstand zueinander. Die eine saß mittschiffs, die andere vom Bug gerechnet auf $\frac{1}{3}$ der Kanonendecklänge. Als nächstes wurde eine dritte Kattspor eingebaut. Sie kam etwa 3 ft (0,9 m) vor das hinterste des Originalpaares. Vor dem Jahrhundertende kam schließlich ein viertes Paar hinzu. Man placierte es etwa in die Mitte zwischen der vordersten Kattspor und dem Paar, eine Anordnung, die bis zur Abschaffung der Fender im 19. Jahrhundert unverändert blieb. Ungeachtet der Wichtigkeit der Fender erfolgte ihre Einführung nur schleppend. Wenn man dem Zeugnis der Modelle folgt, be-

* Kattspor = Schiene, die englische Bezeichnung ‚riders' umfaßt sowohl die auf Spanten angebrachten Diagonalschienen als auch die Kattsporen, d.h. lange Flacheisenstücke, die sich über die Wegerung vom Ende eines Raum- oder Undeckbalkens bis zur unteren Kimm erstrecken. (Anm. d. Übers.)

148

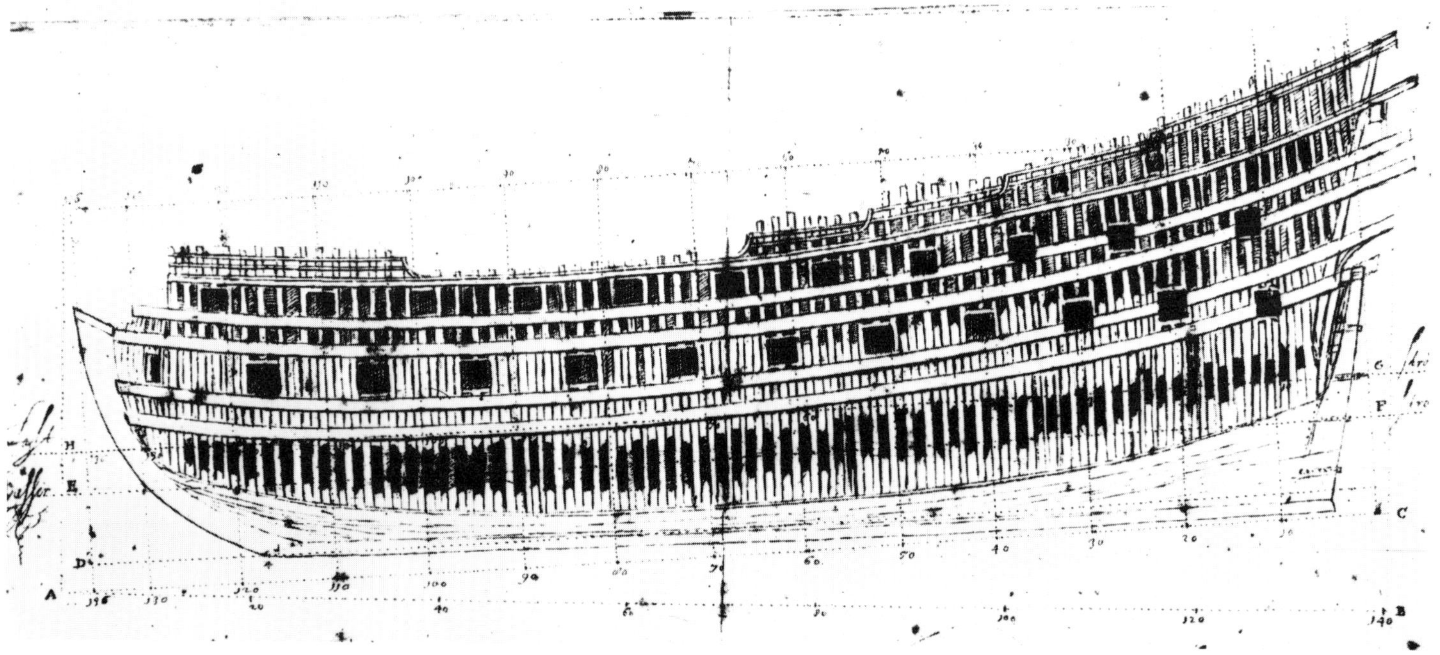

148. Der niederländische Plan eines 46-Kanonen-Schiffes aus der zweiten Hälfte des 17. Jahrhunderts, der von Johannes Sturckenburgh gefertigt wurde. Das Schiff maß im Kanonendeck 136 ft (Amsterdamer Fuß)*. Der Plan zeigt das Fahrzeug auf der Stapellaufbühne (Helling). Die vergleichsweise leichte Schiffskörperkonstruktion über dem Hauptdeck erklärt, warum niederländische Schiffe im Gefecht mit englischen Schiffen gleicher Stärke so oft schwere Schäden davon trugen.

149. Das Schiffinnere von (148). Diesmal ist es im Wasser liegend gezeichnet. Der Tiefgang ist hinten etwa 15 in (38,1 cm) größer als am Bug. Der Schiffskörper zeigt mehrere Unterschiede zu englischen Schiffen. Der Decksprung zum Heck ist größer als auf englischen Fahrzeugen, der Besanmast hat seine Spur am Kiel. Auf englischen Schiffen befand sich diese oftmals im Hauptdeck. Es gibt an der Vorkante der Back große geschnitzte Köpfe. Man beachte, daß die Skizze freihand gefertigt wurde, bis zum 18. Jahrhundert ein Merkmal niederländischer Pläne.

* 1 Fuß/Foot = 0,281 m. (Anm. d. Übers.)

150. Längsschnitt und Decksplan eines Schiffes 3. Klasse aus *A Doctrine of Naval Architecture* von Anthony Dean (1670). Beides stellt einen interessanten Vergleich zu den niederländischen Plänen dar. Der Schiffskörper hat einen größeren Sprung. Die Decks sind jedoch nur angepaßt, damit das Wasser schneller ablaufen kann. Von den vielen interessanten Merkmalen des Planes sind besonders anzuführen: Doppelholzpoller im unteren Deck, Doppeltrommelspill in der Kuhl und ein Eintrommelspill zwischen Groß- und Besanmast im unteren Deck. Beide Spille besitzen noch den altmodischen Trommelkopf mit wenigen Spakenlöchern. Die gebogenen Verkehrsleitern sind ein Merkmal, das auf zeitgenössischen Modellen nicht oft zu sehen ist. Das Schiff hat den Bugspriet an der Steuerbord-Seite des Fockmastes abgesetzt und folglich auf der gleichen Seite des Vorschiffdecks. Der Besanmast sitzt auf dem Kiel. Es war allerdings in dieser Zeit nicht unüblich, ihn im unteren Deck abzusetzen.

151. Ein Anker um 1600, der von J.T. Tinniswood rekonstruiert wurde. Er basiert auf einer Kombination von Bildbeweisen und dem *Dictionary* von Mainwaring. Der Winkel der Arme ist 60°. Der Flunken CD ist halb dem Arm AC und der Schaft 3 x Flunken plus 1/2 der Breite CE. Die Schaftdicke ist 1/11 der Länge im Mittelpunkt.

149

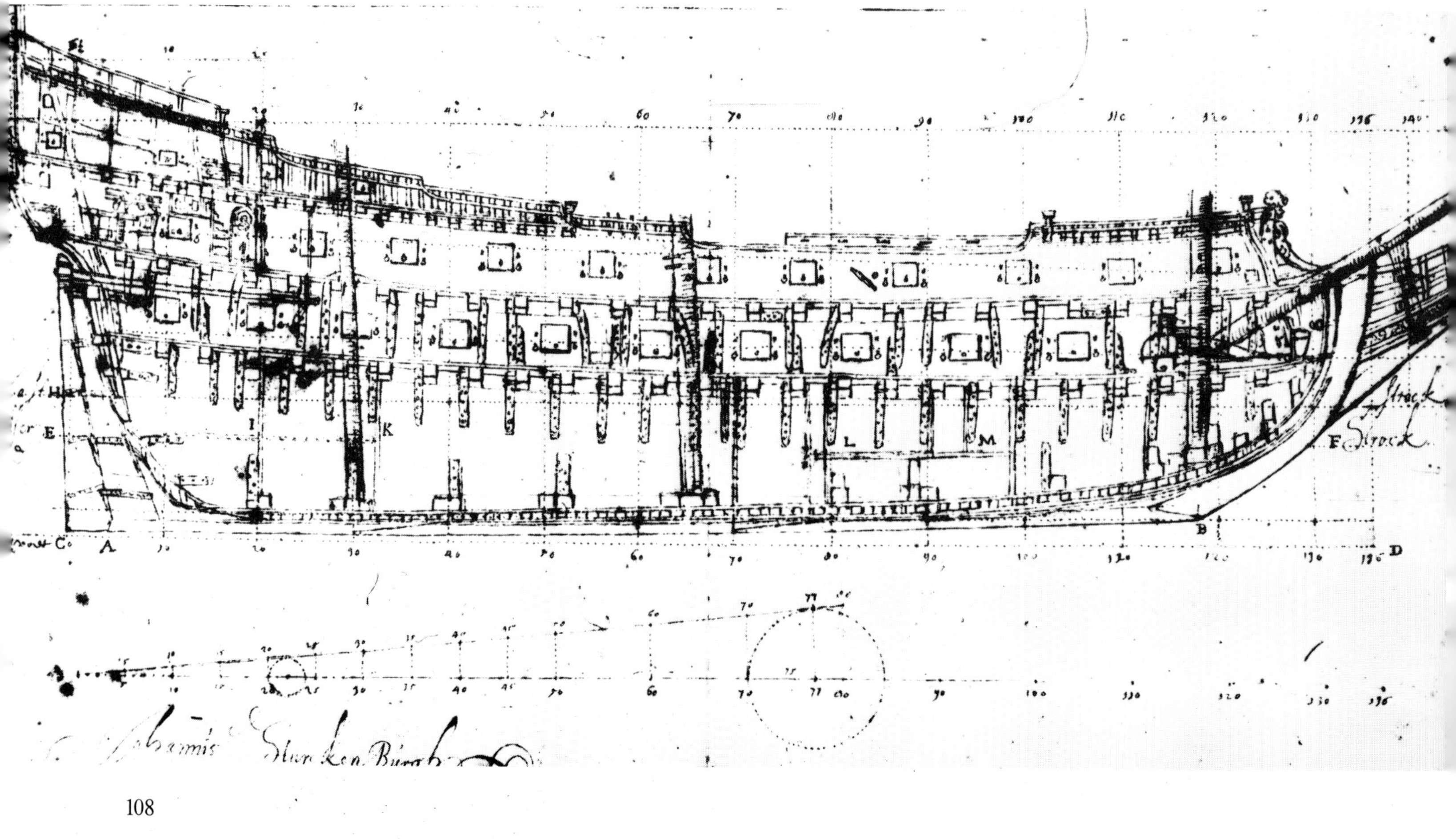

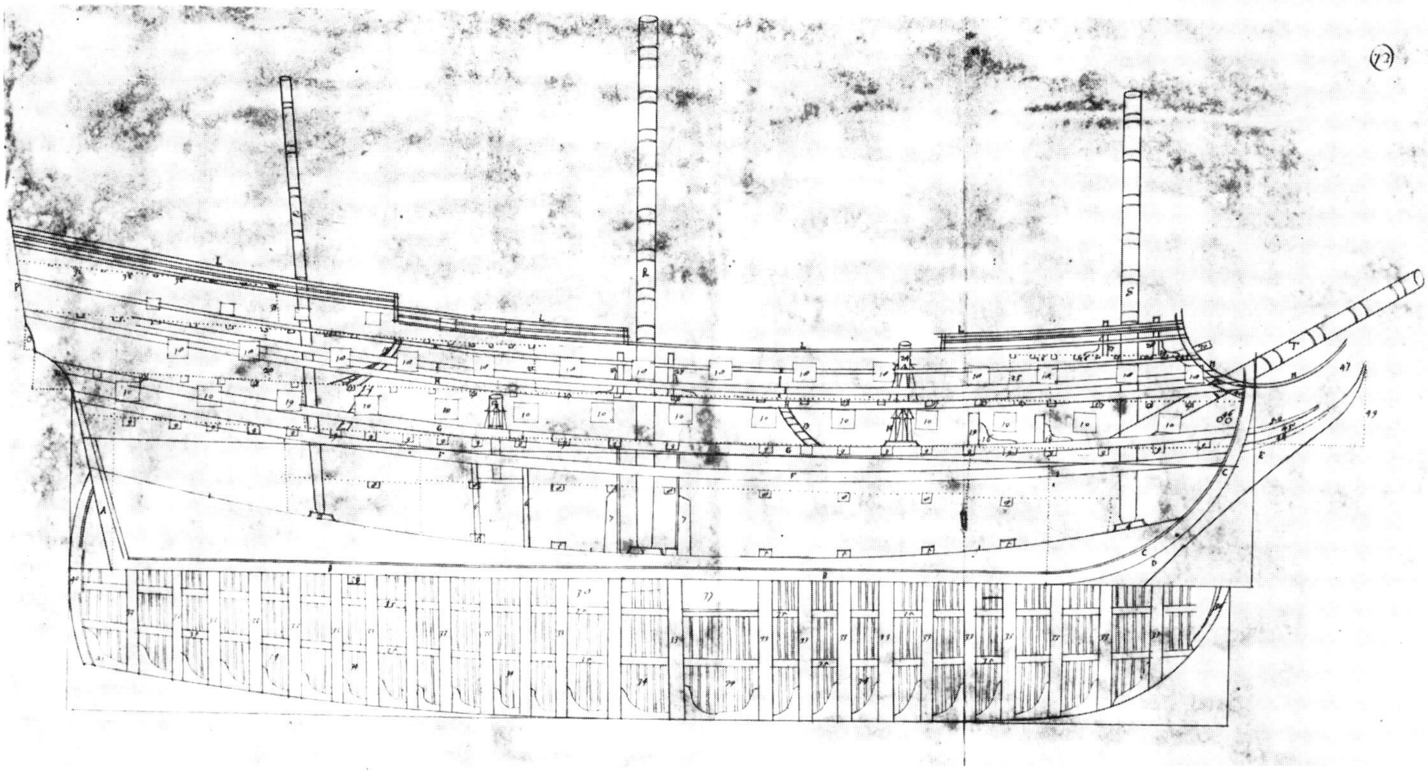

150

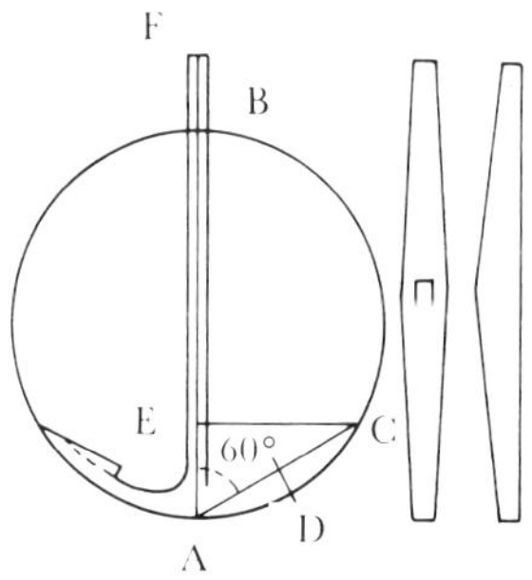

151

152. Das Modell repräsentiert ein Schiff der größten niederländischen Kriegsschiffsklasse (um 1665) und gleicht einem Fahrzeug mit einer Kanonendecklänge von 154 englischen ft (46,94 m) und einer Breite von 42 ft (12,80 m). Es gibt Pforten für 76 Kanonen, es scheinen jedoch nur 70 mitgeführt worden zu sein. Der Schiffskörper hat den flachen Tiefgang, der für die niederländischen Schiffe dieser Zeit typisch ist. Andere Merkmale, die das Schiff von zeitgenössischen englischen Fahrzeugen unterscheiden, sind die Klinkerbeplankung der Oberseiten und die geringe Fensterzahl in den Achtergalerien. Das Modell ist eine genaue Maßstabkopie (1:2) des zeitgenössischen Modells, das sich im Hohenzollernmuseum, Berlin befand. Die Masten und Rahen haben die gleichen Proportionen wie das Originalmodell, das Takelwerk wurde in Übereinstimmung mit zeitgenössischen Daten durch den verstorbenen Dr. R.C. Anderson hinzugefügt.

152

stätigt sich diese Annahme, denn erst nach den 1670er Jahren kann man bei diesen Fender als normale Ausrüstung finden.

Eingangspforten: Bis zum Aufkommen der Dreidecker betrat man ein Schiff über eine Leiter an der Schiffsseite. Das dritte Deck machte diese Art Schiffszugang geradezu gefährlich, insbesondere, wenn das Schiff schlingerte. Irgendwann um 1610 setzte sich die Idee durch, ins Mitteldeck eine Tür einzusetzen. Die Eintrittspforte der *Prince Royal* (sie ist als erste erwähnt) befand sich an der Backbord-Seite. Die *Sovereign of the Seas* hatte ihre Eintrittspforte ebenfalls an der Backbord-Seite. Wie es sich für dieses Schiff gehörte, war sie reich verziert. Die ersten Eingangspforten standen an den Seiten nicht hervor, aber mit der Zeit erhielten sie eine Art Baldachin über dem Zugang und eine kleine Plattform davor. Somit wurde der Zutritt erleichtert. Die Eingänge erreichte man über eine Reihe hölzerner Stufen, die als Querhölzer an die Schiffsseite genagelt waren. Für wichtige Persönlichkeiten ließ man sicherlich eine Gangway herab. Die Geschichte der Eingangspforten ist ziemlich verworren. Es scheint, daß nur eine vorhanden war, die an der Backbord-Seite saß. Zumindest war es so bis in die 1660er Jahre, denn das früheste Beispiel einer Pforte an Steuerbord ist am Modell der *Royal James* von 1671 zu sehen. Ab Mitte der 1670er Jahre besaßen Dreidecker zwei Eingangspforten und am Jahrhundertende einige der 80-Kanonen-Zweidecker an jeder Seite eine. Wie die Kattsporen scheinen die Eingangspforten eine englische Eigenart gewesen zu sein.

Speigatts: Diese gebräuchlichen Teile sind selten auf Plänen oder Bildern zu sehen. Man findet sie auch bei keinem Modell. Sie scheinen einen Durchmesser von etwa 3 in (7,62 cm) gehabt zu haben, vielleicht auch etwas mehr. Sie bestanden entweder aus Bleirohren oder durchbohrten Holzstücken, die mit Leder oder Blei ausgefüttert waren. Auf der *Dartmouth* hatten die Bleispeigatts eine Neigung von 25°, sie saßen in den Decks an den untersten Stellen und es scheinen sechs gewesen zu sein. Die Austrittsöffnungen waren mit Lederlappen verdeckt, die wie Rückschlagklappen wirkten oder hatten aufgesetzte Lederkappen. So wurde verhindert, daß Wasser von außen eintrat, falls das Schiff überholte.

Pfortenklappen: Auf niederländischen Schiffen und denen der
165 Ostseestaaten waren die Klappen der Kanonenpforten gebogen. Damit glich man den großen Seitenausfall aus. Auf englischen Schiffen waren sie zum Jahrhundertanfang hingegen flach. Die unterschiedliche Dekoration wird später erläutert werden.

154

155

156

153. Ein 70-Kanonen-Schiff aus dem Ende der 1690er Jahre, kleiner als die *Prince* und bescheidener geschmückt. Die Stückpfortenklappen des Oberdecks sind an ihren Oberkanten aufgehängt.

154. Die Eingangspforte der *Prince* und andere Einzelheiten der Breitseite. Die vertikal aufgehängten Pfortenklappen sind ein interessantes Detail. Sie sind auf dem Bild von Van de Velde (172) nicht zu sehen. Die Klappe der Mitteldeckpforte hinter der Eingangstür wurde dort vermutlich eingebaut, weil eine wie üblich oben aufgehängte die Reeps der Jungfernblöcke beschädigt hätte.

155. Das Backdeck der *Prince*. Die verzierte Struktur in der Schiffsmitte ist der Glockenstuhl. Im Hintergrund ist die riesige Lasching für das Großstagende zu sehen. Das Spill ist von der altmodischen Art, deren Spaken durch die Trommel hindurch gehen. Die unterste Spake sitzt so tief, daß die Männer sicherlich nicht in der Lage gewesen wären, ihre volle Kraft daran anzusetzen.

156. Der Großmast und das Achterdeckschott der *Prince*. Die Poller haben noch immer herausgearbeitete geschnitzte Köpfe, die ihnen früher den Namen ‚knight' gegeben haben.

157. Englische Glockenstühle. Oben: *St. Andrew* 1670, unten: *Mordaunt* 1682

158. Küchenschornsteine.
(a) Anfang 18. Jahrhundert, folglich auch schon Ende des 17. Jahrhunderts in Gebrauch.
(b) Um 1692.
(c) Auf einer Yacht von 1690.
(d) Auf einer Yacht um 1690.

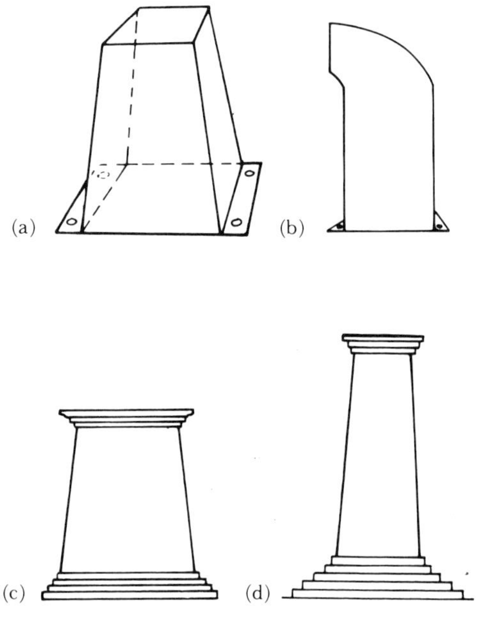

Innere Schiffsausrüstung

Schotte: Bis in die 1650er Jahre war es üblich, anstelle von Schotts im Backdeck, Halbdeck und Achterdeck drei halbkreisförmige Buchten vorzusehen. Diese hatten Öffnungen für kleine Kanonen und Handwaffen. In der Commonwealthära (die Zeit der englischen Republik unter Cromwell, 1649–1660) schaffte man sie jedoch ab und ersetzte
155 sie durch flache Schotte. Weil allerdings Kammern (Kajüten oder Kabinen) gegen die Schottenden gebaut wurden, blieb die Form weiterhin buchtförmig. So zeigt beispielsweise ein Modell der *Prince* von 1670 auf dem Backschott zwei Kammern und zwischen diesen einen Glockenstuhl. Ähnliche Strukturen baute man gegen die Schotte des Halb- und Achterdecks. So zeigen es auch *Navy Board-Modelle.*

Glockenturm/Glockenstuhl*: Wann genau der Glockenstuhl von seinem traditionellen Platz am Absatz des Halbdecks zum Schiffsvorderteil entfernt wurde, ist nicht bekannt. Es scheint jedoch, daß es bald nach 1660 geschah. Der neue Glockenstuhl war ein kleiner offener Raum, der auf großen Schiffen am Schott zur Back placiert war. Glockenstühle und Bögen wurden in unterschiedlichen Mustern gefertigt und wie das übrige Schiff dekoriert. Wenn man die Aussagekraft von Modellen beurteilt, scheint es, daß die Glockenstühle eine englische Spezialiät gewesen sind, denn auf niederländischen Schiffen kamen sie nicht vor. Ob sie sich auch auf anderen Schiffen befunden haben, dafür reichen die vorliegenden Beweise nicht aus.

Grätings und Luken: Die hohen Sülle, in denen die Grätings saßen, und die für die Verwendung von Musketen durchlöchert waren, standen zur Zeit Elizabeths in hohem Ansehen. Sie wichen der heute vertrauten Art, bei der die Grätings nur wenige inches (cm) über Deck liegen. Diese Änderung spiegelt die gesunkene Notwendigkeit, Enterer zurückzutreiben, wider. Die Hauptluke befand sich zwischen Backschott und Großmast, es gab andere Luken und Grätings im Halbdeck und auf der Back.

Küchenschornsteine: Wie die Speigatts sind auch diese alltäglichen, aber notwendigen Merkmale auf Modellen, Bildern oder Plänen nicht oft zu sehen. Für den ersten Jahrhundertteil mag das noch angehen, da sich die Küchenräume im vorderen Teil der Stauung und unter den Decks befanden. Der Rauch gelangte auf irgendeinem Wege nach außen. Am Jahrhundertende (das Datum ist unbekannt) verlegte man die Küche jedoch in die Back, und der Schornstein wurde nun zum vertrauten Anblick.

Spille und Winden: Als die Schiffe größer wurden und schwerere Anker erhielten, benötigten sie dafür auch größere und somit schwerere Spieren. Das altmodische Spill mit seinen wenigen Spaken war nun nicht mehr in der Lage, genügend Leistung zu erbringen. Die Lösung des Problems fand Sir Samuel Morland. Irgendwann zwischen 1660 und 1680 erfand er das ‚drum-head' (Pilzkopf)-Spill. Das früheste Beispiel ist auf einem englischen Modell zu sehen, das allerdings von 1695 datiert. Schiffe besaßen zahlreiche Spille. Eines davon, zumindest das Hauptspill, stand zum Taueinholen auf dem unteren Deck. Ein dänisches Schiff von 1613 hatte seine beiden Spille im Zwischendeck. Die Zeichnung eines englischen Schiffes 1. Klasse um 1680 zeigt drei Spille (alle ‚drum-headed'), eines im unteren Deck hinter dem Großmast, eines auf dem Mitteldeck in der Kuhl und das dritte an Oberdeck etwas hinter dem Backschott. Ein schwedischer Plan aus der gleichen Zeit zeigt eine andere Verteilung. Das Hauptspill hat zwei überdimensionale Trommeln (Spillkörper – auch Spillspakenkranz genannt), eine im Zwischendeck, die andere unter dem Halbdeck. Das andere Spill ist im Zwischendeck, halbwegs in der Mitte zwischen Fock- und Großmast. Alle Spille waren von der alten engköpfigen Sorte.

Winden wurden nur auf den kleinen englischen Kriegsschiffen benutzt. Auf Booten dienten sie zum Ankerhieven. Die Trommel konnte rund oder achteckig sein. Nach den Enden hin verjüngte sie sich. Sie war zwischen einem kräftigen Pfostenpaar eingesetzt oder saß auch zwischen Holzblöcken, die an der Schiffsseite befestigt waren. Um die Trommel saßen ein oder zwei mit Zähnen versehene Eisenbänder, die die Sperrklinke aktivierten. Diese bestand ebenfalls aus Eisen und war manchmal verziert. Das Modell einer Yacht im National Maritime Museum besitzt Sperrklinken, die an der Oberseite vergoldete Hundefiguren besitzen. Winden wurden mit Sicherheit auf wirklich großen schwedischen Schiffen verwendet, denn vom Wrack der 1652 gebauten *Gröne Jägeren* wurde eine geborgen.

Pumpen: Beide Pumpenarten, die Hand- und Kettenpumpe, entsprachen denen der vorangegangenen Jahrhunderte.

Mastpoller und Betinge: Bis etwa 1670 erinnerten die Mastpoller auf englischen Schiffen an Einzelpfosten. Einer stand etwas hinter den Fock- und Großmasten, der Besanmastpoller befand sich jedoch vor dem Besanmast. Größenmäßig entsprachen die Mastpoller in der Breite in etwa $^2/_3$ ihres zugehörigen Mastdurchmessers. Vorne und hinten war es etwas weniger. Fock- und Großmastpoller hatten an

* Auch Glockengalgen genannt. (Anm. d. Übers.)

der Oberkante drei oder vier Scheiben und direkt unter der Achse der Scheiben einen starken Augbolzen. Die Besanpoller besaßen hingegen nur zwei Scheiben. Vor den Fock- und Großmasten saßen kleinere Mastpoller für die Mastschoten. Davon muß jeder Mast ein Paar gehabt haben, und jedes wiederum eine Einzelscheibe.
Um 1660 waren die Mastpoller mit einer Querstange verbunden. Zu dieser Zeit erhielten sie auch die vertrauten Betinge. Etwas später ersetzte man den Mastpoller hinter dem Mast durch ein zweites Paar Betinge mit Querstange. Der Besanmast des 17. Jahrhunderts hat nie Betinge besessen. Auf den stärker verzierten und dekorierten Schiffen waren die Mastpoller zu Köpfen ausgebildet, viele aber auch nur einfach verziert. Wo sich die Mastpoller und Betinge zu den verschiedensten Zeiten des Jahrhunderts befanden, d.h. in oder auf welchem Deck, ist nicht leicht zu sagen. Zum Jahrhundertbeginn befanden sie sich auf den meisten Schiffen auf dem offenen Deck, auch wenn sie, falls ein Schiff dieses führte, vom Spardeck abgedeckt wurden. Falls ein echtes drittes Deck hinzu kam, verblieben die Großmastpoller auf dem ursprünglichen Deck, das nun zum Mitteldeck geworden war und die Fockmastpoller kamen unter das Backdeck. Diese Anordnung war nicht grundsätzlich so, denn einige Modelle führen ihre Großmastpoller oder Betinge an Oberdeck und die Fockmastpoller oder -betinge entweder in der Back oder oben auf dem offenen Backdeck. Zusätzlich zu den Mastpollern und Betingen gab es ‚kevels' (Kreuzhölzer/Belegnägel). Diese saßen an der Innenseite der Schanzkleider, außerdem befanden sich dort ebenso große ‚cleats' (Klampen) mit Scheiben. Niederländische und möglicherweise auch englische Schiffe hatten keine Mastpoller. Diese waren an passenden Stellen entlang der Schanzkleidinnenseiten angebracht.

Laternen: Wieviele Laternen ein Schiff führte, ist oftmals unbestimmt. Auf dem Bild der *Prince Royal* von Vroom ist nur eine zu sehen. Aus anderer Quelle ist jedoch bekannt, daß an den Enden der

159

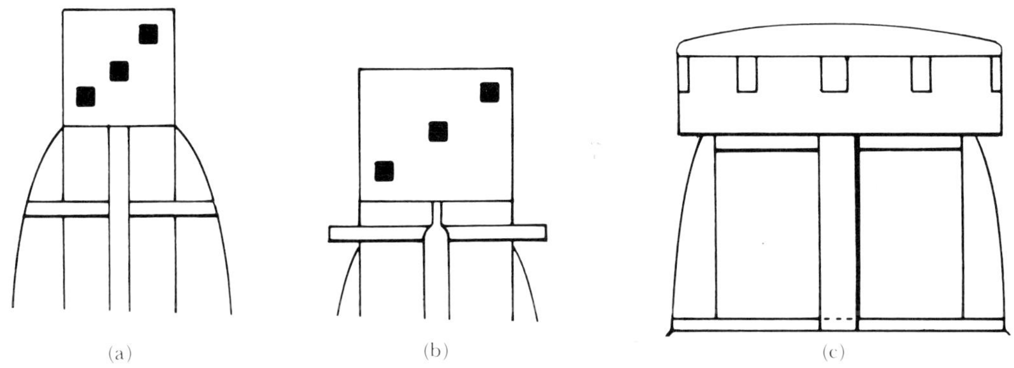

159. Spille (ohne Maßstab).
(a) 1660–1670.
(b) Um 1670.
(c) Ende 17. Jahrhundert.

160. Ein Doppelspill, das von einem großen schwedischen Kriegsschiff von 1600 geborgen wurde. Es ist 4,25 m hoch.
161. Die Winde vom Wrack der schwedischen *Gröne Jägaren*, die 1652 gebaut wurde. Sie ist 5 m lang und hat einen Durchmesser von 0,5 m.

160

161

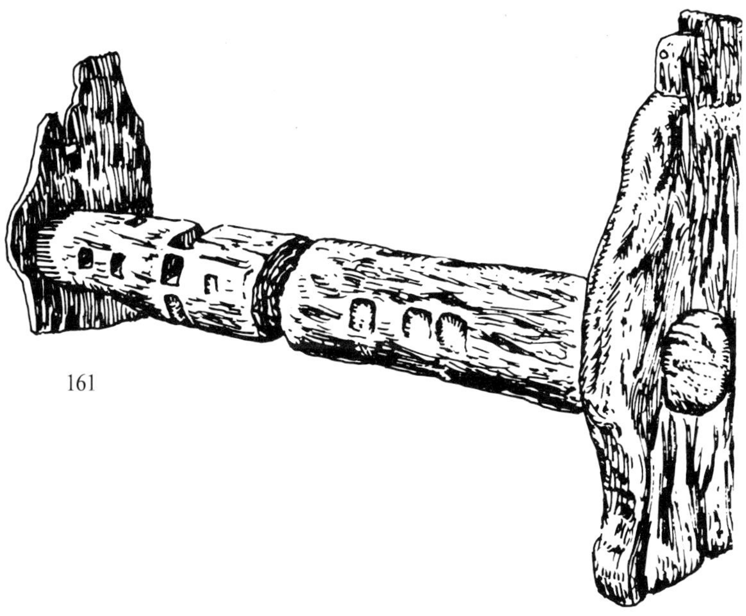

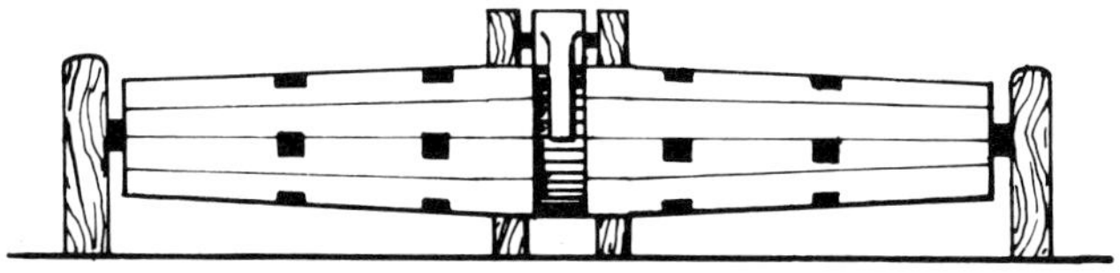

162. Eine einfache Winde (von einer englischen Yacht).
163. Verschiedene Hecklaternenarten des 17. Jahrhunderts. Wenn eine dreiarmige Halterung vorhanden ist, laufen zwei der Streben zur Heckreling in der Poopebene, die dritte weiter nach unten.

Achtergalerien Laternen saßen. Die anderen Schiffe auf diesem Bild, *Repulse* und *Golden Lion* führen ebenfalls nur eine Laterne. Die *Sovereign of the Seas* hatte angesichts ihrer Bedeutung sieben Hecklaternen. Die größte stand auf der Poop, und es gab eine auf den ersten und dritten Kuppeln ihrer achteren Galerien. Wo sich die übrigen befanden, ist nicht bekannt. Nach der Jahrhundertmitte standen die Laternen stets auf der Poop, eine in der Mitte der Heckreling, eine an jeweils einer Seite. Auf Veranlassung wurden auch Laternen im Großmars geführt. Das Modell eines Schiffes von 1685 besitzt eine solche. Es steht im National Maritime Museum.

Die Laternenformen unterlagen im Verlauf des Jahrhunderts zahlreichen Änderungen. Die ersten waren vielflächig und geradlinig. Die Hecklaterne der *Merhonour* von 1622 hatte sieben Seiten mit sieben ‚cartrooses' (vermutlich die Glasrahmen). Jede der sieben Flächen war vom Nachbarfenster durch geschnitzte Abgrenzungen getrennt. Da es sich hierbei um die Darstellung von sieben Fischen handelte, mögen diese auch auf der Decke radiusförmig von der Mitte zur Kante verlaufen sein. Die Laterne war von einem Löwen gekrönt und mit Feingold vergoldet[17]. Die ersten Laternen zeichneten sich durch ihre enorme Größe aus. Die der *Repulse* und *Red Lion* maßen 4 ft (1,22 m) und mehr in der Höhe und oben drauf saß noch ein gewölbtes Dach. Die Hauptlaterne der *Sovereign of the Seas* muß ziemlich groß gewesen sein, denn Pepys berichtete 1660, daß auf ihr gleichzeitig zehn Mann stehen konnten.

Um die Jahrhundertmitte kamen kugelförmige Laternen in Mode. Sie blieben für gut 40 Jahre in Gebrauch, dann wurden sie durch mehr oder weniger standardisierte sechseckige Formen ersetzt. Die Kugellaterne scheint eine Brennkammer von 4 ft (1,22 m) Durchmesser gehabt zu haben. Ein interessantes Merkmal einiger Laternen auf *Navy Board-Modellen* ist, daß das Licht nicht rundherum zu sehen ist. Das Modell der *Boyne* im National Maritime Museum zeigt kein vorderes Licht, das gleiche fällt bei einem 40 bis 50-Kanonen-Modell aus dem Jahre 1695 auf. Wie das Licht in den Schiffslaternen zustande kam, ist unbestimmt. Für große Kerzen gibt es Anhaltspunkte, aber die Form des Unterbaus einiger Laternen erweckt den Eindruck, daß Öl (möglicherweise Wal- oder Rapsöl) benutzt wurde[20].

Verzierungen, Farbanstriche

Die Mode des Schnitzens, Bemalens und Vergoldens, die sich in den letzten Jahren der Regentschaft Königin Elizabeths in der Marine verbreitete, glich einer Epidemie. Genauso begeistert wurde der Barockstil des 17. Jahrhunderts von den Engländern übernommen. Die Mode erhielt durch den allgemeinen Glauben (der Könige), daß das Aussehen eines Kriegsschiffes die Würde und Wichtigkeit des Monarchen widerspiegelte, noch besondere Impulse. Die Stuart-Könige* trugen zu dieser Überzeugung aus vollem Herzen bei, so daß um 1660 praktisch jeder Schiffskörperteil über dem Wasser bemalt, vergoldet oder geschnitzt war. Manchmal vereinigten sich alle drei Arten. Nicht nur das Heck mit seinen zugehörigen Galerien und das Vorschiff, auch alle unbedeutenden Innen- und Außenbordsteile, wie Glockenstuhl, Schotte, Relings, obere Kanonenpforten und sogar die Ankerklüsen wurden auf diese Art behandelt. Die aufwendige und teure Dekoration beschränkte sich nicht nur auf große Schiffe, auch Yachten hatten ihren Anteil daran. Niederländische und französische Schiffe waren genauso verschwenderisch verziert wie die englischen, obwohl keines die *Sovereign of the Seas* übertraf. Dieses Schiff repräsentierte das teuerste und reichhaltigste verzierte
Fahrzeug, das jemals gebaut worden ist. Mit Ausnahme der *Wasa* 165
waren dänische und schwedische Schiffe weniger extravagant herausgeputzt. Das lag weniger an der Möglichkeit, sondern mehr
am fehlenden Gold. Bilder, Pläne und Modelle geben ab etwa 1620 in 175
verstärktem Maße ziemlich genaue Kenntnis über die Schiffsdekora- 174
tionen. Diese Quellen werden durch wirkliche Beispiele ergänzt: Die *Wasa,* Galionsfiguren, und in Großbritannien durch eine Staatsschaluppe, die 1689 für die Königin Mary[21]** gebaut wurde.

Ein Großteil des Quellenmaterials wurde in zahllosen Büchern über Segelschiffe reproduziert, so daß das allgemeine Aussehen der Schiffsdekorationen ohne große Schwierigkeiten erkennbar ist. Daher werden in den folgenden Abschnitten nur die Hauptmerkmale und grundsätzliche Veränderungen angesprochen.

Die Breitseite: Die Auszüge aus Rechnungen über die Dekoration einiger Schiffe Königin Elizabeths aus dem Jahre 1598 sind Zeugnis dafür, daß die einfache geometrische Art, Schiffe anzumalen, vorherrschte, es sei denn, sie wurde durch einen anderen Stil ersetzt. Es gibt keinen entsprechenden Beweis, um darzulegen, wie der allgemeine Stil aussah, es gibt aber auch nichts, das darauf hinweist, daß er ausnahmslos so war. Die allerwichtigsten Schiffe der ersten Jahrhunderthälfte waren ihrer Rolle als ‚Prestigeschiff' voll angepaßt. Sie besaßen einen anderen Dekorationsstil. Sowohl *Prince Royal* als auch *Sovereign of the Seas* hatten ihre Seiten oberhalb des Mitteldecks in große viereckige Felder unterteilt. Jedes umschlossen Schnitzereien und Malereien. Die Details der Dekoration des ersteren Schiffes sind in Vlissingen auf dem Bild von Vroom zu sehen. Sie werden durch zeitgenössische Dokumente bestätigt, doch scheint es eine auf besondere Veranlassung angebrachte Verzierung gewesen zu sein.

Die Belege aus der ersten Jahrhunderthälfte sind zu oberflächlich, als daß sie sich für eine detaillierte Spezifikation auswerten lassen. Für die zweite Jahrhunderthälfte sind die *Navy Board-Modelle* ein guter

* Regenten aus dem Hause Stuart waren: James I/Jakob I., Charles I/Karl I., Charles II./Karl II., James II/Jakob II., Anna. (Anm. d. Übers.)

** Gemeint ist die Frau des englischen Königs Wilhelm III. v. Oranien, der von 1689 bis 1702 den englischen Thron innehatte. Er war vermählt mit Maria, einer Tochter Jakobs II. (Anm. d. Übers.)

Beweis. Soweit es die Breitseiten betrifft, waren die Dekorationen sehr verschwenderisch. Das Modell eines Schiffes mit 40 bis 44 Kanonen, das sich im National Maritime Museum befindet, hat blaue Oberseiten mit vergoldeten Schnörkelverzierungen[22].
Das Modell der *St. Michael* von 1669 besitzt schwarze Oberseiten, und so ist es auch beim Modell eines 94-Kanonen-Schiffes von 1675. Das Modell eines 94-Kanonen-Schiffes um 1670 hat hingegen schwarze Oberseiten mit Trophäen aus Wappen und andere vergoldete militärische Ausrüstungsteile[23]. Beispiele roter Oberseiten sind ebenfalls bekannt. Bei Modellen ist der untere Teil der Breitseite wie auf den Gemälden dargestellt. Es ist einfarbiges Holz, das bei einem echten Schiff mit Terpentin oder Firnis behandelt wurde. Davon ausgenommen waren die schwarzen Barkhölzer. Das war allerdings nicht immer so. Es gibt einige Beispiele, daß eine Schiffsseite bis zu den Pforten des Oberdecks schwarz angestrichen war, und es gibt einen Hinweis, daß die *London* ihre Breitseite mit schwarzen und gelben Streifen bemalt hatte[18]. Die beachtenswertesten Merkmale der Breitseite sind die geschnitzten Girlanden rund um die Pforten des Oberdecks. Die Girlanden konnten rund (wie es für gewöhnlich auch war) oder quadratisch sein oder quadratisch mit runden Ecken. Sie waren vergoldet oder mit Goldfarbe bemalt. Gelegentlich trugen die oberen Kanonenpforten rundherum Löwenmasken. Die Kanone schoß durch das offene Maul. Die Pfortenklappe selbst war außen nicht verziert. Manchmal war die Innenseite jedoch bemalt oder mit Schnitzwerk versehen. Wenn die Pforten geöffnet waren, konnte man das Schnitzwerk sehen.

Das Vorschiff: Die Stelle für eine Dekoration dieses Schiffsteils war die Galionsfigur, der Schnabel und das Vordeckschott mit dem Kranbalken. Nur die bedeutendsten Schiffe hatten eine herausgearbeitete Galionsfigur, die übrigen am Schnabelkopf oder in der Struktur Löwen irgendwelcher Form.
Die Galionsfigur der *Prince Royal* stellte einen neuen Stil dar. Die Schnabelführung endete in einem Schnörkel, auf dem ein großer behelmter Kopf mit goldener Krone saß. Vor dem Schnabel befand sich eine kleine Plattform, auf der St. Georg zu Pferde mit dem Drachen kämpfte. Der Heilige erhob sich nur soweit, wie sein Schwert reichte, und der Drache versuchte, das Pferd vorne zu beißen. Auf der Zeichnung eines Eindeckers, den man für die *Phoenix* von 1613 hält, befindet sich die gleiche Darstellung. Sie ist jedoch fortschrittlicher. Der Heilige hat sein Schwert durch die Kehle des Drachens gestoßen und versucht das Monstrum über Bord zu werfen, ein Schicksal, das bei schwerem Wetter sicherlich beiden geblüht hätte.
Auf der *Sovereign of the Seas* stand die Galionsfigur etwas weiter zurück und war durch das Schnabelende gesichert. Es war ‚King Edgar trampling on seven kings' (König Edgar reitet sieben Könige nieder).

164. Die *Constant Reformation*, ein 60-Kanonen-Schiff, das 1619 gebaut, jedoch erst 1648 gezeichnet wurde. Die Viertelgalerien mit ihren flachen Enden erinnern an die der *Repulse* (140) und *Red Lion* (141). Das untere Deck hat direkt vor der hintersten Kanone einen Fall. Im Mitteldeck gibt es mittschiffs eine Eingangspforte und vorn an der Viertelgalerie befindet sich eine kastenartige Ausbildung, vermutlich die Latrine. Die zahllosen Geländerstützen dienten zum Belegen des Laufenden Gutes.

164–168. Die nahezu photographische Beobachtungsgabe im Detail macht die Van de Velde-Zeichnungen beim Studium der Schiffe des 17. Jahrhunderts zu wertvollen Beweisen. Diese Serie zeigt nicht nur die Unterschiede im Entwurf und bei den Schiffsdekorationen der wichtigsten Seemächte, sondern ist zugleich ein Spaziergang durch die Entwicklung nahezu eines ganzen Jahrhunderts.

165

167

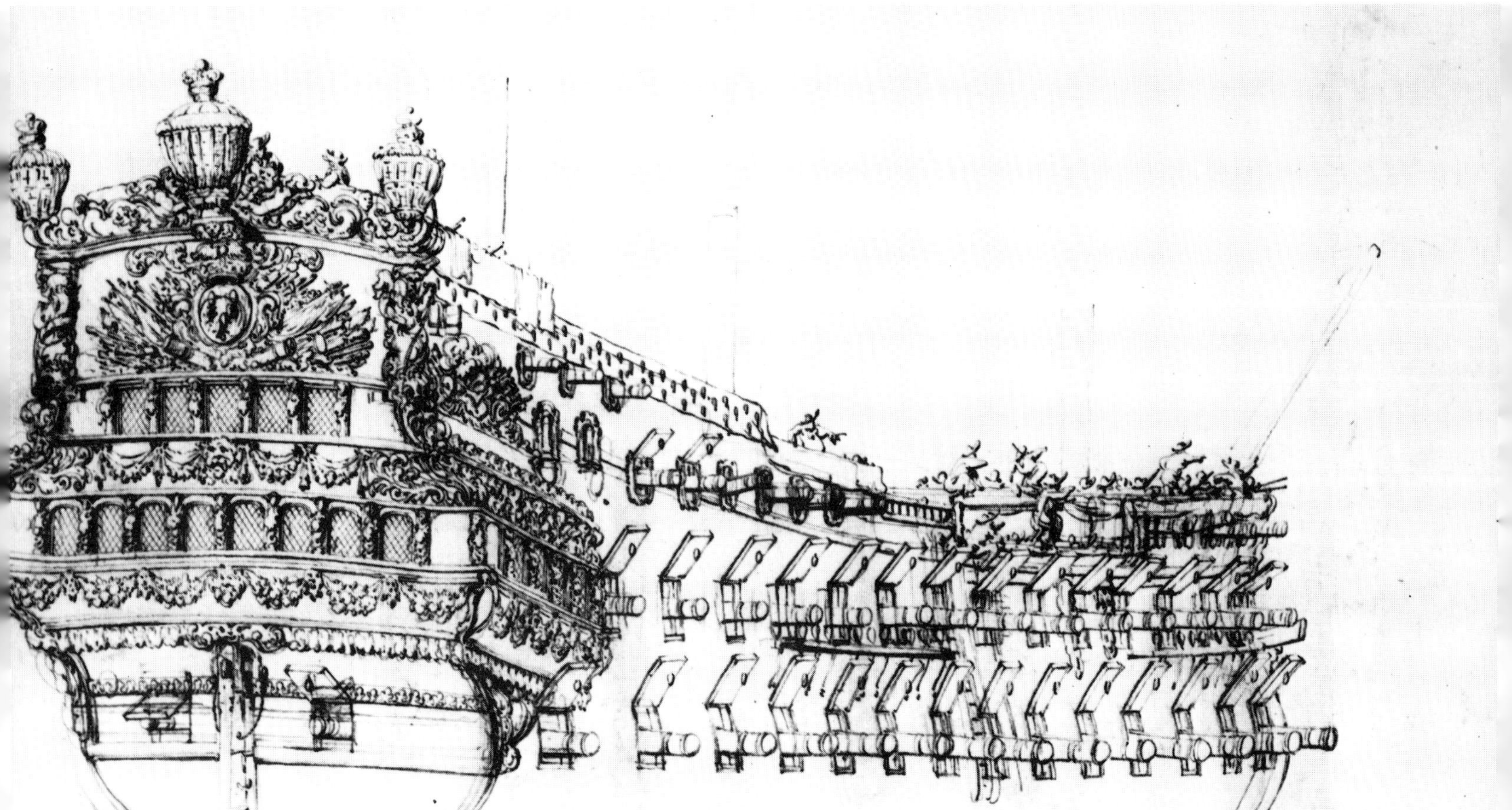

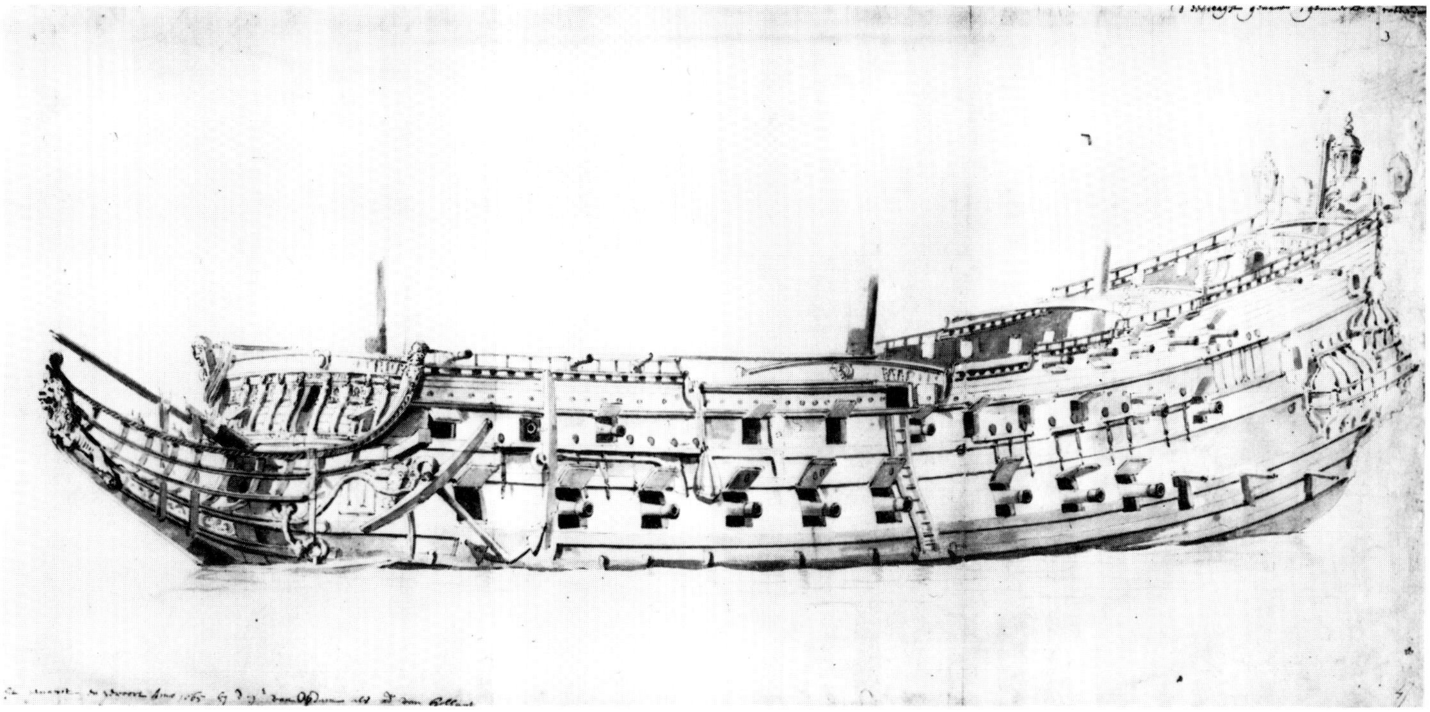

166

165. Ein dänischer Zweidecker, die *Hannibal* von 1646. Der höhere Sprung und das ungeheure Dach der Viertelgalerie deuten auf niederländischen Einfluß hin. Das auf dem Spardeck gestaute Boot ist typisch niederländisch. Die große Maske in der Mitte der Kuhl ist der Halspoller, durch den der Großhals nach binnenbords geführt wurde. Die Jagdkanonen im Schott des Vordecks sind überraschend weit unten aufgestellt. Man möchte annehmen, daß der Mündungsdruck dazu zwang, die obere Reling abzunehmen.
166. Die *Eendracht*, 72 Kanonen und 1653 gebaut. Sie war das bekannteste niederländische Schiff dieser Zeit und flog 1665 in einem Gefecht in die Luft. Das Vordeckschott und die Oberseiten des Achterdecks und der Poop sind klinkergebaut. Andere interessante Merkmale sind die Tür im Vordeckschott und die Speigatts direkt über der Wasserlinie. Sie können nicht sehr nützlich gewesen sein, wenn das Schiff überholte. Im Gegensatz zu englischen Schiffen der gleichen Periode hatte die *Eendracht* auf dem Achterdeck und der Poop hohe Schanzkleider.
167. Die *Superb*, ein großer fanzösischer Zweidecker, wie die *Vermandois* mit 70 Kanonen 1668 gebaut. Die Fock- und Großrüsten befinden sich direkt unter den Kanonen des Oberdecks. Es gibt keine Besanrüsten.
168. Nicht identifizierter spanischer Zweidecker. Das Heck mit seinen zwei hervorstehenden Galerien unterscheidet sich von englischen und niederländischen Schiffen. An der Vorkante der unteren Galerie ist eine Enterleiter zu erkennen.

168

169

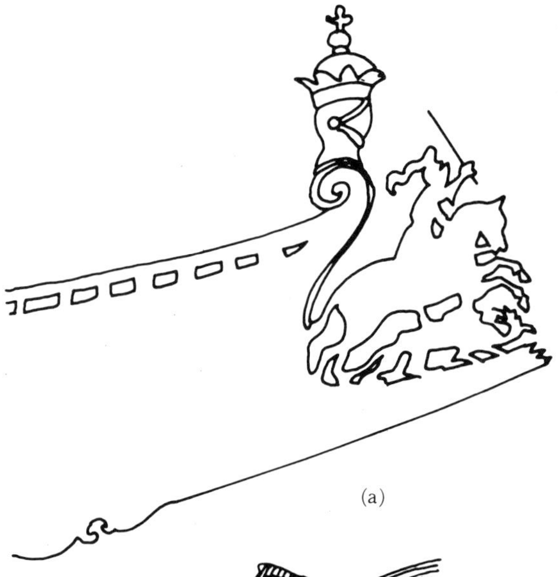

(a)

(b)

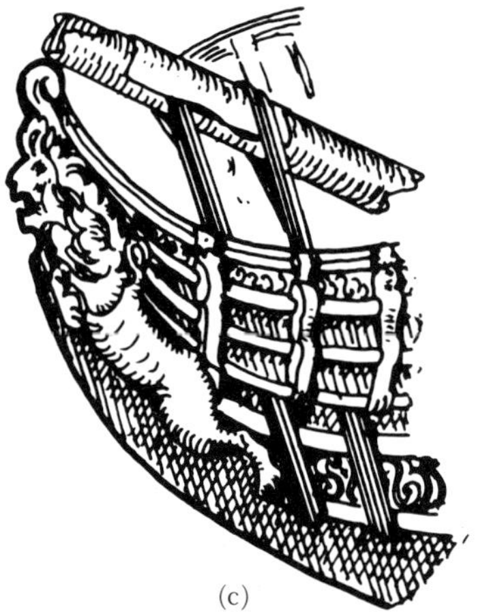

(c)

(d)

169. Galionsfiguren des 17. Jahrhunderts.
(a) *Prince Royal*
(b) *Red Lion*
(c) *Victory* 1655
(d) *70-Kanonen-Schiff um 1670*

Diese Form wurde von Oliver Cromwell* auf der *Naseby* imitiert. Deren Galionsfigur war ‚Oliver on horseback trampling six nations underfoot' (Oliver zu Pferde tritt sechs Nationen nieder). Die Nationalitäten waren ein Schotte, Ire, Niederländer, Franzose, Spanier und Engländer. Das konnte man leicht an ihrer Kleidung erkennen. Dem Gerücht nach hielt er über seinem Kopf einen Lorbeerkranz, der die hier geradezu blasphemischen Worte „Gott mit uns" enthielt. Als Karl II.** auf den Thron zurückkehrte, wurde die Galionsfigur entfernt und verbrannt. Das Schiff selbst erhielt einen neuen Namen: *Royal Charles*. Die neue Galionsfigur stellte Neptun dar. Von beiden Figuren ist kein Bild vorhanden.

Als allgemeine Regel gilt, daß Reiterfiguren nur auf großen Schiffen standen die Namen der königlichen Familie führten. Trotzdem ist außer auf *Prince Royal* und *Sovereign of the Seas* über Reiterfiguren aus der Zeit vor der Restauration von 1660 nichts bekannt. Zu dieser Zeit verlieh der hochgebogene Schnabel Pferd und Reiter ein Aussehen, als wenn sie den Rücken des Vorstevens emporkletterten. Andere große Schiffe besaßen sinnbildliche Figuren.

Die *St. Michael* von 1669 führte beispielsweise einen Jupiter, der sich in einem Streitwagen befand, den ein doppelköpfiger Adler zog. Der
169 Mehrzahl der englischen Schiffe genügte allerdings ein Löwe. Er kam in vielen Varianten vor und seine Haltung wurde durch die Wölbung des Schnabels bestimmt. Auf der *Revenge* von 1613 scheint der Löwe aus den Kopfhölzern hervorzuspringen, auf seinem Kopf balanciert er eine große Tudor-Rose. Als der Vorsteven gerundet wurde, erhielt der Löwe eine mehr oder weniger aufrechte Haltung. Oft wird er die Oberkante des Bugs in den Klauen haltend und über diesen hinwegstarrend gezeigt. Gekrönte Löwen waren in der ersten Jahrhunderthälfte nichts Ungewöhnliches und auch nach 1660 noch in Gebrauch. Danach sind sie oft in Verbindung mit seitlichen Cherubs* zu sehen. Der Löwe war im 17. Jahrhundert tatsächlich die übliche Galionsfigur. Die Niederländer benutzten keine andere. Auch bei den Dänen und Schweden waren die Löwen beliebt, ebenfalls bei den Spaniern, hingegen nicht bei den Franzosen. Die engli-
schen Löwen waren im allgemeinen vergoldet, insbesondere, wenn 253
ein Schiff einen Namen wie *Red Lion* führte. Die niederländischen Löwen hatten normalerweise ein rotes Aussehen und vergoldete Mähnen.

Die Vorschiffsreling und ihre unterstützenden Hölzer waren verziert und die Zwischenräume der Relings und Spanthölzer auf den frühen Schiffen paneelt. Auf der *Prince Royal* trugen die Paneele Embleme, die an den verdienten Vorfahren Prinz Heinrich erinnerten: Federn, Antilope und andere königliche Wappen. Der lange niedrige Schiffsschnabel des frühen 17. Jahrhunderts muß auf See wie ein Wassersack (Wasserfänger) gewirkt haben. Als dann der neue steilere Vorsteven übernommen wurde, stellte man fest, daß die Seiten noch offener geworden waren. Die Front der Back, das Vordeckschott, bot für Dekorationen einen hervorragenden Hintergrund. Die *Sovereign of the Seas* hatte dort sechs voll ausgearbeitete Figuren, die die Tugenden des klassischen Stils zeigten. Sie standen auf geschnitzten Podesten. Zwischen den Figuren befanden sich Schnörkelverzierungen. Die Kanonenpforten im Schott hatten rundherum Girlanden, die unteren besaßen geschnitzte Klappen. Das Vordeckschott trug sorgfältig herausgeschnitzte Dekorationen, die erst im Jahre 1703

* Oliver Cromwell, englischer Staatsmann, seit 1640 treibende Kraft der puritanischen Parlamentsopposition gegen Karl I. Bürgerkrieg gegen die königlichen Heere und die Schotten. Nach dem Sieg Verurteilung und Hinrichtung des Königs. Cromwell wird Lord Protector und Diktator. Seine Regierungszeit währte von 1649–1658 (als Lord Protector von 1653). Nachfolger wurde sein unfähiger Sohn Richard, 1658–1659. (Anm. d. Übers.)

** Wurde vom Parlament wieder auf den Thron gesetzt und übte seine Regentschaft von 1660 bis 1685 aus. (Anm. d. Übers.)

* Das Paradies bewachende Engel oder Gestalten. (Anm. d. Übers.)

verboten wurden. Das gebräuchlichste Vorbild war ähnlich der *Sovereign of the Seas:* sechs allegorische Figuren und dazwischen Schnitzereien.
Schnitzereien waren auch an zwei anderen Stellen des Vorschiffs zu finden, am Vorsteven und am Kranbalken. Eine Pinasse besaß am Bug einen Federbuschkopf. Das war jedoch keinesfalls die allgemeine Praxis auf englischen Schiffen. Das beweisen die wenigen bekannten Beispiele von Bugverzierungen. Niederländische und däni-
169 sche Schiffe führten hingegen behelmte Köpfe in den Ecken der Back. Die *Red Lion* von 1613 scheint einen kauernden Löwen gehabt zu haben. Auf dem Bild befindet sich das Tier jedoch offenbar am unteren Ende des Bugspriets. Auf dem Vorsteven der *Sovereign of the Seas* gab es eine oder auch mehrere menschliche Gestalt(en), die *Prince* von 1670 besaß einen kauernden Löwen.

Bald danach versetzte man den Bugspriet in die Schiffsmittellinie, die Schnitzereien verschwanden. Nach einiger Zeit erschien an jeder Seite des Bugs ein Holz, um den Bugspriet zu versteifen. Diese Hölzer wurden als Ohrhölzer oder Judasohren bekannt und hatten auf ihrer Oberkante bestimmte geschnitzte Figuren. Kranbalken und Konsolen verzierte man ebenfalls. Zuerst wurden Schnitzereien an der Außenkante des Kranbalkens festgestellt. Für gewöhnlich waren es Löwenmasken. Die Kranbalkenseiten waren bemalt, die Konsolen später beschnitzt. Diese Schnitzereien waren oftmals richtiggehend herausgearbeitet. So war es auf der *Sovereign of the Seas,* die vollständige Löwenfiguren besaß. Das Bild von van der Velde zeigt allerdings menschliche Gestalten unter dem Kranbalken. Andere Schiffe hatten unter dem Kranbalken menschliche Gestalten im klassischen Stil. Man muß daran erinnern, daß sich dieser Stil im Verlauf

170. Die *St. Michael* mit 90 Kanonen, ein 1669 gebautes englisches Schiff 1. Klasse. Da die Engländer an ihren Küsten und in den Hafenzufahrten tieferes Wasser hatten, konnten sie größere Schiffe als die Niederländer bauen. Dieser Faktor sprach in den Kriegen mit den Niederländern für sie. Man beachte den Jupiter als Galionsfigur.

171

172

172. Was die Genauigkeit angeht, stimmt die Heckzeichnung der *Prince* von W. Van de Velde allgemein mit dem Modell überein. In einigen Fällen unterscheidet sich die Skizze allerdings vom Modell, so z.B. in der Dekoration zwischen den Führungsrippen am Achterschiff, den Besanrüsten am Kammerfenster des Poopvorendes und der verzierten Eingangspforte. Die Unterschiede können darin begründet liegen, daß Modell und Zeichnung zu verschiedenen Zeiten gefertigt und inzwischen Änderungen vorgenommen wurden. Das Original befindet sich im Rijksmuseum, Amsterdam.

173

173. Das Heck der *Hollandia* von 1664, die 82 Kanonen trug. Die *Hollandia* war eines der größten niederländischen Kriegsschiffe, jedoch nur ein Zweidecker. Sie war Flaggschiff des berühmten Admirals de Ruyter. Das Heck unterscheidet sich von denen englischer Schiffe. Es fehlen die Fenster und Galerien aber auch die Verwendung überlebensgroßer Figuren. Ein interessantes Merkmal der Poop ist die Klinkerbeplankung der Oberseiten.

171. Das Heck der *Prince* von 1670. Anders als das niederländische Heck (173) hat es eine Vielzahl Fenster. Die vielen kleinen Glasscheiben (oder manchmal Mikanit/Marienglas), die in den Fenstern sitzen, sind auf dem Modell innerhalb der Fensterrahmen durch punktierte Rechtecke dargestellt.

Der Besanmast war grundsätzlich nach hinten geneigt, meistens etwas mehr als der Großmast.
Die Masttopps waren rechtwinklig geschnitten verteilt. Der rechte Winkel an den Hummern war das jeweils zugehörige Teil und stimmte mit dem Mastdurchmesser überein. Von den Mastschultern an verjüngte sich der Masttopp bis zur Mastspitze. Die Steuerbord- und Backbord-Winkel lagen parallel, die anderen konvergierten. Unter den Hummern befanden sich zwei dicke Träger, die die Längssalinge stützten, und wenn die Rah mittels ‚tyes' (auf englischen Schiffen) aufgezogen wurde, führten die Träger eine Scheibe für das ‚tye' (Drehreep). Die unteren Teile der Fock- und Großmasten waren durch Tauwuhlinge und Eisenbänder verstärkt. Bei den Besanmasten war das nicht der Fall. Die *Sovereign of the Seas* besaß an ihrem Großmast mehr als ein Dutzend Wuhlinge. In der zweiten Jahrhunderthälfte waren acht bis zehn die normale Zahl, Fockmasten hatten sechs bis acht. Auf großen Schiffen setzten sich die Wuhlinge aus 3 in (7,62 cm) Tauen zusammen. Diese wurden sovielmal um einen Mast gewickelt, bis man eine Bandage erhielt, die in ihrer Breite dem Mastdurchmesser entsprach. Über und unter jeder Wuhling saß ein Eisenband.

Länge der Bugspriets – 17. Jahrhundert

Datum	Proportion zum Fockmast	Proportion zum Großmast
1600	0,9-1,0	0,8-0,92
1627	1,0	0,8
1684	0,74	0,67

Die auf Bildern gezeigten langen Bugspriets sind keine Erfindung oder Eingebung der Künstler. Sie waren tatsächlich lang, manchmal so lang wie der Fockmast – so wie es die Tabelle wiedergibt. Die maximale Dicke des Bugspriets betrug 1627 etwa $1/36$ der Länge und danach $15/16$ inch je yard seiner Länge. Das äußere Ende des Bugspriets hatte immer noch die Hälfte des maximalen Durchmessers, die Verjüngung zwischen diesen Punkten verlief bogenförmig.
Bugspriets waren in der ersten Zeit unter einem Winkel von 20° bis 24° zur Horizontalen eingebaut, in den 1670er Jahren wuchs dieser auf 30°. Als um 1700 das Vorstevenknie gerundet wurde, stieg der Winkel auf etwa 35°. Was den Bugspriet so lang erscheinen ließ, war das Stück, das sich außenbords befand. Am Jahrhundertanfang waren etwa $3/4$ sichtbar, um 1650 reduzierte sich dieses Stück jedoch auf $2/3$ und 20 Jahre später waren es meistens $3/5$. Bugspriets waren gelascht. Die erste Lasching saß zwischen Vorsteven und Bugsprietzurring*. Weitere befanden sich etwa 10 ft (~ 3 m) vom Außenende des Bugspriets und 3 ft oder 4 ft (0,9 m oder 1,22 m) zwischen dieser und der Bugsprietzurring.
Bis in die 1670er Jahre hatten englische Schiffe ihre Bugspriets an einer Seite des Vorstevens liegen. Möglicherweise war es stets die Steuerbord-Seite. Dann versetzte man ihn in die Schiffsmittellinie und befestigte ihn auf der Vorstevenkante.
Marse und Eselshäupter: Das Fundament oder der Unterbau eines Marses wurde auf den Untermasten, und falls es solche gab, auf den Hummern nicht anders getragen, als es in den ersten 30 bis 40 Jahren des Jahrhunderts auch schon der Fall gewesen war. Es gab ein Paar vordere und hintere Unterbauten, die Längssalinge. Sie waren an jeder Mastseite befestigt. Eine befand sich an den Hummern. Die Quersalinge befanden sich in Schlitzen quer und rechtwinklig zu den Längssalingen. Die vordere Quersaling saß merklich weit nach vorne. Das erlaubte ein Herablassen der Marsstenge. Die hintere befand sich dicht am Masttopp. Die frühen Marse des 17. Jahrhunderts 18
waren kugelförmig und tief. Sie besaßen ein ausgeprägtes Spantwerk. Nach und nach ersetzte man sie jedoch durch Marse, die mehr Untertassen glichen. Diese waren sehr flach und um 1700 hatten sie nur noch einen Rand von 9 in (22,86 cm). Im Gefecht umspannte man die Marsränder mit Stoff. Dazu benutzte man vermutlich Holz- oder Eisenstützten, die in die Umrandung gesetzt wurden. Im Boden des Marses befand sich ein Loch, durch das die Wanten hindurchliefen. Außerdem ermöglichte es den Zugang zum Mars selbst. Später nannte man es ‚lubber's hole' (Soldatengatt-Soldatenloch). Das Loch war normalerweise quadratisch und etwa $1/3$ bis $2/3$ so groß wie der Marsdurchmesser, seine Mitte saß etwas vor der Marsbodenmitte. Bis in die Mitte der 1690er Jahre waren die Marse auf englischen Schiffen kreisrund. Dann machte man die Rückseite des Besanmarses gerade. Das geschah, um die Rah höher ziehen zu können. Einige Jahre später wurden die Großmarse angeglichen. Die kontinentalen Schiffsmarse scheinen stets rund gewesen zu sein.
Bilder früher Marse zeigen, daß sie im Vergleich zu denen ab etwa 1650 recht klein sind. Bei den kugelförmigen Marsen mag das auch zutreffen, aber zumindest ab etwa 1640 lag auf englischen Kriegsschiffen die Weite des Großmarses zwischen $1/3$ und $2/5$ der Schiffsbreite. Eine aus dem Jahre 1664 stammende Aufstellung über die Größe von Marsen aller Schiffsklassen zeigt noch größere Dimensionen. Die in dieser Liste angegebenen Weiten sind vermutlich die der Marsböden, denn der Überhang an den Seiten hätte die Weite über alles beträchtlich vergrößert. Falls tatsächliche Maße über Marse nicht verfügbar sind, kann man den Marsbodendurchmesser mit $7/6$ der Länge der Längssaling ansetzen. Auf dem Großmast wäre das 0,3 bis 0,4 der Breite großer Schiffe und 0,25 bei kleinen.
Ein anderer Weg zur Feststellung der Länge einer Längssaling ist, sie gleich dem Masttopp oder etwas länger zu setzen. Als Breite der Längssaling wird manchmal $1/13$ ihrer Länge gewählt, andere Autoren geben $1/2$ der Mastdicke an den Hummern an. Längssalinge waren schmaler als tief, etwa $7/8$ oder $9/10$. Alternativ dazu war die Tiefe $1/2$ der Dicke des Masttopps am Eselshaupt. Nach einer Regel waren Kreuzsalinge etwas kürzer als Längssalinge. Sie hatten zwar nur die halbe Breite, waren jedoch genauso tief. Beide besaßen die gleiche Verjüngung. Der Mars am Ende des Bugspriets war auf die gleiche Art gefertigt wie die der Untermasten, aber die Längssaling hatte man an einem Knie befestigt, das am Kopf des Bugspriets saß. Die Kreuzsaling saß auf dem Oberteil der Längssaling, der Marsboden war aufgebaut wie zuvor. In einer anonymen Abhandlung über Takelagen, die um 1620/25 geschrieben wurde, gibt es eine anmerkenswerte Feststellung, nämlich daß die Quersaling auf dem Bugspriet aus Eisen bestand[1]. Es gibt dafür jedoch keinerlei Beweise. Die Marse

182. Das Modell eines schwedischen Rundmarses um 1600.

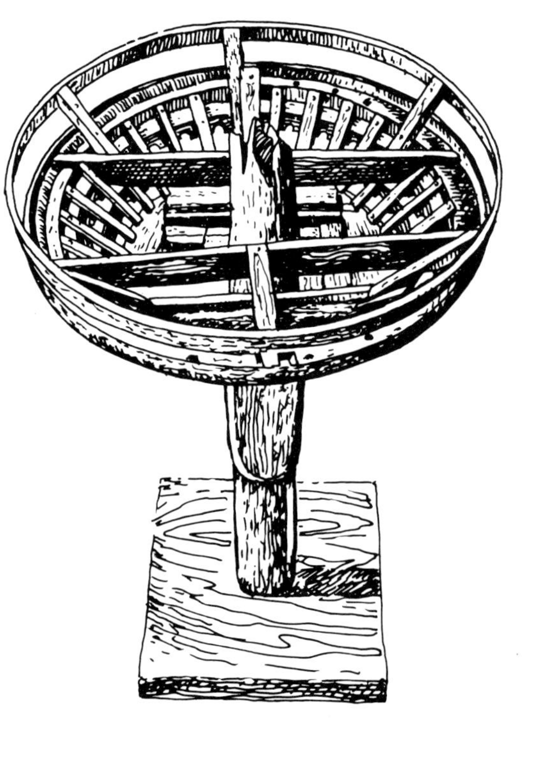

* Eine Taulasching (Wuhling), um ein gelaschtes Rundholz zur Verstärkung und zum Zusammenhalten. (Anm. d. Übers.)

183

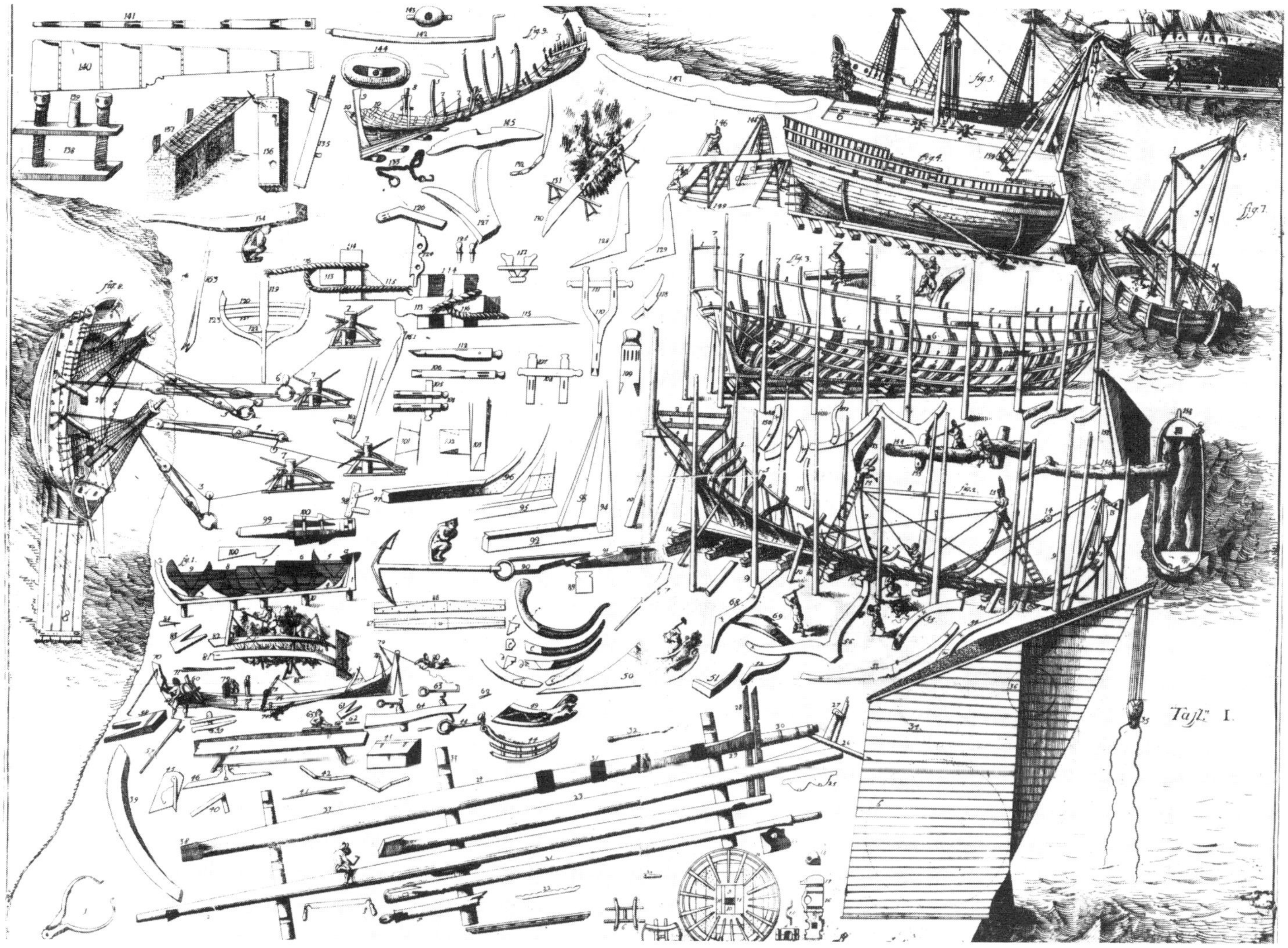

183. Eine Schiffswerft aus der Vogelperspektive. Links (Fig. 8) ein Schiff, das zur Reparatur des Bodens auf der Seite liegt. Die Durchführung im fortgeschrittenen Zustand ist oben rechts zu erkennen. Direkt unter (Fig. 7) ist ein anderes Schiff zu sehen, das längsseits einer flachen Hulk liegt. Eine Art Schwimmkran setzt entweder einen Mast ein oder nimmt ihn ab. In der Nähe der Mitte oben und halbwegs darunter an der linken Seite werden Schiffe nach niederländischer Manier gebaut. Bevor die Spanten gesetzt wurden, kamen die Bodenplatten an Ort und Stelle.

der Bugspriets waren nie kugelförmig, vielmehr sind sie auf frühen Abbildungen als flache Teller zu sehen. Wie die anderen Marse wurden auch sie später planiert. Auf Plänen sind sie jedoch stets rund zu sehen. Das Knie am Bugspriet, um das der Mars herumgesetzt war, stand etwas vom Ende weg nach binnenbords. Nach 1670 versetzte man es weiter nach außen, so daß es mit dem Ende der Spiere eine gerade Linie bildete.

Der aufrechte Arm am Knie hatte etwa die halbe Länge des Großmasttopps und der Teil am Bugspriet die gleiche Länge, falls er nicht sogar etwas länger war. Die Dicke des Knies entsprach etwa der halben Dicke des Großmasttopps. Es ist nicht sicher, ob alle Schiffsklassen Bugsprietmarse besaßen. Es gibt einige definitive Beweise, die etwa aus dem letzten Jahrzehnt des Jahrhunderts stammen und besagen, daß es dort manchmal gar keine Marse gab und daß die Sprietsegelwanten zu einer kleinen Rüste in Form eines B und später zu Bolzen im Bugspriet geführt wurden.

Marstoppeselshäupter bereiten keine Schwierigkeiten. Englische
183 Eselshäupter waren immer etwas länglich, ihre Länge, Breite und Tiefe betrug gewöhnlich $\frac{1}{2}$, $\frac{3}{11}$ und $\frac{3}{14}$ der Marstopplänge. Die Mitte des quadratischen Loches für den unteren Masttopp maß gut $\frac{1}{3}$ der Längsachse des Eselshauptes. Das Loch des Marses war rund und sein Mittelpunkt saß auf $\frac{1}{4}$ der Eselshauptlänge von der Vorkante. Alle Kanten des Eselshauptes waren abgerundet. Kontinentale Schiffe besaßen unterschiedliche Eselshäupter. Sie hatten verschie-
184 dene Formen, es sind viele Variationen bekannt. Die Kerben in den Oberteilen der Eselshäupter dienten zur Führung der Marssegeldrehreeps.

Marsstengen: Die Form der Marsstengen unterscheidet sich in zweierlei Hinsicht von der eines Untermastes. Die Hacke der Marsstenge, also der Teil unter dem Masttoppeselshaupt, durch den die Marsstenge lief, war gewöhnlich winklig in ein Teil geschnitten, das etwas breiter war als der Durchmesser der Marsstenge an der Stelle, wo sie durch das Eselshaupt lief. Die Länge des rechtwinkligen Teils ist unbestimmt, weil (bei Modellen) sein Toppende gewöhnlich auf einem Viertel des Weges über dem unteren Masttopp herauskommt und daher in seiner Ausdehnung zur hervorgestreckten Hacke unter der Längssaling variiert. Nahezu das ganze Jahrhundert hindurch entsprach es etwa der doppelten Tiefe der Längssaling. Das untere Ende blieb wohl rechtwinklig oder hatte auch abgerundete Kanten. In der Hacke befanden sich Scheiben für ein oder zwei Stengedreh-
reep(s). Die Hacken der Marsstengen waren nicht grundsätzlich 186
rechtwinklig unterteilt. Ein Plan des schwedischen Schiffbaukonstrukteurs Raalamb zeigt eine Marsstenge mit runder Hacke und
auch eine runde Quersaling. 183

Der andere Unterschied zwischen Marsstengen und Untermasten ist die Form des oberen Endes. Anstelle von Backen oder ‚bibs' (schweres Holzknie zur Abstützung der Saling, auch ‚bibb') zur Unterstützung der Längssaling war der obere Mastteil zu einem etwas weiteren Teil geformt, auf dem eine Querrippe zum Halten der Quersaling eingeschnitten war. Über diesem Teil saß die Marsstenge in der üblichen Befestigungsform und zwischen Hacke und Masttopp verjüngte sie sich auf die gleiche Art wie der Untermast.

Sprietsegelstengen waren kleinere Versionen der Marsstengen. Sie unterschieden sich jedoch durch das Fehlen der Scheibe für das

Stengedrehreep, das bei der Sprietsegelstenge nicht benötigt wurde. Die Hacke des Mastes ruhte bis etwa 1670 auf dem Bugspriet, dann versetzte man sie nach voraus, um sie direkt unter dem Kopf des Bugspriets zu befestigen. Die Masten saßen dann auf einem Schloßholz, so wie es auch für die Stengen zutraf.
Die Länge der Marsstengen als Teil der Länge der Großuntermasten ist in nachfolgender Tabelle angegeben.

Länge der Marsstengen – 17. Jahrhundert

	um 1600	um 1620/50	1650/70
Sprietsegelstenge	*	0,15–0,020	0,15–0,20
Vormarsstenge**	0,38–0,44	0,45	0,54
Großmarsstenge	0,45–0,52	0,50	0,60–0,67
Großbesanstenge	0,28	0,33	0,33–0,35
„Bonaventure"-Besanstenge	0,21–0,24	0,25	-

* In der Takelliste der *Queens-Schiffe* von 1600 gibt es keine Sprietsegelstengen. Ihr Geschirr ist 1611 jedoch verzeichnet. Der „Bonaventure"-Besanmast verschwand etwa um 1625.

** Für den Begriff „Fock . . ." findet man auch sehr oft „Vor . . .". Es bedeutet praktisch dasselbe. Desgleichen steht für den Begriff „Besan . . ." oftmals „Kreuz . . .", auch das ist gleichzusetzen. Im Gegensatz zu einem Kreuzmast ist der Besanmast nicht voll getakelt. (Anm. d. Übers.)

Die Durchmesser der Marsstengen an den Untermasteselshäuptern, ausgedrückt als Teil des maximalen Untermastdurchmessers, war: Vormarsstenge 0,45–0,54; Großmarsstenge 0,5–0,6, Großbesanstenge 0,3–0,36. Der Durchmesser der ‚Bonaventure'-Besanstengen ist unbekannt. Sprietsegelstengen waren $^{15}/_{16}$ inch je yard der Länge weit. Der Durchmesser der Marsstengen direkt unter den Hummern maß normalerweise $^{3}/_{4}$, so wie es auch unter den unteren Eselshäuptern der Fall war.

Bramstengen: Nur die Fock- und Großmasten führten Bramstengen, und das wiederum lediglich auf großen Schiffen. Die unteren Enden der Stengen glichen den Hacken der Marsstengen und hatten Scheiben für die Stengewindreeps. Sie waren kleinere Versionen der Marsstengen. Mit Ausnahme der ersten Jahre des Jahrhunderts, als die oberen Teile als Flaggenstock gedient haben mögen, führten sie Längs- und Quersalinge. Ihre Länge als Teil der jeweiligen Marsstengenlänge ist in der nachfolgenden Tabelle angegeben.

Länge der Bramstengen – 17. Jahrhundert

	um 1600	1620	um 1650	1670	1700
Vormars	0,50–0,67	0,40	0,50	0,42	0,50
Großmars	0,52	0,40	0,50	0,42	0,50

Flaggenstöcke glichen kleinen Bramstengen, nur hatten sie am oberen Ende einen Knopf und keine Längssaling usw. Die Knöpfe konnten plattgedrückte Kugeln oder kugelrund sein. Es gab auch konische Pickel auf dem Kopf. Die Flaggenstocklänge war unterschiedlich und es gab offenbar keine feste Regel dafür. Von einer zufälligen Auswahl an Modellen und Bildern wurden die Flaggenstocklängen ausgearbeitet: Sprietmast 0,5–0,55, Fockmast 0,24–0,55, Großmast 0,2–0,5, Besanmast 0,4–0,75.
Insgesamt hatten kontinentale Schiffe kürzere Flaggenstöcke als englische. Um ganz sicher zu sein, gibt es jedoch zu wenig Beweise.

Marsstengetopps, Längssalinge und Eselshäupter: Der Gebrauch von Marsen auf den Topps der Vormars- und Großmarsstengen (auf der *Sovereign of the Seas* auch auf der Besanmarsstenge) auf englischen Schiffen wird durch eine Zusammenstellung der Marsgrößen aus dem Jahre 1640 belegt. Um 1664 besaßen allerdings nur die unteren Masten Marse. Bramstengen, um ihnen einen passenden Namen zu geben, waren auf die gleiche Art gefertigt wie die unteren Topps. Allerdings besaßen sie nur die halbe Weite. Die Bramstengen wurden schließlich durch Längs- und Quersalinge ersetzt. Die Anzahl letzterer war stets gleich der Anzahl der Bramstenge- (oder Flaggenstock)wanten. 1675 besaßen die Bramstengelängssalinge in ihren Abmessungen das Mehrfache des Durchmessers vom Marsstengehummer, z.B. Länge 5, Breite $^{4}/_{7}$, Tiefe 1 weniger $^{1}/_{2}$ in (12,7 mm). Andere Quellen lassen vermuten, daß die Marsstengelängssalinge etwa $^{2}/_{5}$ so groß sein sollten wie die unteren Masten. Quersalinge waren etwas länger als die Längssalinge, und zwar um das $5^{1}/_{2}$-fache des Durchmessers vom Marsstengetopp. Sie hatten die gleiche Breite, waren jedoch nur halb so tief. Das äußere Drittel der Quersalinge war abgerundet. Wenn ein Schiff eine Bramstenge führte, saß die Quersaling mit ihren Rundungen nach hinten. Gab es drei Bramstengewanten, befanden sich die beiden hinteren Quersalinge direkt am Masttopp, eine vorn und eine achtern. Die vordere saß ziemlich weit voraus, um ein Einholen der Bramstenge zu ermöglichen. Gab es jedoch nur zwei Wanten, ließ man die mittlere Quersaling weg. Flaggenstöcke benötigten ebenfalls Wanten. Dafür war die vorderste Quersaling nach vorne gebogen, die andere befand sich hinten. Es ist

184. Englische und niederländische Masttopps.
185. Niederländische und französische Masteselshäupter in den Entwicklungsstufen des 16. bis 18. Jahrhunderts.
186. Marsstengefüße und Stengewindereeps.

185

184

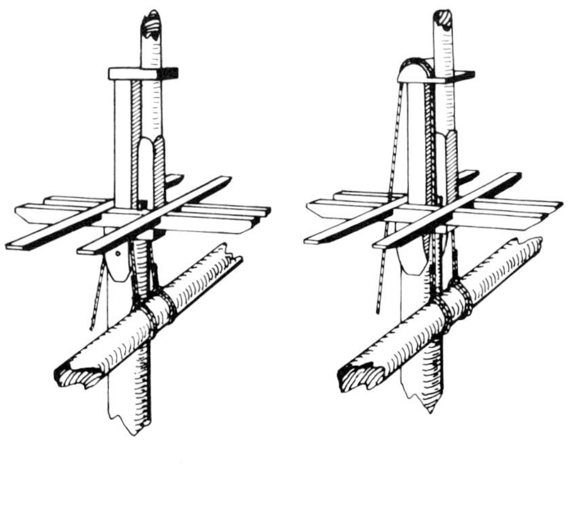

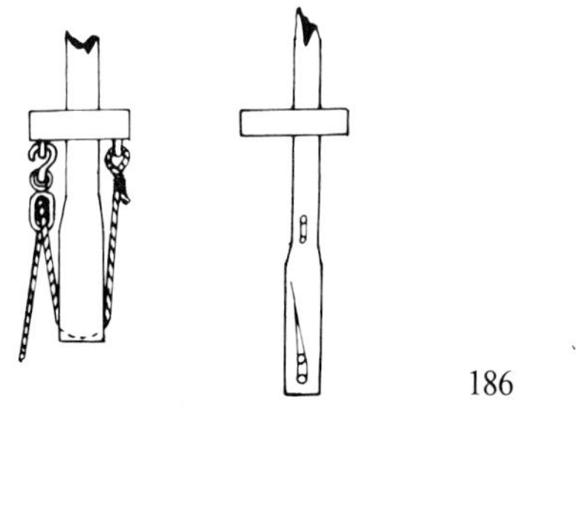

186

nur ein Beispiel für Marse auf Bramstengen bekannt. Die *Sovereign of the Seas* besaß auf ihren drei Masten je eines. Flaggenstöcke hatten alle Schiffe, und ob sie nun Bramstengen führten oder nicht, die Stöcke waren aufgesetzt wie Masten. Falls auf einem Schiff Bramlängssalinge vorhanden waren, entsprachen ihre Proportionen zur Bramstenge denen der unteren Marse zu den unteren Stengen. Zum Jahrhundertende gab es auf einigen schwedischen Schiffen eine Art Topps, die die Bezeichnung Halbtopp führten. Die Eselshäupter auf den Marsstengen und Bramstengetopps waren von gleicher Art wie die der unteren Masten. Ihr Verhältnis war ähnlich dessen zu ihren Masten.

Rahen: Etwa zum Jahrhundertanfang kamen drei neue Segel und natürlich auch Rahen in Gebrauch: das Dreikantrahtoppsegel*, das Kreuzsegel (‚mizzen course') und das Lang-Kreuzmarssegel.

Das ‚mizzen course' war das Geld nicht wert und verschwand in den 1620er Jahren. Die Rah behielt man jedoch zum Spreizen des Viereck-Kreuzmarssegels. Dieses und das Dreikantrahtoppsegel entwickelten sich rasch zu Standardteilen. Etwa zur gleichen Zeit, als die neuen Segel in Gebrauch kamen, verschwanden das Latein-Besanmarssegel und der ‚Bonaventure'-Besan. Das Lateinmarssegel war außer bei schönem Wetter sowieso nie zu gebrauchen gewesen, und wir wissen im beginnenden 17. Jahrhundert nicht mehr darüber als zu früheren Zeiten. Offiziell wurde es 1618 abgeschafft, jedoch schon lange zuvor nicht mehr benutzt. Der ‚Bonaventure'-Besan verschwand vermutlich schon vor 1625. Allerdings wird seine Existenz offiziell noch bis 1640 erwähnt.

Alle Rahsegelrahen hatten die gleiche Form. Sie waren im Querschnitt rund, und nach den Enden hin verjüngten sie sich. Zum Jahrhundertende hatten die unteren Rahen auf englischen Schiffen über eine Länge, die der Breite des Marses entsprach, eine achteckige Form. Marsrahen waren im Vergleich zu den unteren Rahen kurz. Etwa ab Jahrhundertmitte nahmen sie in der Länge stetig zu, und um 1700 waren sie etwa doppelt so lang wie zum Jahrhundertbeginn. Die Längenzunahme fiel mit der Wiedereinführung des Reffens zusammen. Es steht allerdings nicht fest, was nun zuerst begann. Gereffte Marssegel wären mit den alten kurzen Marssegelrahen sicherlich unpraktikabel gewesen. Die Länge der unteren Rahen konnte auf mehrere Arten berechnet werden. Alle standen jedoch entweder mit der Kiellänge oder der maximalen Schiffsbreite in Beziehung. Es wurde aber keine auf der einen oder anderen basierenden Regel benutzt. Die Länge der Großrah, für gewöhnlich der Standard für die Unterrahen, wird manchmal als Teil der Kiellänge oder der Breite und manchmal als Teil des Großuntermastes angegeben. Das ist in der Reihenfolge eine Berechnung nach der Kiellänge oder der Breite und manchmal in Verbindung mit beiden. Die Beziehung zwischen Großrahlänge und Kiellänge ist unterschiedlich. Abgesehen von einigen Beispielen aus der Zeit des Jahrhundertbeginns kann man zusammenfassend sagen: Um 1600 entsprach die Großrah 0,8 der Kiellänge, 1627 war es 0,83 und zwischen 1650 und 1670 schließlich 0,8 bis 0,95. Diese Daten geben natürlich keinen kompletten Überblick, denn im Verlauf der zweiten Jahrhunderthälfte wurde der Kiel für das Kanonendeck verlängert, so daß ein Schiff von 1680 sozusagen eine längere Großrah besaß als eines von 1650. Dabei behielten die Kanonendecks jedoch die gleiche Länge. Mehr noch, seit die Länge der oberen Rahen oft nach der Großrah berechnet wurde, zog das auch ein Anwachsen der Länge der anderen Rahen nach sich. In der Praxis macht der Gebrauch verschiedener Berechnungsgrundlagen für die Rahlängen einen Längenvergleich zu verschiedenen Zeiten des Jahrhunderts ziemlich schwierig. In den zugehörigen Tabellen von vier zeitgenössischen Dokumenten sind die Daten standardisiert als Bruch, entweder zur Großmast- oder Großrahlänge angegeben. In Übereinstimmung mit dürftigen Beweisen waren englische Rahen in der ersten Jahrhunderthälfte $^3/_4$ in (19 mm) je yard der Länge dick ($^1/_{48}$). In der zweiten Hälfte war die Dicke allerdings $^5/_8$ in (16 mm) je yard (nahezu $^1/_{58}$). Auf niederländischen Schiffen betrug die Dicke der Rahen $^1/_{44}$ ihrer Länge. Auf französischen war es $^1/_{48}$.

* Ein Dreikant-Gaffeltoppsegel, bei dem das Vorliek durch eine Toppsegelrah gut über den Mastknopf hinaus verlängert ist. (Anm. d. Übers.)

Nach den Enden hin verjüngten sich die Rahen bogenförmig. Wie groß der Verjüngungsgrad vor 1684 war, ist nicht bekannt. Ein Manuskript aus dieser Zeit gibt allerdings die entsprechenden Durchmesser an: Erstes Viertel $^{23}/_{24}$, zweites Viertel $^6/_7$, drittes Viertel $^2/_3$ und Rahnock $^1/_3$ – bezogen auf die Rahlänge.

Zum Halten der verschiedenen Taue hatten die Rahen eine Reihe Rack- und Lippklampen. Obwohl diese Anbauten so augenfällig gebräuchlich waren, sind sie leider in zeitgenössischen Aufstellungen über Masten und Rahen nicht erwähnt. Das Fehlen eines Nachweises kann natürlich seinen Grund darin haben, daß der Aufschreiber vielleicht der Meinung war, die Dinge seien nicht erwähnenswert oder, daß die Rack- und Lippklampen schon lange, bevor das erste Dokument sie erwähnt, in Benutzung waren.

Schon 1613 gab es an den Enden der Rahnocken Lippklampen. Sie dienten zum Halten der Brassen und verhinderten das Abgleiten der Rahen. Auf englischen Schiffen aus der Zeit vor den 1690er Jahren sind keine Lippklampen zur Verhinderung des Abrutschens nach innen angeführt. Auf schwedischen Schiffen dieser Zeit wurden sie allerdings schon verwendet und gehörten anscheinend zur normalen Ausrüstung. Die Position der inneren Lippklampen wurde durch die Länge der Rahnocken bestimmt. Diese maßen $^1/_{25}$ der Rahlänge. Ausgenommen davon sind die Kreuzsegel- und Sprietsegelrahen. Ihre Rahnocken maßen $^1/_{20}$ der Rahlänge. Die Rahnocken am Jahrhundertende mögen länger gewesen sein, zumindest die Marssegelrahen, denn die hatten um 1720 eine Länge, die $^1/_{12}$ der Rahlänge betrug. Auf dem Mittelteil der Rahen saßen Rackklampen. Sie hielten die Reeps, Rahtakelblöcke und Racktaue an ihrem Platz und zum Jahrhundertende (möglicherweise jedoch schon lange zuvor) brachte man an der Vorkante der Unterrahen eine Art Jackstag an. An diesem wurden die Rahbändsel befestigt, die zuvor um die Rah gewikkelt worden waren. Kontinentale Schiffe hatten ähnliche Arrangements. Lateinrahen unterschieden sich von den ‚square yards' (Rahsegelrahen), indem die untere Hälfte dicker war als die obere, die in der Proportion der Rahsegelrah glich.

Lateinsegelverjüngung – 17. Jahrhundert

	Mitte	1. Viertel	2. Viertel	3. Viertel	Ende
Obere Hälfte	1	23/24	6/7	2/3	1/3
Untere Hälfte	1	29/30	11/12	3/4	1/2

Außer den normalen Segeln führten die Schiffe des 17. Jahrhunderts einige ‚stunsails' (= studding sail/Leesegel oder Beisegel). Es ist jedoch nicht bekannt, wieviele es waren.

Englische Schiffe um 1625 hatten Fock- und Großleesegel, niederländische Schiffe einige Jahre später. (An dieser Stelle muß daran erinnert werden, daß der erste Bericht über die Einführung einer neuen Sache oder einer Sache überhaupt nicht unbedingt auch das Datum des ersten Erscheinens ist.) Die Segel sind jedoch vor 1650 in keiner Takelliste zu finden. Noch weniger bekannt ist die Einführung von Oberleesegeln, sie wurden aber im letzten Vierteljahrhundert an den Vormars- und Großmarsrahen geführt. Die Ungewißheit über die Anzahl der Leesegel überträgt sich auch auf ihr Aussehen, bzw. wie ihre Segelfläche aussah. Unzulängliche Beweise deuten darauf hin, daß die ersten Leesegel dreieckig waren, ihr unteres Ende durch einen Baum gespreizt. Am Anfang war der Baum sicherlich an der Rah festgelascht, zum Jahrhundertende hin erhielt die Rahnock jedoch ein ‚figure-of eight'-iron strap (eiserner Achterstropp). Auf großen Schiffen befand sich etwa ein Drittel des Weges von der Rahnock zum Mast etwas ähnliches. Auf kleinen Schiffen war die Innenkante des Baumes jedoch an der Rah angelascht. Allgemein war es üblich, Leesegelbäume an der Vorkante der Rahen anzubauen, auf niederländischen Schiffen geschah das jedoch an der Rückkante. Gegen Jahrhundertende saßen die unteren Leesegelbäume auf großen Schiffen auf halbem Wege der entsprechenden Rahlänge, bei den kleinen war es Dreiviertel. Die Marsstengeleesegel waren 0,54 und 0,35. Im Durchmesser entsprachen die unteren Bäume $^1/_{72}$ bis $^1/_{75}$ ihrer Länge, die oberen lagen bei $^1/_{52}$.

187. Der Takelplan der *Royal Louis* von 1692 aus *Souvernirs de Marine* von Paris.

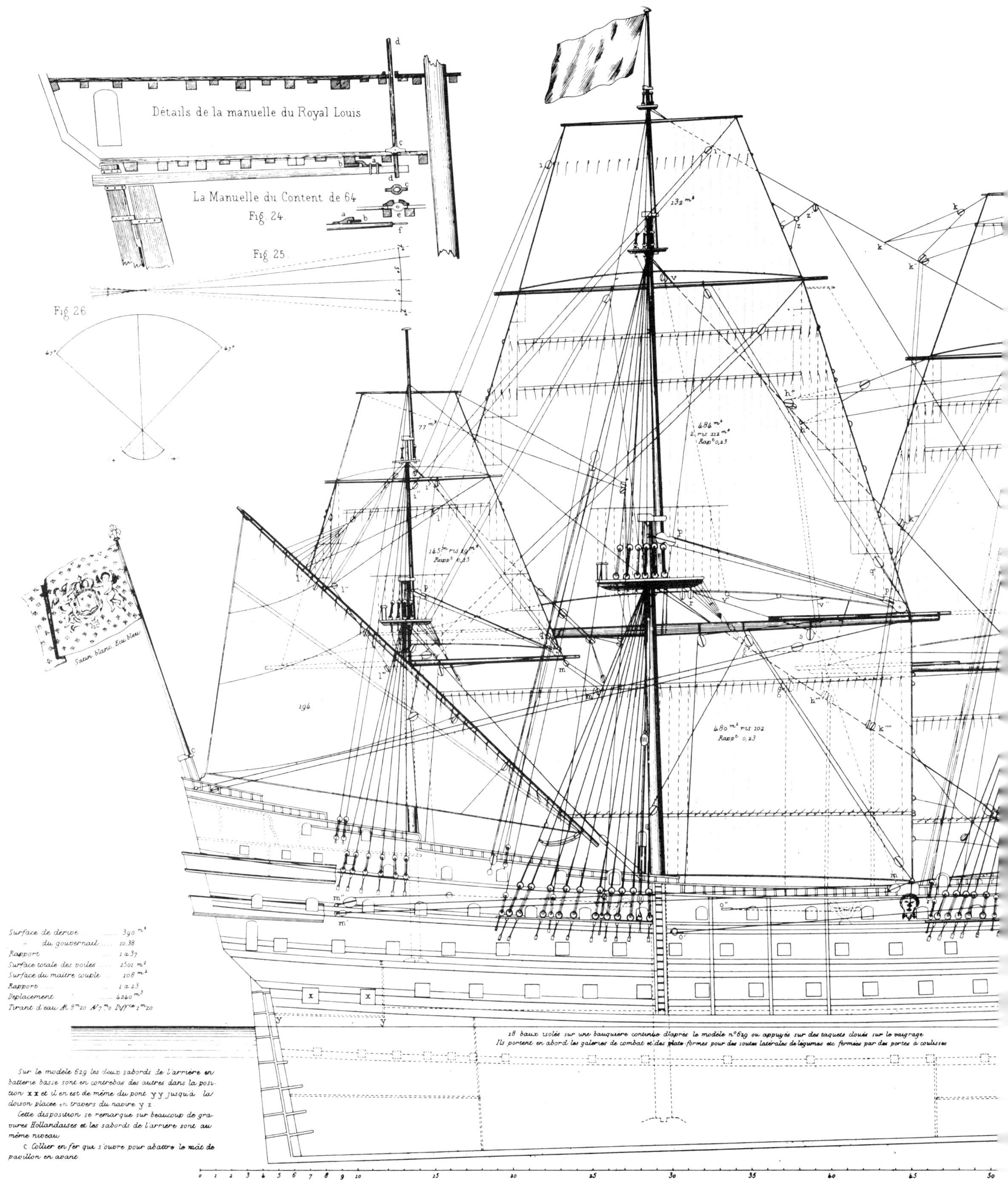

Stehendes Gut

Um 1600 hatte das Stehende und Laufende Gut ein Stadium erreicht, bei dem die Entwicklungen sich vorwiegend auf Vereinfachungen beschränkten. Ausgenommen war die Einführung neuen Gerätes, wie die Schräg- oder auch Schratsegel*, sowie das Verschwinden der komplizierten Hahnepoten. Auch auf anderes veraltetes Gerät verzichtete man und erste Schritte hin zu einer Standardisierung wurden beschritten. Das alles hatte in der Tat einen Gesamtzustand erreicht, der es praktisch unmöglich macht, in einem Buch dieses Umfangs auch nur die Takelung eines kleinen Schiffes zu beschreiben. Daher werden nur die wichtigsten Aspekte angesprochen und für genauere Informationen wird auf das eine oder andere Spezialbuch im sich anschließenden Quellennachweis verwiesen.

Bugspriet: Eine englische Abhandlung über Takelagen, die um 1625 geschrieben wurde, stellt fest, daß der Bugspriet am Vorsteven *‚gammed‘ (gelascht/gezurrt)*, am Fockmast mit einer Wuhling versehen und an Deck gebolzt war. Es ist jedoch nicht bekannt, wann die Bugsprietzurring aufkam. Auf Bildern von Schiffen des 17. Jahrhunderts ist nichts davon zu sehen. Das ist natürlich kein Beweis, denn die *Prince Royal* von 1613 hatte eine. Ein Datum um den Jahrhundertbeginn bietet sich jedoch aus zwei Gründen an. Zum einen wurde zu dieser Zeit der Fockmast weiter nach achteraus versetzt, und das hätte auf jeden Fall die Wirksamkeit der Bugspriet/Fockmastlasching gemindert. Zum anderen hätte das Dreikantrahtoppsegel am Ende des Bugspriets einen merklichen Seitendruck ausgeübt, wenn es an den Wind gekommen wäre. Jedenfalls erscheinen Zurring und Dreikantrahtoppsegel in den Veröffentlichungen zur gleichen Zeit. Immerhin ist es ein Kuriosum, daß die Zurring – unter diesem Namen – in vielen Inventarien des 17. Jahrhunderts nicht erscheint.

Es kann natürlich sein, daß es mehr als Standardbefestigung denn als Takelageteil angesehen wurde, denn die wichtige Schlüsselliste der Takelung eines Schiffes 1. Klasse aus dem Jahre 1670, die Anthony Deane erstellte, enthält eine Bugsprietzurringslasching als Bugsprietwuhling. Und so kann es auch in anderen frühen Inventarien der Fall sein. Das ganze Jahrhundert hindurch besaßen englische Schiffe ein Paar Laschings, die niederländischen hingegen nur eine. So verhielt es sich auch bei den schwedischen und französischen. Die ersten englischen Bugsprietzurrings maßen nicht mehr als $^1/_4$ der Strecke vom Vorsteven zur Außenkante des Schnabels. Als das Knie dann mehr und mehr nach oben gebogen wurde, führte man die Lasching dort entlang, und zum Schluß reichte sie bis dicht an den Rükken der Galionsfigur. Zuerst lief die Bugsprietzurring um den Bugspriet und unter dem Schnabelknie hindurch. Das war eine Praxis, die auf niederländischen Schiffen noch bis in die 1650er Jahre angewandt wurde. Um 1630 liefen die Laschings auf den englischen Schiffen unter den unteren Backen durch ein Loch am Schnabelknie. Bis auf kleine Änderungen blieb man für das restliche Jahrhundert bei dieser Praxis. Die Bugsprietzurring bestand gewöhnlich aus rechtslaufenden dicken Tauen. Sie hatten einen Umfang von $^2/_5$ bis $^3/_8$ des Großmastdurchmessers. Auf dem Bugspriet saß eine Gruppe Lippklampen, eine gewöhnlich am Topp und zwei an jeder Seite. Sie sorgten dafür, daß die Lasching nicht von der Spiere rutschte.

Die Einführung des Klüvers (vorderstes dreieckiges Stagsegel) erhöhte den Seitendruck auf den Bugspriet. Gleichzeitig erzeugten sie einen gewissen Druck nach oben. Der Widerstand gegen den nach oben gerichteten Druck bildete das Bugsprietstag. Es wurde zwischen einem Punkt etwa auf halbem Wege entlang dem Bugspriet und dem Brustholz** getakelt und saß 2 ft–3 ft (0,61 m–0,91 m) über der Wasserlinie. Das Bugsprietstag erschien um 1680 zuerst auf französischen Schiffen, das erste englische Beispiel stammt von 1701. Englische Bugsprietstage bestanden aus einem langen Kragen starker Taue, die am Bugspriet befestigt waren. Ein ähnliches lief durch ein Loch im Brustholz. Jeder Kragen führte in der Bucht einen Jung-

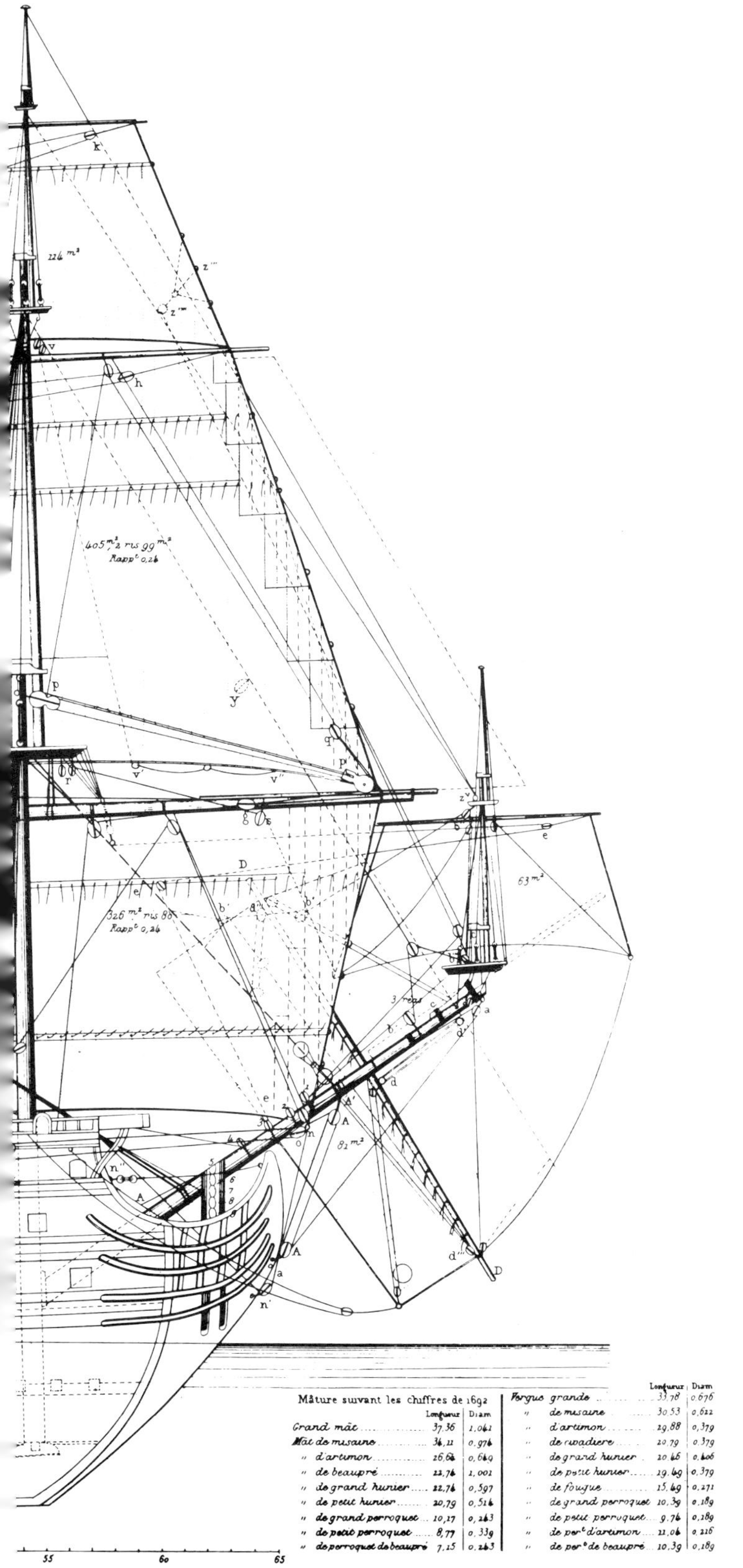

* Sammelbegriff für alle Segel, die an Stagen, Gaffeln, Bäumen, Spriets, Lateinrahen oder Luggerrahen gesetzt werden. (Anm. d. Übers.)

** Vorkante des Vorstevens in oder nahe der Wasserlinie, auch falscher Steven oder Außensteven genannt. (Anm. d. Übers.)

189

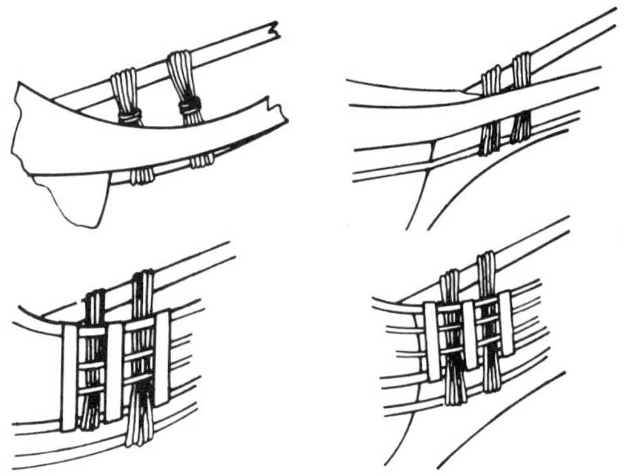

188. Ein Originallängsschnittplan der *Royal Louis*. Er legt viele Details über Unterschiede zur Rekonstruktion von Paris offen. Gerade die hoch bewerteten Arbeiten müssen mit Vorsicht genossen werden, solange sie nicht auf unanfechtbaren Quellen beruhen.

189. Die Entwicklung der Bugsprietzurring im 17. Jahrhundert.

190. Der Takelplan eines Schiffes 1. Klasse aus *A Doctrine of Naval Architecture* von Anthony Deane aus dem Jahre 1670. Das Diagramm an der linken Seite des Planes zeigt die Spreizung der oberen und unteren Großmastwanten.

fernblock. Zwischen den Jungfernblöcken lief ein Taljenreep. Das begann und endete am Bugsprietjungfernblock.

Untermasten: Alle Untermasten waren mit Takeln, Wanten und Stagen (einschl. Backstagen) angeordnet. Bei den Großmasten gab es auch noch Hebeltakel.

Takel: Ausgenommen auf kleinen Schiffen hatte jeder Mast pro Seite ein Paar Takel und deren Stander waren auch die ersten Takelagen, die über den Masttopp liefen. Bis etwa 1655 waren auf englischen Schiffen alle Takel von der Art des ‚pendant-and-whip'*. Danach hatte der Besanmast ein Lösch- und Ladesystem (gekoppelte Bäume zum Löschen und Laden).

Wenn es an den Seiten je zwei Takel gab, waren die Stander über dem Masttopp gedoppelt. Handelte es sich jedoch um nur eine, wurden die beiden Stander mit einer Buchtspleiße** über den Masttopp geleitet. Je nach Kompliziertheit der Takel hatten die unteren Enden der Stander Einzel- oder Doppelblöcke. Manchmal waren es auch Violinblöcke.

Die Takelmantel begannen in einer Auskehlung am Aug- oder Ringbolzen. Das Fall wurde vermutlich an einer Geländerstütze oder Belegklampe der Schanzkleidinnenseite belegt. Takelstander waren gewöhnlich von gleicher Größe wie die zugehörigen Wanten, die Taljenläufer maßen $^{2}/_{3}$, die Fallen $^{1}/_{3}$ der Wanten. Wenn Violinblöcke benutzt wurden, waren sie so lang wie der Mast dick war, die normalen Blöcke hatten hingegen etwa $^{3}/_{5}$ des Mastdurchmessers.

Wanten: Diese liefen über die Takel und ihre Zahl war naturgemäß von der Schiffsgröße abhängig. Innerhalb dieser Begrenzung gab es zwischen dem Jahrhundertbeginn und -ende allerdings kleine Unterschiede. Die ‚Bonaventure'-Besanmasten scheinen vier oder fünf Wanten gehabt zu haben. Der Beweis dafür ist jedoch zu vage, um es mit Bestimmtheit behaupten zu können. Wanten saßen in Paaren.

Jedes Paar bestand in der Mitte aus doppelten Tauen. Das ergab eine Schlaufengröße, die groß genug war, um über den Masttopp zu laufen. Zuerst lief das vorderste Steuerbord-Paar über den Topp, dann das vorderste Backbord-Paar usw.. Gab es eine ungerade Zahl Wanten, wurden die letzten mit einem Buchtspleiß über den Masttopp geleitet. Fock- und Großwanten hatten stets Jungfernblöcke und Taljenreeps. Mit Ausnahme der kleinen Schiffe verhielt es sich so auch bei den Besanwanten. Kleine Fahrzeuge besaßen allerdings manchmal Besanwanten, deren Takel in der Art der Galeerentakel gesetzt waren. Die ‚Bonaventure'-Besanwanten waren normalerweise mit Takeln gesetzt.

Typische Wantenzahl – 17. Jahrhundert

	Fockmast	Großmast	Besanmast
um 1618	8	10	5-6
nach 1650	7–8	8–10	4–6
kleine Schiffe	4–5	5- 6	3

Der Umfang der Großwanten entsprach etwa $^{1}/_{4}$ des Großmastdurchmessers. Zum Jahrhundertbeginn war es etwas mehr, in der zweiten Hälfte etwas weniger. Wenn man für die Größe der Großwanten die 1 setzt, sind die angenäherten Werte für die übrigen unteren Wanten in etwa so, wie es die Tabelle angibt.

* Mantelwippe, Wippe oder Jolltau mit Mantel, eine Wippe, deren Block an einem Stander festgemacht ist, der wiederum durch einen Block geschoren ist. (Anm. d. Übers.)

** Aus 2 abgeschnittenen Enden gespleißtes Auge. (Anm. d. Übers.)

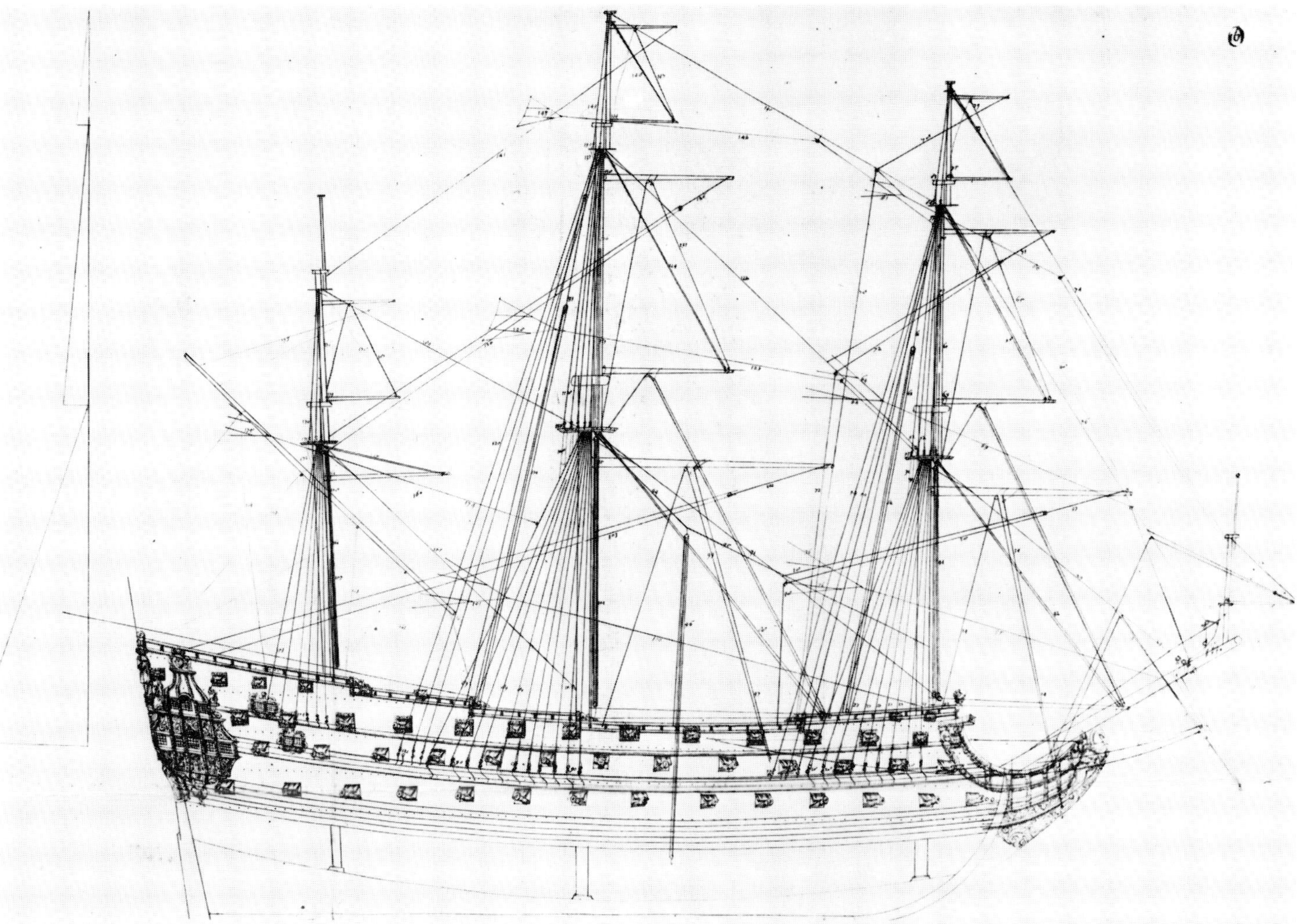

190

Wantengrößen – 17. Jahrhundert

	Fock	Besan	„Bonaventure"-Besan
1611	0,9	6,7*	0,6
1640	0,85–0,9	0,55–0,67	-
1685	0,87–0,9	0,6	-

* Es muß sicherlich 0,7 heißen! (Anm. d. Übers.)

Die Jungfernblöcke hatten über den Daumen den halben Durchmesser ihrer Masten. Zumindest bis zum Jahre 1640 waren die englischen Jungfernblöcke asymmetrisch und hatten äußerlich die Form einer kurzen fetten Birne. Im Querschnitt glichen sie einer kurzen breiten Ellipse. Das spitze Ende eines Jungfernblocks saß zuoberst der Wantenjungfernblöcke. So wie es die Kanonenpforten zuließen, saßen die unteren Jungfernblöcke im Abstand gleichmäßig entlang der Außenkante. Der vorderste befand sich direkt seitlich der Rückseite des jeweiligen Mastes. Für ein Drittel des Jahrhunderts oder mehr waren alle Jungfernblöcke an eisernen Laschen, als Platten bekannt, befestigt. Die englischen Schiffe hatten ihre Jungfernblöcke zwischen etwa 1640 und 1655 an dreigliedrigen Eisenketten zu sitzen, dann kamen die Platten erneut in Mode. Auf den kontinentalen Schiffen hingegen bevorzugte man eiserne Ketten. Ob nun Ketten oder Platten benutzt wurden, alle unteren Jungfernblöcke besaßen eiserne Stropps, die in eine Bodenschlinge ausgebildet waren. In dieser befand sich ein an der Platte oder Kette befestigter Haken. Die normale Distanz zwischen den beiden Reihen Jungfernblöcken war der zweifache Durchmesser oder etwa die Breite des zugehörigen Mastes. Wie die Besan- und ‚Bonaventure'-Besanwanten mit Takeln gesetzt wurden, darüber sind keine Einzelheiten bekannt. Offenbar glichen sie den Masttopptakeln.

Stage: Falls ein Schiff Backstage (Pardunen) hatte, die mit Takeln gesetzt wurden, so wie es noch am Jahrhundertanfang war (als sie als ‚swifters'* bekannt waren), liefen ihre Stander über die Wanten und wurden dann wie die übrigen Takel gesetzt. Von den anderen Fock- und Hinterstagen war das Großstag am wichtigsten, denn wenn es zu schwach war, konnte der Großmast kippen und Fock- und Besanmast mit zu Fall bringen.

Die Wichtigkeit des Großstags ist seiner Größe zu entnehmen. Im ersten Jahrhundertviertel betrug der Umfang etwas mehr als die Hälfte des Großmastdurchmessers. Später reduzierte er sich allerdings auf die Hälfte. Das obere Ende des Stags lief *über* die Takelstander und Wanten. Zu einer bestimmten Zeit mögen die Enden der Stagschlingen aus Langspleißen bestanden haben, d.h. einer Art Augenspleiß. Der normale Weg war jedoch ein kleines Auge am Stagende. Das war zwischen den Quersalingen aufgesetzt, lag um den Masttopp und der Rest des Stags lief durch das Auge hindurch. Zum Halten der Schlinge um den Masttopp gab es am Stag einen speziellen Stopper, der unter dem Namen Maus** bekannt ist. Das untere Stagende führte Jungfernblöcke und Taljenreeps, aber zum Jahrhundertende ersetzte man sie durch Herzen.*** Der untere Jungfernblock oder das Herz saß in einem langen Kragen, der an beiden Seiten des Fockmastes entlanglief und durch ein Loch in dem kleinen Knie über dem Vorsteven endete. Der obere Teil des Paares war natürlich am unteren Ende des Großstags befestigt. Die verwendeten

* Handspakenreep/Strecktau (Anm. d. Übers.)
** Vorrichtung zum Sichern eines Hakens. (Anm. d. Übers.)
*** Herzförmige Jungfer, großer Stagblock. (Anm. d. Übers.)

Jungfernblöcke hatten fünf Löcher. Auf nichtenglischen Schiffen der zweiten Jahrhunderthälfte war es üblich, das Großstag mit einem Paar Dreischeibenblöcken anzuordnen. Das Fockstag war in ähnlicher Manier angeordnet, sein Unterteil lief jedoch zum Bugspriet. Anfangs war der Kragen genau so weit vom Vordeckschott entfernt, wie sich das obere Ende des Stags über dem Backdeck befand. Später setzte man den Kragen näher heran, so daß der Zwischenraum zum Schott etwa $^5/_6$ von der Höhe des oberen Endes betrug.

Das Besanstag war zu einem langen Kragen am Großmast angeordnet, 8 ft–10 ft (2,44 m–3,05 m) über Deck. Falls es wie auf der *Prince Royal* ein ‚Bonaventure'-Besanstag gab, war es ähnlich dem Besanstag angeordnet, lief jedoch zum Besanmast.

Die Maße der Stage, so wie sie zu verschiedenen Zeiten im Jahrhundert waren, würden in Brüchen als Teil der Großstaggröße ausgedrückt ein bißchen variieren. Als allgemein gilt die Regel, daß sie auf großen Schiffen etwas dicker waren. Die Beispiele wurden von zeitgenössischen Takellisten genommen. Die tatsächlichen Proportionen sind zum einfachsten angenäherten Bruch abgerundet.

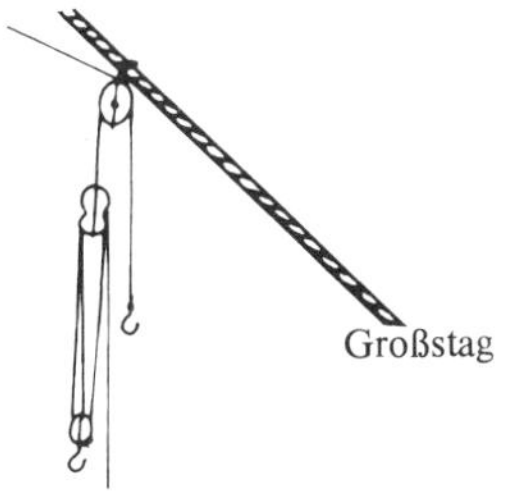

191. Garnettakel.

Das letzte Takelungsteil, das über den Großmasttopp lief, war der Stander der Aufzugstakel. Zwei Takelarten wurden benutzt, von denen die erstere die ‚garnet'* war. In diesem Takel saß am Ende des 191
Standers ein Einzelblock und über diesen lief eine Laufrolle mit vierteiligem Fall. Der Stander saß am Großstag, so daß der Einzelblock sich über der Luke befand. Wenn das Takel nicht benutzt wurde, war das untere Ende am Großstag oder an der Backdecksreling festgemacht. Bei der anderen Art Aufzugstakel, der ‚winding tackle' (Windtalje) hatte der Stander einen Doppel- oder Dreifachblock (es konnte auch ein Violinblock sein), und das Takelfall lief zwischen 193
dem oberen Block und einem ähnlichen mit zugehörigen Haken hin und her. Das ‚winding tackle' wurde über der Luke entweder mittels eines Geitaues vom Vormarstopp oder nahe am Fuß des Fockmastes gehalten.

Mars- und Bramstengen: Diese waren mit ihren Takeln, Wanten und Stagen wie die Untermasten angeordnet. Fock- und Großmasten hatten an der Seite ein Einzeltakel, und so war es auch beim Besanmars. Nach der Jahrhundertmitte entfiel das Takel beim Besanmars. Die Marstakelstander hatten entweder Augenspleiße oder liefen miteinander in ein Buchtspleiß. Die ersten Takel waren einfache ‚Bur-

* Tau zum Aufholen der Untersegel an die Rah. (Anm. d. Übers.)

192. Die Tafel aus *Skeps Byggerij* von Raalamb aus dem Jahre 1691 zeigt viele Takelteile.

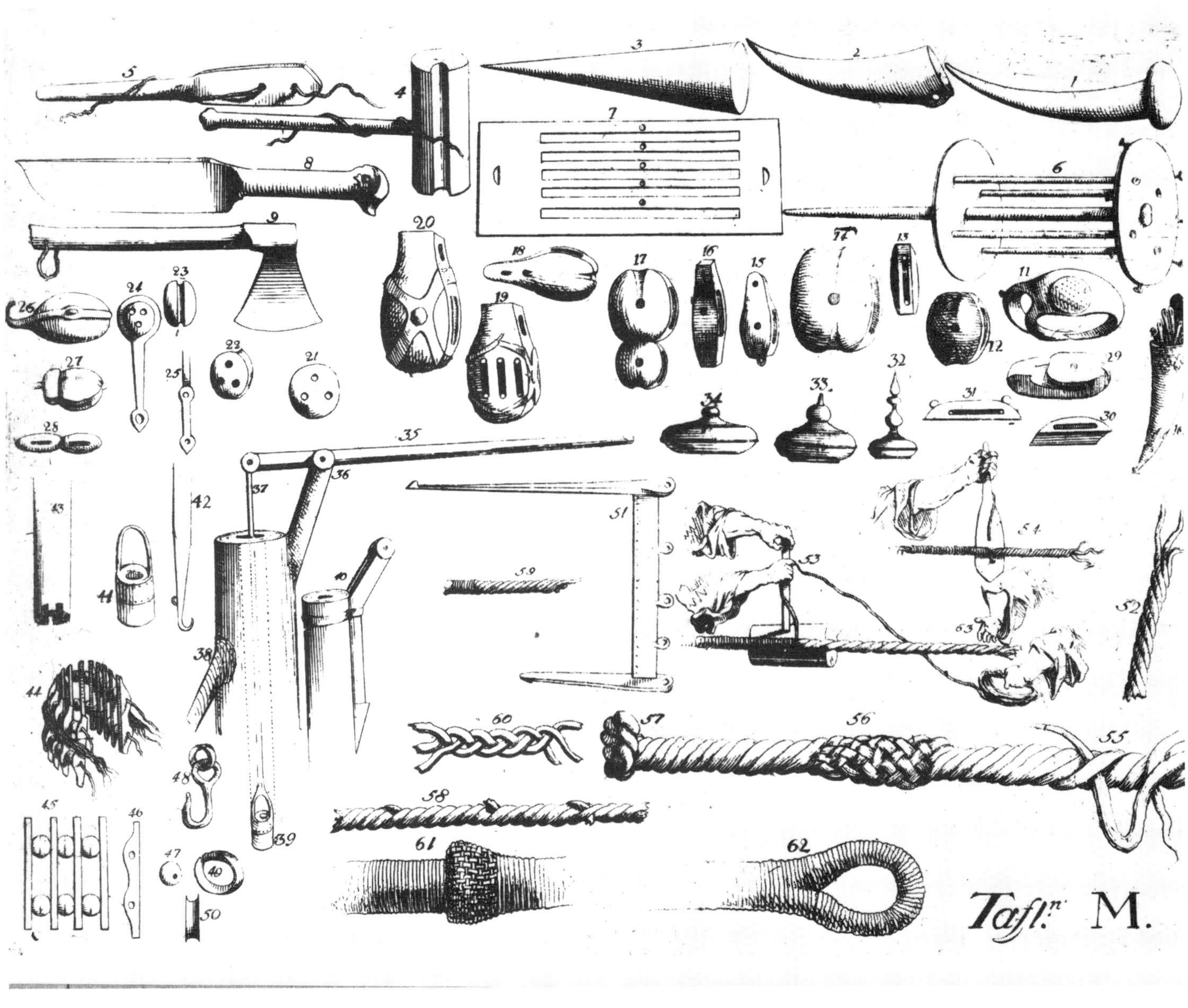

193. Alternative Takelungen des Stengewindreeptakels.

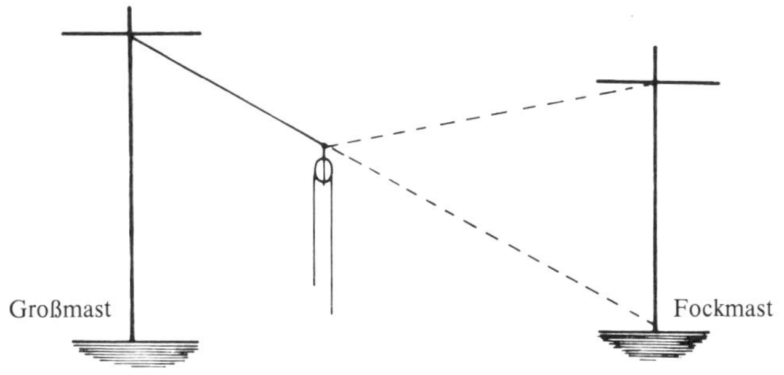

194. Schwichtungshahnepot um 1620.

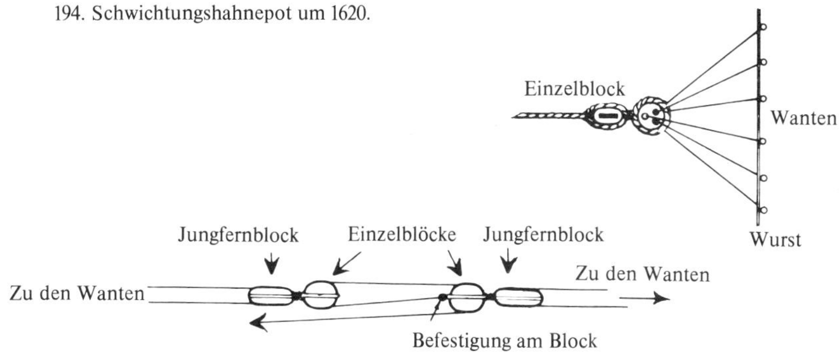

ton'-Takel*, im letzten Jahrzehnt des Jahrhunderts kamen jedoch kompliziertere Arten in Gebrauch.

Marsstengen hatten halb soviel Wanten wie ihre Untermasten. Die Wanten befanden sich über dem Masttopp, waren von gleicher Art, und ihre Jungfernblöcke saßen am unteren Ende. Die unteren Jungfernblöcke waren an kurzen Eisenlaschen befestigt (‚puttock plates'/-Tauplatten, Tauhalterungen). Diese Anordnung vereinfachte man später durch eine Kombination der Jungferneisenlaschen mit den ‚puttock plates'.

Die unteren Püttingswanten waren an einer hölzernen Spake, der
194 Wurst**, gesichert. Der Effekt dieser Befestigungsart der Püttingswanten war, daß die unteren Wanten nach außen drückten. Um dem entgegenzuwirken, verwendete man ein Spezialtakel, die Schwichtungshahnepot. Diese kam zwischen die Wursten und wurde mittels eines Einscheibenblocks an jedem der beiden Dreilochjungfernblökke befestigt. Durch jedes Loch im Jungfernblock lief ein kurzes Tauende. Deren Enden wurden wiederum an einem Paar angrenzender Wanten befestigt, so daß jeder Jungfernblock mit sechs Wanten in Verbindung stand. Als nächstes wurde das Tau des einen Blocks genommen, lief durch den anderen Block und kam zum ersten zurück. Nach Durchlauf dieses Blocks wurde das Tau zwischen dem gegenüberliegenden Block und seinem Jungfernblock befestigt.

Über die Marsstengewanten liefen Backstage. Bis etwa 1640 gab es auf englischen Schiffen nur eines an jeder Seite der Vor- und Großmarsstenge. Die Besanmarsstenge führte keine. Die Zahl der Backstage erhöhte sich in den 1670er Jahren. Nunmehr hatten die Vor- und Großmarsstengen jeweils drei an jeder Seite, die Besanmarsstenge eine. Es gab zwei Arten Backstage, laufende und stehende. Laufende Backstage waren Mantelrippentakel, die von einer Geländerstütze an der Reling nahe des hinteren Endes der Takelage abliefen und dort auch wieder belegt wurden. Stehende Backstage waren bereits 1611 bekannt, wurden jedoch erst ab Jahrhundertmitte populär. Von da an wurden die laufenden Backstage durch die stehenden ersetzt. Trotzdem wurden zumindest auf den großen Schiffen für längere Zeit beide Arten benutzt.

Stehende Backstage waren wie Wanten mit Jungfernblöcken angeordnet. Als allgemeine Regel gilt, daß Marsstengebackstage so dick waren wie die zugehörigen Wanten, gelegentlich jedoch etwas größer. Die oberen Enden der Marsstengestage waren auf die gleiche Art angebracht wie die unteren, aber die der unteren Enden variierte zwischen den einzelnen Masten. Das Großmarsstengestag lief durch einen Block, der entweder am Vormarstopp oder am Fockstagkragen über dem Topp befestigt war und abwärts an Deck. Direkt unter dem Führungsblock, am Ende des Stags, saß ein Violinblock mit einem Takel dazwischen. Nahe des Fockmastes hing im Deck ein Einzelblock an einem Augbolzen. Unterschiede in diesem Arrangement sind bekannt. Einer ist, daß der Führungsblock an einem kurzen Stander unter dem Topp hing, ein anderer von etwa 1620 ist, daß das untere Ende des Stags im Vormars mit Jungfernblöcken angeordnet war.

Das Vormarsstengestag lief zum Ende des Bugspriets, wo es mit einer Takel angeordnet war. Nach den 1670er Jahren besaß es entweder ein Takel oder Jungfernblöcke. Wenn Takel benutzt wurden, war das Fall normalerweise zur Bugsprietwuhling oder zum Fockstagkragen geknotet. Manchmal wurde es allerdings auch nach binnenbords geführt. Aus Gründen, die wir nicht wissen, endete das Besanstengestag in einem Paar zusammengesetzter Takel. Eines davon war am hintersten Großwant der Backbord-Seite angeknüpft, das andere an 195
der Steuerbord-Seite. Dieses umständliche System hielt sich lange. Alle Bilder und Modelle bis zum Jahrhundertende, aber auch zeitgenössische Takellisten machen klar, daß nach 1650 das Besanstengestag im Großtopp angeordnet wurde. Das geschah entweder mit Jungfernblöcken oder – wie beim Großmarsstengestag – mit einem Block und einer Takel. Die Sprietsegelstenge hatte Wanten und ein Backstag. Um 1625 gab es an jeder Seite drei Wanten, die wie alle anderen Marsstengewanten angeordnet waren. Eine Ausnahme bildeten die ‚puttocks' (Taue)*, die an Querschlingen am Bugspriet befestigt waren, und die unter Berufung auf eine anonyme Abhandlung über Takelagen manchmal aus Eisen bestanden. Trotzdem waren die meisten Bugsprietquersalinge aus Holz.

Im Verlauf des Jahrhunderts wurden die ‚puttocks' direkt am Bugspriet befestigt. Das Bugsprietsegelstengebackstag lief über eine komplizierte Takel, die oft ‚bosun's special' (Abkürzung für ‚Boatswain'/Bootsmann. Hier handelt es sich um eine speziell vom Bootsmann ‚erfundene' Befestigungsart.) genannt wurde.

Zum Jahrhundertende hin, als Fockstagsegel in Gebrauch kamen, wurde das Takel zum Vormarsstengestag versetzt. Die folgenden Proportionen fassen die englische Praxis zusammen und geben die geschätzte Größe der Marsstengenstage wieder. Natürlich gab es auch Variationen.

Vorstengestag:	5/4 der Vorstengewanten
Großstengestag:	5/4 der Großstengewanten
Kreuzstengestag:	gleich den Kreuzstengewanten
‚Bonaventure'-Besanstengestag:	gleich den ‚Bonaventure'-Besanstengewanten
Bugsprietstengestag:	wie die Vorstengewanten

Bei den Marsstengen kamen noch zwei andere Teile zur Anwendung. Das erste gehört strenggenommen nicht zum Stehenden Gut. Es ist das Windreep oder auch Jolle genannt. Man benutzt es zum Heißen und Streichen der Marsstengen. Die einfachste Form dieser Vorrichtung ist bereits im Kapitel II beschrieben worden. Als die Marsstengen größer wurden, kamen andere Arrangements in Gebrauch. Einige davon hatten zwei Windreeps. Sie waren übrigens eine allgemeine Mode auf dem Kontinent. Einige englische Schiffe hatten zwei Taue zur Großmarsstenge, zur Vormarsstenge jedoch nur eines, andere jeweils zwei zu jeder Marsstenge. Die Windreeps waren meistens so dick wie die unteren Wanten und hatten Taljenfallen, die halb so dick wie sie selber waren. Die Besanstengen hatten nicht ständig getakelte Windreeps, ihre Anordnung wurde nur auf Veranlassung vorgenommen.

* Lade- und Löschgeschirr, gekoppelte Bäume. (Anm. d. Übers.)

** Wurst = ‚futtock staff', segeltuch- oder lederbekleidete Holz- oder Eisenstangen quer zwischen den Stengewanten. (Anm. d. Übers.)

* Vielfach auch ‚futtock' genannt. (Anm. d. Übers.)

195. Kreuzstengepardunen.

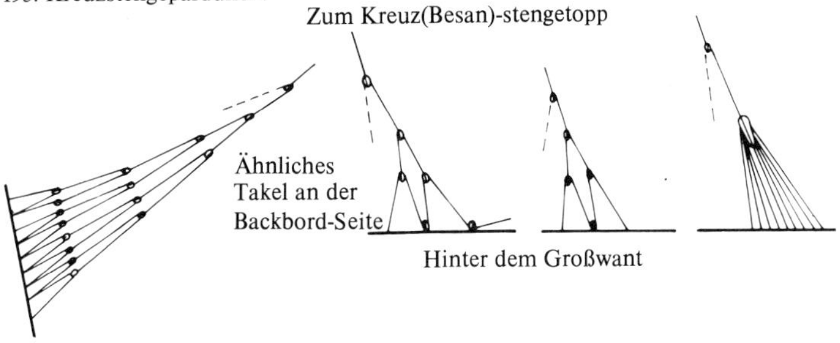

Das andere Takelteil war eine Vorrichtung, das Marssegel davon abzuhalten, daß es sich am Stag scheuerte. Zwischen einer Reihe von Löchern im vorderen Marsrand lief ein Tau hin und her. Andere Löcher waren Kante an Kante durch ein schmales ellipsenförmiges Holzstück gebohrt, das den Namen Spinnenkopf trägt. Letzteres war mit einem Takel, das aus zwei Einzelblöcken bestand, am Stag befestigt. Soweit wir wissen, kam diese Vorrichtung nicht vor der Jahrhundertmitte in Gebrauch.

Bramstengen: Die Takelung dieser Spiere war eine vereinfachte Version der Marsstengen. Nur die größten Schiffe hatten Bramstengetakel, und dann auch nur eines auf einer Seite. Auf jeder Seite gab es zwei Bramwanten, auf den größten Schiffen drei. Die Wanten waren mit Jungfernblöcken angeordnet, deren untere mittels Tauwerk an Wursten befestigt waren. Die Taue liefen durch Löcher an den Quersalingen. Wenn es Bramstengemarse gab, wie es auf einigen Schiffen am Jahrhundertbeginn der Fall war, scheinen die Bramwanten an der Marsbrüstung befestigt gewesen zu sein (möglicherweise führte man sie auch im Marsinnern zur Quersaling durch). Die Backstage waren einfache Mantelwipptakel. Ab 1640 kamen diese jedoch für etwa 30 Jahre aus der Mode. Als man sie dann wieder einführte, ordnete man die Bramstengestage mit Jungfernblöcken an. Die Bramstengestage hatten an ihrem oberen Ende lediglich ein langes Auge. Die Großbrampardune lief für gewöhnlich nach einem Block am Vormarstopp und wurde entweder im Vormars befestigt oder hatte am Ende ein Takel, dessen Fall in der Nähe des Mastfußes entsprechend befestigt wurde. Das Vorbramstag lief zur Außenkante des Bugspriets. Als die Bugsprietstenge eingeführt wurde, lief es zu einem Block am Sprietstengetopp, weiter zu einem anderen Block, der unten am Mastfuß saß, und wurde dann anscheinend an einer der Sprietsegelstenge-Längssalinge befestigt oder lief weiter nach binnenbords entlang dem Bugspriet zur Back.

Flaggenstöcke: Sie hatten ihre Wanten direkt auf den Bramstengelängssalingen sitzen. Die Stage liefen zu den gleichen Stellen wie die Bramstengestage.

Webeleinen: Sie gehörten zu allen Wanten. Ausgenommen davon waren die Bramstengen (und gerade die hatten manchmal welche). An den Fock- und Großwanten hörten die Webeleinen am vorletzten Want jeder Seite auf. An den Besanmasten und Marsstengen verliefen sie jedoch über die ganze Reihe. Der Abstand zwischen den Webeleinen ist unbestimmt, lag anscheinend jedoch um 16 in (38,1 cm). Die dickeren unteren Webeleinen waren gewöhnlich Taue von 1,5 in (3,81 cm) Stärke, die der Marsstengen maßen 1 in (2,54 cm), die der Bramwanten nur $^3/_4$ in (1,9 cm). Die Webeleinen des 17. Jahrhunderts waren mit ihren Enden anscheinend um die Wanten herumgeknotet, an den dazwischen liegenden Wanten durch Webeleinstiche. Die Endknoten hatten ihre Tauenden am festen Teil gelascht. Die Püttingswanten besaßen ebenfalls Webeleinen.

Laufendes Gut

Blinde Rah*: Mit Ausnahme der ersten Jahre des Jahrhunderts war
die Blinde Rah offenbar stets außerbords getakelt. Bis etwa 1640 glich 198
ihr Rack dem einer Marsrah. Danach hing sie in einer Schlinge. Die 199
normale Position der Blinde Rah war direkt vor dem Vorstagkragen, und gleichgültig ob sie durch ein Rack oder eine Schlinge aufgehängt war, hatte sie ein Drehreep und ein Fall, oder wie in den ersten Jahren im Jahrhundert, nur ein Fall. Das Fall war an der Bugsprietzurring befestigt. Nach 1640 kam ein stärkeres Takel zur Einführung. Die Blinde Rah wurde durch ein Paar Toppnanten versteift. Diese liefen von den Rahnocken zu Blöcken am Bursprietende und kamen von dort zur Bucht, einer Nagelbank quer zur Achterkante des Vordecks (Schnabels). Die Einführung der Sprietsegelstage komplizierte das Arrangement und eine ganze Zeit lang dienten die Sprietsegeltoppnanten als Sprietsegelschotknoten für das Dreikantrahtoppsegel. Später geleitete man sie zu einem Paar Blöcken auf dem Eselshaupt, das die Sprietsegelstenge hielt. Um etwa 1640 kam ein Takel an die Enden und die Fallen führten zur Bugsprietzurring. Anschließend wurden sie jedoch über den langen mehrscheibigen Führungsblock der Bugsprietzurring zur Backdecksreling geführt. Später erhielt die Blinde Rah spanische Toppnanten, die mittels Jungfernblöcken am Bugspriet angeordnet waren. Diese spanischen Toppnanten dienten als Manntau für Männer, die auf der Blinde Rah standen. Am Jahrhundertende, möglicherweise schon früher, erhielten sie Manntauknoten. Die Sprietsegelbrassen waren während der überwiegenden Zeit des Jahrhunderts von einfacher Art. Jede Brasse begann am Fockstag, lief an der Sprietsegelrahnock durch einen Standerblock und zurück zu einem Führungsblock am Fockstag, der unter dem Ausgangspunkt der Brasse saß.

Von dort lief die Brasse hinunter zu einem weiteren Führungsblock im Vorschiff und nach innen zur Backdecksreling.

Nach 1690 kam ein komplizierteres Arrangement in Gebrauch: Von der Blinde Rah zum Standerblock am Fockstag, von der Rahnock durch einen Standerblock zurück und hoch zu Führungsblöcken, die an jedem Ende der Längssalinge saßen, dann direkt hinter dem Backdecksschott und über einen Führungsblock auf dem Großstag wieder hinab zu den Schanzkleidern.

In ihrer Größe waren die Sprietsegelfallen, Toppnanten und Brassenstander etwas weniger als die halbe Dicke der Fockwanten. Die Brassen hatten $^2/_3$ der Dicke der Toppnanten. Das sind natürlich nur allgemeine Angaben und das Studium zeitgenössischer Listen zeigt, daß es von Zeit zu Zeit zahlreiche Variationen in der Proportion gegeben hat.

* Eine unter dem Bugspriet quer zu ihm hängende Rah, an der die Blinde geführt wurde. Später wurden daraus die moderneren Ausleger der Klüverbackstage oder Kranausleger. (Anm. d. Übers.)

196. Bugsprietpardunen.

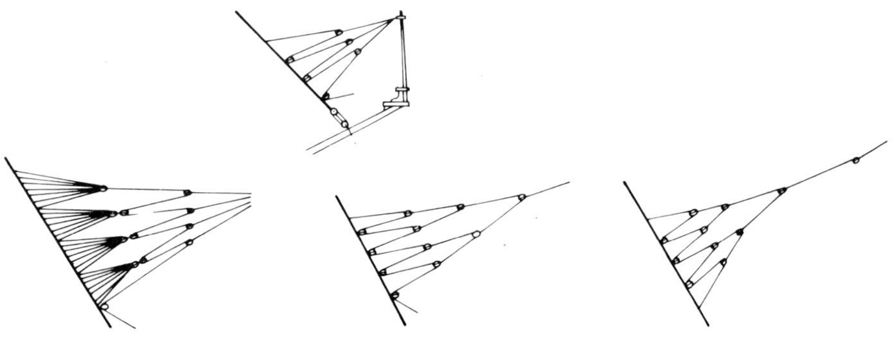

197. Krähenfüße von der Marskante nach den Stagen.

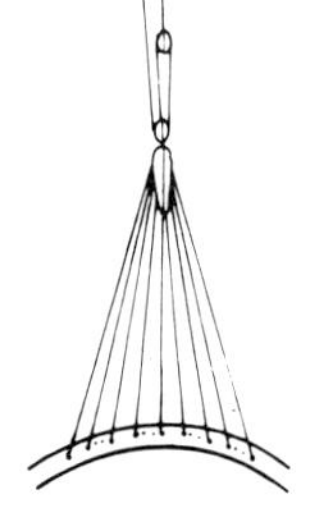

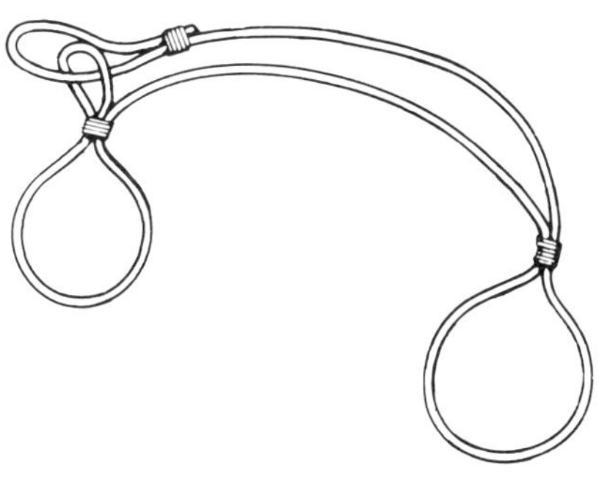

198. Stropp für Sprietsegelrah.

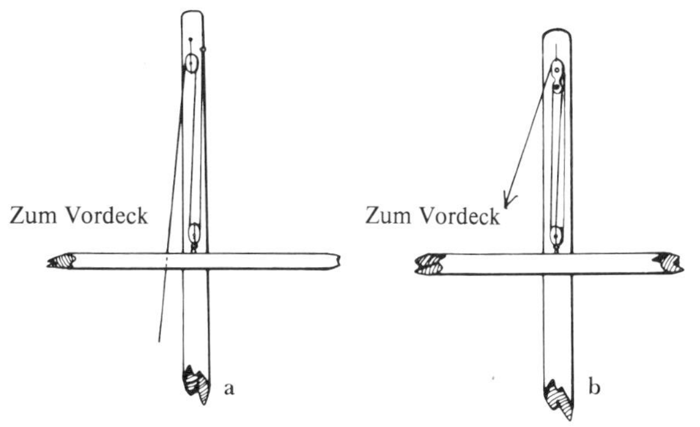

199. Sprietsegelfall.

200. Langblock der Bugsprietzurring (Tausendbein)

Dreikant-Toppsegel-Rah: Das Rack glich dem einer Bramrah. Es hatte zwei Reihen Rackklotje und das Fall ein einzelnes Drehreep. Ein Takel mit zwei Einzelblöcken gehörte dazu. Der untere Block war am Sprietsegeltopp befestigt. Das Takelfall war am Topp belegt, manchmal jedoch auch am unteren Block. Ein Manuskript aus der Zeit um 1620 läßt das Takel an der Quersaling beginnen, während das Fall dort befestigt ist. Die ersten Toppnanten begannen am Masttopp, liefen durch einen Block an der Rahnock, dann zurück zu einem anderen Block am Masttopp und von dort hinunter zum Sprietsegeltopp, wo sie auch befestigt wurden. Nach etwa 1630 versetzte man die oberen Blöcke an das Eselshaupt, das den Flaggenstock hielt. Die Brassen begannen am Fockstag und liefen zuerst durch Einzelblöcke, die an kurzen Standern an der Rahnock hingen, und
200 von dort aus über Führungsblöcke am Fockstag und den langen Block der Bugsprietzurring zur Back.

Untere Rahen: Etwa bis zur Jahrhundertmitte gab es zahlreiche Unterschiede, wie die Fock- und Großrahen geheißt wurden. Das übliche Verfahren waren Drehreeps, Fallen oder Schwertakel. Manchmal benutzte man alle zusammen. In Übereinstimmung mit der Takelliste von 1611 hatten Fockrahen Drehreeps und Schwertakel, die Großrahen nur Fallen. Die Verwendung von Schwertakeln nahm in der ersten Jahrhunderthälfte zu und in den 1640er Jahren hatten alle, auch die kleinsten Schiffe, sowohl Drehreeps als auch Schwertakel. Nach 1650 kamen die Drehreeps nach und nach außer Gebrauch und um die 1670er Jahre war die Verwendung von Schwertakeln der normale Weg, die unteren Rahen zu heißen. Ausgenommen davon waren einige kleine Schiffe. Wenn Drehreeps und Fallen benutzt wurden, war das eine Ende des Drehreeps etwas außerhalb der Rahmitte aufgesteckt. Das Drehreep lief dann durch den Widderkopf und an der gleichen Seite durch eine Scheibe im Salingknie (früher war das ein Block) und über einen weiteren Widderkopf oder Block zur Rah zurück. Das Ende wurde an der Rah befestigt. Das Fall begann von einem Augbolzen in der Seite des Mastpollers und lief zwischen den Scheiben im Widderkopf und dem Mastpoller hin und her - gewöhnlich dreimal - und wurde am Mastpoller festgemacht. Befand sich dieser unter Deck, führte das Fall durch Löcher oder eine Gräting über dem Mastpoller.

Schwertakel arbeiteten nach unterschiedlichen Methoden. Die einfachste Art hatte einen Block in der Mitte an der Rah und einen anderen am oberen Ende. Dieser Block konnte an einem kurzen Stander sitzen. Das Schwertakelfall begann in der Gegenseite des Masttopps zum Standerblock hin und lief nacheinander durch den Rahblock und den am Masttopp sitzenden. Danach lief es nach unten über einen Führungsblock am Mastfuß zum Spill. Natürlich wurden zu verschiedenen Zeiten zahlreiche unterschiedliche Schemas probiert. Sie sind abgebildet. Die Lateinbesanrah konnte wie die Fock- und
201 Großrahen durch ein Drehreep und Fall oder Schwertakel oder bei-
202 des geheißt werden. Da die Lateinrah so versetzt werden mußte, daß sie stets an der Leeseite des Mastes saß, unterschied sich das Arrangement des Heißgeschirrs von anderen Rahen. Das Drehreep lief über eine Scheibe im Masttopp unter der Spitze von *hinten nach vorne* und hatte am unteren Ende eine Scheibe. Zuerst war es ein Einzelblock und das Fall hing zwischen ihm und dem Zweischeibenmastpoller (der vor dem Mast stand). Die zweite Scheibe arbeitete als Führungsblock. Das Ende des Falls wurde rund um den Mastpollerkopf belegt.

Als die Rahen größer wurden, erhielt der obere Block zwei Scheiben und die Mastpoller zeitweise mehr als drei. Als in den 1640er Jahren die Schwertakel eingeführt wurden, waren sie wahrscheinlich als Unterstützung für das Drehreep gedacht. Sie gehörten zur zuvor beschriebenen einfachen Sorte. Als dann die Drehreeps abgeschafft wurden, kamen kompliziertere Schwertakel in Gebrauch. Auf den größten Schiffen hing ein Dreischeibenblock vom Masttopp und an der Rah gab es einen Doppelblock. Kleinere Schiffe hatten an jedem Block eine Scheibe weniger. In den 1680er Jahren wurde die Dreier- und Zweieranordnung auf allen großen Schiffen zum Standard (nicht auf den kleinen). 1611 hatte das Besandrehreep $^{9}/_{10}$ der Größe der Besanwanten und das Fall war genauso dick, wenn nicht noch dicker als die Besanwanten. Die Schwertakelblöcke entsprachen im Durchmesser etwa $^{1}/_{5}$ der Rahlänge.

Begienrah: Schon von 1620 an wurde diese Rah stets hoch oben gefahren. Daher besaß sie kein Heißgeschirr. Stattdessen war die Rah
mit einer Schlinge aufgehängt, die um den Masttopp und die Längs- 203
saling saß und durch einen Block an der Rah führte. Anstelle eines Racks wurde ein Tauende um die Rah gewickelt und die Enden dann hinter dem Mast befestigt. Alle anderen Unterrahen wurden an ihren Rahen durch *Racks* und *Racktaue* gehalten. Soweit es die Art ihrer Takelung betrifft, lassen zeitgenössische Belege viel zu wünschen übrig. Die bündigste Beschreibung findet man in der anonymen *Treatise on Rigging:* Das Rack hält die Rah am Mast, das Racktau dient zum Niederholen der Rah.

Das Rack bestand aus einem Tau, das mit einem vertikalen Kattspor (,the ribs or sisters'/Ripphölzer oder Doppelblock)* aufgereiht oder alternativ mit Holzkugeln, bekannt als Wantklotjes, dreimal locker um den Mast und die Rah gewickelt war. Schließlich lief das Racktau in Laufrillen um die Außenseite der Ripphölzer herum und wurde an der Rah befestigt. Später hatten die Racks das Tauende an einem Takel, so daß das Rack gelockert oder gestrafft werden konnte. Das Racktau wurde in der Rahmitte mittels Balkenstek befestigt und lief dann zu einem Führungsblock am Mastfuß, von dem es zum Spill führte. Auf Zwei- oder Dreideckern lief das Großrahrack zum Deck hinter dem Oberdeck und das des Fockmastes zum Oberdeck, wobei es das Backdeck passierte.

Auf einigen Modellen aus der zweiten Jahrhunderthälfte hat das Rack ein Tau, das für den Fall, daß das Racktau nachgeben sollte, eine Art Sicherungstau gewesen zu sein scheint. Wie es getakelt war, konnte bisher nicht in Erfahrung gebracht werden. Die Takelung späterer Racks ist auch nicht klar. Soweit es die Anordnung des Lockerns und Straffens der Racks angeht, kann sie sich in der Tat als unbrauchbar herausgestellt haben.

Racks besaßen ein kleines Takel, ,knaveline' genannt, das zwischen der Oberkante des mittleren Rippholzes des Racks und der Unterkante des Oberteils saß. Das Takel diente zum Halten des Racks, so daß die Ripphölzer beim Heißen der Rah nicht zusammenschlugen

* Zwei Blöcke, die nach entgegengesetzten Richtungen wirken und mit ihren Köpfen verbunden sind. (Anm. d. Übers.)

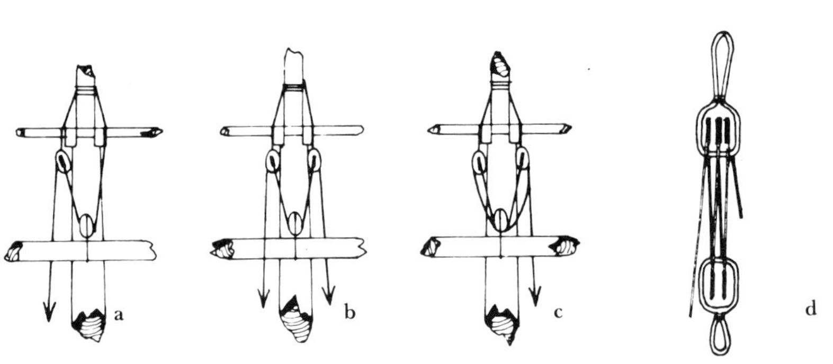

201. Schwertakel (Rahtakel): (a) um 1620; (b) um 1640; (c) um 1660; (d) um 1700.

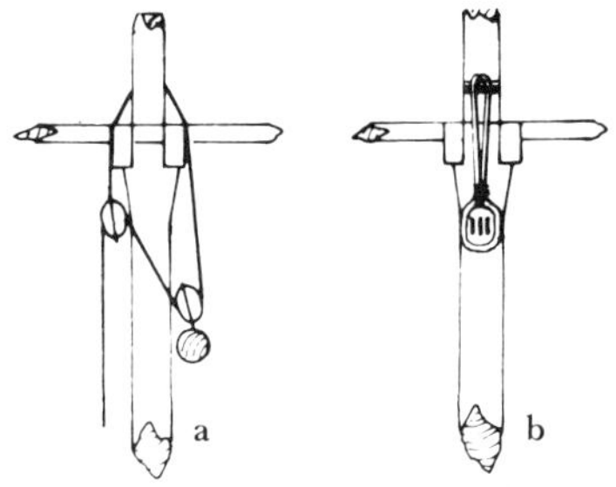

202. Besantakel: (a) erste Form; (b) spätere Ausführung.

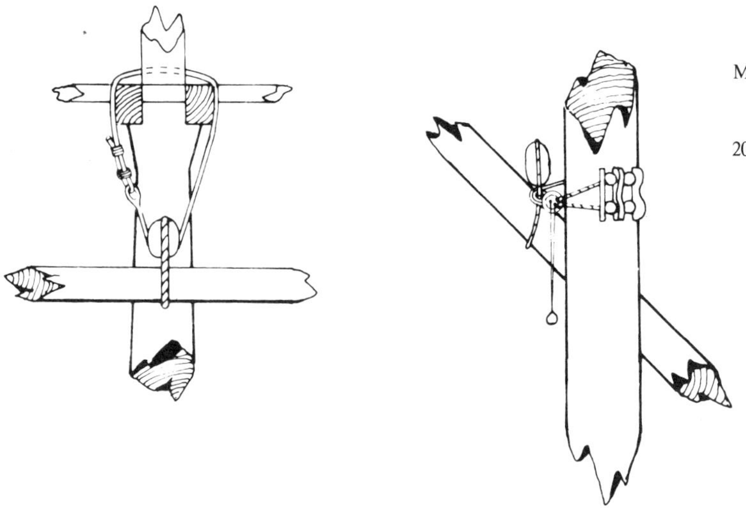

203. Stropp der Begienrah (oben) und Besanrah (unten).

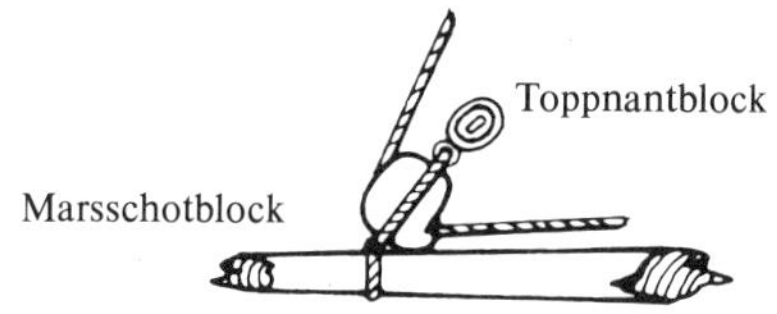

204. Unterrahheißblock.

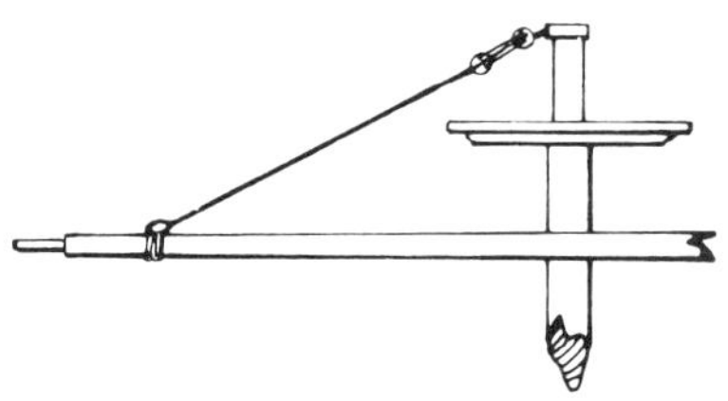

205. Begientoppnant.

oder die Wuhlinge streiften. Die Besanrahracks hatten eine unterschiedliche Anordnung, denn deren Rah konnte um den Mast gedreht werden. Das Racktau war gedoppelt und besaß einen Zweilochjungfernblock in der Bucht. Die gebräuchlichen Ripphölzer und Wantklotjes waren dann auf dem Tau aufgereiht und das Rack lief um Mast und Rah. Die beiden Racktauenden liefen durch die Jungfernblöcke und waren zusammengebunden.

In die so geformte Bucht kam eine Kausche, zu der das Takel hinführte. Durch die Aufwärtsbewegung des Takels wurde die Rah gegen den Mast gehalten. Andererseits bewirkte eine Lockerung des Takels ein Herumschwingen der Rah. Bezogen auf die Größe der Racks waren die Ripphölzer etwas länger als die maximale Mastdicke und die Wantklotjes $^1/_5$ davon. Große Schiffe hatten neun Ripphölzer und drei Reihen Wantklotjes, kleine sechs und zwei. 1611 waren die Fock- und Großracktaue $^4/_5$ so groß wie die Wanten, die Racktaue lagen um $^1/_2$ bis $^3/_5$. Nach etwa 1650 lagen die Proportionen für das Racktau bei $^3/_5$. Für das ‚truss rope' (Racktau)* sind die Größen in den Inventarien normalerweise nicht enthalten. Ihr Platz wird vom Lotbrook eingenommen. Die ersten Besanracktaue waren etwa halb so dick wie die Besanwanten. Um die Jahrhundertmitte hatten sie jedoch die gleiche Dicke. Manchmal waren sie auch dicker. Dieser Wandel lag ohne Zweifel in der Verwendung größerer Segel.

Toppnanten: Bis etwa 1660 verliefen die Toppnanten der Fock- und Großrahen vom Stagkragen aus durch einen Einzelblock an der Rahnock, zu einem Einzelblock an einem Stander von der Mastspitze über dem Topp (der Block saß jedoch *unter* dem Topp) zurück und dann an Deck. Nach diesem Datum begann die Toppnant vom Stropp des Mastspitzenblocks. Ansonsten blieb das Arrangement das gleiche wie zuvor. Und so blieb es bis zum Jahrhundertende. Dann wurde das Toppnantende an einem Augbolzen am Masteselshaupt befestigt und der Stander des Blocks verkürzt, so daß der Block über den Topp zu sitzen kam. Der untere Toppnantblock saß stets 204
fest am oberen Ende des Marsschotblocks. Die Blöcke waren etwa gleich lang wie die maximale Rahbreite und die Toppnantblöcke maßen davon etwa $^2/_3$.

Die Geschichte der Begientoppnanten ist verworren. Die *Treatise on Rigging* sagt, daß es keine gegeben hat. Aber sie befinden sich in den Inventarien von 1611 und auf der *Prince Royal* sind welche zu sehen. Um 1640 gehörten die Toppnanten zur regulären Ausrüstung. Sie waren wie die Fock- und Großrahen angeordnet. Wenn ein Schiff keine Begientoppnanten führte, übernahm das Kreuzmarssegel- 205
schot diesen Platz. In den 1650er Jahren ersetzte man die Begientoppnanten durch spanische Toppnanten. Diese wurden mit Jungfernblöcken angeordnet. Die obersten Jungfernblöcke saßen mittels Webeleinenstek auf einer kurzen Tauspanne über dem Besaneselshaupt. Die unteren befanden sich an langen Standern fest an der Rah, etwa 2 ft–3 ft (0,61 m–0,91 m) vor deren Endstück. Die Lateinrah benötigte nur eine Toppnant. Als die Besanstenge kurz war, lief die Toppnant zur Großmarsstengespitze, aber zwischen 1620 und 1630 änderte man die Führung zur Besanstenge, eine Anordnung, die bis 1660 so blieb. Dann kam die Besantoppnant außer Gebrauch. Trotzdem ist sie weiterhin auf Modellen zu sehen. Vielleicht als ‚Optional extra' (freigestelltes Extra). Die Besantoppnant war eines jener Ausrüstungsteile, auf das jeder Bootsmann besonderen Wert legte. Danach beurteilte er sein ‚salt horse' (Seepferd, Bezeichnung für *sein* Schiff). Es blieb an Bord, bis er selber ging. Auf Abbildungen sind einige Beispiele zu sehen. Wenn es eine ‚Bonaventure'-Besanrah gab, lief deren Toppnant zuerst zur Großbesanstengespitze, später wie auf der *Prince Royal* zur ‚Bonaventure'-Besanstengespitze.

* Vielfach findet man für das gleiche Tau die englische Bezeichnung ‚parrel rope'. Beide englischen Bezeichnungen meinen ein und dasselbe. Der Unterschied liegt offenbar im Anwendungsbereich. (Anm. d. Übers.)

Brassen: An den Rahenden saßen Stander, die Einzelblöcke trugen. Die Stander waren etwa $^{1}/_{6}$ bis $^{1}/_{4}$ so lang wie die Rahen. Die Fockbrassen begannen am Großstag, liefen durch die Standerblöcke und kehrten zu Führungsblöcken am Stag zurück. Von dort liefen die Fallen hinunter an Deck und wurden an den Schanzkleidern befestigt. Möglicherweise gab es an Deck oder am unteren Schanzkleid weitere Führungsblöcke.
Der Ausgangspunkt der Brassen lag zuerst auf etwa $^{2}/_{5}$ des Weges zum Stag, mit Führungsblock etwas weniger. Um die 1670er Jahre versetzte man beide nach vorne, so daß sie jetzt auf halbem Wege saßen. Zum Jahrhundertende wurden sie erneut versetzt, diesmal höher hinauf. Die Großbrassen begannen am hinteren Schiffskörper und liefen zu passenden Belegstellen in der Nähe zurück. Man sagt, daß die Großbrassen in den 1620er Jahren von der hinteren Geländerstütze abliefen und daß sie an einer weiteren, davor sitzenden, befestigt wurden. Später begannen die Großbrassen von Ringbolzen, die in der Seite etwa in der Ebene des Oberdecks saßen, und kehrten entweder über einen Führungsblock an der Reling oder eine Scheibe im Schanzkleid oder einen einfachen Holzblock mit Loch zurück. Die holenden Teile waren genügend weit nach vorne genommen, um eine passende Länge für den Zug zu erhalten. Sie wurden an großen Klampen am Schanzkleid belegt. Begienbrassen begannen fast das ganze Jahrhundert hindurch am hintersten Großwant, liefen durch Standerblöcke von den Rahnocken und wurden dann nach *vorne* zu Führungsblöcken an den Großwanten unter dem Ausgangspunkt zurückgeleitet. Die Brassen liefen dann hinunter an Deck und wurden entweder an Geländerstützen oder Klampen an den Schanzkleidern belegt. Möglicherweise gab es an den Wanten noch einen Führungsblock oder ein Wantklotje. Das *Treatise on Rigging* stellt allerdings fest, daß die Begienbrassen Einzeltaue waren, die von den Rahnocken zu den hintersten Stützen der Poop liefen, ein Arrangement, das sich nachweisbar als unbefriedigend erwies. Man versuchte es um 1670 erneut damit, es blieb jedoch unbefriedigend. Brassenblöcke entsprachen, grob gesprochen, im Durchmesser $^{2}/_{3}$ ihrer Rah. Die Brassenstander hatten $^{1}/_{2}$ der Dicke ihrer Wanten und die Fallen waren gewöhnlich 1 in (2,54 cm) schwächer als die Stander.
Die Lateinrah besaß keine Brassen im üblichen Sinne, aber ihr unteres Ende wurde von einem Paar Tauen geführt, die man Pispotten nennt. Die einfachste Art auf den kleinen Schiffen bestand aus Einzeltauen. Sie liefen vom unteren Rahende zu Blöcken, die sich an den hintersten Wanten befanden. Von dort aus führten sie dann zu den Schanzkleidern, wo sie befestigt waren.
Größere Schiffe hatten ein Paar Blöcke an der Rahnock und die Pispotten begannen an den Großwanten. Nach Lauf durch die Blöcke an den Rahnocken kehrte der Pispotten zum Führungsblock an den Wanten zurück und führte an Deck.
Rahnocktakel: In den letzten 20 Jahren des Jahrhunderts hatten die
englischen und wahrscheinlich auch die Schiffe anderer Länder Ta- 206
kel, die an den Rahnocken angesetzt waren und zum Aussetzen und Aufnehmen der Boote dienten. Auf englischen Schiffen war am unteren Ende des Standers ein Violinblock befestigt, der etwa 18 ft (5,49 m) lang war und von der Rahnock abging. Zwischen diesem und einem Einzelblock (von dem aus das Fall lief) begann das Takelfall. Es führte durch einen Führungsblock, der am ersten Jungfernblock hinter dem vorderen Masttakel saß und wurde durch eine passende Pforte nach binnenbords gebracht. Am Stropp des unteren Blocks gab es einen Haken, und wenn ein Takel benutzt wurde, wurde das gegenübersitzende in einen Ringbolzen auf einer Auskehlung eingehakt. So wurde die auf den Toppnanten der Aufzugsseile liegende Spannung genommen. Wenn nicht in Gebrauch, wurde das Takel eingeholt und an seiner Rah festgemacht.
Grundtau: Obwohl dieses kein Laufendes Gut ist, scheint es ganz gut zu sein, es dazuzuzählen und nicht isoliert oder gar beim Stehenden Gut zu behandeln. Grundtaue werden erstmalig 1640 erwähnt, und da nur an den Großrahen englischer Schiffe. Es sollten noch weitere 30 Jahre ins Land gehen, bis sie an den Fockrahen erschienen und etwas später wird auch anderswo von Grundtauen berichtet. Ausgenommen blieben die Begien- und Besanrahen.
Wie schon in vorangegangenen Zeiten, waren die neuen Dinge schon lange in Gebrauch, bevor ihre Existenz der Öffentlichkeit bekannt wurde. Daher kann man beim Grundtau mit Sicherheit davon ausgehen, daß es schon lange vor diesem Datum benutzt wurde. Allerdings ist darüber wenig bekannt. Noch weniger weiß man, wie die ersten Grundtaue getakelt waren. Ihre allgemeine Bezeichnung war ‚horses' (Fußpferde). Gegen Jahrhundertende war das Arrangement so, daß die unteren Grundtaue binnenbords mit Jungfernblöken befestigt waren. Auf den oberen Rahen waren die Binnenbordsenden jedoch überwiegend an einem Rack befestigt. Ein erwähnenswertes Merkmal der frühen Grundtaue ist, daß es keine Springpferde* gab. Sie mögen allerdings zum Jahrhundertende in Erscheinung getreten sein. Die dicksten Grundtaue waren aus 5 in (12,7 cm) Tau, die dünnsten aus 2,5 in (6,35 cm).
Mars- und Bramrahen: Allgemein wurden Marsrahen mit vereinfachtem Unterrahgeschirr hochgezogen. Über die meiste Zeit des Jahrhunderts geschah das mit Drehreeps und Fallen, und als die

* Haltetau an der Rah. (Anm. d. Übers.)

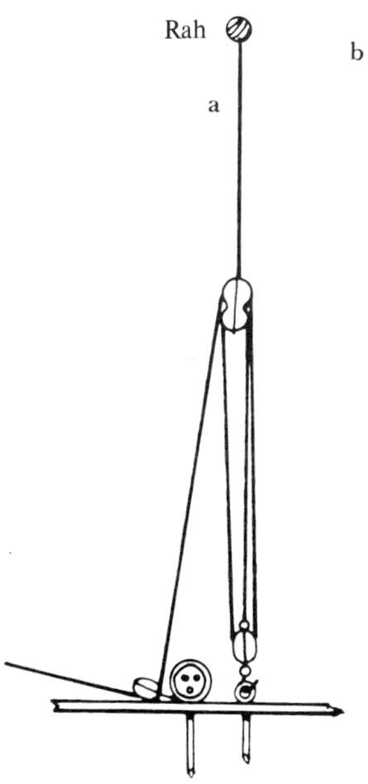
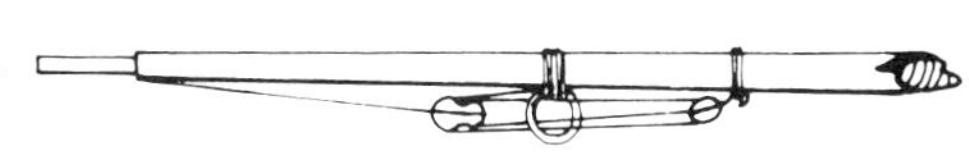

206. Rahtakel:
(a) eingehängt in eine Rüste;
(b) verstaut an der Rah.

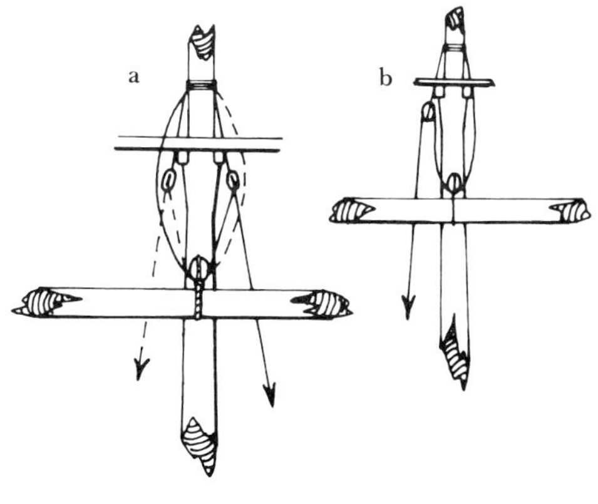

207. Marsdrehreeps:
(a) frühe Form;
(b) Jahrhundertende.

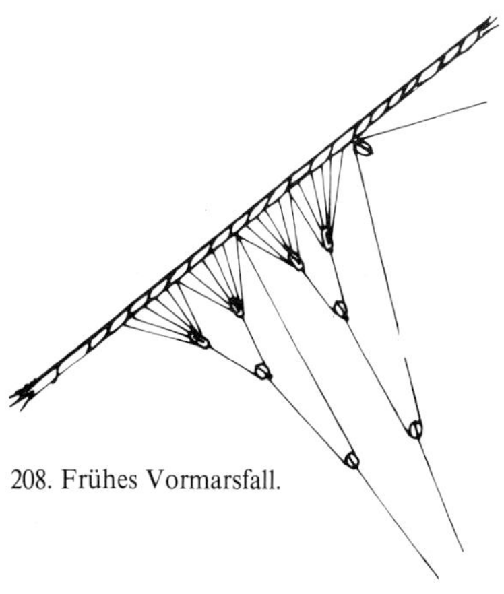
208. Frühes Vormarsfall.

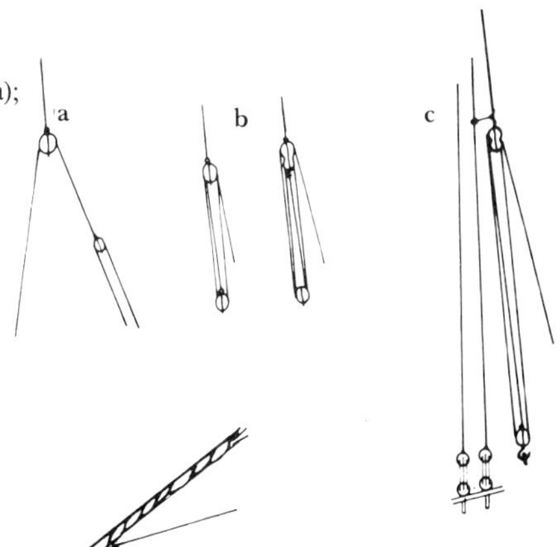

209. Großmarsfallen:
(a) erste Form;
(b) Weiterentwicklung von (a);
(c) um 1700.

Marsrahen größer wurden, mit einer Art Schwertakel. Auf großen Schiffen mag es an jeder Rah auch ein Paar Drehreeps gegeben haben. Die Handhabung der Fallen war davon abhängig, zu welchem Mast sie gehörten. Das Fall der Vormarsstenge lief zum Großstag.

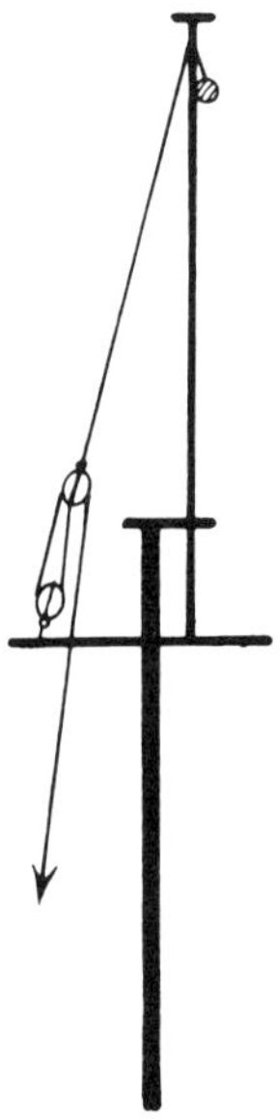

210. Besan(Kreuz)marsfall.

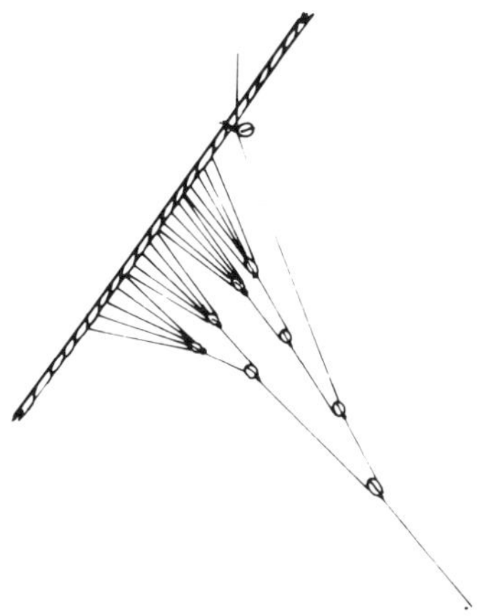

211. Frühes Vorbramfall.

An diesem war es manchmal mit einem komplizierten Hahnepot
angeordnet. Ein Beispiel dafür ist auf der *Prince Royal* zu sehen. Das 207
genaue Arrangement dieses Hahnepottakels war Gegenstand heftiger Diskussionen, aber die Ausführungen die auf der Abbildung zu sehen sind, sind auf jeden Fall möglich. Es ist allerdings nur zu ge-
recht, darauf hinzuweisen, daß einige Fachleute der Ansicht sind, 208
daß das Takel eine Vorstengepardune oder ein Vorstengebackstag darstellt. Trotzdem ist es so, daß die meisten Schiffe gewöhnliche Ta-
kel benutzten, die mehr oder weniger kompliziert waren. Die Groß- 209
marsrah hatte ein einfaches Drehreepfall mit einem Takel, das passend zur Größe der Marsrah war. Die Takelfallen der Vormarsrah waren am Steuerbord-Schanzkleid (das Takel kam von der Backbord-Seite) befestigt, direkt hinter dem Backschott. Das Großmarsrahtakel begann an der Steuerbord-Seite und wurde an der Backbord-Seite an der Vorderkante des Achterdecks belegt. Zum Jahrhundertende kamen neue Arrangements in Gebrauch. Ein Block war in der Rahmitte befestigt und das Drehreep lief durch einen Block sowie durch einen Drehreepblock an jeder Seite unter der Spitze des Masttopps. An den Enden der Drehreeps saßen gewöhnlich Takel. Es sind viele Anordnungsvarianten bekannt. Wegen weiterer Details sollten Spezialbücher über Takelagen benutzt werden. Kreuzmarsra-
hen wurden zuerst nur durch ein Drehreep geheißt, das dann ein ein- 210
ziges Fall verdrängte und seit etwa 1700 in Benutzung blieb. Auch an den Vor- und Großmarsrahen folgte man diesem Arrangement. Die Drehreeps waren zwischen $1^{1}/_{4}$ und $1^{1}/_{2}$ mal so dick wie die zugehörigen Wanten, und die Fallen entsprachen den Wanten. Drehreepblöcke waren etwa so lang wie die Rah dick war.

212. Ein Takelschaubild aus *Skeps Byggerij* von Raalambs aus dem Jahre 1691. Direkt hinter dem Schiff in der Mitte zeigt eine kleine Skizze ein an der Großmarsstenge gesetztes Dreieckleesegel, zur Linken davon ein anderes Fahrzeug mit einem Klüver und zwei Dreieckstagsegeln.

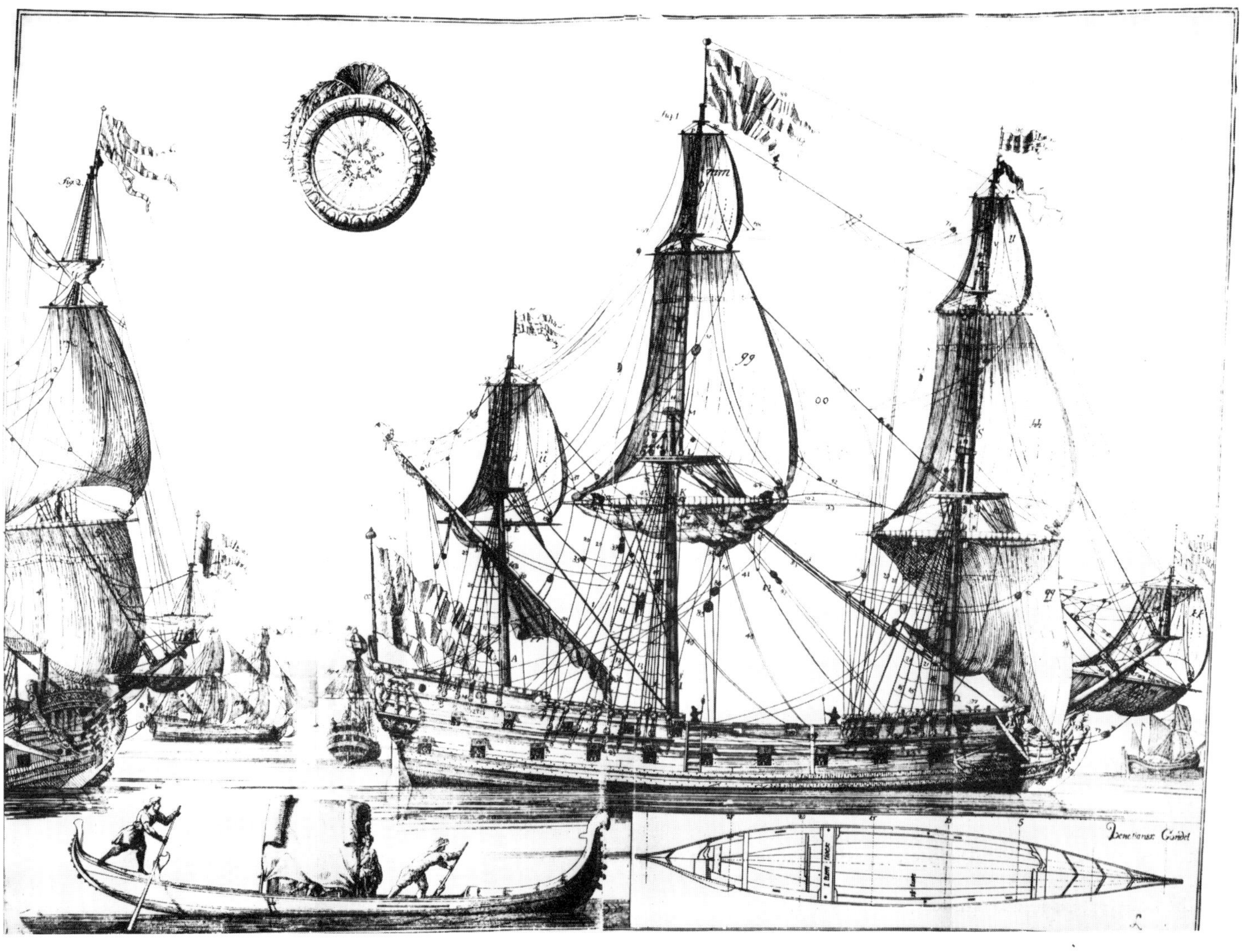

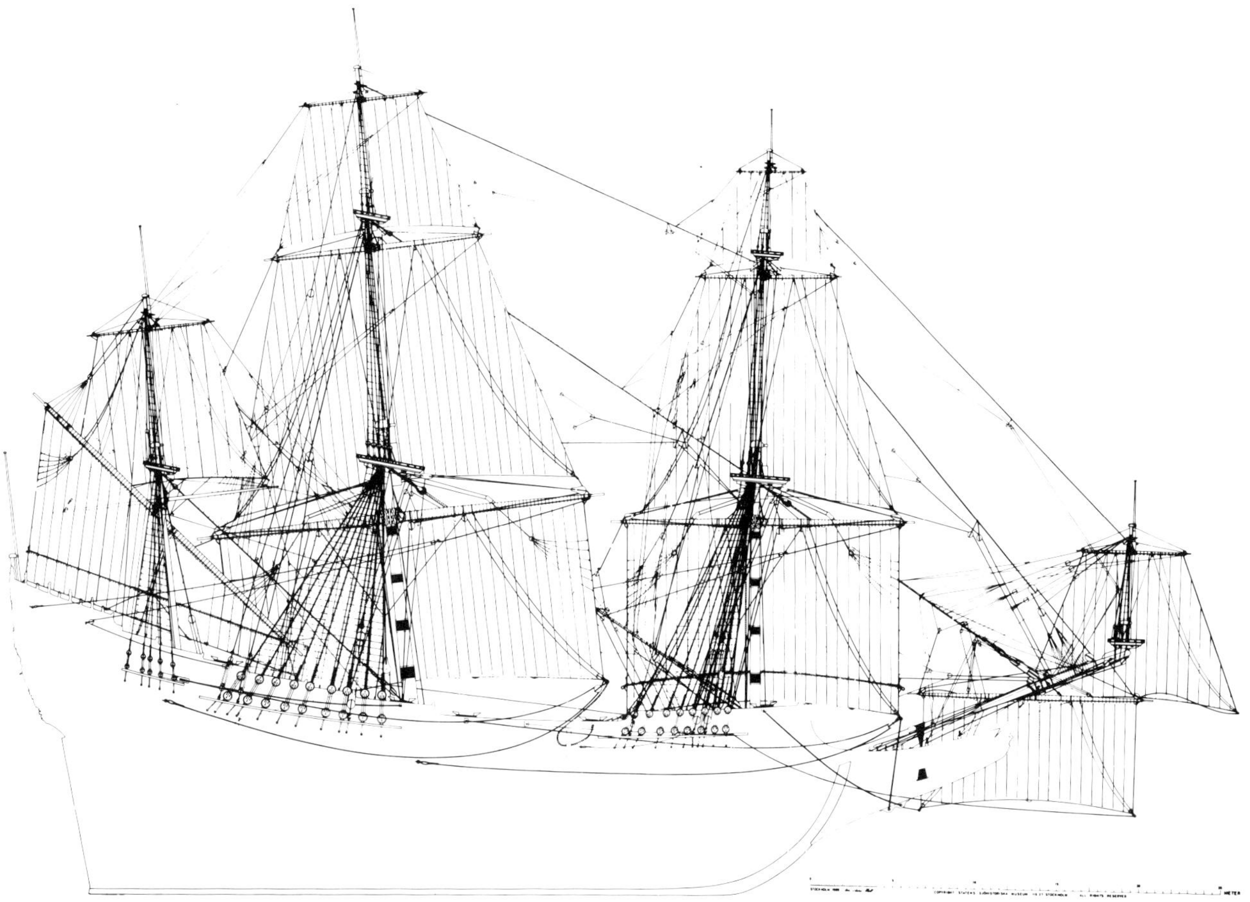

213. Der Segelplan der *Wasa.* Er wurde nach einem Reservesatz von Segeln, die man bei Hebung des Schiffes in der Segellast fand, rekonstruiert.

Bramrahen wurden auf die gleiche Art wie die Marsrahen geheißt. Da sie aber kleiner waren, benötigten sie auch einfacheres Geschirr. Die Racks und Joche bestanden aus einem Tau, das die Rah nach einer Seite von der Mitte aus umschlang, wo Ripphölzer und Wantklotjes angeknüpft waren, um das Rack zu bilden. Die beiden Tauenden liefen entgegengesetzt um den Mast herum und über die Rah nach der anderen Seite der Mitte. Das Tau wurde dann über die Nuten der Wantklotjes und an jeder Seite rund um die Rah und an einer Seite des Mastes vor- und zurückgeführt, bis es mehrere Lagen um Mast und Rah ergab. Die Enden des Racktaues wurden an einer Seite miteinander verbunden oder an einer der Wicklungen befestigt. Marsrahen hatten bis 1625 manchmal Joche, danach nicht mehr. Bramrahen besaßen niemals welche.

Marstoppnanten und Bramtoppnanten: Falls es keine Bramrah gab, begannen die Marstoppnanten am Marsstengeeselshaupt, wo sie mit einem Augbolzen befestigt sein konnten oder durch Löcher im Eselshaupt geknotet waren. Sie konnten aber auch anders befestigt sein, mit einem Webeleinenstek an einem Toppstag über dem Eselshaupt.

Die Toppnanten liefen durch Rahnockblöcke zurück zu Blöcken am Marsstengetopp und dann zum Mars, wo sie befestigt waren. Ein alternatives Arrangement führte das Fall des Toppnants durch ein Loch im Mars hinunter zum Schanzkleid. Wenn es Bramsegel gab, arbeiteten die Marsrahen als Bramschoten. Frühe Marstoppnanten waren etwa $^{2}/_{3}$ so groß wie die zugehörigen Wanten. In der zweiten Jahrhunderthälfte war die Proportion nur noch die Hälfte.

Mars- und Brambrassen: Die Vormarsbrassen begannen am Großmarsstag, liefen von der Vormarsrah zu einem Standerblock und zurück zu einem Führungsblock am Stag, von wo sie über einen weiteren Führungsblock am Großstag entlang an Deck führten und an den Schanzkleidern etwa in der Kuhlmitte belegt wurden. Großmarsbrassen waren unterschiedlich angeordnet. Bei der ersten Art begann die Brasse am Besanmasttopp, lief von der Rahnock durch den gewöhnlichen Standerblock und kehrte zu einem Block am vordersten Besanwant zurück. Das Tau lief dann nach vorne zu einem Block an der hintersten Großwant, etwa auf halbem Wege nach oben und von dort hinab an Deck, um nahe der Hauptwanten belegt zu werden. Um 1660 wurde der Ausgangspunkt der Brassen unter die Blinde Rah verlegt. Es waren noch zwei weitere Varianten in Gebrauch. Bei einer liefen die Brassen von den Besanwanten aus direkt unter die Wurst. Ansonsten war die Anordnung wie zuvor. Die andere Variante ließ die Brassen von einem Taustag, das rund um den Mast unter der Blinde Rah verknotet war, beginnen. Der weitere Verlauf war wie zuvor. Besanbrassen begannen nahe dem oberen Ende der Lateinrah. Nach Passieren der Standerblöcke an der Kreuzmarsrah kehrten sie zu einer Gruppe von Führungsblöcken an der Lateinrah zurück, die etwas unter dem Ausgangspunkt der Brassen saßen. Von dort liefen sie zu den Ecken der Poop.

Vormars- und Großbrambrassen waren auf die gleiche Art getakelt wie die Marsbrassen. Sie befanden sich nur eine Stufe höher und fußten auf dem Großmarsstag und der Besanstenge. Nur von der *Sovereign of the Seas* weiß man, daß sie Kreuzbrambrassen führte und diese liefen zur Lateinrah. Frühe Brassenschenkel waren etwa $^{3}/_{4}$ so groß wie die zugehörigen Wanten und die Brassen waren $^{1}/_{2}$ bis $^{2}/_{3}$. Spätere Brassen waren nahezu $^{1}/_{2}$ so groß wie die Wantdicke.

Blöcke und Jungfernblöcke: Bei Betrachtung der vorangegangenen Abschnitte wird verständlich, daß die vielen Blöcke ziemlich große Formen hatten. Die Proportionen sprechen für sich. Es ist das Merkmal der Takelung im 17. Jahrhundert. Und da die Blöcke und Jungfernblöcke tatsächlich sehr groß waren, kann man das nur unterstreichen. Die Drehreepblöcke auf Schiffen 1. Klasse (1st Rate) maßen bis zu 30 in (76,2 cm) Länge. Die Breite war entsprechend. Takelblöcke waren sogar bis zu 36 in (91,4 cm) lang. Allgemein kann man für das 17. Jahrhundert feststellen, daß die Blöcke irgendwie zweimal so groß waren wie die für ein Schiff gleicher Größe am Anfang des 19. Jahrhunderts. Als Regel gilt, daß Jungfernblöcke etwa halb so breit waren wie die zugehörige Mastdicke und das konnten bis zu 18 in (45,7 cm) im Durchmesser sein. Aber die Größe war es nicht allein,

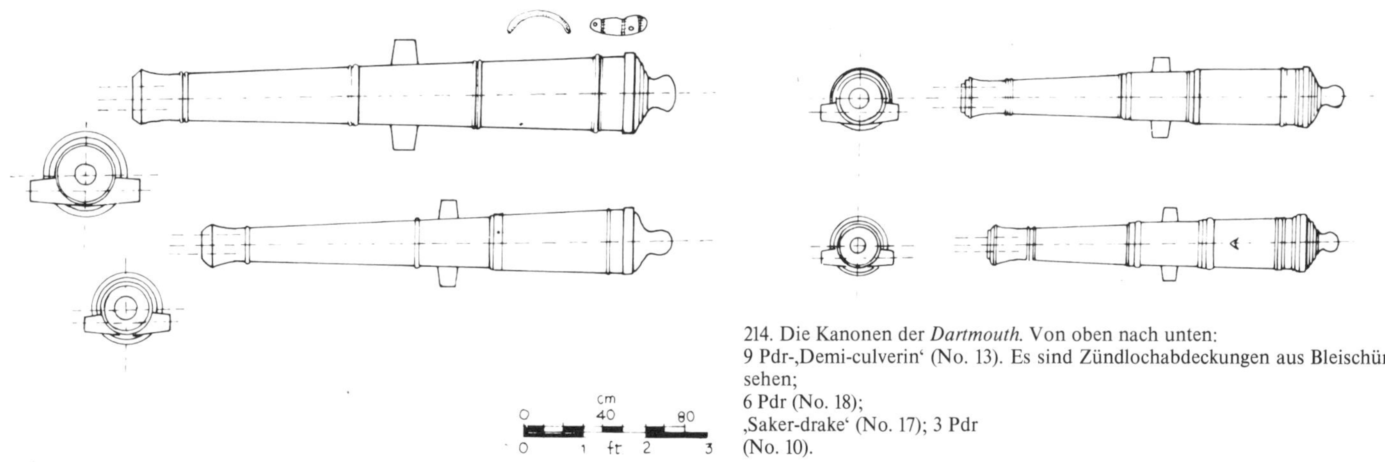

214. Die Kanonen der *Dartmouth.* Von oben nach unten:
9 Pdr-‚Demi-culverin' (No. 13). Es sind Zündlochabdeckungen aus Bleischürzen zu sehen;
6 Pdr (No. 18);
‚Saker-drake' (No. 17); 3 Pdr
(No. 10).

worin sich die Blöcke und Jungfernblöcke von denen des ausgehenden 18. und beginnenden 19. Jahrhunderts unterschieden. Einige der altmodischen Arten des 15. und 16. Jahrhunderts waren bis in die 1660er Jahre hinein in Gebrauch. Und das war gerade die Zeit, als die englischen Schiffe aufhörten, sie zu benutzen. Das Datum ist zwar unbekannt, denn die frühesten *Navy Board-Modelle* mit Originaltakelung datieren von 1692. Dokumentarische Beweise und wirkliche Beispiele zeigen jedoch, daß dänische und schwedische Schiffe weiterhin Blöcke alter Art führten, sogar noch im dritten Jahrhundertviertel.
Auch die Jungfernblöcke unterscheiden sich in ihrer Form von denen späterer Zeiten. Die des frühen 17. Jahrhunderts waren länger als breit, am Jahrhundertanfang meistens herzförmig. Bis zur zweiten Jahrhunderthälfte wurden sie immer breiter und schließlich waren sie auf allen englischen Schiffsklassen rund. Die alte Form blieb sicherlich länger in Gebrauch, als allgemein angenommen wird, denn ein Jungfernblock, den man auf einem 1658 untergegangenen dänischen Schiff fand, maß 13 in (33 cm) zu 12 in (30,5 cm) zu 5 in (12,7 cm). Insgesamt scheinen Jungfernblöcke zwischen $^1/_3$ und gerade unter $^1/_2$ so dick wie breit gewesen zu sein. An ihren Kanten mußten

Größe von Blöcken (dänisch) – Mitte 17. Jahrhundert*

Block	Länge (cm)	Breite (cm)	Dicke (cm)	Scheibenloch (cm)	Scheibe (cm)
Einzel	47,0	30,5	15,2	30,5 × 7,0	22,9 × 5,7
Einzel	41,9	30,5	12,7	29,2 × 4,4	21,6 × 4,4 (5,08 cm Blockbolzen)
Einzel	21,6	15,2	8,3	15,9 × 3,8	fehlt (2,54 cm Blockbolzen)
Einzel	34,3	22,9	14,0	27,9 × 4,4	24,1 × 4,8 (4,4 cm Blockbolzen)
Dreifach	66,0	39,4	40,6	43,2 × 4,4 (außen)	fehlt (4,4 cm Blockbolzen)
				43,2 × 8,3 (innen)	fehlt (4,4 cm Blockbolzen)
Marsschot	69,8	26,7	16,5	26,7 × 3,8 (oben)	fehlt (Dicke 5,08 cm)
				34,3 × 6,3 (unten)	fehlt (Dicke 5,08 cm)

Alle Blöcke hatten an jeder Lauffläche tiefe Rillen für den Stropp. Die Rillen am Dreifachblock waren 8 in (20,3 cm) lang und 3,75 in (9,52 cm) breit. Blöcke, die Teil der größten Spannung waren, besaßen eine Fesselung aus Eisenstreifen, die fest und diagonal über die Blockbacken liefen.
* Die Werte wurden bei Umrechnung von „in" in „cm" abgerundet. (Anm. d. Übers.)

sie für die Hohlkehle entsprechend dick sein, denn diese hielt die Wanten. Abgesehen vom Beispiel der *Dartmouth,* die 1690 strandete, sind keine englischen Blöcke aus dem 17. Jahrhundert bekannt. Die Ostsee hingegen offenbarte Beispiele von Schiffen vieler anderer Nationen. Einige Blöcke dänischer Schiffe aus der Jahrhundertmitte sind in der Tabelle angeführt.

Segel

Die Segel des 17. Jahrhunderts hatten noch immer die gleiche große Sackigkeit wie in den vorangegangenen Jahrhunderten und über die Jahrhundertmitte hinaus besaßen sie auch immer noch Bonnets. An ihren Rahen waren sie mit Rahbändseln befestigt. In der ersten Jahrhunderthälfte bestand die Befestigung aus Gordings und Geitauen, später aus Geitauen, Gordings, Außengordings und Refftaljen. Letztere kamen allerdings erst 20 Jahre später in Gebrauch, als die Reffe bereits wieder eingeführt worden waren. Die Geschichte jener Zeit, in der man auf die Reffe verzichtet hatte (Anfang des 16. Jahrhunderts bis zum Wiederaufleben 150 Jahre später – es betraf nur die großen Schiffe) muß allerdings noch geschrieben werden. Alles was wir wissen ist, daß englische Schiffe um 1655 an ihren Vormars- und Großmarssegeln Reffzeisinge erhielten. Um 1680 hatten die Vormars- und Großmarssegel zwei Reffzeisinge und das Kreuzmarssegel konnte auch eines haben. Etwa zur gleichen Zeit erhielten Fock- und Großsegel ein einzelnes Reffzeisingband. Mit der Einführung dieses Ausrüstungsteils verschwanden die altehrwürdigen Bonnets. Englische Schiffe scheinen keine Bramreffe gehabt zu haben, hingegen sind sie auf der Zeichnung eines schwedischen Schiffes um 1690 zu sehen.
Die neuen Segel: Leesegel, Stagsegel und Klüver erschienen in dieser Reihenfolge. Die frühesten englischen Leesegel datieren von etwa 1625. Man nimmt an, daß sie zu dieser Zeit an jeder Seite der Fock- und Großsegel gesetzt waren. Sie werden jedoch erst ab den 1650er Jahren in den Inventarien erwähnt. Großmarsstenge-Leesegel erschienen erst um 1675 und an der Vormarsstenge 1685. Es kann allerdings auch schon früher der Fall gewesen sein. Die Leesegel des 17. Jahrhunderts waren sicherlich meistens dreieckig, denn in den Inventarien sind keine Rahen angeführt. Gerade die zuvor erwähnte schwedische Zeichnung zeigt dreieckige Segel, deren unteres Ende durch einen Baum gespreizt wird.
Seit etwa 1633 gab es auf englischen Schiffen Stagsegel. Das Vorstengestagsegel befand sich seit 1655 in Gebrauch. Von diesem Datum an konnte ein Schiff innerhalb der folgenden zehn Jahre Großstag-, Kreuzstag-, Großmarsstag- und Vormarsstagsegel führen. Um 1690 wurden auch Kreuzstangestag- und Großbramstengestagsegel benutzt. Zur Segelfläche des 17. Jahrhunderts kam schließlich der Klüver hinzu. Das ist ein Dreiecksegel, das zwischen Vormarsstengetopp und einer Spiere am Bugspriet verlascht wurde und direkt unter dem Sprietsegeltopp saß. Die neue Spiere war der Klüverbaum. Zuerst wurde er lediglich am Bugspriet verlascht. Das Segel wurde fliegend gesetzt, d.h. es wurde an den Kanten lediglich durch Taue gehalten und stand mit keinem Stag in Verbindung.

Die Bewaffnung englischer Schiffe ~ 1622

Schiff (Tonnage)	Cannon-periers	Demi-cannon	Culverins	Demi-culverins	Sakers	Falcons	Port-pieces	Fowlers
Prince Royal (1200)	2	6	12	18	13	–	4	–
White Bear (915)	2	6	12	18	9	–	4	–
Merhonour (800)	2	6	12	12	8	–	4	–
Anne Royal (800)	2	5	12	13	8	–	4	–
Victory (656)	2	2	16	12	4	2	–	4
Swiftsure (694)	2	2	16	12	4	2	–	4
Constant Reformation (564)	2	2	16	12	4	2	4	–
St. George (671)	2	2	16	12	4	2	2	2
St. Andrew (671)	2	2	16	12	4	2	–	4
Triumph (692)	2	2	14	12	4	2	–	4
Defiance (700)	2	2	14	12	4	2	4	–
Repulse (700)	2	2	14	12	4	2	–	4

Die Waffenverteilung auf der *Royal Prince* war wie folgt: Unteres Deck = 2 Cannon-periers, 6 Demi-cannon, 12 Culverins; Mitteldeck = 18 Demi-culverins; Oberdeck = 13 Sakers, 4 Port-pieces

Die viel kleineren *White Bear* und *Merhonour* hatten ziemlich die gleiche Bewaffnung. Das erweckt den Eindruck, als wären sie überbewaffnet gewesen. Bezogen auf ihre Tonnage ist das auch so. Während des ganzen Jahrhunderts war dieses jedoch die vorherrschende Praxis.

Das Laufende Gut der Segel war unentbehrlich, ausgefeilt und kompliziert. Es ist jedoch nicht Aufgabe dieses Buches, eine ‚Rigger's Manual' (Segelanweisung) zu sein. Die Segeltakelung wird daher nicht beschrieben. Es gibt darüber exzellente Nachschlagewerke namhafter Fachleute sowie genügend lesbare Spezialpublikationen.

Bewaffnung

Als Jakob I.* 1603 den Thron bestieg, bekam die Schiffsarmierung in etwa das Schema, das sie bis zur Ablösung des mit Vorderladern bewaffneten hölzernen Kampfschiffes beibehielt.
Die Ähnlichkeit der Bewaffnung kann aus den Kanonen-Inventarien von elf der größten königlichen Schiffe um 1622 ersehen werden. Um diese Zeit gab man die altmodischen ‚cannon-periers' und ‚port-pieces' auf. Sie waren völlig veraltet. Die hauptsächlichsten Kanonen wurden die ‚demi-cannon' (32 Pdr)**, ‚culverin' (18 Pdr) und ‚demi-culverin' (9 Pdr). Die meisten davon waren Vorderlader. Hinterlader blieben ebenfalls weiter in Gebrauch, aber mit Ausnahme der veralteten ‚port-pieces' und ‚fowlers' waren es kleinkalibrige Stücke, die entlang der Schanzkleider auf Drehzapfen und möglicherweise hinter den Schotts in der Kuhl aufgestellt wurden.

Kanonenzuteilung 1655

Rate/ Klasse*	Cannon-drakes	Demi-cannon	Culverins	Demi-culverins	Sakers	Gesamt-zahl
1.	19	9	28	30	5	91
2.	–	6	30	24	4	64
3.	–	4	22	26	8	60
4.	–	–	24	6	8	38
5.	–	–	–	18	4	22
6.	–	–	–	–	8	8

* Die Einteilung in „Rates"/Klassen richtete sich nach der Anzahl der Kanonen, obgleich im Mittelalter manchmal auch andere Maßstäbe angelegt wurden. (Anm. d. Übers.)

Die Informationen über die Kanonenverteilung an Bord der Schiffe Karl I. (1949) sind lückenhaft. Die detaillierteste Liste ist die der *Sovereign of the Seas*. Die Kenntnisse über die Kanonenverteilung während des Commonwealth (englische Republik), 1649-1660, wurden bisher nicht zusammengestellt, aber die Beispiele in den Tabellen zeigen die stetige Bewegung in Richtung einer Standardarmierung.

* Aus dem Hause Stuart. 1603-1648. Er nannte sich als schottischer König und Erbe der Tudors ‚König von Großbritannien'. (Anm. d. Übers.)
** Das Geschützkaliber wurde nach dem Geschoßgewicht bemessen bzw. angegeben. Das ist teilweise auch heute in Großbritannien noch der Fall. (Anm. d. Übers.)

Die Kanonen der *Sovereign of the Seas*

Standort		Anzahl und Typ	Länge (m)
Untere Reihe:	Luffs, Seiten und Viertel*	20 Cannon drakes**	2,74
	Heckkanonen	4 Demi-cannon drakes	3,81
	Bugkanonen	2 Demi-cannon drakes	3,50
	Rundungen hinter den Bug- und Heckkanonen	2 Demi-cannon drakes	3,05
Mittelreihe:	Luffs***, Seiten und Viertel	24 Culverin drakes	2,59
	Vordere Kanonen	2 Culverin drakes	3,50
	Hintere Kanonen	4 Culverin drakes	3,50
Obere Reihe:	Seiten	24 Demi-culverin drakes	2,59
	Vordere Kanonen	2 Demi-culverin drakes	3,05
	Hintere Kanonen	2 Demi-culverin drakes	3,05
Back:		8 Demi-culverin drakes	2,74
Halbdeck:		6 Demi-culverin drakes	2,74
Achterdeck:		2 Demi-culverin drakes	1,68
Schott hinter Backdeck:		2 Culverin drakes	1,68

* Viertel ist einer der gekrümmten Schiffsteile oder das Oberteil einer Schiffsseite am Heck. Der Ausdruck (im englischen) „quarter" bedeutet wörtlich Viertel des Schiffes. Gewöhnlich ist das Viertel 45° achterlich als dwars (querab) gemeint. (Anm. d. Übers.)
** „Drakes" waren leichter und kürzer als gewöhnliche Kanonen des gleichen Kalibers. In Übereinstimmung mit einer Abhandlung aus dem Jahre 1672 hatte eine „Demi-cannon drake" einen Rohrdurchmesser von 6,5 in (16,5 cm) und eine Länge von 16 Durchmessern (L/16 = 8 ft 6 in/2,59 m). Eine 5,5 in (14 cm) – „Culverin drake" hatte ebenfalls 16 Durchmesser Länge (L/16 = 7 ft 4 in/2,24 m). Auch die 4,5 in (11,4 cm) – „Demi-culverin drake" hatte 16 Durchmesser (L/16 = 6 ft/1,83 m). Die 3,5 in (8,9 cm) – „Saker drake" hatte 18 Durchmesser (L/18 = 5 ft 3 in/1,60 m).
Im Vergleich dazu waren die entsprechenden gewöhnlichen Kanonen 11 ft (3,35 m), 11 ft 6 in (3,50 m), 8 ft 1¼ in (2,47 m) und 5 ft 7 in (1,70 m) lang. Eine Eigenart der „Drakes" war, daß sich ihre Läufe zum Bodenstück hin verjüngten. Warum das so war, ist nicht klar, es bedeutete, daß ein größerer Teil der Pulverenergie als bei einer gewöhnlichen Kanone verloren ging und die Genauigkeit sicherlich geringer war, denn während das Geschoß den Lauf durcheilte, war das Flattern größer.
Die „Drakes" waren bei den Kanonieren unbeliebt. Sie besaßen einen heftigeren Rückstoß als die schweren Kanonen und wurden im Gefecht heißer.
*** Der Fahrzeugteil, wo die Seiten zum Bug hin zusammenlaufen. Der gerundete Teil des Bugs. Auch „Loof" genannt. (Anm. d. Übers.)

Abgesehen von kleineren Details glichen die Kanonen des 17. Jahrhunderts denen der vorangegangenen. Wie diese bestanden sie aus Messing (d.h. Kanonenmetall = Bronze) oder Eisen.
Das charakteristische Merkmal vieler Kanonen war ein Paar Ösen an der Rohroberkante, etwa im Schwerpunkt angebracht. Diese Ösen

sind bekannt als ‚dolphins' und dienten zum Halten der Hebetakel, also zum Anliften der Kanone. Sie hatten oft das Aussehen eines heraldischen Delphins. Außer auf ganz wichtigen Schiffen waren die Kanonen nicht oder nur wenig dekoriert. Die Kanonen der *Sovereign of the Seas* trugen Rose und Krone, Zepter und Dreizack sowie den Anker und das Tau, um damit Englands Anspruch auf Beherrschung der Meerengen um England zu unterstreichen*.
Unter der Rose und Krone stand die Inschrift: *„Carolus edgari sceptrum stabilivit aquarum"* – ein Wahlspruch, mit dem andere Herrscher sicherlich nicht übereinstimmten.**
Alle gebräuchlichen Kanonen standen auf Radlafetten. Besucher der berühmten *Victory* und anderer historischer Schiffe werden beim Anblick ihrer Lafetten daran erinnert. Tatsächlich waren sie jedoch anders konstruiert. Die Lafette des 17. Jahrhunderts bestand aus zwei Teilen, den Lafettenwänden und einem dicken rechteckigen Holzgestell, an dem sie befestigt waren. Zwischen den Lafettenwänden und direkt unterhalb des Platzes für den Drehzapfen saß ein Stück Holz, das an die Wangen und das Gestell gebolzt war.

Offizielle Kanonenausrüstung 1677

Rate/ Klasse	Unteres Deck	Mitteldeck	Oberdeck	Achterdeck
1.	26 Cannon (42 Pdr)	28 Culverins (18 Pdr)	44 Sakers (5 Pdr)	-
2.	26 Demi-cannon (32 Pdr)	26 Culverins	32 Sakers	-
3.	26 Demi-cannon	-	24 × 12 Pdr oder 16 Sakers	-

Etwas später wurde die Bewaffnung der 2. Klasse geändert. Dann waren es: 26 × 6 Pdr an Oberdeck, 10 × 6 Pdr auf dem Achterdeck und 2 × 3 Pdr auf der Poop.

Unterhalb des Gestells befanden sich die Radachsen, die die dicken und stabilen Holzräder, ‚trucks' genannt, aufnahmen. Diese wurden für gewöhnlich durch ein Paar Eisenbänder, die im rechten Winkel quer über die Radfläche liefen und Eisenreifen auf den Laufflächen verstärkt. Die vorderen Räder waren gewöhnlich größer als das hintere Paar. Letztere wurden zeitweise durch ein Paar halbkreisförmige Holzblöcke ersetzt. Die Reibung zwischen diesen Blöcken und dem Deck half den Kanonenrückstoß zu verkürzen.

* Gemeint ist die ‚Narrow Sea': die Irische See und der Kanal. (Anm. d. Übers.)
** Soviel wie „Karl schwingt das Zepter und beherrscht das Meer". (Anm. d. Übers.)

Kanonen der *London* (2. Klasse), 1656

Untere Reihe	12 Demi-cannon, 12 Culverins
Mittelreihe	12 Culverins, 12 Demi-culverins
Back	6 Demi-culverins
Kuhl	4 Demi-culverins
Achterdeck	6 Demi-culverins

Kanonen der *Dartmouth* (5. Klasse)

	1684	1687*
Unteres Deck	18 Demi-culverins	16 Demi-culverin drakes
Oberdeck	10 Sakers	16 Sakers
Achterdeck	4 Minions	4 Minions

* Bei ihrer Strandung 1690 im Sound of Mull trug *Dartmouth* eine noch unterschiedlichere Bewaffnung. Sie besaß außer der angeführten noch „Saker drakes" und „3 Pdr". Das spiegelt die Anforderungen wider, die durch den Bedarf der Flotte bei der Ausrüstung von Schiffen zur Abwehr der französischen Angriffe an das Waffenamt gestellt wurden.
Ohne Zweifel wurden viele altmodische Kanonen wieder eingebaut.

Kanonen auf *Pembroke, Portsmouth* und *Milford* (5. Klasse)*

	Demi-culverins	8 Pdr	6 Pdr	3 Pdr
Pembroke	4	–	6	8
Portsmouth	–	4	20	8
Milford	22	–	–	10

* Die Liste stammt etwa aus der gleichen Zeit wie die der *Dartmouth*. Die „Demi-culverins" waren 8 ft (2,44 m) lang, die 6 Pdr 7 ft (2,13 m) und die 3 Pdr 5 ft (1,53 m).

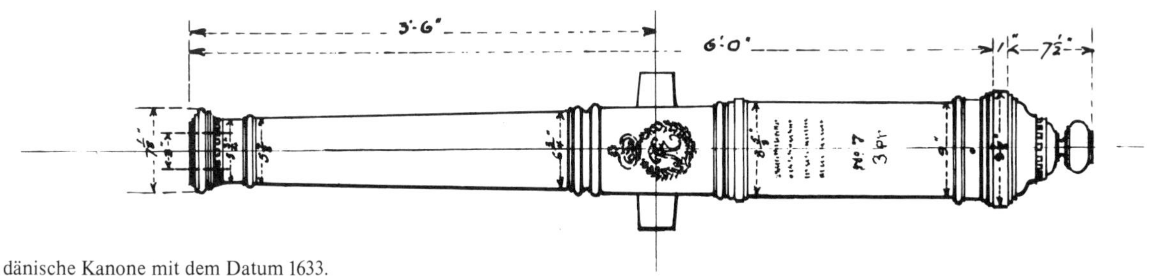

215. Eine dänische Kanone mit dem Datum 1633.
(1' = 0,3048 m, 1" = 2,54 cm)

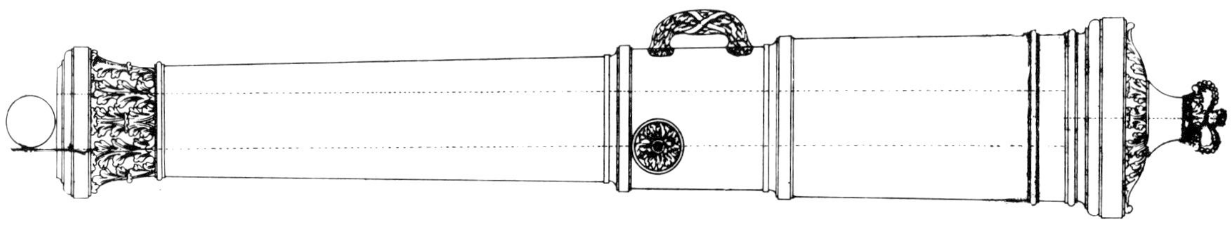

216. Eine dänische Kanone aus dem frühen 17. Jahrhundert.

217

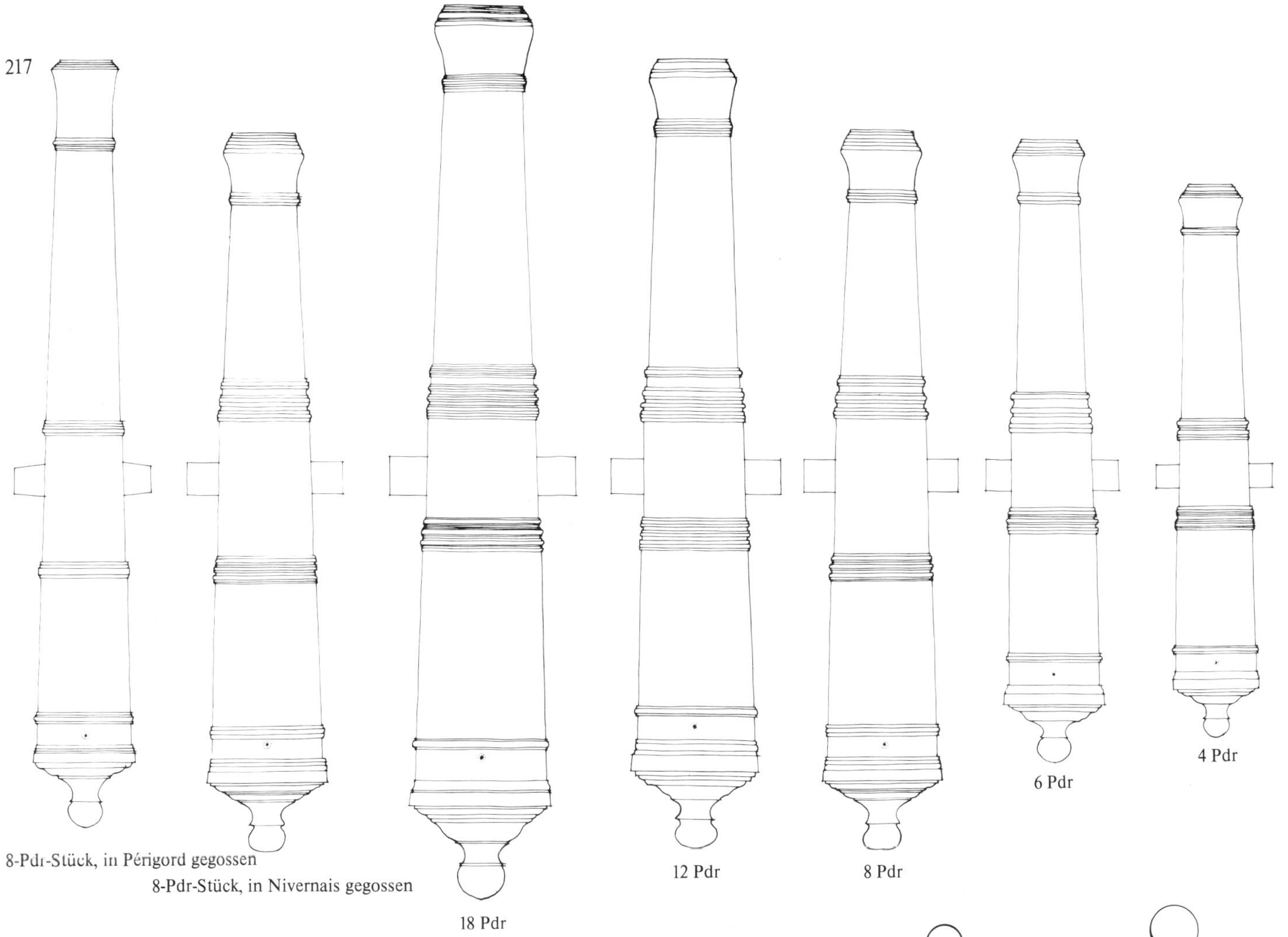
8-Pdr-Stück, in Périgord gegossen
8-Pdr-Stück, in Nivernais gegossen
18 Pdr
12 Pdr
8 Pdr
6 Pdr
4 Pdr

218

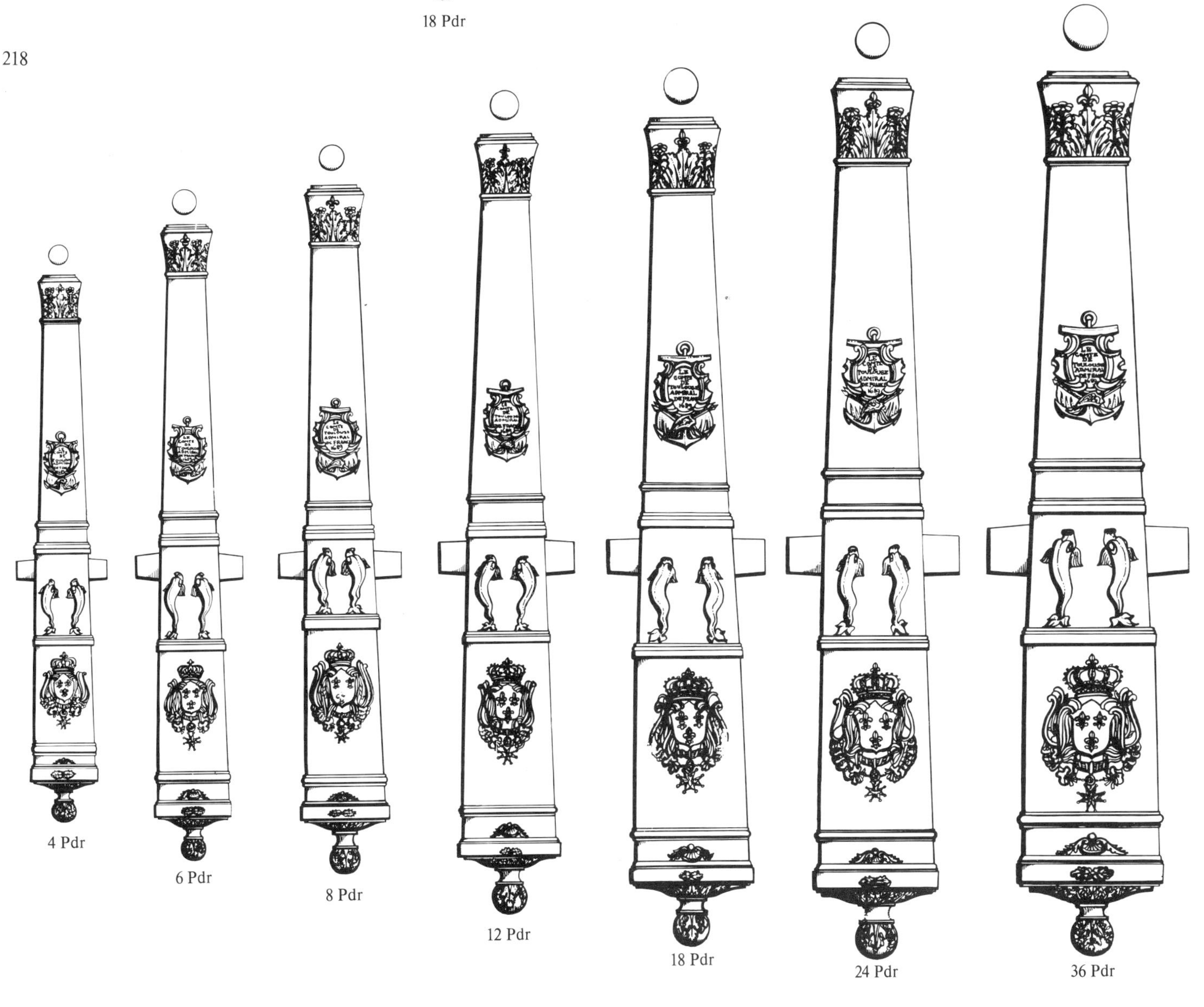
4 Pdr
6 Pdr
8 Pdr
12 Pdr
18 Pdr
24 Pdr
36 Pdr

219

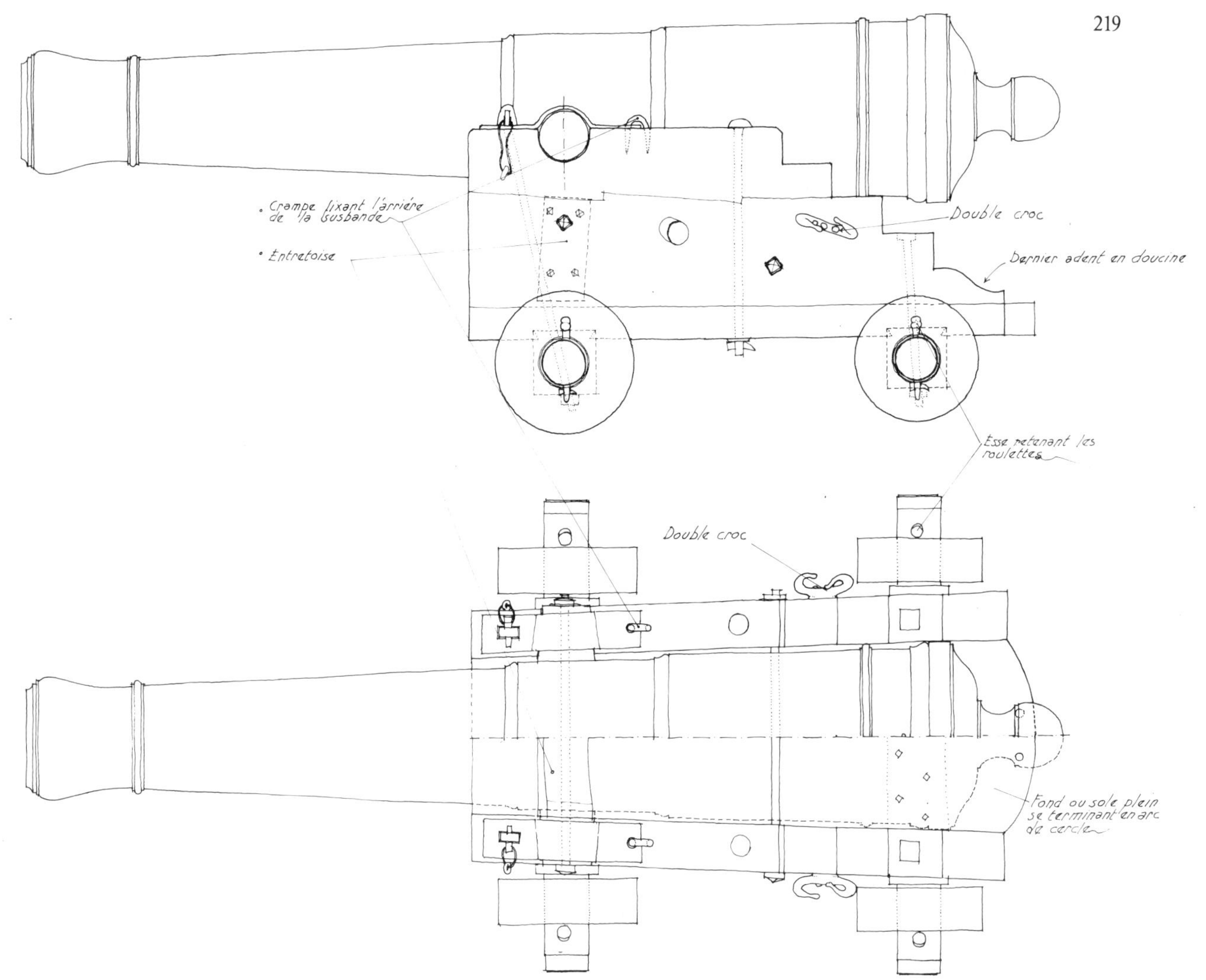

219. Das Standardmuster einer französischen Kanonenlafette aus der Zeit von 1674 bis 1758 (Zeichnung: Jean Boudriot). Diese Version eines 36 Pdr hat eine Länge über alles von 1,92 m.

200

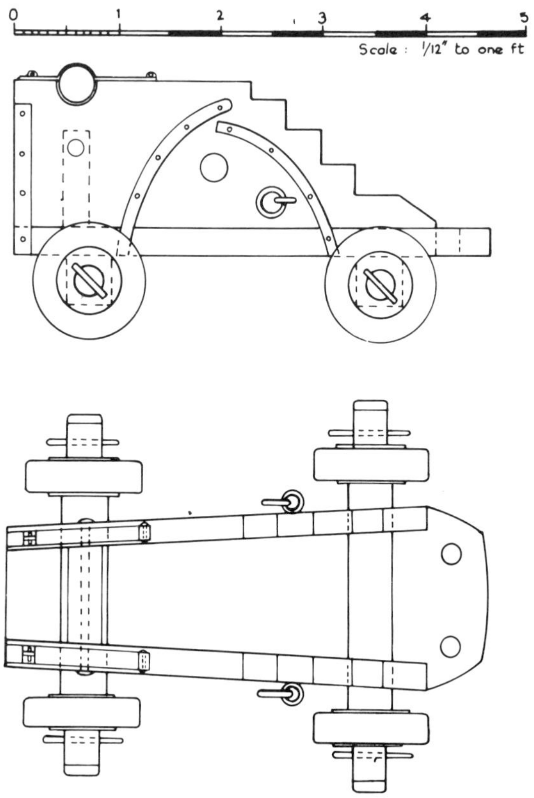

220. Plan einer dänischen 8-Pdr-Kanonenlafette um 1675. Die Maße stammen aus dem Tøhus Museum, Kopenhagen. Der Maßstab der Skizze ist 1:12. Die prinzipiellen Maße der Lafette sind unten in englischen inches angegeben. Das dänische Äquivalent ist: 12 alte dänische inches ≙ 12¾ englische inches, entsprechend 32,38 cm. Die Maße sind vermutlich bis auf 1/4 in (6,35 mm) genau, wegen der beschädigten Lafette jedoch in einigen Fällen bis auf ½ in (12,7 mm).

Länge über alles	57 in (dänisch 4,5 ft) = 1,45 m
Höhe Oberkante Lafette vom Boden aus gemessen	28,5 in (dänisch 2,25 ft) = 72,39 cm
Seitenhöhe der Lafette über dem Boden der Bettung	20 in (dänisch 1⅔ ft) = 50,79 cm
Abstand zwischen Achsenmitte	33,5 in (dänisch 2⅔ ft) = 85,08 cm
Radachsen	5,5 in square (dänisch 5,25 in square) = 35,47 cm^2
Radachsendurchmesser	4 in (dänisch 3,75 in) = 10,2 cm
Höhe des Querstückes über der Bettung	10 in (dänisch 9,5 in) = 25,4 cm
Raddurchmesser	13,5 in (dänisch 12,25–12,5 in) = 34,28 cm

221. Ein Kanonentakel (Handtalje) aus dem 17. Jahrhundert.

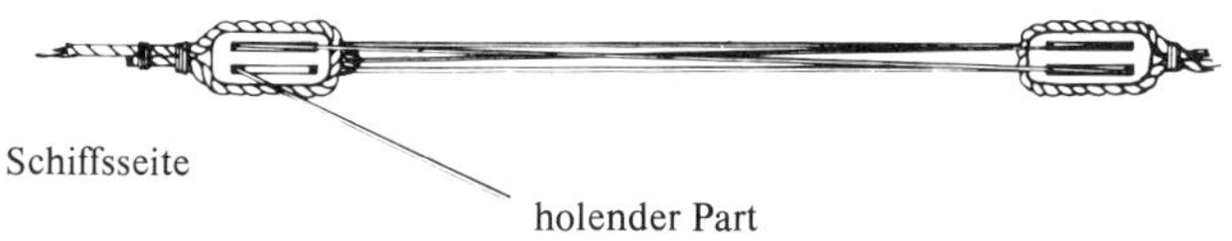

222. Kanone und Lafette, wie sie von der *Wasa* geborgen wurde.

Die Drehzapfen der Kanonen lagerten in halbkreisförmigen Ausnehmungen im Oberteil der Lafettenwangen. Sie waren oft mit Eisen ausgelegt. Um zu verhindern, daß die Kanonen aus der Lafettenausnehmung heraussprangen, kamen Eisenbänder über die Drehzapfen. Das Verschlußstück der Kanone wurde durch einen daruntersitzenden hölzernen Keil angehoben oder niedergelassen. Den Keil bewegte man auf einem festen Holz, das quer über einem Paar der Lafettenabstufungen an deren Rückseite lag. Kanonenlafetten erscheinen gegenüber der zugehörigen Kanonengröße überraschend klein. Eine Kanone von etwa 12 ft (3,66 m) Länge und über 3 ts Gewicht saß auf einer Lafette, die eine Länge über alles von 5,5 ft (1,68 m) hatte. Die einer ,Demi-cannon' war 5 ft (1,52 m) lang. Die Lafette einer dänischen 8-Pdr-Kanone aus dem Jahre 1675 mißt 4 ft 10 in
220 (1,47 m) in der Länge und ist 2 ft 10 in (0,86 m) hoch. Englische Lafetten waren offenbar genauso hoch, denn ein englischer Berichterstatter um 1625 stellt fest, daß das untere Kanonenpfortensüll 20 in (50,8 cm) über Deck saß und sich die Kanonenmündung etwa ein Fuß über dem Süll befand. Wenn sich diese Feststellung auf die Mitte des Kanonenrohrkalibers bezieht, muß die Lafettenoberkante um 2 ft 8 in (0,81 m) über Deck gesessen haben.

Kanonen wurden mittels Takel ausgerannt, die an der Lafettenseite
221 saßen. Es ist nur natürlich, daraus zu schließen, daß diese von der Art waren, die man Kanonentakel nennt, und die seit den 1580er Jahren benutzt wurden. Allerdings stellt der englische Seefahrer Sir Henry Manwayring fest, daß die Takel Doppelblöcke besessen haben.[26]

Somit gab es wahrscheinlich gar kein Standardtakel. Der Kanonenrückstoß wurde durch ein Sicherungstau aufgefangen, das durch Löcher in den Lafettenseiten lief. Die Praxis, das Tau an der ,cascabel'* der Kanone zu sichern, war im 17. Jahrhundert anscheinend noch nicht in Gebrauch. Falls doch, dann erst im letzten Jahrzehnt. Zum Zurückziehen der Kanone, ohne daß sie geschossen hatte, gab es ein Tau, das sich zwischen dem Lafettenschwanz und einem Ringbolzen dicht an der Schiffsmittellinie befand.

In Übereinstimmung mit dem Buch *The Gunner* von Robert Norton, das 1625 erschienen ist, hatten die Hinterlader-,Port pieces' und Hinterlader-,Fowlers' Lafetten ohne Rücklauf. Die Kanonen besaßen an jeder Seite ein Paar quadratische Lagerzapfen, die in Schwalbenschwänzen des Gestells lagerten. Das Gestell hatte wiederum ein Paar Schenkel, die zugleich die Zapfen vor dem Lafettenbock waren. An der Rückseite des Gestells befand sich ein Zapfenloch, in das ein senkrechter Pfosten eingesetzt war. Mittels eines ,pulley', das vermutlich am Pfosten saß, konnte das Gestellende angehoben oder abgesenkt bzw. am Ort gehalten werden, indem man dann einen Bolzen durch den Pfosten trieb. Wenn die Kanone schoß, lag die Mündung auf der Pfortenkante und wurde mit einem nahe der Mündung sitzenden Tau aufgeholt.

Es muß irgendeine Vorrichtung oder Takel gegeben haben, die Verschlußkammer an ihren Platz zu bringen, denn die großen ,Port-pieces' hatten Kammern, die mehrere cwt* wogen.

,Swivel-guns' (Drehbassen) lagerten in einem eisernen Bügel, der auf einem Holzkopf oder starkem Pfosten saß. Das Holz war am Kopf mit Eisen umwickelt.

* Zeitweise Bezeichnung einer Kanone. Hier jedoch eine knopfartige Ausbildung oder manchmal auch in Form einer Schlaufe hinter dem Boden eines Vorderladers, aber auch der gesamte hintere Teil einer Kanone hinter dem Sockelring. (Anm. d. Übers.)

* 1 cwt = 50,8 kg. (Anm. d. Übers.)

223. Die Zeichnung beruht auf einem Plan der Admiralitätssammlung und man glaubt, daß er die *Phoenix* aus dem Jahre 1613 darstellt. Die allgemeine Ähnlichkeit mit den Schiffen der folgenden Illustrationen ist augenfällig.

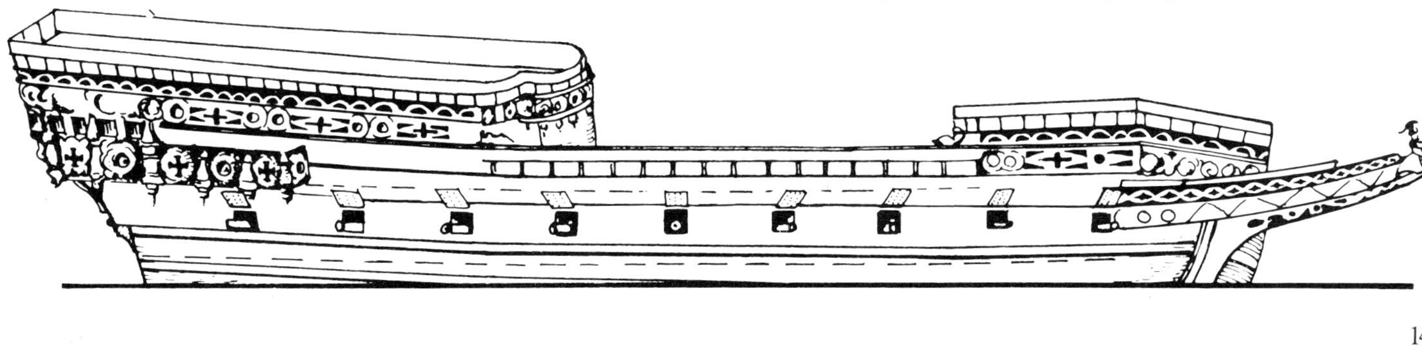

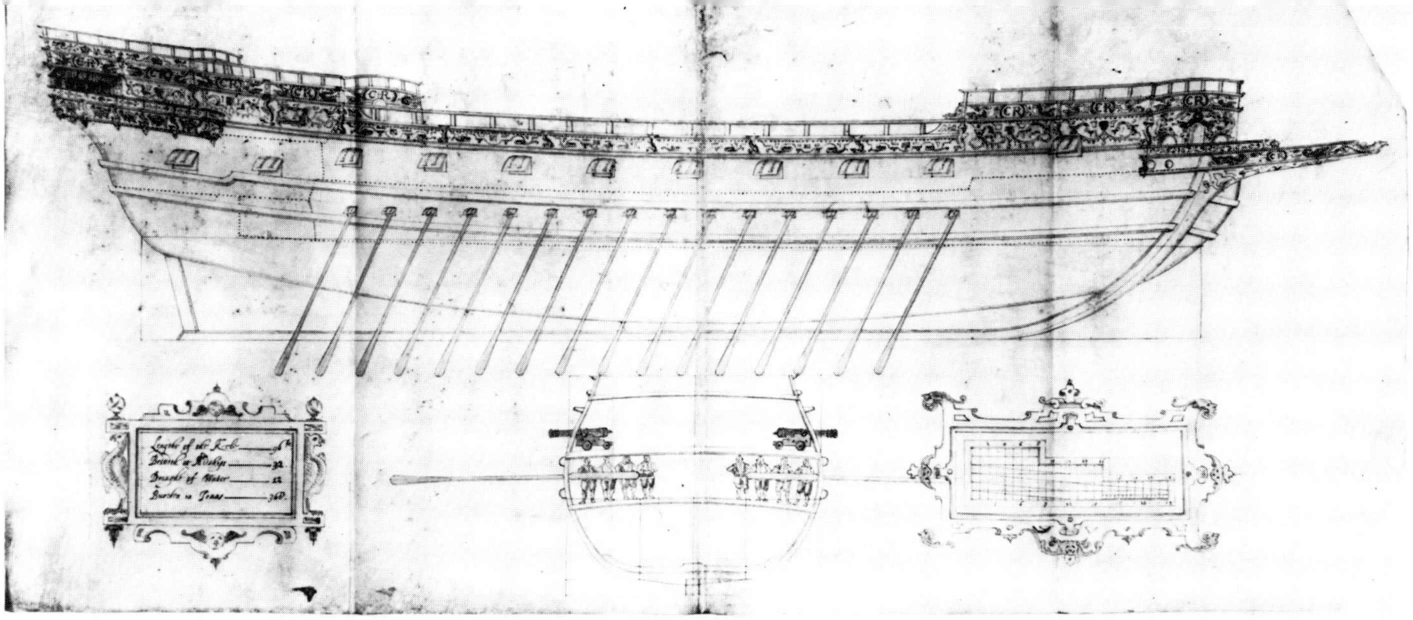

224

225

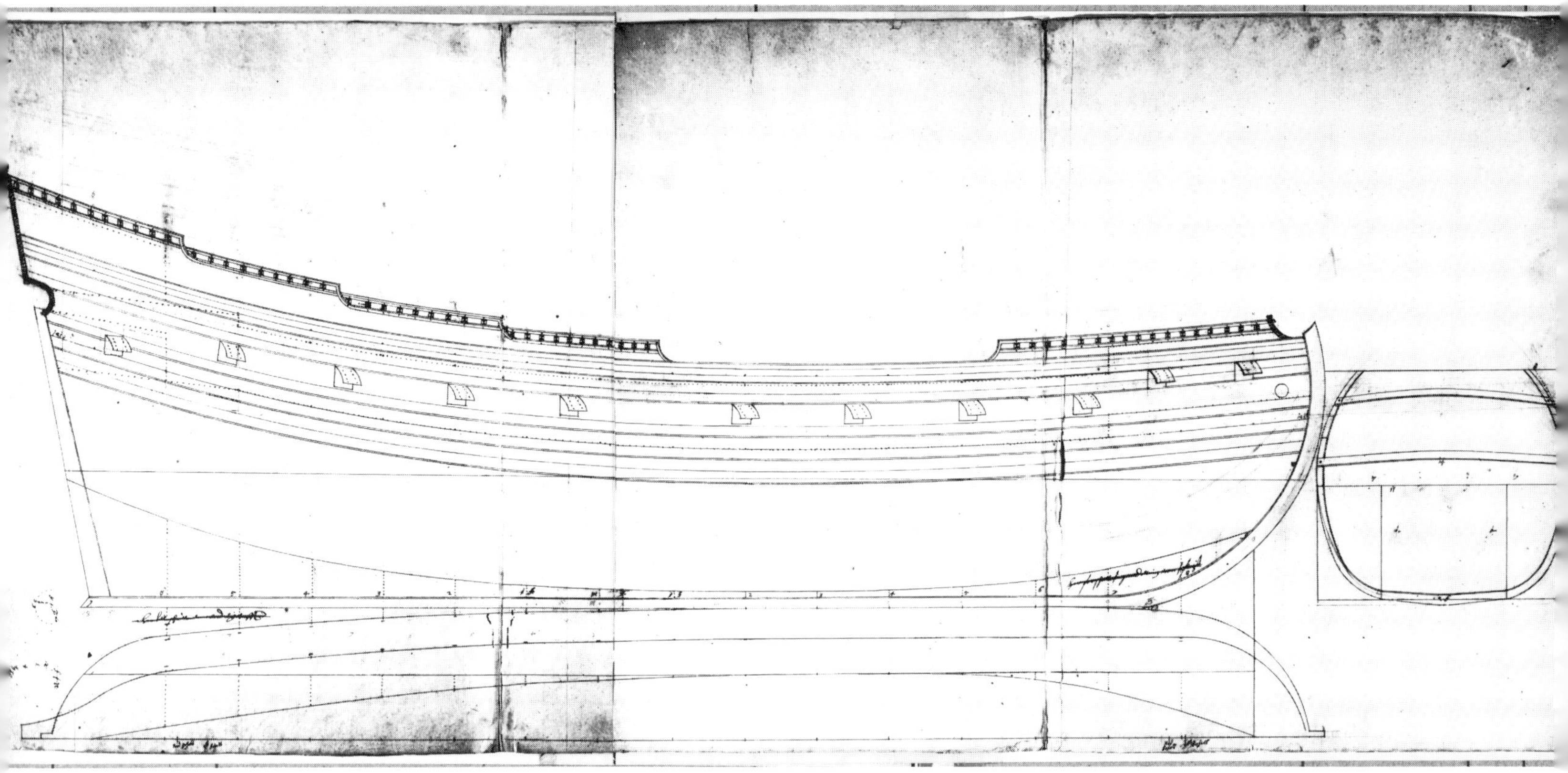

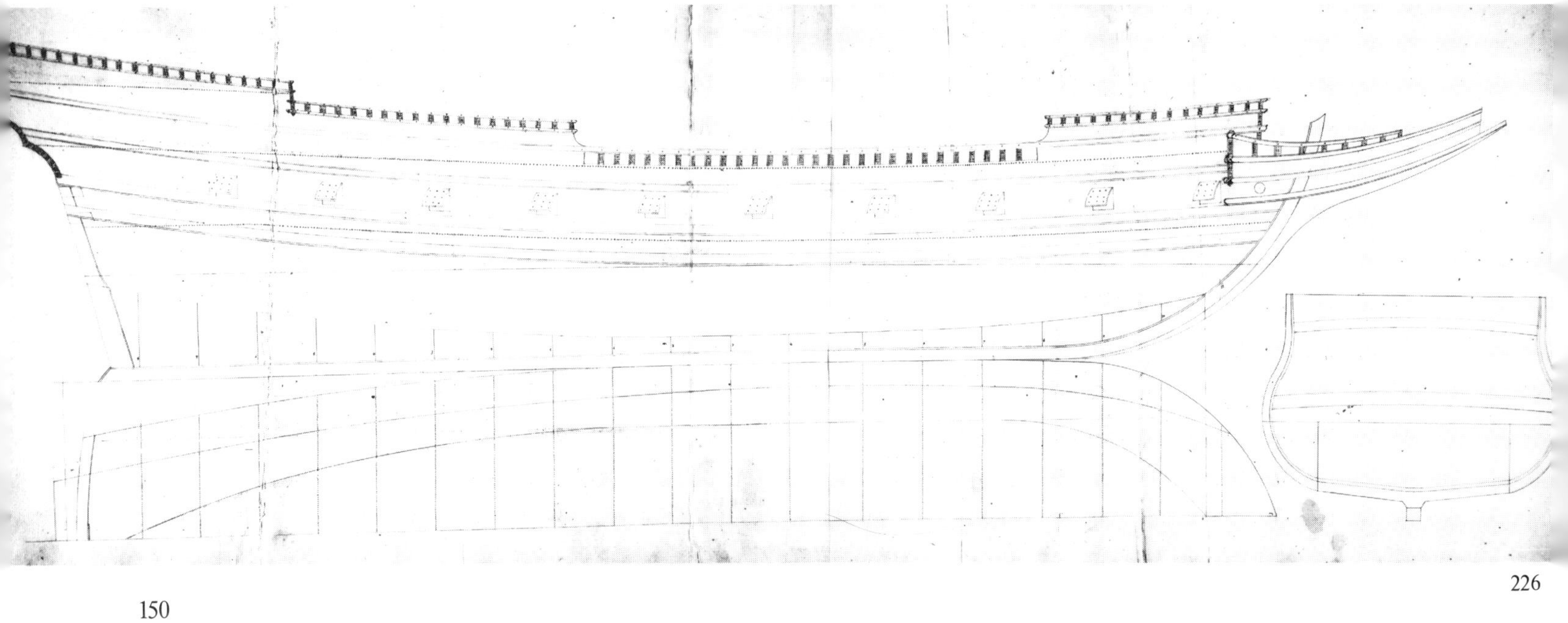

226

Unterstützungsfahrzeuge

Für mehr als das halbe 17. Jahrhundert wurde ein merklicher Teil der Aufgaben der englischen Marine – und so war es wohl auch bei anderen – von gecharterten Handelsschiffen ausgeführt. Das geschah immer dann, wenn Not am Mann war. Sie versahen ihren Dienst als Unterstützungs- und Patrouillenfahrzeuge und sogar innerhalb der Hauptschlachtflotte. Als der englischen Marine in den ersten 30 Jahren des Jahrhunderts der Verfall drohte, waren es diese gecharterten Handelsschiffe, die den ziemlich hoffnungslosen Kampf um den Schutz des englischen Handels gegen Piraterie und Kaperschiffe aller Nationen, einschließlich englischer aufnahmen, die in die Küstengewässer des Kanals, Südirlands und der Nordsee einfielen. Das ganze war natürlich ein Kampf, für den die Handelsschiffe, wenn man sie als eine Klasse betrachtet, schlecht geeignet waren. Aufgrund ihrer Bauart waren sie kaum in der Lage, die schnellen und beweglichen Piratenschiffe zu schlagen. Innerhalb der Schlachtflotte spielten die Handelsschiffe eine wesentlich erfolgreichere Rolle. Sie machten sich in den Gefechten während des 1. Niederländisch-englischen Krieges (1652–654) mehr als bezahlt.
Dennoch war schon zu dieser Zeit unverkennbar, daß die Tage in denen ein Handelsschiff in einem Flottenkampf ein Kriegsschiff schlagen konnte, vorbei waren und daß es fortan die passendere Aufgabe sein würde, als Unterstützungs-, Hilfs- oder Patrouillenfahrzeug eingesetzt zu werden. Diese Aufgabe hat es dann auch bis in den Zweiten Weltkrieg hinein gut erfüllt.
Vom Jahrhundertbeginn an ist nur wenig über die Bauart der Handelsschiffe bekannt. Es gibt keine Pläne, und die Bilder niederländischer Künstler sind nicht immer genügend Beweis für das Aussehen der Schiffe eines Landes.
Die größten Handelsschiffe, so wie die der bahnbrechenden Reisen nach Ostindien, waren genaugenommen Kriegsschiffe. Wie jedoch die kleinen aussahen, ist immer noch eine Sache von Mutmaßungen. Die klassische Rekonstruktion eines Handelsschiffes aus dem frühen 17. Jahrhundert ist das von R.C. Anderson gefertigte Modell der *Mayflower.* Es basiert auf einigen Plänen aus den *Fragments of Ancient British Shipwrightry.* In das Modell wurde alles hineingepfropft, was über Handelsschiffsabmessungen bekannt ist. Das Modell diente als
227 Muster für alle nachfolgenden Modelle und Schiffskopien. Das bekannteste davon ist die im Jahre 1957 nach Plänen des amerikanischen Schiffbaukonstrukteurs W.A. Baker gebaute Wiedergabe. Beim Bau dieser Nachbildung mußten allerdings zahlreiche Änderungen an einzelnen Teilen durchgeführt werden, um das Schiff mit den modernen Sicherheitsbestimmungen in Einklang zu bringen. So waren die Nachbildungen der Arrangements des 17. Jahrhunderts sehr fragwürdig. Zum Beispiel gab es quer zu den Wanten hölzerne Stäbe, die in bestimmten Abständen saßen, an den Rahen Fußpferde und zum Halten der Großrah gegen den Mast anstelle der alten Racks ein Paar Klauen. Bei der Begutachtung von Fotografien fällt auf, daß die Jungfernblöcke und einige Blöcke nicht mit der Form des 17. Jahrhunderts übereinstimmen. Es ist auch anzuzweifeln, ob ein Schiff des Jahres 1620, und noch dazu dieses, immer noch die Dekorationen besaß, die auf den Schiffen 40 Jahre zuvor geführt wurden, oder ob es überhaupt irgendwelche Dekorationen hatte. Denn kaum ein Schiffsreeder ist bereit (und war es auch früher nicht), für alte Schiffe Geld auszugeben, und schon gar nicht, um einen alten Stil zu verewigen.
Nebenbei bemerkt, entbehrt die immer wiederholte Geschichte, daß die Scheune in Jordans, Buckingshamshire aus dem Holz der *Mayflower* gebaut worden ist, jeder Grundlage[28].
Der Einsatz der Handelsschiffe als Patrouillenfahrzeuge gegen die Piraterie wurde zum Fehlschlag. Der nächste Schritt war daher, für diese Aufgabe ein Geschwader kleiner Kreuzer zu bauen. Das wurden die 1627 gebauten zehn *Lion's Whelps.* Sie hießen *First Whelp, Se-*

227

228

224. Der Entwurf einer Fregatte oder Pinasse von etwa 1625. Das Monogramm C.R. (für Karl I.) weist darauf hin, daß das Datum mehr zum Jahrhundertanfang hin tendiert, auch wegen der ähnlichen Zeichnung, die man für die *Phoenix* hält. Dafür spricht auch eine weitere ähnliche Zeichnung in den *Fragments of Ancient English Shipwrightry.* Der Entwurf ist vermutlich für ein schnelles Schiff zur Bekämpfung von Piraten und Kaperschiffen, die zu dieser Zeit im Kanal und in den angrenzenden Seegebieten ihr Unwesen trieben. Der Plan befindet sich im National Maritime Museum.
225. Ein in den Niederlanden gebauter Eindecker. Im Deck vorn und achtern gibt es Abstufungen. Die Hauptbatterie befindet sich im unteren Deck, das Oberdeck hat vermutlich nur leichte Kanonen. Wegen des großen Einfalls der Seiten sind die Pfortenklappen gebogen und die Nägel zeigen, daß es zwei Plankenlagen gibt. Die Decks folgen dem Deckssprung.
226. Ein Eindecker von 1630. Der flache Boden und niedrige Tiefgang weisen auf niederländischen Einfluß hin. Der vordere Ausfall ist ziemlich gleich der maximalen Breite. Das Schiff ist ein Glattdecker und hat über dem Hauptdeck einen starken Einfall. Die Hauptbatterie befindet sich im unteren Deck.
227. Der Nachbau der *Mayflower* unter Segeln im April 1957.
228. Das zeitgenössische Modell einer niederländischen Pinasse aus der Mitte des 17. Jahrhunderts.

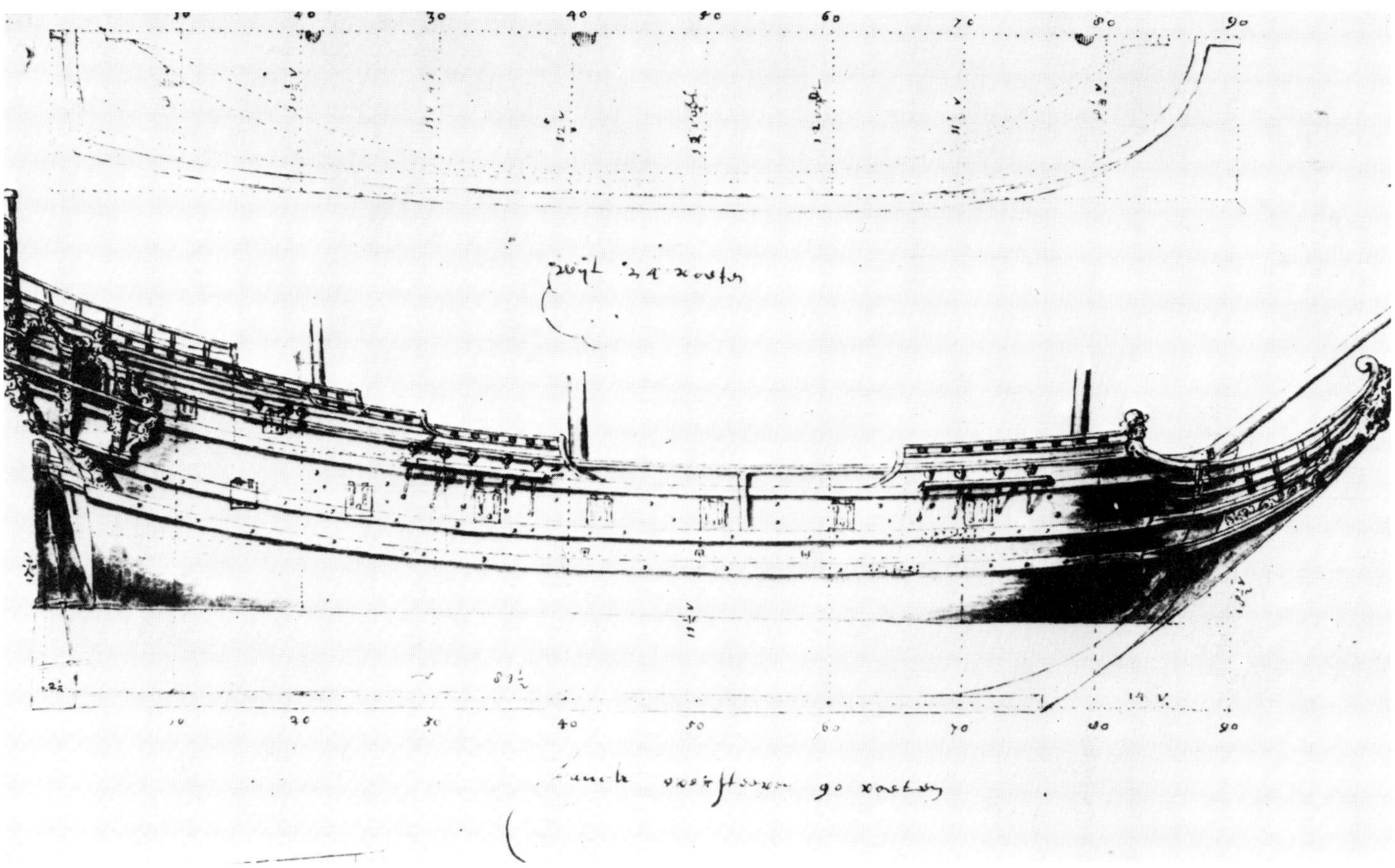

229. Die Niederländer bezeichneten Schiffe dieser Art als Pinasse. Sie hatten jedoch mehr die Funktion der späteren Fregatten. Dieses Schiff maß vom Vor- bis zum Achtersteven 90 ft (27,43 m) und war 24 ft (7,32 m) breit. Die Besanrüsten sind angegeben. Beachte die vier Speigatts im unteren Deck, die wie ausgebohrte Holzpflöcke aussehen. Die rücklaufende Biegung der Oberseiten des Bugs ist größer als auf englischen Schiffen der gleichen Zeit.

cond Whelp usw. Die *Whelps* waren einfach Verkleinerungen der großen Kriegsschiffe, denen sie in der Schiffskörperform und im Takelwerk glichen. Jedes Schiff hatte 62 ft (18,9 m) Kiellänge, 25 ft (7,62 m) Breite und 9 ft (2,74 m) Raumtiefe. Die Tonnage lag entsprechend bei 185 ts. Alle hatten Ruderpforten, es ist jedoch nicht bekannt, wieviele es waren. Die Bewaffnung der *Whelps* war stark. Im Original bestand sie aus 4 ‚Culverins', 4 ‚Demi-culverins' und 2 ‚Sakers'. Später kamen 2 ‚Demi-cannon' hinzu. Die *Whelps* waren kein Erfolg. Ihr dickbäuchiger Schiffskörper und das Waffengewicht beeinträchtigte die Segeleigenschaften, und die meisten Handelsstörer, speziell die Dünkirchener*, konnten jederzeit einen Bogen um sie schlagen. Die Dünkirchener Schiffe waren schmaler und hatten einen geringeren Tiefgang als die *Whelps*. Eines, das 1636 erbeutet und in die Marine übernommen wurde, maß 63 ft zu 19 ft zu 9,5 ft (19,2 m × 5,79 m × 2,9 m) und verdrängte im Gegensatz zu den *Whelps* mit 185 ts nur 105 ts.

Ungeachtet des Fehlschlags mit den *Whelps* wußten die englischen Schiffbauer sehr wohl, wie man ‚flinke und wirksame' Schiffe, wie man sie nannte, bauen mußte. Sie waren durchaus in der Lage, Schiffe zu bauen, die den Dünkirchenern in nichts nachstanden. Der Plan eines solchen unter der Regentschaft Jakob I. entworfenen Schiffes fand sich im dänischen Staatsarchiv[5].

Die Abmessungen des Schiffes lagen bei 68 ft (20,73 m) Kiellänge, 20 ft (6,1 m) Breite und 8 ft (2,44 m) Tiefgang im Wasser. Das entsprach einer Verdrängung von 114 ts. Der Plan enthielt Pforten für 18 Breitseitkanonen und möglicherweise gab es zwei mehr auf der Back (als Bugkanonen) und zwei auf dem Heck. Das Schiff hatte so ziemlich die Größe der *Nicodemus* und war auch wie diese getakelt. Die Niederländer bauten eine ähnliche Art Schiffe, die sie als ‚Pinasschip' (Pinasse) bezeichneten. Einige davon waren ausgesprochen groß, bis zu 75 ft (22,86 m) Kiellänge (niederländische Typen) und 24 ft (7,32 m) Breite. Sie führten an Oberdeck 18 bis 20 Kanonen. Eine, um 1625 entworfen, hatte eine Kiellänge von 96 ft (29,26 m), Breite von 32 ft (9,75 m) und einen Tiefgang von 14 ft (4,27 m). Es gab 16 Riemen und 12 Breitseitpforten je Seite. Ob das Schiff jemals gebaut wurde, ist nicht bekannt.

Den *Whelps* folgte eine andere Art Kriegsschiff, die Fregatte. Ursprünglich handelte es sich nicht um den *klassischen* Fregattentyp. Es war aber ein kleines, schnellsegelndes Schiff mit größerem Kiel/Breite-Verhältnis als damals üblich und möglicherweise anderen Merkmalen, von denen wir bis heute noch nichts wissen. Englische Fregatten des 17. Jahrhunderts hatten ein Kiel/Breite-Verhältnis bis zu 4:1 und sogar 4,75:1. Sie führten ihre Hauptbewaffnung im unteren Deck. Diese Fregatten waren sicherlich keine kleinen Schiffe, denn die *Constant Warwick*, 1646 gebaut, und oft als erste englische Fregatte bezeichnet, hatte einen Kiel von 90 ft (27,43 m), eine Breite von 28 ft (8,53 m) und eine Raumtiefe von 12 ft (3,66 m). Sie verdrängte 379 ts und trug 30 Kanonen. Eine andere Fregatte aus dem gleichen Baujahr war die *Adventure* mit 94 ft × 27 ft × 10 ft (28,65 m × 8,23 m × 3,05 m). Sie besaß 38 Kanonen.

Beide Schiffe hatten ein Kiel/Breite-Verhältnis, das größer war als für Schiffe dieser Zeit üblich und einen geringen Tiefgang. Die *Adventure* und mindestens zwei andere Schiffe dieser Klasse hatten zwischen den Kanonenpforten des unteren Decks Ruderpforten. Es ist jedoch nicht sicher, ob das auch bei der *Constant Warwick* der Fall gewesen ist. Der Typ war an sich zufriedenstellend, als den Schiffen jedoch mehr Kanonen gegeben wurden und ihr Umbau zu Zweideckern erfolgte, kam es zu einem Wandel. Man sagt, daß sich die *Constant Warwick* in eine ‚slug' (Schnecke) verwandelte.

* Dünkirchen war ein ideales Schlupfloch für Piraten. Zuerst waren es Niederländer, später Spanier. Erst 1657/58 belagerte England den Hafen, eroberte ihn und machte der Piraterie ein Ende. Trotzdem ging das Piratentum von dort aus später weiter, jetzt von den Franzosen. Erst zur Zeit Ludwig XIV. war Schluß damit. (Anm. d. Übers.)

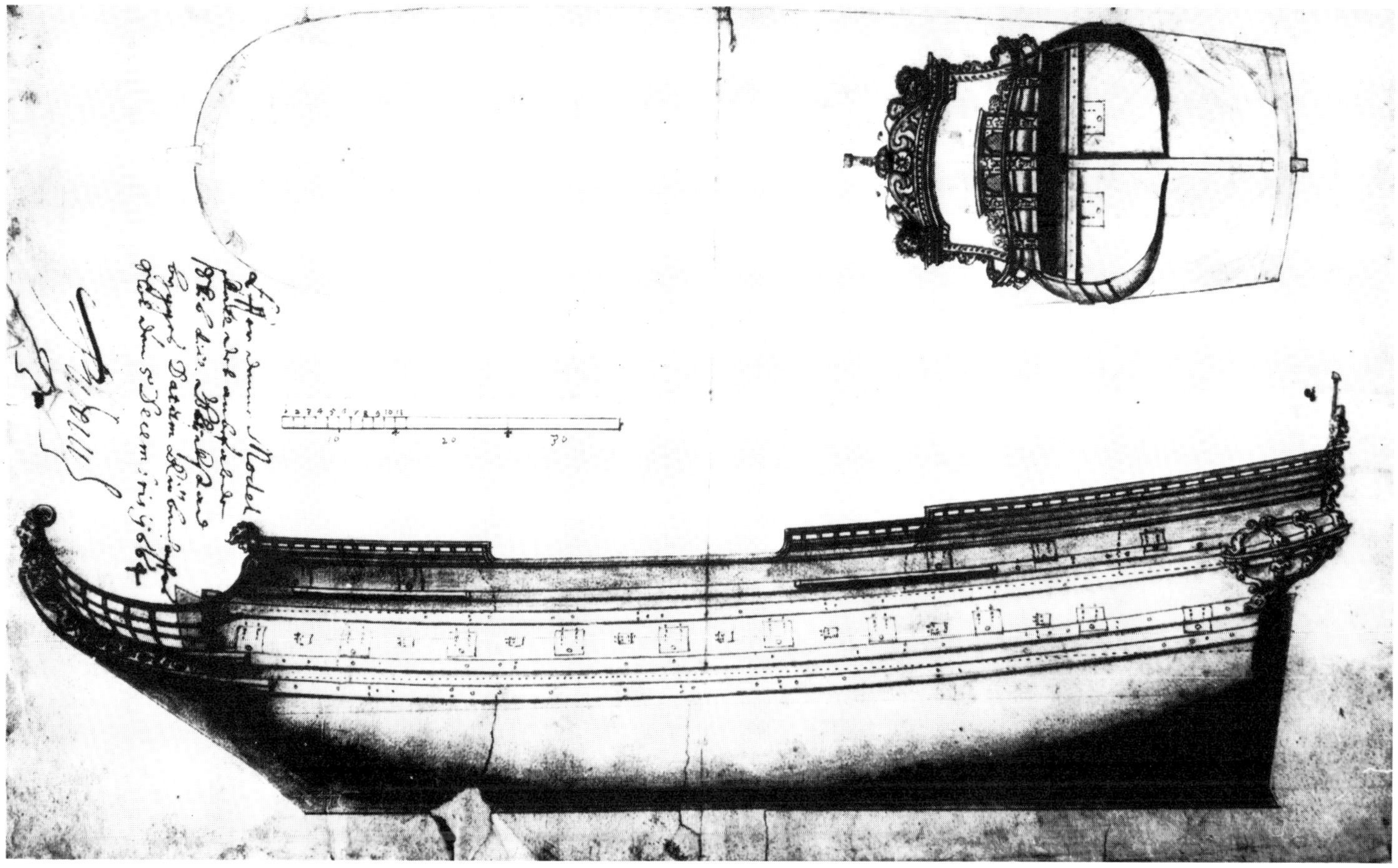

230

230. Die Fregatte *Hummeren* von 1665. Der Schiffskörper hat einen Querschnitt, der im allgemeinen Aussehen einer niederländischen Pinasse gleicht. Außerdem gibt es ein langes Vordeck, praktisch ein Überbleibsel von Schiffen der ersten Jahrhunderthälfte. Die Hauptbatterie befindet sich im unteren Deck, wo acht Klapppforten zu erkennen sind. Die Fock- und Großrüsten sind zu sehen, jedoch keine Besanrüsten. Diese Zeichnung trägt die Bestätigung von König Frederick: „Das Schiff soll in Glückstadt (heute Deutschland) und in Übereinstimmung mit dem Modell gebaut werden. Gegeben in der Burg Kiobenhaffen (Kopenhagen) am 5. Dezember 1664, Friderich.“ Länge zwischen den Loten (Lpp): 106,5 ft (32,46 m), Armierung: 32 Kanonen.

231. Das englische Äquivalent zur niederländischen Pinasse, ein 36-Kanonen-Schiff von 1660. Wie die niederländischen (228, 229), dänischen (230) und französischen (232) Beispiele, hatte auch dieses Schiff nur ein komplettes unteres Deck, eine Aussparung in der Kuhl auf dem Oberdeck – wo sich keine Kanonen befanden – und eine kleine Poop. Dieses Arrangement unterschied diese Schiffe von den späteren ‚echten‘ Fregatten, welche zwei vollständige Decks besaßen (jedoch im unteren Deck keine Kanonen hatten).

231

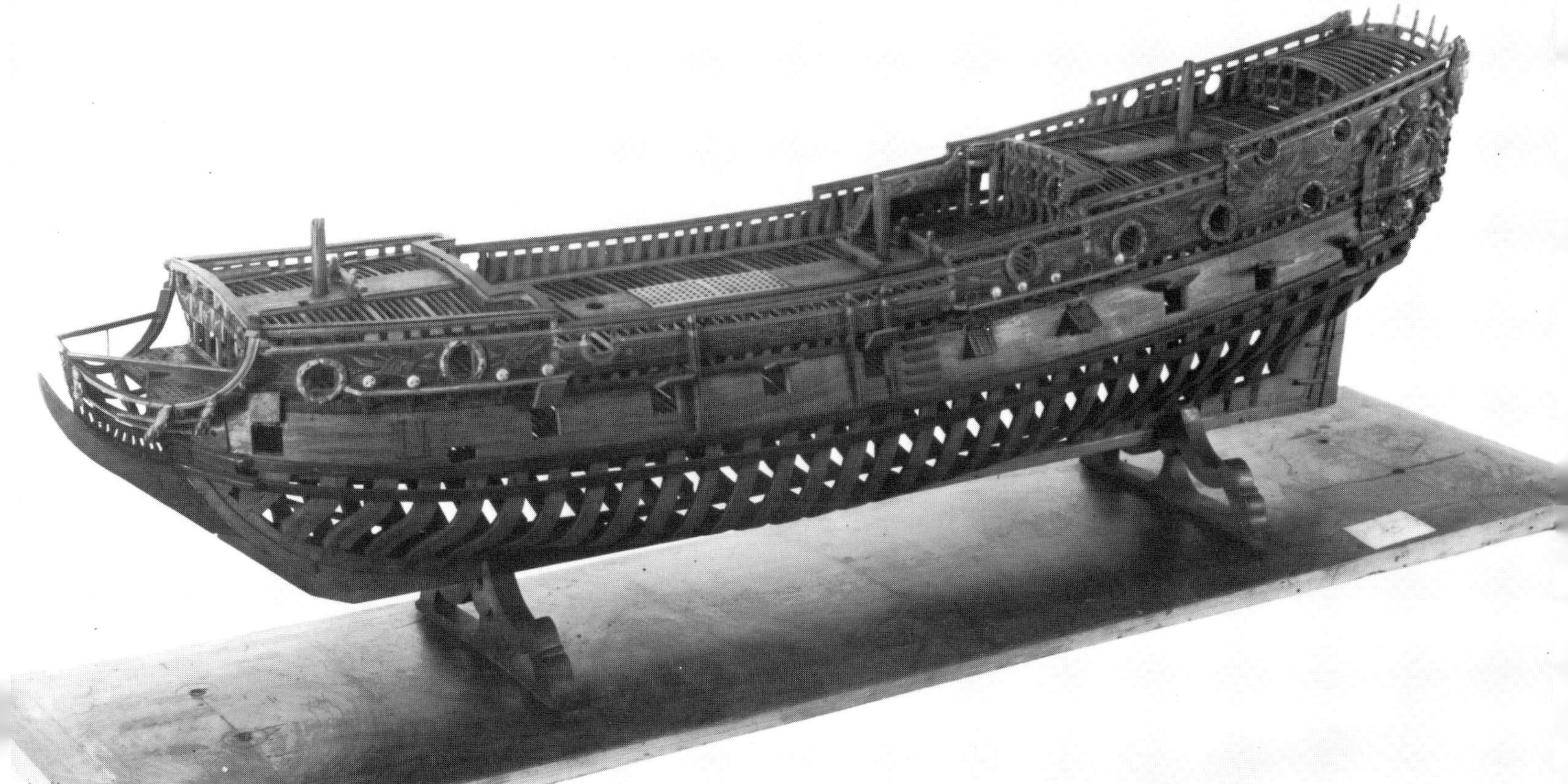

232

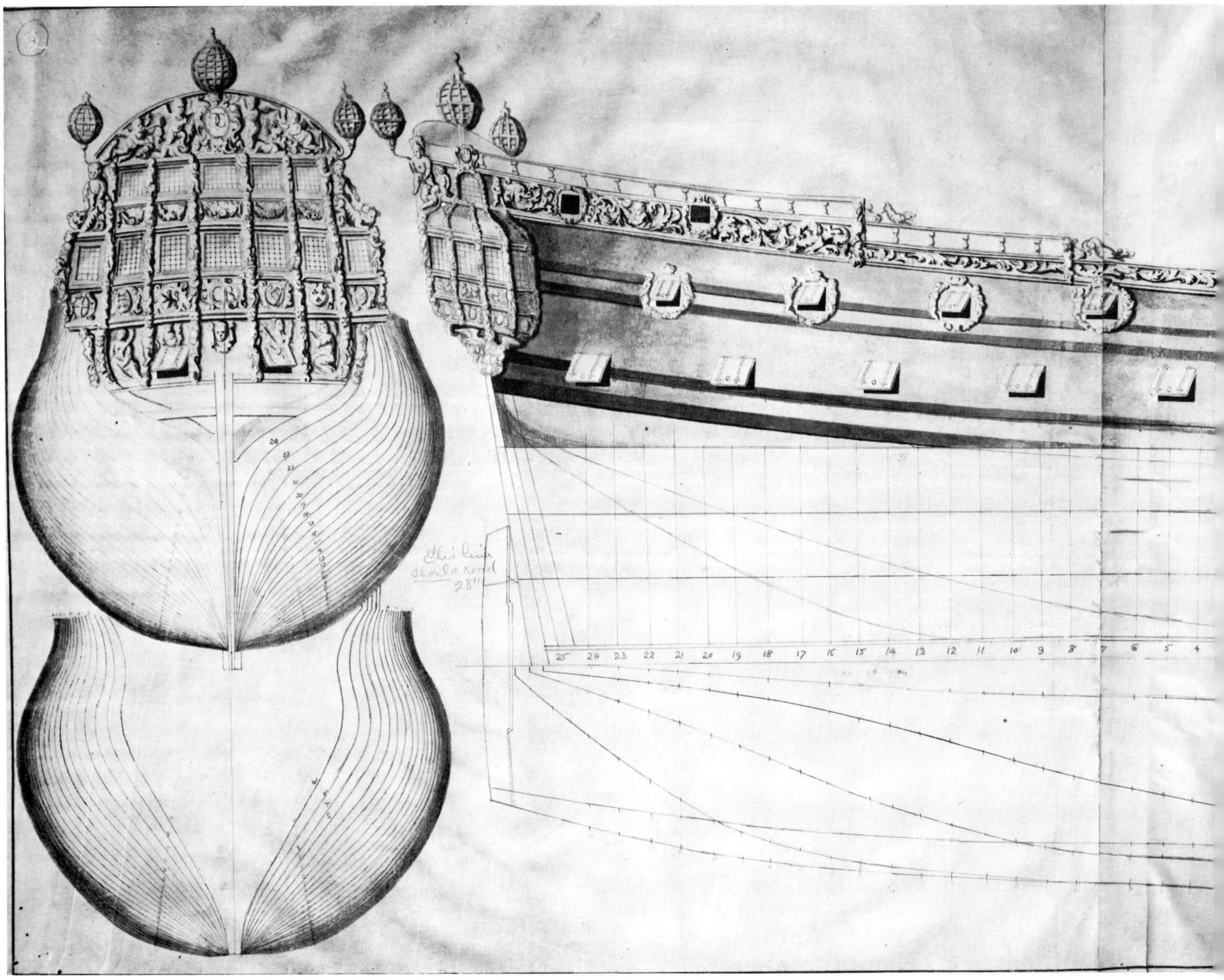

232. Die *Play*, ein 30-Kanonen-Schiff. Sie war ein erbeutetes französisches Fahrzeug, hieß zuvor *Le Jeux* und war 1689 in Dünkirchen gebaut worden. Das hohe Schanzkleid auf dem Achterdeck und der Poop weisen auf niederländischen Einfluß hin. Im unteren Deck gibt es mittschiffs drei Speigatts. Das Original von Van de Velde befindet sich im National Maritime Museum.
233. Es kommt nicht oft vor, daß es Beweise gibt, die man mit Van de Velde-Zeichnungen vergleichen kann. Diese Originalzeichnung der Bugdekoration der *Le Jeux* bestätigt jedoch die Genauigkeit der vorangegangenen Skizze in nahezu jeder Hinsicht. Die Galionsfigur des Kindes scheint den Kranz verloren zu haben, aber das kann auch auf Kampfschäden, die bei der Eroberung des Schiffes entstanden sind, beruhen.
234. Eine der Zeichnungen aus der Keltridge-Sammlung von Plänen aus dem Jahre 1684. Es handelt sich um ein Schiff 4. Klasse mit fast den gleichen Abmessungen, die die *Adventure* hatte. Nahezu 40 Jahre nach ihrem Stapellauf wurde die *Adventure* noch immer als hervorragendes Modell angesehen.

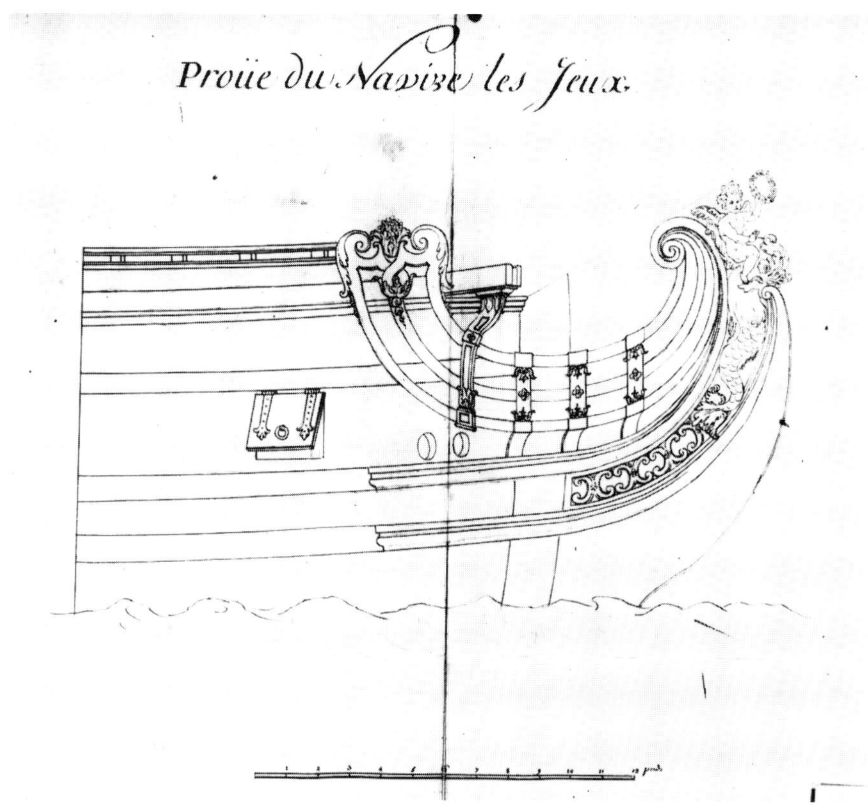

233

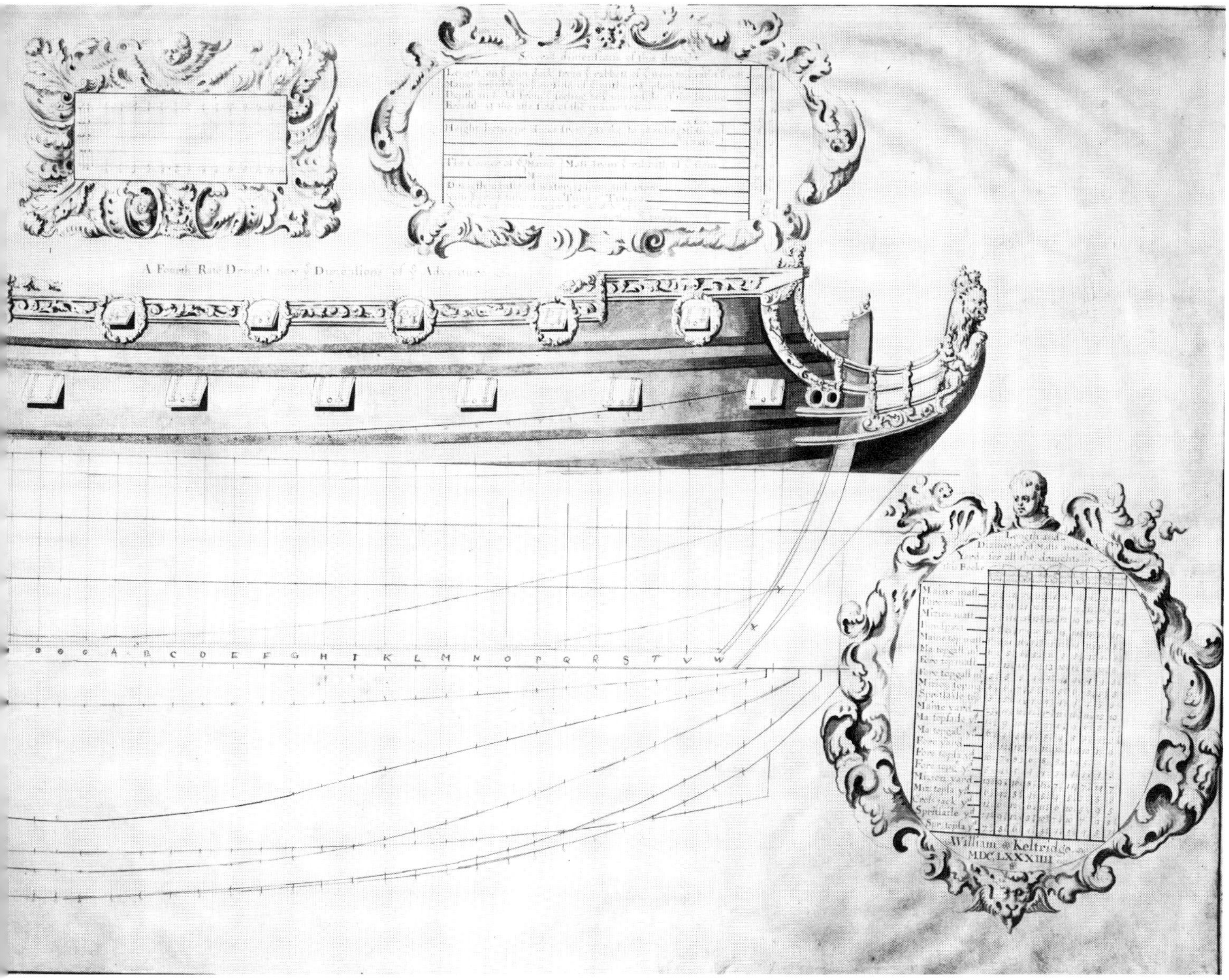

234

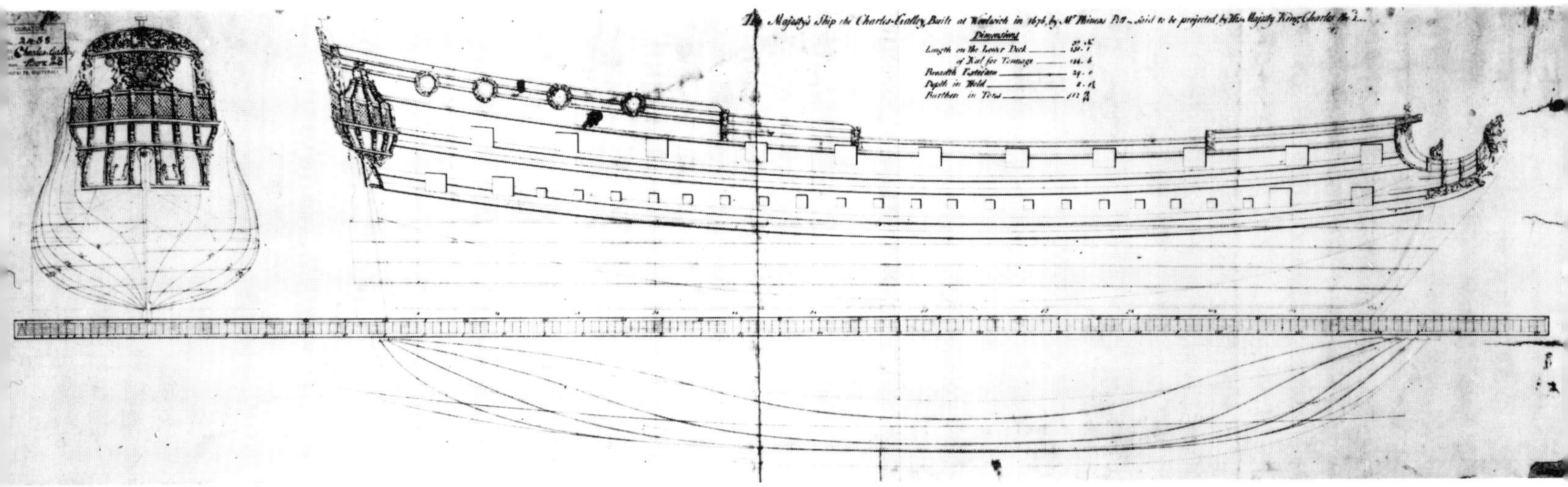

235. Die *Charles Galley* von 1676. Dieses Schiff ist etwas größer als die Ruder/Segelpinasse (224) und hat ein Kiel/Breite-Verhältnis von 3,93:1. Das frühere Schiff hatte 3:1. Es gibt 19 Ruderpforten je Seite. Die große Pforte direkt unter dem Achterdecksanfang ist eine Ballastpforte und nahe am Bug und im Achterschiff gibt es Kanonenpforten.

In den 1650er Jahren war der Name Fregatte zu einem festeren Begriff geworden, als man es von anderen Schiffstypen sagen kann. Er bezog sich nunmehr auf ein Schiff, das schneller als gewöhnlich war, wie dies z.B. auch die Bezeichnung ‚clipper' (Schnellsegler) im 19. Jahrhundert ausdrückte. Es war ein Schiff mit einem größeren Kiel/Breite-Verhältnis als normal und auch vom Bau her eine echte Fregatte. Daher wurde offenbar auch die *Naseby* vom Linienschiff 1. Klasse (90 Kanonen) zur Fregatte umklassifiziert.

In der zweiten Jahrhunderthälfte führte die Suche nach einem schnellen und manövrierfähigen Kriegsschiff zur Entwicklung einer Ruder/Segel-Zwitterklasse, die man Galeeren nannte. Es handelte sich natürlich nicht um die traditionellen Galeeren, sondern es waren Nachkommen des 1625er-Typs bzw. eine Weiterentwicklung davon. Der Typ ist belegt durch den Entwurf der *Charles Galley* von 1676, die an Oberdeck 20 Kanonen führte. Zum Jahrhundertende nahm das Interesse an Ruder/Segel-Zwittern wieder ab. Die Idee lebte jedoch fort und wurde im 18. Jahrhundert so ab und zu wieder ausgegraben.

Fregatten und Ruder/Segel-Zwitter waren nicht die einzigen neuen Kriegsschifftypen, die im 17. Jahrhundert in Dienst kamen. Außer den Yachten und ‚bomb-vessels'* waren sie aber die wirklichen Neuerungen des Jahrhunderts, zumindest soweit es die englische Marine betraf, denn es gab dafür keine Vorbilder.

Karl II. hielt durchschnittlich 15 Yachten in Dienst. Sie waren im Vermessungs- und Patrouillendienst eingesetzt, führten aber auch Reisen mit Mitgliedern des Hofes oder der Marine durch. Einige nahmen an Flotteneinsätzen teil. Eine von ihnen, die *Henrietta,* ging im Kampf verloren (11. 8. 1673 durch Niederländer versenkt). Die *Katherina* wurde 1673 im 3. niederl.-engl. Krieg von den Niederländern erbeutet. Die Armierung der Yachten waren naturgemäß gering. Als die *Mary* 1675 vor Holyhead, Anglesey, sank, bestand die Bewaffnung aus 2 × 4 Pdr, 6 × 3 Pdr und einem 1,5 Pdr. Drei weitere Kano-

* Bombarde, ursprünglich Mittelmeertyp, flachgehendes Beschießungsfahrzeug. (Anm. d. Übers.)

236. Die Yacht des Prinzen und die Staatsyacht verlassen 1660 mit König Karl II. an Bord Moerdijk. Das Bild stammt von W. Van de Velde dem Älteren. Das bekannte Ereignis der Wiedereinsetzung Karl II. ist im 1660er Tagebuch von William Pepys ausführlich beschrieben worden. Die Yacht des Prinzen ist die *Mary*, die ihm von den Niederländern geschenkt wurde (rechts von der Mitte). Das Schiff zur Linken ist vermutlich die Staatsyacht.

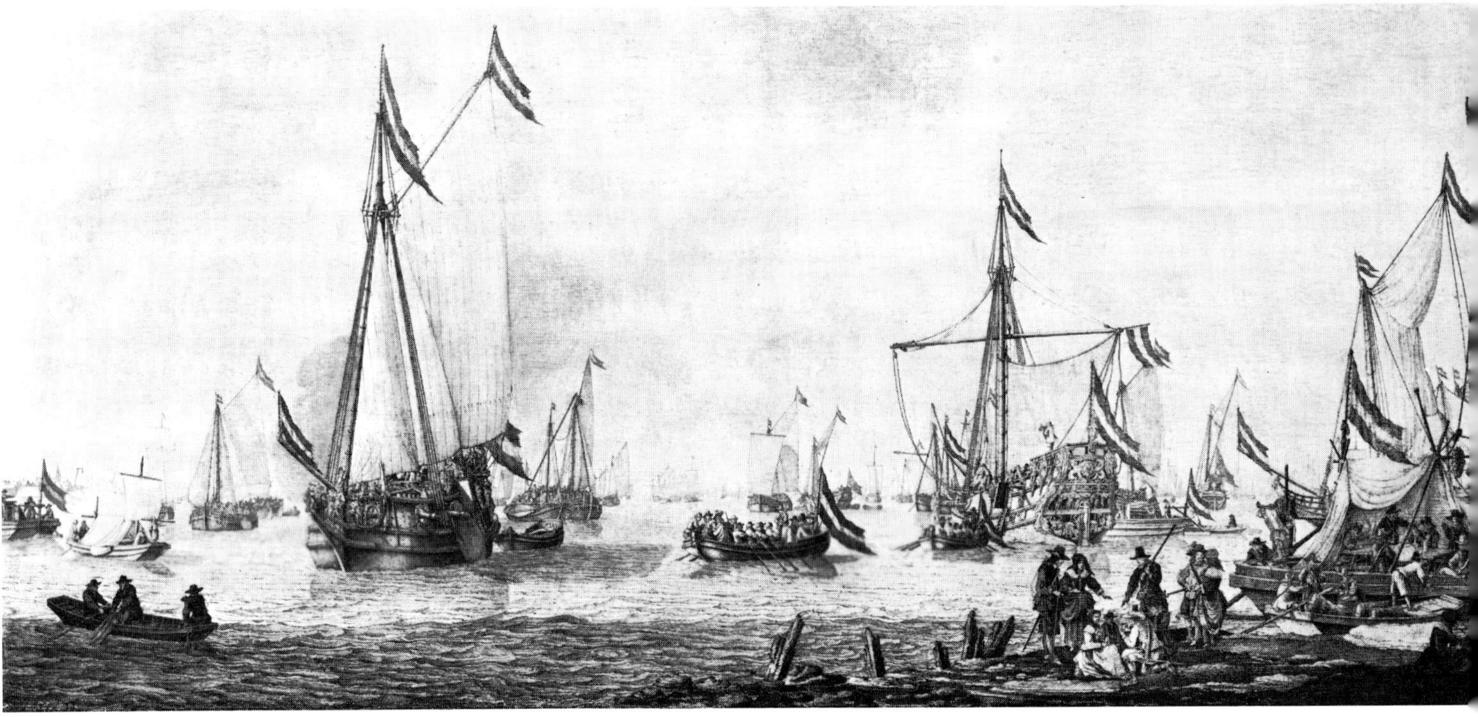

237. Eine königliche Yacht um 1674. Der Schiffskörper ist zeitgenössisch und mit ihm Mast, Gaffel und Unterrah. Die übrige Takelage wurde nach zeitgenössischen Bildern rekonstruiert. Man glaubt, daß das Modell einen repräsentativen Entwurf zeigt, obwohl die Proportionen denen der *Katherine* und *Portsmouth* von 1674 gleichen. Das Modell entspricht einem Fahrzeug von 70 ft (21,34 m) Deckslänge, 56 ft (17,07 m) Kiellänge, 20 ft 4 in (6,20 m) Breite und 8 ft 1 in (2,46 m) Tiefe. Es befindet sich im National Maritime Museum.

nen wurden bei der Bergung des Wracks entdeckt. Sie wurden aber heimlich entwendet, ohne daß man bisher eine Spur davon gefunden hat.

Da die *Mary* eine vergleichsweise kleine Yacht war, hatten größere Yachten selbstverständlich schwerere Kanonen.

Mit der Übergabe der *Mary* an Karl II. durch die Niederländer im Jahre 1660 begann die Entwicklung der Yacht als Vergnügungsfahrzeug
236 und Depeschenboot/Aviso. In ihrer Bauweise und Takelung war die *Mary* ein typisches niederländisches Binnenwasserstraßenfahrzeug und Passagierschiff für Flußmündungen. Es wurde ursprünglich für die Amsterdam-Dutch East India-Company (Amsterdam-Niederländisch-Ostindien-Company) gebaut. Die Abmessungen der *Mary* waren: Kiel 52 ft (15,85 m), Breite 19 ft (5,79 m), Raumtiefe 7 ft 7 in (2,31 m) und Tiefgang 10 ft (3,05 m).

Da es sich um ein flachgehendes Schiff handelte, hatte es die üblichen niederländischen Leebords. Und da es ein Geschenk war, besaß es eine entsprechende Dekorationspracht. Es gab eine Galionsfigur, ein Einhorn, um die Pforten der acht kleinen Kanonen vergoldete Girlanden und das Heck zierte das königliche Wappen. Die Innendekoration setzte sich natürlich aus Verzierungen des zeitgenössischen niederländischen Stils zusammen. Unter englischer Flagge war die *Mary* gaffelgetakelt, mit einem Großsegel und wahrscheinlich auch einem Fock- und Fockstagsegel. Sie *kann* auch ein Marssegel gehabt haben.[30]

Ein Jahr später überließen die Niederländer Karl eine weitere kleine Yacht, die *Bezan*. Sie maß 34 ft (10,36 m) am Kiel, 14 ft (4,27 m) in der Breite und 7 ft (2,13 m) in der Tiefe. Karl war sehr zufrieden mit seinen Yachten. Daher ließ er von englischen Schiffbauern zahlreiche weitere fertigen. Fünf davon wurden allein zwischen 1661 und 1663 gebaut. Die neuen Yachten waren für die Verwendung in den englischen Küstengewässern konstruiert und erhielten eine geringere Breite. Der Tiefgang war jedoch größer als bei den niederländischen Fahrzeugen. Die englischen Yachten wurden ein Erfolg und wegen ihrer guten Verwendungsmöglichkeit als Hilfsfahrzeuge dem Flottendienst zugeführt. Sie dienten aber auch anderen Zwecken.

Des Königs Wunsch nach einer schnellen und seetüchtigen Yacht wurde von seinem Bruder Jakob geteilt. Das veranlaßte die Schiffbauer, die neu aufgekommene Wissenschaft der Schiffbaukunst zu studieren und die Erkenntnisse daraus in die Entwürfe neuer Yachten zu übernehmen. Umgekehrt lieferten die Segeleigenschaften der Yachten fruchtbare Daten, von denen die heutigen Yachten immer noch profitieren. Die Takelung der Yachten war zuerst nur eine Einzelmastgaffeltakelung, die der *Mary* entsprach. Um 1682 wurde die Ketsch-Takelung eingeführt, die man am besten als ein Schiff ohne Fockmast beschreiben kann.

Bisher kamen keine Zeichnungen von ‚Caroline'-Yachten* ans Tageslicht. Ihr äußeres Erscheinungsbild ist von Bildern bekannt, die von van der Velde und anderen stammen, sowie von zeitgenössischen Modellen im National Maritime Museum. Die Katalog-Nummern der Modelle sind 1685-1, 1690-2 und 1690-3.

Die Yachten variieren in ihrer Größe überwiegend von 24 ts (die *Deal*) bis 180 ts. Wie bei anderen Klassen wuchsen die Yachten in der Größe. So zeigt es auch die Tabelle[31].

* Allgemeine Bezeichnung für die Yachten König Karls. (Anm. d. Übers.)

238. Die Zeichnung eines der ersten englischen ‚Bomb-vessels', der *Mortar* von 1693. Das Fahrzeug war vollschiffgetakelt und maß 260 ts.

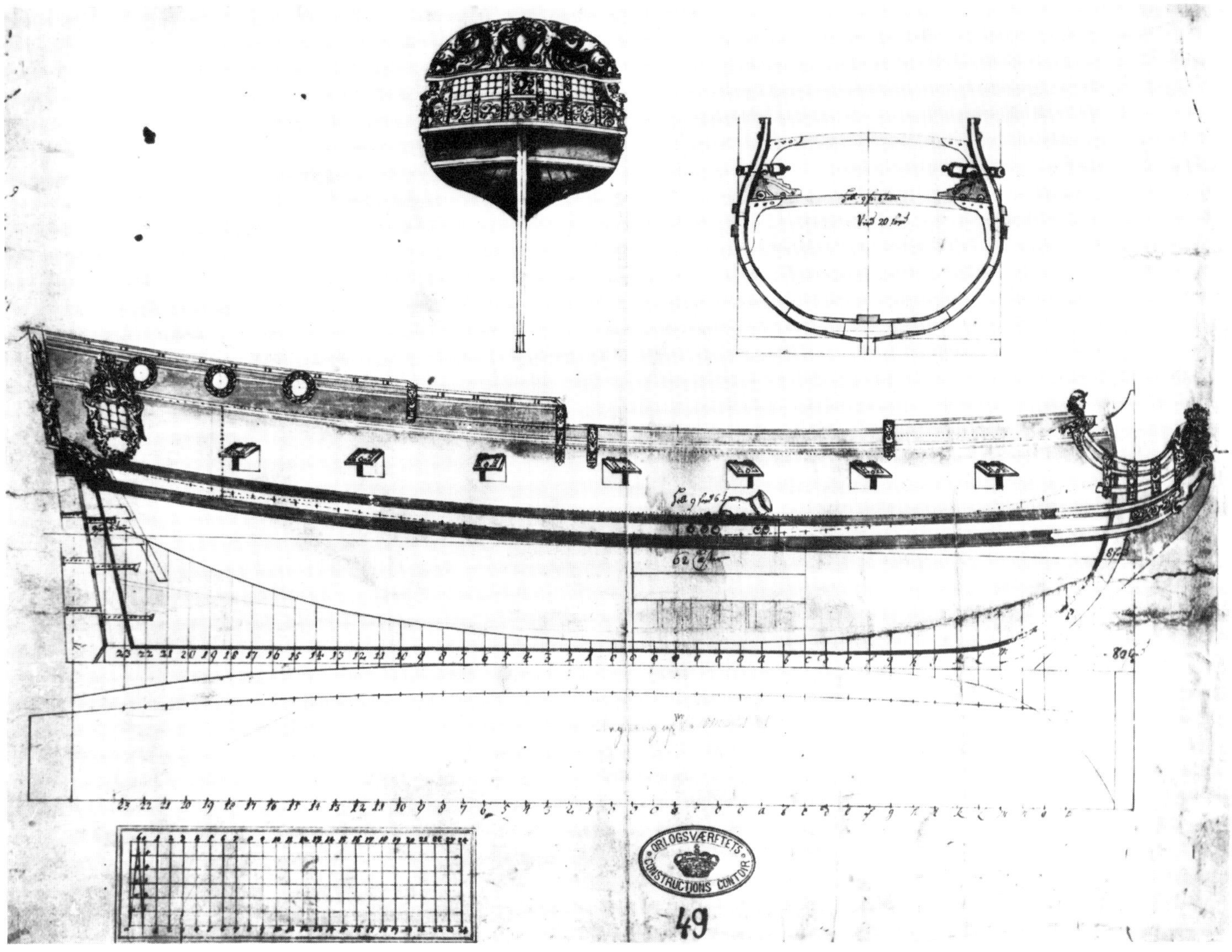

239. Die spanische ‚Armada‘ vor der englischen Küste, ein Bild von C.C. van Wieringen. Die Szene zeigt, wie die Spanier ihre Pferde über Bord werfen, weil ihnen Wasser und Verpflegung ausgegangen sind. Das Bild wurde vermutlich Anfang der 1600er Jahre gemalt und zeigt die Schiffe im Aussehen dieser Zeit. Man beachte das sorgfältig dargestellte Boot am Heck des mittleren Schiffes.

Größen der Yachten 1660–1677*

Name	Baujahr	Kiellänge (m)	Breite (m)	Verdrängung (ts)
Mary (I)	1660	15,85	5,79	100 (oder 92)
Katherine	1661	14,94	5,79	94
Merlin	1666	16,15	5,94	109
Saudadoes	1670	22,56	6,55	180
Cleveland	1671	16,31	5,94	107
Portsmouth	1674	17,37	6,25	133
Charles	1675	16,46	6,25	120
Charlotte	1677	18,59	6,25	143
Mary (II)	1677	20,27	6,55	155

* Die Werte der Umrechnung von „ft“ in „m“ wurden abgerundet. (Anm. d. Übers.)

Der andere neue Kriegsschifftyp, das ‚bomb-vessel‘, trat nur in den letzten Jahren des Jahrhunderts in Erscheinung. ‚Bomb-vessels‘ waren kräftig gebaute Schiffe, die gewöhnlich eine Ketschtakelung hatten und einen schweren ‚mortar‘ (Mörser) besaßen. Sie wurden für den Kampf gegen Befestigungen und andere Ziele benötigt, die einem direkten Beschuß nicht zugänglich waren. ‚Bomb-vessels‘ scheinen eine französische Erfindung aus der Zeit um 1680 gewesen zu sein. Aber wie so vieles andere auch, übernahmen andere Staaten sie ebenfalls. Die Engländer besaßen um 1687 ‚bomb-vessels‘ und die Dänen kurz darauf ebenfalls. Die Frühgeschichte der ‚bomb-vessels‘ ist immer noch recht verworren. Weil sie jedoch erst ziemlich spät im 17. Jahrhundert in Erscheinung traten, wurde ihre Betrachtung allerdings in das folgende Kapitel verschoben.

Boote

Wie auch bei anderen Marineentwicklungen des 17. Jahrhunderts sind viele Informationen über Boote vorhanden, aber die Auslegung der Daten ist kompliziert. Die Namen und Bezeichnungen eingeführter Bootstypen wechselten, und so taucht oftmals ein und dieselbe Bezeichnung für unterschiedliche Typen auf. Zum Beispiel wandelte sich die ‚Pinasse‘ vom kleinen Schiff zum Beiboot und trotzdem wurde für beide Typen die gleiche Bezeichnung benutzt.
Desgleichen fehlen auch zuverlässige Bilder von Booten vor der zweiten Jahrhunderthälfte. Trotz dieses Nachteils ist allerdings weit mehr über die Boote des 17. Jahrhunderts bekannt als über die jedes anderen früheren Jahrhunderts[32].
Der erste ausführliche Beweis kommt von der ‚Commission of Inquiry‘ (Prüfungskommission) in der Marineverwaltung. Die Kommission stellte fest, daß jedes der Schiffe in den beiden größten Klassen ein Langboot*, eine Pinasse und eine ‚skiff‘ (kleines Boot, Mittelboot, Schaluppe) hatte. Die ‚longboats‘ waren die größten. Das der *Prince Royal* war 52 ft 4 in (15.95 m) lang, das der *Assurance* 51 ft 3 in (15,62 cm) und das der *Speedwell* (3. Klasse 40 ft 6 in (12,34 m). Die Boote waren etwa halb so lang wie die Kiele der Schiffe, zu denen sie gehörten. Und Boote dieser Länge waren natürlich zu groß, um an Bord gehievt werden zu können. Sie mußten also nachgeschleppt werden, und das beeinträchtigte die Segeleigenschaften der Mutterschiffe.
Die Kommission stellte fest, daß die ‚longboats‘ zu groß waren, und empfahl, daß das der *Prince Royal* nur 42 ft (12,8 m) lang sein sollte, das der *Speedwell* 31 ft (9,45 m). Diese Länge lag zwischen 0,36 und 0,4 der Kiellänge der Mutterschiffe. Pinassen sollten zwischen 26 ft (7 ,93 m) und 29 ft (8,84 m) lang sein und ‚jollywatts‘ (Jollen, Kutter), die die ‚skiffs‘ ersetzen sollten, zwischen 17 ft 6 in (5,33 m) bis 19 ft 8 in (5,99 m). Nach einem anderen Vorschlag sollten die ‚longboats‘ 3,5 bis 3,8 mal die Breite, Pinassen 3,8 bis 4 mal die Breite und Jollen 3,1 mal die Breite als Länge haben.
Wie so viele gute Vorschläge von Kommissionen wanderten auch diese in die Schublade. Neun Jahre später berichtete eine andere Kommission über die Bootsgrößen, die sich in Gebrauch befanden:

□ ‚Longboats‘:	am längsten 52 ft (15,85 m)
	am kürzesten 21 ft 3 in (6,48 m)
□ Pinassen:	zwischen 32 ft 4 in (9,86 m) und 25 ft (7,62 m)
□ Jollen:	Zwischen 20 ft (6,1 m) und 14 ft (4,27 m)
□ eine Barge:	36 ft 9 in (11,20 m)
□ eine Schaluppe:	27 ft (8,23 m)

Die ‚longboats‘ hatten eine Winde und ein Davit zum Ankerhieven. Pinassen sind im wahrsten Sinne des Wortes Boote. Aber um die Zeit, zu der die Kommission ihre Untersuchungen führte, hatte die Marine zwei Pinassen, die *Henrietta* und die *Maria*. Und das waren ebenso klar kleine Schiffe. Sie maßen 52 ft × 15 ft × 6,5 ft (15,85 m × 4,57 m × 1,98 m) und trugen je sechs Kanonen. Es wurde ausdrücklich festgestellt, daß sie kraweelgebaut waren. Das läßt vermuten, daß die andere Pinassenart klinkergebaut war.
Der Kommissionsbericht führte anscheinend mit der Zeit zu einer

* Longboat = Langboot, Großboot, Beiboot, Barkasse. (Anm. d. Übers.)

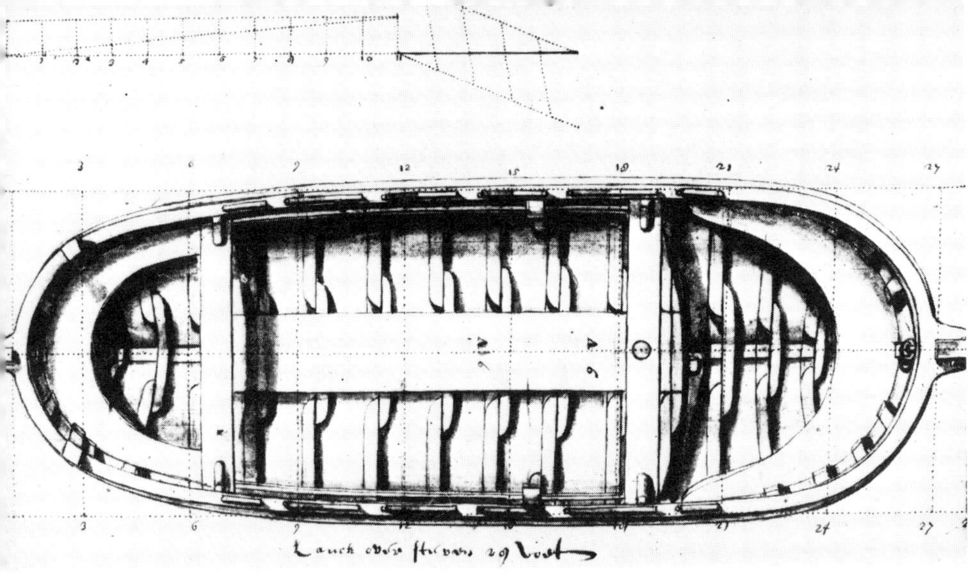

240

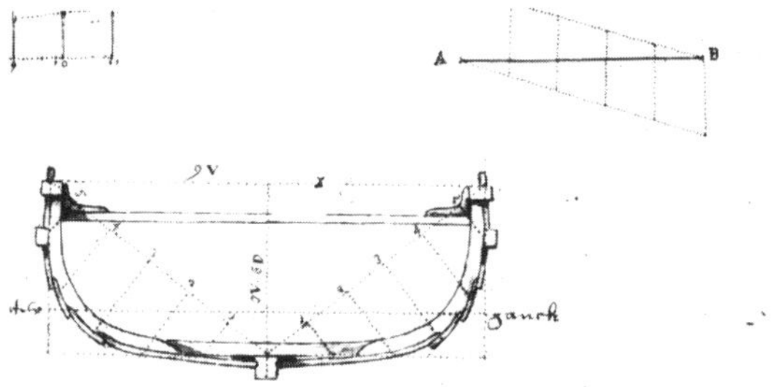

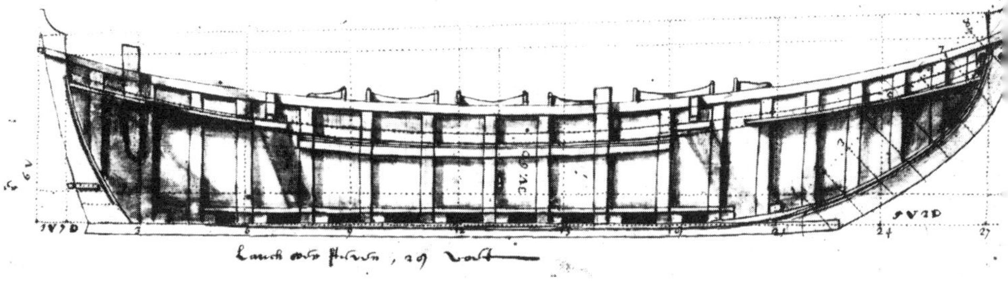

240. Die ‚Launch' eines niederländischen Schiffes. Das Boot hat eine Länge von über alles von 28 ft (8,53 m) und eine Breite von 9,5 ft (2,89 m). Der Tiefgang ist flach, der Bootskörper klinkergebaut und mit schweren dreiteiligen Spanten versehen. Der hohe Sprung und der lang überhängende Bug geben dem Boot eine gewisse Ähnlichkeit mit den Booten des *Hastings-Manuscripts* im Kapitel II. Das Boot führt einen Mast. Man beachte die Schlepppfosten nahe am Heck. Sie gleichen denen, die auf den Booten der Zeichnungen von Anthony Anthony über die Marine Heinrichs VIII. zu finden sind.

Standardisierung der Bootsgrößen, denn in den 1650er Jahren hatten die Schiffe 2. Klasse ein ‚longboat', eine Pinasse und eine ‚skiff', die jeweils 35 ft (10,67 m), 29 ft (8,84 m) bzw. 20 ft (6,1 m) lang waren. Die gleichen Boote auf der 3. Klasse waren 33 ft (9,75 m), 28 ft (8,53 m) und 20 ft (6,1 m) lang.

Das Aussehen englischer Boote kann nicht mit letzter Genauigkeit rekonstruiert werden, denn bisher kamen keine zeitgenössischen Pläne ans Licht. Obwohl auf Bildern oft Boote gezeigt werden, läßt die natürliche Betonung der Darstellung viele Details unsichtbar. Kontinentale Boote sind da besser dran, von ihnen wurden viele Pläne gefunden. Die Beurteilung der Bilder englischer Boote läßt sie den schwedischen gleichen. Boote waren nicht so übermäßig dekoriert wie Schiffe. Die englischen hatten ein schwarzes Vorschiff, der ‚gunwale' (Bootsrand) und der Plattengang darunter waren ebenfalls schwarz, der Rest des Bootskörpers über Wasser braun (d.h. Firnis oder geteertes Holz). Der Unterboden war oft weiß. Alternativ konnte der Bootsrand gefirnist sein, der Plattgang darunter goldfarben und der darunter dann rot. Ein Boot aus den letzten Jahren des Jahrhunderts hatte die Innenteile der Heckplanken blau gemalt. Darauf befanden sich goldene Blumenmuster. Es ist unwahrscheinlich, daß es für den Bootsanstrich irgendwelche Standardmuster gab, offenbar ließ jeder Kommandant seine Boote so anmalen, wie es seinen Vorstellungen entsprach.

Über das Stauen der Boote gibt es wenig zu sagen. Die ‚longboats' wurden – wie bereits angeführt – geschleppt, die anderen an Bord genommen und offenbar eines in das andere gestaut.

Nachschlagewerke

Abkürzungen: IJNA = *International Journal of Nautical Archaeplogy*
MM = *The Mariner's Mirror,* the Journal of the Society for Nautical Research
MS = *Model Shipwright*
NRS = The Navy Records Society publications

1 *A Treatise on Shipbuilding and a Treatise on Rigging written about 1625,* W. Salisbury and R.C. Anderson (Editors), Society for Nautical Research (1958).

2 The picture is in the Queen's House, National Maritime Museum, London.

3 ‚A Draught of a Jacobean 3-decker', W. Salisbury, *MM* (1961), Vol. 47, pp. 170–177.

4 The plan believed to represent the *Phoenix* of 1613 is reproduced as Plate 1 of *Old Ship Figureheads and Sterns,* L.G. Carr Laughton, London (1925), but no Admiralty plan reference is given.

5 ‚A „Royal Yacht"', H.C. Bjerg, *MM* (1975), Vol. 61, p. 94.

6 The model is in the Rosenborg Palace, Copenhagen.

7 On the framing of models see: R.C. Anderson, *MM* (1953), Vol. 39, p. 139.; W.A. Baker, *MM* (1954), Vol. 40, p. 80/81; R.C. Anderson, *MM* (1954), Vol. 40, pp. 155–156; W. Salisbury, *MM* (1954), Vol. 40, pp. 156–159.

8 ‚*The Dartmouth,* a British frigate wrecked off Mull, 1690, Pt. 5: The ship', C.M.J. Martin, *IJNA* (1978), Vol. 7, pp. 29–58.

9 *A History of the Administration of the Royal Navy 1509–1660,* M. Oppenheim (1896), p. 207, quoting State Papers Domestic (James I), CLXI f. 68, and p. 341, quoting State Papers Domestic (Commonwealth), CL f. 170.

10 Oppenheim, p. 259, quoting State Papers Domestic (Charles I), CCXXVIII f 63, 41.1.

11 *The Autobiography of Phineas Pett, NRS,* No. 51.

12 *Souvenirs de Marine Conservèe: La Couronne,* Admiral Paris.

13 *A Doctrine of Naval Architecture,* Sir Anthony Deane (1670), Pepsyian Library, Magdalene Collge, Cambridge.

14 *Elizabethan Ship,* Gregory Robinson, Longmans (1974)

15 ‚A Specification for a Danish ship of 1613', R.C. Anderson, *MM* (1932), Vol. XVIII, pp. 81–86; ‚Danish Shipbuilding in 1613', Orlogskaptajn P. Holck, translated by R.C. Anderson, *MM* (1932), Vol. XVIII, pp. 81–86; and ‚Dutch Shipbuilding in 1664', Commander H. Börjeson, translated by R.C. Anderson, *MM* (1928), Vol. XIV, pp. 158–162.

16 ‚A Collection of Shipbuilding Contracts', R.C. Anderson, *MM* (1955), Vol. 41, pp. 48–52.

17 *Old Ship Figurehead and Sterns,* L.G. Carr Laughton, London (1925), p. 142, quoting Declared Accounts 2659–61 (originals in the Public Records Office, London).

18 Carr Laughton, p. 265.

19 Carr Laughton, p. 264.

20 ‚The Lighting of Poop Lanterns', A. McDermott, *MM* (1956), Vol. 42, pp. 233–234.

21 Now in the National Maritime Museum, London. See *State Barges,* Peter Norton, published by the National Maritime Museum.

22 The Museum reference number is 1660-2

23 The Museum reference number is 1675-1

24 See *The Great Age of Sail,* Edita S.A., Lausanne, p. 64.

25 *Seventeenth Century Rigging,* R.C. Anderson, Percival Marshall (1955); *The Masting and Rigging of English Ships of War 1625–1860,* James Lees, Conway Maritime Press (1979).

26 ‚Seaman's Dictionary' in *The Life and Works of Sir Henry Manwayring, NRS,* No. 56, Vol. 2

27 *Skepps Byggerij eller Adelig Öfnings,* A.C. Raalamb (1691), facsimile reprint by Sjöhistoriska Museet, Stockholm (1943).

28 The relevant references are: ‚A *Mayflower* Model', R.C. Anderson, *MM* (1926), Vol. XII, p. 260; *The New Mayflower: Her Design and Construction,* W.A. Baker, Barre, Massachusetts; and ‚The Jordans barn and the *Mayflower*', W. Jorrocks, *MM* (1922), Vol. VIII, pp. 2, 81, 140, 237, 354.

29 Now in the National Maritime Museum, London (Draught Room ref. A 192).

30 ‚The *Mary*: Charles II's yacht', P.N. Davies and P.W.J. McBride, *IJNA* (1973), Vol. 2, pp. 59–73.

31 *Royal Yachts,* G.P.B. Naish, published by the National Maritime Museum, London.

32 *Boats of Men-of-War,* Commander W.E. May, published by the National Maritime Museum, London; Fittings for Wooden Warships. Part 2: Boats', Robert Gardiner, *MS* (1977), No. 19, pp. 235–241.

241

242

241. Dieses Gemälde einer Karracke von Botticelli aus der zweiten Hälfte des 15. Jahrhunderts ist das genaueste bekannte Belegstück über das Deck eines Segelschiffes dieser Zeit. Beachte das interessante Spill und das Ende des Pollerbaums, das über die Schiffsseiten hinaussteht. Es wurde wohl zum Katten des Ankers benutzt.

242. Die *Henry Grace à Dieu* von 1546. Die Darstellung stammt aus der *Anthony Anthony-Roll.* Sie hat zwei komplette Kanonendecks und jedes Deck der turmartigen Vor- und Achterkastelle trägt eine schwere Armierung. Das Takelwerk ist nur eine teilweise Darstellung, trotzdem hat Anthony sich bemüht, einige ungewöhnliche Merkmale, wie die aus zwei Teilen gefertigte Großrah, die Scherhaken an der Fock- und Großrah, den langen Bugspriet mit dem angedeuteten und an einer Kette hängenden Dregganker sowie den gekrönten Reichsapfel direkt an der Spitze, wiederzugeben. Die große Länge der Wimpel stimmt mit den Rechnungen und Inventarien des Schiffes überein. Das Schiff ist hier dargestellt, wie es nach dem Umbau 1540 ausgesehen hat. Es unterscheidet sich daher von dem Fahrzeug auf dem Gemälde ‚Einschiffung Heinrichs VIII.' (247), von dem man ja ebenfalls annimmt, es sei die *Henry Grace à Dieu.* Die *Henry* war eines der größten Schiffe dieser Zeit und stellte die letzte Entwicklungsstufe der englischen Karracke dar. Ihre Bewaffnung umfaßte: (Bronzekanonen) 4 ‚Cannon', 3 ‚Demi-cannon', 14 ‚Culverins', 2 ‚Demi-culverins', 4 ‚Sakers'. (Eisenkanonen) 3 ‚Falcons', 14 ‚Portpieces', 14 ‚Slings', 2 ‚Half-slings', 8 ‚Fowlers', 60 ‚Bases', 2 ‚Top-pieces', 100 ‚Handguns' (Handwaffen), 40 ‚Hailshot-pieces' (Schrotbüchsen).

255

256

257

255. William van de Velde der Jüngere fertigte eine herrliche Studie über die Schlacht vor Texel im Jahre 1673. Das Schiff in der Mitte ist die niederländische *Gouden Leeuw* (das Flaggschiff von Cornelisz Tromp) und zeigt, wie sie auf die englische *Prince Royal* zusteuert.
256. Die vergoldete Reitergalionsfigur des Modells der *Prince* (siehe auch Abb. 147).

257. Das Heck der *Mordaunt* (48 Kanonen). Dieses Schiff wurde 1681 gebaut und 1683 für die Royal Navy erworben. Sie gibt einen Eindruck des Dekorationsumfangs dieser Zeit wieder.
258. Das Heck einer königlichen Yacht der Stuarts um 1690.

258

259

259. Das Heck der *Soleil Royal*, 104 Kanonen und 1690 gebaut. Teilansicht eines Modells im Musée de la Marine, Paris.
260. Ein sehr farbiger dänischer Generalplan der Sloop *Raae* von 1709. Pläne dieser Art sind in offiziellen englischen und französischen Sammlungen bis zum 19. Jahrhundert praktisch nicht vorhanden. Die große Zahl von Schiffen und die hohe Standardisierung bedeutete, daß man wenig Zeit auf die Herstellung von Plänen ‚verschwendete'.
261. Die Galion eines 90-Kanonen-Schiffes von 1703 zeigt das letzte Aufblühen barokker Goldverzierung in der Royal Navy.
262. Das zeitgenössische Modell eines englischen 50-Kanonen-Schiffes, das unter dem 1719er Haushalt gebaut wurde.
263. Die Galion eines 60-Kanonen-Schiffes um 1730. Es ist ein englisches Modell, obwohl das dargestellte Schiff auch spanisch sein könnte.

260

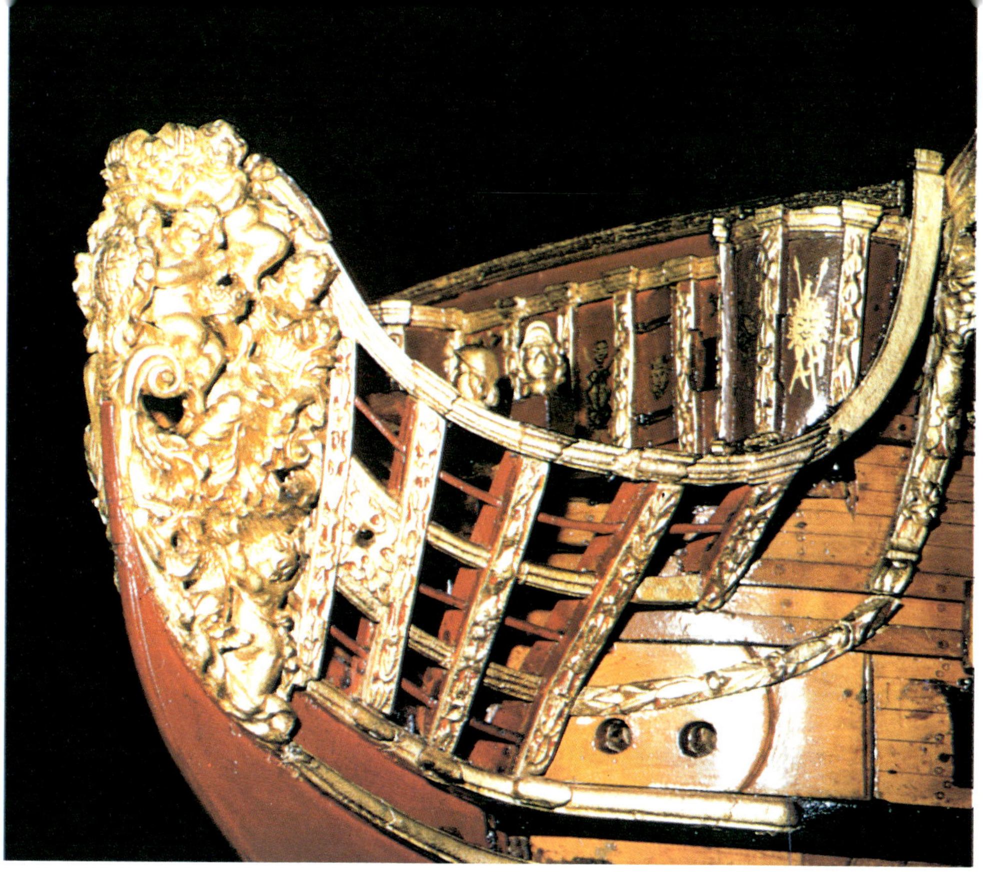
261

262

263

264

265

264. Ein Teil des überaus gut detaillierten Modells des ‚bomb-vessel' *Granado* aus dem Jahre 1742. Es wurde von Bob Lightly in Übereinstimmung mit der Art der *Dockyard-Modelle* (mit einigen freiliegenden Spanten) nach Originalplänen gebaut. Es erhielt den ersten Preis für Modellbau, der vom National Maritime Museum verliehen wurde, und steht heute dort.
265. Breitseitausschnitt eines 60-Kanonen-Schiffes aus dem 1745er Haushalt. Dieses zeitgenössische Modell fertigte John Hancock von der Marinewerft Deptford.
266. Der Bug des 60-Kanonen-Schiffes *Achilles* (1757). Die Galionsfigur ist eine der ersten mit dem sehr aufrechten Stand, der in der nachfolgenden Jahrhunderthälfte Standard werden sollte.
267. Die berühmte amerikanische Fregatte *Constitution* mit 1500 ts (englischer Vermessung) und 50 Kanonen. Sie liegt heute in Boston. Das Foto zeigt sie anläßlich der 200jährigen Feier zur Unabhängigkeitserklärung in See. Die große Besucherzahl an Bord vermittelt einen guten Eindruck der überfüllten Kriegsschiffsdecks.

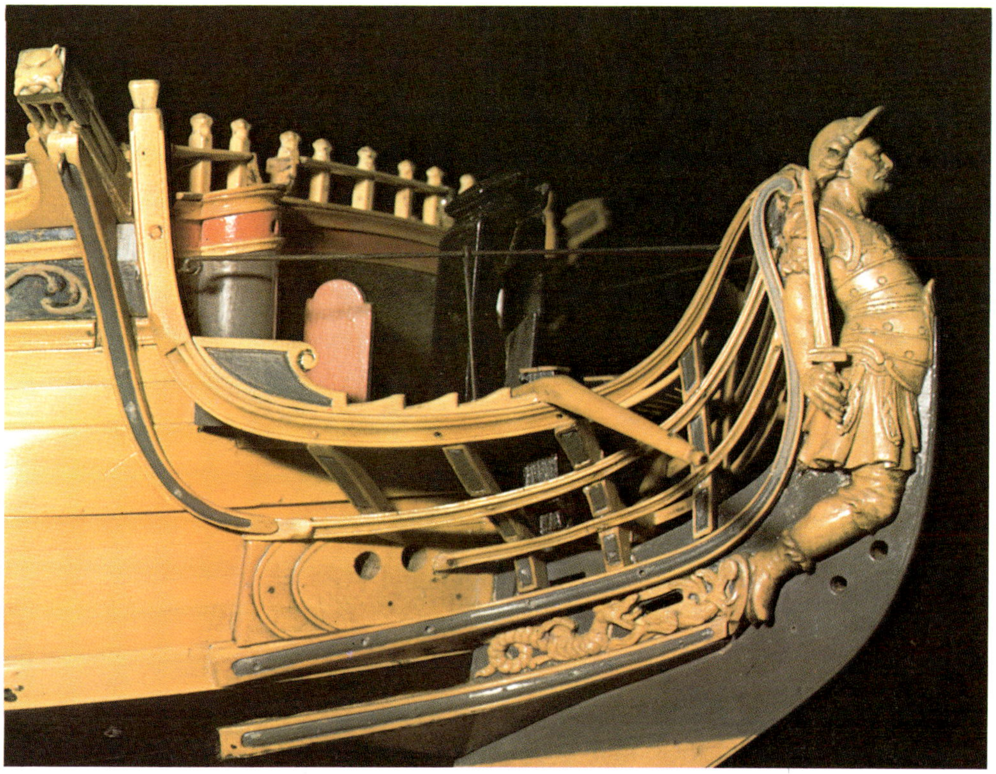

266

267

268

268. De Loutherbourgs bekanntes Gemälde vom ‚Glorious First of June' (Die siegreiche Schlacht am 1. Juni 1794)* ist eine gute Quelle für die zeitgenössischen Stilarten der Schiffsdekoration. Das Schiff zur Linken ist das britische Flaggschiff *Queen Charlotte.* Sie ist an der Galionsfigur zu identifizieren.

269. Das zeitgenössische Modell einer großen 60-Kanonen-Fregatte von 1813. Diese Schiffe wurden als Antwort auf die großen amerikanischen Fregatten des Typs *Constitution* entworfen.

270. Ein ‚Mortar' auf Pendennis Castle, Cornwall. Der Mörser trägt das Datum 1830. Bordverwendete ‚Mortars' saßen auf ähnlichen Bettungen. Das hier gezeigte Bett ist eine moderne Rekonstruktion nach zeitgenössischen Plänen.

271. Eine Küstenabwehrkanone des 19. Jahrhunderts auf Pendennis Castle. Sie liegt auf einer Gleit(Rahmen)-Lafette. Die Vorkante der unteren Lafette ist pivotiert, während die Rückseite ein Paar Räder besitzt, die auf Eisenschienen laufen. Die Lafette wurde nach zeitgenössischen Plänen rekonstruiert.

* Französischer Revolutionskrieg 1793–1802, 1794 Schlacht vor Quessant. (Anm. d. Übers.)

269

270

271

272. Lt. Col. (Lieutenant Colonel/Oberstleutnant) Harold Wyllies Gemälde der britischen Fregatte *Unicorn.* So wird sie aussehen, wenn die Restaurierungsarbeiten abgeschlossen sind. Das Schiff liegt in Dundee und ist ein schönes Beispiel der letzten Segel-Kriegsschiffgeneration. Es beinhaltet alle von Sepping eingeführten Neuerungen. Am beachtenswertesten ist das runde Heck.

VI. Das 18. Jahrhundert

Fregatten und Sloops*

Die Schiffbauentwicklung des 17. Jahrhunderts hatte sich überwiegen auf die ‚capital ships' (Großkampfschiffe) dieser Zeit, die Zwei- und Dreidecker, konzentriert. Das alles geschah in einem Maße und mit solchem Effekt, daß die meisten Schwierigkeiten, die sich in Verbindung mit dem Mehrdecksschiff hinsichtlich der großen Zahl schwerer Kanonen ergeben hatten, um 1700 bewältigt waren, zumindest soweit Wissen und Technologie des Jahrhunderts es zugelassen hatten. Änderungen der unteren Schiffskörperform hatten die Stabilität verbessert. Zusätzliche Segelflächen verliehen bessere Segeleigenschaften. Allgemein kann gesagt werden, daß sich die englischen Schiffskörper von 1700, abgesehen von der Größe, nur wenig von denen des Jahres 1800 unterschieden. Und so verhielt es sich größtenteils auch mit dem Takelwerk. Das Dreikantrahtoppsegel verschwand, das Lateinbesan wurde nach und nach durch ein Gaffelsegel ersetzt. Alle anderen Segel wurden durch zusätzliche Segelflächen vergrößert bzw. erweitert.

Im 18. Jahrhundert nahmen die Schiffe aller Nationen an Größe zu. Das betraf auch die Feuerkraft. Das Anwachsen dauerte so lange, bis die größten Schiffe eine Länge erreicht hatten, die gerade noch vertretbar war, denn das ‚hogging' (Verbiegen oder Herabhängen) der Schiffsenden konnte gefährlich werden. Die Dreidecker bildeten in diesem Jahrhundert eine sehr kampfstarke Klasse. Tatsächlich blieben sie es auch bis zum Ende der Segelkriegsschiffsära. (Die *Santissima Trinidad*, die bei Trafalgar** kämpfte, war nominell ein Vierdekker, aber das Achterdeck und die Back waren miteinander verbunden, um das 4. Deck zu bilden.)

Ein Dreidecker war kostspielig zu bauen, zu unterhalten und zu bemannen. Da er auch für viele Aufgaben der Marine nicht zu gebrauchen war, baute man eine neue Klasse kampfstarker Schiffe, die 74-Kanonen-Schiffe. Die ‚74er', wie sie allgemein bezeichnet wurden, waren ausgezeichnete Mehrzweckkriegsschiffe, segelten angemessen schnell und waren auch stark genug, um in der zweiten Jahrhunderthälfte das Rückgrat der Schlachtflotte zu bilden.

In der Schlacht am 1. Juni 1794*** waren 17 der 26 britischen und 17 der 25 französischen Schiffe ‚74er'. In der Schlacht am Nil****, 1798 waren acht der 12 französischen und alle 13 englischen Linienschiffe ‚74er'. Die ‚74er' faszinierten britische Autoren, die über Schiffbautechnik schrieben und jedes Buch zu diesem Thema, das in der zweiten Jahrhunderthälte und auch im 19. Jahrhundert erschien, führt als Beispiel ein ‚74er'-Schiff an, das ausführlich besprochen wird. Die weitaus beste Studie über die Segelkriegsschiffe dieser Art ist *Le Vaisseau de 74 Canons* von Jean Boudriot[1].

Was die Charakteristik der Schiffsentwicklung im 18. Jahrhundert bestimmte, war nicht die langsame Verbesserung der Linienschiffsklassen sondern die wachsende Bedeutung der Hilfsfahrzeuge, Unterstützungsschiffe, Scouts*, Geleitfahrzeuge wie auch Forschungs- und Vermessungsfahrzeuge, welche die europäische Überseeexpansion widerspiegelten. Diese Hilfsschiffe variierten in ihrer Größe von der 10-Kanonen-Sloop mit knapp über 100 ts bis zum Schiff, das in seiner Größe nur wenig unter der eines Linienschiffs lag. Von allen Hilfsfahrzeugen war die auffälligste Entwicklung die der Fregatte. Das war eine völlig neue Schiffsklasse, die, abgesehen von der Bezeichnung, etwas ganz anderes darstellte als im 17. Jahrhundert. Diese Entwicklung wurde von zahlreichen aber sehr viel weniger bekannten Klassen geteilt. Das waren die Sloops, entweder voll-, rah- oder gaffelgetakelt, ‚snows' (Schnaue)**, Briggs*** und Schoner. Die letzteren beiden unterlagen insbesondere Verbesserungen, um den Einsatzforderungen, die in einer langen Reihe von Kriegen zwischen allen europäischen Marinen an sie gestellt wurden, gerecht zu werden.

* Sloop = Geleitboot/Korvette/Kanonenboot. Entstand in der englischen Marinegeschichte als fester Begriff. Ursprung: Schaluppe, Slup, Schlup. (Anm. d. Übers.)

** Seesieg der englischen Flotte unter Nelson (der in dieser Schlacht fällt) gegen die vereinigte französisch-spanische Flotte am 21. Okt. 1805. Der Seesieg sicherte endgültig die englische Seeherrschaft. Es standen sich gegenüber:
England: 27 Linienschiffe, 4 Fregatten
Frankreich: 33 Linienschiffe (davon 15 spanische), 5 Fregatten. (Anm. d. Übers.)

*** Seeschlacht vor Ouessant/Bretagne. Kampf zwischen der englischen Blockadeflotte (26 Linienschiffe unter Adm. Howe) gegen ein gleichstarkes französisches Geschwader unter KAdm Villaret-Joyeuse.

**** Am 1./2. August 1798. Die Seeschlacht wird auch unter dem bekannteren Namen ‚Aboukir' beschrieben. Hier gelang es den Engländern unter Nelson, die französische Invasionsflotte zu schlagen, so daß Napoleon praktisch in Ägypten festsaß. (Anm. d. Übers.)

Der Schiffskörper

Bevor das 17. Jahrhundert schloß, hatte es in der englischen Schiffskörperform eine wichtige Änderung gegeben. Die uralte Methode beim Entwurf des Mittschiffsquerschnittes, bei der man drei oder mehr unterschiedliche Radien zusammensetzte, wurde durch eine ersetzt, bei der der Mittschiffsquerschnitt unter der Linie der maximalen Breite angefertigt wurde. Er bildete meistens einen Halbkreis[2]. Allerdings wurde auch dieser Mittschiffsquerschnitt neuen Stils immer noch mehr nach dem geometrischen Verfahren als nach dem Verständnis der Prinzipien der Wasserlinienfläche gefertigt. Trotzdem führte diese Änderung zur Entwicklung eines volleren Unterwasserschiffs, also zu größerer Schwimmkraft (Auftriebskraft) und zur Stabilitätserhöhung. Man hörte nur noch wenig über ein rankes Schiff, der Gürtel**** und die ‚furring' (Plankendoppelung)***** wurden seltener. Die Schiffskörperformänderungen griffen auch auf die Schiffe der kontinentalen Marinen über. Das war speziell in Frankreich der Fall, wo man die Schiffbaugundlagen als einen Zweig der Wissenschaft betrieb. Die Überlegenheit französischer Entwürfe wird oft übertrieben dargestellt, allerdings waren einige französische Schiffe sehr gut. Die augenscheinlichen Fortschritte lagen meistens bei zwei anderen Faktoren. Das waren die Gewohnheit der Engländer, ihre Schiffe mit Kanonen zu überladen, und die Robustheit der englischen Konstruktionen. Die Schiffe neigten dadurch zur Schwerfälligkeit. Andererseits bewiesen sie dafür aber ihre Standfestigkeit bei einem Gefecht auf Nahdistanz. Die schwächer gebauten französischen Schiffe, wie auch die niederländischen im vorangegangenen Jahrhundert, wurden auf diese Entfernung vielfach angeschlagen.

Aber etwas anderes zählt auch noch, nämlich die Beschränkungen in der Schiffsgröße, die in den aufeinanderfolgenden Haushalten festgelegt wurde. Das bedeutete, daß die englischen Schiffe für die veranschlagte Kanonenzahl kleiner sein mußten als die französischen

* Soviel wie Aufklärer, Erkunder. In den späteren Jahren entstanden aus diesen Schiffen die Leichten Kreuzer. (Anm. d. Übers.)

** Schnau = ein- zwei- oder dreimastiges Schiff mit besonderen Schnaumasten oder Treisegelmasten hinter den eigentlichen Masten für die Schnau- oder Schonersegel. (Anm. d. Übers.)

*** Hochseesegler zwischen 170 und 500 ts. Zwei Masten mit Rahsegeln und Gaffelsegel am Großmast. (Anm. d. Übers.)

**** Zusätzlich Planken an der Außenkante im Bereich der Wasserlinie. (Anm. d. Übers.)

***** An den Schiffsseiten, sogenannte Blindhölzer. (Anm. d. Übers.)

273

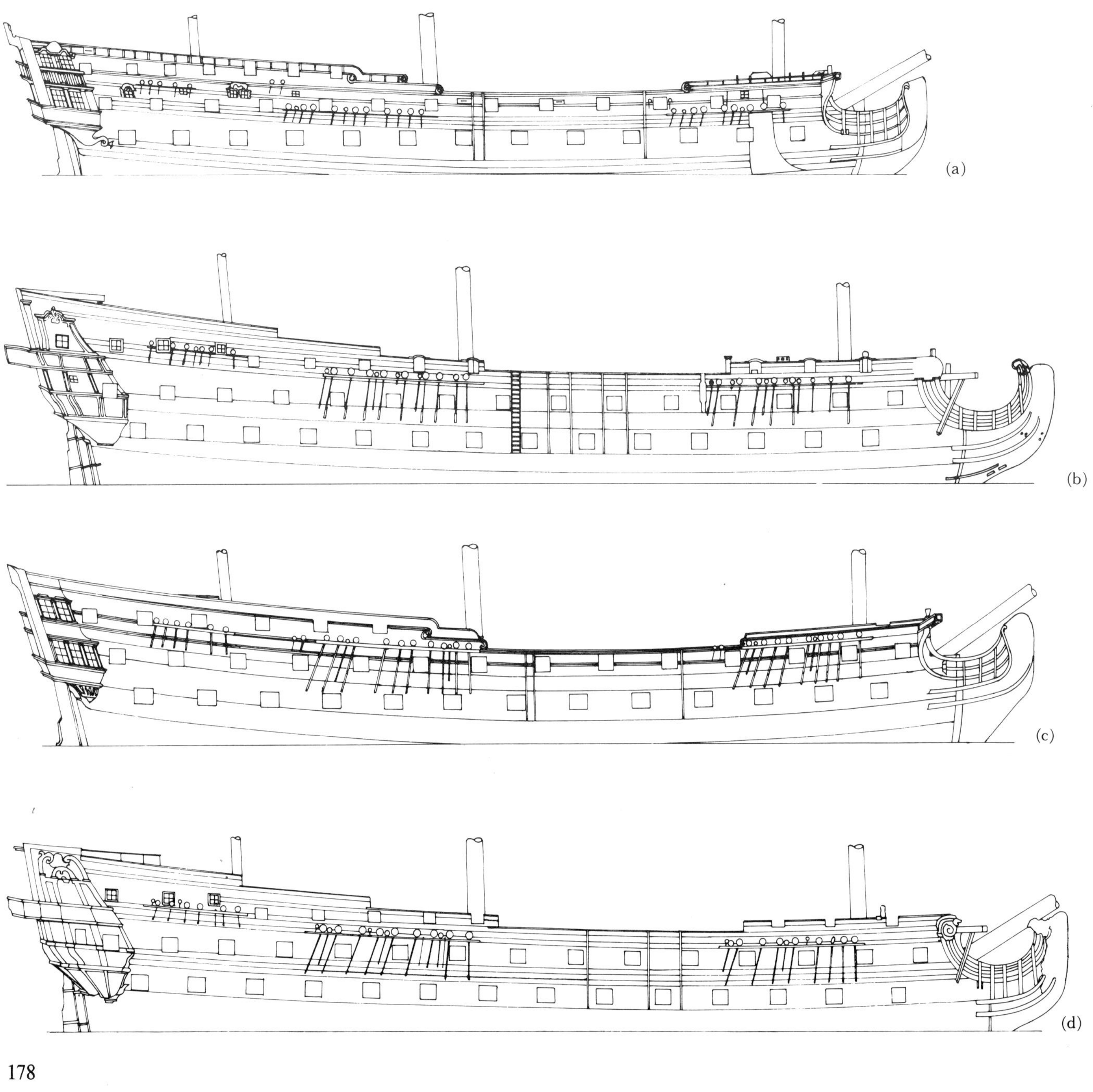

274

(a)

(b)

(c)

(d)

273. Das klassische Linienschiff des 18. Jahrhunderts, das ‚74er'. Dies ist das zeitgenössische Modell der *Egmont* von 1768, eines der ersten englischen 74-Kanonen-Schiffe. Die *Egmont* wurde von Sir Thomas Slade (der auch die *Victory* entwarf) gebaut und war wie folgt bewaffnet: 28 x 32 Pdr im unteren Deck, 28 x 18 Pdr im Oberdeck, 14 x 9 Pdr auf dem Achterdeck und vier auf dem Backdeck. Die Galionsfigur stellt den Earl von Egmont in seiner Pair-Robe dar. Die ‚74er' bildeten mehr als ein halbes Jahrhundert das Rückgrat der Flotte. Sie waren groß genug, um in der Schlachtlinie zu stehen, und nicht so kostspielig zu bauen und zu unterhalten wie die Schiffe der 1. Klasse. Die niedrige Reling und das ebenso flache Schanzkleid waren chakteristisch für englische Schiffe und sind beachtenswert. Quer über der Kuhl befinden sich Bäume, auf denen die Reservespieren und Boote gestaut wurden.

274. Vergleichende Seitenprofile von Schiffen 3. Klasse. Die Schiffe sind:
(a) *Revenge*, ein englisches 70-Kanonen-Schiff von 1065 ts. Stapellauf 1699 in der Marinewerft Deptford. Auf einer Kanonendecklänge von 150 ft (45,72 m) trug sie 24 Pdr und 9 Pdr.
(b) *Terrible*, ein englisches 74-Kanonen-Schiff von 1644 ts. Stapellauf 1739 in Toulon*. Bei einer Kanonendecklänge von 164 ft (49,99 m) trug sie eine Hauptbatterie von 32 Pdr (franz. 36 Pdr).
(c) Die Zeichnung eines 70-Kanonen-Schiffes des 1745er Haushaltes. Diese Schiffe waren im Kanonendeck 160 ft (48,77 m) lang und verdrängten 1450 ts. Für eine Hauptbatterie von 32 Pdr wurden sie als zu klein angesehen und waren auch auf andere Art recht unbefriedigend. Einige stellte man als 64-Kanonen-Schiffe fertig. Ab Mitte der 1750er Jahre ersetzte man sie durch die neuen 74-Kanonen-Schiffe.
(d) *Temeraire*, ein französisches 74-Kanonen-Schiff von 1685 ts. Stapellauf 1749 in Toulon. Sie trug auf einem Kanonendeck von 169 ft (51,51 m) 32-Pdr-Kanonen.
(e) *Dragon*, eines der höchst erfolgreichen 74-Kanonen-Schiffe. Sie wurde von Sir Thomas Slade (der auch die *Egmont* schuf) entworfen und verdrängte 1614 ts. Stapellauf am 4. 3. 1760 in der Marinewerft Deptford. Das Kanonendeck war 168 ft (51,21 m) lang und trug 32 Pdr und 18 Pdr.
(f) *San Damsco*, eine spanische ‚74er'. Am 14. 2. 1797 in der Schlacht vor St. Vincent von den Engländern erobert. Sie maß 1812 ts und hatte eine Kanonendecklänge von 176 ft (53,65 m). Sie trug 32-Pdr-Kanonen.
(g) *Bulwark*, eine englische ‚74er' von 1925 ts. 1796 entworfen, jedoch erst 1807 vom Stapel gelaufen.* Kanonendecklänge 183 ft (55,78 m), Bewaffnung 32 Pdr.
* *Ex Scipio*, umbenannt 1806, Stapellauf am 23. 4. 1807. (Anm. d. Übers.)
(h) *Hoche*, eine französische ‚74er', 1901 ts, Stapellauf 1794 in Toulon, Kanonendeck 182 ft (55,47 m), 32-Pdr-Kanonen.
Diese Profile demonstrieren nicht nur das absolute Anwachsen der Größe in diesem Jahrhundert, sondern auch die relativen Größen englischer, französischer und spanischer Schiffe. Man kann sehen, daß es einfach nicht zutrifft, daß die englischen Schiffe *stets* kleiner als ihre Zeitgenossen waren. In der Periode der Haushalte vor 1750 waren die englischen Schiffe der 3. Klasse merklich kleiner, die ersten ‚74er' waren jedoch genau so gut wie der französische Entwurf, wenn sie auch immer noch eine etwas geringere Tonnage hatten.
Diese Ungleichheit nahm während der 1780er und Anfang der 1790er Jahre nochmals zu, aber um 1800 baute die Royal Navy nochmals ‚74er', die den kontinentalen Schiffen durchaus gleichwertig waren.
(Die Skizzen fertigte John Roberts nach Originalen des National Maritime Museum).

* Am 14. 10. 1747 vor Kap Finisterre erbeutet. (Anm. d. Übers.)

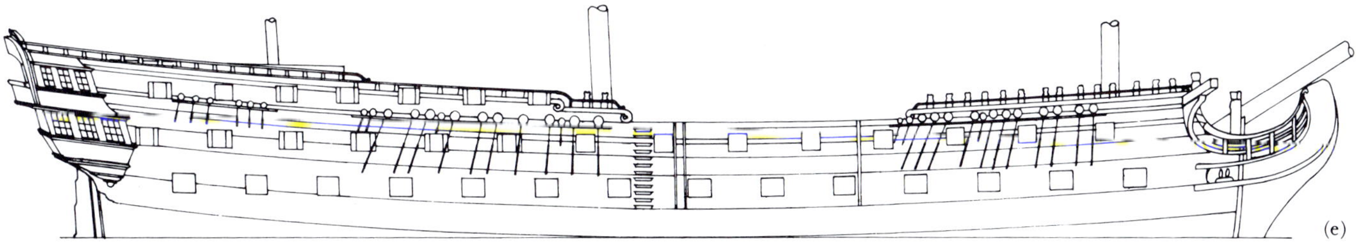
(e)

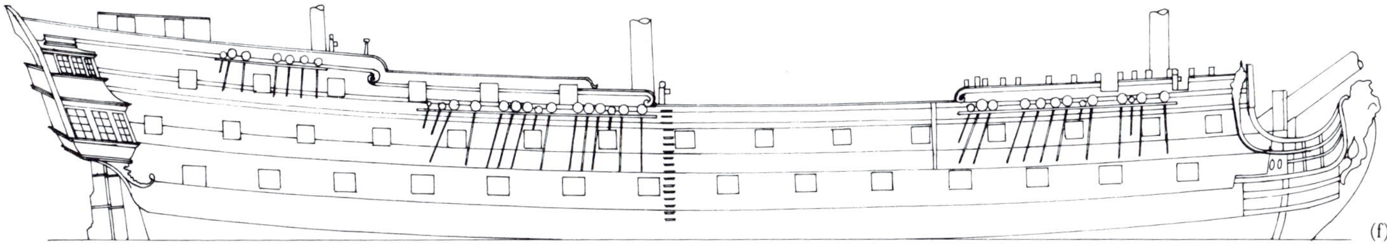
(f)

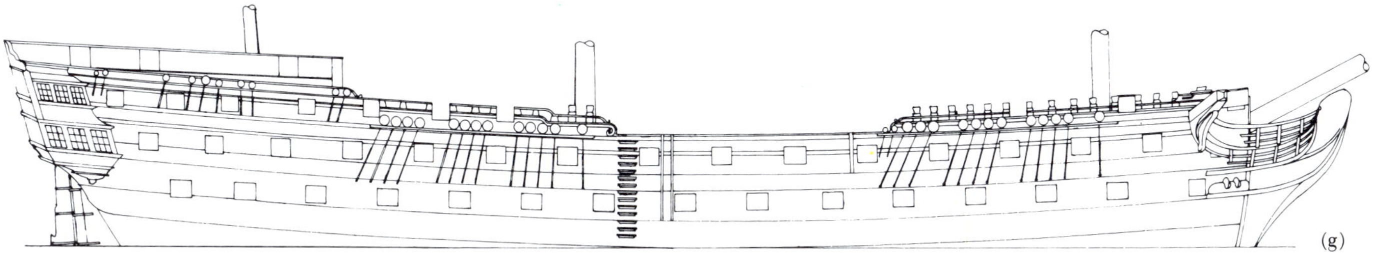
(g)

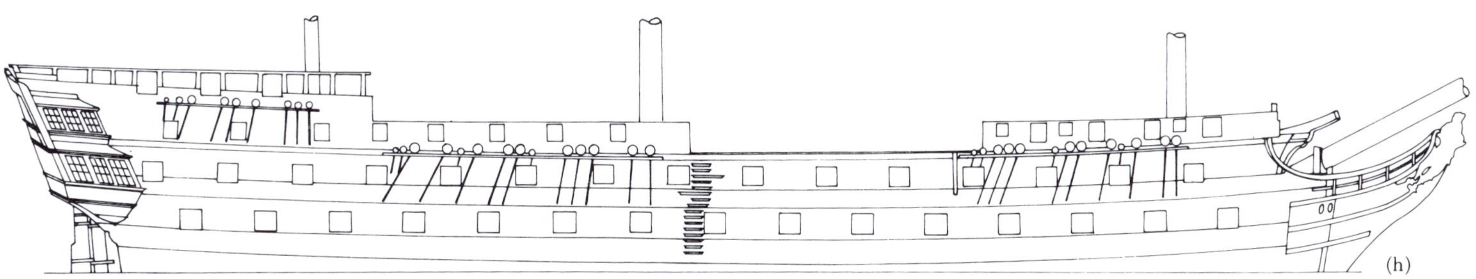
(h)

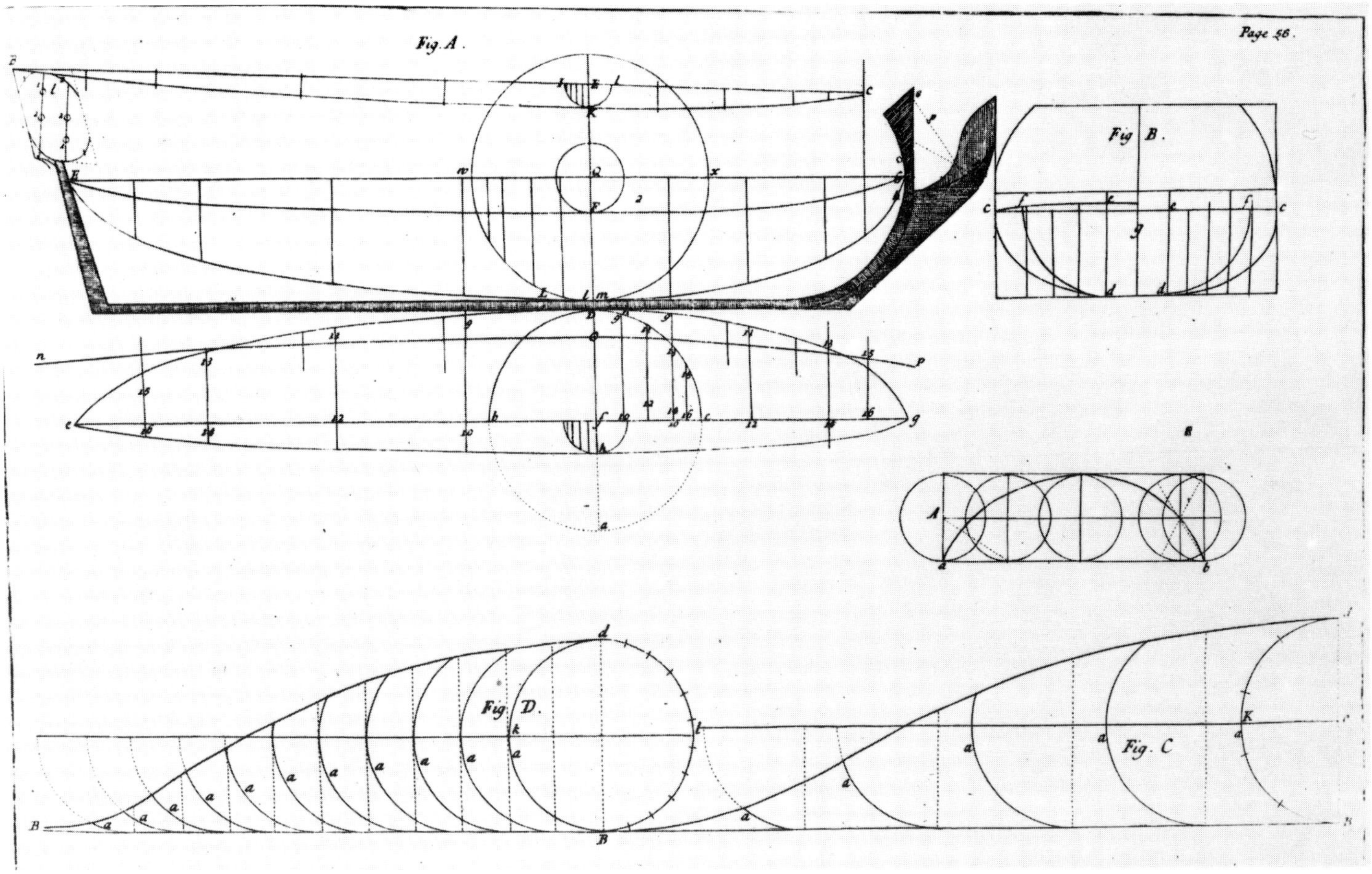

275. William Sutherlands Verfahren, Hauptspant, Sprung, Decksplan und Decksausbauchungen aus Kreisbögen zu entwickeln.

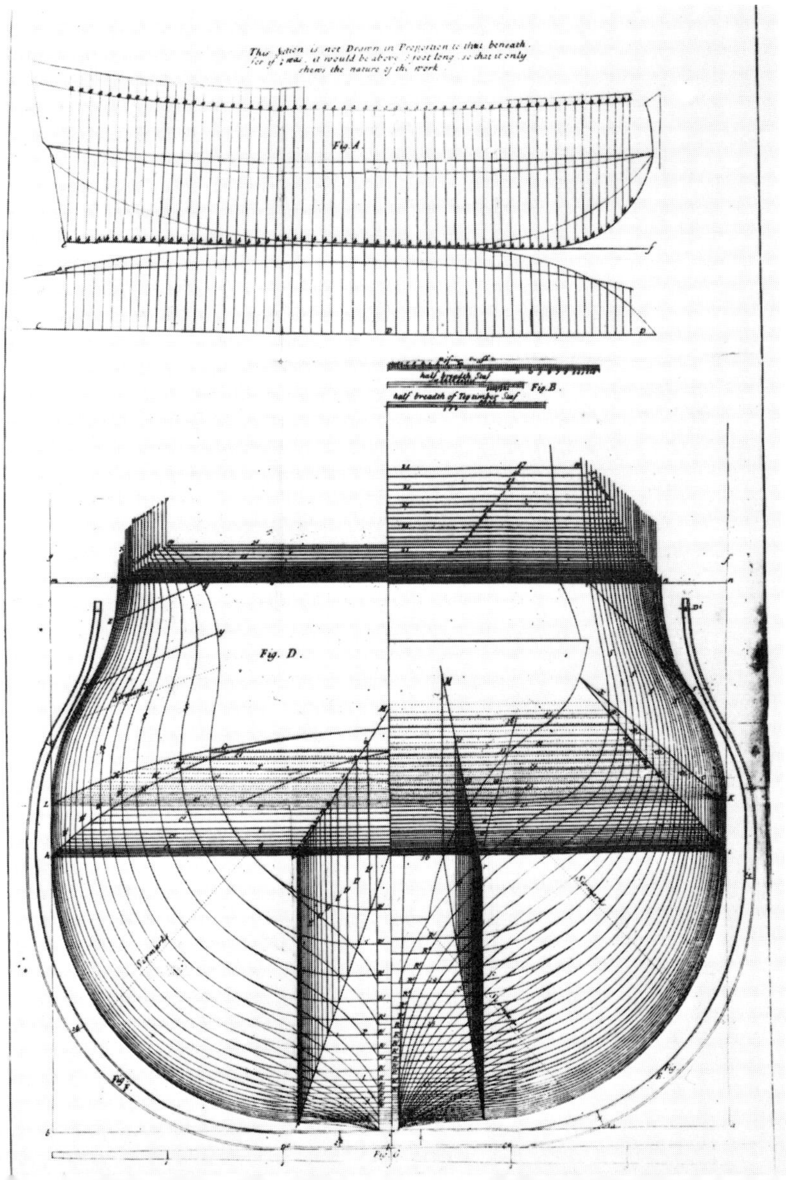

276. Ein voll durchkonstruierter Wasserlinienriß aus Sutherlands *Shipbuilder's Assistant.* Beim Vergleich mit dem Verfahren des 17. Jahrhunderts erkennt man die gewachsene Völligkeit des unteren Schiffskörpers.

und spanischen Kontrahenten. Es gab natürlich auch – wie man es bezeichnen kann – berufsbezogene Unterschiede zwischen den englischen Schiffen und denen anderer Marinen. Niederländische Schiffe hatten flachere Böden und einen geringeren Tiefgang als die englischen. Dasselbe gilt für dänische und schwedische Fahrzeuge, allerdings nicht im gleichen Maße. Sie alle operierten in flachen Gewässern. Die Verbesserungen im Schiffskörperentwurf gingen Hand in Hand mit der Größenzunahme. Die *Victory* von 1737 mit 100 Kanonen war 400 ts größer als die *Sovereign of the Seas*, die ein Jahrhundert zuvor gebaut wurde und ebenfalls 100 Kanonen trug. Um 1790 baute man 100-Kanonen-Schiffe mit rund 2300 ts. Die Größenzunahme der Unterstützungsfahrzeuge war im Verhältnis noch umfangreicher. Ein 20-Kanonen-Schiff von 1745 war nahezu so groß wie ein 40-Kanonen-Schiff aus der Zeit 40 bis 50 Jahre zuvor und Fregatten, die 1800 gebaut wurden, waren mit 1500 ts größer als ein 70-Kanonen-Schiff des 17. Jahrhunderts.

Das Anwachsen der Schiffskörpergröße bei allen Schiffsklassen lag in der ewig gegenwärtigen Forderung nach einer kampfkräftigen Bewaffnung begründet. Hinzu kommt das Verlangen, dem Kriegsschiff eine besondere Seetüchtigkeit für die Verwendung in fernen Gewässern zu verleihen, im Falle der englischen Schiffe auch für Blockade- und Geleitschutzaufgaben. Im Wettrennen um diese Vergrößerung waren die englischen Schiffe lange Zeit gehemmt. Das lag an den Beschränkungen, die die zahlreichen Haushalte der Admiralität festlegten. Das geschah letztlich auch, um die einzelnen Kriegsschiffsklassen zu standardisieren. Im 18. Jahrhundert wurden aufeinanderfolgend immer wieder neue Festlegungen getroffen, so in den Jahren 1706, 1719, 1733, 1741 und 1745. Die Idee, die dahinter stand, war an sich anerkennenswert, aber wie so viele Vorschriften blieben manche Festlegungen zu lange in Kraft, so daß sie durch die äußeren Einflüsse überholt wurden. Im Ergebnis mußten alle englischen Schiffbauer versuchen, ein Schiff zu bauen, das dem Gegner an Feuerkraft gleich kam, dessen Schiffskörper jedoch kleiner war. Die Formwandlungen über der Wasserlinie sind auffälliger als die des Unterwasserschiffs. Im Verlauf des Jahrhunderts wurde der Schiffsschnabel verkürzt und nach oben gezogen, der Sprung verkleinert, das Heck und die daransitzenden Galerien in vielerlei Hinsicht und Details geändert. Somit unterschied sich ein Schiff der 1733er-Bauvorschrift bereits in der Erscheinung von denen, die unter früheren oder späteren Bauvorschriften gebaut wurden.

Das Vorschiff/Der Schnabel: Um 1700 war die Umbildung des Schiffsschnabels von einer langen, niedrigen und vergleichsweise zerbrechlich aussehenden Struktur in eine kurze und derbe Form abgeschlossen. Mit Ausnahme kleinerer Änderungen blieb das Vorschiff der großen Schiffe für nahezu 100 Jahre unverändert. Das bezieht sich auch auf den Abschnitt der Unterstützungsfahrzeuge.
279 Der Schnabel des 18. Jahrhunderts bestand aus einem kräftigen Knie,
302 das am Vorsteven angebaut war und das starke Seitenkniee, Backen
303 genannt, unterstützten. Über den Backen saß die Galionsreling, die
zuerst schroff nach unten verlief. Dann führte sie wieder nach oben,
wo sie am Rücken der Galionsfigur endete. Was bei den Schnäbeln
307 des 18. Jahrhunderts hauptsächlich zu beachten ist, ist ihre Lage ‚vis-à-vis' (gegenüber) den Decks der Schiffe. Am Jahrhundertanfang verlief das Schnabelknie, dort wo es gegen den Vorsteven stieß, nach oben in die Ebene der Stückpfortensülls des unteren Kanonendecks. Die beiden Backen waren an jeder Seite am niedrigsten Barkhölzerpaar befestigt.

Zum Schnabel verliefen vier Relings. Die niedrigste Stelle der Geländer lief in der Mitte der Ebene des Mittel- und Oberdecks. Die Bugspanten der Dreidecker führten bis zur Mitteldecksebene hoch, so daß die Plattform vor dem Vordeckschott höher saß als das Schnabelknie. Um den Spanten eine entsprechende Spreizung zu geben, besaß der Schnabelquerschnitt eine auffallende v-Form.

Dieser niedrige Schnabel blieb trotz seiner ungewöhnlichen Nässe in See für nahezu 50 Jahre in Gebrauch. Er wurde allerdings im Verlauf dieser Zeit mehrfach leicht verändert. Der Schnabel der Dreidecker erhielt an jeder Seite eine extra Backe und zwei weitere unter den Ankerklüsen. Nach etwa 1715 zog man die Bugspanten hoch bis zur Oberdeckshöhe und verkürzte das Schnabelknie. Der obere Teil erhielt einen Rückwärtsfall, dem die Verzierungsschnecke, wie die Verlängerung der oberen Backe genannt wurde, folgte. Als Ergebnis dieses Rückwärtsfalls erhielt die Galionsfigur einen vorgesteckten Bauch. Nach der Jahrhundertmitte erhöhte man die Schnabelkniee etwas. Die Vorderseite erhielt eine deutliche Hohlbiegung, die von der Wasserlinie bis in die Ebene der Oberkante des unteren Barkholzes reichte. Von dort aus verlief sie nach oben und verblieb für das restliche Stück fast vertikal.

Das ganze 18. Jahrhundert hindurch war das Vordeckschott großer Schiffe flach. Es besaß jedoch an jeder Ecke halbrunde ‚roundhouses' (Latrinen)*, die als Besatzungs-WC dienten. Anfangs war das Vordeckschott zwei Decks tief und schloß mit dem Mitteldeck oder unteren Deck ab. Als jedoch die Bugspanten bis zum Oberdeck hochgezogen wurden, machte man das Schott nur noch ein Deck tief, so wie es auch bei den Zweideckern der Fall war. Das Vordeckschott war ein ursächlicher Schwachpunkt im Schiff. Es war zu schwach gebaut, um Schutz gegen Beschuß von vorn zu geben. Daher ersetzte man es durch ein volles Bugschott. Ein solches wurde zuerst um 1732 auf den Sloops eingebaut.

25 Jahre später folgten die Fregatten, jedoch erst, nachdem man auf der *Lyme* eines erprobt hatte. Immerhin währte es noch bis 1801, bis alle Linienschiffe feste Schotte oder Rundbuge besaßen. Auf der anderen Seite setzte der Schnabel die alten Traditionen des vorangegangenen Jahrhunderts fort. Allerdings gab es auch Änderungen des Stils der Galionsfiguren und der Form der Reling, so daß sich Schiffe der verschiedenen Jahrhunderte klar voneinander unterschieden.

Im 18. Jahrhundert erhielt das Vorschiff ein neues Teil. Das war die ‚boomkin' (Blinde Rah), die vorne, etwa 45° zur Kiellinie angebracht wurde. Die Blinde Rah wird oft an Modellen gezeigt, jedoch nie getakelt. Falls das doch der Fall ist, ist es schwierig zu erkennen, wie das Binnenbordende befestigt war. Auf großen Schiffen des Jahrhundertendes ist der Fuß der Blinde Rah an den Ohrhölzern befestigt (das starke Holz, das den Bugspriet gegen Seitenbewegungen hält) und an diese angebolzt. Er konnte jedoch auch am Spantwerk des Schnabels sitzen. Das Außenende der Blinde Rah wurde durch ‚guys' (Geitaue) oder Wanten verstärkt. Eines davon lief von jeder Blinde Rah zum ‚cutwater' (Brustholz), die anderen zur Bugseite. Die ersten Blinde Rahen waren gerade. Später fertigte man sie jedoch aus naturgebogenen Hölzern und ordnete sie mit ihrem Außenende nach unten zeigend an. Die Blinde Rahen wurden zum Halten der Fockhalsen benötigt, um sie so weit wie möglich nach vorne zu haben.

Barkhölzer: Mit Jahrhundertbeginn wurde der Zwischenraum zwi- 281
schen dem untersten Barkholzpaar ausgefüllt, so daß von einem Schiffsende zum anderen ein fester Holzgürtel verlief. Man nimmt an, daß diese Praxis bereits im vorangegangenen Jahrhundert ihren Anfang nahm. Der erste Bericht darüber stammt jedoch von einem neuen Schiff, das 1717 gebaut wurde. Zwei Jahre später besaß ein Dreidecker ebenfalls untere Barkholzpaare, die ‚made solid' (miteinander verbunden) waren. Als nächstes füllte man die mittleren Barkholzpaare aus. Um 1730 folgten die oberen. Trotzdem gibt es auch Ausnahmen von dieser allgemeinen Richtschnur, wie man sie noch in den 1750er Jahren feststellen kann.

Kanonenpfortenklappen/Stückpfortenklappen: An den Klappen der Stückpforten wurden während des 18. Jahrhunderts nur wenige Veränderungen vorgenommen. 1778 befahl die Admiralität, daß jede andere Pforte im Kanonendeck (Batteriedeck) eine kleine Scharnierluke erhalten sollte, um Luft und Licht einzulassen. Diese Luken glichen den früheren Ruderpforten. Elf Jahre später kam die Erlaubnis, jede Stückpforte mit Luken zu versehen. Zum Jahrhundertende kam eine andere Neuerung hinzu. Man baute schwere zweiteilige Heckstückpforten ein, eine obere, eine untere. Ähnliche Pforten waren zumindest auf einem schwedischen Schiff in Gebrauch, der *Adolf Frederick* von 1767. Zeitweilig besaßen niederländische Schiffe zweiteilige Breitseitpforten. Pforten mit Seitenscharnieren scheinen ebenfalls verbreiteter gewesen zu sein, als Modelle es wiedergeben, denn die Skizze der dänischen 18-Kanonen-Fregatte *Bla Heyren* von 1756 zeigt fünf oder acht Breitseitpforten mit jeweils einem Paar Seitenscharniere. Französische und ohne Zweifel auch die Schiffe anderer Staaten hatten Luken in den Pfortenklappen. Die Luken dienten

* Auch Wachhäuschen, Gefängnis oder Schuppen. (Anm. d. Übers.)

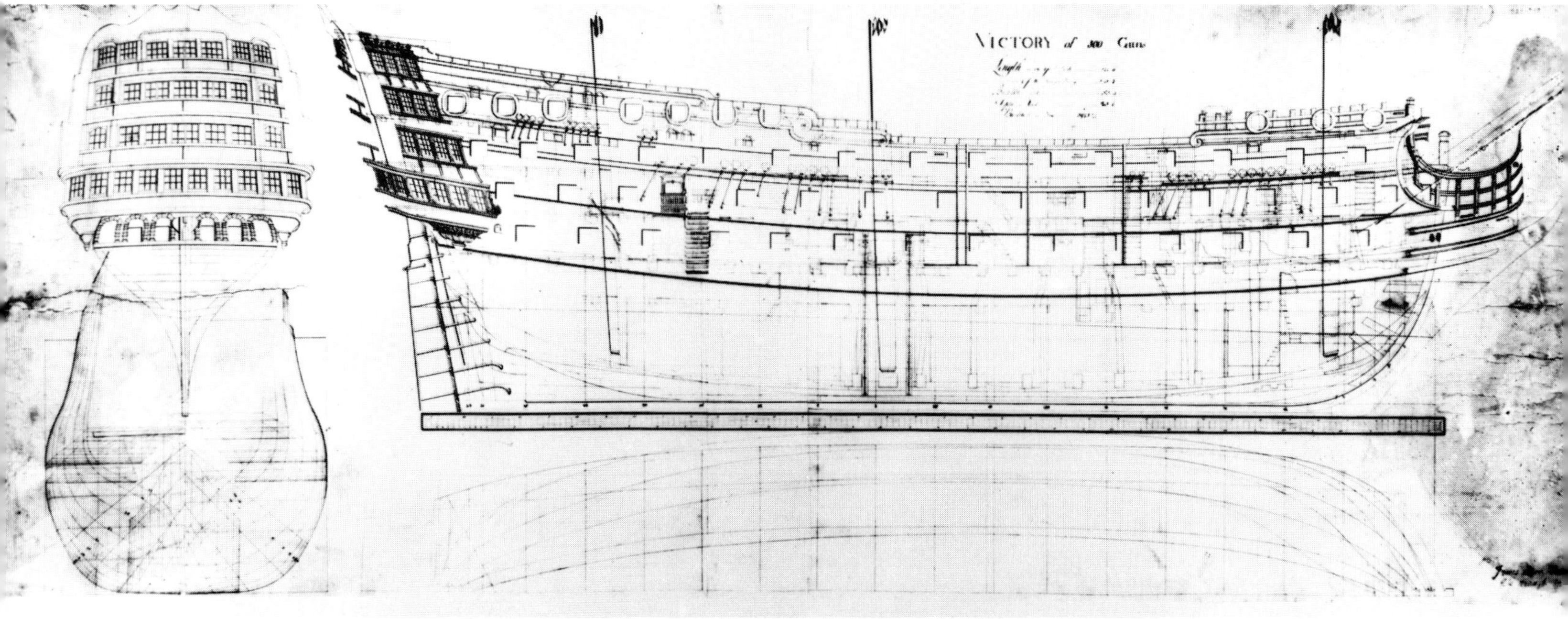

277

278

nicht nur der Ventilation, sondern erlaubten das Laden der Kanonen bei geschlossener Pforte. Sie verliehen den Kanonieren somit Schutz vor Musketenfeuer. Um die Kanone zu laden, wurde die Stange des Ansetzers durch die offene Luke nach außen gesteckt.

Eingangspforten: Mit dem Jahrhundertanfang gehörten Eingangspforten an jeder Seite zur normalen Ausrüstung eines Dreideckers. Bis irgendwann um 1725 saß die Eingangspforte zwischen einem Paar Stückpforten. Im Anschluß übernahm sie den Platz einer Stückpforte. Es gibt allerdings auch Beweise, daß dort, sowie man sich in See befand, dann ebenfalls eine Kanone zur Aufstellung kam. Da die Eingangspforte nur für wichtige Besucher vorgesehen war, hatten die Besatzungsmitglieder von einer Flucht breiter Querleistenstufen Gebrauch zu machen, die an der Schiffsseite vom untersten Barkholz bis zur Schanzkleidreling in der Kuhl reichten.

Ballastpforten: Diese befanden sich nur auf Schiffen, die im unteren Deck keine Kanonen führten, bzw. nur eine oder zwei an jeder Ecke besaßen. Die Pforten befanden sich mittschiffs und erinnerten an Stückpforten, waren jedoch kleiner als diese.

Schanzkleider: Das Fehlen einer robusten Abschirmung für die Mehrzahl des Deckpersonals war auf englischen Schiffen des 18. Jahrhunderts genauso ein Merkmal wie es das im 17. Jahrhundert bereits gewesen war. Obwohl es in der Kuhl der meisten Schiffe starke Schanzkleider gab, hatten sie auf dem Achterdeck nur ein niedriges und auf dem Backdeck gar keines. Die Vorteile fester Schanzkleider waren natürlich gut bekannt, aber sie mußten gegen das Anwachsen der Leegierigkeit, die sie hervorriefen, aufgewogen werden. Daher fielen sie dieser zum Opfer. Für mehr als die Hälfte des Jahrhunderts gewährten die Hängematten der Besatzung Schutz im Gefecht. Diese wurden zwischen Netze gesteckt, die von u-förmigen Eisenstützen in den Relingsstützenspitzen hingen. So nützlich allgemeine Hängemattenwälle auch waren, hielten sie viele Kommandanten in Kriegszeiten für wirkungslos und ließen daher feste Schanzkleider aufsetzen. Da diese Maßnahmen aber in Friedenszeiten keine offizielle Genehmigung fanden, mußten sie wieder rückgängig gemacht werden. Der Wunsch nach etwas Besserem als Hängematten verstärkte sich, und um 1781 (in etwa die gleiche Zeit, als die ‚Carronade'* übernommen wurde) besaßen die Fregatten auf dem Achterdeck feste Schanzkleider. Die Dreidecker erhielten sie jedoch nicht vor 1798. Backschanzkleider wurden 1800 zuerst auf Fregatten eingebaut, auf den größeren Schiffen jedoch erst im Anfang des 19. Jahrhunderts. Es scheint, daß französische Schiffe ab den 1770er Jahren Achterdecksschanzkleider besaßen und kurz danach auch solche auf der Back. Mit den Schanzkleidern der Schiffe nördlicher Staaten verhielt es sich genauso.

Das Heck: Dieser Schiffskörperteil ist am schwierigsten zu beschreiben. Nicht nur, daß die Konstruktion komplizierter war als jeder andere Bereich, sondern Struktur und Dekoration verschmolzen
auch innig miteinander. Mehr noch, die vielen Änderungen an De- 282
tails der Heckstruktur, die im Verlauf des Jahrhunderts durchgeführt 307
wurden – und das in oft kurzen Abständen – machen es unmöglich, eine umfassende Zusammenstellung zu erstellen. Was folgt, ist daher nur ein *Umriß*.

* Karronade = Kurze Kanone, in der Art von Haubitzen. Ursprung: Carron/Schottland. (Anm. d. Übers.)

279

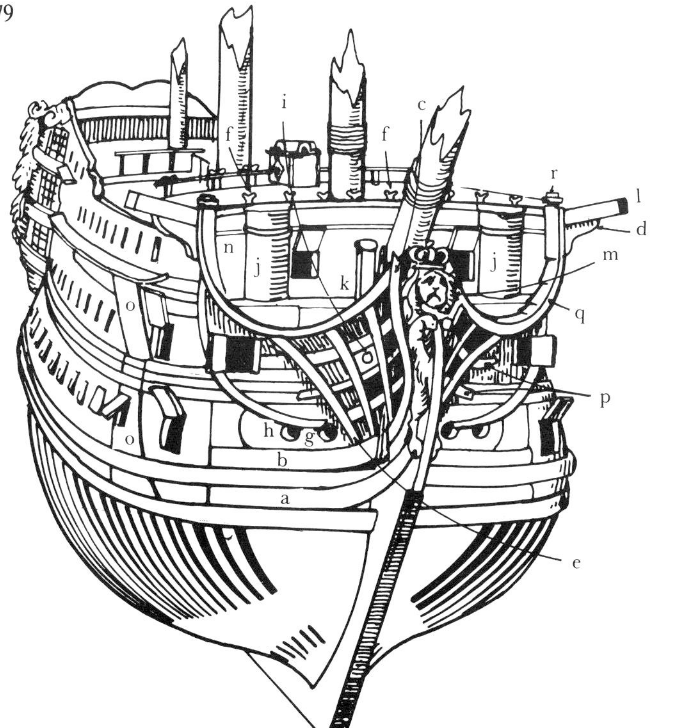

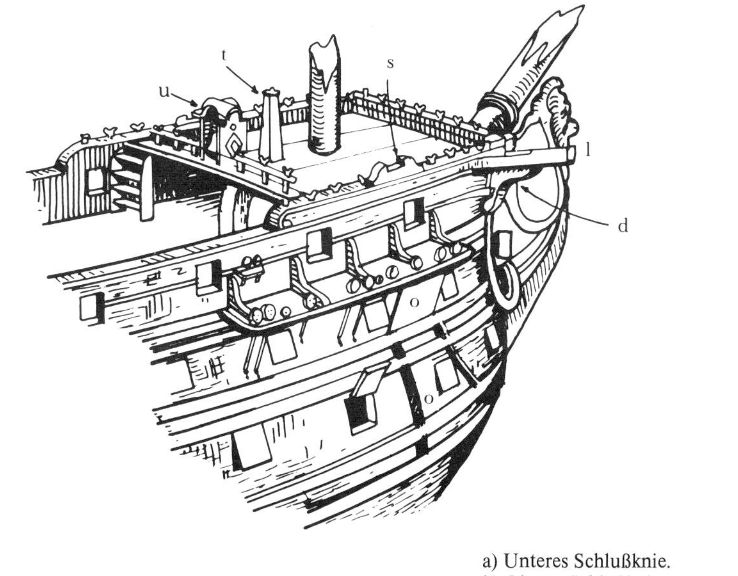

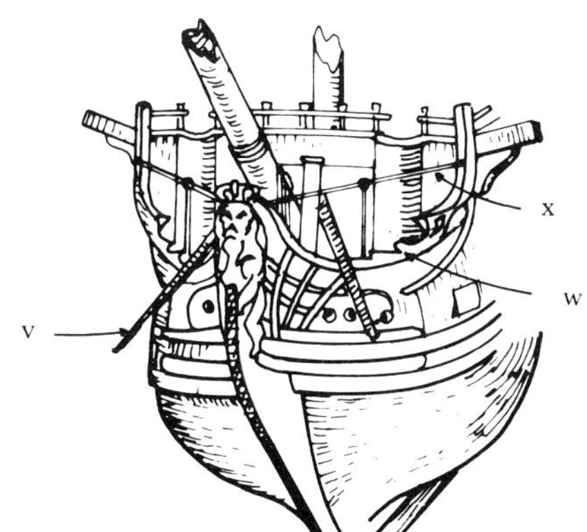

a) Unteres Schlußknie.
b) Oberes Schlußknie.
c) Verzierungsschnecke unter der Galionsfigur.
d) Kranbalkenkonsole.
e) Galionsknie.
f) Geländerstützen.
g) Ankerklüse.
h) Polster.
i) Doodshoft.
j) Hütten.
k) Ohrhölzer.
l) Kranbalken.
m) Galionsfigur.
n) Vordeckschott.
o) Ankerfütterung.
p) Vordeckreling.
q) Schanzkleidreling.
r) Schanzkleidoberteil.
s) Fischdavitklampe.
t) Küchenschornstein.
u) Glockenstuhl.
v) Fockhalsausleger.
w) Auslagerklampen.
x) Spanntaureling.

277. Die *Victory* (100 Kanonen) von 1737. Der Plan zeigt ein Schiff, das nach der Vorgabe für ein 100-Kanonen-Schiff von 1733 gebaut wurde. Die *Victory* erlitt ein tragisches Ende, als sie im Oktober 1744* auf den Casquets (Kanalinseln) strandete. Admiral Balchen und die Besatzung von 1100 Mann ertranken. Die *Victory* war für ihren Tiefgang ein zu hochbordiges Schiff und man glaubt, daß sie das zu leegierig machte und schließlich zu ihrem Untergang führte.
278. Das Modell der *Victory*. Es gestattet einen guten Vergleich mit der Zeichnung. Die Schiffsseitenhöhe ist bei diesem zeitgenössischen Modell augenfällig. Die ungeschickte Kombination von Sprietmarsstenge und Klüverbaum verblieb bis 1745 in der Takelausrüstung, jedoch wurde die Sprietmarsstenge auf See nie gesetzt.
279. Details des Vorschiffes.

* am 5. 10. 1744. Sie war aus den Spanten früherer Schiffe, z.B. der *Royal George* ex *Royal James*, gebaut. (Anm. d. Übers.)

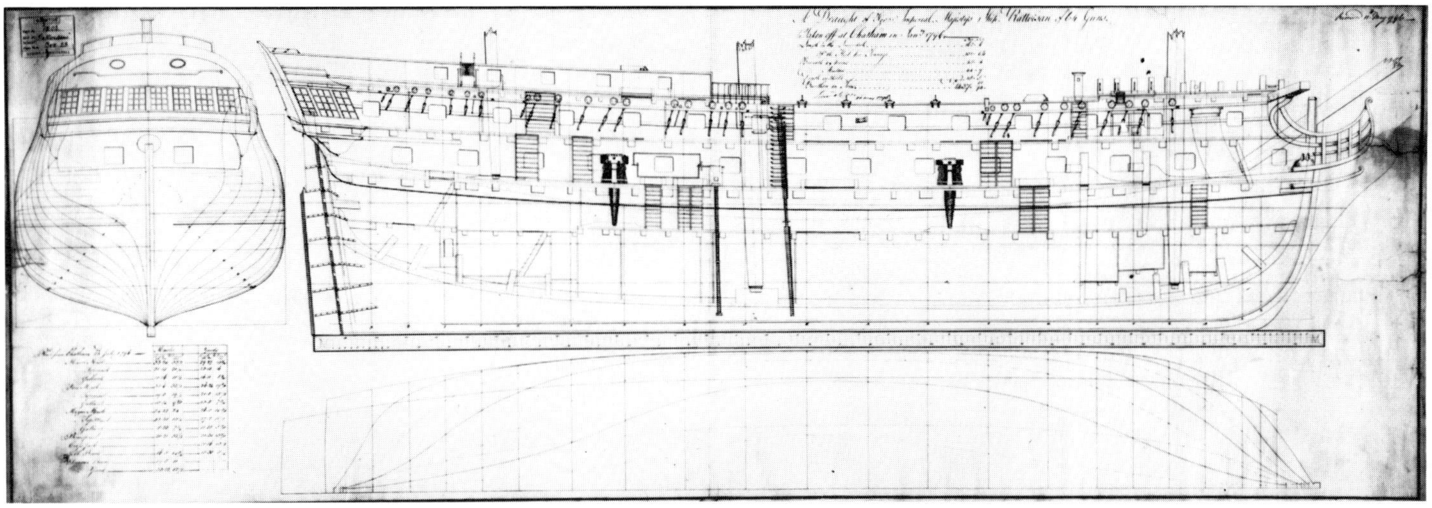

280. Die *Rettvisan*, ein russisches 64-Kanonen-Schiff, das von den Schweden erbeutet wurde. Die Linienführung wurde abgenommen, als das Schiff 1796 in Chatham war. Sie hat viele Merkmale eines Schiffes, das Chapman entwarf – einebige Galerien, angerundete Kanonenpforten und den charakteristischen deutlichen Hauptspant.

Die Heckänderungen lassen sich in zwei Gruppen teilen, die des Teils unter dem Heckspiegel und die der Struktur darüber. Unter dem Heckspiegel war das Anwachsen der Breite die augenfälligste Veränderung, die dem Schiff, wie man sagt, einen besseren Sitz auf dem Wasser verlieh (Gemeint ist die Wasserlinienfläche). Der ursprüngliche Entwurf dieses breiten Hecks war nicht gut und viele Schiffe, speziell die des 1745er Haushaltes, hatten den Ruf, daß sie schlecht aufs Ruderlegen reagierten. Eine weniger beachtete Änderung war die allgemeine Übernahme der Praxis, den Ruderschaft hochzusetzen, und zwar durch die Heckgillung. Jetzt befand sich die ganze Ruderpinne im Schiff. Die Öffnung in der Gillung, durch die die Pinne zuvor hindurchgeführt worden war, wurde verkleinert. Sie blieb jedoch immer noch groß genug zum Ruderlegen. Obwohl diese Öffnung mit geteertem Tuch (genannt ‚rudder-coat' [Ruderkragen]) bedeckt war, kam bei stürmischem Wetter weiterhin Wasser ins Schiff. Bei kleineren Fahrzeugen konnte dieses in besonderen Situationen höchst gefährlich sein, war jedoch für alle eine widerwärtige Belästigung. Über dem Heckspiegel hatte das Heck übereinanderliegende Galerien. Manchmal waren sie offen, manchmal geschlossen. Sie reichten über die Hauptstrukturen des Hecks hinaus. Mit den Galerien standen Reihen verglaster Fenster (‚lights') in Verbindung. Manchmal reichten diese über die ganze Galeriebreite, manchmal saßen sie nur an den Ecken. Es gab während des Jahrhunderts merkliche Variationen in Form und Ausmaß der einzelnen Änderungen. Hinsichtlich dieser Details ist es erforderlich, Modelle und Zeichnungen dieser Periode zu studieren. L.G. Carr Laughton hat einige Grundsätze für Galerien niedergelegt:

1. Galerien stimmen immer mit einem Deck überein.
2. Es gab soviele Fensterreihen wie komplette Kanonendecks. Die Fenster saßen jedoch stets ein Deck höher. Auch in der Achterdecksebene gab es stets Fenster, jedoch nie in der des unteren Decks.
3. Es gab immer eine Galerie weniger als Fensterreihen und niemals eine an der untersten Reihe. Ein Dreidecker hatte zwei Galerien, Schiffe mit nur einem Kanonendeck keine.

Gelegentliche Ausnahmen von diesen allgemeinen Grundsätzen sind bekannt. Die *Victory* von 1737 hatte vier Fensterreihen und drei Galerien, obwohl sie nur ein Dreidecker war[4].

Anfangs verliefen die Galerien rund ums Achterschiff. Diese Mode änderte sich jedoch bald, und die (Heck)Galerien wurden von denen des Achterschiffs (Viertels) getrennt. So blieb es für das ganze Jahrhundert. Heckgalerien saßen etwa 3 ft (~ 1 m) über das Spantwerk hinaus. Die tatsächliche Breite lag bei 7 ft (2,13 m). Die Innenseiten befanden sich folglich innerhalb der Heckspanten und waren von den Kammern (durch ein Trennschott etwa 4 in/10,2 cm entfernt) getrennt. Bis auf kleinere Änderungen verblieb dieses Arrangement so bis zum Jahrhundertende. Dann entfernte man die äußeren Schanzkleider, der ganze Bereich wurde verglast. Da diese Maßnahme das Trennschott überflüssig machte, ließ man es weg. Die Achterschiffsgalerien waren bis um 1720, als sie noch mit den Heckgalerien verbunden waren, ohne Ausnahme stets geschlossen. Im Anschluß trennte man sie mittels einer Tür von den Heckgalerien. Auf großen Schiffen waren die Achterschiffsgalerien die Regel, kleine Fahrzeuge führten anstelle dessen Fenster. Die Fenster besaßen herausgearbeitete Rahmen, die ‚quarter-badges' (Blinde Hecktaschen)* genannt werden.

Schiffskörperein- und -ausbauten

In diesem Abschnitt werden nur jene Ein- und Ausbauten behandelt, die bedeutenden Änderungen ausgesetzt waren, die neu eingeführt wurden oder auf die man verzichtete. Teile, die keine Erwähnung finden, können die gleiche Urform wie im vorigen Jahrhundert behalten haben. Wegen kleinerer Änderungen können zeitgenössische Modelle und Pläne in Anspruch genommen werden.

Rüsten/Vorrüsten: Die Praxis des 17. Jahrhunderts, in dem man die Fock- und Großrüsten auf dem obersten Barkholz des Barkholzpaares über dem Kanonendeck (Batteriedeck) anordnete und die Rüsteisen** am unteren Paar anbrachte, hatte ernsthafte Nachteile. Die Rüsten waren im Sturm Beschädigungen durch Wellenschlag ausgesetzt. Zudem minderte der spitze Winkel, mit dem die Rüsteisen in den Schiffsseiten saßen, deren Wirksamkeit. Nach einigen Versuchen versetzte man um 1700 die Fock- und Großrüsten auf Dreideckern auf die Barkhölzer über den Kanonen des Mitteldecks und die Rüstplatte kam auf das obere Barkholz des Paares über dem unteren Kanonendeck, d.h. dorthin, wo zuerst die Rüsten gesessen hatten. Das neue Arrangement führte zum Verschwinden der Stirnbalken, die bis dahin die Rüsten gegen die Schiffsseite abgesteift hatten.Sie wurden geradewegs durch kleine Konsolen ersetzt, die wie umgekehrte Kniee aussahen. Aber auch diese verschwanden um 1735 wieder. Einige Jahre danach verzichtete man ganz auf irgendwelche Konsolen. Auf Zweideckern blieb die alte Ausführung der Rüsten in Gebrauch. Die Rüsten saßen am Barkholz *unter* den Kanonen des Oberdecks. Auf kleineren Fahrzeugen mit nur einem Kanonendeck befanden sich die Rüsten auf dem Barkholz unter den Kanonen. Die Besanrüsten saßen aus allen Schiffen ein Deck höher als die anderen.

Um 1745 kam es zum nächsten Positionswechsel der Rüsten. Die Fock- und Großrüsten wurden noch weiter heraufgesetzt, so daß sie sich nun über den Kanonen des *Oberdecks* befanden. Die Besanrü-

* Bezeichnung für eine Verzierung. (Anm. d. Übers.)
** Auch Püttingseisen oder Augplatte. (Anm. d. Übers.)

sten kamen ebenfalls ein Deck höher. Das neue Arrangement war auf den Dreideckern nicht besonders befriedigend, denn der Einfall der Schiffsseiten verminderte die Spreizung der Wanten auf ein ungenügendes Maß. Infolgedessen wurden die Rüsten der Dreidekker Ende der 1750er Jahre auf den alten Platz zurückversetzt, wo sie bis in die 1790er Jahre verblieben. Diese Maßnahme wurde jedoch nicht bei allen Klassen durchgeführt. Im Anschluß kamen sie erneut über die Kanonen des Oberdecks und verblieben bis zum Ende der Segelkriegsschiffsära in dieser Position. Während dieser letzten Phase saßen die Besanrüsten manchmal ein Deck höher, manchmal jedoch auch in der gleichen Ebene mit den Fock- und Großrüsten. Alle Rüsten hatten ihre Rüsteisen an einem Barkholz, ein Deck tiefer als das, an dem die Rüsten befestigt waren. Es ist wichtig festzustellen, daß die Rüsten auf großen Schiffen niemals von Stückpforten durchtrennt waren. Auf kleinen Fahrzeugen war das manchmal der Fall. Auf ihrer ‚Wanderung' wurden die Rüsten von den kleinen Rüsten der Backstage begleitet. Das waren die ‚backstay stools' (Pardunenrüsten)*. Diese saßen dort, wo sie vom Mündungsdruckeffekt der Kanonen klar blieben. Als die Rüsten schließlich über die Kanonen versetzt wurden, verschwanden die Pardunenrüsten, die Backstage wurden bei den Rüsten angeordnet.

283 **Anker, Ankertaue(-ketten) und zugehöriges Geschirr:** Wie im vergangenen Jahrhundert wurden die Anker mit Haken und Takel** über den Kranbalken gehievt. Ein anderes Takel am Ende eines beweglichen Baumes, der Fischdavit oder Balkimer, zog die Ankerflunken hoch genug, so daß eine davon an der Fockrüste gestaut werden konnte. Der Fischdavit war ein kräftiger Baum, an dessen Ende zwei oder drei Scheiben saßen, von wo das Takelfall durch einen großen

* Backstag = Pardune. Viele englische Bezeichnungen meinen ein und dasselbe. (Anm. d. Übers.)

** Für Takel kann man auch Talje oder Flaschenzug setzen. Der Begriff Takel ist allgemein und umfaßt jedes Teil der Takelage. (Anm. d. Übers.)

Abmessungen von Ankern nach Shipbuilding Unveiled (1717) von Sutherland

	Größe für ein Schiff von 1677 ts (m)*	Größe für ein Schiff von 364 ts (m)*
Ankerschaft	5,64	3,71
Maximaldicke Ankerschaft	0,29	0,19
Mindestdicke Ankerschaft	0,22	0,14
Ankerschaftvierkant	0,89	0,58
Vom Ankerschaft bis zur Ankernuß	0,58	0,38
Vierkantmutter	0,06	0,04
Innendurchmesser des Ringes	0,65	0,38
Ringdicke	0,10	0,08
Ringloch im Schaft	0,12	0,08
Länge der Ankerkrone	0,36	0,21
Länge der Ausleger	2,13	1,23
Breite der Ankerflügel	0,81	0,53
Länge der Ankerflügel	1,14	0,75
Dicke der Ankerflügel	0,08	0,05
Vierkant der Ausleger am Ankerflügel	0,18	0,12
Länge der Ankerspitze	0,27	0,18
Rundung der Ankerspitze	0,03	0,02
Auslegerklaue	1,07	0,74
Innere Kurven	1,98	nicht angegeben
Äußere Kurven	1,98	nicht angegeben
Mittlere Kurven	1,98	nicht angegeben

* Bei der Umrechnung von „ft" und „inch" in „m" wurden die Werte abgerundet. (Anm. d. Übers.)

Die Anker waren mit Sicherheit nicht nach diesen genauen Maßen gefertigt, denn die Technologie jener Tage war nicht besonders fortschrittlich. Die gängige Art abzurunden oder anzunähern lag gewöhnlich bei ¼ in (6 mm).

Kuhl eines Schiffes 1. Klasse

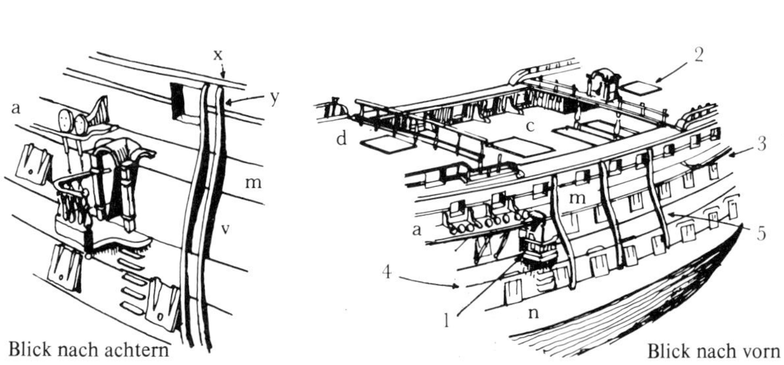

Ein 70-Kanonen-Schiff um 1730

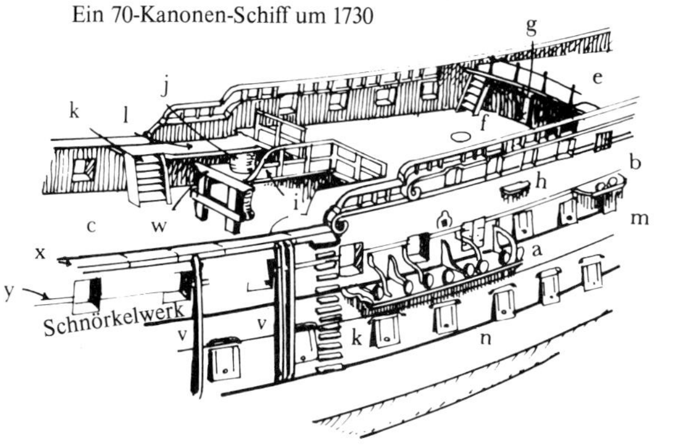

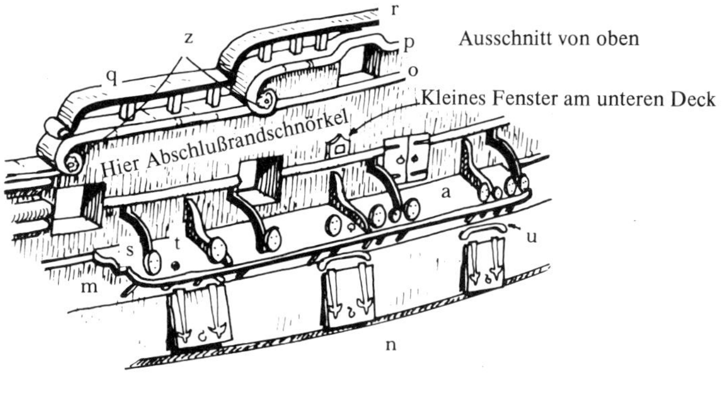

281. Details einer Breitseite.
a) Großrüsten.
b) Besanrüsten.
c) Oberdeck.
d) Achterdeck.
e) Poop.
f) Poopschott.
g) Poop-Sonnen/Sturmdeck.
h) Pardunenbock.
i) Mittlere Gangway.
j) Großmast.
k) Gangwaystiege.
l) Seitengangway (auch an Stb-Seite).
m) Obere Barkhölzer (fest).
n) Untere Barkhölzer (fest).
o) Gangwayreling (abgebrochene Reling, die in Schnecken endet).
p) Achterdeckreling.
q) Gangwaynagelbank.
r) Achterdeckreling [es gibt auf diesem Schiff keine separaten Poop] – (abgebrochenen) Relings und Nagelbänke].
s) Strebe.
t) Konsole.
u) Regenleiste.
v) Fender (oder Stützbalken).
w) Galgen.
x) Kuhlreling.
y) Sprungleiste,
z) Schnecken.
1) Eingangspforte.
2) Backdeck.
3) Fockrüste.
4) Mittlere Backholzer (fest).
5) Fender, die als Halsgatt benutzt werden.

282. Details des Hecks und der Viertelgalerie.
a) Heckreling.
b) und c) Achterfiguren.
d) Gillung.
e) Bucht.
f) Untere Barkhölzer (fest).
g) Mittlere Barkhölzer (fest).
h) Obere Barkhöler (fest).
i) Fenster (es sind nur zwei zu sehen).
j) Unterer Abschluß.
k) Oberer Abschluß.
l) Bebauung des Ruders.
m) Heckjagdpforten.
n) Position von Büsten und Wappenzeichen.
o) Schutzschott.
p) Viertelgalerien.

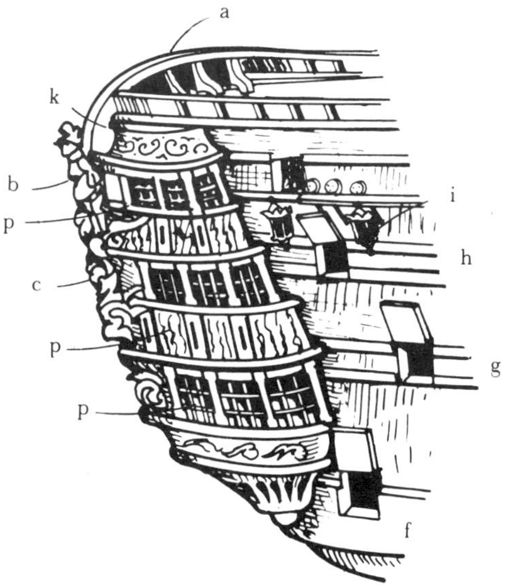

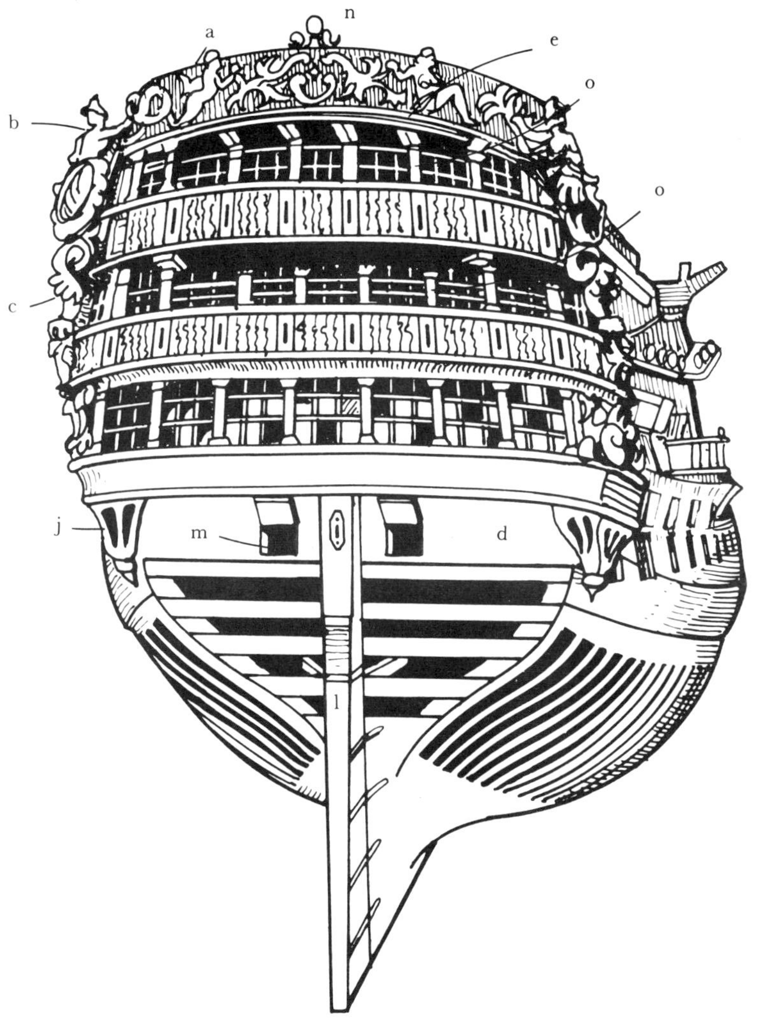

Block, der die Größe eines Jungfernblocks hatte, mittels eines großen Hakens am unteren Ende eingezogen wurde. Um 1700 waren die Ankergrößen mehr oder weniger standardisiert. Ihr Gewicht, und somit auch ihre Größe, richtete sich nach der Schiffstonnage. Sutherland[8] empfahl, daß die größten Anker bei großen Schiffen 1 cwt (50,8 kg) pro 25 ts der Schiffstragfähigkeit und 1 cwt (50,8 kg) für jede Tonne der kleineren haben sollten.
Sowohl an den Ankern als auch an ihren Schäften (Stöcken) gab es im Verlauf des Jahrhunderts nur kleine Änderungen. Die auffälligste war die Abrundung der Stockenden, um die Beschädigung des Kupferbeschlages zu verhindern.
Hinsichtlich der Taustärken gab Sutherland an, ein 1700-ts-Schiff sollte das beste (d.h. das dickste) Tau erhalten. Der Umfang war mit 22,5 in (57,1 cm) angegeben. Bei einem 255-ts-Schiff waren es noch 12 in (30,5 cm). Ein Jahrhundert später hatten Schiffe ähnlicher Tonnage meistens Taue gleicher Stärke. (siehe Kapitel V).
Der Ankerring war vielfach mit Tauwerk umwickelt. Das geschah teils, um die Stärke zu erhöhen und somit die Beanspruchung des Tauteils zu mindern und teils, um das Reiben des Taues am Ring zu reduzieren. Der ‚puddening of the ring' (Taukranz), wie diese Wicklung auch bezeichnet wurde, konnte aus einer oder mehr Lage(n) alten Tauwerks bestehen oder auch eine ‚bosun's special' (Sonderanfertigung des Bootsmanns) sein. Letztere war dann eine feine handgearbeitete Wicklung. Das Tau war in angemessener Länge vom Ring aus mit altem Tau umschlungen und diese Wickel ihrerseits mit Tau umwickelt. Damit wollte man das Tau vor einem Durchscheuern am Schiffsboden oder an der Schiffsseite bewahren, wenn das Schiff ankerte bzw. der Anker verstaut war.
Ankerklüsen: Die allgemeine Regel war, den Durchmesser der Ankerklüse im Durchmesser 2½ mal so groß zu halten wie das dickste Tau. Die Klüsenunterkante war abgerundet, um dem Tau einen leichten Durchlauf zu gewährleisten.
Kupferbeschichtung: Auf der Fregatte *Alarm* erprobte man 1761 erstmalig und versuchsweise eine Kupferbeschichtung am Schiffsboden. Gleiches geschah bei einigen anderen kleinen Fahrzeugen. Nachdem das Problem der Korrosion von Eisenteilen durch Elektrolyseeinwirkung infolge der Kupferbeschichtung gelöst worden war (auch durch die Verwendung von Kupferbolzen unter der Wasserlinie, anstelle von eisernen), führte man sie ab 1783 überall ein[5].
Hecklaternen: Die gedrungeneren Laternen, die zum Jahrhundert- 284
anfang auf englischen Schiffen in Gebrauch waren, wurden um 1715 durch gradflächige Muster ersetzt. Diese verblieben als Standard für das restliche Jahrhundert an Bord. Ausländische Laternen blieben weiterhin mehr geschmückt.
Schiffsnamen: Obwohl die meisten europäischen Schiffe ihre Namen am Heck führten (zumindest mit Beginn des 17. Jahrhunderts), wurde diese Praxis von den Engländern nicht vor 1771 übernommen. Der Name saß an der zweiten Gillung, die über derjenigen lag, durch die das Ruder führte. Die Buchstaben waren bis zu 12 in (30,5 cm) hoch. Der Name saß in einem abgeteilten Fach oder war umrahmt. Ein Jahr später wurde angeordnet, die Namen so groß zu machen, wie die Gillung es erlaubte und die Abteilung wegzulassen. Diese Methode blieb so bis etwa 1815. Dann gab man sie nach und nach auf. Kriegsschiffe führten ihre Namen nie am Bug. Die Franzosen und Ostseestaaten, einschließlich der Russen, führten ihre Namen in einem Fach, die Niederländer hingegen hatten sie zuerst direkt unter den Wappen an der Heckreling. Um die 1720er Jahre herum führten ihre Schiffe den Namen allerdings ebenfalls in Fächern der Gillung.

Binnenbordteile

Obwohl sich das Grund-Layout der Decks nicht veränderte und nur einige neue Einbauten hinzu kamen, gab es zumindest in der Form und bei der Dekoration einige Veränderungen. Diese Details sind in Plänen nicht immer festgehalten, denn vieles davon wurde seinerzeit als Standard angesehen und somit entfiel jede Spezifizierung auf einelnen Plänen. Kurioserweise fehlen den *Navy Board-Modellen* oft die Details einiger Einbauten. Aber wegen der Praxis, die Decks unbeplankt zu lassen oder nur mit einem Plankenstreifen in der Mitte zu versehen, mußten sie wegfallen.

Die Back: Als die Verfügung von 1703 dafür sorgte, daß das verschwenderische Schnitzwerk, das für die englischen Schiffe des 17. Jahrhunderts so charakteristisch war, verschwand, erhielten die Geländerstützen und Pollerköpfe einfache funktionelle Formen, so wie es auch auf kontinentalen Schiffen der Fall war[6].

Kranbalken: Diese vergrößerten sich vom Binnenbordende zum Außenbordende hin und ihre Ausleger auf etwa 45° zur Schiffsmittellinie. Das Binnenbordende, das man ‚cat-tail' (Kranbalkensteert) nannte, wurde im rechten Winkel zur Mittellinie des Kranbalkens angeordnet, der Kranbalken in zwei Richtungen gebogen. Auf englischen Schiffen war der Kranbalkensteert am Baum direkt hinter der Vorkante Backdeck befestigt. Über die meiste Zeit des Jahrhunderts wurde der Ausleger des Kranbalkens durch eine Konsole unterstützt, die an sich nichts anderes war als eine Erweiterung der Galionsreling. Zum Jahrhundertende hin baute man oft ein horizontales Knie ein, das zwischen Kranbalken und Schiffsseite saß. Auf den Fregatten wurde die Position des Kranbalkensteerts geändert. Diese Änderung fiel mit der in den 1760er Jahren begonnenen Einführung des runden oder zusammengebauten Bugs zusammen.

Der Kranbalkensteert kam *unter* Deck und nicht auf dieses, wie es auf den Schiffen mit dem altmodischen Vordeckschott der Fall war. Der Grund für diese Änderung lag darin, daß der Steert, wenn er weiter auf dem Deck verblieben wäre, die Handhabung der Bugkanonen behindert hätte.

Niedergänge: Obwohl augenfällig erforderlich, sind sie auf Modellen selten zu sehen. Pläne zeigen zwischen dem Fockmast und der Unterkante Back Treppenstiegen.

Grätings: Man benutzte sie überwiegend für die Ventilation und zum Lichteinlaß in das darunterliegende Deck. Auf der Back befand sich eine Gräting über dem Küchenofen und manchmal auch hinter dem Küchenschornstein.

Glockenstühle: Sie standen an der Achterkante des Backdecks. Auf
288 großen Schiffen war der Glockenstuhl ein ‚four-poster' (vierpfostig).
289 Bei kleinen Fahrzeugen gab man sich auch mit einem Bogen zufrieden. Im Gegensatz zum sorgfältig herausgearbeiteten Glockenstuhl
des 19. Jahrhunderts waren die des 18. Jahrhunderts in einem kalten
290 und nüchternen Stil gefertigt. Die Größe der Schiffsglocken ist selten
291 festgehalten. Die Glocke eines Schiffes 3. Klasse maß im Durchmesser 18,5 in (46,9 cm) und war 15,5 in (39,3 cm) hoch[7].

Die Küche: Mit dem Kücheneinbau im Mitteldeck auf Dreideckern
und im Backdeck auf kleinen Fahrzeugen gehörte auch der Küchen- 292
schornstein über der Back zum äußeren Erscheinungsbild. Die Form war verschieden. Manche hatten schräge Seiten (‚truncated cones'/ kegelstumpfige Konusse), andere ein rechteckiges Teil, weitere waren zylindrisch. Einige Schornsteine scheinen eine Windhutze gehabt zu haben, die vermutlich aus der Windrichtung gedreht werden konnte. Zum Jahrhundertende war die gerade Vierseitenform normal. Ab 1748 wurden die Küchenschornsteine aus Eisen gefertigt. Davor konnte es außer Eisen auch Kupfer sein. Die Küchenöfen bestanden bis 1752 aus feuerfestem Stein, danach kamen eiserne Öfen in Gebrauch.

Backschott: Das ist das hintere Schott. Zum Jahrhundertanfang wurde das Schott manchmal unter dem Backdeckende angeordnet, um so Schutz für das Deckspersonal zu bieten. Auf dem Modell der *Royal William* von 1719 (im National Maritime Museum) steht das Deck daher um etwa 3 ft (~1 m) über das Schott hinweg. Gewöhnlich befand sich das Schott jedoch in einer Flucht mit dem Deck. Zu dieser Zeit hatte das Schott in jeder Schotthälfte eine Tür, die meist zwischen Schottmitte und Schanzkleid saß. Es gab keine Fenster im Schott. Obwohl das Schott in der Regel flach gestaltet war, sind einige interessante Ausnahmen bekannt. Das Modell eines 50-Kanonen-Schiffes im National Maritime Museum besitzt an jeder Schottseite eine Bucht. Zwischen den Buchten befinden sich drei Türen. Nach 1740 hatten große Schiffe keine kompletten Schotts mehr sondern nur noch einen kurzen Schirm vor der Küche. Auf kleinen Schiffen verlief es weiterhin quer über das Deck.

Spille: Ein großes Schiff besaß zwei Spille, das vordere oder Rahtakelspill, das auf halbem Wege zwischen der Hauptluke und der Back stand, und das Hauptspill unter dem Achterdeck und auf halbem Wege zwischen Groß- und Besanmast. Beide hatten Spillspakenkränze. In Übereinstimmung mit Sutherland (1717)[8] besaß das Rahtakelspill am Beginn des 18. Jahrhunderts zwei Trommeln, das Hauptspill hingegen nur eine Trommel. Andererseits sagt William Falconer, dessen *Universal Dictionary of the Marine* erstmals 1769 erschien[9], daß das Hauptspill zwei Trommeln und das Rahtakelspill nur eine hatte. Zum Jahrhundertende hatten beide Spille auf großen Schiffen zwei Trommeln. Wenn das Hauptspill nur eine Trommel hatte, stand diese im unteren Kanonendeck. Das war auch der Fall mit der untersten Trommel des Rahtakelspills. Die zweite Trommel jedes Spills befand sich ein Deck höher, d.h. bei Dreideckern im Mitteldeck, bei Zweideckern und Fregatten im Hauptdeck. Als Folge waren die Rahtakelspille auf einem Dreidecker an Oberdeck nicht zu

283

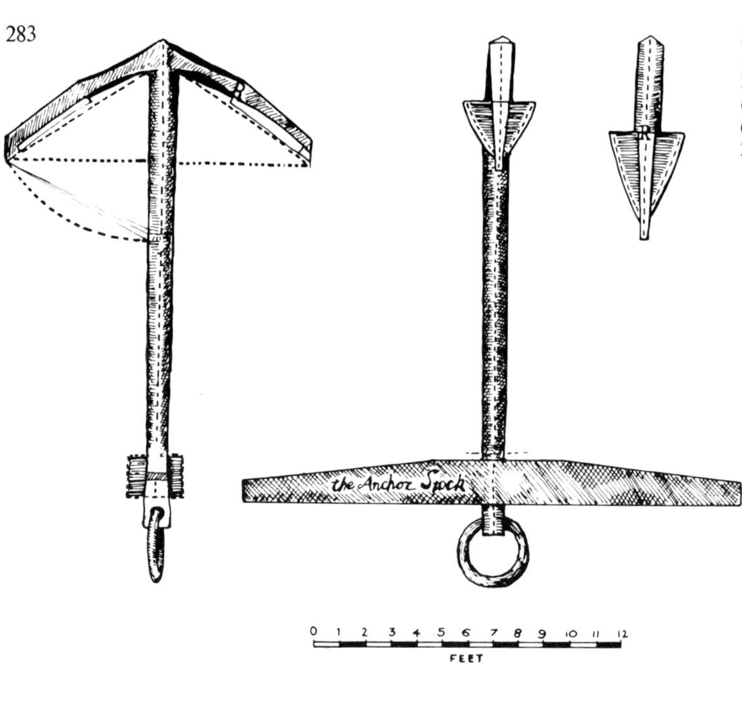

283. Ein Anker für ein großes 1677-ts-Kriegsschiff aus *Sutherlands Shipbuilding Unveiled*. Die Ankermuster variierten, jedoch benutzte die Royal Navy diesen Typ bis zum Beginn des 19. Jahrhunderts. Dann ersetzte man ihn durch den Rundbogentyp, bei dem die Arme teilweise rund waren.
(1 ft = 0,3048 m)

284. Niederländische Hecklaternen zu Ende des 17. und Anfang des 18. Jahrhunderts.

284

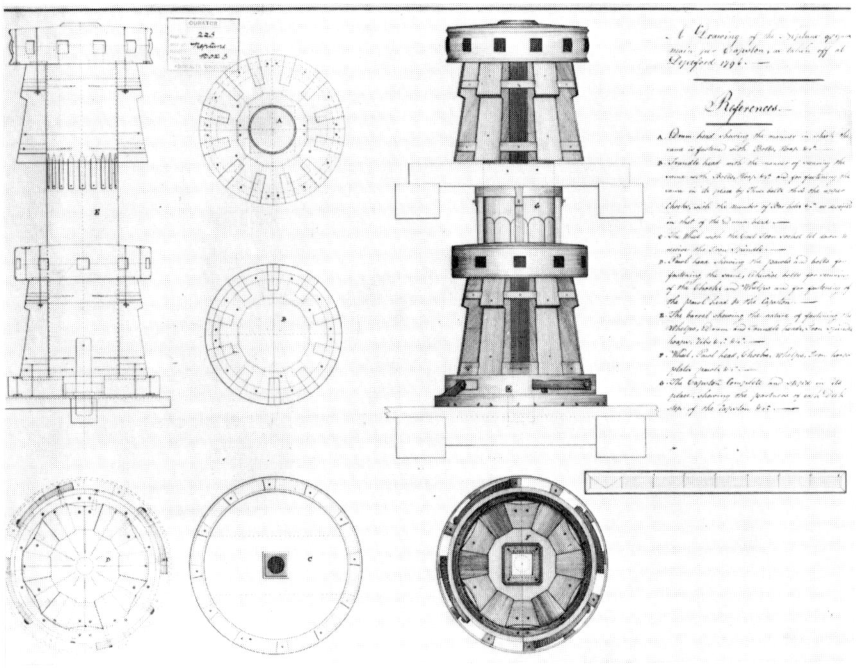

293. Die Skizze des Hauptrahtakelspills der *Neptune*, 98 Kanonen, so wie sie 1796 in Deptford erstellt wurde. Solche Pläne sind in den Admiralitätssammlungen selten.

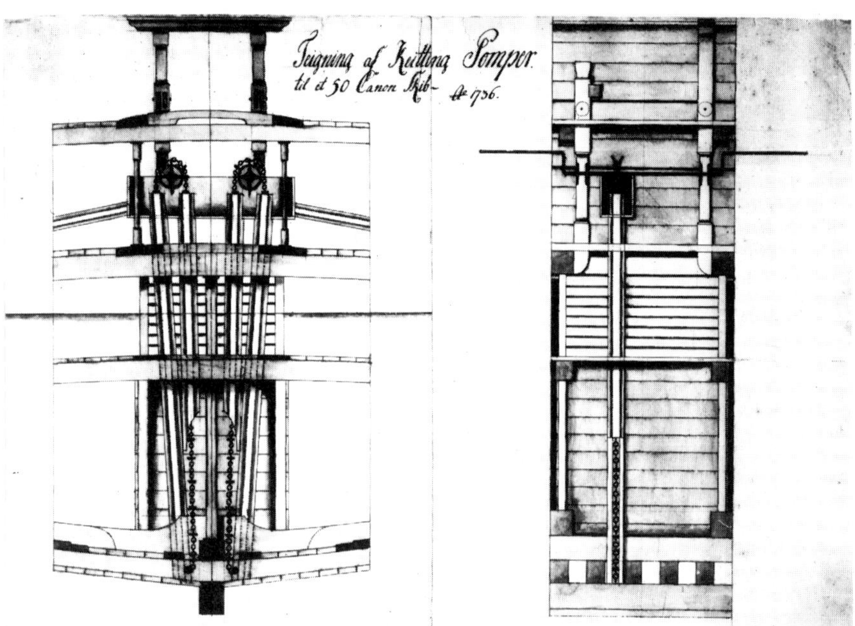

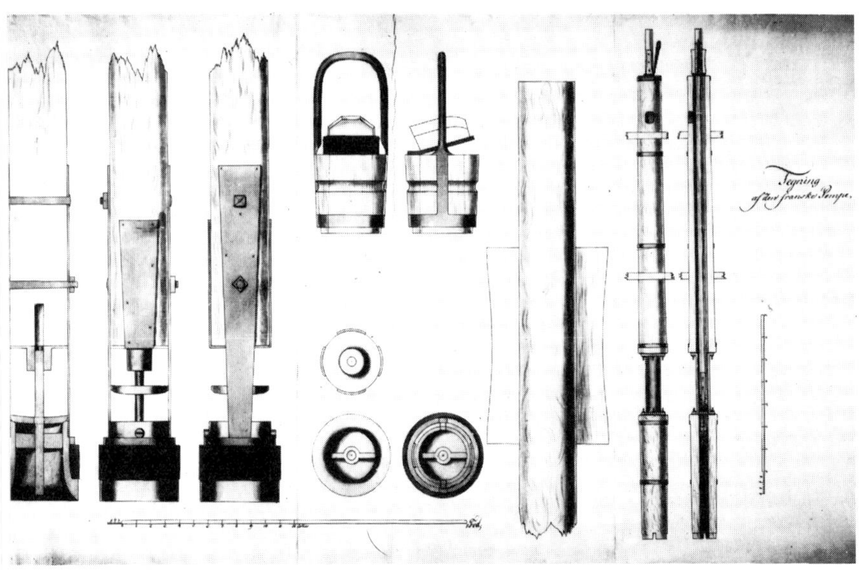

Zeitgenössische Autoren stimmen in der Kompaßbeschreibung überein, daß es sich dabei um ein dreiteiliges Häuschen handelte, das aus Holz gefertigt war und sich vor dem Rudergänger befand. Dann jedoch gehen die Meinungen auseinander.

Blanckley schreibt 1750: „Das Häuschen enthielt den Kompaß, eine Kerze zur Beleuchtung und ein Sandglas*.“ Er verschweigt jedoch, welche Abteilungen darin waren[13].

William Falconer stellt in seinem *Universal Dictionary of the Marine* (1769) fest: „Das Kompaßhäuschen, bis dahin ‚bittack‘ genannt, hatte drei Abteilungen. Die beiden äußeren enthielten je einen Kompaß, die mittlere eine Kerze oder Lampe, die die Kompasse durch Glastrennscheiben anleuchtete. Jede Abteilung hatte eine Jalousie, die offenbar vertikal wirkte.“

Die Kompaßhäuschen sind meist gleichlautend in *Elements and Practice of Naval Architecture* von Steel (1805) und in der überarbeiteten Ausgabe von Falconers *Universal Dictionary of the Marine,* die Burney 1815 fertigte, beschrieben.

Die Anzahl der Kompaßhäuschen auf einem Schiff ist unbestimmt. Autoren des 17. Jahrhunderts stellen fest, daß es nur eines gab. Das sagt auch Blanckley. Falconer ist jedoch ziemlich sicher, daß es zwei davon gab, eines für den Rudergänger und eines für den Mann, der das Steuern überwachte. Spätere Autoren wiederholten die Ansicht Falconers, jedoch erzählt uns keiner von ihnen, wo sich das zweite Kompaßhäuschen befand.

Es gibt einige Hinweise, daß manchmal mehr als zwei Kompaßhäuschen geführt wurden. Es ist jedoch nicht ausgeschlossen, daß diese nur als Reserve dienten, denn 1779 ordnete das Navy Board (die Admiralität) an, daß auf den Einheiten der 1., 2. und 3. Klasse nicht mehr als zwei genehmigt wären. Die verfügbaren Beweise lassen sich wie folgt zusammenfassen:

1. Im ersten Teil des Jahrhunderts hatten die Schiffe nur ein Kompaßhäuschen, das direkt vor dem Rudergänger stand.
2. Nach ~1750 gab es zwei. Die Position des zweiten ist jedoch unbekannt.
3. Bis 1779 hatten die drei größten Schiffsklassen mehr als zwei Kompaßhäuschen. Bis auf das des Rudergängers sind die einzelnen Standorte unbekannt.

Klampen, Kreuzhölzer, Nagelbänke: Diese wichtigen Merkmale werden auf Plänen selten gezeigt. Sie gehörten zum Standard, jeder Schiffbauer wußte, wo sie hingehörten. Auch an Modellen sind sie nicht häufig zu sehen, es sei denn, sie sind getakelt. So ist es oft schwierig, die Form dieser Teile auszumachen.

Verzierungen, Farbanstrich

Im Jahre 1700 vollzog die Admiralität die ersten Schritte in Richtung einer Kostenbegrenzung für die Dekoration von Schiffen. Aufgrund einer Anordnung sollten die Ausgaben für die Dekoration eines Schiffes 1. Klasse 500 £ nicht übersteigen. Am anderen Ende der Skala stand das Schiff 6. Klasse mit 25 £.

Wir müssen uns natürlich daran erinnern, daß das Geld jener Tage wesentlich mehr wert war. Ein noch drastischerer Befehl von 1703 ordnete an, daß sich das Schnitzwerk lediglich auf einen Löwen und ein Galionsbrett** zum Schnabel zu beschränken habe. Letzteres sollte anstelle von Konsolen mit Leisten gegen die Spanten gestützt werden. Das Heck sollte nur eine Reling und zwei Heckstücke (ge-

* Sanduhr (Anm. d. Übers.)

** Auf alten Schiffen der Kamm oder das Schnitzwerk zwischen den Seitenknieen der Galion. (Anm. d. Übers.)

294. Der dänische Plan einer englischen Kettenpumpe datiert von 1736 und gehört zu einem 50-Kanonen-Schiff. Bei Benutzung einer solchen Pumpe konnten sechs Mann pro Minute eine Tonne Wasser fördern, und es ist seltsam, daß sie in der französischen Marine so unbeliebt war.

295. Der dänische Plan einer französischen Saugpumpe. Im Vergleich mit den Kettenpumpen hatte sie den Vorteil, daß man das Wasser unter Druck setzen konnte, um es mit Schläuchen bei der Brandbekämpfung zu benutzen.

meint sind Figuren oder ähnliches) und anstelle von Konsolen zwischen den Hecklaternen, Galerien und Schotts Leisten an den Spanten erhalten. Die Zimmermannsarbeiten an den Seiten der großen Kammern, Aufbauten, Garderoben und Wachräume jedes Schiffes durften nur aus geschnittenen Brettern ohne Sims oder Leiste bestehen. Der Anstrich sollte mit gewöhnlicher Farbe geschehen[14].
Diese Auflagen führten hinsichtlich der Dekoration zu einer ‚Revolution'. Die Ausschweifungen des barocken Schnitzwerks und Anstrichs der Schiffe wurden durch einen neuklassischen Stil ersetzt, den wir heute den ‚Georgian' nennen. Mit fortschreitendem Jahrhundert tendierte man erneut zu einem überreichen Schnitzwerk. Dieses beschränkte sich jedoch auf die Heckreling und die Unterbauten der Heckgalerien. Die Dekorationen einiger Modelle des ersten Vierteljahrhunderts spiegeln das zeitgenössische Interesse an China wider. Der Löwe der Galionsfigur war in chinesischem Stil geschnitzt, auf dem Vordeckschott befanden sich aufgemalte Chinesen.
Der Schnabel: Trotz ihrer Unbeliebtheit wurde die Admiralitätsorder, die die Galionsfiguren aller Einheiten mit Ausnahme derjenigen der Schiffe 1. Klasse auf einen Löwen beschränkte, etwa zwanzig Jahre befolgt. Das Tier war im heraldischen Stil geschnitzt und hatte einen aufrechten Stand, so daß es über die Spitze des Schnabelknies hinwegschaute. Ab 1727 erlaubte die Admiralität Schiffen 2. Klasse, Figuren zu führen, die ihrem Namen entsprachen. 30 Jahre später wurde diese Genehmigung auf fast alle kleinen Fahrzeuge ausgedehnt. Ganz allgemein hatten die Schiffe 1. Klasse, die von der Order des Jahres 1703 befreit waren, sorgfältig ausgebildete Galionsfiguren. Sie hießen ‚double heads' (Doppelgalions), denn anstelle einer einzelnen stellten sie zwei dar. Es konnte sich um Darstellungen jener Gestalten handeln, nach denen das Schiff benannt war, meistens war es jedoch eine allegorische Figur. In den 1770er Jahren zeigten sich die Galionsfiguren oberflächlicher und einfacher. Viele Zeichnungen von Galionsfiguren dieser Periode sind erhalten geblieben.
Als später die Notwendigkeit weiterer Sparsamkeit stieg, machte man Versuche, sich aller Galionsfiguren zu entledigen und sie durch Schnörkelverzierungen zu ersetzen. Diese Maßnahme fand so wenig Anklang, daß man schon bald wieder zur Galionsfigur zurückkehrte. Davon ausgenommen waren die kleinen Schiffe, die mit Schnörkelwerk oder einem Bugkopf* auskommen mußten. Die Galionsfiguren waren gewöhnlich vergoldet oder goldfarben. In den 1760er Jahren griff die Mode, sie farbig zu gestalten, auch auf sie über. Das blieb so bis zum Ende der Segelschiffsära. Der Rest des Schnabels, das Knie, die Backen und das Galionsknie wurden gemäß Order von 1703 gestrichen. Das Schnitzwerk hielt sich im Rahmen. Die Relings hatten zumindest Zierleisten. Das Bugknie wie auch die untersten Barkhölzer waren schwarz gestrichen. Hinsichtlich des Farbanstrichs des restlichen Schnabels gab es allerdings einige Abweichungen. Die Anweisung aus dem Jahre 1703 beraubte auch das Vordeckschott seiner Schnitzereien. Sie wurden durch Stützpfeiler (Pilaster) und Bögen aus glatten Leisten ersetzt. Die so entstandenen Fächer wurden mit heraldischen Zeichen von Wappen, Blumenschnörkeln oder Motiven barocker Malerei ausgefüllt. Farbige Beispiele sind im Buch *Ship Models* des Science Museums zu finden[15].
Die Breitseite: In Übereinstimmung mit einer Admiralitätsorder von 1715 waren die Schiffsseiten mit der üblichen gelben Farbe zu streichen. Der Gund sollte schwarz sein. Beide Seiten hatten innen und außen schlichte Farben. Ausgenommen waren die Teile des Schnabels, Hecks und der Galerien, die einen oberen Abschlußrand (ein Fries) besaßen. Dieser war schlicht, und die Worte ‚usual colour yellow' (die übliche gelbe Farbe) weisen auf eine bekannte Tradition hin. Es gibt Beweise, daß man sich daran gehalten hat.
Trotzdem stimmen zeitgenössische Bilder und Modelle nicht mit dieser Anweisung überein und zeigen ‚bright' (leuchtende) Seiten. Das bedeutet, daß man die Farben mit Terpentin oder Firnis behandelt hat. Manche Modelle haben ihre Oberbauten mit einem zarten hellen Blau bemalt, wobei die Schnörkeleien und heraldischen Entwürfe goldfarben sind, und andere, obwohl hinsichtlich des Anstrichs mit den Admiralitätsanweisungen im Einklang, haben entlang der Oberseiten vergoldete Schnörkelteile. Diese Abweichung vom offiziellen Schema ist seltsam und weist auf ‚künstlerische Freiheiten' bei der Modelldekoration hin.
Nach 1740 bestehen allerdings keine Zweifel an individuellen Variationen beim Schiffsanstrich, denn es gibt Nachweise für Schiffe, deren Seiten völlig schwarz waren (das ließ sie kleiner aussehen, und man hoffte, daß das den Gegner zum Angriff verleiten würde). Und

* ‚fiddle head' = wie die Schnecke einer Violine als Bugverzierung. (Anm. d. Übers.)

Kriegsschiffsanstriche – Schlacht am Nil 1798

Royal Navy*		Französische Marine	
Alexander	Glatte gelbe Seiten	*Le Guerrier*	Dunkelgelbe Seiten
Audacious		*Le Conquerant*	
Bellerophon		*L'Aquilon*	Rote Seiten mit schwarzem Plattengang zwischen oberen und unteren Stückpfortenreihen
Defence			
Orion			
Mutine			
Goliath	Gelbe Seiten mit schwarzem Plattengang zwischen den oberen und unteren Stückpfortenreihen.	*Le Franklin*	Glatte gelbe Seiten
Leander		*L'Orient*	Dunkelgelbe Seiten
Majestic	Theseus zusätzlich gelbgestrichene Hängemattkleider mit schwarzen „Pforten", damit sie wie ein Dreidecker aussah	*Le Peuple Souverain*	
Theseus		*Le Tonnant*	Breite hellgelbe Seiten mit schmalen schwarzen Plattengängen in einer Flucht mit den Kanonenmündungen und zwei weitere zwischen oberem und unterem Deck
Swiftsure			
Vanguard			
Culloden	Gelbe Seiten mit zwei zusammenliegenden schwarzen Plattengängen zwischen oberen und unteren Stückpfortenreihen	*L'Heureux*	Sehr dunkelgelbe Seiten
		Le Mercure	
Zealous	Rote Seiten mit kleinen gelben Streifen	*Le Timoleon*	Sehr dunkelrote Seiten
Minotaur	Rote Seiten mit schwarzem Plattengang zwischen oberen und unteren Stückpfortenriehen	*Le Genereux*	
		Le Guillaume Tell	Hellgelbe Seiten mit schwarzem Plattengang zwischen oberem und unterem Deck
		Fregatten	Alle gelb

Andere Beispiele von Schiffen, die ähnlich bemalt waren, sind bekannt. Trotzdem erzählen uns Modelle und Bilder nichts davon. Die Erklärung ist relativ einfach. Weder die Admiralitätsbefehle noch die *Navy Board-Modelle* des 18. Jahrhunderts – und auch nicht die früherer Zeiten – können als Beweis für das wirkliche Aussehen eines Schiffes genommen werden.
* Königliche Marine/englische Kriegsmarine. (Anm. d. Übers.)

296. Ein Vorläufer des Steuerrades, die sogenannte Steuerwinde. Sie stammt von einem Modell um 1705.

297. Das Doppelsteuerrad mit Windentrommel und Rudertauen.

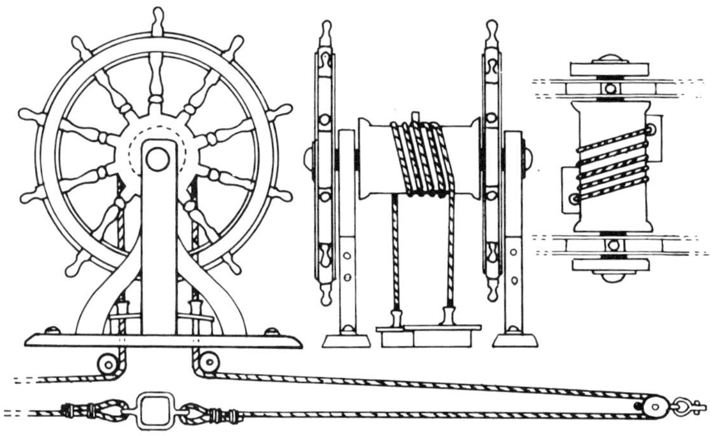

298. Die große mechanische Neuerung in Verbindung mit dem Steuerrad, der Ruderkranz, der hier mit Rollen zu sehen ist. Das Takel diente zum Nachregulieren der Spannung des Rudertaues.

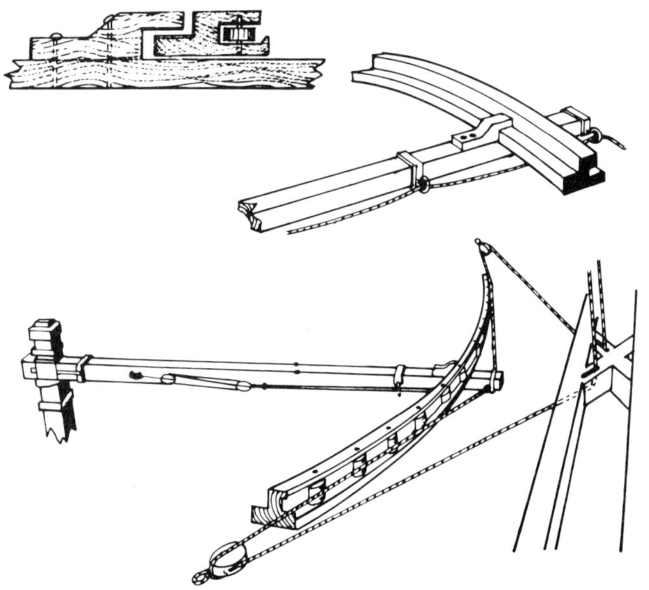

es gab andere, deren unterstes Barkholz und die Oberkante schwarz waren, während man die Zwischenräume rot gestrichen hatte. Die Geschichte des Schiffsanstrichs für die Jahre 1740 bis 1780 ist nie bis ins Detail erforscht worden. Es sind jedoch genügend Informationen ans Tageslicht gekommen, um zu beweisen, daß das Aussehen einer Flotte weit entfernt davon war, einheitlich zu wirken. Die offizielle Kenntnis dieser Tatsache untermauert eine Admiralitätsorder von 1780, die erlaubte, Schiffe schwarz oder gelb zu streichen. Von da an bis einige Jahre nach Trafalgar kann man recht unterschiedliche Anstriche beobachten[16].
Glücklicherweise blieb ein Bericht über das Aussehen der britischen und französischen Schiffe, die 1798 an der Schlacht am Nil teilnahmen, erhalten. Er wurde von Col. Fawkes erstellt, der an dieser Schlacht teilgenommen hat[17].

Das Heck: Die Änderungen der Heckdekorationen des 18. Jahrhunderts sind leichter zu verstehen, zumal man sich bei der Untersuchung an die begleitenden Abbildungen halten kann und nicht auf verbale Beschreibungen angewiesen ist. Das bemerkenswerteste an diesen Änderungen ist die Schnelligkeit, mit der der ‚Georgian'-Stil den Barockstil aufgrund der Beschränkungsorder von 1703 ersetzte. Der einzige Teil, der verblieb und an das alte verschwenderische Schnitzwerk erinnerte, war die Heckreling mit ihren Unterbauten, und nur die großen Schiffe hatten dort irgendwelche ausführliche Schnitzereien. Die Fahrzeuge der 5. und 6. Klasse mußten sich mit Zierleisten und Wandpfeilern zufrieden geben. Hier und da waren sie vergoldet oder vielmehr goldfarben.
Einige zeitgenössische englische Modelle besitzen ausgiebig bemalte Hecks (wie z.B. das Heck des 60-Kanonen-Zweideckers *Achilles* von 1757 im Science Museum London, das ebene, blau gestrichene Oberflächen mit Beute- und Siegesmotiven, Drapierungen sowie vergoldete Wappen zeigt). Es ist jedoch fraglich, ob das Schiff selbst in dieser sorgfältigen Manier gestrichen war. Es gibt allerdings keinen Zweifel daran, daß die Verwendung von Farben im 18. Jahrhundert weiter verbreitet als in jedem vorherigen Zeitraum war. Die Rohmaterialien für Farbe standen in genügender Menge zur Verfügung, so daß man von den schützenden Eigenschaften gut Gebrauch machen konnte. Die Farben selbst wurden aus dem Extrakt ihrer Bestandteile hergestellt, Öl oder Terpentin (Verdünnungsmittel) kamen hinzu, genauso wie es im gegenwärtigen Jahrhundert auch der Fall ist. William Sutherland hat die Materialien, die von den Naval Dockyards (Marinewerften) benutzt wurden, 1717 in seinem Buch *England's Glory or: Ship-building Unveiled* aufgelistet: Bleiweiß, Zinnoberrot, Rotocker, ‚spruce' (Preußisch Ocker), Englisch Ocker, Grünspan (nötig für Grün), ‚calcined smalt'/gebranntes Schmelzblau (eine Kobaltverbindung für Blau) und Schwarzblau.
Als Binder benutzte man Leinöl oder Leinölfirnis. Es gibt allerdings auch Beispiele unehrlicher Auftragnehmer, die stattdessen Leim genommen haben. Aus anderen Quellen wissen wir, daß man Goldfolie verwendete. Das geschah jedoch spärlich. Außerdem benutzte man Mennige, venezianisches Rot und Indischrot. Letztere verwendete man mehr für die Dekoration großer Flächen. Schmutzfarbene Anstriche erzielte man durch eine Mixtur verschiedener Farbreste. Man bezeichnete dieses passend als ‚sad colour' (trüber Anstrich). Er wurde bei Booten, für Bilgen und die Stirnflächen von Verbindungen benutzt.
In den 1780er Jahren nahm man für das Schiffsinnere Kreide. Deren Gebrauch vermehrte sich immer mehr, so daß das traditionelle Rot schließlich größtenteils verdrängt war.
Die Erläuterung der Anweisungen für den Schiffsanstrich des 18. Jahrhunderts anhand moderner Farbterminologien bereitet zahlreiche Schwierigkeiten. Nicht nur, daß den Farben im Vergleich zu heute Glanz und Ton fehlte, auch die Bezeichnung der Farben des 18. Jahrhunderts bezog sich bei mit dem heutigen übereinstimmenden Namen auf einen völlig anderen Farbton. Das Gelb, das im 18. Jahrhundert für die Oberränder benutzt wurde, war tatsächlich ein gelbliches Grau (nach der heutigen Bezeichnung), denn man mischte es aus Gelbocker. Es war sicherlich nicht so rein wie das moderne Farbmaterial und der Farbton matter als das heutige Äquivalent. Der Name Rot kennzeichnete nicht die glänzende Farbe von heute, sondern erinnerte vielmehr an frischgetrocknetes Blut.

Auch das Vergolden war nicht das, was man sich darunter vorstellt. Vieles davon war eine Farbe, die durch das Überpinseln eines weißen Untergrundes mit Firnis oder sogar Holzteer entstand. Sie glich in etwa der goldgelben Farbe, die man an alten Möbeln sieht und hatte niemals das messingartige Aussehen der ‚modernen' Goldfarbe. Die Unterschiede zwischen dem 18. Jahrhundert und moderneren Farben sind wichtig, wenn die Nachbildung eines Modells des 18. Jahrhunderts in Angriff genommen wird.
Es ist durchaus nicht ungewöhnlich, ein restauriertes Modell zu sehen, dessen Farbanstrich viel zu glänzend für die Zeit ist, die das Schiff repräsentieren soll.

Zwischendurchmesser der Bugspriets – 1759 und 1794

Datum	Hacke	1. Viertel	2. Viertel	3. Viertel	Spitze
1759	$^{3}/_{4}$	$^{30}/_{31}$	$^{9}/_{10}$	$^{3}/_{4}$	$^{5}/_{6}$
1794	$^{7}/_{12}$ querschiffs $^{2}/_{3}$ von oben nach unten	$^{60}/_{61}$	$^{11}/_{12}$	$^{4}/_{5}$	$^{5}/_{9}$ quadratisch

Masten und Rahen

Die hauptsächlichsten Änderungen im 18. Jahrhundert waren: Der Ersatz des Dreikantrahtoppsegels des 17. Jahrhunderts durch Gaffel-‚headsails'*; die Einführung zusätzlicher Stagsegel, bis an jedem hauptsächlichen Stag eines saß; der Ersatz des Lateinbesans durch ein Gaffelsegel. Auf Linienschiffen kamen ‚royals' (Royalsegel/Obersegel/Oberbramsegel) an die Fock- und Großmasten und auch an die Besanmasten kleiner Fahrzeuge. Außerdem kamen Leesegel an jede Rah des Fock- und Großmastes. Ausgenommen davon waren die Royals.
Um 1800 hatte die Segelfläche auf Kriegsschiffen ihre maximale Entwicklung erreicht. Sogar kleine Schiffe konnten bis zu 37 Segel setzen. Die Entwicklung der Gaffeltakelung stand dahinter nicht zurück. Das war besonders entlang der amerikanischen Küste der Fall. Die gewohnten Schwierigkeiten, die eine Takelvergrößerung mit sich brachte und ihre Unbrauchbarkeit für schnelles Manövrieren, das für ein Kriegsschiff notwendig ist, beschränkte die Verwendung der Gaffeltakelung auf die kleinen Unterstützungsfahrzeuge[18].
Auch bei den Spieren gab es kleine, die Form betreffende Änderungen. So wurden insbesondere die oberen länger. Das Stehende und Laufende Gut verblieb überwiegend so wie im 17. Jahrhundert und seine Bestandteile behielten ihre Abmessungen. Als die Schiffe allerdings größer wurden, ergaben sich bei jeder Klasse jedoch relative Maßverkleinerungen. Nichtsdestoweniger blieben die Taue dick und die Blöcke oftmals riesig. Das Takelwerk wurde um 1700 mehr oder weniger standardisiert. Daher ist es nicht erforderlich, sich damit im gleichen Maße und so eingehend zu befassen wie im Kapitel III. Nur die wichtisten Änderungen sind beschrieben.
Bugspriet, Klüverbaum und Außenklüverbaum: Am Jahrhundertanfang erhob sich der Bugspriet auf großen Schiffen in einem Winkel von etwa 36° und auf den kleinen um 33° (zur Horizontalen). In den 1790er Jahren betrug der Winkel 36°. Die Länge als Teil der Großmastlänge variierte zu den verschiedenen Zeiten wie folgt:
1711 = $^{2}/_{3}$ (0,67); 1719 = $^{11}/_{18}$ (0,61) bei Schiffen der 1. und 2. Klasse. $^{19}/_{32}$ (0,59) bei allen anderen; 1773 = $^{19}/_{32}$ (0,59); 1794 = $^{7}/_{11}$ (0,63) bei allen Schiffen mit mehr als 80 Kanonen. Bei Schiffen mit 74 Kanonen und darunter $^{3}/_{5}$ (0,6).
Der maximale Durchmesser betrug:
1711 = $^{9}/_{10}$ des Großmastes; 1719 = $1^{5}/_{9}$ in (3,9 cm) je yard der Länge auf Schiffen der 1. bis 4. Klasse. Bei Schiffen der 4. Klasse mit 50 Kanonen $1^{3}/_{7}$ in (3,6 cm) je yard der Länge. Bei Schiffen der 5. Klasse $1^{1}/_{3}$ in (3,4 cm) je yard der Länge. Bei Schiffen der 6. Klasse $1^{2}/_{9}$ in (3,1 cm) je yard der Länge. Die Proportion von 1773 war $1^{1}/_{2}$ in (3,8 cm) je yard der Länge.
1794 war der Bugspriet auf Schiffen mit 64 bis 100 Kanonen allerdings nur noch 2 in (5,08 cm) geringer im Durchmesser als dessen Länge. Auf Schiffen mit 50 Kanonen und darunter hatte er die gleiche Dicke. die Bugspriets verjüngten sich wie die Masten zu den Enden hin. Die dazwischenliegenden Durchmesser sind in der Tabelle angegeben. Während die Sprietsegelstenge am Außenende des Bugspriets verblieb, wurde die Außenspitze des Spriets senkrecht zur Wasserlinie abgeschnitten. Als man dann aber ein Eselshaupt für den Klüver-

* Alle Segel, die am Bugspriet, Klüverbaum und Außenklüverbaum oder vor dem vorderen Mast gesetzt werden. Manchmal schließt der Ausdruck auch alle Segel des Fockmastes ein. (Anm. d. Übers.)

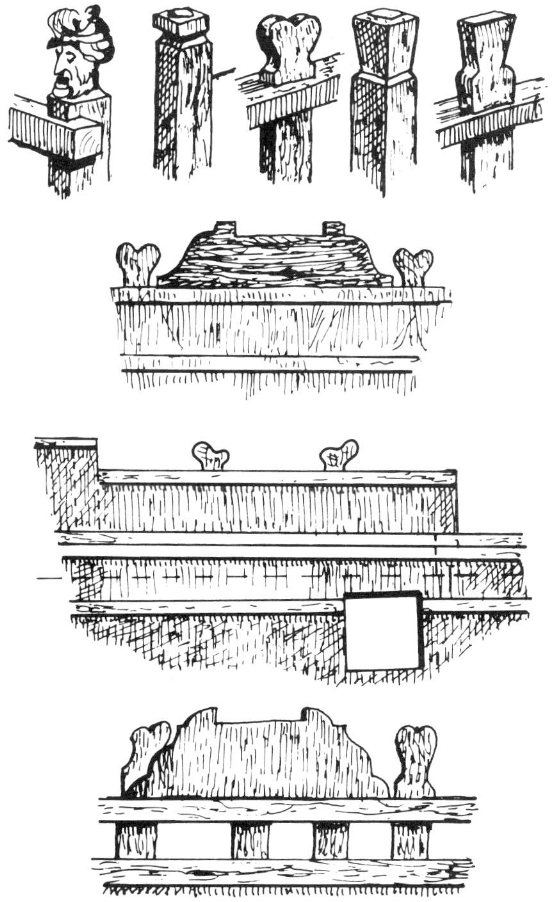

299. Englische Betinge (Poller) und Geländerstützen. Vom Anfang bis zum Ende des Jahrhunderts benutzte man diese in der gezeigten Reihenfolge von links nach rechts. Außerdem sind abgebildet: Fischdavitklampen und unten ein Kreuzholz auf dem Schanzkleid.

300. Geländerstützen niederländischen Stils, wie sie im späten 18. Jahrhundert auf Linienschiffen benutzt wurden.

301. Französische Geländerstützen. Die erste und dritte sind von der *Soleil Royal* (1690), die zweite ist von einem Schiff aus dem Jahre 1755, die letzte von einem Schulmodell des Jahres 1800.

baum anbaute, teilte man das Ende wie auf den Masttopps in einen Zapfen. Das Einführungsdatum des Klüverbaums (der anfangs als Außenklüverbaum bezeichnet wurde) ist unsicher. 1705 wurde er für kleine Fahrzeuge genehmigt und um 1714 ersetzte er auf allen Schiffen mit weniger als 60 Kanonen die Sprietsegelstenge. Um 1719 kamen Schiffe mit 70 Kanonen hinzu. Auf allen größeren Schiffen wurde sowohl der Klüverbaum als auch die Sprietsegelstenge geführt. Letzteres geschah bis 1745 offiziell sogar auf allen Schiffsklassen. Man muß allerdings feststellen, daß die Unbeholfenheit dieser Kombination zwangsläufig doch irgendwann dazu geführt hätte, die Sprietsegelstenge abzunehmen und zu verstauen. Ohne Frage ist das auch schon lange vor diesem Datum geschehen. Solange es die Sprietsegelstenge gab, wurde der Klüverbaum an der Steuerbord-Seite des Bugspriets befestigt. Falls es sogar ein Sprietsegelmars gab, verlief der Klüverbaum durch ein darin befindliches Loch. Nachdem die Sprietsegelstenge verschwunden war, kam der Klüverbaum an

Verjüngung des Klüverbaums – 1717 und 1794

Datum	Hacke	1. Viertel	2. Viertel	3. Viertel	Ende
1717	1	30/31	7/8	–	2/3
1794	1	40/41	11/12	5/6	2/3

Der maximale Durchmesser der Klüverbäume war 1719 1/42 seiner Länge und 1794 1/41.

302

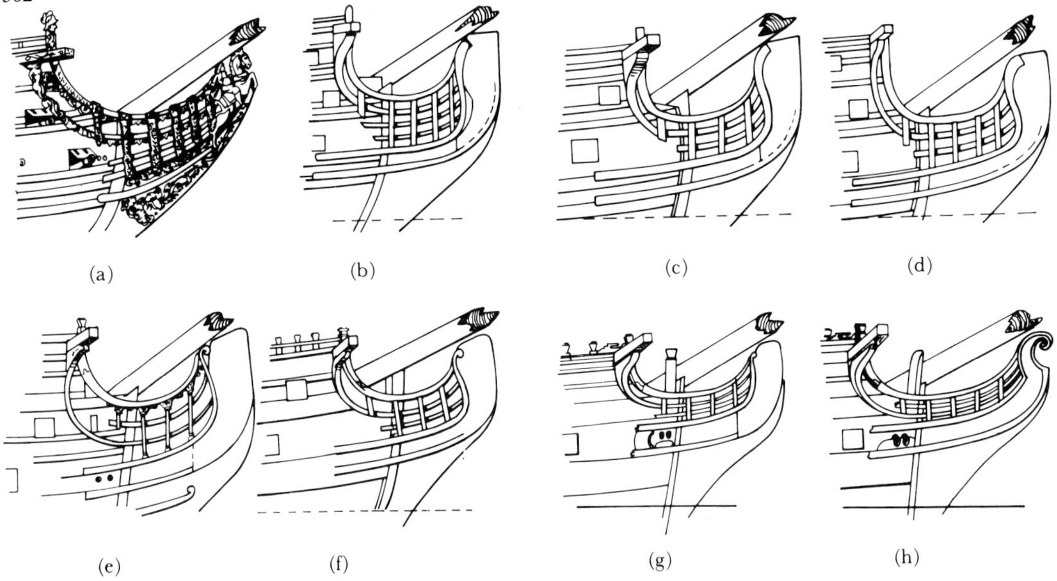

302. Englische Vorschiffe:
(a) Ein Schiff 1. Klasse nach Deane um 1670.
(b) *Ossory*, ein 90-Kanonen-Schiff von 1706/11.
(c) *Resolution*, ein 70-Kanonen-Schiff von 1708.
(d) *Cumberland*, ein 80-Kanonen-Schiff von 1710.
(e) *Ramillies*, ein 90-Kanonen-Schiff von 1748.
(f) *Canada*, ein 74-Kanonen-Schiff von 1759.
(g) *Albion*, ein 74-Kanonen-Schiff von 1778.
(h) *Courageous*, ein 74-Kanonen-Schiff von 1796.

303

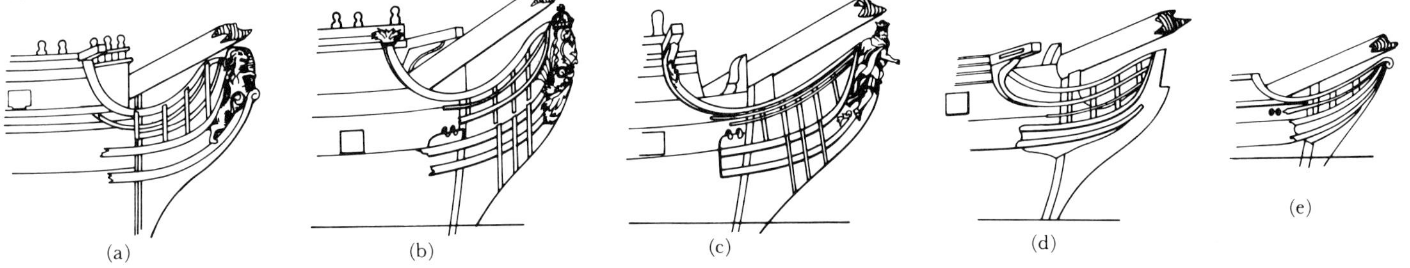

303. Französische Vorschiffe:
(a) *Berlin*, ein 64-Kanonen-Schiff.
(b) *Pompée*, ein 80-Kanonen-Schiff von 1793.
(c) *Genda*, ein 74-Kanonen-Schiff von 1815.
(d) Fregatte *Diana*.
(e) Korvette *Vesuve*.

305

304

304. Das zeitgenössische Modell eines 50-Kanonen-Schiffes des 1733er Haushaltes mit seiner Originaltakelung. Die Identität des Schiffes ist unsicher, es scheint jedoch die 1736 gebaute *Gloucester* zu sein, die Anson auf seiner Weltreise begleitete. Die Dekoration und besonders der Abschlußfries sind typisch für diese Zeit.

305. Die *Boekenroode*, ein 1729 in Amsterdam vom englischen Schiffszimmermann Thomas Davis gebautes 58-Kanonen-Schiff. Der Schiffskörper ist eine Kombination des ebenen Bodens niederländischer Fahrzeuge mit der Halbkreisform englischer Schiffe. Die Galionsfigur hat die aufrechte Haltung, die zu dieser Zeit, wie auch das meiste der Dekoration, modisch war. Die allgemeine Erscheinung erinnert an die englischen Schiffe dieser Periode.

306. Im Gegensatz zur Dekoration der vorangegangenen beiden Schiffe ist die spanische *San Josef* stark mit Farbschemas bemalt, hat jedoch kein Schnitzwerk. Dieses Schiff mit 112 Kanonen wurde 1799 bei St. Vincent von Nelson erbeutet. Die Skizze wurde 1799 in Plymouth abgenommen.

306

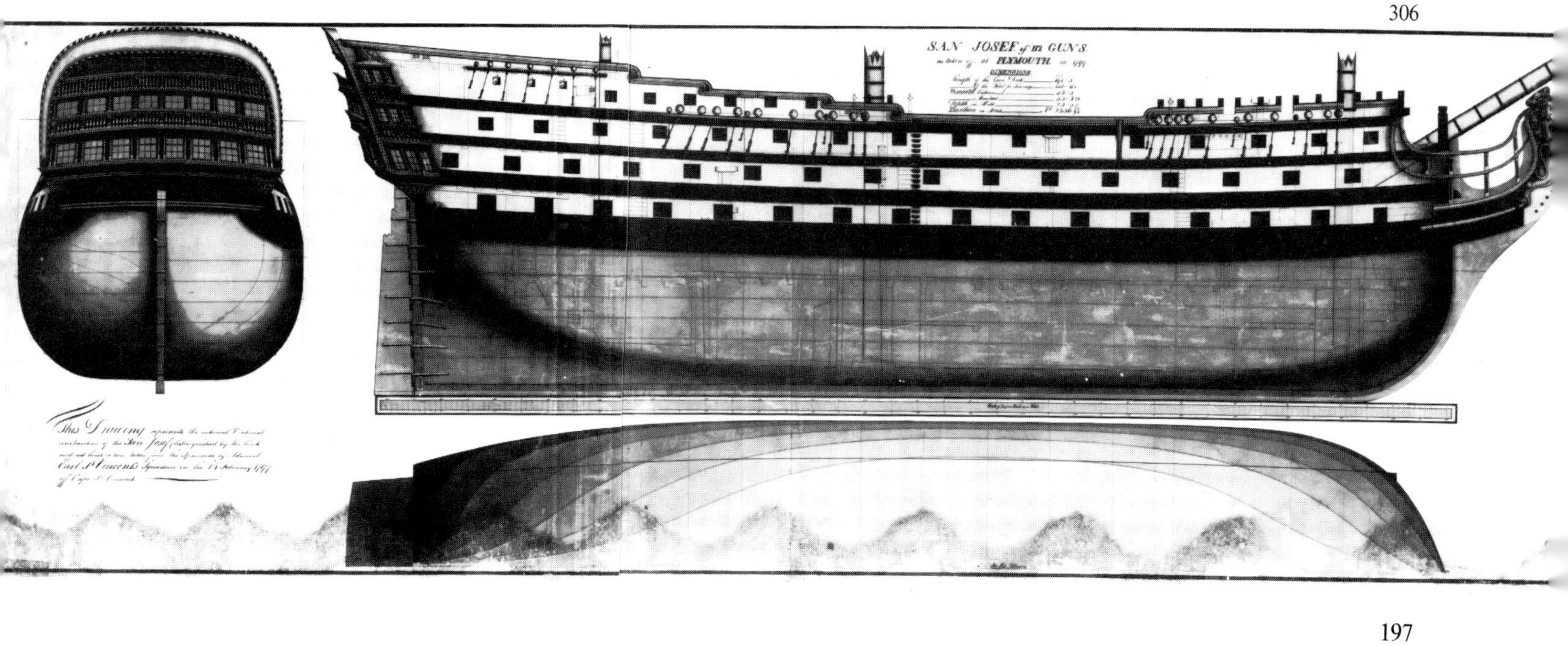

die Bugsprietspitze und wurde durch ein Eselshaupt gesichert. Am inneren Ende des Klüverbaums befand sich ein Loch, durch das die Lasching um den Bugspriet hindurchführte. Über der Lasching saß eine Scheibe für den Ausholer. Die Klüverbaumlänge nahm ständig zu. 1719 war sie auf großen Schiffe 0,37 der Großmastlänge, auf kleinen 0,35. 1773 betrug die Länge auf großen Schiffen 0,42 des Großmastes und 1794 0,455. Auf kleinen Fahrzeugen war es 0,43.
Anders als Bugspriets verjüngten sich die Klüverbäume zu den Enden hin. Der echte Außenklüverbaum (nach der späteren Terminologie) wurde erst gegen Ende des Jahrhunderts eingeführt.
Untermasten: Der Großmast war etwa in der Mitte des unteren Kanonendecks plaziert. Die Aufstellung der Fock- und Besanmasten war variabler. Am Jahrhundertende hatte sich die Position des Fockmastes jedoch stabilisiert. Die Stelle befand sich auf $^1/_9$ der Kanonendeckslänge, von der Bugsponung gerechnet. Für den Großmast waren es $^5/_9$ und den Besanmast $^{17}/_{20}$.
Das ganze Jahrhundert hindurch hatten der Groß- und Besanmast einen Fall nach hinten. Der Fockmast – obwohl manchmal auch mit Fall – stand überwiegend senkrecht. Das Ausmaß des Falls, manchmal auch die Position der Masten selbst, kann aus Erfahrungen und Segelerprobungen herrühren. Die *Royal George* von 1723 hatte z.B. einen senkrechten Fockmast. Der Fall des Großmastes betrug $^1/_{25}$

307

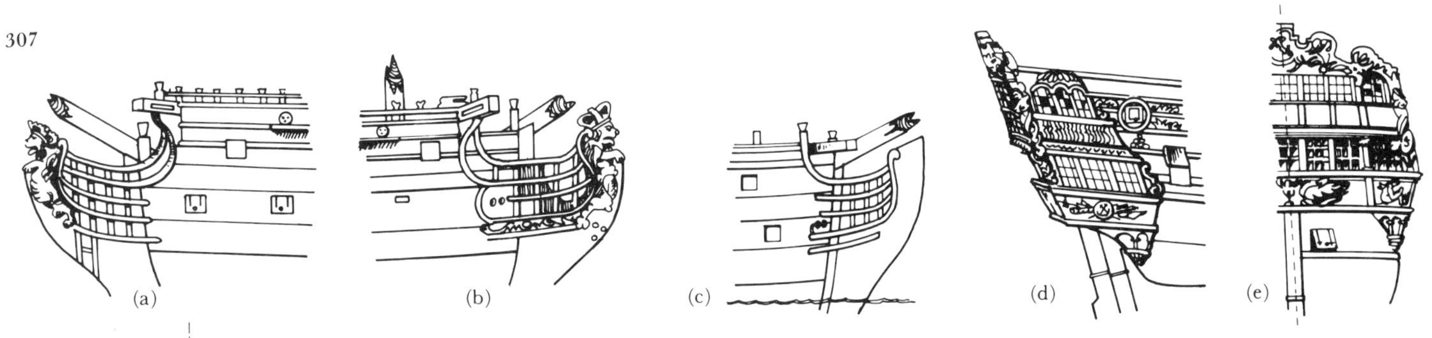

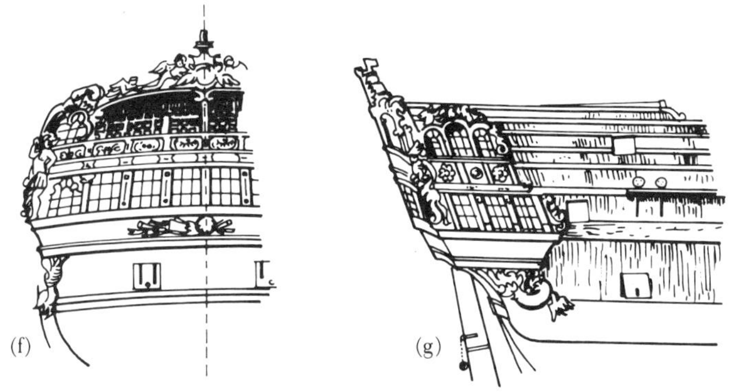

307. Niederländische Vorschiffe, Achterschiffe und Hecks:
(a) Ein 64-Kanonen-Schiff von 1778
(b) Ein Schiff von 1767
(c) Die *Hercules*, die 1797 übernommen wurde
(d) und (e) die *Boekenroode* von 1732 (siehe auch Abb. 305)
(f) und (g) ein 64-Kanonen-Schiff von 1749

308. Das Heck vom Modell eines 80-Kanonen-Schiffes aus dem 1719er Haushalt. Wenn man dieses Modell mit dem der *Prince* (171, 172) vergleicht, kann man die Umkehrung des Dekorationsstils erkennen, der sich gegen Ende des 17. Jahrhunderts ausbreitete. Die Heckform blieb für die nächsten 100 Jahre so, es gab nur vergleichsweise kleine Änderungen.

309. Das Heck vom Modell des 90-Kanonen-Schiffes *Boyne* aus dem Jahre 1790. Im Vergleich zur vorangegangenen Abbildung ist das Heck der *Boyne* breiter. Man beachte, daß die Heckpforten an der Unterkante aufgehängt sind. Gut zu sehen ist auch die große Ruderschaftöffnung.

308

309

seiner Länge und der des Besanmasts $^1/_{20}$. 60 Jahre später waren die empfohlenen Maße: Fockmast = senkrecht; Großmast = 1 in (2,54 cm) je yard seiner Länge ($^1/_{36}$); Besanmast = $^5/_8$ in (1,6 cm) je *Fuß* ($^1/_{19}$). Auf Fregatten und Slops lauteten diese Proportionen allerdings: Fockmast = $^1/_8$ in (7 mm) je yard; Großmast $^7/_8$ in (2,32 cm) je yard; Besanmast 1 in (2,54 cm) je yard.
Die Länge der Großuntermasten (auf der die Länge aller anderen basiert) war auf vielerlei Art zu berechnen. Die gewöhnliche war, daß man sie der halben Summe aus der Kanonendeckslänge plus der größten Breite gleichsetzte. Die angeführte Tabelle liegt einer alternativen Regel aus einem Manuskript von 1719 zugrunde.

Länge der Fock- und Besanmasten als Teil der Großmastlänge 1711 bis 1794

Datum	Fockmast	Besanmast
1711	$^7/_8$ – $^9/_{10}$	$^6/_7$
1719 und 1773	$^9/_{10}$	$^{11}/_{13}$
1794	$^8/_9$	$^{11}/_{13}$

Die Besanmasten des 18. Jahrhunderts waren in der Stauung eingesetzt und daher länger als viele Masten des 17. Jahrhunderts, die im unteren Deck eingesetzt waren.

Maximale Durchmesser von Untermasten – 1711 bis 1794*

Datum	Schiffstyp	Großmast (cm je yard)	Fockmast (cm je yard)	Besanmast (cm je yard)
1711	Groß	2,54	2,54	1,7
	Klein	2,22	2,22	1,7
1773		2,22	2,22	1,7
1794	64–100 Kanonen	2,54	2,54	1,52
	32–50 Kanonen	2,29	2,29	1,7
	28 Kanonen und weniger	2,22	2,22	1,7

* Alle Tabellenwerte wurden bei Umrechnung von „inch“ in „cm“ abgerundet. (Anm. d. Übers.)

Länge der Großuntermasten (nach einem Manuskript von 1719)

Schiffstyp	Länge
1. und 2. Klasse, sowie 3. Klasse mit 80 Kanonen	2,28 × Breite*
70 Kanonen	2,32 × Breite
60 Kanonen	2,34 × Breite
50 Kanonen	2,36 × Breite
40 Kanonen	2,38 × Breite
30 Kanonen	2,40 × Breite
20 Kanonen	2,42 × Breite

* Gemeint ist die Schiffsbreite. (Anm. d. Übers.)

Verjüngung der Untermasten – 1711 und 1794

Datum	Hacke	1. Viertel	2. Viertel	3. Viertel	An der Mastbacke	An der Quersaling	Topp quer	Topp von oben nach unten
1711	1	$^{40}/_{41}$	$^{11}/_{12}$	–	$^5/_6$	$^2/_3$	$^2/_3$	$^7/_{12}$
1794	1	$^{60}/_{61}$	$^{14}/_{15}$	$^6/_7$	–	$^3/_4$	$^2/_3$	–

Der Mast unter den Ausfütterungen verjüngte sich ähnlich wie an der Hacke. Der Durchmesser an dieser Stelle war $^4/_5$ des Maximums von 1711, später $^6/_7$.

310. Das Heck eines russischen 66-Kanonen-Schiffes aus der Mitte des 18. Jahrhunderts. Die Ähnlichkeit des Modells mit englischen Schiffen der gleichen Periode läßt vermuten, daß es sich um die *Lesnoye* handelt, ein Schiff, das 1743 durch den englischen Schiffskonstrukteur William Sutherland in St. Petersburg (heute Leningrad) gebaut wurde. Die Dekoration des Oberteils am Heck ist allerdings mehr französisch als englisch. Die Klappen der Breitseitpforten tragen an den Innenflächen den russischen Doppeladler.

311. Das Heck der französischen *L'Aimable*, die 1725 in Brest gebaut wurde. Die „architektonisch“ ausgearbeiteten französischen Hecks blieben bis in die 1770er Jahre und wurden schließlich durch einfache klassische Muster der charakteristischen Hufeisenform, die das Heck ohne Galerien umschloß, ersetzt.

312. Das dänische 70-Kanonen-Schiff *Wenden*, das 1742 in Nyholm gebaut wurde. Dänische Schiffe übernahmen im allgemeinen den französischen Dekorationsstil. Die Grundform des Hecks selbst war jedoch stets dänisch.

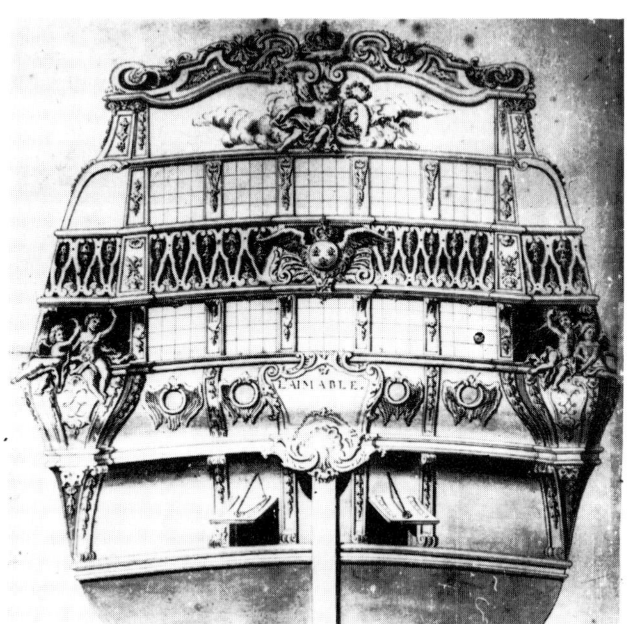

Mastseite ein Takel durchgeholt, das in einem Ringbolzen an Deck eingehakt war. Das Takelfall war durch die Poller gesichert. Falls sich Reeps in Gebrauch befanden, waren sie so getakelt, wie es bereits beschrieben worden ist. Solange die unteren Rahen zum Segeleinnehmen heruntergelassen werden mußten, waren die Schwertakel alles, was sie hochhielt. Als man von dieser Praxis in der zweiten Jahrhunderthälfte abging, wurde das Rahgewicht durch eine Schlinge gehalten, die sie mit dem Schwertakel auffing. Diese eben angeführte Darstellung bezieht sich nur auf die Fock- und Großrahen. Die Begienrah mußte nicht geheißt werden, daher entfiel bei ihr auch das Herunterlassen. Sie besaß keine Schwertakel oder Reeps und wurde lediglich durch eine Schlinge hochgehalten. Die Lateinrah besaß ein Schwertakel, das aus einem Einzel- oder Doppelblock an der Rah und einem Doppel- oder Dreischeibenblock am Masttopp bestand. Das Schwertakeltau begann am Masttopp und nach Durchlauf beider Blöcke wurde es an einem Augbolzen des Steuerbord-Besanpollers befestigt.
Als die Fock- und Großrahen dann ständig oben blieben, verschwanden die altertümlichen Racks mit ihren Rackklotjes und ‚sisters' (Doppelblöcken) vom Untermast. Man ersetzte sie durch ein Hängewerk. Die unteren Blöcke der Racktaljen wurden in Augbolzen eingehakt, die an jeder Mastseite im Deck saßen. Das Besanrack wurde bereits beschrieben (siehe Kapitel III).

Toppnanten: Die Fock- und Großrahen waren wie bereits beschrieben getakelt. Die Begienrahtoppnanten (spanische Toppnanten) begannen entweder am Marsschotblock oder von der Rahnock. Die oberen Enden liefen zu einem Ringbolzen im Eselshaupt.

Brassen: Die Brassen des frühen 18. Jahrhunderts waren nicht anders getakelt als die im 17.[20] In den 1790er Jahren änderte man allerdings teilweise die Brassenführung. Nachdem sie vom Standerblock nahe des Großstagkragens zu einem Einzelblock zurückkam, lief die Fockbrasse an der Vorseite der Großbetinge zu einem Scheibgatt und wurde dort belegt. Die Großbrassen begannen an den Viertelstücken des Hecks und nach Durchlauf der Standerblöcke an den Rahnocken kamen sie zu einem Klappblock (Fußblock) in der Nähe des Ausgangspunktes an der Innenseite des Schanzkleides zurück und wurden dort an einer starken Klampe belegt. Die Begienbrassen (Kreuzbrassen) hatten ein unterschiedliches Arrangement. Die Steuerbord-Brasse begann an einer mittleren Wante *der Backbord-Seite,* lief durch einen Standerblock, der etwas unter dem Ausgangspunkt saß und wurde von dort über einen Führungsblock herabgeführt, bis sie am Mittelwant eine Nagelbank traf, wo man sie belegte. Die Backbord-Brasse lief entgegengesetzt.

Blinde Rah: Die Blinde Rah blieb stets außenbords. Sie hing vom Bugspriet aus an einer Schlinge. Trotzdem war ein Fall getakelt, um die Rah an ihrem Platz zu halten. Die Brassen waren überwiegend wie im vorigen Jahrhundert getakelt. Sie begannen allerdings am Vormars und nicht am Vorstag. Die Blinde Rahtoppnanten begannen am Bugsprieteselshaupt, liefen durch Blöcke an den Rahnocken und kamen zu Einzelblöcken am Eselshaupt zurück. Von dort liefen sie zur Backdecknagelbank. Es gab auch spanische Toppnanten.

Schiebblinderah: Nur die neue Schiebblinderah unter dem Bugspriet bedarf einer Beschreibung. Im Gegensatz zur Blinde Rah war die neue Rah so getakelt, daß sie den Klüverbaum auf und ab laufen konnte. Sie hatte ein einfaches Rack und Fall. Das Fall war am unteren Ende des Klüverbaums befestigt. Die Schiebblinderahbrassen liefen direkt von den Rahnocken zu Blöcken an der Unterseite des Vormarses und von dort zum Hinterende der Back, wo sie belegt waren. Die Toppnanten liefen von den Rahnocken zu Blöcken am Ende des Klüverbaums und zurück an eine Rack über dem Bugspriet. Dort waren sie befestigt.

Vor-, Groß- und Besanmarssegelrahen: Die Vor- und Großmarsfallen auf großen Schiffen waren praktisch Schwertakel. Am unteren Ende jedes Drehreeps saß ein Einzelblock. Zwischen ihm und einem weiteren Einzelblock, der in einem Wirbelbolzen an der Rüste eingehakt war, lief ein Takelfall, das vom Boden aus mit einem Block an einem Reep begann. Vom unteren Block führte das Fall zu einem passenden Führungsblock und kam nach binnenbords. Die Vormarsfallen waren direkt hinter dem Backdeck belegt, die Großmarsfallen am Achterdeck. Die Besanmarsrahen der großen Schiffe und alle drei Marssegelrahen auf kleinen Fahrzeugen besaßen nur ein Einzelreep. Das untere Reepende hatte ein Takel, wie es gerade beschrieben wurde. Sein Fall war an der Steuerbord-Seite der Poop belegt. Alle drei Rahen hatten Racks. Marstoppnanten bestanden aus einem Einzelblock an jeder Rahnock und einem Doppelblock, der an den Marswanten nahe des Topps befestigt war. Die Toppnant begann am Marseselshaupt, lief durch den Rahnockblock, dann durch die untere Scheibe des Doppelblocks, danach nach unten und wurde an den Jungfernblöcken der unteren Wanten belegt. Vormarsbrassen begannen am Großstagkragen, liefen durch die üblichen Standerblöcke von den Vormarsrahnocken und dann durch Führungsblöcke am Großstag, die seitlich der vorderen Luke saßen. Sie führten weiter zu anderen Führungsblöcken am Backhinterteil und wurden dort in der Nähe belegt. Die Großmarsbrasen nahmen ihren Anfang am Besanstagkragen, liefen durch die Rahstanderblöcke und kamen zu Führungsblöcken unter den Backen am Besanmasttopp zurück, von wo sie zu einem Scheibgatt in den hinteren Besanpollern führten. Dort waren sie belegt. Besanmastbrassen wurden zum Gaffelaußenende (oder der Lateinrah) geleitet, von dort herab zur Heckrelingsvorkante, wo sie befestigt waren.

Bramrahen: Alle drei wurden durch ein Einzelreep aufgezogen, das durch ein Scheibgatt in der Bramstenge lief. Die Fallen der späteren Takel wurden an einem Querholz des Pollers hinter dem Mast belegt. Bramrahen besaßen Racks. Diese bestanden gewöhnlich aus zwei Reihen Rackklotjes mit Rippen. Falconer stellt jedoch fest, daß die Bramrahen nur ein einfaches Tau ohne Klotjes hatten. Das war offenbar auf kleinen Schiffen der Fall. Die Brassen waren in ähnlicher Art wie die Marsbrassen getakelt. Die Vorbrambrassen wurden zu Führungsblöcken voraus geführt, die an der Vormarshinterkante saßen und dann wieder hinunter zu Klampen, die sich an jeder Seite des Glockenstuhls befanden. Die Großbrambrassen liefen an der Innenseite der Besanwanten entlang und wurden an einer Klampe des vierten Besanwants belegt. Die Besanbrambrassen waren wie die entsprechenden Toppsegelbrassen getakelt. Bramtoppnanten waren einfach. Sie liefen von der Rahnock durch eine Kausche in den Bramwanten und waren im Topp darunter belegt.

Besangaffel: Die ersten Gaffeln des 18. Jahrhunderts waren so aufgezogen, wie es die Zeichnungen wiedergeben. Das Fall begann an den Gaffelbacken, lief hoch zu einem Einzelblock, der an der Hinterseite des Masttopps saß und hatte am Ende ein Takel, das sich aus einem Doppelblock (oben) und Einzelblock (unten) zusammensetzte. Das Takelfall wurde an einer Mastklampe belegt. Große Schiffe hatten ein anderes System. An den Gaffelbacken befand sich ein Doppelblock, ein weiterer hing von der Mitte der hinteren Quersaling. Das Fall begann vom oberen Block und durchlief beide Blöcke, kam an der Steuerbord-Seite dicht an der zweiten Besanwant zu einem Führungsblock an Deck herunter und wurde etwas dahinter am Schanzkleid befestigt. Die Piekfallen, die zum Halten des Gaffelaußenendes dienten, bestanden aus einem einzelnen oder doppelten Block, der am Masttopp saß und einem ähnlichen, der sich auf etwa $^2/_3$ des Weges entlang der Gaffel nach außen hin befand. Das Fall begann am Masttopp und war wie die Klaufallen getakelt, lief an Deck und wurde an der Backbord-Seite befestigt. Zum Versteifen der Gaffel waren am Außenende ein Paar Geere (auch Geerde oder Geie) angebracht. Auf kleinen Schiffen waren diese Geere wie Brassen getakelt. An den Enden saß ein Einzelblock an einem Paar Standern mit Führungsblock an jeder Seite der Heckreling. Die Takel begannen am oberen Block und waren an Heckrelingsklampen belegt. Auf großen Schiffen waren die Blöcke der Geerestander doppelt, die an den Heckrelingenden einzeln. Die Fallen begannen an den unteren Blöcken und waren wie zuvor ebenfalls an Klampen belegt. Am äußeren Gaffelende befand sich ein Einzelblock, der an einem Augbolzen befestigt war. Dieser saß axial in der Gaffel und war für die Flaggenfallen vorgesehen.

Treiberbaum*: Die Takelung dieser Spiere war später ein Rack, ein Leedirk zum Halten des Außenendes, ein Schot und ein Geerestan-

* Treiber = ein gelegentlich bei gutem Wetter zur Besangaffelpiek geheißtes Rechtecksegel, dessen untere Enden durch einen Baum auseinandergehalten werden. Der Baum liegt querschiffs und ragt mit seinem Ende über die Hinterschiffsleeseite hinaus. (Anm. d. Übers.)

der, um die Quersteuerung zu führen. Das Rack war ein Einzeltau mit Rackklotjes, die zwischen den Enden der Baumbacken saßen. Das Leedirk war doppelt, so daß die Leetoppnant gelockert werden konnte, um sie so vor einem Scheuern am Segel zu bewahren. Die Toppnant begann am Baumaußenende und lief durch Einzelblöcke an den Masttoppseiten. An ihrem Ende befand sich ein Doppelblock. Dazwischen saß ein Takel. An der Besanrüste war ein Einzelblock eingehakt. Die Takelfallen begannen an den Doppelblöcken und wurden an jeder Seite des Besanmastes an Klampen belegt.
Zum Aufhalten des Bauminnenendes gab es kein Takel. Die Backen ruhten an der Hinterkante des Besanmastes auf einem Holzsattel. Das Schot bestand aus einem Doppelblock, der etwa in der Baummitte befestigt war. Das war der Fall, wenn der Baum über die Heckreling hinausragte. War es anders, saß er nahe am Baumende. Ein weiterer Doppelblock saß entweder an einem Augbolzen an Deck oder an einem kurzen eisernen Querschiffs-‚horse' (Pferd, auch Baumnocking), direkt vor der Heckreling. Beim ersten Arrangement war das Takelfall nahe des unteren Blocks an einer Klampe belegt. Wenn sich jedoch auf dem Baumnockring ein ‚traveller' (Läufer) befand, wandte man entweder das gleiche Arrangement an oder man befestigte das Takelfall - wie auf kleineren Schiffen - am hinteren Block. Die Bäume hatten zeitweise auch Brassen und nahe dem Schotblock Geerestander mit ein Paar Arbeitstaljen dazwischen und einer passenden Holzstütze an jeder Seite.

Fußtaue: Das waren reguläre Anbauten an allen Rahen, am Klüverbaum und Außenbordteil des Treiberbaums. Im Verlauf des späteren Jahrhunderts wurden die Binnenbordenden-Fußtaue der Rahen an der Gegenseite der Rahmitte, vom Ausgangspunkt gesehen, befestigt (an der Rahnock). Fußtaue hingen etwa 3 ft (~ 1 m) unter der Rah und wurden an jeder Seite von vier Steigbügeln unterstützt. Marsrahen hatten kurze Fußtaue, ‚Flemish horses' (Nockpferde) genannt. Sie saßen zusätzlich zu den normalen Fußtauen an den Rahnocken. Die Klüverbaumfußtaue (bekannt als ‚horses'/Pferde, wie alle anderen Fußtaue) liefen zwischen dem Klüverbaumaußenende und einem Punkt etwas innenbords des Bugsprieteselshauptes. Die Bugsprietlaufstage waren an der Oberseite des Eselshauptes angebaut und entweder zwischen dem Vorstagkragen und Vorkante Gangway vom Bugspriet zum Backdeck (auf großen Schiffen) oder zum Vordeckschott (auf kleinen Schiffen) angeordnet. Die Treiberbaumpferde waren wie die Rahfußtaue angeordnet und saßen zwischen Baumaußenende und Schotblockstropp.

Blöcke, Jungfernblöcke: Die Größe eines Blocks wurde von zwei Faktoren bestimmt: Der Mindestgröße der Scheibe, die das Tau aufnahm und den Zerreißbeanspruchungen zu widerstehen hatte, und dem kleinsten Radius, der verwendet werden konnte, ohne daß die Taufasern überanstrengt wurden. Wenn man ein Tau zu stark forderte, litt seine Haltbarkeit. Von beiden Faktoren hatte der erste den größten Einfluß, denn bis ins 18. Jahrhundert hinein waren die Scheiben wie in den Jahrhunderten zuvor aus heimischem Hartholz - Esche oder Eiche - gefertigt und mußten deshalb groß sein. Folglich waren die Blöcke das Ergebnis langjähriger Erfahrungen und wurde in der Praxis die Länge eines Blocks stets als das Vielfache der Größe (des Umfangs) seines Taues angegeben. Die Länge eines Takelblocks entsprach z.B. $2^3/4$ mal dem Tauumfang. Die anderen Dimensionen sind nicht oft niedergeschrieben. Die ersten umfassenden Details finden sich in *Ship-building Unveiled* (1717) von Sutherland. Die Beispiele sind diesem Werk entnommen. Um die Jahrhundertmitte kamen neue und verbesserte Blöcke in Gebrauch. Sie hatten anstelle der altmodischen hölzernen Bolzen solche aus Eisen. Diese wurden von Walter Taylor, einem Blockmacher, und seinem Sohn eingeführt. Man sagt, daß die neuen Blöcke kleiner waren als die alten, und daß *HMS Centurion* (1770) mit Blöcken, die halb so groß wie die normal gebräuchlichen waren, zufriedenstellend getakelt gewesen ist. In welchem Ausmaß diese Feststellung berechtigt ist, ist unklar. Eine Reduzierung der Blockgröße ist offenbar in den 1770er Jahren vorgenommen worden, das Ausmaß umfaßte jedoch noch nicht einmal 50% der Gesamtzahl.
Jungfernblöcke hatten gewöhnlich einen Durchmesser, der ½ mal dem Durchmesser des zugehörigen Mastes entsprach. Alternativ war das zweimal die Stärke der Wanten. So war es wenigstens am Jahrhundertanfang. Das Verhältnis verkleinerte sich bald auf etwa $1^1/2$ mal der Wantengröße. Es gab jedoch einige Variationen von einem Mast zum anderen. Das ganze Jahrhundert hindurch waren die Jungfernblöcke bi-convex und rund in ihrer Außenformgebung. Wenn man sie jedoch nach den Zeichnungen zeitgenössischer Bücher über Takelwerk beurteilt, waren die ersten Jungfernblöcke in ihren Proportionen zur Breite dicker als jene - sagen wir einmal - der 1790er Jahre. Volle Einzelheiten über die Größe und Arten der Blöcke und Jungfernblöcke findet man in *The Masting and Rigging of English Ships of War 1625-1860*[18].

Dimensionen von 2- und 3-Scheibenblöcken – 1717*

	2 Scheiben	3 Scheiben
Länge	33 cm	33 cm
Breite	27,9 cm	27,9 cm
Breite des Scheibgatts	3,8 cm	3,8 cm
Zwischenräume (= Aufteilung)	2,2 cm	2,2 cm
Backendicke	4,8 cm	5,1 cm
Scheibendurchmesser	21,6 cm	21,6 cm
Scheibendicke	3,5 cm	3,5 cm
Bolzendurchmesser	6,7 cm	4,8 cm
Gesamtdicke des Blocks	17,8 cm	26 cm

* Bei der Umrechnung von „in" in „cm" wurden die Werte abgerundet. (Anm. d. Übers.)

Bewaffnung

Am Ende des 17. Jahrhunderts hatte sich die Kriegsschiffsarmierung soweit stabilisiert, daß man sagen kann: Jedes komplette Kanonendeck enthielt Kanonen des gleichen Kalibers und aufeinanderfolgende höhere Decks trugen leichtere Kanonen. Bei der Klassifizierung hatte es ebenfalls einen Wechsel gegeben. Die altehrwürdigen Na-

Dimensionen von Blöcken – 1717*

	Beispiel 1	Beispiel 2	Beispiel 3	Beispiel 4	Beispiel 5
Länge	20,3 cm	20,3 cm	33 cm	33 cm	30,5 cm
Breite	17,8 cm	15,2 cm	27,9 cm	27,9 cm	22,9 cm
Breite des Scheibgatts	3,2 cm	2,9 cm	3,8 cm	3,8 cm	5,1 cm
Backendicke	3,5 cm	2,9 cm	4,4 cm	3,8 cm	3,8 cm, 5,1 cm**
Scheibendurchmesser	12,7 cm	12,7 cm	22,9 cm	21,6 cm	17,8 cm
Scheibendicke	2,9 cm	2,5 cm	3,5 cm	3,5 cm	4,8 cm
Bolzendurchmesser	2,5 cm	2,2 cm	3,2 cm	3,5 cm	3,5 cm
Gesamtdicke des Blocks	9,5 cm	8,3 cm	12,7 cm	11,4 cm	13,9 cm

* Bei der Umrechnung von „in" in „cm" wurden die Werte abgerundet. (Anm. d. Übers.)
Das Beispiel mit ** hat verschiedene Backen

Verhältnis der Einzelteile von Einzelblöcken zueinander – 1717

	1. Beispiel	2. Beispiel	3. Beispiel	4. Beispiel	5. Beispiel
Länge : Breite	8 : 7	4 : 3	13 : 11	13 : 11	? : 3
Länge : Dicke	15 : 7	5 : 3	13 : 5	20 : 7	11 : 5
Blockbreite : Scheibendurchmesser	7 : 5	6 : 5	11 : 9	9 : 7	9 : 7
Scheibendurchmesser : Scheibendicke	31 : 7	5 : 1	20 : 3	25 : 4	15 : 4
Breite des Scheibgatts : Backendicke	10 : 11	1 : 1	6 : 7	1 : 1	verschieden
Bolzendurchmesser : Blockdicke	1 : 5	7 : 40	2 : 9	3 : 9	1 : 4

Sutherland bevorzugte die Proportionen des 3. Beispiels

Verhältnis der Einzelteile von 2- und 3-Scheibenblöcken zueinander

	2 Scheiben	3 Scheiben
Länge : Breite	13 : 11	13 : 11
Länge : Dicke	12 : 7	9 : 7
Blockbreite : Scheibendurchmesser	9 : 7	9 : 7
Scheibendurchmesser : Scheibendicke	25 : 4	25 : 4
Breite des Scheibgatts : Backendicke	4 : 5	3 : 4
Breite des Scheibgatts : Scheibendicke	10 : 9	10 : 9
Bolzendurchmesser : Blockdicke	4 : 19	2 : 13
Dicke der Zwischenräume : Scheibendicke	7 : 11	7 : 11

men ‚Cannon-royal‘, ‚Culverin‘, ‚Falcon‘ und andere waren veraltet, die Kanonen wurden nun nach ihrem Geschoßgewicht eingeordnet. Da sich die Proportion jedes Kanonenteils nach dem Kaliber richtete und dieses umgekehrt nach dem Geschoßdurchmesser (folglich nach seinem Gewicht), war die Klassifizierung nach dem Geschoßgewicht bequem, einfach und leicht verständlich. Während der meisten Zeit des Jahrhunderts gab es zehn Standardgewichte der Kugelgeschosse: 43, 32, 24, 18, 12, 9, 6, 4, 3 und 0,5 lb.* Letzteres galt für Drehbassen. Im letzten Vierteljahrhundert kamen ‚Carronades‘ zur Aufstellung. In den 1790er Jahren waren die größten von ihnen 68 Pdr. Die Kanonen in der Tabelle für das Jahr 1773 sind sämtlich Lafettenkanonen. Trotzdem trugen die Schiffe nach 1780 teilweise zusätzlich eine Anzahl ‚Carronades‘. Infolge einer seltsam anmutenden Abmachung wurden die ‚Carronaden‘ nicht als Teil der Kanonengesamtzahl gerechnet. Der Unterschied zwischen der ‚theoretischen‘ und tatsächlichen Kanonengesamtzahl grenzte manchmal ans Lächerliche. Die *Victory* von 1793 hatte 2 x 32 Pdr- ‚Carronades‘ auf dem Achterdeck, zwei weitere auf der Back und 6 x 18 Pdr auf der Poop, aber insgesamt 110 Kanonen. Die *Ramillies* (1774) hatte 8 x 12 Pdr-‚Carronades‘. Die Unterschiede waren jedoch auf Fregatten und kleineren Fahrzeugen besonders ausgeprägt. Die *Hyaena*, nominell ein 24-Kanonen-Schiff, trug zusätzlich zu ihren 24 Lafettenkanonen noch 10 x 12 Pdr-‚Carronaden‘. Ein noch bemerkenswerteres Beispiel ist die vormals französische Fregatte *Prevoyante**. 1795 als 36-Kanonen-Schiff klassifiziert, besaß sie darüber hinaus 20 verschiedene ‚Carronaden‘. Neben ihren Lafettenkanonen hatten die Schiffe während der meisten Zeit des Jahrhunderts noch eine zweite Armierung (Mittelartillerie). Diese bestand aus ‚Swivels‘ (Drehbassen). Nachdem auch sie veraltet waren, ersetzte man sie ebenfalls durch ‚Carronaden‘. Die ‚Swivels‘ waren Vorderlader, die entlang der Reling und manchmal in den Marsen standen. Sie waren vornehmlich ‚man-killers‘, konnten jedoch auch mit Erfolg gegen Boote eingesetzt werden. Auf großen Schiffe gab es nicht viele ‚Swivels‘, kleinere Fahrzeuge führten sie hingegen sicherlich in größerer Stückzahl. Das zeitgenössische Modell eines 20-Kanonenschiffes von 1719 im National Maritime Museum hat entlang seiner Schanzkleider 22 ‚Swivels‘ sitzen. Die ‚Swivel‘ stand zwischen den Backen eines Eisenständers, dessen Unterteil in einem Holzbalken saß oder in einem speziellen Pfosten, der mit seinem Fuß im Deck steckte und mit Stropps am Schanzkleid oder der Reling befestigt wurde. Die Oberkanten beider Arten waren mit Eisen umwickelt, um zu verhindern, daß sie durch den Rückstoß zersplitterten. Manchmal befanden sich auch ‚Swivels‘ im Mars. Diese Praxis war bei der Royal Navy jedoch nicht sehr be-

* 1 lb = 1 pound = 0,4536 kg, also: 19,051 kg, 14,515 kg, 10,886 kg, 8,164 kg, 5,443 kg, 4,082 kg, 2,721 kg, 1,814 kg, 1,360 kg und 0,227 kg. (Anm. d. Übers.)

* Am 17. 5. 1795 durch die englischen Schiffe *Thetis* und *Hussar* vor Chesapeake/Nordamerika erobert. (Anm. d. Übers.)

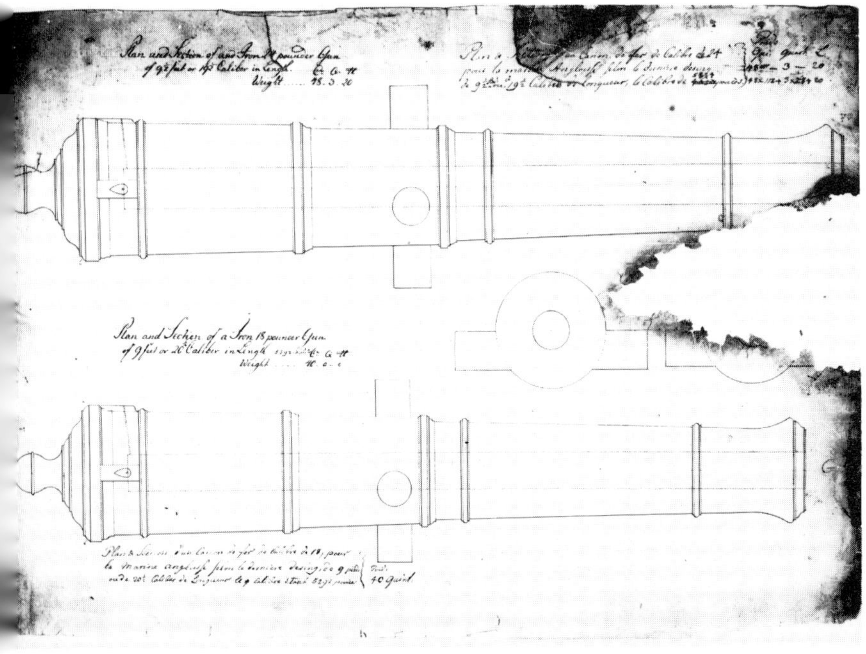

321. Weil britische Marinekanonen im 18. Jahrhundert in die Zuständigkeit des Waffenamtes der Armee fielen, sind Pläne über Standardkanonen in der Admiralitätssammlung nur selten zu finden. Dies ist der dänische Plan einer eisernen englischen 24 Pdr und 18 Pdr, wie sie in der Ausrüstung von 1743 vorgesehen waren.

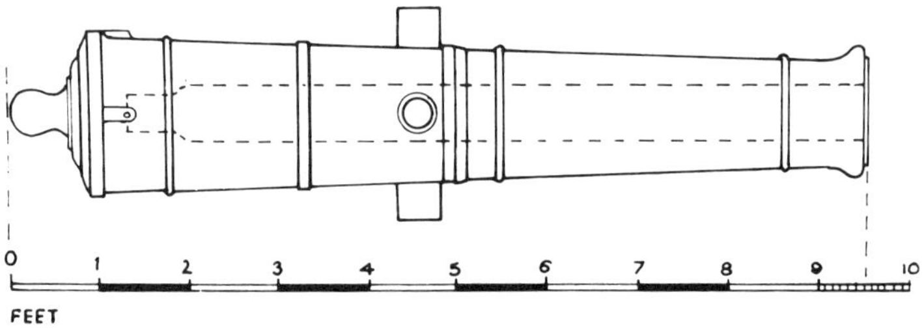

322. Nach einer Order von 1753 kam es zu einer kurzlebigen Ausrüstung mit sehr leichten Kanonen. Diese Zeichnung basiert auf einem Plan der dänischen Marine und zeigt einen 32 Pdr von 9 ft 6 in (2,90 m) Länge mit 53,75 cwt (2,63 ts) Gewicht. Diese Kanonen waren nicht nur leichter, sondern auch kürzer als vorangegangene Standardmodelle. Man fand die Kanonen unbefriedigend und sie wurden um 1760 ersetzt.
(1 ft = 0.3048 m)

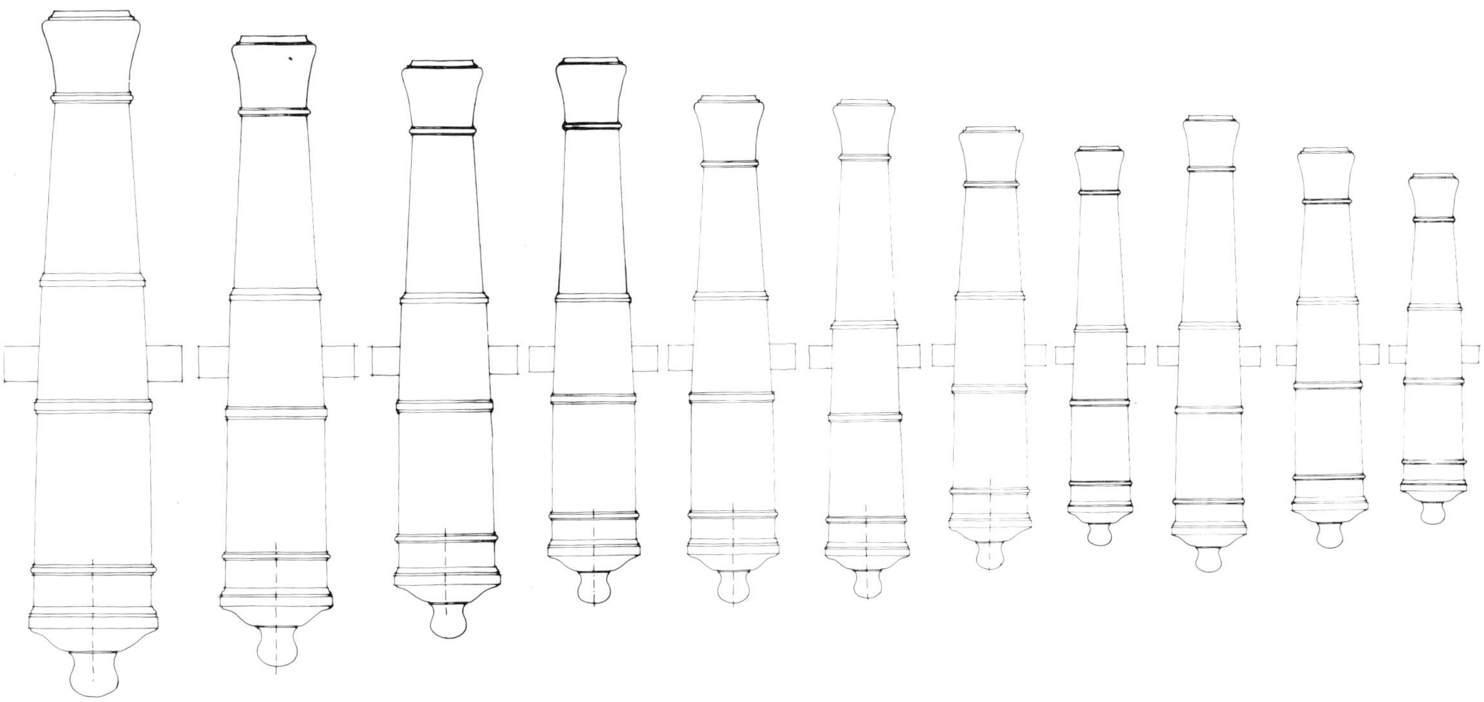

323. Die französische Kanonenaufstellung von 1674 und 1689 (siehe → 217) wurde 1721 und 1733 gewichtsmäßig geändert, jedoch blieben die Abmessungen bestehen. 1758 hatten sich die 32 Pdr auf 3,20 m stabilisiert. Erst um 1766 kam es zu einer allgemeinen Revision, bei der die Kanonen merklich verkürzt wurden: 36 Pdr auf 2,88 m, 24 Pdr auf 2,72 m, 18 Pdr auf 2,56 m, 12 Pdr auf 2,40 m, 8 Pdr auf 2,19 m, 6 Pdr auf 1,975 m und 4 Pdr auf 1,76 m. 1778 gab es eine erneute Änderung, bei der die Kanonen vom 12 Pdr an abwärts als kurze und lange Typen eingeführt wurden. Die Längen dieser Kanonen waren danach: 36 Pdr = 2,87 m, 24 Pdr = 2,729 m, 18 Pdr = 2,492 m, 12 Pdr = 2,413 m und 2,176 m, 8 Pdr = 2,19 m und 1,92 m, 6 Pdr = 2,015 m und 1,74 m, 4 Pdr = 1,75 m und 1,53 m. (Skizzen: Jean Boudroit)

324. 1786 wurden die französischen Kanonenkonstruktionen vereinfacht und sahen dann wie abgebildet aus. Die Länge betrug nun: 36 Pdr = 2,865 m, 24 Pdr = 2,735 m, 18 Pdr = 2,572 m, 12 Pdr = 2,43 m, 8 Pdr = 2,598 m und 2,219 m, 6 Pdr = 2,273 m und 2,003 m, 4 Pdr = 1,792 m und 1,538 m. (Skizzen: Jean Boudroit)

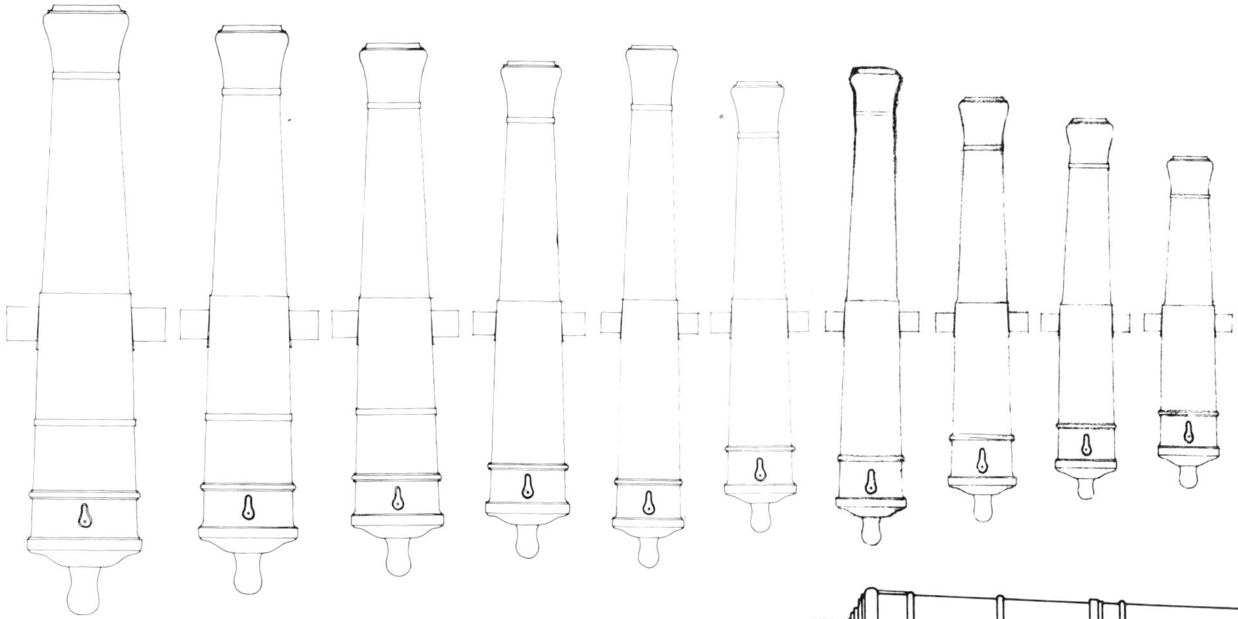

Radgrößen – Ende 18. Jahrhundert*

Kanone	Raddurchmesser vorne	Raddurchmesser hinten	Raddicke
42 Pdr	48,3 cm	40,6 cm	16,5 cm
32 Pdr	48,3 cm	40,6 cm	15,2 cm
24 Pdr	45,7 cm	38,1 cm	13,9 cm
18 Pdr	45,7 cm	35,6 cm	12,7 cm
12 Pdr	40,6 cm	35,6 cm	11,4 cm
9 Pdr	40,6 cm	35,6 cm	10,2 cm
6 Pdr	35,6 cm	30,5 cm	8,9 cm
3 Pdr	35,6 cm	25,4 cm	7,6 cm

* Die Werte wurden bei der Umrechnung von „in“ in „cm“ abgerundet. (Anm. d. Übers.)

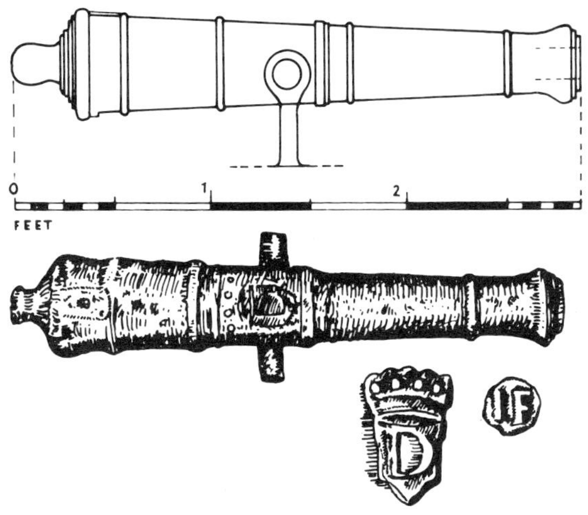

325. Plan und Skizze einer englischen ‚Swivel-gun‘, die aus dem River York in den USA geborgen wurde. Sie wurde offenbar um 1749 gegossen. (1 ft = 0,3048 m)

liebt. Es bestand nämlich die Gefahr, daß die Segel in Brand gerieten. Die allgemeine Form der Lafettenkanonen änderte sich nicht. Trotzdem gab es Änderungen in Einzelheiten. Die Ösen zum Anheben der Kanonen (die ‚dolphins') verschwanden genauso wie die Verzierungen. Dafür trat ein neues Merkmal in Erscheinung. Das war der Ring an der Oberkante des ‚cascabel'*, durch den das Sicherungstau verlief. Dafür entfiel die Lasching an der ‚cascabel', die diese Funktion zuvor gehabt hatte. Die Hauptänderung war der Austausch von Gußeisen gegen Bronze und Messing beim Kanonenbau. Dieser

* Eine knopfartige Ausbildung, manchmal in Form einer Öse, die hinter dem Bodenstück eines Vorderladers saß. Es konnte auch der hintere Teil einer Kanone hinter dem Stützring sein. Zeitweilig war es auch der Name einer Kanone. (Anm. d. Übers.)

Geschützaufstellungen – 1703*

Schiffstyp	Unteres Deck	Mitteldeck	Oberdeck	Backdeck	Achterdeck	Poop
Schiffsname (Kanonenzahl)	Demi-cannon	Culverin	Demi-culverin	6 Pdr	6 Pdr	6 Pdr
	Anzahl × Länge	Anzahl × Länge	Anzahl × Länge	Anzahl × Länge	Anzahl × Länge	Anzahl × Länge
1. Klasse (100/90 Kanonen)						
Royal Sovereign	28 × 2,97 m	28 × 2,89 m	28 × 2,74 m	2 × 2,44 m 2 × 2,89 m	12 × 2,44 m	–
Britannia	28 × 2,97 m	26 × 2,89 m	28 × 2,74 m	2 × 2,44 m 2 × 2,89 m	12 × 2,44 m	2 × 2,13 m
Queen	26 × 2,97 m	28 × 2,89 m	28 × 2,74 m	2 × 2,44 m 2 × 2,89 m	12 × 2,44 m	2 × 2,13 m
Royal William	28 × 2,97 m	28 × 2,89 m	28 × 2,74 m	2 × 2,44 m 2 × 2,89 m	12 × 2,44 m	–
Victory	26 × 2,97 m	28 × 2,89 m	28 × 2,74 m	2 × 2,44 m 2 × 2,89 m	12 × 2,44 m	2 × 2,13 m
London	26 × 2,89 m	28 × 2,89 m	28 × 2,74 m	2 × 2,44 m 2 × 2,89 m	12 × 2,44 m	2 × 2,13 m
St. Andrew	26 × 2,89 m	28 × 2,89 m	28 × 2,74 m	2 × 2,44 m 2 × 2,89 m	12 × 2,44 m	2 × 2,13 m
Royal Anne (Bronzekanonen)	26 × ?	28 × ?	28 × ?	–	18 × ?	–
2. Klasse (96/86 Kanonen)	26 × 2,97 m	26 × 2,89 m	26 × 2,74 m	2 × 2,29 m 2 × 2,89 m	12 × 2,29 m	2 × 2,13 m
St. Michael (88/80 Kanonen)	26 × 2,89 m	26 × 2,74 m	26 × 2,74 m	–	10 × 2,44 m	–
3. Klasse	24 Pdr	12 Pdr	6 Pdr	6 Pdr	6 Pdr	3 Pdr
Dreidecker (80/72 Kanonen)	26 × 2,89 m	26 × 2,74 m	22 × 2,74 m	–	6 × 2,62 m	–
Zweidecker (80/72 Kanonen)	26 × 2,89 m	28 × 2,74 m	–	4 × 2,29 m 2 × 2,89 m	16 × 2,74 m	4 × 1,68 m
70/62-Kanonen-Schiffe	24 Pdr	–	Demi-culverin	6 Pdr	6 Pdr	6 Pdr
	24 × 2,89 m	–	26 × 1,22 m	2 × 2,29 m 2 × 2,89 m	10 × 2,62 m	4 × 1,68 m
4. Klasse	Culverin	–	9 Pdr	6 Pdr	6 Pdr	–
64/56-Kanonen-Schiffe	24 × 2,89 m	–	26 × 2,74 m	2 × 2,29 m 2 × 2,89 m	10 × 2,62 m	–
	12 Pdr	–	6 Pdr	6 Pdr	6 Pdr	–
54/46-Kanonen-Schiffe	22 × 2,74 m	–	22 × 2,62 m	2 × 2,89 m	8 × 2,13 m	–
50/44-Kanonen-Schiffe	20 × 2,74 m	–	22 × 2,44 m	2 × 2,62 m	6 × 2,13 m	–
5. Klasse	Demi-culverin	–	6 Pdr	–	6 Pdr	–
Adventure (42/36 Kanonen)	18 × 2,44 m	–	20 × 2,29 m	–	4 × 2,13 m	–
	Demi-culverin	–	6 Pdr	–	4 Pdr	–
9 Fahrzeuge (36/30 Kanonen)	8 × 2,44 m	–	22 × 2,29 m	–	6 × 2,13 m	–
16 Fahrzeuge (32/38 Kanonen)**	4 × 2,44 m	–	22 × 2,29 m	–	6 × 2,13 m	–
4 Fahrzeuge (28/24 Kanonen)	4 × 2,44 m	–	20 × 2,29 m	–	4 × 2,13 m	–
6. Klasse	–	–	6 Pdr	–	6 Pdr	–
24/22-Kanonen-Schiffe	–	–	20 × 2,13 m	–	4 × 1,83 m	–

Die Kanonenangabe (z.B. 100/90) bedeutet: Kriegs-/Friedens-, Heimatausrüstung. Es ist jeweils die Anzahl und Länge der Kanonen angegeben. Für *Royal Anne* ist keine Länge bekannt und die Disposition der 6 Pdr ist ungewiß, aber alle angegebenen waren aus Bronze. Einige der Zweidecker (80er) führten die zweite Batterie an Oberdeck – sie hatten kein Mitteldeck. Die Tabelle ist in dieser Form jedoch übersichtlicher. Die 50/44-Kanonenklasse war klein (etwa 6 Schiffe) und kurzlebig. Eine Admiralitätsanweisung vom 9. August 1704 hatte sie zu 54/46-Kanonenschiffen gemacht. Die Tabelle wurde *Model Shipwright*, Nr. 20, Juni 1977, entnommen.

* Alle Werte wurden bei der Umrechnung von „ft" und „in" in „cm" abgerundet. (Anm. d. Übers.)

** Richtig muß es wohl heißen 32/28. (Anm. d. Übers.)

Kanonenausrüstung – 1716*

Anzahl der Kanonen pro Schiff	Unteres Deck	Mitteldeck	Oberdeck	Achterdeck	Backdeck
	Anzahl × Länge/Gewicht	Anzahl × Länge/Gewicht	Anzahl × Länge/Gewicht	Anzahl × Länge/Gewicht	Anzahl × Länge/Gewicht
100	32 Pdr	24 Pdr	12 Pdr	6 Pdr	6 Pdr
	28 × 3,05 m/2,79 ts oder 28 × 3,05 m/3,3 ts (= 42 Pdr)	28 × 3,05 m/2,59 ts	28 × 2,89 m/1,78 ts	12 × 2,74 m/1,22 ts	4 × 2,74 m/1,22 ts
90	32 Pdr	18 Pdr	9 Pdr	6 Pdr	6 Pdr
	26 × 2,89 m/2,69 ts	26 × 2,89 m/2,08 ts	26 × 2,89 m/1,47 ts	10 × 2,74 m/1,22 ts	2 × 2,74 m/1,22 ts
80	32 Pdr	12 Pdr	6 Pdr	6 Pdr	-
	26 × 2,89 m/2,69 ts	26 × 2,89 m/1,73 ts	24 × 2,74 m/1,22 ts	4 × 2,59 m/1,12 ts	-
70	24 Pdr	-	12 Pdr	6 Pdr	6 Pdr
	26 × 2,89 m/3,25 ts	-	26 × 2,74 m/1,63 ts	14 × 2,44 m/1,02 ts	2 × 2,44 m/1,02 ts 2 × 2,74 m/1,22 ts
60	24 Pdr	-	9 Pdr	6 Pdr	6 Pdr
	24 × 2,89 m/2,34 ts	-	26 × 2,74 m/1,47 ts	8 × 2,44 m/1,02 ts	2 × 2,74 m/1,22 ts
50	18 Pdr	-	9 Pdr	6 Pdr	6 Pdr
	22 × 2,74 m/1,98 ts	-	22 × 2,59 m/1,32 ts	4 × 2,44 m/1,02 ts	2 × 2,74 m/1,22 ts
40	12 Pdr	-	6 Pdr	-	-
	20 × 2,74 m/1,57 ts	-	20 × 2,59 m/1,12 ts	-	-
30	9 Pdr	-	6 Pdr	4 Pdr	-
	8 × 2,59 m/1,32 ts	-	20 × 2,44 m/1,02 ts	2 × 2,13 m/0,81 ts	-
20	-	-	6 Pdr	-	-
	-	-	20 × 2,29 m/0,91 ts	-	-

Die Tabelle wurde aus *Model Shipwright*, Nr. 20, Juni 1977, entnommen.
* Alle Werte wurden bei Umrechnung aus „ft“, „in“ und „cwt“ in „m“ und „kg“ abgerundet. (Anm. d. Übers.)

Wechsel erfolgte stufenweise und Bronzekanonen blieben noch viele Jahre in Gebrauch, obwohl man deren Guß schon lange aufgegeben hatte. Die großen 42 Pdr, die man Ende der 1780er Jahre auf einigen Schiffen immer noch vorfand, waren offenbar stets aus Bronze, aber die 32 Pdr und kleinere Kanonen wurden schon 1743 aus Eisen hergestellt[22].
Alle Kanonen und einige der ersten ‚Carronaden‘ standen auf hölzernen Lafetten, die auf den ersten Blick wie die des 17. Jahrhunderts aussahen. Tatsächlich waren sie jedoch anders gebaut[23]. Anstatt auf einem Holzbett zu stehen, wurden die Lafettenbacken durch ein an der Vorkante sitzendes dickes Querstück und ein meist starkes Holz, das horizontal an der Hinterkante saß, zusammengehalten. Die Bakken waren fest zusammengebolzt und lagerten in einem Paar kräftiger Radachsen, die an jeder Kante einen Holzknopf besaßen. Die Abmessungen von Radlafetten sind nicht leicht zu bestimmen. Informationen darüber sind nicht so zahlreich wie über Kanonen, und vieles, was im 18. Jahrhundert in Englisch publiziert wurde, ist unwahr. Die Lafettenlänge war praktisch $^3/_5$ der Kanonengesamtlänge und die Höhe über Deck, gemessen an den Drehzapfen, $^1/_3$ der Kanonenlänge. Der Raddurchmesser war grob $^1/_6$ der Kanonenlänge (oder die halbe Lafettenhöhe). Die Räder glichen in ihrer Dicke den Backen und diese und das Querstück entsprachen wiederum dem Geschoßdurchmesser. Dieses gilt für jede Art großer Kanonen. Zum Jahrhundertende hin nahm die Dicke etwas ab. Sie war dann etwas geringer als der Geschoßdurchmesser. Das gilt für alle Kanonen bis hinab zum 9 Pdr. Bei noch kleineren Kanonen war die Dicke jedoch etwas größer. Die Radgrößen des späten 18. Jahrhunderts sind der Tabelle zu entnehmen[24].
In welchem Land die neue Kanonenlafette ihren Ursprung auch immer gehabt hat, sie verbreitete sich schnell. Die französische Marine benutzte sie Ende der 1750er Jahre und die Dänen geben beispielsweise das Jahr 1771 an. Sie berufen sich dabei auf einen Wrackfund, dessen Lafette 52 in (1,32m) lang und 29 in (0,74m) hoch ist. Das sind genau die Proportionen einer englischen Lafette gleichen Typs.
Die Kanonenneuheit des 18. Jahrhunderts war die ‚Carronade‘, eine Waffe, die 1774 von General Melville erfunden worden war. Die Carron Iron Company in Falkirk/Schottland baute die neue Waffe. Ursprünglich war sie für eine Armeeverwendung entworfen worden, aber 1779 kam eine bordverwendungsfähige Version auf Fregatten in Gebrauch und bald danach gehörten ‚Carronades‘ zur regulären Schiffswaffenausrüstung. Die Bedeutung und ebenso einige irreführende Einflüsse der ‚Carronade‘ auf die Seetaktik in den Kriegen zwischen 1779 und 1815 sind nur zu bekannt als daß sie wiederholt werden müssen. Das Prinzip der ‚Carronade‘ war einfach. Sie hatte ein kurzes Rohr und benötigte eine vergleichsweise kleine Pulvertreibla-

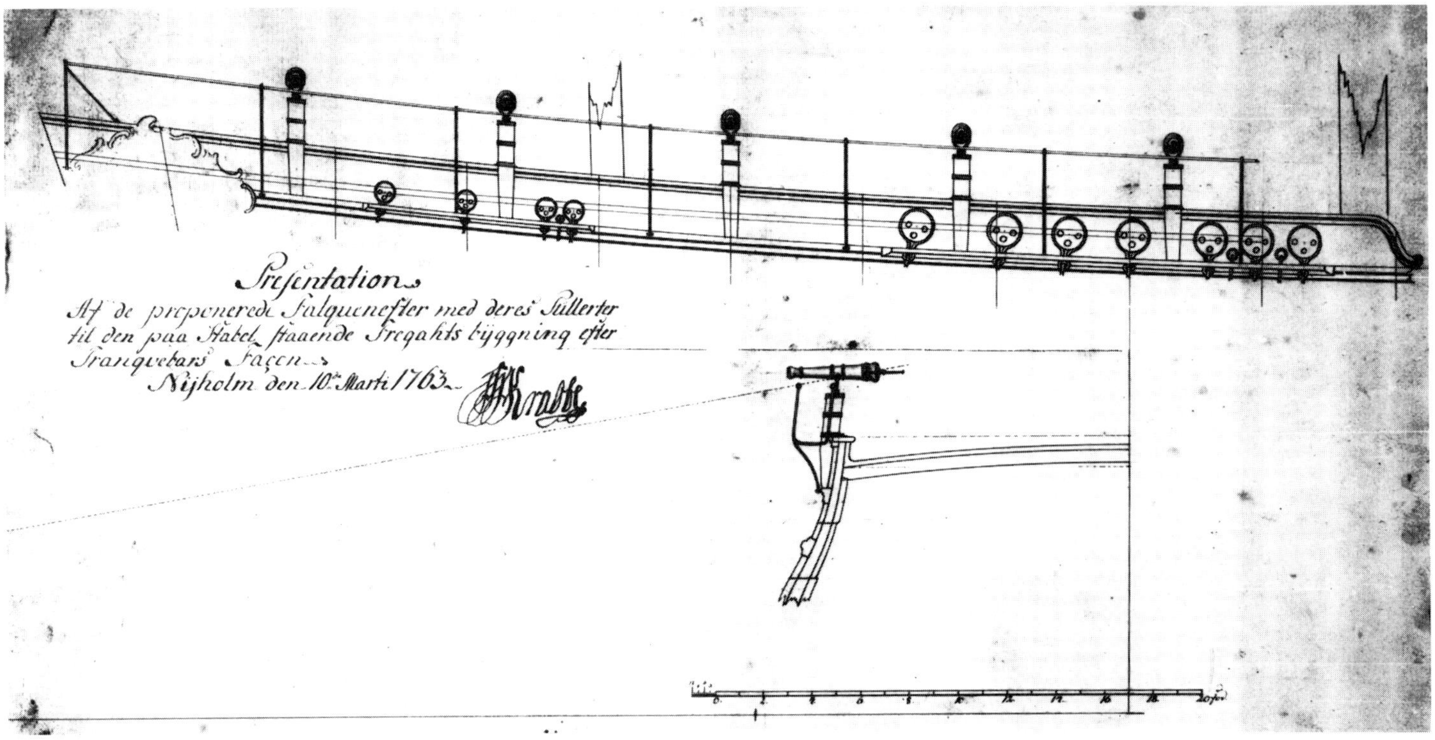

326. Eine dänische Zeichnung zeigt die Lafettierung von ‚Swivel-guns' entlang des Achterdeckschanzkleides einer Fregatte und den Einbau der Hängemattleinenstützen. Das Datum des Planes ist der 10. 3. 1763.

Kanonenausrüstung – 1743*

Anzahl der Kanonen pro Schiff	Unteres Deck	Mitteldeck	Oberdeck	Achterdeck	Backdeck
	Anzahl × Länge/Gewicht	Anzahl × Länge/Gewicht	Anzahl × Länge/Gewicht	Anzahl × Länge/Gewicht	Anzahl × Länge/Gewicht
100	42 Pdr	24 Pdr	12 Pdr	6 Pdr	6 Pdr
	28 × 3,05 m/3,3 ts	28 × 3,05 m/2,59 ts	28 × 2,89 m/1,78 ts	12 × 2,74 m/1,22 ts	4 × 2,74 m/1,22 ts
90	32 Pdr	18 Pdr	12 Pdr	6 Pdr	6 Pdr
	26 × 2,89 m/2,79 ts	26 × 2,89 m/2,13 ts	26 × 2,74 m/1,65 ts	10 × 2,59 m/1,16 ts	2 × 2,74 m/1,22 ts
80	32 Pdr	18 Pdr	9 Pdr	6 Pdr	-
	26 × 2,89 m/2,79 ts	26 × 2,74 m/2,03 ts	24 × 2,59 m/1,42 ts	4 × 2,44 m/1,12 ts	-
64	32 Pdr	-	18 Pdr	9 Pdr	9 Pdr
	26 × 2,89 m/2,79 ts	-	26 × 2,74 m/2,03 ts	10 × 2,44 m/1,37 ts	2 × 2,74 m/1,47 ts
	24 Pdr	-	12 Pdr	6 Pdr	6 Pdr
58	24 × 2,89 m/2,49 ts	-	24 × 2,74 m/1,65 ts	8 × 2,44 m/1,12 ts	2 × 2,74 m/1,22 ts
50	22 × 2,74 m/2,44 ts	-	22 × 2,59 m/1,6 ts	4 × 2,13 m/0,97 ts	2 × 2,44 m/1,12 ts
44	18 Pdr	-	9 Pdr	6 Pdr	-
	20 × 2,74 m/2,03 ts	-	20 × 2,44 m/1,37 ts	4 × 1,98 m/0,91 ts	-
24	9 Pdr	-	9 Pdr	3 Pdr	-
	2 × 2,13 m/1,22 ts	-	20 × 2,13 m/1,22 ts	2 × 1,37 m/0,36 ts	-

Eigentlich gibt die Tabelle die Ausrüstung von 1733 wieder, aber für die „70er"** und „60er" wurden die „64er" übernommen, indem die Zahl der Kanonen auf dem Achterdeck und der Back reduziert wurde (gewöhnlich schreibt man das der Initiative Ansons*** zu). Von den „24ern" von 1743 wurden nur die 20 Oberdeckskanonen angeführt. Es waren jedoch wesentlich mehr eingebaut als in der Aufstellung von 1733. Die Tabelle wurde aus *Model Shipwright*, Nr. 20, Juni 1977, entnommen.

* Alle Werte wurden bei Umrechnung von „ft", „in" und „cwt" in „m" und „ts" abgerundet. (Anm. d. Übers.)

** „70er" usw. ist die Kurzbezeichnung für eine Schiffsklasse und besagt, daß das Schiff zu einer Klasse gehört, die zwischen 70 und 80 Kanonen führt. (Anm. d. Übers.)

*** Anson, englischer Admiral, der Mitte des 18. Jahrhunderts die Flotte reformierte und von 1751–56 und 1757–62 das Amt des Ersten Lords der Admiralität bekleidete. (Anm. d. Übers.)

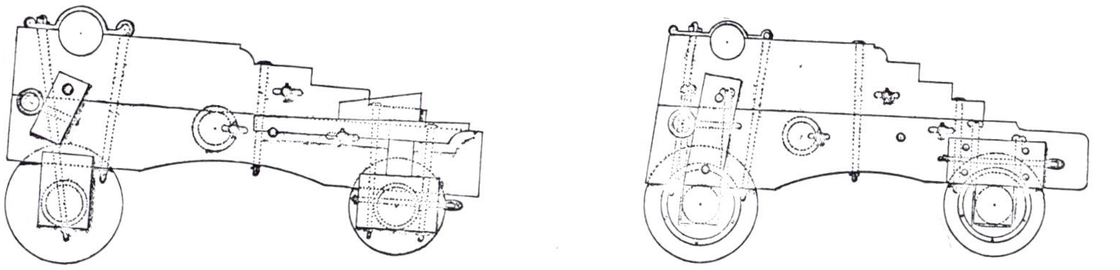

327. Die Zeichnung ist der Vergleich einer englischen 32-Pdr-Lafette mit einer dänischen 32-Pdr-Lafette. Das Datum des Planes ist der 9. 6. 1766.

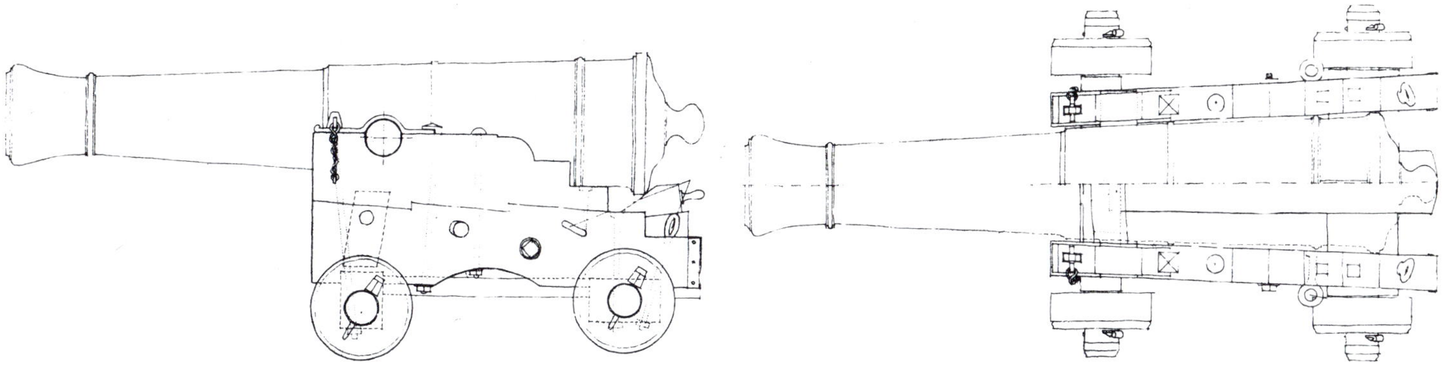

328. Eine französische 36-Pdr-Lafette des Typs, der zwischen 1763 und 1786 benutzt wurde. Sie ist 1,72 m lang. (Skizze: Jean Boudroit)

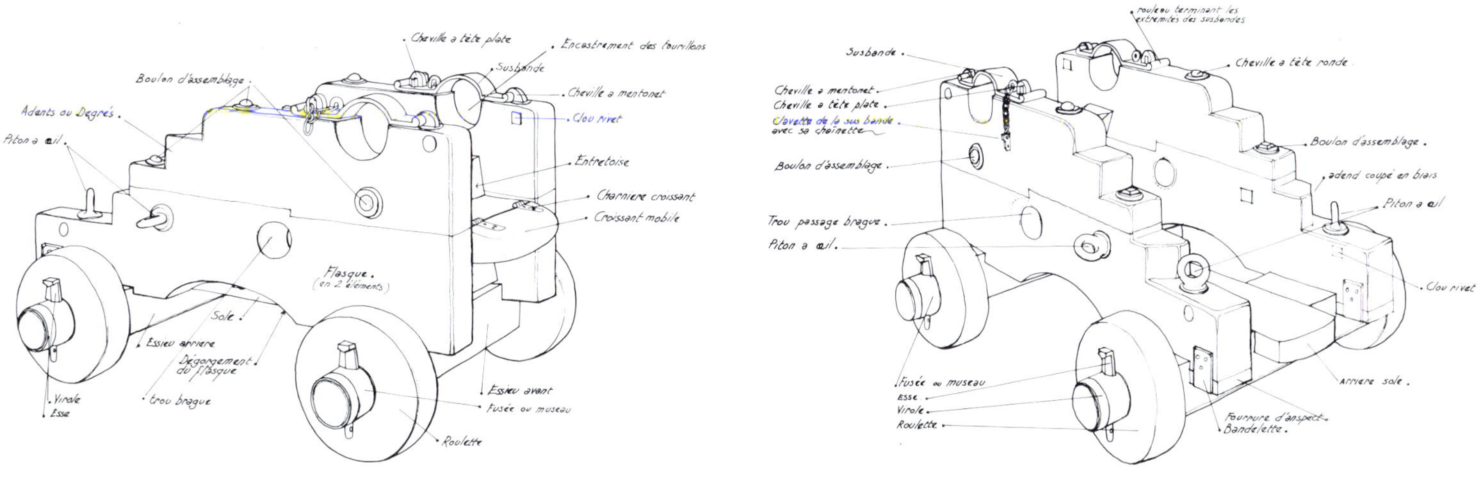

329. Eine französische 36-Pdr-Lafette des 1786er Musters. (Skizze: Jean Boudroit)

dung. Dadurch hatte das Geschoß eine niedrigere Geschwindigkeit als das einer normalen ‚Cannon' gleichen Kalibers. Beim Auftreffen im Ziel rief die Kugel der ‚Carronade' größere Schäden hervor als das schneller fliegende Geschoß der ‚Cannon' und ließ einen wahren Splitterregen auf den Gegner niedergehen, der eine Unzahl von Verletzten unter der an Deck befindlichen Besatzung forderte. Die kleine Pulverladung der ‚Carronade' gestattete es, die Kanonenrohre ein erhebliches Stück kleiner und leichter zu machen als bei der normalen ‚Cannon'. Eine 68-Pdr-‚Carronade' benötigte 5,5 lb (2,49 kg) Pulver gegenüber 23 lb (10,43kg) bei der ‚Cannon' gleichen Kalibers.
Eine 68-Pdr-‚Carronade' wog 1790 nur 1,78 ts. Das entsprach etwa einer 12-Pdr-Lafettenkanone. Die 68-Pdr-‚Carronade' war etwa 4-5 ft (1,22 - 1,52 m) lang, was einer 3-bis 4-Pdr-‚Cannon' entsprach. Die ersten ‚Carronaden' hatten Lafetten wie die ‚Cannon'. Diese Aufstellungsmethode wurde jedoch bald durch eine neue ersetzt. Das Rohr der ‚Carronade' hatte an der Unterkante des Gewichtsschwerpunktes ein robustes Auge und ein weiteres gedrehtes als horizontal angeordneter Guß. Das Auge unter dem Rohr saß in einer Nut, die sich in einem starken Holzbett befand und wurde von einem Eisenbolzen gehalten, der quer durch das Bett und Loch führte. An der Rückseite der Kanone befand sich eine Nivellierschraube, die durch das rückwärtige Auge führte und dann gegen eine Eisenplatte auf dem Bett stieß. Das Rohr und sein Bett saßen auf einem unteren Gestell, das an der Vorkante mit einem starken Eisenbolzen, der im Deck saß, pivotiert war. In der Mitte des unteren Gestells befand sich eine Längsnut, in die von oben ein Klammerbolzen vom oberen Bett führte. So konnte das obere Bett auf dem unteren Gestell gleiten. Der Rückstoß wurde von einem Tau aufgefangen. Später war das Bolzenende gewunden, und darüber saß eine Eisenplatte, um als Rücklaufbremse zu fungieren. Der Bremseffekt wurde durch eine Nut am Klammerbolzenende reguliert. Damit das Arrangement funktionierte, mußte das untere Gestell vom Deck her erhöht werden. Das machte man zuerst mit einem Querholz. Da sich dieses als unpassend erwies, ersetzte man es durch ein Paar kleiner Räder, die an die Hinterkante des Gestells kamen. Andere Verbesserungen beinhalteten den Ersatz des Haltebolzens am Rohr durch ein Paar Eisenpivotbolzen, die bis nach oben reichten. Die Skizzen zeigen das gerade beschriebene Arrangement.
Eine Waffe von mehr spezieller Art war der ‚mortar' (Mörser), der vom ‚bomb-vessel' benutzt wurde. Nur zwei Größen befanden sich im allgemeinen Gebrauch, 13 und 10 in (33 und 25,4 cm). Die ‚mortars' hatten eine feste Rohrerhöhung von 45° und konnten nur um ihre eigene Achse gedreht werden. Gute Beschreibungen, wie sie lafettiert waren, findet man in *Model Shipwright*[25].

330

330. Diese Illustration aus einem dänischen Ausbildungshandbuch zeigt die Art, wie ein 32 Pdr in See gesichert wurde.

331. Der dänische Plan vom 31. 12. 1795 zeigt die Gleitbahn für eine 24-Pdr-‚Carronade' in englischer Manier. Die Gleitbahn ist an einem Klotz unter der Pforte (nicht abgebildet) pivotiert und hat am Innenende seitliche Rollen, um das Verfahren der Lafette zu erleichtern.

332. Ein zugehöriger Plan zu (331) mit demselben Datum. Hier wird eine dänische 36-Pdr-‚Carronade' gezeigt. Zuerst verstanden die kontinentalen Marinen das Prinzip der ‚Carronade' nicht so ganz und die Franzosen benutzten z.B. stattdessen einige wenige haubitzenartige ‚Obusiers'. Die Ostseemarinen entwickelten eine Art kurzrohrige Waffe, die die Binnenwasserflottillen kurze Zeit benutzten. Es war ein relativ großes Kaliber und konnte beinahe wie eine ‚Swivel' aufgestellt werden. Tatsächlich sah die Waffe wie eine Kreuzung zwischen Haubitze und ‚Swivel' aus und wurde vor allem gegen Mannschaften eingesetzt. Die Herkunft kann man auch an der Form dieser frühen dänischen ‚Carronade' erkennen.

333. Die frühen englischen ‚Carronaden' standen im Ruf, daß sie beim Gebrauch umkippten. Das ist schwierig zu erklären, wenn man davon ausgeht, daß sie auf der üblichen Querlafette saßen. Die Zeichnung eines Berichtes 1796er-Komitees zeigt allerdings die Ursache. A (ganz links) zeigt die ursprüngliche Form der Gleitbahnausrüstung: Vier Räder, Befestigung an der Vorkante, um ein Drehen zu verhindern. Durch das Herumdrehen der Bettung der ‚Carronade' wurde ein begrenzter Grad an Querbewegung erreicht. Wenn sie nun ruckartig schräg zur Gleitbahn schob, wurden die festen Bolzen unter der Pforte herausgerissen. Wenn sie brachen, drehte sich die Lafette um sich selbst. Die weiteren Zeichnungen zeigen Verbesserungen der bekannten Gleitbahn, einschließlich des Abschneidens der Vorkante bis zum völligen Abrunden, um so mehr Querraum zu erhalten. Außerdem sind zwei Haltebolzen (D) dargestellt, einer für das Schießen, der andere für die Sicherung der Kanone parallel zur Schiffsseite.

334. Ein 20-Kanonen-Schiff des 1719er Haushaltes – ein außerordentlich detailliertes Modell mit Originaltakelung. Man beachte die zahlreichen ‚Swivel-guns' auf dem Schanzkleid und die 18 Riemen in den unteren Decksporten. 20-Kanonen-Schiffe späterer Haushalte hatten im unteren Deck je Seite zwei Kanonenpforten.

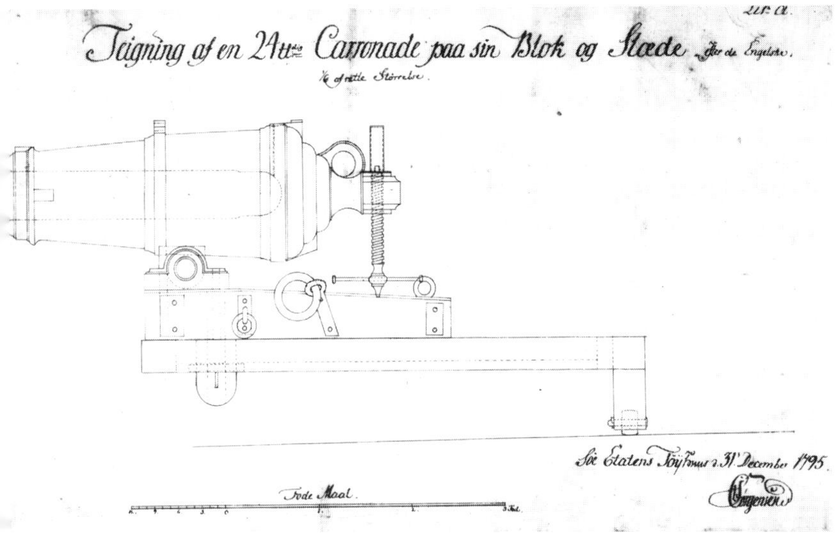

331

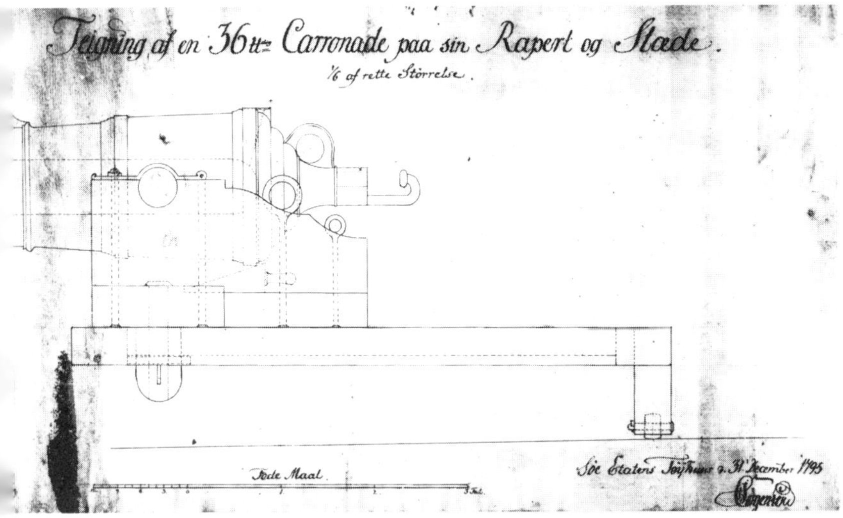

332

334

335. Obwohl die Engländer nach 1745 auf Zweidecker mit 20 und 24 Kanonen verzichteten, blieben sie bei den Niederländern weiterhin beliebt. Dieses 24-Kanonen-Schiff von 1767 hat eine Reihe Ruderpforten und drei größere Pforten im unteren Deck. Diese Bauart war in den Niederlanden als ‚Englischer Stil' bekannt und blieb bis in die 1780er Jahre in Gebrauch. Man beachte die inneren Details und besonders den niederländischen Spilltyp. Der niedrige Schnabel, der gemauerte Herd unter der Back und die Taue im unteren Deck vermitteln den Eindruck, daß die niederländischen Schiffsentwürfe des 18. Jahrhunderts weiterhin altmodisch waren.

336. Der letzte Versuch, Segel und Ruder miteinander zu kombinieren und zusätzlich eine Breitseitarmierung unterzubringen, wurde in der zweiten Hälfte des 18. Jahrhunderts von den Schweden und Russen unternommen. Wie alle anderen Versuche dieser Art waren auch diese nicht sehr zufriedenstellend, ergaben aber doch recht interessante Kriegsschiffe. Das betraf speziell die von Chapman entworfenen Typen. Dies ist das Modell der *Thorberg* vom *Udema*-Typ. Die *Udema*-Klasse war 118 ft (35,97 m) lang und 28 ft (8,53 m) breit. Sie besaß 18 Paar Riemen. Die Hauptarmierung waren 9 x 12 Pdr, die in der Längslinie auf querlaufenden Lafetten standen, so daß sie nach jeder Seite gedreht werden konnten. Zum Schießen wurden die Schanzkleider niedergeklappt und dienten auch als Ausleger für die Riemen. Die *Udema*-Klasse hatte auch ein Paar 18-Prd-Bug- und Heckjagdkanonen.

333

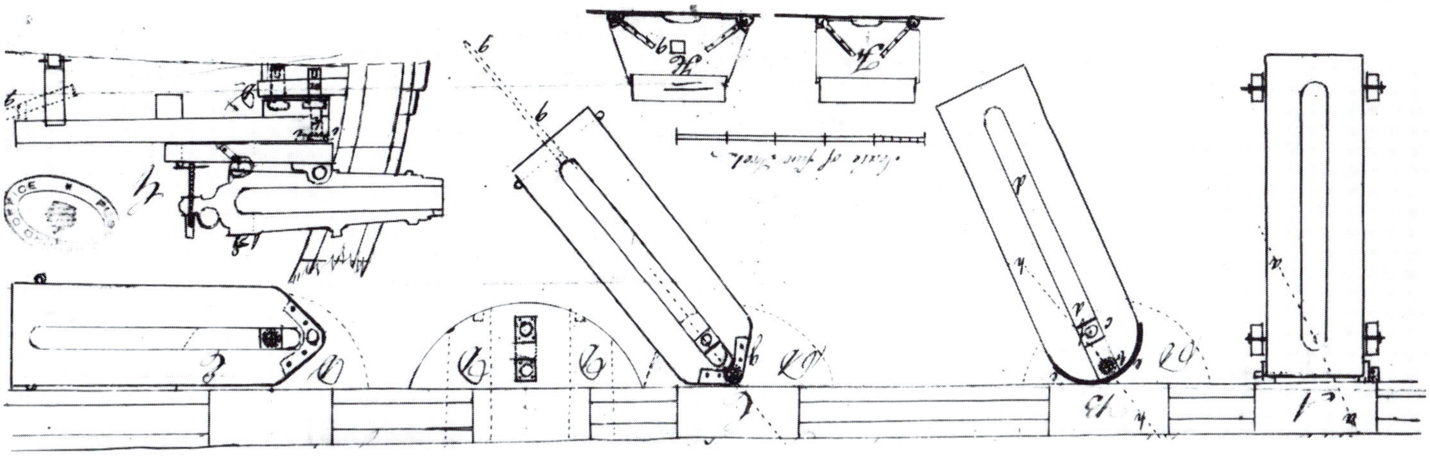

335

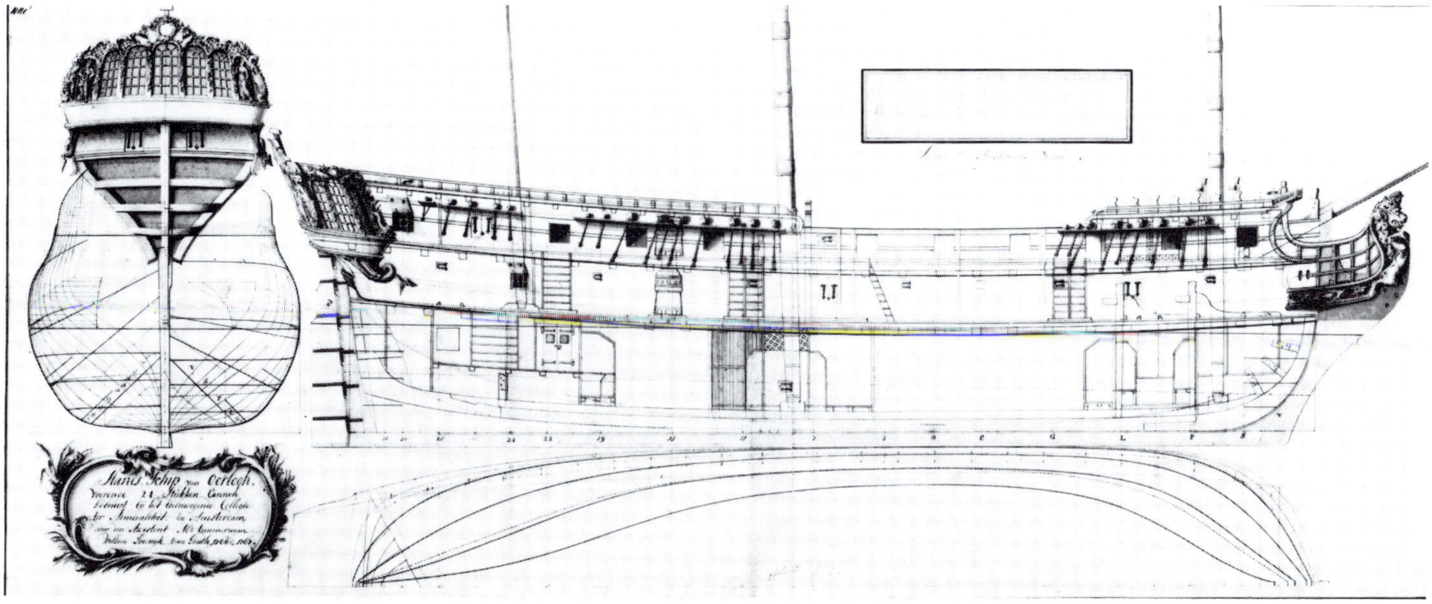

336

Mitgeführte Kanonen – 1761*

Anzahl der Kanonen auf den Schiffen	Unteres Deck	Mitteldeck	Oberdeck	Achterdeck	Backdeck
	Anzahl × Länge/Gewicht	Anzahl × Länge/Gewicht	Anzahl × Länge/Gewicht	Anzahl × Länge/Gewicht	Anzahl × Länge/Gewicht
100	42 Pdr	24 Pdr	6 Pdr	6 Pdr	6 Pdr
	28 × 2,89 m oder 3,05 m/3,35 ts	28 × 2,89 m/2,49 ts	28 × 2,74 m/1,68 ts	12 × 2,44 m/1,12 ts	4 × 2,74 m/1,22 ts
	32 Pdr	18 Pdr	12 Pdr	–	6 Pdr
90	28 × 2,89 m/2,79 ts	30 × 2,74 m/2,03 ts	30 × 2,74 m/1,68 ts	–	2 × 2,74 m/1,22 ts
84	28 × 2,89 m/2,79 ts	28 × 2,74 m/2,03 ts	28 × 2,74 m/1,68 ts	–	–
80	32 Pdr	18 Pdr	9 Pdr	6 Pdr	–
	26 × 2,89 m/2,79 ts	26 × 2,74 m/2,03 ts	24 × 2,74 m/1,47 ts	4 × 2,29 m/1,04 ts	–
	32 Pdr	–	18 Pdr	9 Pdr	9 Pdr
74	28 × 2,89 m/2,79 ts	–	28 × 2,74 m/2,03 ts	14 × 2,29 m/1,23 ts	4 × 2,59 m/1,4 ts
70 (oder 68)	28(26) × 2,89 m/2,79 ts	–	28 × 2,74 m/2,03 ts	12 × 2,29 m/1,23 ts	2 × 2,59 m/1,4 ts
66	26 × 2,89 m/2,79 ts	–	26 × 2,74 m/2,03 ts	12 × 2,29 m/1,23 ts	2 × 2,59 m/1,4 ts
64	24 Pdr	–	18 Pdr	9 Pdr	9 Pdr
	26 × 2,89 m/2,49 ts	–	26 × 2,74 m/2,03 ts	10 × 2,29 m/1,23 ts	2 × 2,59 m/1,4 ts
	24 Pdr	–	12 Pdr	6 Pdr	6 Pdr
60	24 × 2,89 m/2,49 ts	–	26 × 2,74 m/1,68 ts	8 × 2,29 m/1,04 ts	2 × 2,59 m/1,17 ts
50	22 × 2,74 m/2,44 ts	–	22 × 2,59 m/1,6 ts	4 × 2,13 m/0,97 ts	2 × 2,44 m/1,12 ts
44	18 Pdr	–	9 Pdr	6 Pdr	–
	20 × 2,74 m/2,03 ts 20 × 2,74 m/2,03 ts**	–	20 × 2,44 m/1,35 ts	4 × 1,98 m/0,91 ts	–
36 (oder 32)	–	–	12 Pdr	6 Pdr	6 Pdr
	–	–	26 × 2,29 m/1,45 ts	8(4) × 1,83 m/0,84 ts	2 × 1,83 m/0,81 ts
28	–	–	9 Pdr	3 Pdr	–
	–	–	24 × 2,13 m/1,19 ts	4 × 1,37 m/0,37 ts	–
24	9 Pdr	–	9 Pdr	3 Pdr	–
	2 × 2,13 m/1,19 ts	–	20 × 2,13 m/1,19 ts	2 × 1,37 m/0,37 ts	–
22 (oder 20)	–	–	9 Pdr	3 Pdr	–
	–	–	20 × 2,13 m/1,19 ts	2(0) × 1,37 m/0,37 ts	–

Diese Liste behandelt Schiffe, die nach etwa 1750 gebaut worden sind. Frühere Schiffe werden jedoch fortgesetzt nach dem 1743er-Modell armiert. Die „68er“ und „66er“ sind offenbar höherdatierte „64er“, die „60er“ desgleichen „58er“. Die Tabelle wurde *Model Shipwright*, No. 20, Juni 1977, entnommen.

* Die Werte wurden nach Umrechnung von „ft“, „in“ und „cwt“ in „m“ und „ts“ abgerundet. (Anm. d. Übers.)

** Hier handelt es sich ohne Zweifel um einen Druckfehler, die Daten wurden doppelt gedruckt. (Anm. d. Übers.)

Unterstützungsfahrzeuge

Die Taten der großen Flotten von Zwei- und Dreideckern in der langen Serie von Kriegen im 18. Jahrhundert haben die Aufmerksamkeit von der beachtenswerten Entwicklung kleiner Kriegsschiffe, die sich in dieser Periode anbahnte, völlig abgelenkt. In den Kriegen des vorangegangenen Jahrhunderts hatten Schiffe, die zu klein waren, um in der Schlachtlinie ihren Mann zu stehen, eine vergleichsweise unbedeutende Rolle gespielt. Daher wissen wir auch viel zu wenig über sie. Anders ist es natürlich bei den großen Schiffen. Und so ist es schon eine Überraschung festzustellen, welches Ausmaß die Entwicklung der Hilfsschiffe um 1700 bereits angenommen hatte. Trotzdem ist nicht klar, zu welcher Zeit des vorangegangenen Jahrhunderts dieser Aufschwung begann. Er zeigt sich jedoch unverkennbar an den frühen Modellen des 17. Jahrhunderts sowie in erhalten gebliebenen Plänen dieser Zeit. Sie beweisen, daß die Entwicklung beim Jahrhundertwechsel in vollem Gange war.

Das 18. Jahrhundert kann man als das Jahrhundert der kleinen Schiffe bezeichnen, denn es waren diese Fahrzeuge und nicht die Linienschiffe, die die sichtbarsten Fortschritte in der Schiffskonstruktion darstellen. Trotzdem ist bis heute nicht detailliert feststellbar, wie sich die Entwicklung der unterschiedlichsten Hilfsschiffstypen vollzog. Ausgenommen davon sind die Fregatten. Das beweisen die ausgezeichneten Studien, die in den verschiedenen nationalen Archiven lagern[3].

20-Kanonen-Schiffe: Als das 18. Jahrhundert begann, war unter den kleinen Kriegsschiffen das 20-Kanonen-Schiff sozusagen das ‚maid of all work' (‚Mädchen für alles' oder ‚das Arbeitspferd'). Ihm folgte später das 24-Kanonen-Schiff. Diese Fahrzeuge gehörten zur 6. Klasse, waren Dreimaster und wie ein Vollschiff getakelt. Die Masse der Armierung stand an Oberdeck, im unteren Deck befanden sich nur wenige Kanonen. Um 1719 hatte man alle Kanonen aus diesem Deck entfernt, als einzige Pforten blieben dort die Ballastpforten in der Mittschiffsseite. Wie die meisten kleinen Schiffe dieser Zeit und auch noch viele Jahre danach, hatten Schiffe der 6. Klasse im unteren Deck vielfach die Ruderpforten sitzen. Ihre Klappen öffneten zur Seite (wie eine Tür), die Scharniere saßen an der Vorderkante. Die Ruderpforten mußten natürlich dem Decksprung folgen und so durchschnitten sie manchmal den Sprung der Barkhölzer am hinteren Schiffskörperende. Das außerordentlich detaillierte Modell eines 20-Kanonen-Schiffes von 1719 im National Maritime Museum hat seine Ruderpforten direkt über dem oberen Barkholzpaar (von Mittschiffs nach vorn). Von hier aus, etwas hinter der Kanonendeckmitte, sind sie in das obere Barkholz eingesetzt. Falls es nur ein einzelnes Barkholz gab, waren die Ruderpforten so angeordnet (soweit es irgend möglich war), daß ein Durchtrennen vermieden wurde. Nach der Sollstärkenfestlegung von 1719 waren die 20-Kanonen-Schiffe mit 6 Pdr armiert, ab 1743 erhielten sie 9 Pdr. Neben ihren Lafettenkanonen hatten die ersten ‚20er' eine Mittelartillerie von ‚Swivels'. Das angeführte Modell aus dem Jahr 1719 hatte seine 22 ‚Swivels' wie folgt angeordnet: Kuhl = 12, Achterdeck = 6 und Backdeck = 4.

Schwedische Rudersegelschiffe: In der Ostsee kam es in der zweiten Jahrhunderthälfte zu einer bemerkenswerten, aber nur wenig bekannten Entwicklung von Ruder/Segel-Zwittern. Sie waren für den Einsatz im Finnischen Meerbusen, wo das Wasser nur flach ist, entworfen. So sollte Schiffen jeder Größe ein Anlanden an der Küste ermöglicht werden. Auf der anderen Seite boten die felsigen und aus-

Standardmaße der Kanonen – 1753 und 1790*

Kanonentyp	1753		1790
	Bronze (m)	Eisen (m)	Eisen (m)
42 Pdr	2,89	3,05	2,89
32 Pdr	2,87	2,89	3,05
24 Pdr	2,87	2,87	3,05 2,89 2,74
18 Pdr	2,74	2,74	2,89 2,74
12 Pdr	2,74	2,74	2,89 2,74 2,59 2,44
9 Pdr	2,57	2,57	2,89 2,74 2,59 2,44 2,29 2,13
6 Pdr	2,44	2,13	2,74 2,59 2,44 2,29 2,13 1,98 1,83
4 Pdr		1,83	1,83 1,68
3 Pdr	1,96	1,37	1,37
0,5-Pdr-swivel			1,07

* Die Werte wurden bei Umrechnung von „ft" und „in" in „m" abgerundet. (Anm. d. Übers.)

Mitgeführte Kanonen – 1793

Anzahl der Kanonen	Unteres Deck	Mitteldeck	Oberdeck	Achterdeck	Backdeck
	Anzahl × Typ	Anzahl × Typ	Anzahl × Typ	Anzahl × Typ	Anzahl × Typ
112	30 × 32 Pdr	32 × 24 Pdr	32 × 18 Pdr	14 × 12 Pdr	4 × 12 Pdr
100	30 × 32 Pdr	28 × 24 Pdr	30 × 18 Pdr	10 × 12 Pdr	2 × 12 Pdr
100	28 × 32 Pdr	28 × 24 Pdr	28 × 18 Pdr	12 × 12 Pdr	4 × 12 Pdr
100	28 × 32 Pdr	28 × 24 Pdr	28 × 12 Pdr	12 × 12 Pdr	4 × 12 Pdr
98	28 × 32 Pdr	30 × 18 Pdr	30 × 18 Pdr	8 × 12 Pdr	2 × 12 Pdr
98	28 × 32 Pdr	30 × 18 Pdr	30 × 12 Pdr	8 × 12 Pdr	2 × 12 Pdr
Zweidecker					
80	28 × 32 Pdr		30 × 24 Pdr	14 × 12 Pdr	4 × 12 Pdr
74	28 × 32 Pdr		30 × 24 Pdr	14 × 12 Pdr	2 × 12 Pdr
74	28 × 32 Pdr		18 × 18 Pdr	14 × 12 Pdr	4 × 12 Pdr
64	26 × 24 Pdr		24 × 18 Pdr	10 × 12 Pdr	2 × 12 Pdr
50	22 × 24 Pdr		22 × 12 Pdr	4 × 6 Pdr	2 × 6 Pdr
44	20 × 18 Pdr		22 × 12 Pdr		
Eindecker					
38			28 × 18 Pdr	8 × 9 Pdr	2 × 12 Pdr
36			26 × 18 Pdr	8 × 9 Pdr	2 × 12 Pdr
36			26 × 12 Pdr	8 × 6 Pdr	2 × 6 Pdr
32			26 × 18 Pdr	4 × 6 Pdr	2 × 6 Pdr
32			26 × 12 Pdr	4 × 6 Pdr	2 × 6 Pdr
28			24 × 9 Pdr	4 × 6 Pdr	
24			22 × 9 Pdr	2 × 6 Pdr	
20			20 × 9 Pdr		
18-Kanonen-Sloop			18 × 6 Pdr		
16-Kanonen-Sloop			16 × 6 Pdr		
14-Kanonen-Sloop			14 × 6 Pdr		
18-Kanonen-Briggsloop			18 × 6 Pdr		

Die 42-Pdr-Kanone kam in den 1790er Jahren außer Gebrauch. Sie war ein sehr schweres Stück, das eine umfangreiche Bedienungsmannschaft benötigte. Was jedoch tatsächlich zur Abschaffung führte, war, daß die 32-Pdr-Kanone effektiver, leichter und einfacher zu handhaben war.

geprägten Schären ideale Verstecke für kleine Fahrzeuge. Um dieses Problem in den Kriegen mit Rußland* zu bewältigen, entwarfen die Schweden vier Typen von Rudersegelschiffen. Zwei davon, die *Turuma*-und *Hemema*-Klassen, waren eigentlich Ruderfregatten. Die *Turuma*-Klasse war rahgetakelt, hatte jedoch nur Sturm- und Marssegel. Ein typischer Vertreter dieser Klasse war 123 ft (37,49 m) lang und 30 ft (9,14 m) breit. Die Riemen, je Seite 19, wurden von einem engen Ausleger über den unteren Deckskanonen aus bedient. Die Armierung bestand üblicherweise aus 24 x 18 Pdr und 16 x 3 Pdr.

Die *Hemena*-Klasse war ähnlich, jedoch größer, und führte die Kanonen im Kanonendeck. Die normale Bewaffnung bestand aus 24 x 36 Pdr und 2 x 12 Pdr. Je Seite gab es 20 Riemen. Der dritte Typ, die *Ludema*-Klasse, war ein eigentümlicher Entwurf. Der Schiffskörper war dem einer ‚Ship-sloop' (eine Art Schaluppe) nicht unähnlich. Die Kuhlschanzkleider hatte man jedoch durch eine offene Reling ersetzt und die Hauptbatterie stand entlang der Schiffsmittellinie an Deck. Die Kanonen bestanden aus 12 Pdr und befanden sich auf Querlafettenbahnen, so daß sie nach jeder Schiffsseite hin gedreht werden konnten. Ein typisches Schiff der *Udema*-Klasse maß 118 ft (35,97 m) x 28 ft (8,53 m). Zusätzlich zu den 12 Pdr auf dem Hauptdeck hatte ein Schiff dieser Klasse ein Paar 18 Pdr vorn und 2 x 8 Pdr achtern. Der vierte Schiffstyp war die *Pojama*-Klasse. Der Schiffskörper erinnerte an eine große Galeere, war jedoch breiter (90 ft x 26 ft/27,43 m x 4,92 m). Das Schiff führte eine Ketschtakelung. Es gab 16 Paar Riemen. Als Armierung besaß es an jedem Ende und auf querverlaufenden Lafettenbahnen ein Paar 24 Pdr, und die Mittelartillerie bestand aus 12 x 3-Pdr-‚Swivels'. Über diese bemerkenswerten Fahrzeuge gibt es nur eine jüngere Abhandlung in englisch. Sie befindet sich in dem Buch *Oared Fighting Ships* von R.C. Anderson[26].

Sloops: Diese Bezeichnung wurde drei Fahrzeugarten gegeben: Einmastsloops, Zweimastsloops (‚Snows'**, später Briggs und Ketsches) und dreimastigen ‚Ship-sloops'. Alle befanden sich in der zweiten Jahrhunderthälfte in Gebrauch.

Die einmastigen Sloops waren die älteste Art und befanden sich im vorangegangenen Jahrhundert als Yachten in Dienst (Im Zusammenhang hiermit gilt: Die Originalterminologie richtete sich nach der Takelung). Über ihre Verwendung in der Marine während des ersten Teils des 18. Jahrhunderts ist nicht sehr viel bekant, es gibt allerdings Hinweise, daß sich diese Einmastsloops in einem größeren Umfange in Benutzung befanden, als man bisher angenommen hat. Die Beweise kamen erst kürzlich ans Tageslicht. Es sollen auch bemerkenswert gut konstruierte Fahrzeuge gewesen sein. Die *Ferret* (114 ts) von 1711 hatte eine Kanonendecklänge von 65 ft 7 in (19,99 m), Breite von 20 ft 10 in (6,33 m) und Raumtiefe von 9ft (2,74 m). Sie besaß eine feinere Linienführung als damals üblich, und ihre Wasserlinie hatte am Bug eine kleine ‚hollow' (Höhlung), die traditionell in Verbindung mit schnellsegelnden Schiffen steht. Die *Ferret* war ein Ruder/Segel-Zwitter und hatte je Seite acht Ruderpforten. Sie führte 12 Breitseitkanonen und offenbar zwei weitere auf dem Backdeck. Auf den Schanzkleidstützen hatte sie 10 ‚Swivels' aufgebaut.

Schließlich repräsentierte die Bezeichnung ‚Sloop' den Typ eines kleinen unklassifizierten Kriegsschiffs und wurde auf zweimastige ‚snow'- oder ketschgetakelte Fahrzeuge ausgedehnt. Das letztere ist offenbar die ältere Takelart von beiden. Es gibt jedoch zu wenig Kenntnis über den Ursprung der ‚snow'-Takelung, um das genau behaupten zu können. Den Unterschied zwischen beiden Takelagen kann man zusammenfassen, indem man sagt: Die ‚Snow' war ein Schiff ohne Besanmast, die Ketsch eines ohne Fockmast.

Fock- und Großmast der ‚Snow' waren in der üblichen Art getakelt. Der Großmast führte jedoch ein Gaffelsegel. Dieses war entweder an einem Tau-‚horse' (Taubock), der zwischen der Rückseite des Masttopps und dem Deck getakelt war, angeordnet oder sonst an einem Hilfsmast, der hinter dem Großmast aufgebaut war und zwischen dem Masttopp und einem Holzfuß an Deck. Der Hilfsmast ist bekannt als ein ‚Snow'- oder ‚trysail'-Mast (Schnau- oder Treisegelmast)*. Die Vorkante des Gaffelsegels konnte am Pferd oder am Treisegelmast oder durch hölzerne Legel geschnürt sein. Die vordere Unterkante des Segels, bekannt als ‚tack' (Halshorn), wurde am Fuß des Pferdes oder am Treisegelmast gesichert. Es gab keinen Baum, um die Segelunterkante zu spreizen. Die Hinterkante wurde durch ein Schot von der Heckreling aus oder von einem Augbolzen im Deck geführt. Einige dieser Sloops hatten einen durchgehenden Sprung vom Bug zum Heck. Das bedeutet, daß ihr Hauptdeck ein ‚fall' (Gefälle) besaß. Es kann natürlich auch abgestuft gewesen sein. Das war nötig, um das Backdeck und die hinteren Kammern unterzubringen. So war es auf der *Cruizer* von 1732. Andere Sloops, wie die *Hazard,* hatten jewels erhobene Back- und Achterdecks, wie die

* Es gab insgesamt drei Kriege in diesem Bereich. Der große Nordische Krieg von 1700 - 1721 zwischen Schweden und der Allianz Rußland/Dänemark/Sachsen (Polen). Der zweite schwedisch-russische Krieg von 1788 - 1790 und der schwedisch-russische Krieg von 1808 - 1809. (Anm. d. Übers.)

** Schnau(e) = zweimastiges Schiff mit besonderen Schnaumasten oder Treisegelmasten hinter den eigentlichen Masten für die Schnau- oder Schonersegel. (Anm. d. Übers.)

* An diesem Mast führt man ein Baumgroßsegel in Legeln. (Anm. d. Übers.)

337. Eine 12-Kanonen-Sloop von 1720, ein wie eine Schnau getakeltes Zweimastschiff. Im oberen Deck befinden sich je Seite Pforten für 6 Riemen. Gegenüber den Fock- und Großrüsten sowie am Absatz zum Backdeck sind Belegnagelbänke zu sehen. Die Schiffsglocke befindet sich über der Backdeckbelegnagelbank. Zusätzlich zur Hauptdeckarmierung hatte das Schiff in der Kuhl Pfosten für acht ‚Swivel-guns'. Die Schnekke anstelle einer Galionsfigur war bei solch' kleinen Schiffen nicht ungewöhnlich.

Fahrzeuge der 6. Klasse[27]. In den 1770er Jahren wurden die ‚snow'- und ketschgetakelten Sloops durch Briggs ersetzt.
Der Unterschied zwischen einer Brigg und einer ‚Snow' ist, daß die Brigg kein Großsegel führte und ihr Gaffelsegel am Großmast und nicht an einem Pferd oder Treisegemast saß. Mit Ausnahme der ersten Schiffe wurde die Gaffelsegelunterkante bei den Briggs durch einen Baum gespreizt. Ansonsten waren beide Takelwerke gleich.
Die dritte Art zweimastiger Sloops war die Ketsch. Die Ketsche des 18. Jahrhunderts waren rahgetakelt. Die Takelage glich grundsätzlich derjenigen eines Schiffes ohne Fockmast. Die ersten Ketsche führten drei Segel am Großmast (Großsegel, Marssegel, Bramssegel) und zwei am Besanmast (Lateinsegel und Rahtoppsegel). Als Vorsegel besaßen sie ein Stagsegel am Großstag und ein Klüver. Das Lateinsegel ersetzte man gleich am Jahrhundertanfang durch ein Gaffelbesan und zum Jahrhundertende hin kam am Großmast ein Gaffelsegel hinzu. Da Pläne und Modelle von Ketsches eine Seltenheit sind, kann man daraus schließen, daß sie als Kriegsschiffe nicht sehr beliebt waren. Eine Ausnahme gilt für die Verwendung als ‚bomb-vessel'.
Wie andere Kriegsschiffe wuchsen die Sloops in ihrer Größe und in den 1750er Jahren gab es sogar vollschiffgetakelte Einheiten. Ihre Segelfläche war gleich der anderer kleiner Kriegsschiffe und bedarf keiner Erläuterung. Yachten waren insgesamt eine Unterklasse der Kriegssloops und wie diese getakelt. Der Hauptunterschied lag in der ausgiebigeren Dekoration und den Bordunterkünften. Die Yachten dienten vornehmlich der Beförderung wichtiger Persönlichkeiten. Eine gute Zusammenstellung über englische Yachten findet sich im Buch des National Maritime Museums, das unter dem Titel *Royal Yachts* erschien[28].
‚Bomb-vessels': Ungeachtet ihrer ungewöhnlichen Armierung und Funktion haben ‚bomb-vessels' nie so recht das Interesse der Historiker und Forscher jeglicher Art der Marinegeschichte geweckt. Abgesehen von ganz neuen Erkenntnissen, die seit kurzem in Großbritannien und anderswo in großer Zahl vorliegen, hat sich auf diesem Gebiet wenig getan. Die erste neuere englische Studie über ‚bomb-vessels' erschien im Jahre 1977. Die folgenden Ausführungen basieren auf ihr[25].
Das ‚bomb-vessel' wurde für Angriffe auf Forts und Häfen von See her erfunden. Der gewöhnliche Beschuß durch ein Schiff traf normalerweise nur die Befestigungen an ihrer stärksten Stelle, den Wällen. Und da der Beschuß wirkungsvoll sein sollte, mußten die Schiffe innerhalb der Reichweite der Kanonen des Forts Aufstellung nehmen. Die ‚bomb-vessels' trugen ‚mortars'. Das waren fürchterlich starke Kanonen mit großer Reichweite. Sie verschossen Explosivgeschosse mit hoher Flugbahn (Steilfeuer), die über die Wälle der Forts hinwegflogen und im Innern der Befestigungsanlagen detonierten. Schiffe, die hinter dicken Hafenmauern festgemacht hatten oder verankert lagen, konnten auf gleiche Art angegriffen werden. Weil die ‚mortars' so kampfstark waren, hatten sie auch einen größeren Rückstoß als gewöhnliche Kanonen, und daher mußte das ‚bomb-vessel' entsprechend stark gebaut sein. Das ‚bomb-vessel' wurde 1683 von den Franzosen erfunden. Die Engländer übernahmen die Idee bald. Sie führten diese Fahrzeuge 1687 ein, andere Staaten folgten nach. Die ersten ‚bomb-vessels' variierten in ihren Abmessungen zwischen 60 ft bis etwa 90 ft (18,28 m bis etwa 27,43 m). Gemessen an der Länge waren sie breiter als normale Kriegsschiffe und hatten anfangs sämtlich einen geringen Tiefgang. Die Original-‚bomb-vessels' der Engländer waren gewöhnlich ketschgetakelt (daher auch der bekannte Name ‚Bombenketsch'). Jedoch sind auch vollschiffgetakelte Beispiele bereits 1700 bekannt. Die Hauptbewaffnung der ‚bomb-vessels' bestand aus einem Paar großer ‚mortars'. Auf den englischen Schiffen stand ein ‚mortar' vor dem Großmast, der andere zwischen diesem und dem Besanmast. Auf frühen französischen ‚bomb-vessels' standen die ‚mortars' allerdings nebeneinander vor dem Großmast. Die ‚mortars' hatten eine feste Röhrenerhöhung von 45°. Ihre Unterbauten, die auf starkem Holzspantwerk standen, das vom Boden des Schiffes her errichtet war, konnten gedreht werden. Auf den ersten Schiffen dieses Typs, die die Royal Navy besaß - das war 1688 - gab es zusätzlich zwei ‚minions', vier ‚Falcons' und zwei lange Bugkanonen. Die beiden ‚mortars' hatten ein Kaliber von 31,1 cm. Im 18. Jahrhundert konnten ‚bomb-vessels' bis zu 14 Lafettenkanonen und noch zahlreiche zusätzliche ‚Swivels' besitzen. Als Regel gilt jedoch, daß sie nicht zu schwer bewaffnet waren, denn man ging davon aus, daß ein ‚bomb-vessel' nicht gegen Kriegsschiffe kämpfen sollte. Die zusätzliche Bewaffnung diente mehr der Abwehr kleiner Fahrzeuge und Boote.
Fregatten: Von allen Kriegsschiffen, die im 18. Jahrhundert in den Vordergrund rückten, ist die Fregatte dasjenige, das nach allgemeiner Ansicht die Heldentaten der ungestümen jungen Marineoffiziere in kürzester Form ausdrückt. Daß dies zutrifft, macht jede Geschichte der Seeoperationen in der zweiten Jahrhunderthälfte deutlich. Die neue Fregatte war eine wirkungsvolle Entwicklung innerhalb der beengten Bedingungen, die von der Notwendigkeit einer starken Bewaffnung - und somit auch einer starken Besatzung - diktiert wurden. Die Entwicklung war der des Klippers* im folgenden Jahrhundert nicht unähnlich. Das Wort ‚neu' steht völlig zu Recht für die Fregatte des 18. Jahrhundert, denn sie ist kein Nachkömmling des Namensvetters aus dem vorigen Jahrhundert, sondern eine separate Entwicklung.
Die Fregatte des 17. Jahrhunderts trug zumindest in ihrer ersten Form im unteren Deck eine Batterie. Der neue Typ führte seine Hauptbewaffnung an Oberdeck (dem Hauptdeck). Das untere Deck, obwohl weiterhin Kanondeck genannt, war frei von Kanonen und lag daher bei einigen Schiffen in oder unter der Wasserlinie. 1941 gab R.C. Anderson zu verstehen, daß die Fregatte des 18. Jahrhunderts vermutlich aus dem 24-Kanonen-Schiff entstanden sei, das am Jahrhundertbeginn die meisten seiner Kanonen am Oberdeck führte. Seiner Deutung folgte man jedoch nicht. 1975 wurde die Entwicklungsgeschichte der Originalfregatte zufriedenstellend erarbeitet. Das Verdienst ist R. Gardiner zuzuschreiben. Die folgenden Anmerkungen sind zwei Abhandlungen entnommen, die aus dem *Mariner's Mirror* stammen[3]. Die Geschichte ist kurz und besagt, daß die britische Fregatte von einem schnellsegelnden französischen Kaperschiff, der *Tygre,* die 1747 erbeutet und in die britische Marine übernommen wurde, abzuleiten ist. Die *Tygre* trug 26 x 9-Pdr-Kanonen an Oberdeck, jedoch keine im Kanonendeck. Die Formgebung der *Tygre* wurde abgenommen und für den Entwurf von zwei 28-Kanonen-Schiffen benutzt, die den Namen *Unicorn* und *Lyme* trugen. Sie waren die ersten richtigen Fregatten, die für die Royal Navy gebaut worden sind.
Trotz ihrer französischen Abstammung waren sie keine einfachen Kopien der *Tygre.* Über die Herabsetzung und Verunglimpfung britischer Kriegsschiffe ist viel geschrieben worden. Leider hat man dabei nie berücksichtigt, daß die Werften Schiffe zu bauen hatten, die der von der Royal Navy angewandten Seetaktik und den Bedingungen, unter denen sie zu dienen hatten, entsprachen. Beides brachte Probleme mit sich, die sich von denen unterschieden, denen französische Werften ins Auge sehen mußten. So muß betont werden, daß die britischen Fregattenentwürfe zwar kluge Anpassungen an das französische Modell waren, ansonsten jedoch den Forderungen der Royal Navy entsprachen. Wie die Pläne der *Unicorn* und *Lyme* zeigen, verwendete man einen großen Erfahrungsschatz im Entwurf der ersten Einheiten dieser Klasse. Trotzdem waren die beiden genannten Schiffe nicht identisch. Tatsächlich erhielt der Entwurf der *Lyme* eine wichtige Neuerung. Die Bughölzer wurden bis in die Ebene des Backdecks hochgezogen. Bei anderen Schiffen fanden sie noch immer Anschluß in der Hauptdecksebene. Mit dieser Maßnahme fand der runde Bug beim Fregattentyp seine Einführung. Die Bugstrukturänderung brachte zwei Vorteile. Es gab jetzt besseren Schutz gegen Beschuß von vorn und erlaubte das Hochsetzen der Ankerklüsen in die Hauptdecksebene. Dadurch wurde das untere Deck, in dem die Besatzung hauste, trockener und gesünder, als wenn die Taue dort hineingelaufen wären.
Im Entwurf anderer Fregatten gab es unterschiedliche Mittschiffsquerschnitte und Schiffskörperproportionen. Man erprobte und änderte sie aufgrund der Erfahrungen auf See. Zwei weitere Details waren in ihrer Konstruktion einfacher als bei den Linienschiffen, die Hecks und die Achterschiffe. Es gab keine Heckgalerien. Statt dessen erhielten die Fregatten dort Fensterreihen. Diese vergrößerte man zu dem, was wir heute als Erkerfenster bezeichnen. Sie befanden sich

* Schnellsegler, wegen der zahlreichen Segel mit großer Besatzung. (Anm. d. Übers.)

an jeder Achterkante der Breitseite. Die Fregatten wurden wie andere Kriegsschiffe nach ihrer Kanonenzahl klassifiziert. Die ersten Fregatten stufte man als 24-Kanonen-Schiffe ein. Als jedoch das normale Anwachsen der Größe einsetzte, klassifizierte man sie als 28-Kanonen-Schiffe. Dieser Klasse folgten die ‚32er', ‚36er' und ‚38er'. Die ersten ‚24er' trugen 9 Pdr auf dem Hauptdeck und 4 × 3 Pdr auf dem Achterdeck. Die ‚32er' hatten 26 × 12 Pdr im Hauptdeck, 4 × 6 Pdr auf dem Achterdeck und zwei weitere als Jagdkanonen auf der Back. Neben den Lafettenkanonen gab es eine unterschiedliche Anzahl von ‚Swivels'.

Mit dem Größerwerden der Fregatten wuchs auch die Größe der Kanonen. Die *Endymion* von 1797 hatte 26 × 24-Pdr-Lafettenkanonen im Hauptdeck und zwei lange 9-Pdr-Jagdkanonen auf der Back. Wie alle Fregatten am Jahrhundertende hatte auch *Endymion* ‚Carronaden'. Sie führte auf dem Achterdeck 14 × 32 Pdr und vier weitere auf der Back. Das Ausmaß der Armierung mit ‚Carronaden' in den Jahren 1780 und 1793 ist aus der Tabelle zu ersehen. Abgesehen von der Zahl der mitgeführten Kanonen gab es auch ein gewaltiges Anwachsen der Fregattengröße. Seit dem Stapellauf der *Lyme* mit 581 ts im Jahre 1748 waren es jetzt 1277 ts bei der *Endymion* von 1797. Dazwischen lag die *Pallas* von 1756 mit 718 ts. Die *Endymion* hatte die gleiche Tonnage wie die *Prince Royal* von 1612, war jedoch ungleich stärker bewaffnet.

Die britischen Fregatten waren tatsächlich nicht die ersten dieses Typs. Die französische Marine besaß bereits Fregatten (gemessen am englischen Standard), bevor der englisch-französische Krieg im Jahre 1744 ausbrach. Viele von ihnen wurden von der Royal Navy erbeutet und übernommen*. Die französischen Fregatten waren für andere Zwecke entworfen und anders gebaut als die englischen. Schon der erste Punkt spiegelt die unterschiedlichen Taktiken der beiden Marinen wider. Einfacher ausgedrückt, war die französische Absicht beim Entwurf einer Fregatte ein Schiff zu bauen, das schnell genug war, mögliche Opfer zu überholen, aber auch schnell genug, einem Gegner, der sich als zu stark erwies, zu entwischen. Um die erforderliche Geschwindigkeit zu erzielen, erhielt der Schiffskörper eine feinere Linienführung und war von vergleichsweise leichter Konstruktion. Im Gegensatz dazu stand die englische Haltung. Sie entsprach dem ‚knock them down and drag them out' („Macht sie fertig und holt sie raus"). Angesichts dieser Absicht waren die Fregattenkörper robuster gebaut. Dadurch konnten die Schiffe eine kampfstarke Armierung tragen und bei nahezu jedem Wetter kämpfen. Robustheit der Konstruktion (nach britischem Standard) war das, was den französischen Fregatten fehlte. So schnell und wetterfest wie sie auch waren, verspannten und verbogen sich ihre leichten Schiffskörper sehr rasch zum Nachteil der Segelqualität. Wegen ihrer schwächeren Konstruktion hatten sie ein niedrigeres Kanonen/Tonnage-Verhältnis als die britischen. Aber es gab noch andere Unterschiede zwischen den Fregatten beider Staaten. Die kräftiger gebauten englischen Schiffe konnten eine schwerere Takelage tragen und verhielten sich auf See und bei starken Winden besser. Nichtsdestoweniger muß man fairerweise feststellen, daß die französischen Fregatten für die Aufgaben, die sie erfüllen sollten, zufriedenstellende Schiffe gewesen sind.

Die Fregatten-‚Idee' verbreitete sich rasch. Die Niederländer hatten um 1750 ebenfalls Fregatten und die Dänen in den 1750er Jahren (wenn nicht schon früher). Offenbar begannen alle Hauptseemächte zur gleichen Zeit mit ihrem Bau.

Schoner: Wo immer der Prototyp des Schoners auch entwickelt worden ist, war seine Weiterentwicklung Sache der Amerikaner. Für die

* In diesem Zeitraum war England in drei Kriege verwickelt. Der österreichische Erbfolgekrieg, 1740 bis 1748, in dem sich Spanien, Frankreich, Preußen und Bayern gegen Österreich, England und die Niederlande verbündet hatten.
Am 22. 2. 1744 kam es vor Toulon zu einer Schlacht, die jedoch keine Entscheidung brachte. In den Gefechten vor Kap Finisterre am 3. 5. 1747 und 14. 10. 1747 eroberten die Engländer zahlreiche französische Kriegsschiffe.
Auch am siebenjährigen Krieg, 1756/63 war England beteiligt. Diesmal als Verbündeter Preußens gegen Frankreich und Rußland. In diesem Krieg mußten die Franzosen noch schwerere Niederlagen hinnehmen.
Schließlich folgte von 1754/55–1763 der englisch-französische Kolonialkrieg. (Anm. d. Übers.)

Carronaden-Ausrüstung 1780 und 1793

Zahl der Kanonen	Carronades			
	Achterdeck		Backdeck	
	~ 1780	1793	~ 1780	1793
44	8 × 18 Pdr	6 × 18 Pdr	2 × 18 Pdr	2 × 18 Pdr
		8 × 12 Pdr		2 × 18 Pdr
38	6 × 18 Pdr	4 × 18 Pdr	4 × 18 Pdr	
36	4 × 18 Pdr	4 × 18 Pdr	4 × 18 Pdr	
32	6 × 18 Pdr	4 × 18 Pdr	2 × 18 Pdr	2 × 18 Pdr
		6 × 18 Pdr		
		4 × 18 Pdr		2 × 18 Pdr
		6 × 18 Pdr		2 × 18 Pdr
		4 × 18 Pdr		
28	6 × 12 Pdr	4 × 18 Pdr	2 × 18 Pdr	2 × 18 Pdr

Standardmaße der Carronaden – 18. Jahrhundert*

Geschoßgewicht	Kaliber (cm)	Länge (m)
68 Pdr	20,4	1,58
	20,4	1,22
42 Pdr	17,4	1,31
32 Pdr	16,1	1,23
24 Pdr	14,4	1,1
18 Pdr	13,1	0,99
12 Pdr	11,5	0,66

* Die Werte der Umrechnung von „ft" und „in" in „m" und „cm" wurden abgerundet. (Anm. d. Übers.)

Reisen entlang der nordamerikanischen Ostküste erwies sich die Zweimastgaffeltakelung als außerordentlich passend, denn dort herrschten, allgemein gesprochen, stets auf- und ablandige Winde. Zwei Schonerklassen wurden im 18. Jahrhundert entwickelt. Die eine war ein kleines und ziemlich völliges Frachtschiff, die Einheiten der anderen hingegen waren Schnellsegler mit schärferen Schiffskörperlinien und höherer Takelung. Letztere wurden ausgiebig zum Schmuggeln benutzt oder fanden als Kaperschiffe Verwendung, oft wurden sie sogar zur ausgesprochenen Piraterie eingesetzt. Kurz nach der Jahrhundertmitte kaufte die britische Admiralität einige in Amerika gebaute Schoner und fand sie so brauchbar, daß weitere im amerikanischen Unabhängigkeitskrieg* erbeutete Einheiten ebenfalls in die Royal Navy eingereiht wurden. Die Linienführung (richtiger die Linienrisse) einiger amerikanischer Schoner wurde abgenommen und befindet sich heute im National Maritime Museum. Bisher ist keine englische Studie über die Marineschoner erstellt worden. Lediglich H.I. Chapelle schrieb in seinem *History of American Sailing Ships* eine kurze Abhandlung darüber. Eine gründlichere ist im *American Neptune* veröffentlicht worden[29].

Die ersten Schoner waren Rahsegler, die ein Marssegel und manchmal auch ein Vormarssegel hatten. Zum Fahren vor dem Wind setzten die Schoner Rahsegel an ihren Untermasten. Die Rahen waren an einem Taupferd an der Vorkante der Untermasten zwischen der Längssaling und dem Deck befestigt. Dieses Arrangement erlaubte, das Rah- oder Gaffelsegel ohne Behinderung zu heißen oder niederzuholen. Die Marineschoner waren klein, einige davon sogar sehr klein. Die 1768 angekaufte *Sultana* war an Deck nur 50,5 ft (15,39 m) lang und besaß 50 ts Ladefähigkeit**. Die zur gleichen Zeit erworbe-

* 1775–1783. Außer der früheren Kolonie standen auch Frankreich und Spanien gegen Großbritannien. (Anm. d. Übers.)
** Frühere Bezeichnung ‚Burthen', auch ‚Burden' = Tragfähigkeit oder Ladefähigkeit. Die Formel dafür lautet:
$B^2 \times K : 188$ (B = Breite, K = Kiellänge). Die Einsatzverdrängung war etwa 25% höher. (Anm. d. Übers.)

ne *Halifax* maß 58 ft (17,68 m) in der Länge und hatte 83 ts Ladefähigkeit. Die *Halifax* erwarb wegen ihrer Rolle im amerikanischen Krieg einen nicht beneidenswerten Ruf*. Ein anderer 1768 gekaufter Schoner, die *Chaleur,* war zweimal so groß wie die *Sultana* und besaß 120 ts Ladefähigkeit. An den Masttopps der Schoner gab es keine Marse, nur Längs- und Quersalinge. Ihre Bewaffnung entsprach der anderer kleiner Kriegsschiffe: Kleine Lafettenkanonen und ‚Swivels'. In den letzten 20 Jahren des Jahrhunderts kamen ‚Carronaden' hinzu.

Kutter: In englischen Gewässern wurde der einmastige und gaffelgetakelte Kutter für die gleiche Arbeit eingesetzt wie jenseits des Atlantiks der Schoner, gleichgültig ob es sich um legale oder illegale Aufgaben handelte. Die ersten Kutter im Dienst der Marine waren etwas größer als die ersten Schoner. Ob das jedoch grundsätzlich so war, ist unbekannt. Kutter waren klinkergebaute, ziemlich breite Fahrzeuge. Die maximale Breite befand sich vom Bug her gesehen auf $\frac{1}{3}$ der Länge. Sie waren gedeckt und trugen eine starke Armierung. Das zeitgenössische Modell eines Kutters aus dem späten 18. Jahrhundert im Science Museum ist bei einer Verdrängung von nur 150 ts mit 10 ‚Carronaden' und 10 ‚Swivels' bewaffnet. Ein anderes Modell, offenbar die *Flying Fish* von 1778 (190 ts), trug 12 ‚Carronaden' und 12 ‚Swivels'. Kutter führten eine schwere Takelage. Sie besaßen ein Gaffelgroßsegel, dessen Unterkante durch einen langen Baum gespreizt wurde, außerdem ein Fockstagsegel, ein Rahtoppsegel und einen Klüver. Hinzu konnten weitere Segel gesetzt werden. Das geschah nach ‚Captain's fancy' (nach Belieben des Kommandanten). Das Modell der *Flying Fish* wurde von einem zeitgenössischen Seefahrer, Admiral Buckle, gefertigt und führt zusätzlich zur Grundtakelage ein Bramsegel, Bramleesegel zu den Marssegeln und für das Laufen vor dem Wind ein Rahsegel, das von einer Rah am unteren Masttopp gesetzt ist. Wenn das Schiff gut bemannt war, konnte man damit gut vorankommen. Eine Eigenart der Takelung, die die Kutter von einmastigen Schonern unterschied, war, daß erstere einen Bugspriet besaßen, der sehr schnell ausgefahren werden konnte. Ein weiterer Unterschied lag im Bug. Kutter hatten einen geraden Bug, ohne Galionsknie oder -figur.

Boote

Bilder und dokumentarische Beweise liefern einen großen Teil zuverlässiger Informationen über die Boote der Schiffe, obwohl bisher leider keine Bootsliste ans Tageslicht gekommen ist, die mit den verschiedenen Schiffsausrüstungen/Bauvorschriften übereinstimmt. Trotzdem wurden zwei hervorragende Zusammenstellungen der verfügbaren Daten in leicht zugänglicher Form publiziert. Das sind *Boats of Man-of-War* von Commander (Korvettenkapitän) W.E. May, erhältlich im National Maritime Museum und *Fittings of Wooden Warships, Part two,* aus *Boats,* von R. Gardiner in *Modell Shipwright*[30, 31]. Soweit aus den immer noch dürftigen Informationen, die uns erhalten gebliebene Pläne geben, festzustellen ist, gab es im Aussehen der Boote nur wenig Änderungen. Das gilt für das ganze Jahrhundert, und dieses Maß an Beständigkeit läßt vermuten, daß das Material, die Konstruktion und Verwendung der Boote stets gleich war und blieb.

Alle Boote waren offen und mit Ausnahme der ‚yawls'** und Kutter überwiegend kraweelgebaut. Eine Vielzahl von Takelagen war in Gebrauch. Die größten Boote besaßen zwei Masten, den meisten genügte einer. Es gab Gaffel-, Spriet-, Lugger- und Lateinsegel, manchmal waren sie miteinander kombiniert, so z.B. Lugger- und Sprietsegel (die Art, die auf den Thamesbargen/Themseschuten oder -besanewern benutzt wurde und nicht unter dem Bugspriet saß). In Übereinstimmung mit Sutherland waren die Proportionen am Jahrhundertbeginn bei den Bootsmasten wie folgt: Großmast 3 × Bootsbreite, Fockmast 2 × Breite. Der maximale Mastdurchmesser entsprach $^1/_{51}$ der Länge und er verjüngte sich auf die gleiche Art wie ein Schiffsmast. War ein Boot sprietgetakelt, war der Spriet 1 ft (30,5 cm) länger als der Großmast, sein Durchmesser entsprach $\frac{1}{90}$ seiner Länge.

* Sie wurde am 14. 8. 1756 im engl.-franz. Kolonialkrieg beim Fall von Oswego von den Franzosen zur Kapitulation gezwungen. (Anm. d. Übers.)

** Auch ‚Jawl' Hecksegelkutter. Wird auch als Jolle bezeichnet. (Anm. d. Übers.)

Die Spierendimensionen in den 1770er Jahren waren wie folgt:

Sloopgetakelte ‚Longboats': (L = Mastlänge, B = Bootsbreite)

Mastlänge	= 3 × B (bis zu den Mastbacken/ Mastschultern)
Masttopp	= $\frac{1}{6}$ × L
Bugspriet	= $\frac{1}{2}$ × L
Baum	= $\frac{7}{9}$ × L
Gaffel	= $\frac{5}{12}$ × Baum ($\frac{35}{108}$ × L)
Mastdurchmesser	= $\frac{1}{48}$ × L
Bugsprietdurchmesser	= $\frac{3}{10}$ in (0,76 cm) je Fuß der Gesamtlänge
Baumdurchmesser	= $\frac{7}{32}$ in (0,55 cm) je Fuß der Länge
Gaffeldurchmesser	= $\frac{2}{5}$ in (1,01 cm) je Fuß der Länge

Zweimastige Bargen, Pinassen und Jollen:

Länge der Fock- und Großmasten	= 2,35 × B
Sprietlänge	= $\frac{9}{8}$ × Mast (2,77 × B)
Mastdurchmesser	= $\frac{1}{48}$ × L
Sprietdurchmesser	= $\frac{1}{96}$ × L

Ketschgetakelte Kutter (Lugger- und Sprietbesansegel):

Fockmastlänge	= 2,75 × B
Besanmastlänge	= 1,72 × B
Fockrah	= 1,375 × B
Sprietlänge	= $\frac{9}{8}$ × Mastlänge
Auslegerlänge	= $\frac{2}{3}$ × Besan
Fockmastdurchmesser	= $\frac{1}{52}$ × Länge
Fockrah- und Besanmastdurchmesser	= $\frac{1}{48}$ × Länge
Sprietdurchmesser	= $\frac{1}{96}$ × Länge
Auslegerdurchmesser	= $\frac{5}{18}$ in (0,7 cm) je Fuß der Länge

Die Gesamtlänge des Bugspriets ist nicht angegeben, sie scheint jedoch von gleicher Länge wie der Mast gewesen zu sein oder etwas kürzer. Etwa $\frac{3}{4}$ der Länge befand sich außenbords.

Die Proportionen in der 1749er Ausgabe von Steel sind[32]:

Sloopgetakelte Boote:

Mast	= $2\frac{13}{16}$ × B
Bugspriet	= $\frac{5}{9}$ × Mast ($1\frac{9}{16}$ × B)
Baum	= $\frac{2}{3}$ × Mast ($1\frac{7}{8}$ × B)
Gaffel	= $\frac{3}{5}$ × Baum ($1\frac{1}{8}$ × B)

Luggergetakelte ‚Longboats':

Großmast	= $2\frac{1}{2}$ × B
Großrah	= $\frac{5}{8}$ × Großmast ($1\frac{9}{16}$ × B)
Fockmast	= $\frac{7}{8}$ × Großmast ($2\frac{3}{16}$ × B)
Fockrah	= $\frac{5}{8}$ × Fockmast
Bugspriet	= $\frac{1}{2}$ × Großmast

Die Mast- und Rahdurchmesser entsprachen $\frac{1}{48}$ ihrer Länge. Die Bugspriets waren allerdings etwas dicker, $\frac{5}{96}$ ihrer Länge.

Luggergetakelte ‚Launches' (Barkassen) und Kutter:

Großmast	= $2\frac{3}{4}$ × B
Großrah	= $\frac{9}{17}$ × Mastlänge
Fockmast	= $\frac{8}{9}$ × Großmast
Fockrah	= $\frac{9}{17}$ × Großmast
Besanmast	= $\frac{5}{8}$ × Großmast
Spriet	= Besanmast zuzüglich 2 ft (0,61 cm)
Ausleger	= $\frac{2}{3}$ × Besanmast

Die Mast- und Rahdurchmesser waren wie bei den sloopgetakelten Booten. Der Sprietdurchmesser maß jedoch $\frac{1}{84}$ × Länge und der des Auslegers $\frac{3}{89}$.

Luggergetakelte Boote hatten keinen Bugspriet.

338

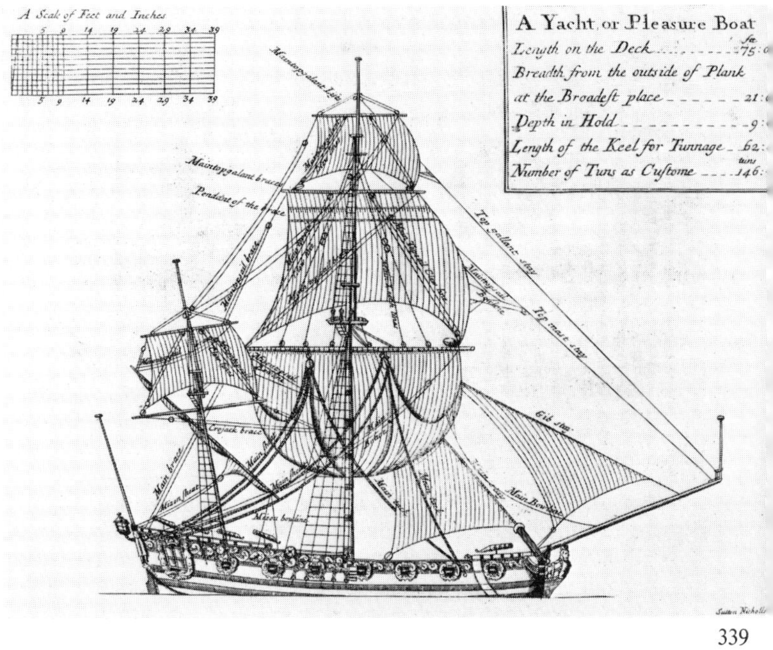

339

338. Eine 12-Kanonen-Sloop von 1750. Sie führt eine Ketschtakelung. An Oberdeck gibt es die üblichen Ruderpforten. Mitte der 1750er Jahre ersetzte man die Ketschtakelung durch eine Brigg- oder Vollschifftakelung für Sloops.

339. Der Segelplan einer kleinen Ketsch (tatsächlich ist es eine Yacht) aus Sutherlands *Shipbuilding Unveiled* von 1711. ‚Bomb-ketsches' waren auf die gleiche Art getakelt, die ‚Mortars' standen in der vorderen Schiffshälfte.

340. Die dänische Zeichnung eines ‚bomb-vessels'. Das Datum ist unbestimmt, obwohl es sich um ein frühes Beispiel dieses Typs handelt. Es erinnert an französische Fahrzeuge des späten 17. Jahrhunderts.

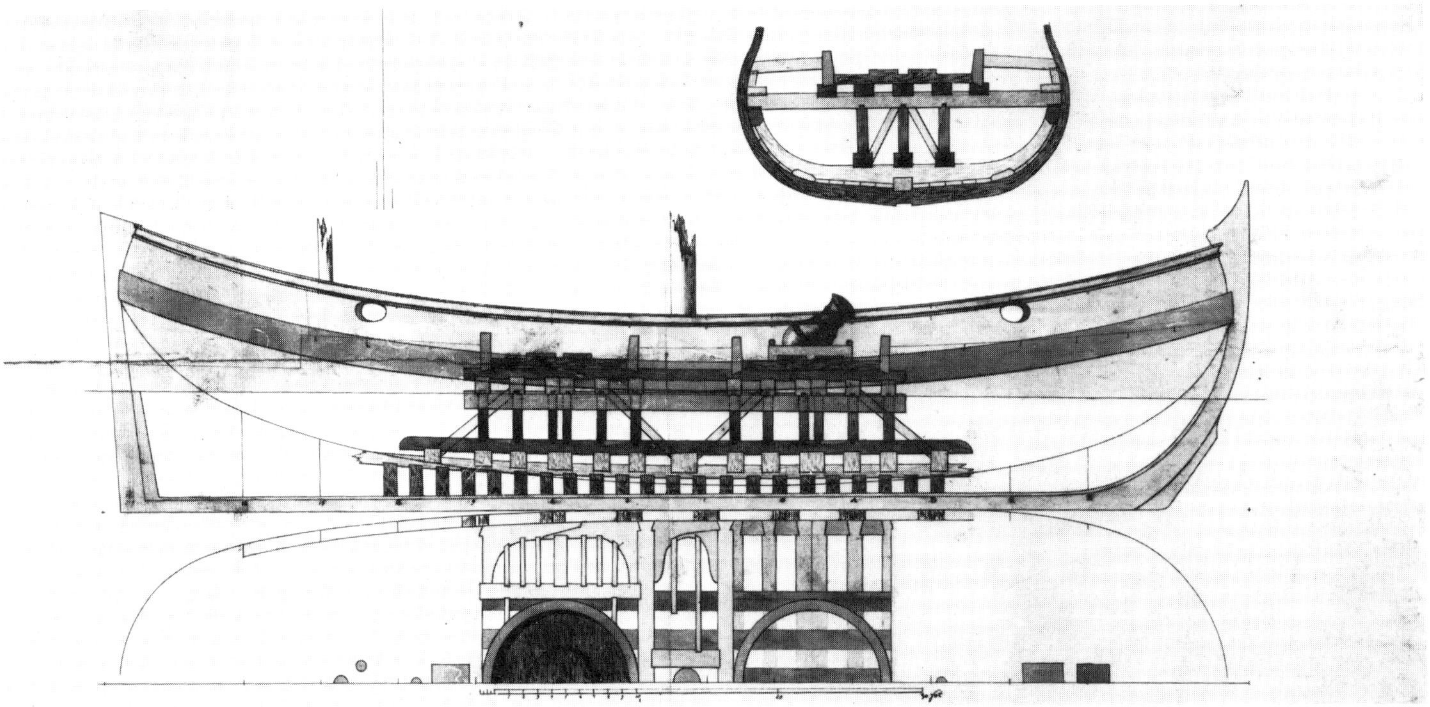

340

‚Launches' und Kutter mit Schebeckensegel/Settiesegel*
(Ein ‚settee' war ein Vierkantsegel, praktisch ein altes Lateinsegel mit abgeschnittener Unterkante)

Großmast	$= 2 \times B$
Großrah	$= 3^1/_2 \times B$
Fockmast	$= {}^{17}/_{18} \times$ Großmast ($1^8/_9 \times B$)
Fockrah	$= {}^9/_{10} \times$ Großmast
Mastendurchmesser	$= {}^1/_{32} \times$ Länge
Rahendurchmesser	$= {}^1/_{48} \times$ Länge

Bargen und Pinassen mit Lateinsegeln:

Masten	$= 2 \times B$ zuzüglich 8 in (20,3 cm)
Mastdurchmesser	$= {}^5/_{16}$ in (0,8 cm) je Fuß der Länge

(Die Eintragung für diese Boote scheint nicht korrekt zu sein. Sie hatten Marsstengen von ${}^9/_8 \times$ Mastlänge und mit einem Durchmesser von ${}^1/_{60} \times$ Länge. Da keine Rahen angegeben sind, ist die Bezeich-

* Schebecke = im Mittelmeer verwendetes Fahrzeug mit Lateinsegeln. (Anm. d. Übers.)

nung ‚Marsstenge‘ vermutlich ein Fehler und muß für ‚Latein-Rah‘ stehen)

Sprietgetakelte Pinassen, Bargen und Jollen:

Fock- und Großmast	= 2,25 × B
Spriet	= $\frac{9}{8}$ × Mastlänge
Mastdurchmesser	= $\frac{1}{48}$ × Länge
Sprietdurchmesser	= $\frac{1}{96}$ × Länge

Informationen über den Anstrich der Boote sind nur unzureichend. Das Boot einer Yacht von 1705 hatte zinnoberrote Oberteile, von den Duchten an abwärts war es in einer gelbgrauen Tönung gestrichen, die als ‚trübe Farbe‘ bekannt ist. Ein Admiralsboot aus der gleichen Zeit war über den Duchten grün und hatte an den Täfelungen und Rückenbrettern heraldische Zeichen. Unter den Duchten hatte man wiederum die ‚trübe Farbe‘ benutzt. Das Modell eines ‚Longboats‘ von 1730 im National Maritime Museum besitzt einen blauen Schergang mit vergoldetem Schnörkelwerk. Der übrige Bootskörper ist mit Ausnahme der Duchten, die rot sind, in einem blassen Gelbokker gestrichen. Ein anderes Modell, das einer vierriemigen Barge von etwa 1750, hat einen mattweißen Unterboden, einen breiten matten bananengelben Streifen darüber und über diesem nochmals einen schmalen vergoldeten Streifen mit blauem Band. Die Innenseite ist rot mit blauer Täfelung. Letztere ist an den Ecken vergoldet. Die Riemen sind rot.

1777 wurde angeordnet, alle Boote unter der Wasserlinie mit Bleiweiß und Leinöl zu streichen. Das deutet darauf hin, daß auch andere Farben in Gebrauch gewesen sind. Ob es jedoch Farben waren, die anders als die bekannten „trüben“ waren, ist nicht bekannt. Die näch-

341

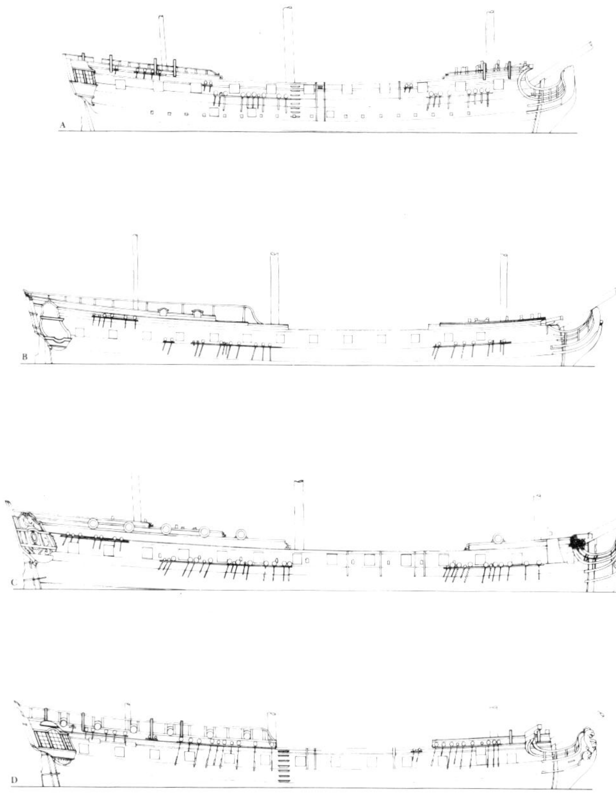

341. Vergleichsprofile von Fregatten. Die einzelnen Schiffe sind:
A *Phoenix*, ein englisches 24-Kanonen-Schiff des 1741er Haushaltes. Mit zwei Kanonenpforten im unteren Deck ist das Schiff ein echter Zweidecker und liegt daher auch hoch aus dem Wasser.
B *Renommée*, Baujahr 1746 und 30 Kanonen, war eine der ersten französischen Fregatten. Sie hat einen langen und niedrigen Schiffskörper. Obwohl das Schiff strukturell ein Zweidecker ist, führt das untere Deck keine Kanonen und sitzt in der Wasserlinie.
C *Ambuscade*, Baujahr 1746 mit 40 Kanonen. Sie war die größte französische Fregatte dieser Periode. Das Schiff wurde von den Engländern erbeutet*. Der Entwurf war augenscheinlich von großem Interesse, denn die Pläne dieses Schiffes existieren in britischen, niederländischen, dänischen und schwedischen Marinesammlungen. Daran kann man sehen, wie schnell irgendwelche Ideen in der Konstruktion von Schiffen im Europa des 18. Jahrhunderts allgemeines Erbgut wurden.
D *Lyme*, Baujahr 1748 und 28 Kanonen, war eine der besten englischen Fregatten (wie ihr Schwesterschiff *Unicorn*). Sie wurden gebaut, weil die 24-Kanonen-Schiffe wie die *Phoenix* die neuen französischen Fregatten weder fangen noch zerstören konnten. (Skizzen: John Roberts nach Originalen im National Maritime Museum)

342. Das zeitgenössische Modell der 32-Kanonen-Fregatte *Lowestoffe* von 1781. Sie war ein Versuchsfahrzeug und basierte auf den Linien der in Kanada gebauten französischen Prise *L'Abenakise*.

343. Eine 32-Kanonen-Fregatte der *Amazon*-Klasse von 1783. Mit 12 Pdr bewaffnet, wurden diese Schiffe aus der höchst erfolgreichen *Alarm*-Klasse von 1757 entwickelt und waren während des amerikanischen Unabhängigkeitskrieges die Hauptstütze der Fregattenstreitmacht der Royal Navy.**

* *Ex Embuscade*, am 12. 10. 1798 vor der Doneganküste erbeutet, ab 16. 1. 1804 war der Name *Seine*. (Anm. d. Übers.).

** In England stets als ‚amerikanischer Revolutionskrieg‘ bezeichnet. (Anm. d. Übers.).

343

342

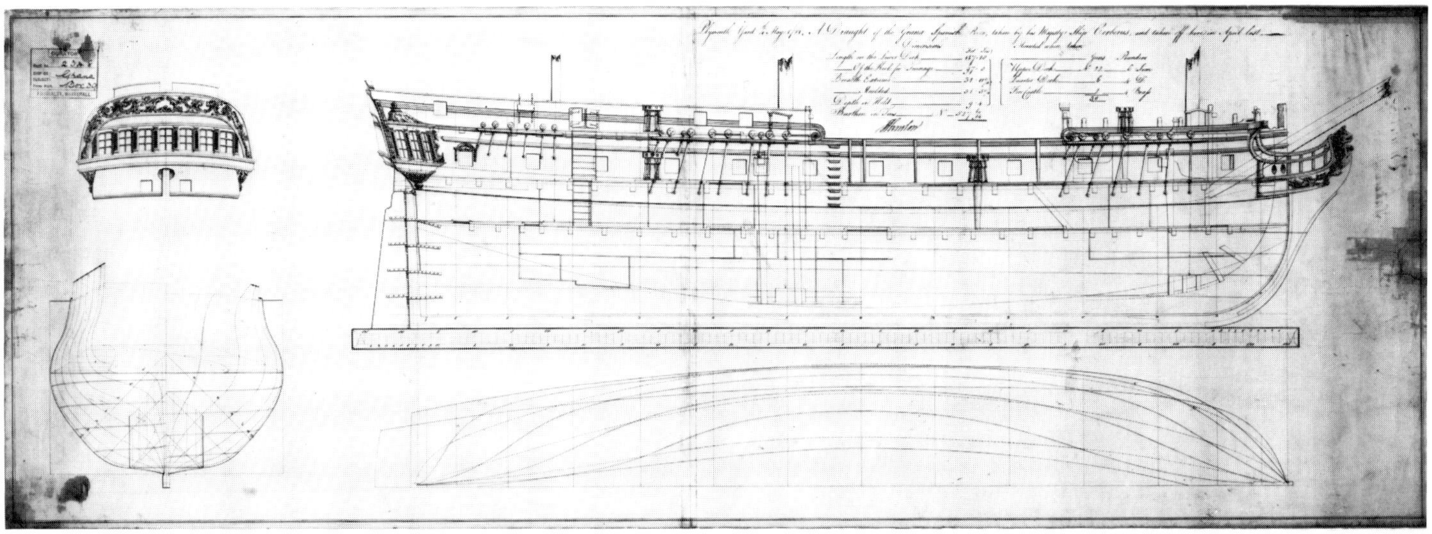

344

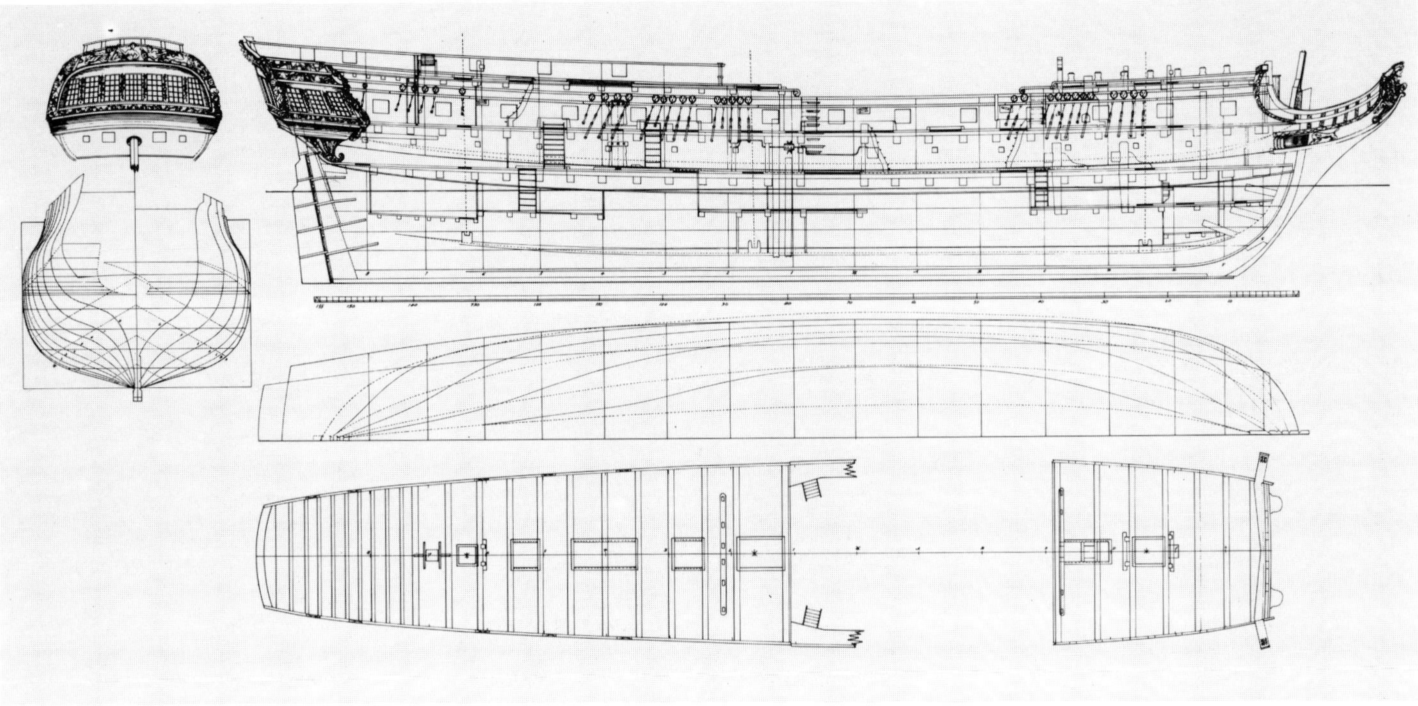

345

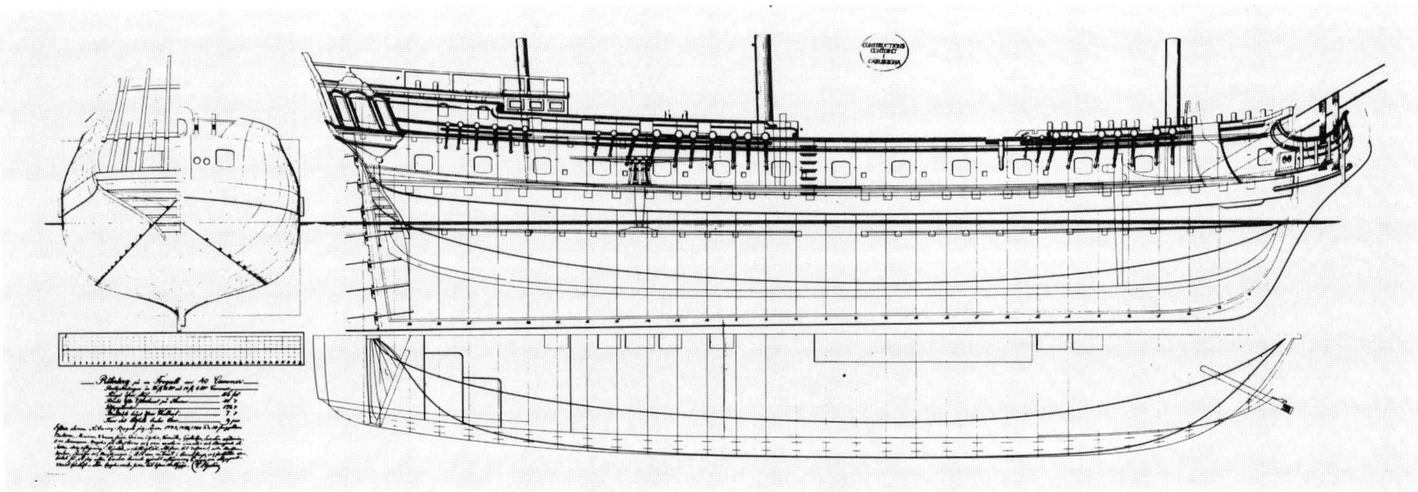

346

344. Die Zeichnung der *Grana*, eine spanische 30-Kanonen-Fregatte, die 1781 erbeutet wurde.* Anders als zeitgenössische englische Schiffe hatte die *Grana* einen geraden Vor- und Achtersteven sowie ein glattes Profil. Die Schanzkleider der Kuhl und des Achterdecks sind viel höher als die englischer Schiffe.

345. Die *Confederacy*, die größte amerikanische Fregatte des Unabhängigkeitskrieges. Sie war größer als vergleichbare englische Schiffe und in vielerlei Art anders konstruiert. Am 14. 4. 1781 wurde sie vor dem Delaware erbeutet. Da sie jedoch zu schnell und aus nicht ausgetrocknetem Holz gebaut worden war, stellte man sie sehr bald außer Dienst und brach sie ab. Der Plan fußt auf einer Admiralitätszeichnung, die nach der Kapitulation gefertigt wurde und im National Maritime Museum liegt.

346. Der Plan einer Klasse schwedischer 40-Kanonen-Fregatten, die von Chapman entworfen wurde. Der Bau begann 1782 in Karlskrona mit der *Bellona*. Der eckige Hauptspant und die abgerundeten Kanonenpforten sind Chapmans persönliche Note. Was diese Fregatten jedoch so anders erscheinen ließ, war die Armierung mit 26 x 24 Pdr. Folglich bauten die Schweden zehn Jahre vor der französischen *Pomone* und mehr als 15 Jahre vor der amerikanischen *Constitution* bereits 24-Pdr-Fregatten.

* Am 25. 2. 1781 durch die *Cerberus* vor Kap Finisterre. (Anm. d. Übers.).

Bootsausrüstungen 1670–1800 (fortlaufend)*

Datum	1. Klasse	2. Klasse	3. Klasse	4. Klasse	5. Klasse	6. Klasse	Sloops usw.
~ 1670	3 Boote („Longboat“, Pinasse, Jolle)	3 Boote auf 70-Kanonen-Schiffen und darüber; 2 Boote auf Schiffen unter 70 Kanonen	2 Boote („Longboat“, Pinasse)	2 Boote („Longboat“, Pinasse)	2 Boote („Longboat“, Pinasse)	Die vier größten Fahrzeuge hatten 2 Boote, alle anderen 1 Boot (nur Pinassen)	–
1679		*Duchess* (90 Kanonen) hatte ein „Longboat“ (32 ft (9,75 m), eine Pinasse 31 ft (9,45 m), eine Jolle 20 ft (6,1 m)					
1701				zusätzlich 3. Boot. Auf den „60er“ eine sechs-, auf den „50er“ eine vierriemige Deal-Jolle**			
1702	zusätzlich ein Kraweel-Deal-Jollentypboot (insgesamt 4 Boote)	zusätzlich ein Kraweel-Deal-Jollentypboot. Gesamt: „90er“ offenbar 4 Boote, „80er“ offenbar 3 Boote	zusätzlich ein Kraweel-Deal-Jollentypboot. Gesamt: 3 Boote	Gesamt: 3 Boote	Gesamt: 2 Boote	Gesamt: 1 Boot	–
Nach 1710 ging die Tendenz dahin, die „Longboats“ kürzer zu machen. Das betraf insbesondere die der kleinen Schiffe.							
1715						zusätzlich 2. Boot. Pinasse 27 ft (8,23 m) und Deal-Jolle 17 ft (5,18 m)	
1719	Pinasse von 35 ft × 6 ft 3 in × 2 ft 9 in (10,67 × 1,91 × 0,84 m), 12 Riemen. „100er“: „Longboat“ von 36 ft × 10 ft 4 in × 4 ft × 1 in (10,97 × 3,15 × 1,25 m)	„90er“: Longboat“ von 35 ft × 10 ft 4 in × 4 ft 1 in (10,67 × 3,15 × 1,25 m). „80er“: „Longboat“ 32 ft × 9 ft 4 in × 3 ft 11 in (9,75 × 2,85 × 1,19 m)	Pinasse von 31 ft × 6 ft 2 in × 2 ft 7,5 in (9,14 × 1,88 × 0,8 m), 10 Riemen. „70er“: „Longboat“ 31 ft × 9 ft 4 in × 3 ft 11 in (9,45 × 2,85 × 1,19 m)	Pinasse von 30 ft × 6 ft 2 in × 2 ft 7,5 in (9,14 × 1,88 × 0,8 m), 10 Riemen. „60er“: „Longboat“ 30 ft × 8 ft 8 in × ? ft 8 in (9,14 × 2,64 × 1,12 m)*** „50er“: „Longboat“ 30 ft × 8 ft 8 in × 3 ft 8 in (9,14 × 2,64 × 1,12 m)	Pinasse von 28 ft × 5 ft 10 in × 2 ft 6,5 in (8,53 × 1,78 × 0,78 m), 8 Riemen. „40er“ und „30er“: „Longboat“ 26 ft × 8 ft 4 in × 3 ft 5,5 in (7,93 × 2,54 × 1,05 m)	Pinasse von 27 ft × 5 ft 8 in × 2 ft 6 in (8,23 × 1,73 × 0,76 m), 8 Riemen	–
17. 4. 1740	zusätzlich ein 6-Riemen-Boot 25 ft (7,62 m) oder ein Deal-Kutter. Gesamt: 5 Boote	zusätzlich ein 6-Riemen-Boot 25 ft (7,62 m) oder ein Deal-Kutter. Gesamt: 5 Boote	zusätzlich ein 6-Riemen-Boot 25 ft (7,62 m) oder ein Deal-Kutter bei den „70er“. Das 10-Riemen-Boot wurde auf 32 ft (9,75 m) verlängert *wie bei den größeren Schiffen*, und das 8-Riemen-Boot auf 28 ft (8,53 m) Gesamt: 4 Boote	Keine Änderung der Gesamtzahl, aber die Boote der „60er“ und „50er“ wurden wie auf den „70er“ geändert. Gesamt: 3 Boote			–

* Alle „ft“ – und „in“-Werte wurden bei Umrechnung in „m“ abgerundet. (Anm. d. Übers.)
** Benannt nach der englischen Stadt Deal. (Anm. d. Übers.)
*** Es muß offenbar 3 ft 8 in heißen, siehe nachfolgende Zeilen und Werte. (Anm. d. Übers.)

Bootsausrüstungen 1670–1800 (fortlaufend)*

Datum	1. Klasse	2. Klasse	3. Klasse	4. Klasse	5. Klasse	6. Klasse	Sloops usw.
11. 7. 1740				zusätzlich ein Kutter 25 ft (7,62 m) für die „60er“ und „50er“ des Haushalts 1745. Gesamt: 4 Boote	zusätzlich ein Kutter 25 ft (7,62 m) für die „44er“ des Haushalts 1745. Gesamt: 3 Boote	Gesamt: 2 Boote	–
9. 4. 1755	zusätzlich ein Deal-Kutter. Gesamt: 6 Boote	zusätzlich ein Deal-Kutter. Gesamt: 6 Boote	zusätzlich ein Deal-Kutter. Gesamt: 5 Boote				
19. 8. 1757						Alle Schiffe der 6. Klasse im Kanaldienst sollen anstelle 10-riemiger Boote (Pinassen ?) 6-riemige erhalten.	
1761					„36er“ und „32er“: 1 „Longboat“ 23 ft (7,01 m), 1 Pinasse 30 ft (9,14 m) 1 Jolle 24 ft (7,32 m). Gesamt: 3 Boote	„28er“: 1 „Longboat“ 22 ft (6,71 m) 1 Pinasse 28 ft (8,53 m) 1 Jolle 23 ft (7,01 m). „24er“: 1 „Longboat“ 21 ft (6,4 m), 1 Pinasse 28 ft (8,53 m), 1 Jolle 22 ft (6,71 m). Gesamt: 3 Boote	„16er“: 1 „Longboat“ 19 ft (5,79 m), 1 Pinasse 26 ft (7,93 m) „18er“: 1 „Longboat“ 18 ft (5,49 m), 1 Pinasse 25 ft (7,62 m). „10er“: 1 „Longboat“ 16 ft (4,88 m), 1 Pinasse 24 ft (7,32 m).
1771			„74er“: je 1 „Longboat“ 1 Pinasse, 1 Barge, 1 Jolle und 2 Kutter unterschiedlicher Länge. Gesamt: 6 Boote				
1777							„16er“ mit mehr als 300 ts erhielten einen zusätzlichen Kutter mit 4 Riemen, 18 ft (5,49 m)
1780			„64er“: 1 „Launch“ von 30 ft (9,14 m), Pinassen von 32 ft (9,75 m) und 28 ft (8,53 m) u. Kutter 2 × 25 ft (7,62 m). Gesamt: 5 Boote		„38er“: 1 „Launch“ von 26 ft (7,93 m), 1 Pinasse von 30 ft (9,14 m), Kutter 2 × 24 ft (7,32 m). Gesamt: 4 Boote		
12. 7. 1780					Die „36er“ erhielten wie die „38er“ zwei Kutter von 24 ft (7,32 m)		
7. 11. 1780	Es wurde befohlen, die „Longboats“ durch „Launches“ zu ersetzen. Das galt für alle Schiffe, die sich in Bau oder in Reparatur befanden.						
14. 6. 1781	Bis zu den „20er“ erhielten alle Fahrzeuge aller Klassen zusätzlich einen 4-riemigen Kutter von 18 ft (5,49 m).						

Bootsausrüstungen 1670–1800 (fortlaufend)*

Datum	1. Klasse	2. Klasse	3. Klasse	4. Klasse	5. Klasse	6. Klasse	Sloops usw.
1781	Gesamt: 7 Boote	Gesamt: 7 Boote	„74er“: 1 Launch von 30 ft (9,45 m), 2 Pinassen, 32 ft und 28 ft (9,75 und 8,53 m), 3 Kutter mit 2 × 25 ft (7,62 m) und 1 × 18 ft (5,49 m). „64er“: 1 „Launch“ von 30 ft (9,45 m), 2 Pinassen, 32 ft und 28 ft (9,75 u. 8,53 m), 3 Kutter mit 2 × 25 ft (7,62 m) und 1 × 18 ft (5,49 m). Gesamt: 6 Boote	„50er“: 1 Launch von 29 ft (8,84 m), 1 Pinasse (offenbar 30 ft/9,14 m) und 2 Kutter (offenbar je 25 ft/7,62 m), 1 Kutter von 18 ft (5,49 m). Gesamt: 5 Boote	„44er“: 1 Launch von 26 ft (7,93 m), 1 Pinasse (offenbar 30 ft/9,14 m) und 2 Kutter (offenbar 24 ft/7,32 m), 1 Kutter von 18 ft (5,49 m). „36er“: u. „32er“: 1 „Launch“ von 23 ft oder 24 ft (7,01 o. 7,32 m), 1 Pinasse von 30 ft (9,14 m), 2 Kutter mit 24 ft (7,32 m), 1 Kutter mit 18 ft (5,49 m). Gesamt: 5 Boote	„28er“: 1 Launch von 22 ft (6,71 m), 1 Pinasse von 28 ft (8,53 m), offenbar 1 Kutter um 22 ft (6,71 m) und 1 Kutter von 18 ft (5,49 m). „20er“: 1 „Launch“ von 21 ft (6,4 m), 1 Pinasse (offenbar um 22 ft/6,71 m) und 1 Kutter von 18 ft (5,49 m). Gesamt: 3 oder 4 Boote	Große Sloops: 1 Launch 19 ft (5,79 m), 1 Pinasse 26 ft (7,93 m) und offenbar 1 Kutter mit 18 ft (5,49 m). Kleine Sloops: 1 Kutter von je 24 ft und 17 ft (7,32 m u. 4,88 m), die letztere Ausrüstung war die der angekauften *Scout.* Gesamt: 3 oder 2 Boote
1782/83	Da die Kutter von vielen Seeoffizieren bevorzugt wurden, ging die Tendenz dahin, alle „Launches“ und Bargen gegen diese zu tauschen.						
1794	Einige Kommandanten führten gemäß einer speziellen Erlaubnis anstelle der Pinassen achtriemige Kutter.						

Die Aufstellung wurde *Model Shipwright*, No. 19, März 1977, entnommen und mit Ergänzungen versehen.

ste Information stammt aus dem Jahre 1799. Ein Gemälde dieses Datums zeigt elf in einer Reihe festgemachte Boote. Die Anstriche der Außenhaut, soweit auszumachen sind:

Nr. 1 (das größte): Blau mit rotem Streifen nahe des ‚gunwale‘ (Bootsrand)
Nr. 2: Gelb mit blauem Bootsrand
Nr. 3 und 4: Weiß mit rotem Bootsrand
Nr. 5, 7 und 9: Gelb mit roten Streifen
Nr. 6 und 11: Weiß über alles
Nr. 8 und 10: Weiß mit roten Streifen

Der Anstrich der Boote folgt keinem standardisierten Muster, sie sehen mehr aus wie nach ‚Admiral's fancy‘ (nach Belieben des Admirals).

Über die Stauung der Boote fehlen uns brauchbare Informationen. Die Praxis des Verstauens auf den Reservespieren zwischen Back und Achterdeck war offenbar zum Ende des 17. Jahrhunderts üblich geworden. So blieb es vorerst auch, bis Bäume quer über die Kuhl gelegt wurden und man die Boote dann auf diese legte. Wie das jedoch vor sich ging, ist unklar. Es gibt allerdings auch Nachweise, daß die Boote eines im anderen lagen. Das bedeutet, daß die Duchten abnehmbar gewesen sein müssen, oder daß es eine Art Keil gegeben haben muß, um die oberen Boote abzusichern. Im letzten Jahrzehnt des Jahrhunderts kamen Davits in Gebrauch, die ausschließlich zum Einnehmen der kleinen Boote dienten. Es war üblich, an jedem Achterschiff ein Paar Davits aufzustellen. Da es passender ist, werden die Davits im folgenden Kapitel behandelt werden.

347. Das Modell eines Marineschoners von etwa 110 ts. Der Schiffskörper ist zeitgenössisch aus der Periode 1760/80. Das Takelwerk wurde 1902 in Übereinstimmung mit den Abmessungen aus Steels *Mast-making, Sail-making and Rigging* ergänzt und ist daher nicht in allen Punkten konform mit dem Stil des Schiffskörpers.

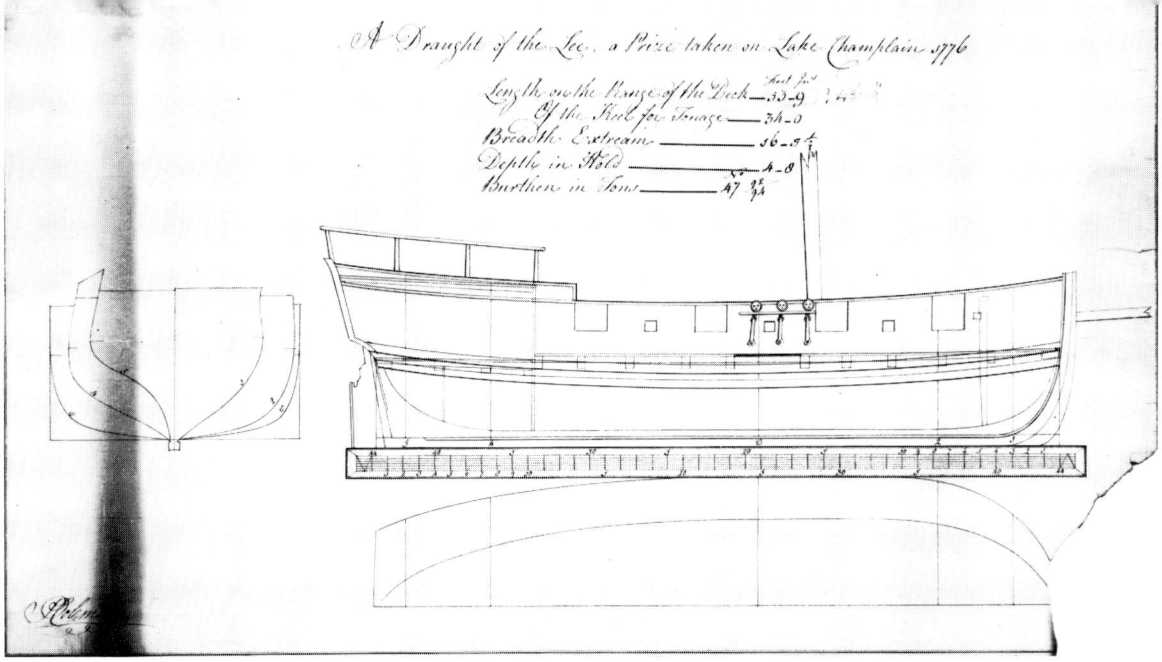

348. Die *Lee*, ein amerikanischer Kutter, der 1776 auf dem Lake Champlain erbeutet wurde, und den die Royal Navy in Dienst nahm. Sie trug zu dieser Zeit 1 x 12 Pdr, 1 x 9 Pdr und 4 x 4 Pdr. Das Takelwerk der *Lee* waren vermutlich ein Gaffelsegel, ein oder mehrere Stagsegel und für schwache Winde ein Rahsegel und Rahtoppsegel. Die Rekonstruktion des Schiffskörpers und Takelwerks befindet sich in H.I. Chapelles *The History of the American Sailing Navy.*

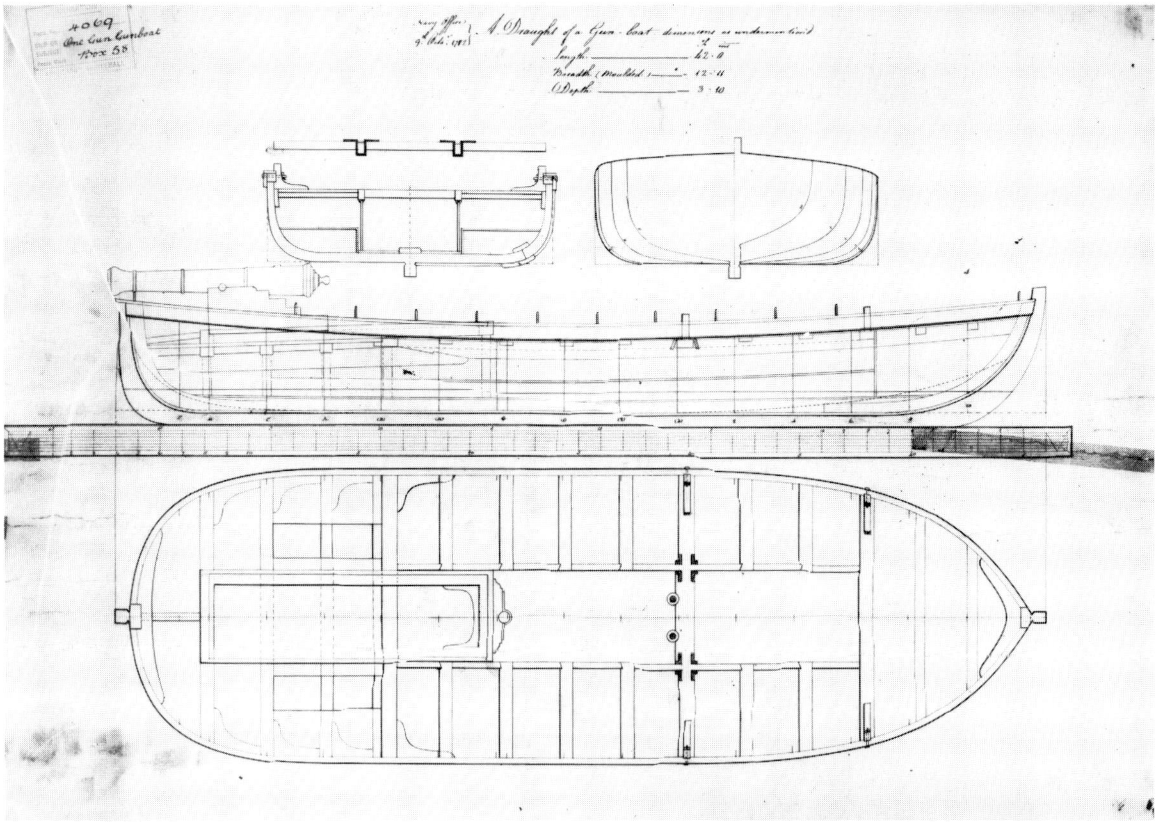

349. Ein Kanonenboot von 1782. Die Kanone saß auf einer Gleitlafette und hatte ihren Rücklauf entlang der Schiffsmittellinie. Bei späteren Versionen konnte sie bei Nichtbenutzung zum Schiffsboden heruntergelassen werden.

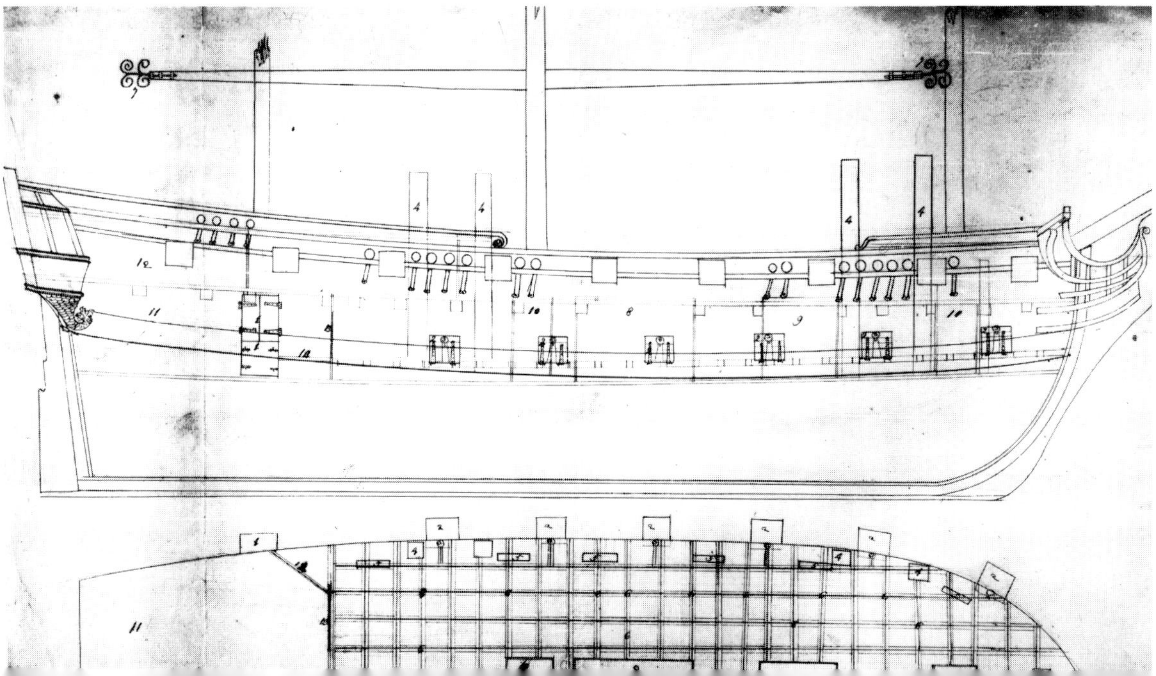

350. Der dänische Plan eines englischen ‚fire ship' (Brander) aus dem Anfang des 18. Jahrhunderts (vermutlich ein umgebautes Handelsschiff). Die Tür im Achterdeck ist eine Rückzugspforte für die Besatzung, damit sie das Schiff verlassen konnte, sobald der Pulversatz (No. 14 auf dem Plan) gezündet war. Die nach unten aufgehängten Pforten wurden mittels Handgranten weggesprengt, damit das Feuer Zug erhielt. Ins Takelwerk wurde das Feuer durch Schornsteine (No. 4) geleitet.

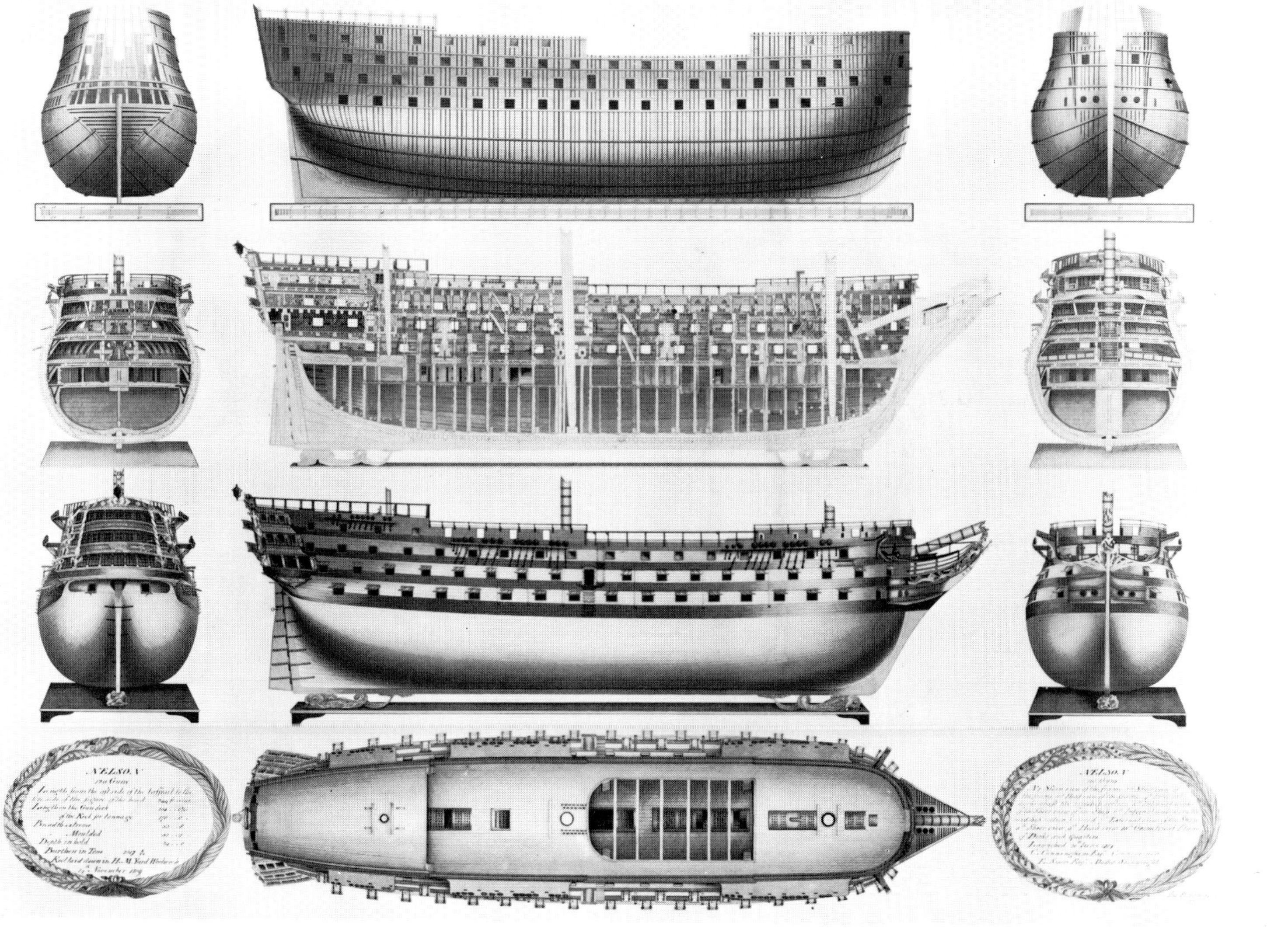

351. Die *Nelson*, 120 Kanonen, lief 1814 vom Stapel und repräsentiert den Stand der Schiffbaukunst zum Jahrhundertbeginn. Diese herrliche und detaillierte Zeichnung wurde seinerzeit von John Pringle, einem Konstruktionszeichner der Marinewerft Woolwich, gefertigt. Die *Nelson* maß 244 ft (74,37 m) über alles, 205 ft (62,48 m) im Kanonendeck und 53 ft 8 in (16,36 m) in der maximalen Breite. Hinsichtlich der Länge befand sich das Schiff sehr nahe an der obersten Grenze, die das traditionelle Spantwerk setzte. Bald nachdem *Nelson* fertiggestellt war, führte Sir Robert Seppings das System der Diagonalbänder ein, das den Bau längerer Schiffe zuließ. Der Plan der *Nelson* zeigt den hochgezogenen Bug, der Standard für alle Schiffe wurde. Das Heck zeigt jedoch noch immer das altmodische offene Spantwerk. Die Toppauflanger des Schiffskörpers wurden über die Oberteile der obersten Kanonenpforten hochgezogen. Das machte man, um die Schanzkleider zu festigen. Trotzdem setzte der abrupte Abfall von einer Ebene zur nächsten das Aussehen des Schiffes herab. Der Sprung ist nahezu verschwunden und die Vordeckreling gerader als noch auf der *Victory* von 1805. Die Kuhl ist oben zwar noch offen, aber die Gangways deuten bereits den kommenden Zubau an. Ein Bild vom Stapellauf des Schiffes (Mac Pherson-Sammlung im National Maritime Museum) zeigt sie mit schwarzen Barkhölzern und Kanonenpforten sowie ockerfarbenen Seiten.

Nachschlagewerke

Abkürzungen: MM = *The Mariner's Mirror,* the Journal of the Society for Nautical Research
MS = *Model Shipwright*

1 *Le Vaisseau de 74 Canons,* Jean Boudriout, Grenoble: Editions des Quatres Seigneries (1973).
2. *The Ship-Builder's Assistant, William Sutherland (1711).*
3 ‚The First English Frigates', R. Gardiner, *MM* (1975), Vol. 61, pp. 163–172; ‚The Frigate Designs of 1755–57', R. Gardiner, *MM* (1977), Vol. 63, pp. 51–69.
4 *Old Ship Figureheads and Sterns,* L.G. Carr Laughton, London (1925).
5 ‚The Introduction of Copper Sheathing into the Royal Navy 1779–1786', R.J.B. Knight, *MM* (1973), Vol. 59, pp 299–309.
6 The Order is quoted in Reference 4, p. 25, and in *MM* (1913), Vol. III, p. 20.
7 Quoted by L.G. Carr Laughton in *MM* (1924), Vol. X, p. 173.
8 *England's Glory; or Ship-Building Unveiled,* William Sutherland (1717).
9 *An Universial Dictionary of the Marine,* William Falconer (1769 and several reprints).
10 ‚The Early History of the Steering Wheel', J.H. Harland, *MM* (1972), Vol. 58, pp. 41–68.
11 ‚The Early Steering Wheel', G.F. Howard, *MM* (1978), Vol. 64, pp. 188–189.
12 ‚The Binnacle', Commander W.E. May, *MM* (1954), Vol. 40, pp. 21–32.
13 *The Naval Expositor,* T.R. Blanckley (1750).
14 Admiralty: Navy Board 2507, No. 150, quoted in Reference 4, p. 24.
15 *Ship Models: Sailing Ships from AD 1700,* B.W. Bathe, Science Museum, London (1964).
16 Admiralty: Navy Board 2507, No. 198, quoted in Reference 4, p. 266; Navy Board 2508, No. 706, quoted in Reference 4, p. 269.
17 ‚British Ships Painting at Aboukir', I. Paul, *MM* (1914), Vol. IV, pp. 266–274.
18 The dimensions of eighteenth century masts, spars and rigging are set out in *The Masting and Rigging of English Ships of War 1625–1860,* Conway Maritime Press (1979).
19 ‚The Evolution of Stunsails', D.L. Dennis, *MM* (1966), Vol. 52, pp. 223–232.
20 See *Seventeenth Century Rigging,* R.C. Anderson, Marshall (1955) and Reference 18.
21. ‚Naval Blockmaking in the 18th and 19th Centuries', G. Clark, *MM* (1976), Vol. 62, pp. 137–144.
22 ‚Fitting for Wooden Warships, Part 3: Guns', R. Gardiner, *MS* (1977), No. 20, pp. 338–353.
23 *Guns at Sea,* P. Padfield, London (1973).
24 *British Artillery on Land and Sea 1790–1820,* R. Wilkinson-Latham.
25 ‚Bomb Ketches 1670–1700', D. Wray, *MS* (1977), No. 19, pp. 242–255.
26 *Oared Fighting Ships,* R.C. Anderson, Marshall (1962).
27 A draught of the *Ferret* is reproduced in H.I. Chapell's *The History of American Sailing Ships* (1936) and those of the *Hazard* and the *Cruizer* in his *The History of the American Navy* (1949).
28 *Royal Yachts,* G.B.P. Naish, National Maritime Museum (1953).
29 ‚The Schooner Rig', M.A. Edson, *American Neptune* (1965), Vol. XXV, pp. 81–92.
30 *Boats of Men-of-War,* Commander W.E. May, National Maritime Press (1974).
31 ‚Fittings for Wooden Warships, Part 2: Boats', R. Gardiner, *MS* (1977), No. 19, pp. 235–241.
32 *The Elements of Mast-making, Sail-making and Rigging,* D. Steel (1794).
33 The details will be found in *MM* (1940), Vol. XXVI, p. 305.

VI. Das 19. Jahrhundert

Die Letzten der ‚Wooden Walls'*

Im Jahre 1815 fand eine lange Serie von Kriegen, in die nahezu jeder europäische Staat und auch die Vereinigten Staaten verwickelt waren, ihr Ende**. Die Schlachtflotten kehrten in ihre Häfen zurück und wurden aufgelegt, ‚in Ordinary', wie man es nennt***. Man unterhielt nur noch kleine Linienschiffsgeschwader. Die Mehrzahl der Linienschiffe blieb bis zum Ende ihrer Tage aufgelegt. Tatsächlich gab es nur noch eine weitere große Schlacht, an der Segelkriegsschiffe beteiligt waren. In ihr wurde (1827) die türkisch-ägyptische Flotte bei Navarino durch eine vereinigte Flotte englischer, französischer und russischer Schiffe**** vernichtet.

Die kleinen Fahrzeuge, von der Fregatte an abwärts, fanden genügend Arbeit. Durch das Fehlen passender Gelegenheiten, einander zu bekämpfen, übernahmen die großen Marinen Aufgaben, die lange Zeit vernachlässigt worden waren. Sie widmeten sich der Bekämpfung des Piratentums, politischen Aufgaben, der Vermessung unbekannter Küsten, und im Falle der Royal Navy, unterdrückten sie den Sklavenhandel, der vor den Ost- und Westküsten Afrikas blühte. Viele dieser Arbeiten waren genauso gefährlich wie schwierig und wurden in fernen, oftmals klimatisch ungesunden Teilen der ganzen Welt durchgeführt. Ihre erfolgreiche Bewältigung erforderte die besten Männer und Schiffe. Vom Interesse und von der Erregung her war das alles jedoch nicht mit den Großtaten verwegener Fregattenoffiziere und den Schlachten zwischen großen Flotten vergleichbar. Daher ist außerhalb eines kleinen Kreises von Marinehistorikern nur wenig über die Leistung der Segelkriegsschiffe des 19. Jahrhunderts bekannt.

Das ist den Schiffen und ihren Konstrukteuren, aber auch Besatzungen gegenüber unfair, denn die Segelkriegsschiffe zwischen 1815 und 1860 entsprachen, bezogen auf ihr Material und den technologischen Stand der damaligen Zeit, einem hohen Standard. Die langen Kriege hatten unbrauchbare Schiffstypen ausgemerzt und Entwurfsschwächen offengelegt. Das betraf auch die Takelung und Armierung. Und so blieb es nicht aus, daß die Entwicklung größerer, stärker bewaffneter und besser getakelter Fahrzeuge, die in der Lage waren, überall hinzusegeln und jedem Angriff eines Gegners zu widerstehen, vorangetrieben wurde. Das 18. Jahrhundert hatte ein stetiges Anwachsen der Größe jeder Schiffsklasse gesehen. Um 1800 jedoch hatten die größten von ihnen die oberste Grenze erreicht, die einem in herkömmlicher Bauweise aus Holz gefertigten Schiffskörper gesetzt ist. Diese Grenze ergab sich aus der Länge des Kanonendecks, die um 200 ft (um 61 m) lag. Darüber hinaus kam es zu einem übermäßigen und nicht akzeptablen Durchhängen der Schiffskörperenden. Das Längenproblem zeigt sich am besten an drei britischen Schiffen 1. Klasse: Die *Victory* (100 Kanonen) von 1765 hatte ein Kanonendeck von 186 ft (58,52 m), das der *Queen Charlotte* (100 Kanonen) von 1790 war 190 ft (57,91 m) und das der *Caledonia* (120 Kanonen) von 1808 war 205 ft (62,48 m) lang.

Der Totpunkt wurde 1813 überschritten, als der Surveyor der Marine, Sir Robert Seppings, ein neues System, das der Diagonalspantverstrebung in Verbindung mit Eisenbändern, einführte. Diese neue Methode erlaubte den Bau größerer Schiffe. Die *Caledonia* war noch ein Dreidecker von 2600 ts, aber 1820 baute man nach dem neuen System einen 84-Kanonen-Zweidecker von 2260 ts mit einer Kanonendeckslänge von 194 ft (58,13 m) und bereits 1833 schwammen 92-Kanonen-Zweidecker mit einer Kanonendeckslänge von 206 ft (62,79 m). Der Dreidecker *Duke of Wellington* mit 131 Kanonen, der als Segelschiff auf Kiel gelegt worden war und vor seinem Stapellauf (1852) Maschinen erhielt, hatte ein Kanonendeck von 240 ft (73,15 m) Länge. Die *Marlborough*, die vor dem Stapellauf 1855 ebenfalls Maschinen erhielt, war nochmals um 5 ft (1,52 m) länger.

Schiffe dieser großen Abmessungen gab es nicht nur in der englischen Marine. Die französische *Le Valmy* (120 Kanonen) von 1847 maß in der Wasserlinie 210 ft (64,01 m) und verdrängte 5154 ts, und die Vereinigten Staaten hatten die *Pennsylvania* (120 Kanonen), ebenfalls mit einem Kanonendeck von 210 ft (64,01 m) Länge. Keines dieser gewaltigen Fahrzeuge sollte Gelegenheit erhalten, seine Kampfkraft in einem Seegefecht zu erproben. Die Gefechte im Krimkrieg* zeigten dann, daß das Granaten verschießende Geschütz das hölzerne Schiff zur tödlichen Falle hatte werden lassen. Das endgültige Ende kam 1860, als die dampfgetriebene, gepanzerte eiserne Fregatte *Warrior* vom Stapel lief. Aufgrund ihres Panzerschutzes, ihrer vom Wind unabhängigen Manövrierfähigkeit und einer Armierung von 26 × 68 Pdr, 10 × 110 Pdr und 4 × 70 Pdr wäre *Warrior* in der Lage gewesen, jedes Geschwader hölzerner Segelschiffe jener Zeit in Grund und Boden zu schießen[1].

Obwohl die Kriegsschiffe des 19. Jahrhunderts technisch nahezu vollkommen waren (gemessen am technischen Stand jener Zeit), stellten sie keineswegs immer auch Schönheiten dar. Nach Ansicht vieler, damals wie heute, war ihre äußere Erscheinung im Vergleich mit den Schiffen des 18. Jahrhunderts wenig attraktiv. Die Gründe dafür liegen vermutlich im gleichmäßigen Profil (der Decksprung war in den meisten Fällen nicht mehr vorhanden), in den schlichten Heckgalerien und dem kurzen, hohen Schnabel mit einer Büste anstelle der Galionsfigur. Die größten Schiffe hatten oftmals ein plumpes Aussehen, die Vordeckschotts und Heckgalerien sahen aus, als habe man sie als nachträglichen Einfall angeklatscht.

Fregatten und andere kleinere Fahrzeuge waren in ihrem Aussehen attraktiver und den späteren Klippern vergleichbar. Weder das Takelwerk noch die Armierung (mit Ausnahme der vermehrten Kanonenzahl größerer Schiffe) zeigten irgendwelche Unterschiede zwischen den Schiffen des 18. und 19. Jahrhunderts. Trotzdem wurden in beiden Zeiträumen kleine, aber dennoch wichtige Veränderungen vollzogen. In der Jahrhundertmitte tauchte ein neues Merkmal im äußeren Erscheinungsbild auf, und zwar zu der Zeit, als die größten Schiffe Maschinen erhielten. Dies Merkmal war der Schornstein. Die ersten Schornsteine waren teleskopartig, und wenn sie eingezogen wurden, sahen alle Schiffe wie echte Segler aus.

Das mangelnde Interesse an den Kriegsschiffen des 19. Jahrhunderts liegt nicht an fehlenden Informationen, denn es gibt über sie möglicherweise mehr lesbare Exponate und detaillierte Kenntnisse als

* Die ‚Hölzernen Mauern'. Als sich der Wandel vom hölzernen zum eisernen und dampfgetriebenen Großkampfschiff vollzog (dem ‚Ironclad'), wurde seitens der Admiralität teilweise die Ansicht vertreten – und auf dem Standpunkt verharrte man anfangs auch – daß die englische Seemacht nicht gefährdet sei, solange die Royal Navy nicht nur die größte Flotte sondern, auch die größte Zahl Linienschiffe besäße, die ‚Wooden Walls'. Sinnbildlich sind damit diese hochbordigen Ungetüme, gemeint, die in ihren Seiten ganze Reihen von Kanonen trugen. Durch den fast gleichzeitigen Wandel in der Armierung wurde man recht bald eines anderen belehrt. (Anm. d. Übers.)

** Die Napoleonischen Kriege 1783–1802 und 1803–1815 und der englisch-amerikanische Krieg 1812–1814. (Anm. d. Übers.)

*** Dienst als Stationsschiff, nur teilweise bemannt, aber in Dienst und schnell auslaufbereit. (Anm. d. Übers.)

**** 20. Oktober 1827. Türkisch-ägyptische Flotte unter Admiral Ibrahim Pasha mit 3 Linienschiffen, 18 Fregatten und 35 kleineren Fahrzeugen.
Vereinigte Flotte unter Vizeadmiral Sir Edward Codrington mit 11 Linienschiffen, 9 Fregatten und 7 kleineren Fahrzeugen.
Die Schlacht stand im Zusammenhang mit dem griechischen Unabhängigkeitskampf 1821–1829, der von England unterstützt wurde. (Anm. d. Übers.)

* 1853–56. Anlaß war ein Streit griechischer und italienischer Mönche um die Heiligen Stätten in Jerusalem. Zar Nikolaus I. und Napoleon III. schalteten sich ein. Von England unterstützt, lehnte die Türkei ein russisches Ultimatum ab. Rußland erklärte der Türkei den Krieg. England unterstützte die Türkei. (Anm. d. Übers.)

352–357. Vergleichsprofile von amerikanischen Kriegsschiffen der ersten Hälfte des 19. Jahrhunderts. Der Maßstab ist gleich.
352. *Pennsylvania*, 120 Kanonen, Stapellauf 1837 in der Marinewerft Philadelphia. Sie war nicht sehr zufriedenstellend und wurde 1861 nach einer wenig ereignisreichen Dienstzeit im Bürgerkrieg zerstört.
353. *North Carolina*, 74 Kanonen, Stapellauf 1820 in der Marinewerft Philadelphia. Sie war ein typischer amerikanischer Zweidecker, bei dem das durchlaufende Spardeck praktisch ein drittes Deck darstellte. Daher konnte sie mehr als die vorgesehenen 74 Kanonen tragen. Man beachte die einzelnen Viertelgalerien. Die US Navy hatte zu dieser Zeit noch keine Admirale, und so benötigte man keine gesonderten Flaggschiffsunterkünfte.
354. *Congress*, 44 Kanonen, Stapellauf 1841 auf der Marinewerft Portsmouth. Es war die letzte amerikanische Fregatte ohne Maschinen. Sie stellt eine logische Entwicklung aus dem *Constitution*-Typ dar. Amerikanische Großfregatten hatten zwei komplette Kanonendecks und trugen mindestens 50 Kanonen.
355. *Germantown*, 22 Kanonen, Stapellauf 1846 auf der Marinewerft Philadelphia. Eine große Schiffsloop 1. Klasse, die in anderen Marinen als Korvette klassifiziert worden wäre.
356. *Dale*, 16 Kanonen, Stapellauf 1839 auf der Marinewerft Philadelphia. Eine kleine Schiffsloop 3. Klasse.
357. *Porpoise*, 12 Kanonen, Stapellauf 1821 auf der Marinewerft Portsmouth. Ein Marinesegelschoner, der für die Piratenbekämpfung in Westindien entworfen wurde.

352
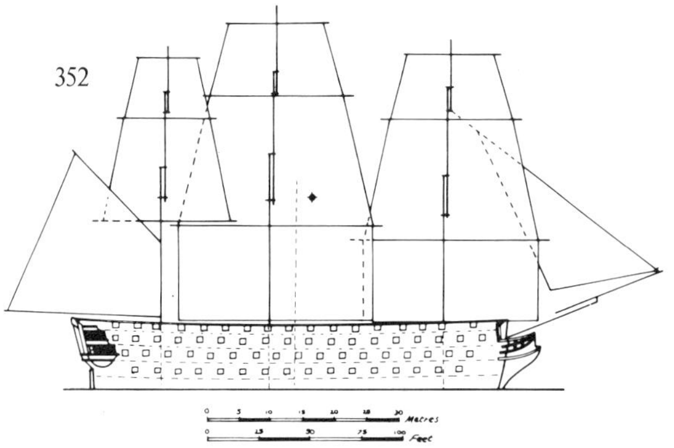

354
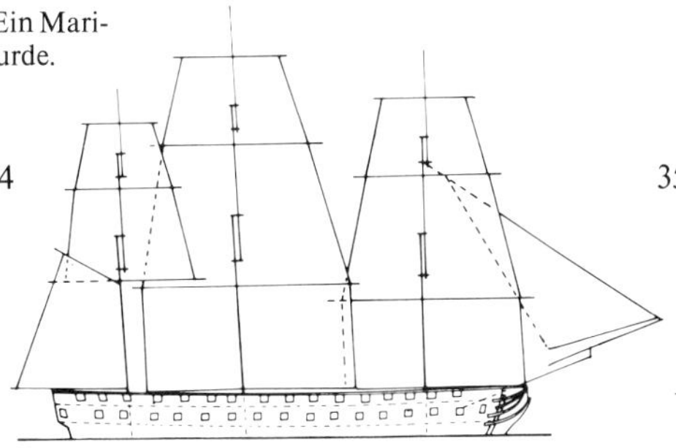

355
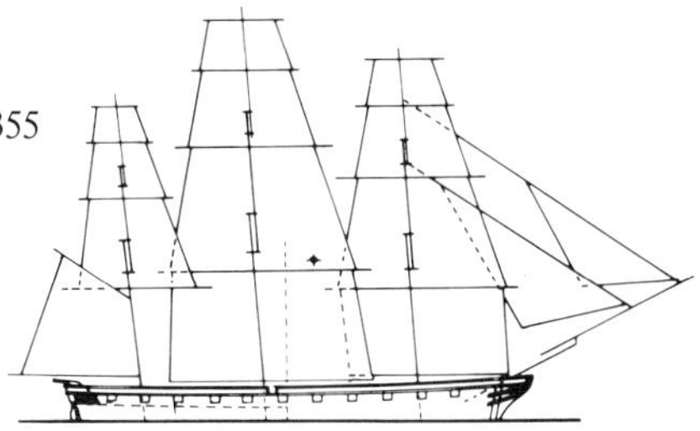

353
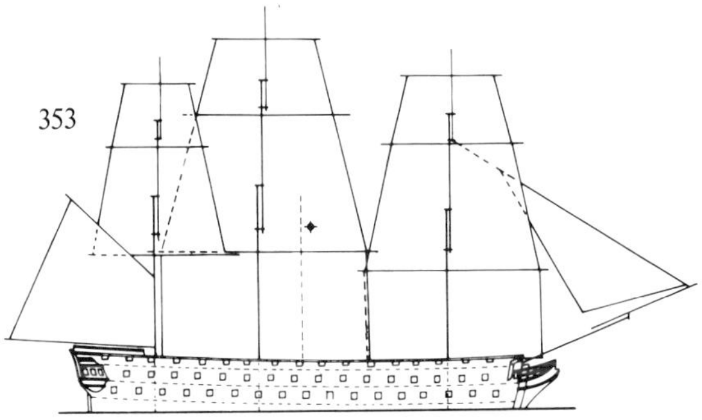

356
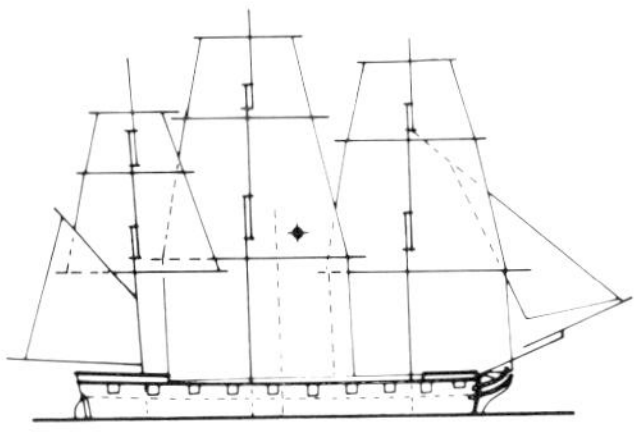

357
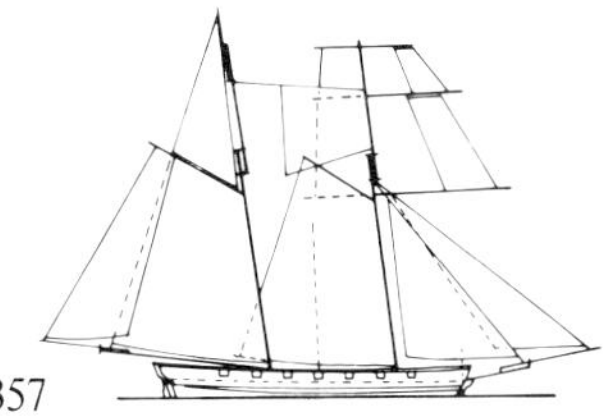

über jede andere Periode gleicher Länge, soweit es die Geschichte der Segelkriegsschiffe betrifft. Die fähigsten Marinehistoriker dieser Zeit schrieben über den Entwurf und das Takelwerk der Schiffe, und die Admiralität stellte sowohl für die allgemeine Öffentlichkeit als auch für die technischen Kollegen umfangreiche Berichte über die Leistung der Schiffe[2] her. Um 1845 tauchten dann die ersten Photographien der Schiffe selbst auf. Alle diese Quellen, zusammen mit den Plänesammlungen der Admiralitätsarchive, gewähren eine Fülle von Informationen, die bislang kaum ausgewertet worden sind.

Der Schiffskörper

Bis in die 1830er Jahre blieb das Schiffskörperunterteil in seiner Form so, wie es schon im vorigen Jahrhundert gewesen war. Oberhalb der Wasserlinie kam es jedoch zu umfassenden Veränderungen. Die erste war der Ausbau des Bugs bei den Zwei- und Dreideckern. Er wurde bis in die Backdeckebene hochgezogen. Bis 1802 endete das Backdeck dieser Schiffe am altmodischen flachen Vordeckschott. Es war leicht gebaut und gewährte keinen Schutz gegen einfallende Geschosse. Das flache Schott war ursprünglich dafür gedacht, daß die Jagdkanonen nach voraus schießen konnten. So ziemlich zum Ende der Jahrhundertmitte hin gab es jedoch im Vordeckschott keine Kanonenpforten mehr. Das Beibehalten des vergleichsweise dünnen Schotts über die Jahrhundertmitte hinaus und im Hinblick auf seine zufriedenstellende Vereinigung mit dem Schiffskörper auf den Fregatten ist schwer zu verstehen. Es bleibt jedoch eine Tatsache, daß das erste britische Linienschiff, dessen Bugspanten bis in die Backdeckebene hochgezogen wurden, die *Blenheim* war, die 74 Kanonen trug. Der Umbau erfolgte 1802. Neun Jahre später wurde der Einbau des runden Bugs, wie man ihn nannte, für alle Schiffe befohlen. Abgesehen vom besseren Schutz ermöglichte er, daß mehr Kanonen nach voraus schießen konnten, aber auch, daß das Vordeck leichter gebaut und höhergesetzt werden konnte. Man machte dadurch das Schiff trockener und verbesserte die Sicherheit der dort arbeitenden Männer. Nachdem der Bug auf diese Weise verstärkt worden war, wandte man sich dem Heck zu. Mehr als zwei Jahrhunderte lang war der obere Teil des Hecks nichts weiter als eine Massierung von Fenstern gewesen, die selbst kleinsten Geschossen keinen Widerstand und nicht den geringsten Schutz boten. Zu diesem Nachteil zählte auch, daß es keine Möglichkeiten gab, nach achteraus zu schießen. Manchmal sorgten Kommandanten für Abhilfe, indem sie Kanonen ins Heck stellten und durch die offenen Fenster schießen ließen. Das war natürlich nur eine Zwischenlösung. Das Problem, wie man einen Schutz erzielte und zugleich auch achteraus schießen konnte, wurde zuerst von Sir Robert Seppings gelöst, der 1821 das Rundheck einführte. Das erreichte man, indem man die Schiffskörperspanten zwischen dem Achterdeck und dem Achtersteven bis in die Poopdeckebene hochzog. Die Kanonenpforten im neuen Heck glichen denen der Breitseite. Die ganze Struktur war solide gebaut, die Galerien kamen an die Außenseite des Heckspantwerks. Der Zugang erfolgte durch Türen, die auch als Kanonenpforten dienen konnten. Aufgrund dieser Anordnung war das runde Heck ein wenig schöner Anblick und erinnerte mit seinen Galerien manchmal an die Fenster eines Leuchtturms. Das alles erfreute sich keiner großen Beliebtheit, und so wurde innerhalb weniger Jahre eine abgewandelte Version eingeführt. Nunmehr hatte das Heck eine ellipsenförmige Fläche und abgesehen davon, daß es die Aufstellung einer gleichen Anzahl von Kanonen für Achterausfeuer wie das Rundheck zuließ, hatte es den ästhetischen Vorzug, daß es den Anbau von Heck- und Seitengalerien zuließ, die denjenigen vergangener Zeiten ähnlich waren.
Es ist merkwürdig, daß solche vorteilhaften Verbesserungen so lange auf sich warten ließen. Konservatismus und auch Dummheit werden als Gründe angeführt, aber wir sollten die Intelligenz der Admiralität oder der Schiffbaukonstrukteure nicht unterschätzen, vor allem nicht, wenn man keine handfesten Beweise für solche Behauptungen

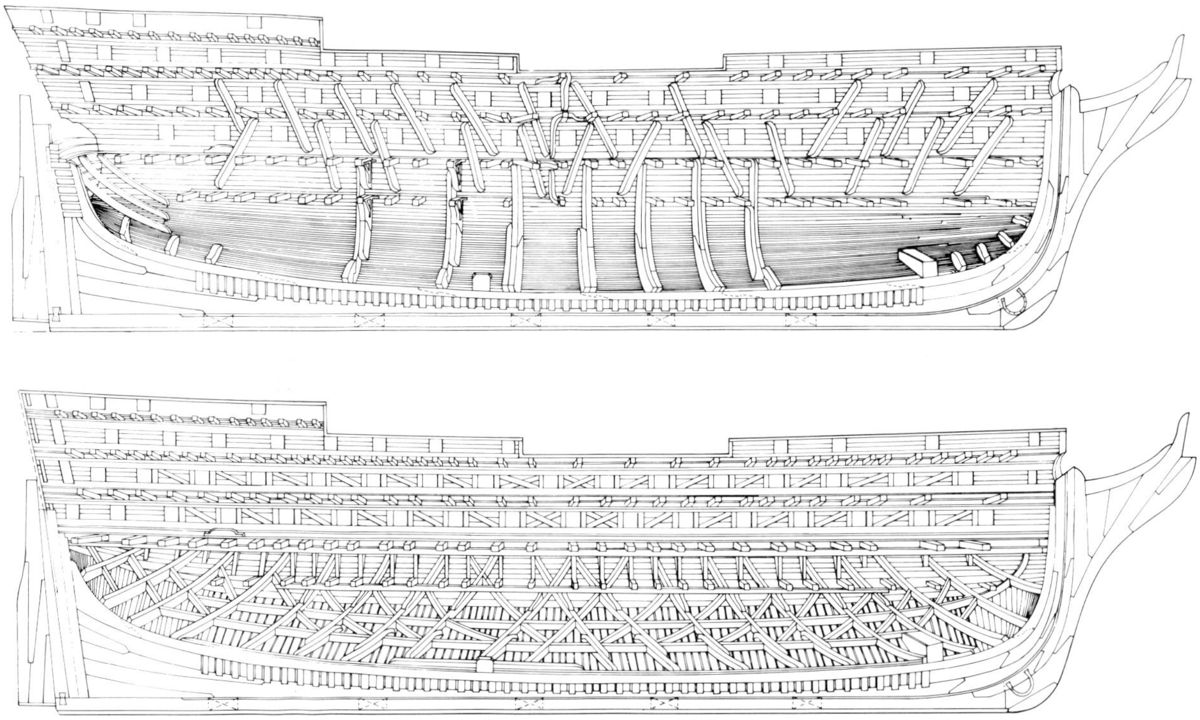

358. Zwei Längsschnittzeichnungen zeigen die traditionelle Methode des Spantwerks (oben) und das System der Diagonalbänder, das durch Sir Robert Seppings eingeführt wurde. Seine Methode ergab zweifellos festere Schiffe, führte aber auch zu Klagen über zu hohen Aufwand an Bauholz. Spätere Variationen brachten die Verwendung von Eisenbändern und Gerüsten, die leichter und zugleich stärker waren.

hat. Es ist wohl so, daß die Schwierigkeiten, die neue Form der Heckspanten auf dem Papier auszuarbeiten, einer der Hauptgründe war. Wie die Zeichnung einer zeitgenössischen Arbeit eines Hauptschiffskonstrukteurs dieser Zeit, Augustin Creuze, zeigt, war das Skizzieren der Teile des runden Hecks ein schwieriges Unterfangen. Bis die Zeichenkunst so weit fortgeschritten war, die Kurven auf einen Plan zu übertragen, so daß die Schiffbauer in der Lage waren, nach einem solchen zu arbeiten, muß man annehmen, daß die Fertigung eines Rundhecks als undurchführbar angesehen wurde, es sei denn, nach der ‚hit-or-miss'-(Hauruck)-Methode.

Zudem war der Bau selbst kompliziert und schwierig. Änderungen der Breitseiten begleiteten diejenigen des Bugs und Hecks. Der Sprung der Reling verminderte sich soweit, bis das Schiffskörperprofil nahezu eine Gerade bildete. Der Decksprung wurde ebenfalls verringert, schließlich war er ganz verschwunden. Diese Änderung erreichte man dadurch, daß man das Schanzkleid über den meisten Teilen so hochsetzte, daß es eine Gerade bildete. Der erste Schritt in diese Richtung war das Höhersetzen der Schanzkleider von Backdeck, Achterdeck und Poop, so daß sie etwas über die Kanonenpforten reichten. Da die Kuhl bereits ein richtig solides Schanzkleid be-

359. *Unicorn* hatte ebenfalls ein rundes Heck. An diesem Schiff sind die wichtigsten strukturellen Neuerungen von Seppings zu erkennen.

360. Ein Vergleichsmodell der verletzbaren traditionellen Galerien mit dem robusteren Rundheck.

saß, ergab diese Neuerung einen Schutzgürtel, der von einem Schiffsende zum anderen reichte. Die Schanzkleider wurden nun stetig erhöht, bis sie auf großen Schiffen eine Höhe von 6 ft (1,83 m) und mehr erreicht hatten. Die Schanzkleidenden liefen senkrecht bis in die nächste Ebene herunter und bildeten so eine häßliche Abstufung im Schiffsprofil. Diese Mode blieb bis etwa 1850, dann rundete man den Übergang von der Poop zum Achterdeck ab. Zwei weitere Änderungen betrafen die Breitseitform. Die uralte Höhlung der Oberseiten wurde begradigt und das Ausmaß des Einfalls reduziert. Schließlich waren die Schiffe geradseitig. Zwischen 1800 und 1820 verschwanden auch die Barkhölzer aus dem Blickfeld. Ihre Kanten wurde so ausgebildet, daß sie mit den Planken der Außenhaut eine Flucht bildeten.

Die Formänderung des unteren Schiffskörpers zumindest größerer Schiffsklassen vollzog sich hingegen langsamer. Das lag bis zu einem gewissen Grade an dem ausgedehnten Streit über eine behauptete Unterlegenheit der Schiffe der Royal Navy gegenüber denen der Vereinigten Staaten. Diese besaßen im 18. Jahrhundert eine Klasse schnellsegelnder Schiffe, die einen V- oder ‚peg-top'-förmigen (kreiselförmigen, runden) Mittschiffsquerschnitt (Hauptspant) und eine feinere Linienführung hatten. Obwohl die V-Form sicherlich keine ausschließliche Eigenart der amerikanischen Schiffe war, wurde sie in den Vereinigten Staaten sehr intensiv entwickelt. Der Ruf schneller Schiffe, wie derjenige der bekannten Baltimore-Klipper, der in der Öffentlichkeit Großbritanniens ziemliche Beachtung fand, beruht darauf. Die Tatsache, daß die Amerikaner für ihre eigenen großen Schiffe den V-Form-Schiffskörper gar nicht verwendeten, wird bei dieser unangebrachten Kritik völlig übersehen. Ein zweiter Faktor war die Auswirkung von Seppings Strukturverbesserungen, die die englischen Schiffe zwar stärker und robuster machten, aber auch die
366 Tendenz des Langsamerwerdens förderten.

Die Übernahme des V-Querschnittes bei der Konstruktion der Schiffe für die Royal Navy fand lebhafte Unterstützung des Kapitän zur See William Symonds (er wurde später geadelt), der 1832 Nachfolger Seppings und Surveyor der Marine wurde. Symonds hat zwischen 1832 und 1848 zahlreiche Schiffe nach diesen Plänen bauen lassen. Sie hatten steil ansteigende Unterwasserformen und ihre maximale Breite lag etwa in der Konstruktionswasserlinie. Da das Unterschiff der Seymondschen Schiffe eine feinere Linienführung als dasjenige älterer Fahrzeuge hatte, erreichte man die notwendige Auftriebskraft, indem man den Schiffskörper in seinem Verhältnis zur Länge breiter machte. Ein Länge-Breite-Verhältnis von 3,25:1 war nicht ungewöhnlich. Im Vergleich dazu lag es bei anderen Fahrzeugen bei 4:1. Die ‚Symondite Ships' (als die sie bekannt wurden) waren in der Lage, eine Masse Segel zu führen und sehr schnell. Man stellte jedoch fest, daß sie schneller schlingerten als andere Schiffe, ein Verhalten, daß das Schießen erheblich beeinträchtigte. Mehr noch, einige von ihnen hatten bei steifen Winden unter ausgedehnten und geradezu gefährlichen Krängungen zu leiden. Soweit es die großen Schiffe betraf, erfüllten die Symondschen Entwürfe die Hoffnungen insgesamt gesehen nicht, bei den kleinen Fahrzeugen erwiesen sie sich als zufriedenstellend. In seinen späteren Entwürfen reduzierte Symonds die Steilheit der Böden, aber die Tendenz zum Stampfen und Schlingern blieb. Das Ergebnis war, daß die V-förmige Mittschiffssektion in Mißkredit geriet und in den 1840er Jahren durch einen neuen Querschnitt ersetzt wurde. Bei diesem verlief das Unterschiff zuerst steil und bog dann nach außen, wodurch sich eine echte Bilge ergab. Diese Konstruktion blieb bis zum Ende der Segelkriegsschiffsära unverändert. Der neue Entwurf war in Wahrheit eine unvollkommene Rückkehr zu einer älteren Form, denn 1851 schrieb Augustin Creuze, daß die kürzlich gebauten englischen Schiffe – und auch einige der ziemlich modernen französischen – annähernd die Schiffkörperform hätten, die im 18. Jahrhundert vom schwedischen Schiffbaukonstrukteur Frederick af Chapman entwickelt worden war[2]. Die Forderung nach großen Schiffen und die wachsenden Schwierigkeiten, großes, insbesondere gebogenes Bauholz und Kniee zu erhalten, führten zu Änderungen beim Zusammenbau des Schiffskörpers[3]. Die Diagonalspantverstrebungen von Sepping fanden bereits Erwähnung. Sie wurden von Eisenbändern begleitet, die quer über die Spanten saßen und von verbesserten Methoden, die einzelnen Sektionen mit ihren Spanten zu verbinden. Eine Mannigfaltigkeit von Eisenknieen oder Konsolen kam in Gebrauch, und um die Längsfestigkeit zu erhöhen, wurden die Oberspanten seitlich miteinander verbolzt.

Ausrüstungen

Der Trend jener Zeit lief zu einem ‚smoother' (glatteren) Schiffskörper, von dem einige der traditionellen ‚Auswüchse' entfernt wurden. Wie bereits erwähnt, glättete man die Kanten der Barkhölzer. Es gab also keine vorstehenden Teile mehr, die die Boote beim Einnehmen behinderten, denn nunmehr waren auch Kattsporen nicht mehr erforderlich und verschwanden. Die Eingangspforten an jeder Seite verblieben, allerdings in weniger geschmückter Form als im vorangegangenen Jahrhundert, und da der Einfall reduziert worden war, konnte das Schutzdach über dem Zugang verkleinert werden. Die Stufen an der Seite blieben unverändert. In ihrer letzten Form waren die Eingangspforten eine Art von vergrößerter Kanonenpforten. Fock- und Großrüsten baute man weiterhin wie im 18. Jahrhundert an. Sie saßen direkt über dem Oberteil der Pforten des obersten Kanonendecks, die Besanrüsten ein Deck höher.

Die allerwichtigste Änderung bei den äußeren Ausrüstungen betraf das Ruder, falls man dieses wichtige Teil als solche bezeichnen kann. Bei den althergebrachten Rudern befand sich die Drehachse vor der Ruderkante, so daß an der Gegenseite eine entsprechend große Öffnung vorhanden sein mußte. Obwohl diese Öffnung mit Zeug oder Leder verkleidet war, bereitete es Schwierigkeiten, den Wasserzutritt zu verhindern. Auf kleinen Schiffen war diese Öffnung eine stete Quelle großer Gefahr, insbesondere bei schwerem Wetter. Die Lösung des Problems wurde schließlich in Angriff genommen. In Übereinstimmung mit dürftigen Beweisen war es der Surveyor der Ostindischen Kompanie, Gabriel Snodgrass, der 1779 ein Ruder konstruierte, das seine oberen Teile nach vorn gekröpft hatte, so daß die Drehachse des Ruderschaftes durch die Mitte der Ruderösen und ‚pruttes' (Fingerlinge) lief. Der Ruderhals konnte dadurch rund gestaltet und weiter oben durch ein Rundloch im Heckausfall geführt werden. In diesem saß der Ruderhals dann ‚auf Paßsitz'. Obwohl festgestellt wurde, daß dieses Verfahren schon seit vielen Jahren auf den Schiffen der Ostindischen Kompanie Verwendung fand, konnte sich die Royal Navy für das Rundbogenruder nicht erwärmen. Auch zum Beginn des 19. Jahrhunderts war das noch nicht der Fall, um so unverständlicher, als die US Navy es bereits seit 1794 benutzte[4].

Tatsächlich muß der genaue Zeitpunkt seiner Einführung in die Royal Navy noch festgestellt werden. Die *Victory* hatte nach ihrem Umbau 1805 noch immer das altmodische Ruder. Auch die Radierung der *Asia* von E. W. Cook, die 1821 gebaut wurde, zeigt die alte Form. Im Hinblick auf Cooks Gewissenhaftigkeit bei ‚marineeigentümlichen' Details muß man schließen, daß das Rundbogenruder zu dieser Zeit zumindest auf den großen Schiffen noch nicht eingebaut wurde. Auf der 1842 gebauten *Albion* war es installiert. Es muß also erstmals in den 20 Jahren zwischen der *Asia* und diesem Schiff eingeführt worden sein.

Eine andere Entwicklung war die allgemeine Übernahme von Davits, die dem Einnehmen der kleinen Boote dienten. Die Davits kamen zuerst in den 1790er Jahren in Gebrauch und fanden ungefähr in den folgenden zehn Jahren allgemeine Verbreitung. Die ersten waren abbaubar und weil sie so einfach und brauchbar waren, blieben sie lange Zeit in Benutzung. Es währte immerhin bis zum Ende der Ära, daß die bekannten neuen ‚J'-Davits aus Eisen die alten ersetzten. Allerdings befanden sich eiserne Davits bereits in den 1820er Jahren in Erprobung. Auf Eindeckern über dem Heck aufgebaut und wenn man den Bildern trauen kann, erhielten auch Zwei- und sogar Dreidecker in den ersten Jahren nach 1800 dort welche.

Wie die Achterschiff-Davits waren auch die Heckdavits zuerst gerade und erinnerten an Kranbalken, die auf dem Schanzkleid angeordnet waren. Nach und nach kamen dann gebogene hölzerne und schließlich eiserne zur Einführung. Abmessungen von Davits wurden bisher nicht gefunden. Sie müssen aber fraglos lang genug gewesen sein, um die Boote von der Schiffsseite klar zu halten.

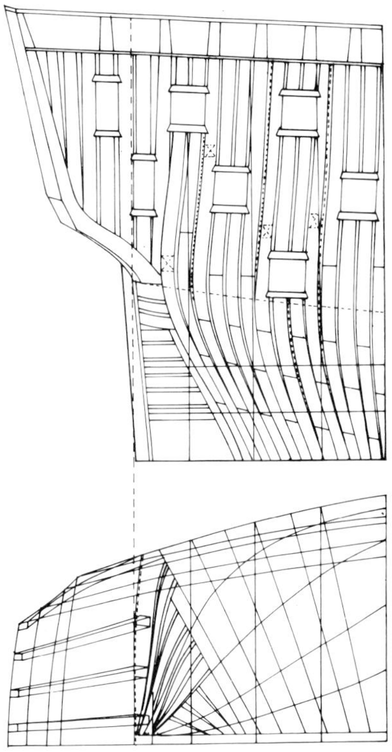

361

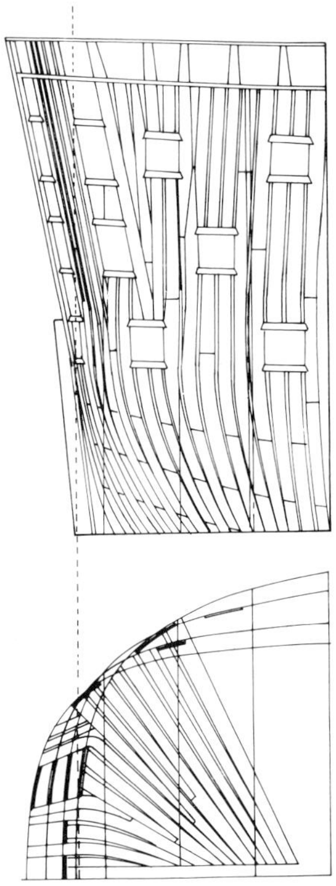

362

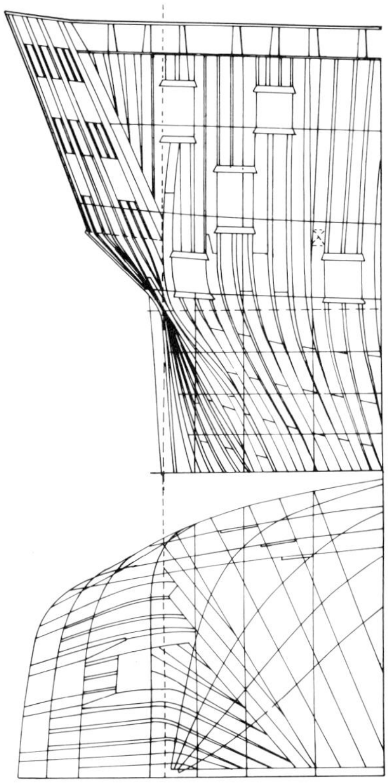

363

361–363. Die Verschalung eines Spiegel- (361), Rund- (362) und Ellipsenhecks (363)*. Die Skizzen zeigen die Schwierigkeiten bei der Konstruktion des runden Hecks und erklären die Einführung des elliptischen. Beim letzteren konnte das Spantwerk wesentlich leichter gesetzt werden als bei der konservativen Methode, es ergab auch ein eleganteres Aussehen.

364. Das Modell des Mittschiffsquerschnittes (Hauptspantes) der *Rodney*, 92 Kanonen, Stapellauf 1833. Es demonstriert die strukturellen Verbesserungen Seppings einschließlich der bekannten Diagonalbänder. Mit dieser Verbesserung war ein Zweidekker, wie die *Rodney*, 25 ft (7,62 m) länger und konnte die gleiche Kanonenzahl wie ein Dreidecker 2. Klasse aus der Zeit von 30 Jahren zuvor tragen.

* Rund- und Ellipsenheck werden beide als Rundheck bezeichnet. Ersteres wird jedoch oft als ‚abgerundet' bezeichnet, das andere als ‚Yachtheck'. (Anm. d. Übers.)

365. Der Mittschiffsquerschnitt eines Dreideckers zeigt die Methoden der Befestigung um 1800 (auf der linken Skizzenhälfte) und Seppings Verbesserungen.
Seppings Diagonalversteifung ist gut bekannt. Er führte zugleich auch verzapfte Spanten ein (man beachte das Fehlen von Klötzen bei dieser Methode). Das erforderte kürzere Hölzer und gestattete die Verwendung von mehr Eisenteilen. Damit verringerte sich auch die Zahl der erforderlichen Krummhölzer. In Verbindung mit diesem System der Balkenbefestigung an den Spanten standen auch passendere Decksklampen und Wassergänge. Das ganze war mehr eine spitzfindigere Version, die mehr als ein halbes Jahrhundert bei den europäischen Marinen benutzt wurde und die meisten von Seppings Neuerungen waren auf vorangegangene Versuche zurückzuführen. Hohlenbergs Heck der dänischen *Christian VII.* wurde z.B. als dessen Eingebung für das runde Heck angesehen, aber Seppings Arbeit ging viel weiter als alle Versuche, war realistischer und wurde umfassend als radikale Verbesserung angesehen, so daß alle Neuerungen letztlich auf ihn zurückzuführen sind.

364

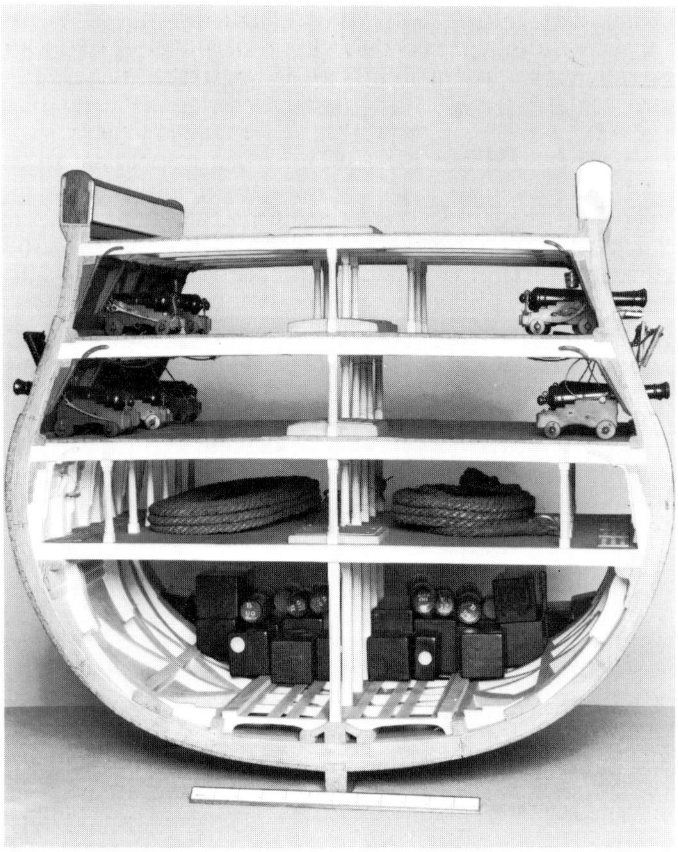

365

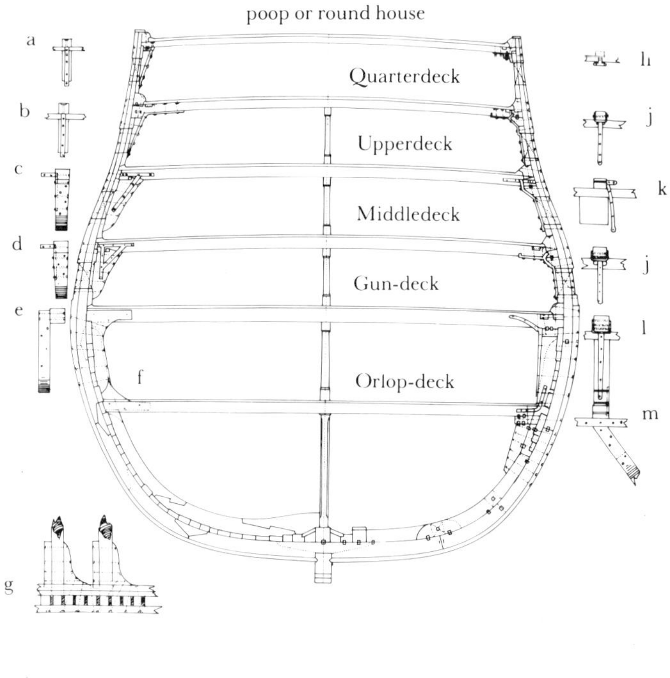

(a) Plattenbolzen.
(b) Eisenknie unter dem Balken.
(c) Plattenknie.
(d) Roberts Plattenknie.
(e) Hängendes Holzknie.
(f) Standardholzknie.
(g) Draufsicht auf das Knie.
(h) T-Plattenknie.
(j) Gabelknie.
(k) Schlafendes Knie.
(l) Seppings Gabelknie und Klotz.
(m) Seitenplattenknie.

Am anderen Schiffsende unterlag der Schnabel Änderungen. Der Ausbau des Bugs bis zur Backdeckebene und die Erhöhung des Vordecks erlaubten es, auf den Dreideckern die Ankerklüsen ins Mitteldeck und bei den Zweideckern ins Oberdeck zu setzen. Der Kranbalken verblieb in seiner alten Form. Da der Schnabel jedoch höhergesetzt worden war, erwies es sich als unmöglich, weiterhin eine der Vordecksrelings zur Unterstützung zu benutzen. Daher erhielt er eine einfache Konsole. Die Anker behielten ihre traditionelle Form, die über viele Jahrhunderte hinweg ihren Wert unter Beweis gestellt hatte. Eine alternative Form war jedenfalls schwer zu gestalten, solange der Ankerschmied nur den primitiven wassergetriebenen Hammer zum Schmieden der Bündel gußeiserner Stangen besaß. Nach 1825 kam allerdings ein neues Ankermuster mit kreisbogenförmigen Armen zur Einführung, die bald Standard waren. Schon in den 1780er Jahren benutzte man bei kleinen Ankern Eisenstöcke. Das breitete sich in den 1800er Jahren aus. Trotzdem ersetzten sie nie die altmodischen Holzstöcke der größten Anker. Alle bis auf die kleinsten Schiffe hatten drei Arten Anker:
‚bower' (Buganker) = gewöhnlich 4, ‚stream' (Strom/Wurf/Warpanker) = gewöhnlich 1 und ‚kedge' (Warp/Verholanker) = gewöhnlich 1. Die kleinen Fahrzeuge besaßen zwei oder drei Buganker.
Bis zum Ende blieben Hanftaue in Gebrauch, aber zum Jahrhundertbeginn kamen Ketten zur Einführung, die sie nach und nach ersetzten. Die Taue wurden noch immer mittels Spill eingeholt. Für alle Taue, auch die kleinsten, waren wie bisher Ausläufer erforderlich. Auch die Ketten holte man mit einem Ausläufer ein.
Hinsichtlich der Stückpfortenklappen sind zwei Punkte zu beachten. Nach 1809 hatten die britischen Schiffe in ihren Pforten in den unteren Decks gläserne Bullaugen, die man ‚illuminators' nannte. Im Mitteldeck waren sie nicht nötig, denn einige Pforten besaßen Halbklappen, die vertikal oder horizontal saßen. Diese sind auf Modellen selten zu sehen, waren jedoch allgemein verbreiteter als man annimmt. Die sorgfältige Zeichnung der dänischen 46-Kanonen-Fregatte *Freya* (Stapellauf 1819) des Marinemalers C. W. Eckersberg zeigt das Schiff mit geschlossenen Pforten und horizontalen Halbklappen, die um die herausragenden Kanonenrohrmündungen sitzen.
Die hauptsächlichsten Änderungen der Decks betrafen den Einschluß der Kuhl. Am Jahrhundertanfang gab es in der Kuhl Seitengangways. Diese wurde ständig verbreitert, bis sie um 1813 etwa ein Drittel der Kuhlbreite eingenommen hatten. Während der nachfolgenden Jahre verband man sie quer miteinander und um 1820 blieb gerade noch soviel von der Kuhl offen, um die Boote auf Bäumen stauen zu können. Der letzte Schritt erfolgte 1832, als die Kuhl auf großen Schiffen komplett abgedeckt wurde, so daß Back- und Achterdeck Teil eines durchlaufenden Decks wurden. Manchmal wurde das ganze sogar durch ein durchgehendes festes Schanzkleid geschützt. Man stellte dort keine Kanonen auf. Auf den Gangways der großen Fregatten, die 1813 gebaut wurden, haben allerdings Geschütze gestanden. Dieses Experiment erwies sich jedoch als nicht zufriedenstellend und wurde nicht wiederholt. Auf der anderen Seite trugen französische Schiffe Kanonen in der Kuhl, so daß sie, mit den Kanonen des Back- und Achterdecks, *de facto* Vierdecker waren, auch wenn sie nur als Dreidecker klassifiziert wurden. Beispiele dafür sind die *Le Jemmappes* (106 Kanonen), Stapellauf 1840 und *Le Valmy* (120 Kanonen), Stapellauf 1847. Letztere war beiläufig das letzte Dreidecker-Segelkriegsschiff, das für die französische Marine gebaut wurde.
Es gab natürlich auch Änderungen im Aussehen der vielfältigen Ausrüstungsteile, wie bei den Relings, den Verbindungswegen, den Spillen usw., aber in einem Buch dieser Art ist es unmöglich, zu sehr ins Detail zu gehen. Als Beispiel kleinerer Veränderungen von einer Schiffsklasse zur anderen mag die Spillspakenlänge genügen. Auf den größten Schiffen waren sie 14 ft (4,27 m) lang und verminderten sich von jeder nachfolgenden Schiffsklasse zur nächstniedrigeren um 6 in (15,2 cm).

Ankergrößen – 1840*

Schiffstyp	Beste Buganker	
	Ankerstock (m)	Ankerarme (m)
100–120 Kanonen	5,18	1,70
80– 92 Kanonen	5,03	1,65
72 Kanonen	4,67	1,56
Fregatten: 50 Kanonen	4,62	1,52
40 Kanonen	4,22	1,41
30 Kanonen	3,96	1,32
*Razee***	3,86	1,30
Korvetten	3,54	1,18
Sloops: 16 Kanonen	3,30	1,10
8 Kanonen	2,79	0,91

(entnommen aus *Naval Architecture* von John Fincham)

* Alle Werte wurden bei Umrechnung von „ft" und „in" in „m" abgerundet.
** Um ein Deck verkleinertes („abrasiertes") Schiff. (Anm. d. Übers.)

366. Das Modell des Mittschiffsquerschnittes der *Vanguard,* eines Zweideckers, der von Sir William Symonds entworfen wurde und 1835 vom Stapel lief. Das Modell zeigt den V-förmigen Unterkörper, den Symonds bevorzugte. Er machte die Schiffe zu schnelleren Seglern als die nach dem alten Stil gebauten. Sie ergaben jedoch schlechtere Kanonenplattformen und neigten zum Stampfen und Schlingern. Bei diesem Modell sind die Diagonalholzbänder, die beim *Rodney*-Modell noch sichtbar waren, durch Eisenbänder ersetzt und die Zwischenräume zwischen den Längsbalken über den Bodenhölzern sind mit dicken Planken ausgefüllt. Das Kuhlschanzkleid ist hohl. Der Raum wurde bei ‚Klar zum Gefecht' mit aufgerollten Hängematten ausgefüllt. Obwohl das Schiff nur ein 80-Kanonen-Zweidecker war, übertrafen die Abmessungen der *Vanguard* die von Nelsons *Victory* etwas und sie besaß eine Einheitskaliberbewaffnung: 30 x große 32 Pdr (unteres Deck), 28 x mittlere 32 Pdr (Hauptdeck), 6 x 32 Pdr (40 cwt/2,03 ts) auf dem Achterdeck und sechs weitere auf dem Backdeck.

Verzierungen, Farbanstrich

Im Vergleich mit den Schiffen des vorangegangenen Jahrhunderts waren die der 1800er Jahre ausgesprochen schlicht. Die wirtschaftlichen Erfordernisse zwangen zu einer Begrenzung bei den Verzierungen. Das galt in erster Linie für die Dauer der Napoleonischen Kriege und setzte sich in den folgenden Jahren fort. Hinzu kam der allgemeine Geschmackswechsel, der vom überschwenglichen Barock und Rokoko in den nüchternen Regency-Stil überging, der letztlich diese Wandlung kräftig unterstützte.
In erster Linie war der Bug davon betroffen, denn die Einführung des runden Bugs war vom Hochsetzen des Schnabels und einer allgemei-

nen Leichterung seiner Konstruktion begleitet. Der Nutzeffekt dieser Positionsänderung und der neuen Form des Schnabels war, daß die Vordeckreling weniger gebogen und um 1840 nahezu gerade verlief. Durch die Einbeziehung des Platzes zwischen der Reling, die vom Rücken der Galionsfigur zu einer Stelle in der Backdecksebene verlief, und der Schanzkleidreling des Vorschiffs wurde die Plattheit des Vorschiffs noch betont. Nach 1796 vereinfachte man die Galionsfiguren drastisch und nur die allergrößten Schiffe behielten eine schmuckvollere Büste. Andere Einheiten der 1. Klasse konnten eine Büste mit tragenden Figuren oder anstelle der Büste ein passendes Emblem haben. Das Galion der *Victory* mit dem königlichen Wappen und seinem Unterbau ist gut bekannt. Die kleinen Schiffe hatten vermutlich nur einen Schnörkel oder eine ‚fiddle-head' (Schneckenverzierung)* . Die neueren Anweisungen waren so unpopulär, daß ihre Strenge schließlich gemildert wurde. Man erlaubte, daß die ersten vier Klassen dreiviertellange Figuren tragen durften. Kleinere Fahrzeuge blieben beim Schnörkel. Allerdings wurde auch dies geändert. Man gestattete, daß alle, mit Ausnahme der ganz kleinen Fahrzeuge, Figuren innerhalb der erlaubten Grenzen führen durften.

Nach 1828 erhielten einige der großen Schiffe Galionsfiguren voller Länge, jedoch wurden Halbfiguren und Büsten allgemeine Regel.

* In Form einer Violinschnecke. (Anm. d. Übers.)

Gewöhnlich waren sie ein Porträt jener Person, deren Name das Schiff führte. Die Galionsfiguren trugen einen naturalistischen Farbanstrich und sehr schöne Beispiele sind in der Neptune Hall des National Maritime Museums zu sehen. Der Zwang zur Wirtschaftlichkeit betraf auch die Heck- und Achterschiffsgalerien. Geschnitzte Figuren verschwanden und wurden durch aufgemalte Darstellungen oder Pilasterwerke ersetzt. Bei der Breitseite bestand die Dekoration ausschließlich aus Farbe. Die Versuche, die bezüglich des Farbgebungsstils in den 1790er Jahren durchgeführt wurden, wichen der ‚Nelson fashion' (Nelsonmode). Sie zeigte den Schiffskörper in abwechselnd schwarzen und gelbockerfarbenen Streifen, die den Deckslinien und nicht dem Decksprung folgten. Die Ockerstreifen saßen in der Ebene der Stückpforten. Diese hatten wiederum schwarze Außenklappen, während sie innen ockerfarben waren. Wenn die Klappen geschlossen waren, hatten die Schiffskörper äußerlich ein geschecktes Aussehen mit Linien schwarzer Quadrate in einem Ockerband zwischen schwarzen Streifen.

Die erste Version der ‚Nach-Trafalgar-Nelsonmode' hatte die ockerfarbenen Streifen etwas breiter als die Stückpforten, so daß die schwarzen Klappen von den darüber und darunter liegenden schwarzen Streifen getrennt waren. Eine Variante zeigte ein schmales weißes Band über und unter den Pfortenklappen und trennte so die gelben und schwarzen Streifen voneinander. Sie wird aus dem Jahre 1813 berichtet, es ist jedoch nicht bekannt, welche Verbreitung diese Mode fand. Einige Jahre später wurden die gelben Streifen jedenfalls

367. Das Modell der *Albion*, eines 90-Kanonen-Zweideckers, von Sir William Symonds entworfen und 1842 vom Stapel gelaufen. Ihre Abmessungen waren: Kanonendeck 204 ft (62,18 m), Breite 60 ft (18,29 m), Tiefgang 18 ft 8 in (5,69 m), Tragfähigkeit 3111 ts. Auf dem unteren Deck standen 26 x 32 Pdr und 6 x 8 in (20,3 cm)-Geschütze. Das Achterdeck trug 16 x 32 Pdr und 2 x 8 in (20,3 cm)-Geschütze, das Backdeck 8 x 32 Pdr. Das Modell zeigt die prinzipiellen Merkmale des frühen victorianischen Schlachtschiffes: Den hohen Bug, die eingedeckte Kuhl und das starke Schanzkleid vorn und achtern. Obwohl das Heck etwas an das des 18. Jahrhunderts erinnert, hat es tatsächlich die Ellipsenform, so wie sie 1827 eingeführt worden war. Der Entwurf verlieh dem Hinterschiff besseren Schutz und gestattete, hinten mehr Kanonen aufzustellen. Die Viertelgalerien befinden sich außerhalb des Spantwerks, innerhalb der Galerien ist das Holz des Schiffskörpers um das Heck herumgeführt. Man beachte auch das abgerundete Ruderblattoberende.

368. Schnitt- und Profilzeichnung der *Brilliant,* eines 20-Kanonen-Schiffes von 1846. Sie ist ein Beispiel für die letzte Phase der Segelkriegsschiffe. Der Sprung ist nahezu verschwunden, die Vorschiffsreling fast gerade, von einem Schiffsende zum anderen verläuft ein hohes Schanzkleid. Der gekröpfte Ruderpfosten (Ruderschaft) zeigt, daß das abgerundete Ruderblatt eingeführt wurde. Auf dem Achterschiff sind gebogene Eisendavits.

369. Das Deck der *Brilliant.* Die Kuhl ist fast bedeckt, dadurch erscheint das Schiff wie ein Zweidecker. Die runden Schienen und die Bug- und Heckjagdkanonen gestatten diesen eine Drehung in jede Richtung. Die Kanonenlafetten haben unter jedem Ende ein Paar quergesetzte Räder, die auf den Eisenschienen im Deck laufen. Die Lafette wird am Drehpunkt durch ein Pivot gehalten, das von einem Lafettenende zum anderen verschoben werden kann. Man beachte das abgerundete Ruderblatt.

370. Der Decksplan der *Banterer*-Klasse (22 Kanonen). Die Klasse wurde 1805 in Auftrag gegeben und zeigt den vorletzten Schritt vor der endgültigen Abdeckung der Kuhl. Die Gangways sind nun Teil der Back- und Achterdecksbeplankung, die Querbalken fest eingebaut.

371. Die *Neptune* (120 Kanonen) von 1833 hatte überhaupt keine Kuhl. Die Mittschiffsbalken sind genauso Bestandteil der Schiffskörperstruktur wie unter der Back und dem Achterdeck, da sie jedoch keinen Unterbau für Kanonen bilden, haben sie einen weiteren Abstand. Es gibt immer noch Öffnungen in der Beplankung (unter den Booten). Sie dienen dem Luft- und Lichtzutritt ins darunterliegende Oberdeck.

367

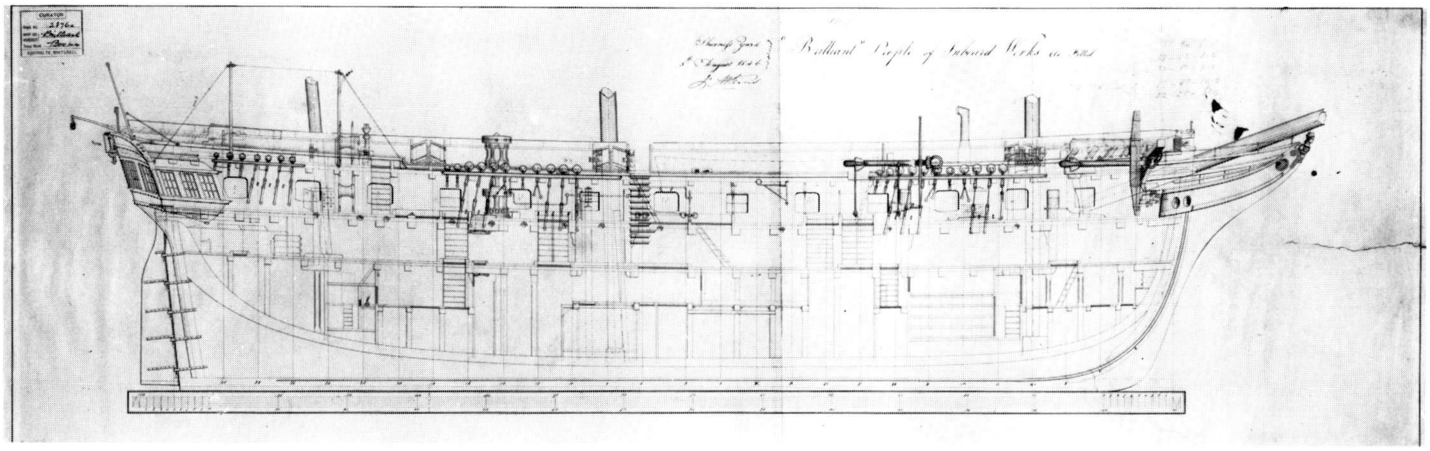

368

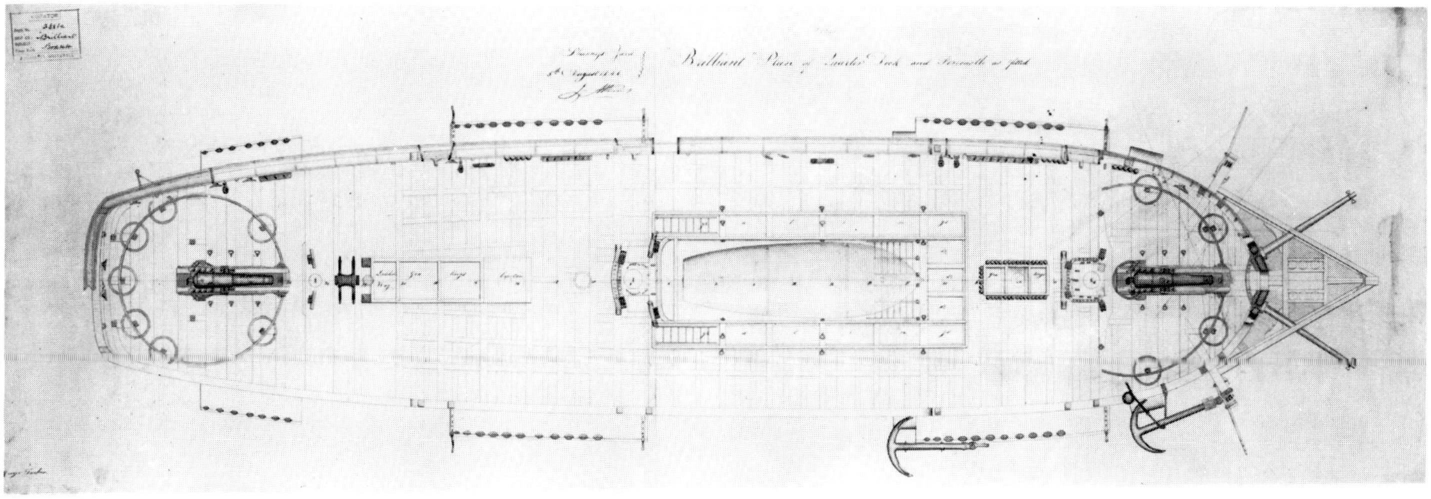

369

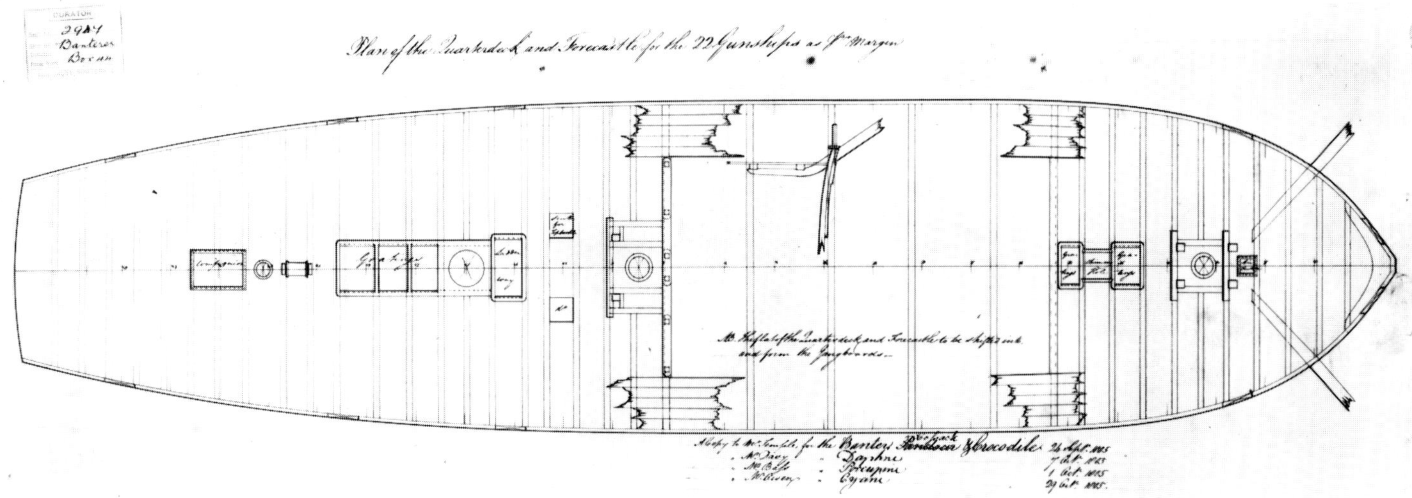

370

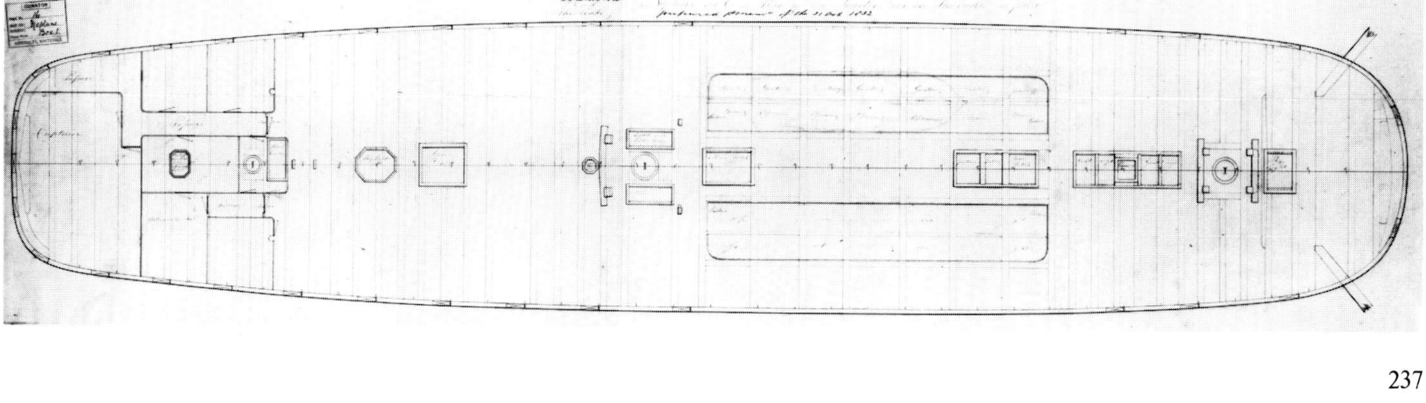

371

durch weiße ersetzt. Die Pfortenklappen waren außen schwarz und innen weiß. Als nächster Schritt folgte, die Unterkante der schwarzen Streifen nach unten zu verschieben, so daß sie mit den Oberkanten der Pforten übereinstimmten. Dieser Stil, der bis zum Ende der Segelkriegsschiffära so blieb, setzte sich bis ins 20. Jahrhundert fort und kam auf Handelssegelschiffen zur Anwendung. In der letzten Version des schwarz-weißen Marinestils zog man die Farbstreifen bis zur Vorkante des Bugs vor, so daß es auf kurze Entfernung manchmal so aussah, als habe der Bug eine seltsam anmutende Krümmung.

Bei der Innendekoration wich der traditionelle rote Anstrich der Tünche. Das betraf seit den 1780er Jahren zumindest die unteren Decks. Über Deck ersetzte man um 1800 das Rot durch Gelbocker, dieses wiederum durch eine schwache Grüntönung. Schließlich wurden um 1830 die Schanzkleidinnenseiten weiß gestrichen.

Wie die Kammern gestrichen waren, ist noch ungeklärt. Diejenigen auf der restaurierten *Victory* sind nicht typisch. Sie war Flaggschiff, ihre Hauptkammern hatten einen aufwendigeren Dekorationsstil und möglicherweise eine bessere Verarbeitung, als es auf den Schiffen niedrigeren Ranges der Fall gewesen ist.

Masten und Rahen

Um 1800 hatte das Takelwerk die Grenze seiner Entwicklung erreicht. Was blieb, waren Kleinigkeiten. Nur die Fock- und Großtreisegel, Skeisegel und eine Erweiterung der Gaffelbesans kamen in den letzten 50 Jahren der Segelkriegsschiffe neu hinzu. Einige wenige Segel verschwanden, obwohl auch sie für viele weitere Jahre noch ‚on strength' (im Bestand) verblieben. Die kleinen Änderungen waren zahllos und obwohl jede davon für sich nur gering erscheint, war die Summe all dessen für die Wirksamkeit der Takelage beträchtlich. Ein einfaches Beispiel ist der Austausch der traditionellen Tauwuhlinge an den Untermasten. Dorthin kamen Eisenbänder. Dieser Wechsel kam gerade rechtzeitig, denn die Versorgung mit den riesigen amerikanischen Bäumen, die seit über 200 Jahren für die Masten benötigt wurden, entfiel und wurde während der Kriege um die amerikanische Unabhängigkeit und 1812/15 auf natürliche Weise unterbrochen. Es ist eine der Maßnahmen, die den Ruhm Sir Robert Seppings begründeten, der in seiner Zeit als Surveyor der Marine herausfand, daß ein aus mehreren kleinen Hölzern zusammengesetzter Mast stärker war als alle anderen Masten dieser Zeit. Eine weitere Änderung betraf den Bugspriet. Er wurde verkürzt (dadurch machte man diese wichtigen Spiere relativ kräftiger). Dieser Wechsel wurde vollzogen, weil die Schiffe am Anfang der 1800er Jahre sowohl einen Klüvenbaum als auch einen Außenklüverbaum führten. Etwa zur gleichen Zeit erhielt der bis dahin am Bugsprieteselshaupt sitzende ‚dolphin-striker' (Stampfstock) eine Klau (wie eine Gaffel) und wurde direkt am Bugspriet befestigt. Abgesehen davon, daß der Stampfstock dadurch leichter versetzbar wurde, erhielt er dadurch ein kleines Spiel, wodurch sich wiederum das Risiko, daß das Stampfstag davonwehen konnte, verringerte. Die altehrwürdige Sprietsegelrah blieb, wurde jedoch direkt an den Bugspriet angebaut und diente als Spreize für die Wanten des Klüver- und Außenklüverbaums.

Das Sprietsegel selbst verschwand aus der Royal Navy offiziell nicht vor 1830, und das, obgleich schon einige Jahre zuvor die Rah durch ein Paar Spreizen, die an Gaffeln erinnerten, ersetzt worden war. Das Dreikantrahtoppsegel trat nach den ersten Jahren des Jahrhunderts nicht mehr in Erscheinung, die Rah wurde jedoch weiterhin als Reservespiere mitgeführt. Wie die einzelnen Segel gesetzt werden konnten, wenn Stampfstage angeordnet waren, ist nicht klar[5].

Beim Takelwerk erschienen drei wertvolle Neuerungen. Die Unterrahen wurden durch Kettenschlingen dauerhaft hochgehalten; nachdem die Rah hochgezogen worden war, blieb die Rahtakel ausgeschert. Ziemlich gleichzeitig erhielten die Rahen eiserne Jackstage, so daß die Segel statt wie in früheren Jahrhunderten mit einer Lasching in der Rah, an diesen befestigt werden konnten. Die dritte

372. *Impregnable*, einer der letzten Dreidecker 2. Klasse. Stapellauf 1810. Hier aufgenommen als Schulschiff um 1880. Sie führt eine reduzierte Takelage. Man beachte den geänderten Bug und das veränderte Heck sowie den einfachen schwarz-weißen Außenanstrich, wie er in der letzten Periode der Segelmarine üblich war.

Neuerung war, die Marspüttingswanten* zu einem eisernen Halsband rund um den Mast unter dem Mars unterzubringen. Früher führten sie zu den unteren Wanten. Durch dieses einfache Arrangement nahm man den unteren Wanten einen großen Tel ihrer Beanspruchung. Das gilt auch für die Marse, die nun von den Schrägspannungen befreit waren, die wechselseitig von den unteren Wanten ausgingen, wenn das Schiff schlingerte[6].
Die Einführung der Treisegel wurde bereits erwähnt. Das waren Gaffelsegel, ähnlich dem Gaffelbesan, und man setzte sie von einem Treisegelmast, der zwischen dem Mars und dem Deck eingebaut war, ähnlich wie der Treisegelmast einer Schnau. Das Großtreisegel kam um 1815 in Gebrauch und ersetzte das alte Besanstagsegel. Diese Segel hatten keinen Baum. Einige kleinere Änderungen betrafen die Leesegel, jedoch war die eigentliche Takelung nicht davon berührt.
Zwischen den letzten 1820er Jahren und 1838 wurde eine längst überfällige Reform verwirklicht. Es kam zur Vereinfachung des wilden Durcheinanders verschiedener Spierengrößen, die sogar auf Schiffen einer Klasse gang und gäbe waren.
Nur wenige Rahen konnten zwischen Schiffen ausgetauscht werden, so daß die Werften stets ein großes Lager an Spieren vorrätig haben mußten, weit mehr, als bei einem vernünftigen System erforderlich gewesen wäre. Die Schwierigkeiten, die sich durch die Vielzahl der Mastgrößen ergaben, hatte man schon vor langer Zeit erkannt, aber vor Abschluß der Napoleonischen Kriege gab es nur wenige Vereinfachungen. Erst 1829 und danach setzte man einige Reformen durch. Trotzdem baute man auf den Schiffen weiterhin Masten unterschiedlicher Größe ein, auch wenn es sich um Einheiten gleicher Abmessunge handelte.
Die Beispiele dafür stammen aus dem *Treatise on the Masting of Ships* von John Fincham.
Zwei Schiffe, beide 50 ft (15,24 m) breit, hatten Untermasten von 97 ft und 99,5 ft (29,57 m und 30,33 m). Zwei andere Schiffe, jedes 50,5 ft (15,39 m) breit, benötigten Masten von 98 ft und 100 ft (29,87 m und 30,5 m). Die Auflistung könnte beliebig fortgeführt werden. Seit die Abmessungen der anderen Masten und Rahen auf der Größe des Groß-Untermastes beruhten, gab es bei der Länge jener Spieren natürlich ein ähnliches Wirrwarr. Die Erklärung ist, daß die Länge des Groß-Untermastes entweder nach der Kanonendecklänge (später die Länge der Konstruktionswasserlinie) oder nach der maximalen Breite berechnet wurde, so daß eine leichte und folgewidrige Differenz in den Abmessungen von zwei Schiffen in den beiden unterschiedlichen Mastgrößen und folglich auch der übrigen Spieren endete. Finchams Versuch, die Mastgrößen zu kodifizieren, hatte nur begrenzten Erfolg und es dauerte bis 1838, bis Sir William Symonds in der Lage war, eine *Classification of Masts and Spars,* die das Takelwerk der Marine standardisierte, zusammenzustellen.
Teils wegen der Suche nach besseren Systemen für Masten und teils wegen des Ansporns im 19. Jahrhundert, brauchbares Wissen zu vermitteln, gibt es über das Takelwerk viele Informationen. Abgesehen von Finchams Buch und anderer in der Bibliographie angeführter Publikationen gibt es einen bemerkenswerten Bericht, der 1847 veröffentlicht wurde. Autoren waren drei der berühmtesten Marinekonstrukteure jener Zeit. Nachdem sie sich zwei Jahre lang mit dem Studium der Konstruktion und Takelung der gesamten Marine beschäftigt hatten[7], traten sie damit an die Öffentlichkeit. Beides, der Bericht und auch Finchams *Treatise on the Masting of Ships,* sind mit Daten vollgestopft[9].
Untermasten und Bugspriet: In den 1820er und 1830er Jahren verwendete man einen Großteil der Gedanken darauf, die beste Position für die Schiffsmasten zu finden. Das Problem war schwierig zu lösen, weil kaum zwei Schiffe einer Klasse einander identisch waren. Was für das eine Schiff paßte, war für das andere unbefriedigend. Das ist einer der Gründe, daß Fincham in seinem Buch über die Schiffsmasten so viele Positionen angibt, um den unterschiedlichen Anforderungen der Einheiten innerhalb einer Klasse zu entsprechen. Aus der Sicht des Modellbauers ist das jedoch belanglos, vor allem dann, wenn die Mastposition im Originalplan angegeben ist – und das ist üblicherweise der Fall.

* Die kurzen Gegenwanten zu den Stengewanten unterhalb der Marse. (Anm. d. Übers.)

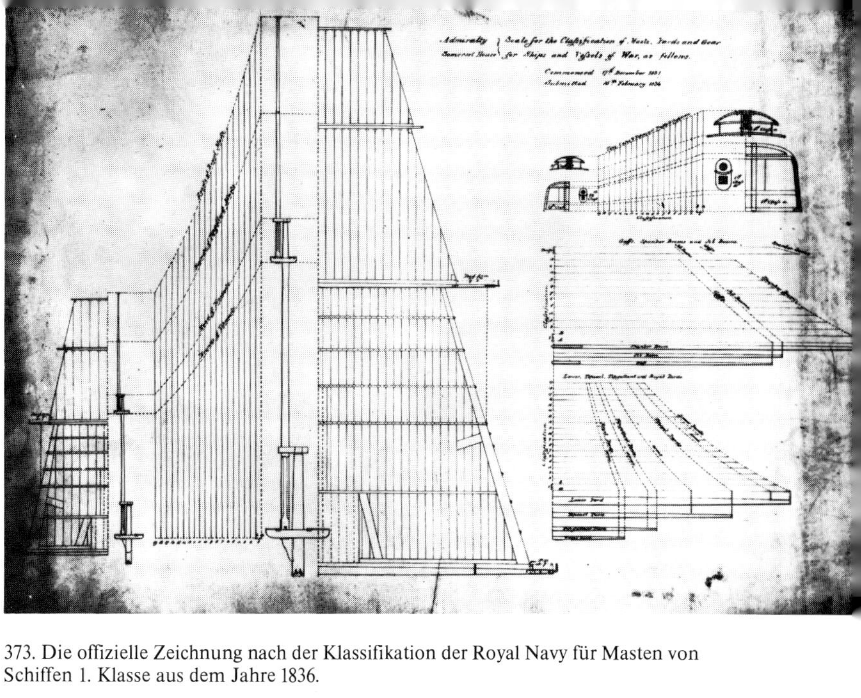

373. Die offizielle Zeichnung nach der Klassifikation der Royal Navy für Masten von Schiffen 1. Klasse aus dem Jahre 1836.

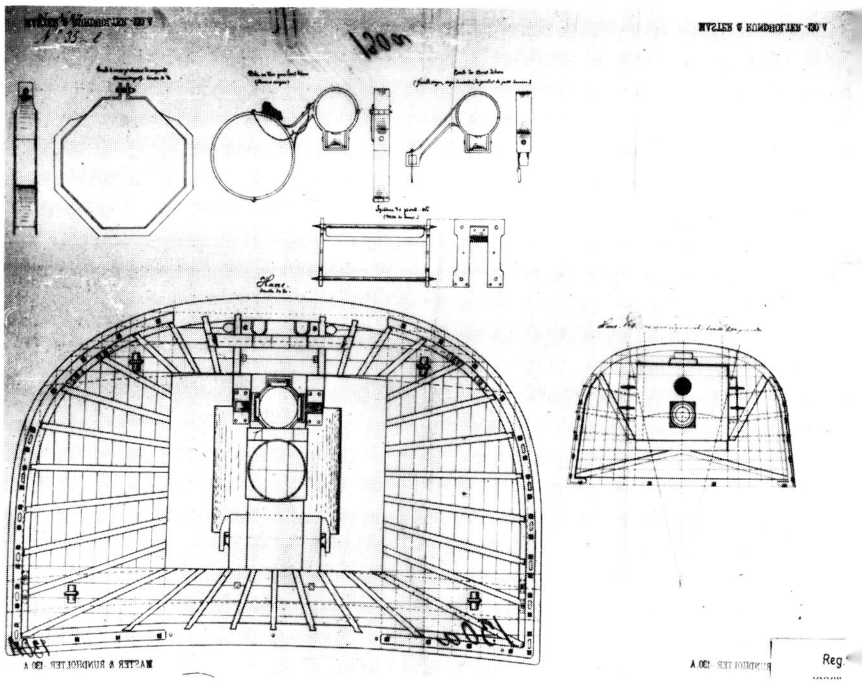

374. Eine Skizze der dänischen Marine für einen Großmars und Marsstengemars eines französischen Linienschiffes um 1830.

375. Geschirr der Rahen, Gaffeln, Bäume, Bugspriets und Quersalinge des Schiffes von Abb. 374.

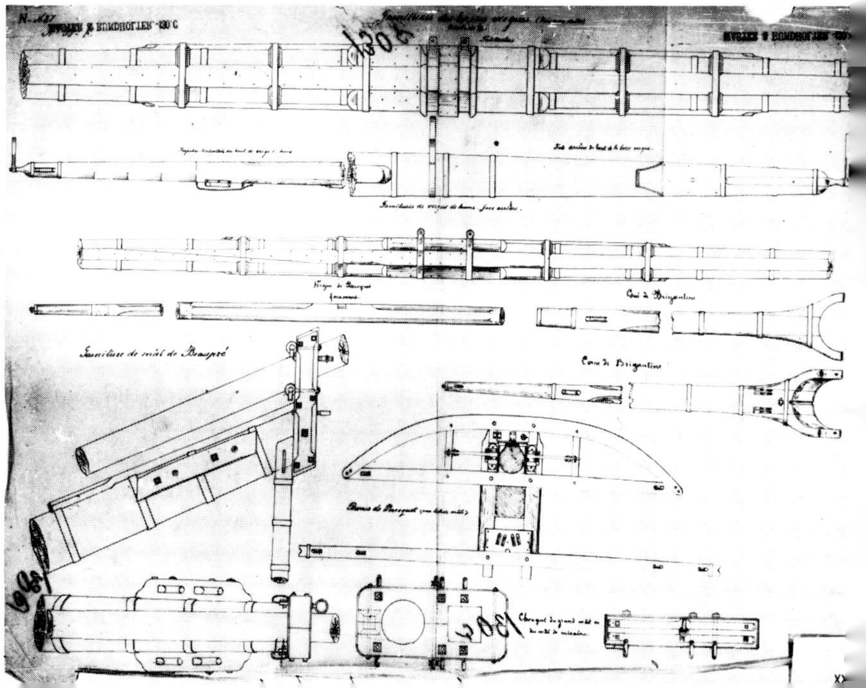

Es gibt zwei Wege, die Länge der Groß-Untermasten zu berechnen, von der dann die Länge der anderen Masten abzuleiten ist.
Einer war, die Gerade in der Wasserlinie zwischen der Bugsponung und dem Achtersteven mit der größten Schiffsbreite zu addieren. Die halbe Summe war die Mastlänge für ein völliges Schiff. Für Schiffe mit feinerer Linienführung lag die bevorzugte Proportion bei 17/40.
Die andere Basis war die maximale Breite. Deren Dimension benutzte Fincham. Seine Daten sind bis auf den heutigen Tag die ausführlichsten und ansprechensten und wir haben eine Auswahl in dieses Buch übernommen (siehe Tabelle). Anstelle der Wiedergabe nur der vollen Mastlänge hat Fincham auch die Länge vom Fuß bis zur Wasserlinie ausgearbeitet. Dieses Maß ist gut zu gebrauchen, wenn man ein Schiffsprofil rekonstruieren will. Alle Masten hatten den gleichen Fall. Der Fockmast neigte für gewöhnlich nach vorn, etwa 3 in (7,62 cm) je 12 ft (3,66 m) der Länge. Der Großmast war um 6 in (15,2 cm) je 12 ft (3,66 m) nach hinten geneigt und der Besanmast um etwa 10 in (25,4 cm) je 12 ft (3,66 m).
Kleinere Schiffe und Schoner hatten einen noch größeren Fall. Auf den Briggs hatte der Fockmast gewöhnlich einen Fall nach vorn von 3 in (7,62 cm) je 12 ft (3,66 m) der Länge. Der Großmast neigte mit 10 in (25,4 cm) je 12 ft (3,66 m) seiner Länge nach hinten. Bei Schonern war der Fall noch größer. Obwohl beide Masten nach hinten standen, scheint es jedoch keine allgemeine Regel gegeben zu haben. Die Mastdurchmesser an den Ausfütterungen lagen zwischen $^{1}/_{36}$ und $^{1}/_{41}$ der Gesamtlänge. Für die Masten kleinerer Schiffe gilt der niedrigere Bruch. Der Haushalt von 1807 legte folgende Proportionen fest: 100-ft (30,5 m)-Mast = $^{1}/_{38}$; 80-ft (24,38 m)-Mast = $^{1}/_{40}$; Masten kürzer als 70 ft (21,34 m) = $^{1}/_{40}$ - $^{1}/_{41}$.
In den 1830er Jahren hatte ein 120-ft (36,58 m)-Mast einen Durchmesser von $^{1}/_{86}$ seiner Länge und ein 73-ft (22,25 m)-Mast einen von $^{1}/_{38}$ seiner Länge. Diese Proportionen blieben, aber manchmal stellt man fest, daß die Masten in ihrer Länge etwas differieren und trotzdem den Standarddurchmesser besitzen, eine Standardisierung, die das Auswechseln der Masten erleichterte, weil die Ausfütterungen nicht geändert werden mußten.
Kleine Veränderungen gab es auch beim Verjüngungsgrad (siehe Tabellen).
Treisegelmasten erscheinen selten in den Takellisten. Hingegen sollte ein Besantreisegelmast zwischen $^{1}/_{3}$ und $^{1}/_{2}$ des Besanmastdurchmessers haben. Er hatte keine Verjüngung. Der Fuß war entweder durch eine Klampe oder eine Mastspur an Deck gesichert und der Topp durch ein Eselshaupt auf dem Besanmasttopp oder wie der Treisegelmast mit einer eisernen Schloßholzsicherung, die auf der Längssaling ruhte. Groß- und Focktreisegelmasten waren überwiegend auf die gleiche Art eingesetzt und hatten ähnliche Proportionen.
Bugspriete: Sie waren den Untermasten ähnlich. Zwei Faktoren zählten: Die Gesamtlänge der Spiere und ihre Außenbordlänge. Letztere war wesentlich variabler als die erstere. Um die Sache weiter zu komplizieren, konnte die Bugsprietlänge sowohl auf der Gesamtlänge entweder des Fockmastes oder des Groß-Untermastes basieren, vielleicht auf ihrer Mastlänge (von der Fischung bis zur Wantangriffsstelle) oder sogar, wie in der Aufstellung von Symonds, auf der Länge des Mastes an der Ausfütterung. Beide Proportionen, die von Edye und von Fincham, sind in den begleitenden Tabellen angegeben. Der Bugsprietdurchmesser an der Stelle, wo er zwischen den Ohrhölzern (Judasohren) saß, war auf großen Schiffen (z.B. denen mit 74 Kanonen) der gleiche wie der des Großmastes und manchmal 1 in (2,54 cm) dicker. Auf den Schiffen mit weniger als 74 Kanonen war es allgemeine Praxis, den Durchmesser 1,5–2 in (3,8–5,08 cm) geringer als den Großmast zu machen. Wie die Masten verjüngte sich auch der Bugspriet von der dicksten Stelle nach beiden Enden hin. Der Fuß des Bugspriets war zu einem Zapfen abgeschnitten. Dieser saß in einem Zapfenloch, das sich in einem dicken Holzbett befand, welches wiederum im rechten Winkel zur Bugsprietachse saß. Auf Dreideckern befand es sich im Mitteldeck, auf kleineren Schiffen im unteren Deck. Am Außenende des Bugspriets saß ein Eselshaupt ähnlich dem am unteren Masttopp. Es bildete jedoch zum Bugspriet einen rechten Winkel, so daß es vertikal saß, nachdem der Bugspriet eingebaut worden war. In den ersten 1800er Jahren war die Eselshauptlänge fünfmal der Durchmesser des Klüverbaums zuzüglich des halben Durchmessers des Göschstockes. Die Tiefe betrug $^{4}/_{9}$ der Eselshauptbreite. Zur Jahrhundertmitte hin war die allgemeine Regel: Länge = 5 x Klüverbaumlänge; Breite = 2 x Klüverbaumdurchmesser; Tiefe = Klüverbaumdurchmesser weniger 1 in (2,54 m). Bugspriets waren wie die Untermasten gebunden und mit Wuhlingen versehen.
Längssalinge, Quersalinge, Marse und Eselshäupter: Da das Aussehen dieser Teile bereits im vorangegangenen Kapitel behandelt wurde, ist hier nur erforderlich, die Abmessungen zu besprechen. Es gibt Zusammenfassungen in der nachfolgenden Tabelle. Dabei muß jedoch beachtet werden, daß Fincham einen alternativen Weg für die Berechnung der Abmessungen der Längs- und Quersalinge wählte, nämlich den, daß Längssalinge $^{13}/_{14}$ der Marsmittellinienlänge maßen (und umgekehrt die Marslänge $^{14}/_{13}$ x die Längssalinglänge ist), daß die Tiefe $^{1}/_{8}$ ihrer Länge betrug und daß sie in der Breite $^{1}/_{12}$ waren. Quersalinge hatten $^{15}/_{16}$ der Marsbreite und entsprachen in der Breite den Längssalingen. Ihre Tiefe betrug jedoch nur $^{2}/_{3}$ ihrer Breite. Im Mittelpunkt der Längssaling befand sich ein Stück Holz, das aufrecht stand. Es hatte die Aufgabe, den Mars an Ort und Stelle zu halten. Die Längssalinge wurden durch die üblichen Salingsknie (Konsolen) unterstützt, deren Länge $^{5}/_{6}$ der Mastbacken und $^{2}/_{5}$ der Mittellinienweite maß.
Die Marse blieben bei der ‚D'-Form, die sie im 18. Jahrhundert schon gehabt hatten, ihre Räder hingen etwas über die Längs- und Quersalinge. Einige repräsentative Abmessungen von Marsen und ihren Unterbauten sind in der entsprechenden Tabelle angegeben.
Mars- und Bramstengen: Die Masten des 19. Jahrhunderts unterschieden sich in ihrer Form etwas von denen der 1790er Jahre. Rees[8] und Fincham führen einige interessante Maße an, die in den Tabellen[9] angegeben sind. Letztere enthalten auch die Proportionen, die die Beziehung zwischen der Gesamtlänge der Marsstenge und der

Mast- und Rahproportionen (nach Fincham)

Art	Länge als Proportion von	Korvetten I	Korvetten II	Fregatten I	Fregatten II	Fregatten III	Fregatten IV	Zweidecker I	Zweidecker II	Dreidecker I	Dreidecker II
Untermastlängen:											
Schulterlänge der Groß-Untermasten	Schiffsbreite	1,99	2,02	1,94	2,05	1,94	1,93	1,93	1,97	1,992	1,94
Großmasttopp	Schulterlänge des Untermastes	0,1933	0,1933	0,1933	0,1933	0,1933	0,1933	0,1933	0,1933	0,1933	0,1933
Schulterlänge des Fock-Untermastes	Schulterlänge des Großmastes	0,91	0,903	0,91	0,91	0,917	0,92	0,91	0,91	0,93	0,89
Fockmasttopp	Schulterlänge des Untermastes	0,1933	0,1933	0,1933	0,1933	0,1933	0,1933	0,1933	0,1933	0,1933	0,1933
Schulterlänge des Besanuntermastes	Schulterlänge des Großmastes	0,85	0,863	0,773	0,754	0,73	0,737	0,7	0,7	0,69	0,71
Besanmasttopp	Schulterlänge des Untermastes	0,161	0,156	0,156	0,156	0,156	0,156	0,156	0,156	0,156	0,156

Mast- und Rahproportionen (nach Fincham)

Art	Länge als Proportion von	Korvetten		Fregatten				Zweidecker		Dreidecker	
		I	II	I	II	III	IV	I	II	I	II
Proportionale Länge der Masten von der Wasserlinie zum Fuß:											
Fockmast	Gesamtlänge	0,206	0,22	0,25	0,24	0,23	0,24	0,24	0,29	0,31	0,31
Großmast	Gesamtlänge	0,28	0,3	0,3	0,25	0,3	0,31	0,31	0,33	0,34	0,339
Besanmast	Gesamtlänge	0,26	0,266	0,06	0,055	0,025	0,0	0,09*	0,09*	0,09*	0,09*
Proportionale Länge des Bugspriets:											
Gesamtlänge des Bugspriets	Schulterlänge des Fockmastes	0,643	0,65	0,8	0,81	0,77	0,758	0,75	0,75	0,75	0,75
Binnenbordteil des Bugspriets als Teil der Schiffslänge	Schulterlänge des Fockmastes	0,5	0,4	0,46	0,54	0,39	0,37	0,5	0,5	0,42	0,43
Bugsprietneigung auf 12 ft (3,66 m)	Schulterlänge des Fockmastes	64	50	63	54	60	60	72	72	72	75
Marsstengeproportionen 1829:											
Schulterlänge der Großmarsstenge	Schiffsbreite	1,26	1,27	1,15	1,29	1,16	1,11	1,18	1,55	1,21	1,16
Großmarsstengetopp	Schulterlänge der Marsstenge	0,154	0,154	0,156	0,156	0,156	0,156	0,156	0,156	0,156	0,156
Schulterlänge der Vormarsstenge	Schulterlänge der Großmarsstenge	0,87	0,895	0,91	0,893	0,9	0,9	0,88	0,9	0,911	0,89
Vormarsstengetopp	Schulterlänge der Vormarsstenge	0,154	0,154	0,156	0,156	0,156	0,156	0,156	0,156	0,156	0,156
Schulterlänge der Besanmarsstenge	Schulterlänge der Großmarsstenge	0,702	0,725	0,77	0,737	0,755	0,72	0,736	0,71	0,67	0,71
Besanmarsstengetopp	Schulterlänge der Besanmarsstenge	0,154	0,154	0,156	0,156	0,156	0,156	0,156	0,156	0,156	0,156
Marsstengen als Proportion der Untermasten:											
Großmarsstenge	Groß-Untermast	0,596	0,592	0,6	0,617	-	-	0,587	0,566	0,591	0,58
Vormarsstenge	Groß-Untermast	0,541	0,518	0,52	0,552	-	-	0,507	0,5	0,535	0,515
Vormarsstenge	Fock-Untermast	0,6	0,574	0,571	0,6	-	-	0,563	0,56	0,577	0,58
Besanmarsstenge	Groß-Untermast	0,386	0,375	0,483	0,466	-	-	0,43	0,41	0,421	0,41
Besanmarsstenge	Besan-Untermast	0,466	0,455	0,581	0,586	-	-	0,643	0,6	0,643	0,59
Länge der Bramstengen:											
Schulterlänge der Großbramstenge	Schiffsbreite	0,7	0,683	0,61	0,657	0,6	0,57	0,61	0,6	0,61	0,6
Großbrampfahl	Schulterlänge	0,75	0,72	0,75	0,735	0,75	0,8	0,75	0,75	0,75	0,75
Schulterlänge der Vorbramstenge	Schulterlänge der Großbramstange	0,9	0,93	0,9	0,92	0,9	0,9	0,85	0,882	0,91	0,89
Vorbrampfahl	Schulterlänge	0,75	0,72	0,75	0,735	0,75	0,8	0,75	0,75	0,75	0,75
Schulterlänge der Besanbramstenge	Schulterlänge der Großstenge	0,7	0,648	0,75	0,75	0,75	0,74	0,72	0,7	0,67	0,66
Besanbrampfahl	Schulterlänge	0,7	0,72	0,75	0,735	0,75	0,8	0,75	0,75	0,75	0,75
Proportionen der Unterrahen:											
Großrah	Schiffslänge in der Wasserlinie	0,54	0,541	0,553	0,59	0,54	0,53	0,54	0,53	0,53	0,53
Fockrah	Großrah	0,9	0,88	0,873	0,87	0,876	0,872	0,872	0,86	0,86	0,86
Begienrah	Großrah	0,784	0,708	0,74	0,719	0,726	0,72	0,721	0,72	0,72	0,71
Längenproportionen der Marssegel- und Bramsegelrahen:											
Großmarsrah	Großrah	0,708–0,784			0,726–0,74			0,72		0,71–0,72	
Vormarsrah	Großmarsrah	0,9			0,87–0,946			0,87		0,86	
Besanmarsrah	Großmarsrah	0,65–0,744			0,66–0,77			0,65–0,66		0,66	
Großbramrah	Großmarsrah	0,65–0,7			0,6–0,63			0,62–0,65		0,65–0,66	
Vorbramrah	Großbramrah	0,9			0,86–0,88			0,84–0,87		0,87–0,89	
Besanbramrah	Großbramrah	0,67–0,69			0,658–0,76			0,69–0,73		0,67–0,69	
Längenproportionen von Oberbramrahen:											
Oberbramrah	respektive Bramrah	0,7			0,7			0,7		0,7	
Länge der Gaffeln und Bäume:											
Treiberbaum	Kanonendecklänge	0,37–0,4			0,348–0,41			0,362–0,37		0,36	
Gaffel	Baumlänge	0,754–0,774			0,724–0,759			0,75		0,75	

* über der Wasserlinie

Untermastlänge wiedergeben, eine Information, die beim Zusammenstellen der Daten beider Quellen zutage trat. Die Marsstengeproportionen für die Festlegung von Symonds waren noch nicht erarbeitet, als die Mastgrößen standardisiert wurden. Bramstengen waren kleinere Versionen der Marsstengen. Sie unterschieden sich dahingehend, daß sie in einem Pfahl endeten, d.h. sie waren rund statt viereckig. Nur so war der Pfahl lang genug für einen Flaggenstock. Es kann aber auch sein, daß es in der Folge eine Oberbramstenge war. Stengegestützte Oberbramstengen scheinen bei der Royal Navy nicht in Gebrauch gewesen zu sein. Auf Handelsschiffen wurden sie allerdings in der Jahrhundertmitte festgestellt. Die Maße der Bramstengen (als Teil der Großmarsstenge) zum Beginn des 19. Jahrhunderts waren: Vorbramstenge = 0,44; Großbramstenge = 0,5; Besanbramstag = 0,37. Eine einfache Regel ist, daß die Bramstengen praktisch halb so lang waren wie ihre Marsstengen. Die Länge schließt den Pfahltopp nicht mit ein, der $\frac{2}{5}$ so lang war wie die vorangegangene Länge (für einen kurzen Pfahl) und $\frac{2}{3}$ für einen langen, der als Oberbramstenge fungierte.

Repräsentative Maße von Marsen und Unterbauten – 19. Jahrhundert*

Quelle	Marsstengelänge (m)	Marslänge (m)	Marsbreite (m)	Längssaling			Quersaling			
				Länge (m)	Tiefe (cm)	Breite (cm)	Länge vorn (m)	Länge hinten (m)	Tiefe (cm)	Breite (cm)
Fincham	22,25	–	–	5,16	48,3	32,1	6,95	7,26	21,3	32,1
	19,81	–	–	4,60	42,9	28,6	6,11	6,41	19,1	28,6
	18,29	–	–	4,24	39,1	26,4	5,72	6,02	17,5	26,4
	16,76	–	–	3,89	36,2	24,1	5,25	5,55	16,2	24,1
	15,85	–	–	3,70	34,9	23,2	4,95	5,26	15,6	23,2
Aufstellungen Seymonds	22,40	4,83	8,08	–	53,3	35,6	–	–	24,1	35,6
	19,96	4,32	7,16	–	47,6	31,8	–	–	20,1	31,8
	18,14	3,94	6,55	–	43,8	29,2	–	–	19,7	29,2
	16,76	3,30	6,02	–	38,7	26,0	–	–	17,1	26,0

Die Proportionen des rechteckigen Loches im Mars waren: Länge = 0,6 der Mittellängslinie und Breite = 0,36 der Marsbreite
* Alle Werte wurden bei der Umrechnung von „ft" und „in" in „m" und „cm" abgerundet. (Anm. d. Übers.)

376

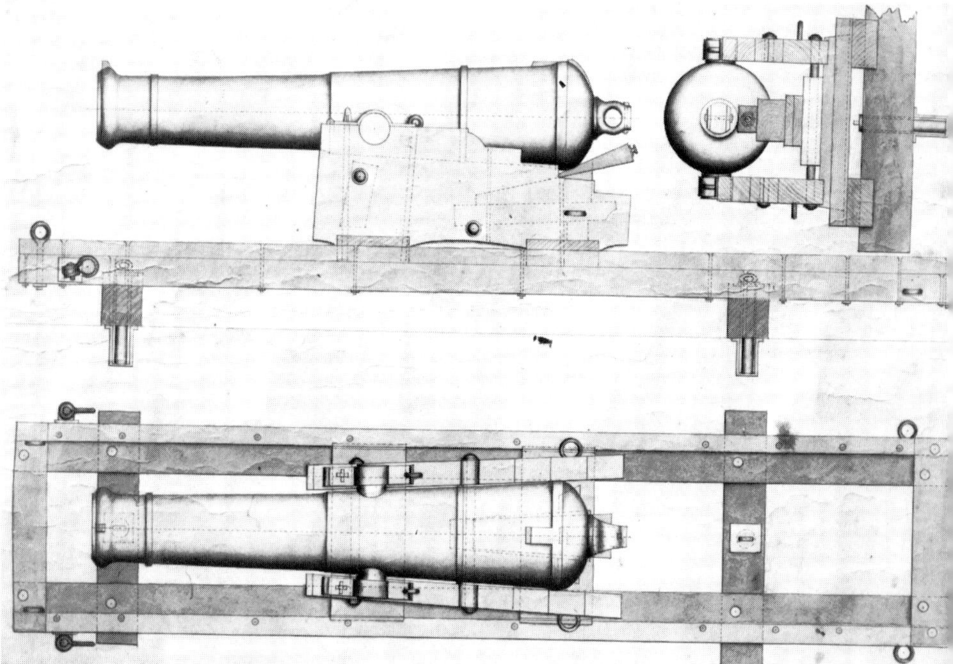

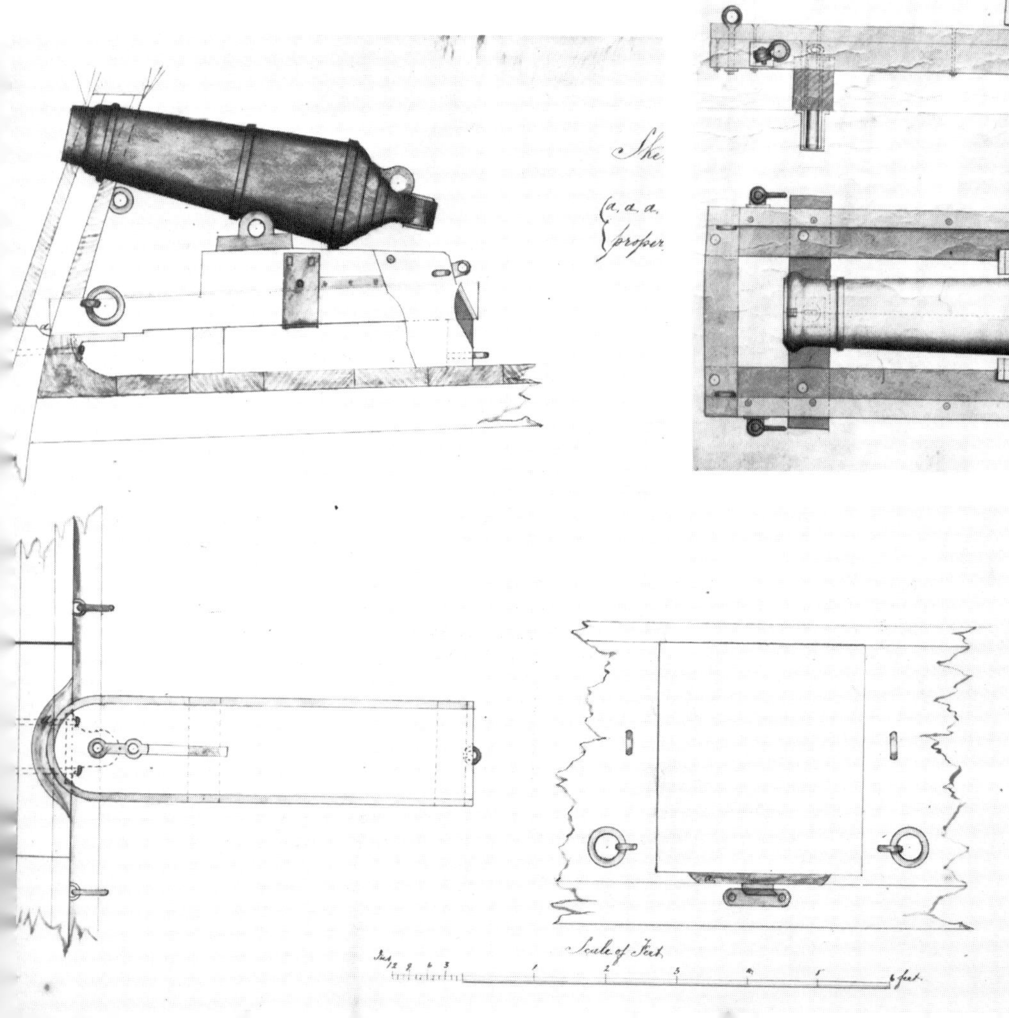

376. Ein 32 Pdr auf pivotierter Gleitlafette um 1830. Vergleiche mit → 369

377. Eine 32-Pdr-Karronade' aus den letzten Tagen der Segelkriegsschiffe. Das Unterbett ist an einer Konsole pivotiert, die über dem Wassergang angebaut ist. Es gibt keine Räder, das Unterbett ruht auf Klötzen. Die hinteren Klötze haben jedoch Achsen für ein Paar querlaufende Räder. Die Kanone hat eine Öse für das Sicherungstau, die dicht am Sockel für die Rohrerhöhungsschraube angebaut ist. Der Plan ist auf den 21. 7. 1859 datiert.

377

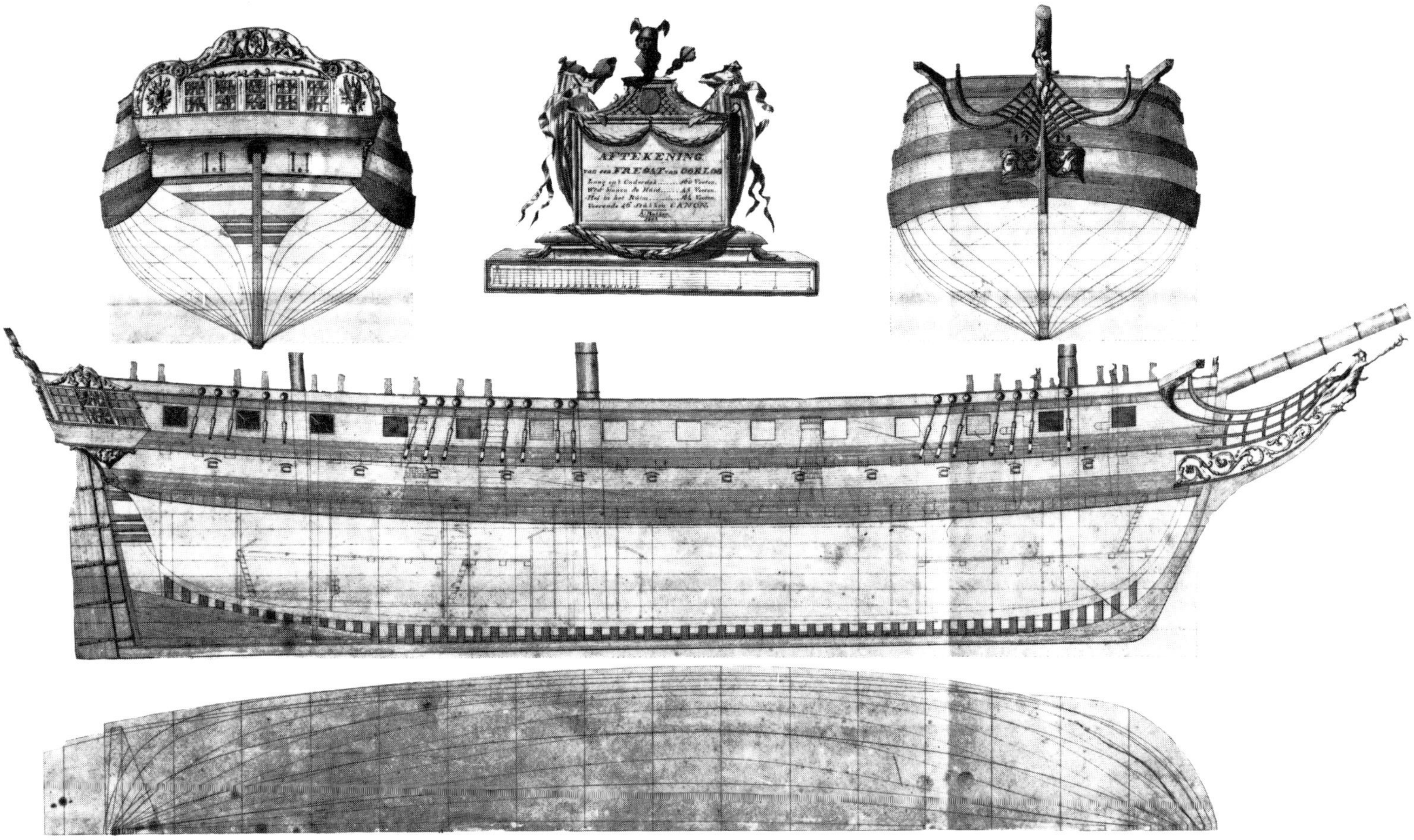

378. Eine große schnittig gebaute niederländische Fregatte mit 46 Kanonen. Der Entwurf ist von 1803. Man beachte die zu dieser späten Zeit etwas ungewöhnliche Anordnung von Ruderpforten im unteren Deck.

Proportionen von Längs- und Quersalingen und Eselshäuptern – 19. Jahrhundert

Art	Quelle	Länge	Tiefe	Breite
Längssaling	Rees	0,25 der Marsstenge	0,5 × Durchmesser des Untermastes	0,33 × Durchmesser des Untermastes
	Fincham	0,23 der Marsstenge	0,5 × Durchmesser des Untermastes	0,33 × Durchmesser des Untermastes
Quersaling	Rees	0,33 der Marsstenge abzüglich 6 in (15,2 cm)	2/9 × Durchmesser des Untermastes	0,33 × Durchmesser des Untermastes
	Fincham	*vorne:* 0,33 der Marsstenge abzüglich 3 in (7,62 cm) *hinten:* 0,33 der Marsstenge abzüglich 15 in (38,1 cm)	2/9 × Durchmesser des Untermastes	0,33 × Durchmesser des Untermastes
Eselshäupter 1800–1830 Großmast	Rees und Fincham	4 × Durchmesser Marsstenge zuzüglich 3 in (7,62 cm)	0,25 × Länge	0,5 × Länge
Fockmast		4 × Durchmesser Marsstenge zuzüglich 2 in (5,08 cm)	0,25 × Länge	0,5 × Länge
Besanmast		4 × Durchmesser Marsstenge zuzüglich 1 in (2,54 cm)	0,25 × Länge	0,5 × Länge
	Symonds (gemäß Aufstellung)	4 × Durchmesser Marsstenge	10/11 × Durchmesser Marsstenge	0,5 × Länge

Die Proportionen von Symonds für die Längs- und Quersalinge sind die gleichen wie diejenigen von Rees und Fincham.

Briggs hatten etwas abweichende Proportionen. Ausgedrückt als Teil der Marsstenge waren dies: 0,7 × Vormarsstenge für die Vorbramstenge; 0,66 × Großbramstenge für die Großbramstenge (bei einer 18-Kanonen-Brigg) und 0,66 × Vormarsstenge bzw. 0,63 × Großbramstenge bei einer 10-Kanonen-Brigg. Die Verjüngung der Bramstengen war die gleiche wie bei den Marsstengen bis zum Takelwerkende (ein Absatz, der den Platz des Schloßholzes einnimmt). Vom Ende her verjüngte sich die Stenge dann auf $^{5}/_{9}$ des maximalen Durchmessers der Bramstengen. In der Aufstellung von Symonds rangiert die Bramstengelänge von 0,7 × Marsstenge auf den größten Schiffen bis 0,8 × Marsstenge auf den kleinsten. Diese Länge schließt den Pfahl ein, der 0,4 der Gesamtlänge maß.

Marsstengegrößen (nach Rees)

Marsstenge	74-Kanonen-Schiff		40-Kanonen-Schiff	
	Als Teil des Großmastes	Als Teil des eigenen Mastes	Als Teil des Großmastes	Als Teil des eigenen Mastes
Fockmast	0,522	0,596	0,527	0,591
Großmast	0,596	0,596	0,591	0,591
Besanmast	0,44	0,516	0,45	0,545

Proportionen der Marsstengedurchmesser (Verhältnis des größten Durchmessers zur Länge)

Schiffstyp	Fockmast	Großmast	Besanmast
74-Kanonen-Schiff	1 : 35	1 : 39,5	1 : 40
40-Kanonen-Fregatte	1 : 35,5	1 : 40	1 : 42,5

Proportionen der Durchmesser von Marsstengen – typische Beispiele nach Fincham

Marsstenge	Durchmesser* (cm)	Länge* (m)	Verhältnis
Vor- und Großmars	61	24,38	1 : 40
	55,9	22,25	1 : 40
	45,7	18,29	1 : 40
	38,1	15,24	1 : 40
	30,5	11,58	1 : 38
	25,4	9,45	1 : 37
	21,6	7,93	1 : 37
Besanmars	38,1	16,46	1 : 43
	35,6	15,24	1 : 43
	27,9	11,89	1 : 42,5
	22,9	9,14	1 : 40
	21,6	8,53	1 : 42

* Alle Werte wurden bei Umrechnung von „ft“ und „in“ in „m“ und „cm“ abgerundet. (Anm. d. Übers.)

Klüverbaummaße – Anfang 19. Jahrhundert

Größe als Teil des / Schiffstyp	Bugspriets	Fockmastes	Großmastes
74-Kanonen-Schiff	0,744	0,5	0,45
40-Kanonen-Fregatte	0,7	0,47	0,42

Klüverbaum und Außenklüverbaum: Die Proportionen für einen Klüverbaum als Teil der Bugsprietlänge nach Fincham sind: Korvetten = 0,78–0,797; Fregatten = 0,71–0,733; Zweidecker 0,7–074 und Dreidecker = 0,7–0,75. Die Daten sind in *Naval Calculations* von Edye[10] angegeben und wurden für die → Tabellen in diesem Buch in Brüche umgesetzt. Außenklüverbäume sind bei den Spierenabmessungen nicht oft aufgelistet. Finachm stellt fest, daß die relative Länge zum Klüverbaum wie folgt gewesen ist: Korvetten = 1,2–1,22; Fregatten = 1,02–1,2; Zweidecker = 1,13–1,37 und Dreidecker = 1,12.
Im Jahre 1848 hatte die 50-Kanonen-Fregatte *Phaeton*, ein Schiff ähnlich der *Vernon*, einen Außenklüverbaum, der 1,07mal so lang war wie der Klüverbaum. Die Spieren verjüngten sich von ihrer dicksten Stelle (Durchmesser) nach beiden Enden hin. Die dickste Stelle saß natürlich innerhalb des Eselshauptes und war am Ende des Klüverbaums. Die Aufstellungsversion von Symonds projiziert sie jenseits des Klüverbaumendes bis zu $^{2}/_{5}$ der Klüverbaumgesamtlänge (praktisch als Längenäquivalent). Außenklüverbäume verjüngten sich in der gleichen Proportion wie die Klüverbäume. Ihre Außenenden waren jedoch $^{2}/_{3}$ ihres maximalen Durchmessers und die inneren Enden $^{3}/_{4}$. Die Füße der ersten Außenklüverbäume waren offenbar untergelascht. Nachdem sie jedoch fester Bestandteil geworden waren, setzte man den Fuß üblicherweise am Klüverbaumeselshaupt ab.
Rahen, Gaffeln und Bäume: Um 1800 hatte sich die Form der Rahen standardisiert. Die einzige Änderung der äußeren Erscheinung war der Anbau eines eisernen Jackstags an der Oberfläche, an das die Segel festgebunden wurden. Jackstage waren 1811 eingeführt worden und im gleichen Jahr folgten die Kettenschlingen, die die Unterrahen ständig hochzuhalten hatten. Obwohl die Rahen ihr Aussehen nicht änderten, wurden sie im steigenden Maße aus mehreren Hölzern zusammengesetzt, denn die Versorgung mit genügend großen Bäumen ließ langsam nach. Gerade Marssegelrahen waren manchmal zusammengesetzt. Die Kenntnisse des vorangegangenen Kapitels sind nützlich für die Rahen des 19. Jahrhunderts, wenn es um bestimmte Änderungen ihrer Proportionen geht. Sie sind notwendig, um die Proportionen solch wichtiger Daten zu ermitteln.
Die Rahlänge ist direkt oder indirekt von der Länge des Groß-Untermastes abhängig. Im ersten Teil des 19. Jahrhunderts waren die Längen wie folgt festgelegt: Großrah = $^{8}/_{9}$ des Großmastes; Fockrah = $^{7}/_{8}$ der Großrah oder $^{7}/_{9}$ des Großmastes; Lateinbesanrah (veraltet) = $^{6}/_{7}$ der Großrah oder $^{16}/_{21}$ des Großmastes; Kreuz (Begien) segelrah = $^{5}/_{9}$ des Großmastes.
Die Rahdurchmesser an den Rahstropps war bei den Fock- und Großrahen $^{1}/_{48}$ der Rahlänge und bei der Kreuzsegelrah gleich der Vormarssegelstenge. Die Proportionen der Marssegel- und Bramsegelrahen waren 1820 wie folgt:
Großmarssegelrah = $^{5}/_{7}$ der Großrah oder $^{40}/_{63}$ des Groß-Untermastes; Vormarssegelrah = $^{7}/_{8}$ der Großmarssegelrah oder $^{5}/_{9}$ des Großmastes; Besanmarssegelrah = $^{2}/_{3}$ der Großmarssegelrah. Auf 74-Kanonen-Schiffen und darüber waren die Bramsegelrahen $^{2}/_{3}$ der entsprechenden Marssegelrah und auf Schiffen mit weniger als 74 Kanonen $^{3}/_{5}$. Oberbramrahen waren halb so lang wie Marssegelrahen. Die Durchmesser an den Rahstropps maßen: Marssegelrah = $^{5}/_{8}$ in (1,6 cm) je yard der Länge; Bramsegelrah = $^{3}/_{5}$ in (1,5 cm) je yard der Länge; Oberbramrah = $^{5}/_{16}$ in (0,8 cm) je yard der Länge. Andere Details sind in der zugehörigen Tabelle angegeben. Der Rahdurchmesser an den Rahstropps auf großen Schiffen betrug $^{1}/_{56}$ und auf kleinen Schiffen $^{1}/_{58}$ der Rahlänge. Die Verjüngung folgte den gleichen Proportionen wie die Unterrahen. Blinde Rah und Dreikanttoppsegelrah waren von gleicher Größe wie die Vormarssegel- und Vorbramsegelrahen.
Obwohl Skysegelrahen* in den offiziellen Takellisten nicht angeführt sind (sie waren gewöhnlich als eine Spezialität für die Klipperschiffe gedacht), befanden sie sich bereits zum Anfang des 19. Jahrhunderts in Verwendung. Das britische 20-Kanonen-Schiff *Bacchante* führte 1808 Skysegel und hatte außerdem, ein ‚Lateinsegel über dem Großskysegel gesetzt‘[11]. Vermutlich war das eine Art Dreiecksegel, das später als Raffee** bekannt geworden ist. Die amerikani-

* Kleines Rahsegel über dem Royalsegel. (Anm. d. Übers.)
** Ein Dreiecksegel über der höchsten Rah, mit einer Spitze nach oben zeigend. (Anm. d. Übers.)

schen Kriegsschiffe hatten die Skysegel etwa zur gleichen Zeit, wenn nicht sogar schon früher. Die Fregatte *President* führte während des Krieges 1812/15 an allen drei Masten Skysegelrahen[12].
Die Quellen des 19. Jahrhunderts sagen über Leesegelrahen und Bäume überraschend wenig aus.
Rees wiederholt in seinem Buch *Naval Architecture* größtenteils die Tabellen von Steel, und Fincham gibt lediglich die Länge der Großleesegelbäume wieder: 0,6 der Großrah. Er stellt allerdings fest, daß der Durchmesser der Leesegelrahnocken $^{3}/_{7}$–$^{1}/_{2}$ des maximalen Leesegelrahdurchmessers war.
Glücklicherweise gibt die Zusammenstellung von Symonds die ganzen Dimensionen an, und von diesen her kann man berechnen, welche Proportionen die Rahen und Bäume zur Länge des Großmastes oberhalb der Ausfütterung hatten.
Gaffeln und Bäume differieren in der Form. Die Gaffeln verjüngten sich vom Gaffelklau nach außen, Bäume vom dicksten Durchmesser aus nach jedem Ende hin (siehe Kapitel IV). Um 1800 maß der Treiberbaum in der Länge $^{30}/_{41}$ der Großrah und die Gaffel $^{11}/_{20}$ der Baumlänge. Spätere Bäume und Gaffeln waren lange Spieren. Das zeitgenössische Modell eines 84-Kanonen-Schiffes von etwa 1820 im Science Museum London hat einen Baum, der etwas 0,3 der Schiffswasserlinienlänge mißt und eine Gaffel, die etwa 0,2 davon ist. Diese Daten kommen an die von Fincham gegebenen heran. Treisegelgaffeln am Großmast waren $^{1}/_{3}$ der Besangaffellänge und Focktreisegel $^{1}/_{2}$. Bei den Treisegeln gab es keine Bäume.

Takelwerk

Das einzige Stehende Gut, das in den letzten 60 Jahren der Segelkriegsschiffe zur Einführung kam, war das für den Außenklüverbaum und die Kettentropps der Unterrahen. Kleine Änderungen an den einzelnen Teilen des Takelwerks wurden ohne Zweifel durchgeführt, aber sie fanden keinen Niederschlag in unseren Fachbüchern. Davon ist die Anordnung der Marsstengewanten ausgenommen. Hinsichtlich des Laufenden Gutes ist eine allgemeine Bemerkung zu machen. Sie betrifft die Verbesserungen bei der Tauherstellung und der Qualität des Rohmaterials. Im 19. Jahrhundert war das Tauwerk aller Größen stärker als zuvor. Daher differierten die Taustärken nur wenig von denen der 1790er Jahre, und das, obgleich die Schiffe größer denn je geworden waren.
Untermasten und Bugspriete: Bis in die 1820er Jahre und wahrscheinlich auch noch später war die Anzahl der Wanten bei jeder Schiffsklasse diesselbe wie am Ende des 18. Jahrhunderts. Während der Haushaltführung von Symonds gab es eine kleine Verminderung der Zahl. Die Breite der Fock- und Großjungfernblöcke rangierte zwischen 0,43 des Großmastdurchmessers auf großen Schiffen und 0,43 auf kleinen. Die Breite der Besanjungfernblöcke lag auf großen Schiffen bei 0,46 des Besanmastdurchmessers und 0,42 auf Fregatten bzw. 0,39 auf Korvetten. Die Jungfernblöcke waren irgendwie günstiger im Querschnitt als im Jahrhundert davor. Am Beginn des 19. Jahrhunderts gab es jedoch noch immer die bi-convexe Form. Nach Erscheinen der Blockherstellungsmaschine (siehe weiter unten) wurde die Form standardisiert und war dann leicht bi-convex, jedoch mit wohlabgerundeten Kanten. Auch mit Drahtseilen wurden einige Versuche gemacht. Sie fanden bei der Royal Navy jedoch keine Verwendung. Das lag nicht allein an der schwierigen Handhabung der Drahtseile, sondern zum großen Teil und ohne Zweifel an den Problemen, sie in Übersee zu ersetzen. An der Bugsprietwuhling gab es keine Änderungen, denn der Klüverbaum war noch wie am Ende des 18. Jahrhunderts getakelt und der Außenklüverbaum ähnlich angeordnet.
Mars- und Bramstengen: Bis etwa 1811 waren die Marspüttingswanten an den Unterwanten auf die traditionelle Art angeordnet. Danach führte man allgemein die Sicherung durch eiserne Kettenstropps um den Untermast ein. Es gab kein neues Laufendes Gut. Wenn zusätzliche Segel, wie die Fock- und Großtreisegel erschienen, war deren Takelung ähnlich der anderer Segel.
Blöcke, Jungfernblöcke: In der zweiten Hälfte des 18. Jahrhunderts kam es zu Verbesserungen in der Blockherstellung. Sie erbrachten einige Reduzierungen in der Größe, ein leichteres Laufen und eine gewisse Standardisierung. Trotzdem wurden die Blöcke (und Jungfernblöcke) größtenteils noch immer von Hand hergestellt.
1805 kam es zu einer Mechanisierung und Standardisierung. In diesem Jahre stellte Marc Brunel in der Marinewerft Portsmouth seine revolutionäre Blockfertigungsmaschine auf. Innerhalb sehr kurzer Zeit bewiesen die maschinell hergestellten Blöcke ihre Überlegenheit gegenüber denen alter Art. Nicht nur, daß die Maschine die Blöcke in viel größerer Zahl herstellen konnte, auch die Größen und die Qualität waren einheitlich. Die Maschine konnte relativ schnell für die Fertigung von Blöcken aller Größen umgestellt werden. Hinzu kam, daß die neuen Blöcke bessere Metallbuchsen und -bolzen hatten und folglich länger hielten. Brunels Maschine steht noch heute in Portsmouth[13].
Die Standardmaße der Einzelblöcke im 19. Jahrhundert basierten auf der Taustärke, die durch sie hindurchlief. Die Maße waren wie folgt: Scheibendicke = 1,1 × Taudurchmesser; Scheibendurchmesser = 5 × Scheibendicke; Tiefe der Scheibennut = $^{1}/_{3}$ der Scheibendicke; Weite des Scheibenloches im Block = Scheibendicke × $^{1}/_{16}$ in (2 mm); Blocklänge = 8 × Scheibenlochweite; Blockbreite = 6 × Scheibenweite (6,6 × Taudurchmesser); Blockdicke = 4 × Scheibenlochweite. Wenn der Block statt bi-convex flach war, entsprach die Dicke nur 3 × der Scheibenlochweite.
Die Größe der Scheiben und Scheibenlöcher für Mehrscheibenblöcke und die Länge und Weite dieser Blöcke hatten die gleichen Relationen zur Taugröße wie die Einzelblöcke. Die Dicke wurde jedoch durch die Anzahl der Scheiben und deren Abstände zueinander bestimmt. Der Zwischenraum war jeweils $^{5}/_{6}$ der Scheibendicke. Eine Tabelle von Fincham gibt die notwendigen Informationen für die

Verjüngung der Spieren – 19. Jahrhundert

Datum	1. Viertel	2. Viertel	3. Viertel	Enden
Klüverbaum vor 1820	40/41	11/12	5/6	2/3 außen 5/9 innen
Klüverbaum nach Aufstellung Symonds	60/61	13/14	5/6	2/5 außen
Rahen Anfang 1800er Jahre	30/31	7/8	7/10	3/7
Anfang 1830er Jahre	40/41	9/10	3/4	1/2
Gaffeln Anfang 1800er Jahre	40/41	11/12	4/5	5/9
Bäume Anfang der 1800er Jahre	40/41	11/12	5/6	2/3

Klüverbäume verjüngten sich von einer Stelle aus, die 1/3 der Länge vom Innenende nach außen saß (und manchmal direkt vom Innenende ab). Rahen verjüngten sich von der Mitte nach den Enden hin. Gaffeln verjüngten sich vom Spleiß der Klau nach den Enden hin. Bäume verjüngten sich in jeder Richtung, gerechnet von einer Stelle, die etwa 1/3 vom Außenende saß.

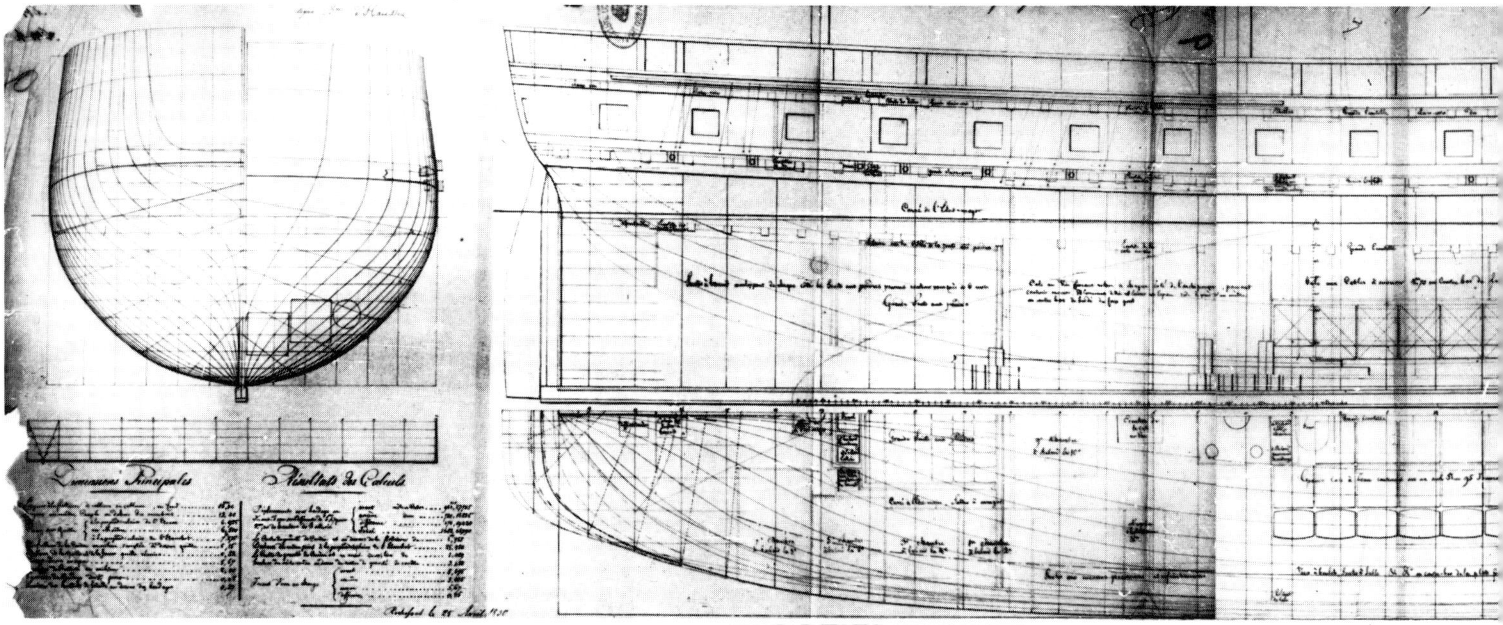

379. Die Konstruktionszeichnung für eine französische Fregatte mit 46 Kanonen, datiert auf den 25. 4. 1830. Sie hat einen kleinen Sprung, keine Heckgalerien und einen hochgezogenen Bug. Mit diesen Merkmalen verloren die Schiffe dieser Generation viel von dem Anmut ihrer Vorgänger. Das mag jedoch auch am mangelnden Interesse ge-

Errechnung der wirklichen Blockgröße. Man muß dabei jedoch beachten, daß Fincham seine Scheiben mit $1^1/_8 \times$ Taudurchmesser angibt.

Wie die Blöcke wurden auch die Jungfernblöcke in standardisierten Größen mit der Brunelschen Maschine hergestellt. Ihre Weite ist gewöhnlich in den Takellisten zu finden. Aus irgendwelchen Gründen fehlen aber stets die Dickenangaben. Aufgrund von Modellbeurteilungen ergibt sich jedoch eine Jungfernblockdicke von etwa 2 × Wantdurchmesser.

Segel

Mit der Einführung des Außenklüvers verschwanden das Sprietsegel und das Dreikantrahtoppsegel. Das Außenklüver wurde in gleicher Art wie das Klüver getakelt. Den Platz der Groß- und Besanstagsegel nahmen Fock- und Großtreisegel ein. Sie waren wie die Besangaffelsegel getakelt. Allerdings fehlte ihnen der Baum an der Unterkante. Ansonsten glich das Segelgeschirr dem zu Ende des 18. Jahrhunderts.

Bewaffnung

Bis zum Ende ihrer Tage trugen die Segelkriegsschiffe die gleiche Art Glattrohrkanonen, die bereits zur Zeit Heinrichs VIII. verwendet worden waren. Das prinzipielle Geschoß war noch immer die Eisenkugel. In den 1850er Jahren kamen kugelförmige Explosivgeschosse zur Einführung. Obwohl die Kanonen und Lafetten überwiegend denen des 18. Jahrhunderts entsprachen, kam es natürlich auch hier zu Änderungen. Wie beim Takelwerk ging der Fortschritt in Richtung einer Standardisierung nur langsam vonstatten und es gab nach 1820 bei der Royal Navy noch immer zehn Kanonenkaliber und 29 Kanonenlängen. Hinzu kamen noch sieben Kaliber ‚Carronaden' und zwei Kaliber ‚Mortars'. Bis zu welchem Ausmaß dieses Größensortiment sich nun tatsächlich in Gebrauch befand, ist eine andere Frage[14, 15].

Kürzere Rohre bedeuteten nicht leichtere Kanonen. Die Kanonen des 19. Jahrhunderts waren im Gegenteil oft schwerer als die des gleichen, aber älteren Kalibers, denn die Verbesserung der Pulverqualität erforderte eine stärkere Bauart. Nach 1820 kamen nach und nach Kanonen zur Einführung, die Granaten verschossen. Sie hatten ein Kaliber von 8 in (20,3 cm) und wurden nominell als 68 Pdr geführt.

Abmessungen von Spieren (nach Edye)

Spiere	Länge als Teil von	Schiffstyp nach Kanonenzahl										
		120	80	74	50 Razee	52	46	40	26 Razee	18 Korvette	18 Brigg	10 Brigg
Bugspriet	Fockmast	0,68		0,66				0,66			0,73	0,77
	Großmast	0,623		0,61				0,62			0,63	0,66
Klüverbaum	Fockmast	0,48	0,46	0,49	0,49	0,53	0,48		0,48	0,51	0,45	0,57
	Großmast	0,44	0,42	0,5	0,5	0,48	0,44		0,42	0,46	0,42	0,5
	Bugspriet	0,7	0,714	0,73	0,73	0,76	0,73		0,72	0,74	0,67	0,75
Fockrah	Großmast	0,76	0,75	0,77	0,78	0,85	0,8		0,8	0,78	0,8	0,88
Großrah	Großmast	0,87	0,86	0,9	0,89	0,98	0,9		0,9	0,89	0,81	0,9
Begienrah	Großmast	0,61	0,62	0,65	0,65	0,71	0,66		0,66	0,66		
Vormarsrah	Großrah	0,62	0,63	0,64	0,64	0,62	0,65		0,65	0,65	0,77	0,81
Vorbramrah	Großrah	0,41	0,38	0,42	0,48	0,41	0,41		0,4	0,4	0,5	0,53
Großmarsrah	Großrah	0,71	0,73	0,73	0,73	0,71	0,72		0,73	0,74	0,77	0,77
Großbramrah	Großrah	0,47	0,45	0,47	0,47	0,47	0,46		0,46	0,45	0,5	0,4
Besanmarsrah	Großrah	0,47	0,46	0,47	0,47	0,47	0,5		0,49	0,49		
Besanbramrah	Großrah	0,35	0,33	0,33	0,33	0,32	0,37		0,38	0,34		

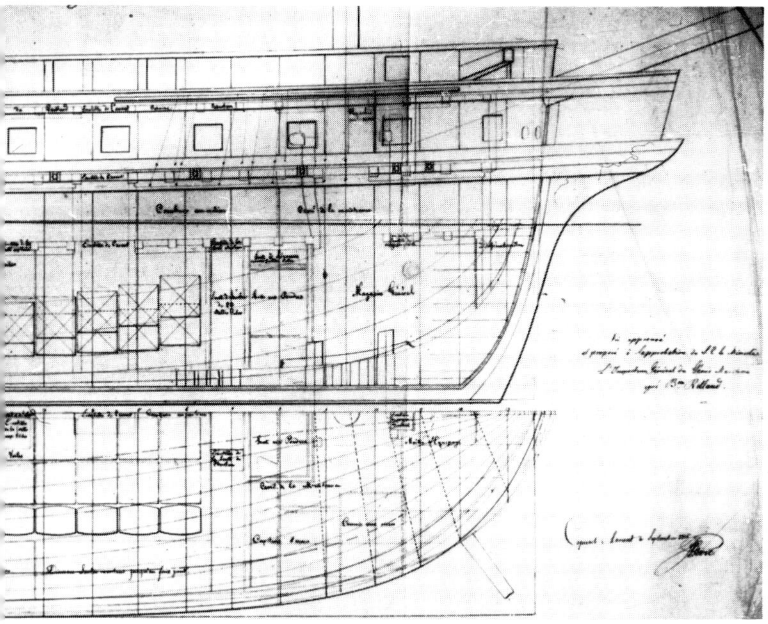

genüber den Segelkriegsschiffen, das sich in der zweiten Jahrhunderthälfte breit machte, gelegen haben.

Allerdings haben die 8-in (20,3 cm)-Granaten niemals ein solches Gewicht gehabt. Ungeachtet der Kalibervielzahl wurden schon vor dem Jahrhundertanfang Schritte unternommen, eine Standardarmierung zu erreichen. Trotzdem vergingen viele Jahre, bevor diese Absicht verwirklicht werden konnte. Bis etwa 1811 hatten z.B. Dreidecker im unteren Deck 32 Pdr (einige sogar noch die alten 42 Pdr), im Mitteldeck 24 Pdr und an Oberdeck 18 Pdr. Auf der Back und dem Achterdeck befanden sich außerdem noch 12-Pdr- bzw. 32 Pdr-‚Carronaden'. Manchmal führte man auch 68-Pdr-‚Carronaden', wie die *Victory* bei Trafalgar. Noch 1815 sollte der neue Dreidecker *Nelson* im unteren Deck 32 × 32 Pdr, im Mitteldeck 34 × 24 Pdr, an Oberdeck 34 × 18 Pdr erhalten. Auf dem Achter- und Backdeck sollten 6 × 12-Pdr- und 10 × 32-Pdr-‚Carronaden' stehen, auf der Poop 6 × 18-Pdr-‚Carronaden'.
Als Ergebnis der Erfahrungen aus dem amerikanischen Krieg von 1812/15 nahm die Begeisterung für die ‚Carronaden' allerdings ab, und bevor man die *Nelson* in Dienst stellte, wurden ihre Poop-‚Carronaden' verschrottet. Sie erhielt anstelle der Original 18 Pdr 24-Pdr-Kanonen an Oberdeck.
Große Fregatten waren mit 24-Pdr-Kanonen und 32-Pdr-‚Carronaden' ausgerüstet, kleine, wie die *Amethyst* von 1811, hatten im Kanonendeck 26 × 18-Pdr-‚Cannon', auf dem Achterdeck 12 × 32-Pdr-‚Carronaden' und auf dem Backdeck 2 × 9-Pdr- und 4 × 32-Pdr-‚Carronaden'.
Nach 1820 kam es zur schrittweisen Verringerung der Kaliberzahl, und um 1840 befanden sich nur noch sechs in Benutzung. Viele Schiffe führten alle ihre Kanonen von gleichem Kaliber, jedoch nicht von gleicher Länge. Mit Ausnahme der Rohrverkürzung gab es in der Form der Kanonen bis zum Ende der 1840er Jahre nur wenige Änderungen. Dennoch gibt es – wie im vergangenen Jahrhundert auch – kleine Unterschiede innerhalb der einzelnen Dekaden. Ein neues Merkmal des 19. Jahrhunderts war das Visier. Feste Visiere an den Schiffskanonen waren unerwünscht, denn es bestand das Risiko des Abbrechens an der Stückpfortenoberkante. Die neuen Visiere waren kein fester Bestandteil der Kanonen. Als abnehmbares Ausrüstungsteil baute man es bei Nichtbenutzung ab.
Auch die Radlaffetten änderten sich wenig. Die Erklärung dafür ist, daß die Radlafette, trotz ihrer Schwerfälligkeit, für ihren Verwendungszweck und auch für alle Umstände, mit denen sie beim Einsatz konfrontiert werden konnte, gut gebaut war. Die Lafette konnte leicht hergestellt und ebenso leicht repariert werden. Die überlegene Stärke der Eisenlafette hatte man zwar erkannt, aber die Schwierigkeit einer Reparatur außerhalb einer Werft sprach gegen deren allgemeine Übernahme.
Von den Änderungen, die zwischen 1800 und 1860 durchgeführt wurden, war die auffälligste das Auswechseln des hinteren Radpaares gegen hölzerne Gleitblöcke. Die Reibung zwischen den Blöcken und dem Deck reduzierte den Kanonenrücklauf und nahm etwas von der Belastung der Anhaltetaue weg. Welche Auswirkungen das jedoch auf die Decksbeplankung hatte, ist eine andere Sache. Und so verhält es sich auch mit der Bedienungsmannschaft, die besondere Anstrengungen machen mußte, um die Kanone wieder auszurennen.
Die ‚Carronade' blieb bis zum Ende ein Merkmal der Schiffsarmierung. Es ist jedoch überraschend, festzustellen, daß sogar noch 1840 Schiffe mit großen ‚Carronaden'-Zahlen bestückt waren, obwohl gerade der amerikanische Krieg gezeigt hatte, daß es notwendig war, eine angemessene Zahl weitreichender Kanonen mitzuführen. Die Vielzahl der Kaliber und Kanonenlängen war typisch für die ‚Carronaden' und ‚Cannon'. 1820 befanden sich sieben Kaliber und neun Rohrlängen in Gebrauch. Die Form der ‚Carronaden' änderte sich kaum. Die hauptsächliche Änderung war der Schraubenhöhersteller an der ‚cascabel'. Ein Vorausvisier kam auch hinzu, es wurde mit dem Rohr in einem Stück gegossen. Einige ‚Carronaden' standen auf Radlafetten, die meisten lagen jedoch auf Bettungen ohne Rücklauf, die dicht am Schanzkleid pivotiert waren. Eine Vielzahl von Bettungen hatte an der Rückseite kleine Räder, deren Achsen parallel zur Kanonenachse saßen. So konnte die Kanone leichter querversetzt werden und man benötigte keine Kuhfüße mehr.
Die ‚Swivels' fielen zum Jahrhundertanfang weg. Man ersetzte sie durch kleine ‚Carronaden'. Zu Beginn des 19. Jahrhunderts kam es zu einigen Versuchen mit sehr kurzrohrigen ‚Cannon' – manchmal als

Verjüngung der Masten – 19. Jahrhundert

Datum	Fuß	1. Viertel	2. Viertel	3. Viertel	Topp
Masten vor 1820	6/7	60/61	15/16	7/8	*unten:* von vorn nach hinten 3/4, quer 5/8 *oben:* 5/8
Masten nach Aufstellung Symonds	5/6	60/61	20/21	8/9	unten 4/5, oben 2/5
Bugspriete vor 1820	2/3	60/61	11/12	4/5	5/9 am Eselshaupt
Bugspriete 1820er Jahre	5/6	60/61	14/15	5/6	2/3 am Eselshaupt
Bugspriete nach Aufstellung Symonds	5/6	40/41	10/11	7/9	5/9 am Eselshaupt
Marsstengen vor 1820	6/7	60/61	14/15	6/7	3/4 an den Schultern 5/8 am Eselshaupt
Marsstengen nach 1820	-	60/61	20/21	8/9	4/5 an den Schultern 9/12 am Eselshaupt

Masten und Marsstengen verjüngten sich von der Ausfütterung aus sowohl zum Topp als auch zum Fuß. Bugspriete verjüngten sich vom Bett (3/10 der Länge vom Fuß aus gerechnet) sowohl zum Eselshaupt hin als auch zum Fuß.

380

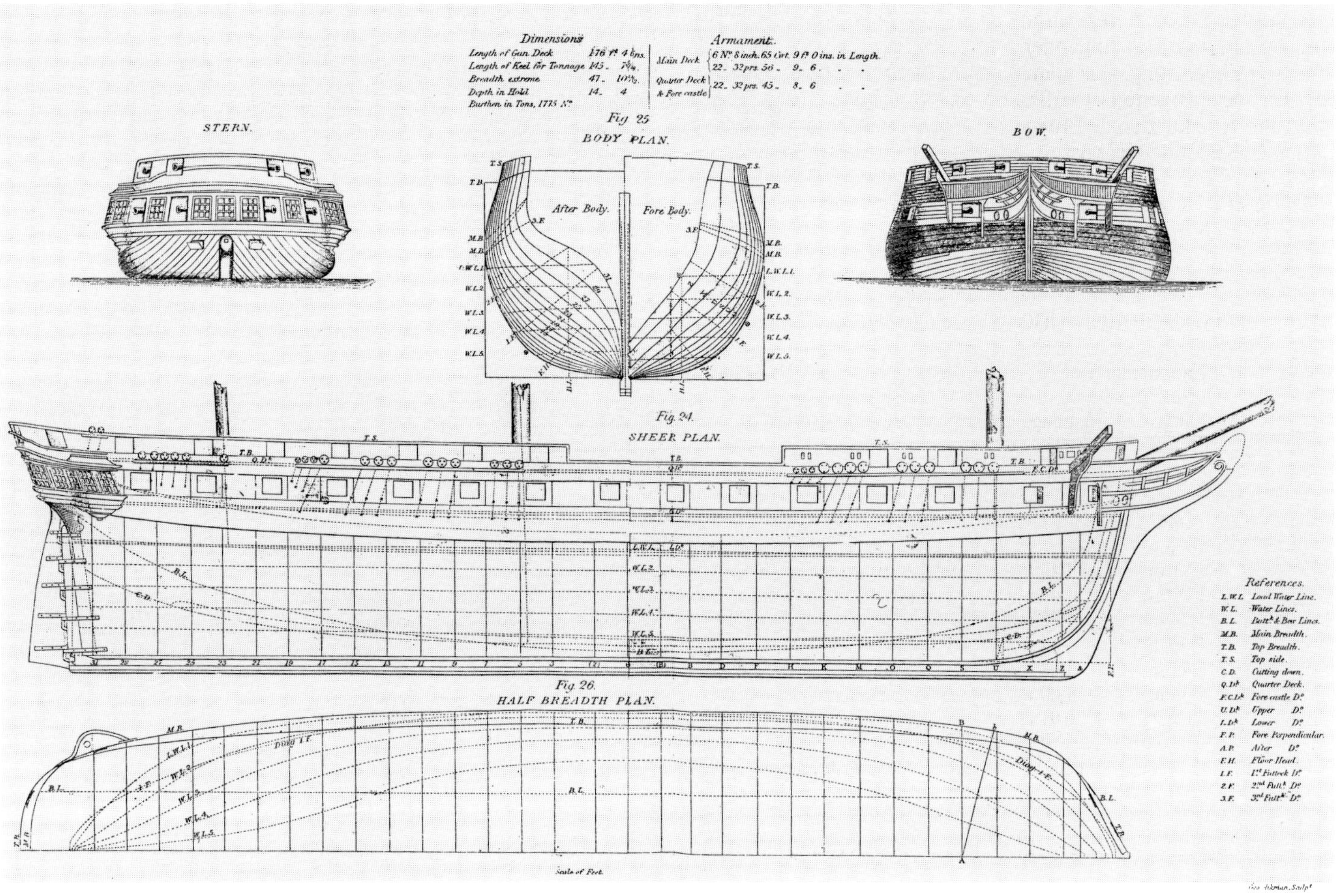

381

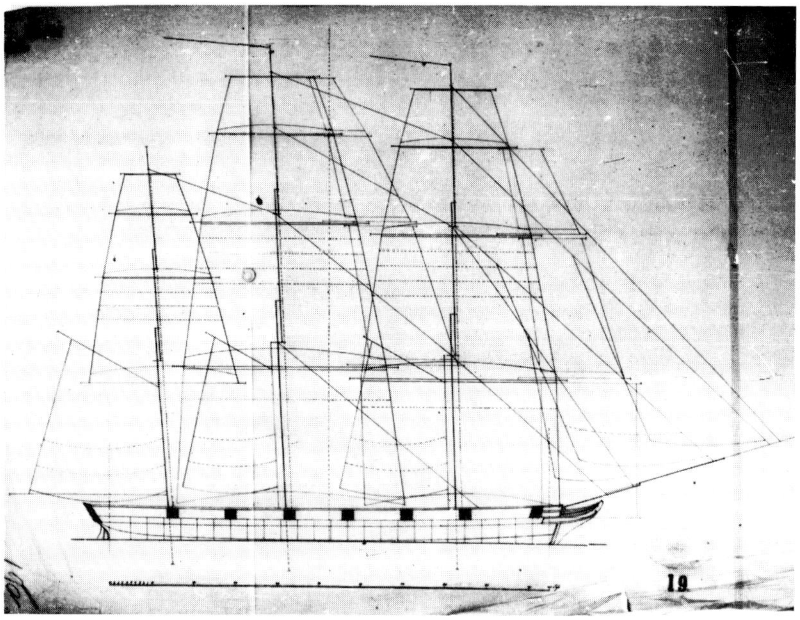

380. Die britische 50-Kanonen-Fregatte *Vindictive*, Stapellauf 1813. Hier ist sie als 74-Kanonen-Schiff zu sehen. Sie wurde 1832 zur Fregatte ‚abrasiert' und erhielt zugleich das Ellipsenheck.

381. Ein Beispiel für die hohe Takelung kleiner Fahrzeuge im 19. Jahrhundert. Ein dänischer Segelplan für eine 12-Kanonen-Sloop.

382. Die Profilzeichnung der Brigg *Columbine*, die 1834 nach einem Entwurf von Sir William Symonds gebaut wurde. Die *Columbine* ist ein Beispiel für den extremen Keilformquerschnitt der frühen Entwürfe Symonds. Um die Schlankheit des Unterkörpers zu kompensieren, wurde *Columbine* breiter ausgebildet als völlige Schiffe gleicher Länge. Ihr Kanonendeck/Breite-Verhältnis war knapp über 3:1. Im Vergleich dazu lagen die frühen Briggs bei 3,6:1. Obwohl sie ein sehr schneller Segler war, erwies sie sich mit dieser Formgebung als Kanonenplattform wenig zufriedenstellend, denn sie hatte die Tendenz zu intensivem Stampfen und Schlingern.

383. Die 12-Kanonen-Brigg *Daring*, 1844 nach einem Entwurf von William White gebaut. Die *Daring* war eines der 7 Schiffe des Versuchsgeschwaders, die alle nach unterschiedlichen Entwürfen gebaut und 1844/45 ausgedehnten Segelerprobungen unterzogen wurden. *Daring* war eines der schnellsten und besten Mehrzweckschiffe. Obwohl in ihrer Größe ähnlich der *Columbine*, war *Daring* voller. Sie besaß jedoch eine ziemliche Aufkimmung (des Schiffsboden) und Bug und Heck hatten weniger Ausfall.

‚Gunnades' angeführt. Sie lagen in ihrer Länge zwischen den ‚Carronaden' und Langkanonen. Diese sind bestens bekannt, denn es waren die leichtgewichtigen 24 Pdr, die im Kriege 1812 anstelle der 18 Pdr auf einigen britischen 38-Kanonen-Fregatten eingebaut wurden. Allerdings darf man sie nicht als Antwort auf die 24-Kanonen-Fregatte der Amerikaner ansehen.
Man denkt das oft, aber sie waren zu dieser Zeit tatsächlich schon vorhanden. Der älteste Typ, ein Patent von Gover, fand bereits seit Ende des 18. Jahrhunderts bei der Ostindien-Company weitverbreitete Verwendung. Bei der Admiralität stand sie seit 1797 zur Diskussion.

Im Juni 1800 wurde die Erprobung der kurzen 24-Pdr-Kanone auf einer 36-Kanonen-Fregatte angeordnet. Im Dezember 1806 erhielten mehrere ‚74er' eine ausgewogene Armierung langer 24-Pdr-Kanonen, und zwar: Govers Patent-24-Pdr- (6 ft 6 in/1,98 m lang und 39 cwt/1,98 ts schwer) und 24-Pdr-‚Carronaden'.
Allerdings beschleunigte der Krieg von 1812 sicherlich die Entwicklung von zwei weiteren 24-Pdr-Typen, allgemein bekannt als Blomefields 7 ft 6 in/40 cwt (2,29 m/2,03 ts)-Kanone und Congreves 7 ft 6 in/40,5 cwt (2,29 m/2,06 ts)-Kanone. Ein parallel laufender Versuch wurde 1813 zwischen zwei Schwesterschiffen des ‚38er'-Typs, *Cydnus* mit Blomefield-Kanonen und *Eurotas* mit Congreve-Kanonen,

durchgeführt. Die letzteren waren deutlich überlegen und so wurden 200 Stück bestellt. Im folgenden Jahrzehnt kam auch eine kurze 32 Pdr zur Einführung. Das erlaubte den Linienschiffen das Mitführen einer ausgewogenen Bewaffnung, die auf 32 Pdr basierte. Es war jedoch nur eine kurzlebige Entwicklung, denn die Kanonen wurden schnell größer und verschossen außerdem auch noch Granaten. Die ‚mortars‘ auf den ‚bomb-vessels‘ hatten nur zwei Größen, 10 in (25,4 cm) und 13 in (33 cm). Ihre Länge war 4 ft 8 in und 5 ft 3 in (1,42 m und 1,6 m).

„Mortars“ – Dimensionen der Bettungen*

Kaliber	25,4 cm	33 cm
Länge	2,13 m	2,39 m
Breite	1,19 m	1,37 m
Tiefe	0,74 m	0,89 m

* Bei der Umrechnung von „ft“ und „in“ in „m“ wurden die Werte abgerundet. (Anm. d. Übers.)

Kanonen-Radlafetten und -Rahmenlafetten ~ 1800*

Kanone	Kanonenlafette			Rahmenlafette der „Carronaden“					
	Länge	Länge über alles der Achse	Höhe bis Kanonen-unterkante	Höhe	Dicke	Docke des Stoppers	Breite	Länge	Bolzendurch-messer
68 Pdr				0,57 m	0,20 m	0,13 m	0,77 m	2,44 m	0,05 m
42 Pdr				0,56 m	0,18 m	0,14 m	0,67 m	2,10 m	0,07 m
32 Pdr	1,91 m	1,45 m	0,84 m	0,48 m	0,15 m	0,08 m	0,61 m	1,98 m	0,05 m
24 Pdr	1,78 m	1,40 m	0,81 m	0,46 m	0,15 m	0,08 m	0,53 m	1,93 m	0,03 m
18 Pdr	1,74 m	1,32 m	0,72 m	0,48 m	0,13 m	0,10 m	0,51 m	1,63 m	0,03 m
12 Pdr	1,60 m	1,17 m	0,56 m	0,41 m	0,13 m	0,10 m	0,51 m	1,70 m	0,03 m
9 Pdr	1,45 m	1,08 m	0,57 m						
6 Pdr	1,35 m	1,00 m	0,56 m						
4 Pdr	1,07 m	0,91 m	0,53 m						

* Alle Werte wurden bei Umrechnung von „ft“ und „in“ in „m“ abgerundet. (Anm. d. Übers.)

382

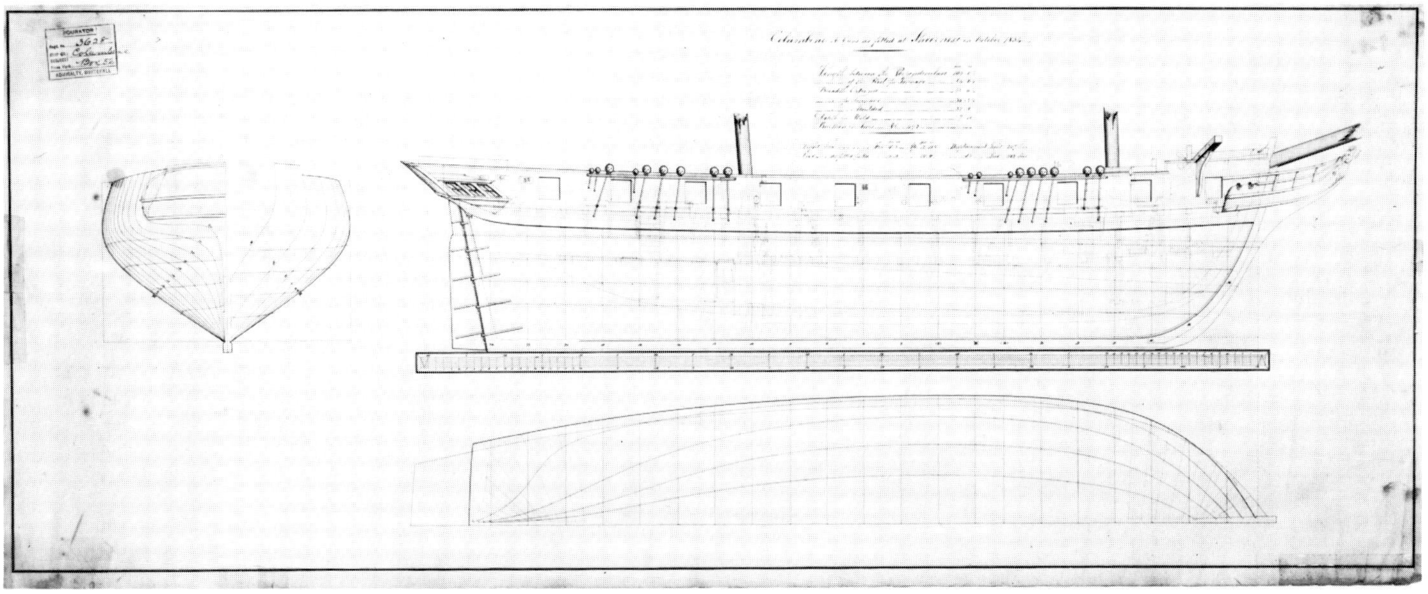

383

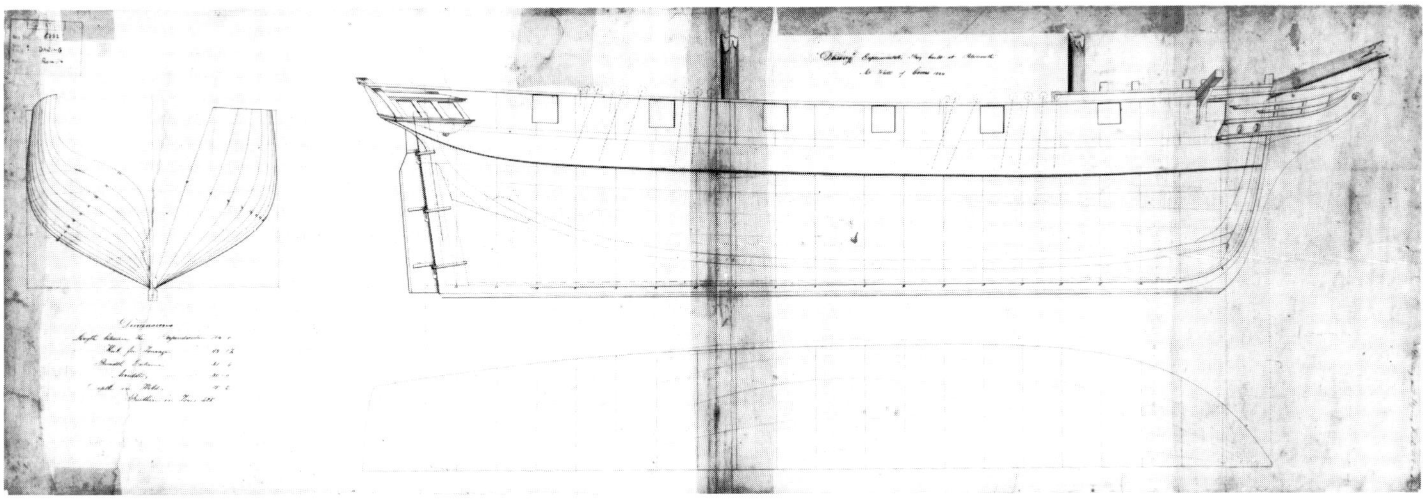

Unterstützungsfahrzeuge

Am Ende des 18. Jahrhunderts hatte die Fregatte einen Entwicklungsstand erreicht, bei dem es schien, daß das zu erwartende weitere Anwachsen der Größe nicht so schnell eintreten würde. Die Entwicklungen in den Vereinigten Staaten warfen alle Pläne über den Haufen. Ende der 1790er Jahre baute die amerikanische Marine mehrere Fregatten, die am zeitgenössischen Standard gemessen, eigentlich Linienschiffe waren. Die drei größten, *Constitution, President* und *United States,* maßen 173 ft (52,73 m) auf dem Kanonendeck, 44 ft (13,41 m) in der Breite und hatten eine Raumtiefe von 14 ft (4,27 m). Das entsprach einer Tragfähigkeit von gerade über 1500 ts. Nominell als 44-Kanonen-Fregatten klassifiziert, trugen sie 30 × 24-Pdr-Langkanonen und 20–22 × 42-Pdr-‚Carronaden‘.

Aufgrund ihrer Voreingenommenheit gegenüber den Franzosen und den Alliierten Seestreitkräften war die britische Admiralität zu langsam, um auf diese riesigen Fregatten entsprechend zu reagieren. Erst als die Gefahr eines Krieges mit den Vereinigten Staaten am Horizont auftauchte, wurden wirkliche Schritte unternommen, eine Antwort darauf zu geben. Es entstand eine Klasse etwas kleinerer, aber sehr kampfstarker Fahrzeuge, die als Gegenspieler der in den Vereinigten Staaten gebauten galten. Der Krieg brach aus, bevor die Admiralitätsentwürfe verwirklicht werden konnten. Die amerikanischen Fregatten erzielten zahlreiche Erfolge gegen kleine und weniger kampfkräftige britische Schiffe und naturgemäß wertete man diese publizistisch und propagandistisch aus. Die erste Gegenreaktion der britischen Admiralität war, daß sie drei 74-Kanonen-Schiffe zu Zweideckern umbauen ließ. Man ‚rasierte‘ das Achter- und Backdeck ab. Die Kanonen im Oberdeck verblieben an der alten Stelle. Die Bewaffnung bestand aus 28 Lafettenkanonen und 28 × 42-Pdr-‚Carronaden‘ sowie 2 × 12-Pdr-Jagd-Langkanonen. Im Jahre 1813 liefen zwei Zweideckerfregatten vom Stapel. Die *Leander* und *Newcastle,* beide 1572 ts, waren bereits vor Kriegsausbruch vorgesehen gewesen, werden für gewöhnlich aber als Antwort auf die *Constitution* und ihre Schwesterschiffe angesehen. Jedes Schiff trug 30 lange 24 Pdr auf dem Hauptdeck. Hinzu kamen 26 × 42-Pdr-‚Carronaden‘ und 2 (später 4) × 24 Pdr an Oberdeck oder auf dem Spardeck. Diese Zweidekkerfregatten waren kein Erfolg und nach dem Friedenschluß von 1815 folgten keine weiteren nach. Anstelle dessen entwickelte man die ‚klassische‘ Fregatte zu einem 50-Kanonen-Schiff. Diese ‚schwere‘ Fregatte, wie man sie nannte, war der Schlachtkreuzer jener Tage. Eine der letzten dieses Typs, die *Constance,* wurde 1846 gebaut und hatte ein Kanonendeck von 180 ft (54,86 m), nur 6 ft (1,83 m) weniger als das der *Victory.* Die echte Breite maß 15 in (38,1 cm) mehr als bei der *Victory.* Beide Schiffe hatten ziemlich die gleiche Tonnage, *Constance* 2132 ts, *Victory* 2162 ts. Die Armierung der *Constance* bestand aus 10 × 20,3-cm-Geschützen*, 22 × 32 Pdr und 18 × 32 Pdr, klein. Schwere Fregatten entstanden nach 1815 manchmal aus ‚abgeschnittenen/abrasierten 74er‘, waren jedoch grundsätzlich Eindecker. Die 50-Kanonen-Fregatte *Vindictive* ist ein Beispiel hierfür. Sie lief 1813 als 74-Kanonen-Schiff vom Stapel. Mit einem Kanonendeck von 176 ft (53,65 m), einer Breite von ziemlich 48 ft (14,63 m) und einer Raumtiefe von 21 ft (6,4 m) gehörte sie zu den größten dieses Typs. 1832 schnitt man sie um ein Deck ab und baute sie in eine Fregatte von 1775 ts um. Danach bestand die Armierung der *Vindictive* aus 6 × 20,3 cm-Geschützen (9 ft/2,74 m lang), 22 × 32 Pdr (9,5 ft/2,90 m lang) und 22 × 32 Pdr (8,5 ft/2,59 m lang). Schwere Fregatten waren natürlich nicht die einzigen Einheiten dieser Klasse, die gebaut wurden. Es gab auch 26-, 36-, 38-, 42- und 46-Kanonen-Schiffe.

Die Fregattenklasse war Brennpunkt der meisten Versuche, die in den 1830er und 1840er Jahren dem Entwurf dieser Schiffe galten. Hinsichtlich der Leistung ihrer unterschiedlichen Schiffskörperformen stellte man sorgfältige Vergleiche an. Wie bei den Klipperschiffen erzielte man jedoch erst dann eine gewisse Perfektion, wenn ein Typ bereits veraltet war.

Neben der Fregattenklasse gab es noch Sloops, Korvetten**, Briggs, Brigantinen***, Schoner und Kutter.

Sloops waren vollschiffgetakelt, aber unterschiedlich gebaut. Die Sloop hatte ein erhöhtes Achterdeck und eine erhöhte Back. Korvet-

Bewaffnung 1800 bis 1839*

1800		9 Pdr	2,13
32 Pdr	3,28	6 Pdr	2,59
24 Pdr	3,05	6 Pdr	2,44
18 Pdr	3,05	6 Pdr	2,29
12 Pdr	2,82	6 Pdr	2,13
9 Pdr	2,52	6 Pdr	1,98
6 Pdr	2,34	6 Pdr	1,83
4 Pdr	1,75	6 Pdr „Carronade“	0,81
		4 Pdr	1,98
1820		4 Pdr	1,68
68 Pdr „Carronade“	1,58	3 Pdr	1,37
68 Pdr „Carronade“	1,22	0,5 Pdr „Swivel“	0,91
42 Pdr „Carronade“	1,32		
32 Pdr	2,90	*1839*	
32 Pdr	2,59	68 Pdr (nominell 8 in/	
32 Pdr „Carronade“	1,22	20,3 cm)	3,30
24 Pdr	2,90	68 Pdr (nominell 8 in/	
24 Pdr	2,74	20,3 cm)	
24 Pdr	2,44	„Carronade“	1,63
24 Pdr	2,29	20,3 cm	2,74
24 Pdr	2,13	20,3 cm	2,69
24 Pdr	1,98	20,3 cm	2,44
24 Pdr	1,83	20,3 cm	2,13
24 Pdr „Carronade“	1,12	32 Pdr	2,89
24 Pdr „Carronade“	0,91	32 Pdr	2,74
18 Pdr	2,74	32 Pdr	2,59
18 Pdr	2,44	32 Pdr	2,44
18 Pdr	1,83	32 Pdr	2,29
18 Pdr „Carronade“	0,99	32 Pdr	1,98
18 Pdr „Carronade“	0,71	32 Pdr	1,83
12 Pdr	2,74	32 Pdr	1,63
12 Pdr	2,59	32 Pdr „Carronade“	1,22
12 Pdr	2,29	24 Pdr „Carronade“	1,14
12 Pdr „Carronade“	0,66	18 Pdr	1,83
9 Pdr	2,74	18 Pdr	1,68
9 Pdr	2,59	18 Pdr „Carronade“	1,02
9 Pdr	2,44	12 Pdr „Carronade“	0,81
9 Pdr	2,29	6 Pdr	1,83

* Alle Werte wurden bei der Umrechnung von „ft“ und „in“ in „m“ abgerundet. (Anm. d. Übers.)

Briggs des Erprobungsgeschwaders*

Schiff	Datum	Länge (m)	Breite (m)	Tiefgang (m)	Tonnage (ts)	Entwurf
Mutine	1844	34,14	9,75	4,12	428	Fincham
Flying Fish	1844	31,40	9,86	4,37	445	Symonds
Espiegle	1844	31,80	9,45	3,96	443	Read, Chatfield u. Creuze
Pantaloon	1831	28,04	8,94	3,81	323	Symonds
Daring	1844	31,70	9,55	4,57	426	White
Osrpey	1844	31,01	9,75	4,19	425	Blake
Cruizer	1818	30,48	9,45	3,66	384	Nach einem Entwurf von Rule

* Alle Werte wurden bei der Umrechnung von „ft“ und „in“ in „m“ abgerundet.

* Anstelle der üblichen Bezeichnung ‚Kanone‘ wurde für die Explosivgeschosse verschießende Waffe die Bezeichnung ‚Geschütz‘ gewählt. Es dient der Unterscheidung, denn Kanonen verschossen feste Kugeln, Geschütze Granaten. (Anm. d. Übers.)

** Etwas kleineres Hochseeschiff als die Fregatte; jedoch mit deren Takelung. (Anm. d. Übers.)

*** Eine (an sich im Mittelmeer übliche) Abart der Brigg mit zwei Masten. (Anm. d. Übers.)

384. Das Modell der 16-Kanonen-Brigg *Fantome*, Stapellauf 1839. Sie trug 4 x 32-Pdr-Kanonen und 12 x 32-Pdr-‚Carronaden'. Das Schiff gehörte zu einer Klasse von 14 Briggs, die von Sir William Symonds entworfen wurden. Alle hatten als Charakteristik steil hochgehende Böden und feine Linienführungen. Der Schiffskörper des Modells ist zeitgenössisch, das Takelwerk von 1902. Es ist nach den Abmessungen gefertigt, die Symonds 1836 für diese Klasse festgelegt hatte.

385. Das Modell eines Marineschoners um 1850. Es ist ein kleines Fahrzeug und mißt nur 74 ft (22,56 m) über Deck und 47,5 ft (14,48 m) über den Kiel. Die Breite ist 18 ft 7 in (5,66 m), die Raumtiefe um 8 ft 9 in (2,67 m). Allgemein glich der Schoner in seiner Größe dem Kutter von (386). Obwohl es 18 Pforten gibt, ist zu bezweifeln, daß ein so kleines Fahrzeug 18 Kanonen tragen konnte, es sei denn, sie waren sehr leicht. Der Schiffskörper hat keinen sichtbaren Sprung, das Bugknie ist hochgesetzt, die Vordeckreling fast gerade. Das runde Ruderblattoberteil ist klar zu sehen, auch die einfache Handpumpe an der Großmastseite.

ten waren Glattdecker. Beide Klassen führten 14–18 Kanonen. Briggs waren teilweise Gegenstand gründlicher Untersuchungen über die beste Schiffskörperform und in den 1840er Jahren wurde ein Erprobungsgeschwader aus sieben Einheiten dieses Typs zusammengestellt. Jedes Schiff war nach einem anderen Entwurf gebaut und wurde ausgedehnten Versuchen unterzogen (siehe Tabelle).
Die Versuche ergaben, daß keiner der Entwürfe alles überragende Segeleigenschaften besaß. Bei ruhigem Wetter waren die Schiffe Symonds die besten, aber bei vorlicher See erwies sich die *Daring* am wetterfestesten.
Daring verhielt sich auch bei einer steifen Brise am besten. Bei Seitenwind waren *Daring, Espiegle* und *Flying Fish* die drei schnellsten, vor dem Wind jedoch das älteste, die *Cruizer*. Sie segelte allen davon.
Das Takelwerk der Briggs unterschied sich etwas von dem des 18. Jahrhunderts. Der Großmast hatte neben dem Gaffelsegel ein Rahsegel (das den ersten Briggs gefehlt hatte). Weil die Großrah stets oben gehalten wurde, war es möglich, ein Großrahsegel zu setzen. Da die Rah oben saß, konnte die Gaffel am Großmast laufen und das Gaffelsegel, statt an ein Pferd oder einen Treisegelmast wie bei einer Schnau, am Mast gebunden werden. Die Suche nach den besten Proportionen der Briggmasten und -spieren verlangte die gleiche Aufmerksamkeit, wie sie der besten Schiffskörperform gewidmet wurde. John Fincham hat sich in seinem Buch *On the Masting of Ships* über ein ganzes Kapitel mit den Briggs befaßt. Einer Brigg fällt das Verdienst zu, das einzige aus Eisen gebaute Segelkriegsschiff der Royal Navy gewesen zu sein. Es war die *Recruit* von 1846. Sie hatte ein Kanonendeck von 114,5 ft (31,85 m), eine Breite von 30,5 ft (9,30 m) und einen Tiefgang von 12,5 ft (3,81 m). *Recruit* war das Opfer eines langsam Oberhand gewinnenden Vorurteils gegen die Verwendung von Eisen im Kriegsschiffbau. Ihre Qualitäten wurden niemals ernsthaft untersucht.
Brigantinen waren eine Schiffsklasse, die in den 1830er und 1840er Jahren eine kurze Zeit sehr viel Popularität besaß. Es waren kleine Schiffe und manche davon wurden an der Westküste Afrikas gegen den Sklavenhandel eingesetzt. Die *Bonetta* mit 319 ts ist das Muster einer ganzen Gruppe. Sie maß in der Länge 90 ft 7 in (27,61 m), war 29 ft 3 in (8,92 m) breit und hatte einen Tiefgang von 14 ft 6 in (4,42 m). Die Armierung bestand aus einer langen und zwei kleinen 32 Pdr. Die Schoner waren populärer als Brigantinen. Sie fanden vornehmlich in amerikanischen Gewässern Verwendung und in Wahrheit waren viele britische ‚Beispiele' erbeutete amerikanische Fahrzeuge. Allerdings baute man auch in Großbritannien Schoner für die Royal Navy. Schoner blieben bis zum Ende der Segelkriegsschiffära in Dienst. Britische Schoner waren für gewöhnlich kleine Schiffe. Ein Beispiel ist die 1815 gebaute, 92 ts große *Express*. Sie hatte eine Deckslänge von 64,5 ft (19,66 m), war maximal 18 ft (5,49 m) breit und hatte eine Raumtiefe von 8 ft (2,44 m). Die untergeordnete Rolle, die die Schoner in der Royal Navy spielten, zeigt sich in der mangelnden Information der zeitgenössischen britischen Quellen über ihr Takelwerk.
Nur Fincham gibt einige Details wieder und teilt die Schoner in zwei Gruppen:

- □ Gewöhnliche Schoner, die vorwiegend Handelsfahrzeuge waren und
- □ Bermuda-Schoner, die von der schnellsegelnden Art waren und in amerikanischen Gewässern Verwendung fanden.

Die Bermuda-Schoner hatten eine feinere Linienführung und waren schwerbemastete Fahrzeuge. Sie wurden für eine Vielzahl widerlicher Geschäfte verwendet. Ihre Geschichte ist in einem Buch von H.I. Chapelle ausführlich niedergeschrieben, das den Titel *The Baltimore Clipper* trägt[16, 17].
Einer der bemerkenswertesten Unterwasserfunde ist die kürzliche Entdeckung von zwei britischen Marineschonern am Grunde des Ontariosees. Sie liegen in 300 ft (~ 92 m) Tiefe. Ihr Erhaltungsgrad ist außergewöhnlich. Sogar die Bootsriemen befinden sich noch an ihrem Platz. Die Schoner waren von den Amerikanern erbeutet worden und sanken 1813 in einem Sturm[18].
Die Kutter spielten in den britischen Gewässern die gleiche Rolle wie die Schoner auf der anderen Seite des Atlantiks. Der Originalkutter hatte einen Mast, war gaffelgetakelt und der Schiffskörper klinkergebaut. Im Verlaufe des Jahrhunderts änderte man sowohl den Schiffskörper als auch das Takelwerk. Die Schiffskörper waren zeitweise eine Zwitterkonstruktion, bis zu den Barkhölzern mit Klinkerplanken versehen, darüber als Kraweelbau ausgeführt. Für die Schiffskörpergröße war das Takelwerk enorm, denn zusätzlich zur Grundfläche des Gaffelsegels, Focksegels und Außenklüvers konnte ein Kutter am Untermast noch ein Rahsegel und am Gaffelsegel ein Marssegel führen.
Spätere Kutter hatten einen Schiffskörper, der von vornherein kraweelbeplankt war, das Takelwerk wuchs auf zwei und manchmal sogar drei Masten.
Es gab auch eine Klasse von Kutterbriggs. Über sie ist jedoch nur wenig bekannt. Tatsächlich verlor der Name ‚Kutter' seine ursprüngliche Bedeutung und ging auf ein feinliniges schnelles Fahrzeug über. In Übereinstimmung mit Fincham hatten die Masten auf den Kuttern die gleichen Proportionen wie die auf den Schonern.

Boote

Da sie unauffällige Objekte sind, waren die Boote für die Künstler des 19. Jahrhunderts keiner besonderen Aufmerksamkeit wert. So war es, ungeachtet der vielen heroischen ‚cutting-out-attacks' (her-

386. Das Modell eines Marinekutters von 1830. Die Abmessungen des Bootskörpers, der zeitgenössisch ist, entsprechen einer Länge über Deck von 70 ft (21,34 m), über den Kiel von 60 ft 10 in (18,54 m), einer Breite von 20 ft (6,10 m) und Raumtiefe von 8 ft (2,44 m). In der Verdrängung kommt das Boot auf 130 ts. Das Takelwerk ist allerdings 1902 gesetzt worden und fußt auf den Proportionen, die zu der Zeit, als das Boot gebaut wurde, vorgegeben waren. Um 1830 waren Kutter kraweelgebaut und hatten am Vor- und Achtersteven weniger Ausfall, als es Ende des 18. Jahrhunderts noch der Fall gewesen war. Das Rahtoppsegel, das zuvor geführt wurde, ersetzte man durch ein Gaffelsegel. Das Rahfocksegel, das fliegend gesetzt wurde, blieb in Benutzung, wenn man vor dem Wind lief. Bei Nichtgebrauch halterte man die Rah dann senkrecht vor dem Mast.

387

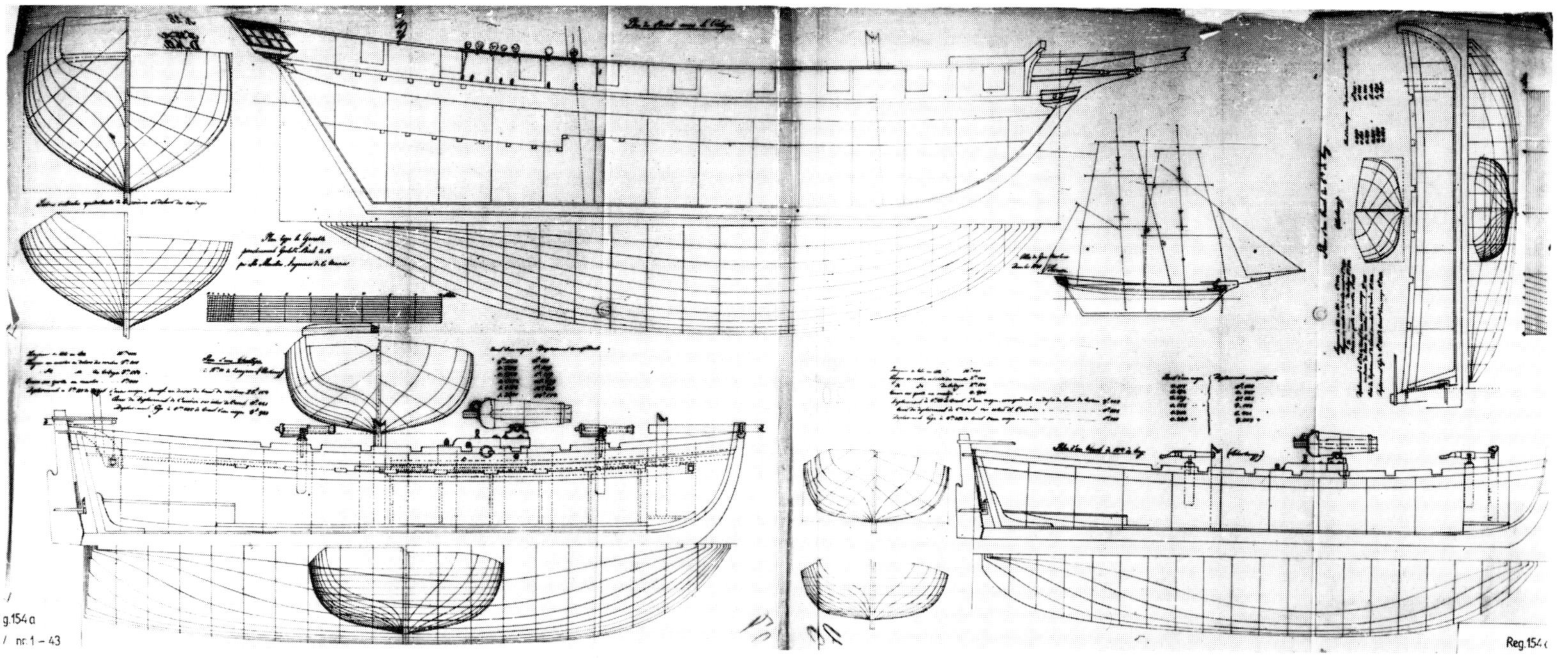

387. Der interessante Kompositplan von 1840 zeigt drei französische Schiffsboote, die mit ‚Swivels' und einer ‚Carronade' bewaffnet sind. Die Brigg ist die *Volage*, die 1825 in Toulon vom Stapel lief.

Anzahl und Länge der Boote – 1842 bis 1844*

Schiffsklasse	Barge	Launch	Pinasse	Jolle** oder Kutter	Jolle***	Gig	Dingi
Dreidecker	1 × 32 ft (9,75 m)	1 × 38 ft oder 40 ft (11,58 m oder 12,19 m)	1 × 30 ft oder 32 ft (9,14 m oder 9,75 m)	2 × 25 ft oder 26 ft (7,62 m oder 7,93 m)	1 × 20 ft (6,10 m)	1 × 28 ft (8,53 m)	-
Zweidecker	1 × 32 ft (9,75 m)	1 × 38 ft oder 40 ft (11,58 m oder 12,19 m)	1 × 30 ft oder 32 ft 9,14 m oder 9,75 m)	2 × 25 ft oder 26 ft (7,62 m oder 7,93 m)	1 × 20 ft (6,10 m)	1 × 28 ft (8,53 m)	-
Razee und Fregatten über 1400 ts	1 × 32 ft (9,75 m)	1 × 38 ft oder 36 ft (11,58 m oder 10,97 m)	1 × 30 ft oder 32 ft (9,14 m oder 9,75 m)	2 × 25 ft oder 26 ft (7,62 m oder 7,93 m)	1 × 20 ft oder 18 ft (6,10 m oder 5,49 m)	1 × 28 ft oder 24 ft (8,53 m oder 7,32 m)	-
Fregatten unter 1400 ts	1 × 32 ft (9,75 m)	1 × 34 ft (10,36 m)	1 × 30 ft oder 28 ft (9,14 m oder 8,53 m)	2 × 25 ft oder 26 ft (7,62 m oder 7,93 m)	1 × 18 ft oder 16 ft (5,49 m oder 4,88 m)	1 × 22 ft (6,71 m)	1 × 14 ft (4,27 m)
26-Kanonen-Fregatten von 913 ts	-	-	1 × 30 ft oder 28 ft (9,14 oder 8,53 m)	2 × 23 ft (7,01 m)	1 × 16 ft (4,88 m)	1 × 22 ft (6,71 m)	-
Fregattenartige Sloops von 600 ts	-	-	1 × 30 ft oder 28 ft (9,14 m oder 8,53 m)	1 × 25 ft oder 23 ft (7,62 m oder 7,01 m)	1 × 16 ft (4,88 m)	1 × 24 ft oder 22 ft (7,32 m oder 6,71 m)	-
Sloops unter 600 ts	-	-	1 × 30 ft oder 28 ft (9,14 m oder 8,53 m)	1 × 25 ft oder 23 ft (7,62 m oder 7,01 m)	1 × 16 ft (4,88 m)	1 × 24 ft oder 22 ft (7,32 m oder 6,71 m)	-
18-Kanonen-Korvetten und -Briggs	-	-	1 × 28 ft oder 26 ft (8,53 m oder 7,93 m)	1 × 23 ft (7,01 m)	1 × 16 ft oder 14 ft (4,88 m oder 4,27 m)	1 × 22 ft (6,71 m)	-
Kleine Briggs	-	-	-	1 × 26 ft oder 25 ft (7,93 m oder 7,62 m)	1 × 16 ft oder 14 ft (4,88 m oder 4,47 m)	1 × 22 ft (6,71 m)	-

* Alle Werte wurden bei Umrechnung von „ft" und „in" in „m" abgerundet. (Anm. d. Übers.)
** Jolle = Yawl = Hecksegelkutter, ähnlich der Pinasse, nur kleiner. (Anm. d. Übers.)
*** Jolly boat = Jolle = Kleinstes Boot der Marine, Schaluppe eines Schiffes. (Anm. d. Übers.)

388. Segelschiffe ohne Dampfantrieb blieben in der Royal Navy noch lange nach 1860 in Dienst, jedoch nicht als echte Kriegsschiffe. Gerade, weil man bei den Kriegsschiffen allgemein auf den Segel(hilfs)antrieb verzichtet hatte, behielt die seemännische Ausbildung unter Segeln ihren hohen Wert. Bis in die ersten Jahre unseres Jahrhunderts wurden daher weiterhin spezielle Segelbriggs gebaut bzw. in Dienst gehalten. *HMS Sealark* zeigt sich hier unter vollen Segeln. Sie wurde 1843 gebaut und 1898 verkauft.

ausragenden Aktionen), die in den langen Kriegen immer wieder von Booten durchgeführt wurden, schon im Jahrhundert zuvor. Die einzige Publikation, die sich mit Kriegsschiff-Booten befaßt, ist die Monographie von Commander W.E. May, die bereits erwähnt wurde[20], und ein kurzer informativer Artikel von Robert Gardiner in *Model Shipwright*[21].

Die Boote des frühen 19. Jahrhunderts unterschieden sich in ihrer Form nur wenig von den Vorgängern, denn sie hatten die gleichen Arbeiten zu verrichten und wurden durch Riemen oder Segel angetrieben. Natürlich gab es auch Änderungen.

Als das Freibord durch einen extra Streifen erhöht wurde, den man ‚wash-strake' (Wasch-/Wasserbord oder auch Dollbord) nennt, verblieben die Duchten in der alten Ebene, so daß rechteckige Öffnungen in das Dollbord geschnitten werden mußten, um die Riemen im ursprünglichen Winkel (zum Wasser) zu halten.

1826 führte man eine neue Art der Riemenhalterung ein. Das war die heute allgemein bekannte metallene Rudergabel. Sie gestattete, die Riemen bei Nichtbenutzung seitlich zu halten. Die Gabeln erwiesen sich als so vorteilhaft, daß sie bald für alle Boote mit Riemen, die nur ein Mann bediente, übernommen wurden.

Boote waren von feinerer Linienführung und nur die ‚Launch' behielt den altmodischen völligen Bug. Die Standardisierung machte bei den Booten nur langsame Fortschritte und dazu gehörte natürlich auch das Takelwerk. 1817 befanden sich 75 Bootsgrößen in Be-

Kanonenausrüstung für Schiffsboote 1835*

Schiffsklasse	Bronzekanonen			Carronaden					
				für Launches			für andere Boote		
	Anzahl	Länge	Kaliber	Anzahl	Länge	Kaliber	Anzahl	Länge	Kaliber
120–70 Kanonen	1	1,83 m	6 Pdr	2	1,02 m	18 Pdr	2	0,81 m	12 Pdr
50–36 Kanonen	1	1,83 m	6 Pdr	2	0,81 m	12 Pdr	2	0,81 m	12 Pdr
26– 3 Kanonen				1	0,81 m	12 Pdr			

* Alle Werte für „ft" und „in" wurden bei der Umrechnung in „m" abgerundet. (Anm. d. Übers.)

nutzung und wenige Jahre später kamen auch noch Dingis zur Bootsausrüstung hinzu.
In den 1840er Jahren hatte sich die Zahl der Bootsgrößen dann auf 20 verringert. Die meisten Boote waren kraweelgebaut, der Klinkerbau bezog sich mehr auf kleine Fahrzeuge. 1820 versuchte man allerdings, beide Systeme miteinander zu kombinieren. Einige Viertel-Boote hatten Kraweelböden und Klinkeroberseiten. Diese neuen Boote fand man stärker und meinte, sie seien leichter zu reparieren als komplette Klinkerbauten. Sie waren allerdings auch schwerer. Paradoxerweise war das Ergebnis dieser Experimente ein Ansteigen der Popularität des komplett kraweelgebauten Bootes, die Zwitter wurden nicht weitergebaut.
Der Farbanstrich der Boote wird selten erwähnt. Es scheint jedoch in den ersten Jahren des Jahrhunderts so gewesen zu sein, daß es allgemein üblich war, sie nach Belieben des Kommandanten zu streichen. Zwei Beispiele aus den 1840er Jahren sind offenbar typisch für diese Periode. Die Boote der *Queen* (ein Dreidecker) hatten schwarze Außenseiten und weiße Innenseiten. Die Duchten waren poliert. Die Fregatte *Constance* besaß Boote mit schwarzen Außenseiten, die Innenseiten waren grünlichgrau.
Die Größe der Bootsmasten ist selten angegeben. Fincham legte einige brauchbare Daten über die Mast- und Spierendicken fest. Unter der Annahme, daß der maximale Durchmesser eines Bootsmastes der Zahl 1 entspricht, ist die proportionale Dicke wie folgt: Masten = 0,66 am Topp oder an der Schulter; 0,4 am Ende der Pfahlspitze; 0,55 am Fuß. Bugspriete = 0,75 am Außenende. Bäume = 0,8 am Innenende; 0,75 am Außenende. Gaffeln = 0,55 am Außenende. Rahen = 0,6 an den Nocken oder Enden. Gleitblöcke oder Schiebetakelung = 0,5 am Ende. Das untere Ende der Schiebetakelung ist parallelseitig. Spriete = 0,7 oberes Ende; 0,9 unteres Ende. Der größte Durchmesser der Spriete sitzt auf ⅓ der Länge vom unteren Ende aus gemessen.
Am Jahrhundertbeginn waren die ‚Launches' mit ‚Carronaden' ausgerüstet. Die ‚Launches' der 100-, 80- und 76-Kanonen-Schiffe hatten 24-Pdr-‚Carronaden' und die der Schiffe unter 50 Kanonen trugen 12 Pdr. Die ‚Carronaden' standen auf Gleitbahnen, die ursprünglich über die ganze Bootslänge verliefen. Diese Anordnung erwies sich jedoch als unvorteilhaft. Die Gleitbahnen wurden versetzt, so daß sie nur noch bis zur dritten oder vierten Ducht reichten. Dort hängte man sie auf etwa ⅓ ihrer Länge (von der Vorkante aus gesehen) ein, so daß die Kanonen zum Boden des Bootes zurückgeholt werden konnten.
Offenbar hatten nur ‚Launches' am Jahrhundertbeginn ‚Carronaden', kleinere Boote begnügten sich wie zuvor mit ‚Swivels'.

Gemäß einer Order von 1823 sollten die ‚Launches' der Linienschiffe allerdings zwei 18-Pdr-‚Carronaden' erhalten, die an jedem Ende auf einer Gleitbahn Aufstellung fanden. Die ‚Launches' der Fregatten und aller Bargen und Pinassen waren für je eine 12 Pdr vorgesehen. Die Order wurde 1828 dahingehend geändert, daß die ‚Launches' der Fregatten 2 × 12-Pdr-‚Carronaden' erhalten sollten, während alle anderen kleinen Boote für Congreves ‚rocket launchers' (Raketenwerfer) vorgesehen waren. Die 1839er Ausrüstung ist in der Tabelle zu sehen.

Nachschlagwerke

Abkürzungen:
IJNA: *International Journal of Nautical Archaeology*
MM: *The Mariner's Mirror,* the Journal of the Society for Nautical Research
MS: *Model Shipwright*

1 *Sailing Ships of War 1800–1860,* A.H. Moore, London (1926) has an excellent general account of the ships of the first half of the century.
2 *An Introductory Outline of the Practice of Shipbuilding* (1821) and *A History of Naval Architecture,* J. Fincham, and *Treatise on Naval Architecture,* A.F.B. Creuze (1851), reprinted from the seventh edition of Encyclopaedia Britannica, are outstanding examples.
3 *The Timber Problem of the Royal Navy 1652–1862,* R.G. Albion, Society for Nautical Research, London (no 5 in the *Maritime Miscellany* series).
4 See R.C. Anderson, *MM* (1944), Vol. 30, p. 112; L.G. Carr Laughton, *MM* (1944), Vol. 30, p. 167; and M.V. Brewington, *MM* (1945), Vol. 31, p. 46.
5 ‚The *Victory's* Spritsail Topsail Yard and Dolphin Stiker', J.H. Harland, *MM* (1977), Vol. 63, p. 8; and ‚The *Victory's* Dolphin Striker', W.P. Dunphy, *MM* (1978) Vol. 64, p. 44.
6 *The Young Sea-Officer's Sheet Anchor,* Darcy Lever (1827 and later editions).
7 *Reports on Naval Construction 1842/44,* Read, Chatfield and Creuze (1847).
8 *Naval Architecture 1819–1820,* Abraham Rees, a reprint by David & Charles from Rees' *Cyclopaedia: or a Universal Dictionary of the Arts, Sciences and Literature.*
9 *On the Masting of Ships and Mast-making,* J. Fincham (1829).
10 Quoted from the article ‚Naval Architecture' in the *Encyclopaedia Metropolitana* (1834).
11 *The Naval History of Great Britain,* William James (1837 edition), Vol. 5, p. 51.
12 See *The History of the American Sailing Navy,* H.I. Chapelle (1944), p. 267.
13 ‚Naval Blockmaking in the 18th and 19th Centuries', G. Clark, *MM* (1976), Vol. 62, pp. 137–144.
14 *British Artillery on Land and Sea 1790–1820,* R. Wilkinson-Latham (1973).
15 ‚Naval Gunnery Tables of 1813 and 1832', N.A.M. rodger, *MM* (1975), Vol. 61, pp. 408–411.
16 *The Baltimore Clipper,* H.I. Chapelle, Massachusetts Marine Research Society (1930).
17 *Fast Sailing Ships,* D.R. Mac Gregor (1973).
18 *IJNA* (1976), Vol. 5, pp. 266–268, with a photograph.
19 ‚More Cutter Briggs', J. Lyman, *MM* (1972), Vol. 58, p. 102; gives references to earlier articles.
20 *Boats of Men-of-War,* Commander W.E. May, National Maritime Museum (1974).
21 ‚Fittings for Wooden Warships. Part 2: Boats', R. Gardiner, *MS* (1977), No. 19, pp. 235–241.